明治前期曹洞宗の研究

川口高風著

法藏館

明治前期曹洞宗の研究　目次

凡例　2

序論……3
一　本書の研究姿勢と目的　3
二　明治期研究の区分と本書の研究方法　6

第一篇　近代曹洞宗教団の出発と各種制度の形成

第一章　近代曹洞宗教団の出発……15
第一節　明治維新と曹洞宗教団　15
第二節　宗門機構の近代化　20
第三節　近代宗学の形成と出版　26

第二章　碩徳会議と總持寺独住一世栴崖奕堂……32
第一節　碩徳会議の開催　32
第二節　政府へ提出した「曹洞宗掟書」　39

第三節 東京裁判による沙汰 43
第四節 聖応寺蔵の奕堂の書簡 46
第五節 能山東京宿所の慶安寺 50
第六節 總持寺の独住制 54
第七節 奕堂の語録と編者 58
第八節 奕堂伝の資料 66
第九節 独住一世候補者の簣運泰成 69
第三章 両山盟約と永平寺の動向……76
第一節 『曹洞宗原問対』の刊行 76
第二節 明治三年の曹洞宗の大意 80
第三節 原坦山の伝記資料と法系 85
第四節 『坦山和尚全集』の構成と編者の釈悟庵 90
第五節 原坦山の仏教研究 94

第六節　明治政府の責任　95
第七節　臥雲童竜の示寂　100
第八節　臥雲童竜の遺稿と筆写本語録　106
第九節　明治政府の行動と大辻是山　125
第十節　両山盟約書と大蔵省の裁断　128
第十一節　越山東京宿所の大円寺　133
第四章　久我環溪をめぐる諸問題……138
第一節　環溪の略伝　138
第二節　環溪の二、三の逸事　148
第三節　未刊であった環溪の研究書　151
第四節　環溪の著作と序・跋文　154
第五節　環溪密雲・密雲環溪の呼称　158
第六節　環溪の永平寺昇住　165

第七節 環渓の禅師号問題 171
第八節 環渓の号諱問題 185
第九節 環渓研究の今後の課題 190
第五章 宗教行政機関と僧侶の世俗化……195
第一節 明治前期の宗教行政機関 195
第二節 教導職と大教院 198
第三節 教導職の廃止と教導職職員録 215
第四節 大教院の機関紙 222
第五節 三条教則の宗門の解説書 229
第六節 政府による僧侶の世俗化 237
第六章 各種制度の形成と展開……251
第一節 托鉢の禁止と解禁 251
第二節 伽藍脈の廃止 262

第三節　廃仏毀釈に利用された『法服格正』　266
第四節　巨海意竜と出雲崎の全久院　282
第五節　衣体制度の変遷　287
第六節　僧服の改正・改良・改造論　296
第七節　近代化によって改良された略法衣　308
第七章　第一次末派総代議員会議と議決事業……311
第一節　第一次末派総代議員会議　311
第二節　議決された事業の遂行と宗務局の俸給　323
第三節　「曹洞宗教会条例」の普達　328
第四節　辻顕高の教化手引書　334
第五節　敲唱会の結成　338

第二篇　両山協調期の動向と諸問題の対応
第一章　両山盟約書の再訂と両祖の称号……………347
第一節　両山盟約書再訂の背景　347
第二節　両祖の称号と高祖の大師号　365
第三節　公文録による「承陽大師」の宣下　367
第四節　「曹洞宗」呼称の議論　373
第二章　畔上楳仙の總持寺貫首就任までの経緯……378
第一節　奕堂示寂後の總持寺後董選挙　378
第二節　「明治十三年貫首投票綴」の資料的価値　395
第三節　楳仙の總持寺貫首就任日の異説　408
第三章　キリスト教への対応…………………………422
第一節　キリスト教にたいする排撃書　422

第二節　排耶書を著わした吉岡信行　426
第三節　尊皇奉仏大同団の結成　437
第四節　尊皇奉仏大同団結成以前の教化姿勢　442
第五節　大内青巒四十七歳の自伝　451
第六節　『教育ト宗教ノ衝突』事件後の排耶書　453
第七節　足立普明の伝記　458
第八節　足立普明の排耶論　462
第九節　能仁柏巌の『霧海南針』にたいする反駁　467
第十節　大乗非仏説論者の高橋吾良　473
第四章　第二次末派総代議員会議と
　　　　コレラ予防の対応……479
第一節　第二次末派総代議員会議の開催　479
第二節　本末憲章の発布　490

第三節　コレラ予防にたいする曹洞宗の対応　505
第四節　禁厭祈禱儀礼の禁止　515
第五章　護法会と第三次末派総代議員会議……………521
第一節　護法会の設立と曹洞宗基本財産　521
第二節　第三次末派総代議員会議の開催　561
第三節　曹洞宗基本財産条例と有志会の開設　566
第四節　東京に本部を移した有志会　577
第六章　曹洞宗教育機関と僧侶の権利の請願………599
第一節　曹洞宗教育機関の設置と展開　599
第二節　平尾（弘津）説三の「論改正徴兵令」　618
第三節　僧侶の兵役免除の請願　622
第四節　僧侶の参政権獲得運動　632

第七章　「曹洞宗宗制」の編成とその背景 ……………638
第一節　「曹洞宗宗制」の編成　638
第二節　青蔭雪鴻の久我家附籍と改姓　651
第三節　雪鴻の題辞・序・跋文　660
第四節　「大本山西堂及後堂任免規則」創定の背景　662
第五節　大学林生のテキスト『参同契宝鏡三昧纂解』　667
第六節　大道長安の宗内擯斥事件　671
第八章　滝谷琢宗伝の異説と永平寺への晋住 ……679
第一節　琢宗の伝記資料　679
第二節　琢宗の行状年譜　681
第三節　琢宗の誕生日異説　694
第四節　琢宗の長男・次男異説　698
第五節　琢宗の授業師異説　701

第六節　宗政家としての功績と「曹洞宗革命策」 703
第七節　宗乗家としての著作 718
第八節　琢宗の序・跋文 720
第九節　琢宗の著作と称される二書 725
第十節　永平寺後董選挙にまつわる世論 728
第十一節　曹洞扶宗会の結成と曹洞教会との合併 739
第九章　明治前期の名僧と居士……750
第一節　「明治名僧居士一覧」の構成 750
第二節　「明治名僧居士一覧」における僧名 753
第三節　「現今緇流竜象一覧」の編集 759
第四節　「現今緇流竜象一覧」における人名 762
結　論……777
後　記……783

索引……xiii
欧文目次（Contents）……v
欧文要旨（Summary）……ii

明治前期曹洞宗の研究

凡　例

一、書名・経典名・語録などには『　』を付し、学術雑誌名・論文名などには「　」を付した。
二、引用文において、明らかに誤植と思われる箇所は訂正した。ただし、漢字（ママ）とした箇所もある。
三、貫主⟷貫首、布達⟷普達は引用資料によって混在している。そのため論文中の字は引用資料によって使用した。
四、耶蘇教とキリスト教は同じであるが、論文中では混在している。
五、引用文以外の研究者などの氏名には敬称を略した。ただし、道元、懐奘、瑩山は各々禅師を付した。
六、本文および引用文の漢字は新漢字にした。
七、註は各章ごとに付し、各章末にまとめて載せた。
八、巻末の索引は人名、書名、寺院名を採録した。

序論

一　本書の研究姿勢と目的

平成元年十月から十一月にかけて、ＮＨＫテレビで作家の司馬遼太郎によるトークドキュメントの「太郎の国の物語」が放送された。それは、日本が国家として、初めて国際社会へ向けて離陸した幕末期と明治期の歴史を清新な史眼でながめ、近代国家成立のプロセスとその精神を描いたものであった。私は興味深く放送をみたが、この放送の原作は司馬の『明治という国家』（平成元年九月　日本放送出版協会）である。

司馬遼太郎は明治を明治時代とはせず、明治国家と表現している。それは時代とすると流動的な感じであるが、国家とすると立体的な固体の感じがするためといわれる。もちろん地球上には存在しないものであるが、一八六八年から四十五年間、日本列島に存在した国家であり、それを今日の人々に知ってもらうために著わしたものであった。司馬は明治を、あらゆる面において不思議で、大きくていろいろな欠点はあったが偉大であったといっている。

明治国家、明治時代は、日本の歴史からみると政治、経済、社会などあらゆる面において大きな変革期であり、近代的統一国家の出発点であった。〝近代化〟とは何であるかといえば、それまでの封建主義国家より資本主義、自由主義国家へと改革されたことで、新しい国家が誕生したのであった。新国家の成立に伴って、仏教界も近代社会に即応できるものへと変換せざるを得なくなり、教団としての組織や教義を新しく整えて近代文明に応じたものへと努めた時代であった。もし、近代化へ順応できなかったならば、仏教教団は壊滅に陥ったであろう。

私は以前から、明治という時代に関心をもっていた。それは江戸期の曹洞宗学を専門研究にしているところから将来、必ず研究課題となる分野と考えていたからである。また、現代仏教の礎を築いた時代として究明せねばならない時代とも思っていた。

ところが、専門研究の途中の昭和五十五年に大本山永平寺二世孤雲懐弉禅師七百回大遠忌があった。拙寺二十八世白鳥鼎三は、一世紀前の明治十一年の六百回大遠忌に懐弉禅師の著作『光明蔵三昧』を校訂し出版したり、永平寺における六百回大遠忌授戒会の教授師となって報恩行を勤めていた。そのため、当時の宗門の様子と鼎三の功績を明らかにしたく思った。専門研究を中断し、明治期曹洞宗研究に専念して『白鳥鼎三和尚研究』を昭和五十七年六月に刊行した。明治期曹洞宗の体制や動向を考察するため、研究書や明治期に発行された新聞、雑誌なども繙き精力的に研究したが、当時の思い出として感じたことは、

一、鼎三およびその門流が関係した全国諸寺院の資料調査を行い、多くの新資料を見出した。

一、調査寺院において明治期に刊行された著作をしばしばみた。そしてコピーしたり、古書肆で機会あるごとに購入しておいた。

一、法孫の老僧方が遷化されつつあった時代で、生きた伝承を聞くことのできなかったことがあり、もう十年早く調査研究していたならばと悔いたことがしばしばあった。

となる。その後、明治期の永平寺貫首の年回忌にあたるたびに、各禅師の語録刊行委員に任ぜられ、各禅師の生誕

地や歴住地の調査に赴き資料を蒐集した。

こうして私は、明治期曹洞宗に関する知識を深めていったが、明治期の宗門最大事件である両山分離事件は当時の研究者からタブー視されていた。總持寺より永平寺に向かう挑戦であったとか總持寺が突如分離宣言して実動を開始した一種のクーデターともいわれている。私は学生時代、この事件について詳しく研究したり主張することはタブーで避けるべきであると先学者にいわれたことがある。また、明治期曹洞宗研究はこの事件があるため避けて通るべき分野ともいわれ、先学者は通史として簡単にながめるだけで閉鎖的であった。しかも顕彰、讃仰を主とする表向きの研究が先行していた分野であった。それは現代まで血縁関係者が存命のため、自から肯定的な説を出さざるを得なかった。主要な著作や雑誌、新聞を所依としていたが、それらは「公の歴史」、すなわち当時の正史といわれるものが中心となっていた。しかし、「公の歴史」は文章が飾られており、執筆者の立場から歪められた虚偽の一面があることも見逃してはならない。

そこで、明治期に活躍した人の法孫が住持している寺院の資料調査を行うと、總持寺分離事件に関係した人の自筆の日誌（記）や書簡などが発見される。そして写真撮影や複写により容易に手許で解読できる。著作や雑誌、新聞が「公の歴史」であるならば、自筆の日誌、書簡などは「個人の歴史」ということができよう。ただし、「公の歴史」にたいして個人のメモであり、将来、公表するべく意図を持って記したものではない。したがって、個人的感情論が多く入っている。そのため「公の歴史」の主張と「個人の歴史」の主張とは異説の場合があり、全く反対の説が出てくる。これは当然の現象であろう。その例として久我環溪、畔上楳仙、滝谷琢宗の伝記には異なった諸説があり、それを問題としてとりあげてみた。

今後の研究の姿勢は、真実を知るために「個人の歴史」の資料を従来の著作などの「公の歴史」の研究と照らし合わせながら考察する。そうでないと真実がみえてこないし、その間に真実があるものと考えられるからである。タブー視された總持寺分離事件も、このような姿勢をもって研究したならばタブーでなくなり、研究する意義は大きいものとなる。そして現代の曹洞宗教団が進む将来の指針を見出すことができよう。それが本研究の目的である。

二　明治期研究の区分と本書の研究方法

明治期の区分は研究分野によって異なる。また、研究者個人の研究方法によっても異なるが、前期、後期、あるいは初期、中期、後期と分けられることが多い。

そこで、「明治前期」と冠した各分野の研究において、「明治前期」の区分はいつであるかをながめてみよう。まず、教育史では明治維新より明治十八年の太政官制度の廃止、内閣制度創立までの太政官時代をさしている。(3)金融史では明治二十三年に公布された銀行条例を実施する同二十六年頃までとしており、金融機関と企業の結びつかない時代をさしている。(4)家族法史では、明治三十一年の民法典が施行されるまでの「前法典時代」の約三十年間をさす。(5)地方支配の県治組織では、明治二十一年に町村制が樹立され地方体制が完成した頃までの間をいう。(6)明治政府の領土問題、大陸政策については、日清戦争に至る明治二十七年までとしている。(7)以上、各分野の専門研究書における「明治前期」の区分をながめてみたが、明治維新より日清戦争が始まる前の明治二十六年～二十七年頃の間と考える研究が多い。

つぎに明治期の仏教にたいする区分をみてみると、高楠順次郎は、

仏教迫害時代（明治元年～同十年）

仏教の陣容整備時代（同十一年〜同三十年）

仏教の教学完備時代（同三十一年〜同四十五年）

と分けており、迫害時代は仏教の形式破壊の時代で、明治新政府の仏教政策が失敗に終った時代。陣容整備時代は、仏教が各方面で陣容整備をすすめた時代で、各宗各派とも俗人の教養を主とする普通教校を起こし、内外の留学生を派遣して教学両方面でその陣容を整える努力をした時代。その後は、仏教の教学を完備させた時代と分けている。(8)

吉田久一は、

前期（明治元年〜同十八年）

中期（同十九年〜同三十二年）

後期（同三十三年〜同四十五年）

と分け、前期は廃仏毀釈を軸として幕藩制仏教から明治仏教へ移行する時期、中期は帝国憲法、教育勅語の発布という近代国家の確立過程を背景にキリスト教との衝突、内地雑居をめぐる公認教問題、宗教法案問題など、主として対キリスト教関係にあった時期とみている。後期は、日本が帝国主義の形成期に入った時代で、仏教は国家権力との結合から分離して、近代仏教を形成する契機点となった時期とみている。(9)

さらに、土屋詮教は、

第一期　神仏判然廃仏毀釈の時期（明治元年より同十年に至る約十年間）

第二期　神仏分離各宗復興の時期（明治十一年より同二十二年に至る十二年間）

第三期　信教自由破邪顕正の時期（明治二十三年より同二十八年に至る六年間）

第四期　研究旺盛各宗協同の時期（明治二十九年より同三十八年に至る十年間）

第五期　仏教大会海外伝道の時期（明治三十九年より同四十五年に至る七年間）

と五期に分けて、その特徴を各期の概要としている。[10]

なお、宗教制度の変遷では、

(1)明治元年〜同四年

明治政府が祭政一致の方針を貫くため、神祇官を中心として神道国教政策をとった時期。

(2)明治四年〜同十七年

廃藩置県後、政府が強力な専制を樹立するため、仏教や民間の神道諸派をも含めた皇道宣布の運動を教部省と教導職を中心に展開した。やがて、信教自由の運動が盛んになり、同十年には教部省が廃止され教導職だけが存在をつづけた時期。

(3)明治十七年〜同二十二年

教導職が廃止され、帝国憲法の制定により信教の自由が一応保障された時期。

(4)明治二十二年〜昭和十五年

昭和十五年の宗教団体法施行までの時期。

と明治期が四期に分けられる。[11]

では、曹洞宗はどのように区分できるであろうか。教団行政に視点をおいた場合は、横関了胤が、

混沌期　　明治元年〜同四年

両山協調期　同五年〜同二十四年

両山乖離期　同二十五年〜同二十七年

革正期　　同二十八年〜同三十四年
整備期　　同三十五年〜同四十五年
と五期に分けている。
混沌期は、明治新政府による宗門制度を整備するための準備期で、関三刹の執政より両大本山の親政に移る過渡期であった。
両山協調期は、両本山一体の行政で東京にその出張所を設けて宗務を勤め、それが曹洞宗務局に発展し、両本山が協和して一宗を統治する諸制度の完成に尽力した時期であった。
両山乖離期は、まさに両本山が乖離した時期で、すなわち同二十五年三月に總持寺分離事件が起こり總持寺は独立を宣言した。しかし、同二十七年に内務省の和議勧告によりその紛擾も和平に至った。
革正期以後は両大本山制度を匡正するのに努力し、さらに規程の改正や創定を行い曹洞宗務局の組織なども改正し整備していったのである(12)。
つぎに教化の変遷を中心とするならば、芳川雄悟の区分がある。ただし、この区分は『洞上布教の小沿革』を刊行した明治三十五年までしかない。
政教混淆時代　明治五年〜同八年
随意説教時代　同八年〜同十七年
教会制度時代　同十七年〜同二十二年
受戒中心時代　同二十三年〜同三十五年
と分けており、民衆教化に努めた時代の特徴を知ることができる(13)。

近年では、桜井秀雄が大きく三期に分けている。それは、

苦悶・混乱の明治初期

適応・模索の明治中期

興学・布教の明治後期

の三期で、初期は廃仏毀釈が起こる前の元年から三条教則や十一及び十七兼題に関する解説書が刊行され、神仏合同の大教院制を廃止して宗門独自の活動を開始する必要に迫られた明治八年頃までとしている。

中期は、曹洞教会の設立を制度化した明治九年頃より同十九年の住職試験法の公布により、その試験の隠れ蓑とされた扶宗会の活動に対し、運営に反対した有志会の抗争により永平寺派、總持寺派の両山抗争の起こる動きがあった明治二十二年頃までとなっている。

後期は、総持寺の独立運動が起こる前の同二十三年頃から独立運動の展開後、行政機構を再整備して宗門の教学と教化を充実していった明治晩年までとしている。(14)

以上、明治期の区分を考えるため「明治前期」と題した各分野の研究と仏教研究、曹洞宗研究から区分をながめてみた。そして、私の考える明治期の区分と研究方法を立ててみた。それは一応、横関了胤が区分した五期説をベースとするが、混沌期と両山協調期の明治元年より同二十四年までを「明治前期」とし、両山乖離期の同二十五年以後を後期とした。すなわち両山分離事件を境として前期・後期を分けたが、桜井秀雄の区分でいえば、初期と中期を「明治前期」と考えたのである。

前期は二篇に分けて、第一篇は「近代曹洞宗教団の出発と各種制度の形成」と題し、明治元年より同十一年頃までの期間とした。第二篇は「両山協調期の動向と諸問題の対応」と題して、同五年の両山盟約書の再訂の行われた

同十二年より両山分離事件が起きる以前の同二十四年頃までの期間と区分した。

　このように私は、「明治前期」の曹洞宗を横関と同じく行政面を中心としながらも桜井の教学、教化の整備についてもながめ、従来の研究では明確にならなかった諸説や諸問題に、「個人の歴史」である書簡などの新資料もとり入れて考察を加え解明していくものである。

註

(1) 奥村洞麟『宗門秘史曹洞宗政末派運動史』（昭和四年六月　公正社）一七二頁。
(2) 永平寺史編纂委員会『永平寺史』（昭和五十七年九月　大本山永平寺）一三七一頁。
(3) 土屋忠雄『明治前期教育政策史の研究』（昭和三十七年五月　講談社）自序五頁。
(4) 朝倉孝吉『明治前期日本金融構造史』（昭和六十一年二月　岩波書店）緒論—課題六頁。
(5) 外岡茂十郎編『明治前期家族法資料　別巻三　索引Ⅱ』（昭和五十一年十二月　早稲田大学）序一頁。
(6) 福島正夫・利谷信義『明治前期の地方体制と戸籍制度』（昭和五十六年一月　橘書院）はしがき三頁。
(7) 安岡昭男『明治前期大陸政策史の研究』（平成十年三月　法政大学出版局）一頁。
(8) 高楠順次郎「明治仏教の大勢」（昭和八年七月「現代仏教」第一〇五号）における主張を総括した三期。
(9) 吉田久一『日本近代仏教史研究』（昭和三十四年三月　吉川弘文館）「序章　日本近代仏教の潮流」における時代区分。
(10) 土屋詮教「明治・大正・昭和時代仏教史」(上)（昭和八年十二月　仏教年鑑社）八頁にあげているが、同じ土屋氏の『明治仏教史』（昭和十四年十二月　三省堂）では各期を章として論述している。また、第四期の協同が融和と変えられている。
(11) 『明治以降宗教制度百年史』（昭和四十五年三月　文化庁）概観による時期の区分。
(12) 横関了胤「明治時代の曹洞宗」（昭和八年七月「現代仏教」第一〇五号）。

（13）芳川雄悟『洞上布教の小沿革』（明治三十五年十月　鴻盟社）。
（14）桜井秀雄「明治期・曹洞宗団概史」（昭和五十六年四月『曹洞宗選書』第一巻　同朋舎出版）。

第一篇　近代曹洞宗教団の出発と各種制度の形成

第一章　近代曹洞宗教団の出発

第一節　明治維新と曹洞宗教団

明治政府は王政復古の大号令によって成立した。祭政一致、皇道の宣揚をめざして神祇官を再興し、政治の要職にも多くの神道関係者が就いた。したがって、神道を中心とする国家であり、仏教にたいする姿勢は排撃的であった。

明治元年三月、政府は神仏分離令を発布し、天皇親政と諸制度の改革を主張することになった。しかし、王政復古という明治維新の大改革によって神仏分離令は曲解され、旧来の仏教にたいする非難、排斥の運動となり、仏教文化の大破壊といえる廃仏毀釈が行われた。そのため、江戸期までの本地垂迹説による神社と寺院の神仏混淆であった寺社では、仏像や仏具、経典など、仏教関係類は打ち砕かれたり焼き棄てられたりした。その暴状は言語に絶するもので、当時の記録は村上専精、辻善之助、鷲尾順敬編の『明治維新神仏分離史料』（大正十五年～昭和三年　東方書院）によって明らかなように、多くの寺院に被害があった。

とくに廃仏毀釈が激しく行われたのは、九州の薩摩藩、美濃の苗木藩、それに信州の松本藩などで、薩摩藩は、ほとんどの寺院が廃寺となり、島津侯の菩提所で薩摩、大隅、日南三州の僧録でもあった福昌寺が廃寺となったことは、薩摩の仏教界絶滅といえるものであった[1]。また、松本藩でも藩主戸田光則の断行によって、真宗を除く領内百四十余カ寺が廃され、とくに曹洞宗では四十カ寺の中、全久院をはじめ三十一カ寺が廃寺となっている[2]。

廃仏毀釈による被害はおびただしく、現実を無視した暴挙ともいえるものであったが、その背景は韓退之や平田篤胤の排仏論に基づいた仏教排撃であった。しかし、長年、仏教文化によって培われてきた仏教界は、信徒や各宗本山を中心に政府にたいして猛烈な反対運動を起こし、それとともに収拾策を講じていった。そして明治三年には、島地黙雷などの建議によって民部省に寺院寮が設置され、統一された宗教政策が宣言された。やがて、廃仏の気運も収拾に向かい、しだいに廃寺の復旧も許されるようになった。仏教界はこれを契機として、新時代に即応する教団形成を行おうとする運動が各宗において起こってきた。

曹洞宗はすでに明治元年、新時代に対応できる教団への改革を考えており、同年三月、永平寺より政府へ宗制改革案を提出した。その趣旨は、これまでの関三刹の僧録による宗門支配体制を廃止し、さらに總持寺の本山職を改め、永平寺を総本寺とすることであった。政府はこの改革案を承諾したが、總持寺は反対を表明し、後醍醐天皇以下四天皇の綸旨や旧幕府朱印、条目などの由来をたてて異議を申したてた。しかし、政府は六月六日、永平寺、總持寺にたいして、

永平寺

於総本寺学寮ヲ創立致シ宗門制度碩徳ノ公議ヲ遂ケ宗規一新教化諸民可奉報　国恩旨被　仰出候事

六月

總持寺

当寺儀賜　紫衣直ニ参内出世本寺ノ儀ニ候得共元来永平寺ノ別寺ニ候ヘハ甲乙ノ廉顕然候間今度　御一新ノ折柄是迄輪番住持相止宗門碩徳ノ僧ヲ為致選挙住職同寺ヨリ祖師開闢総本寺永平寺ヘ昇住致シ総本寺ト争立ノ念慮ヲ相忘専ラ宗門振起教化ヲ以テ可奉報　国恩旨被仰出候事

六月

と沙汰を出した。

これによると、永平寺に学寮を創立し、宗門制度に関する碩徳会議を開催することが提言されている。また、總持寺にたいしては輪住制を廃止し、宗門碩徳より独住を出して、總持寺より永平寺へ昇住すべきであるという内容であった。そこで、總持寺はこのような不当不法の沙汰を承服できないと上申したが、政府は總持寺の請願にたいして詮議せず、九月三日には永平寺にたいして、つぎの公達を出した。

永　平　寺

宗門制度之儀碩徳之者公議ヲ遂ゲ宗規一新可奉報国旨先般　御沙汰相成候ニ付別紙名前之者共速ニ上京為致会議公論之上一新之定則可相立様被　仰付候事

（別紙）

加州金沢　天徳院奕堂　肥前長崎　晧台寺伝翁
江州彦根　清凉寺雪爪　城州宇治　興聖寺環溪
越中高岡　前瑞竜寺橘僊　濃州下有知　竜泰寺正僊
濃州今須　妙応寺玄齡　尾州名古屋　万松寺鑑法
尾州熱田　法持寺鼎三　加州金沢　宝円寺玄璵

下総国府台　総寧寺元良　肥前佐賀　高伝寺冐庵

この公達は碩徳会議を開くべきことを提唱したもので、これを受けて十月二日より四日まで、永平寺六十世臥雲童竜の宿所であった天寧寺（京都市北区寺町通）を会場にして碩徳会議が行われた。会席には十二《ママ》人の碩徳が集まり、正面中央に臥雲童竜、右側に碩徳、左側に宝慶寺住職を筆頭にして、永平寺監院大辻是山以下五役寮が席をとり、政府の意向は清凉寺（彦根市古沢町）の鴻雪爪によって説明された。論議は激烈に繰り返されたようであるが、この会議を要約すると、永平寺の総本山宗権独占を決議せんとしたものであり、總持寺側はこの案にたいして厳しく反対した。政府の意向を伝えた雪爪は臥雲の内嘱によるため、当然ながら臥雲に協力する態度であったが、雪爪発言の「万機公論云々」について、監院の是山が「口論で決すとは何事か」と難詰したため、雪爪は「公議人でない汝らの舌を鼓すべき場所ではない。黙れ」と一喝した。臥雲はこれにたいし、「役寮は衲の手脚であり、清凉寺さんのように申されては困る」といったところ、雪爪は「禅師は自分の手脚を碩徳の頭上に置くつもりか」と逆に反撥され、臥雲は黙ってしまうという一幕もあった(3)。この事件について、出席しなかった天徳院の奕堂の書簡によれば、このことから雪爪と永平寺側は不和になったともいわれている(4)。しかし、雪爪の立場からすれば、文句をいった臥雲も碩徳もなく、ただ宗制改革の一点張りで、従来のごとく両本山軋轢の繰り返しでは両山一致協力など行われず、宗門の統一を図る得策として、永平寺を総本山にしようとしたのである。

この碩徳会議は、曹洞宗の近代化の出発点において、初めての教団代表による会議であったが、近代教団を運営していく上に前途多難な始まりであった。しかも、論旨は種々出たにも拘らず、宗制制定については何の決議もなされずに終ってしまった。この会議の結果について、原坦山は十二月に、永平寺の役寮や公議所の碩徳へ申達を行っている。それは永平寺に所蔵する「書附申上書」で、内容は大きく二つに分かれており、第一は「公議評決の事」、第二は「大山名刹人撰住職可然奉存候事」である。

第一は、碩徳会議が何らの決定もできなかったことにたいし、公議の評決は治定の規則であり、それをせねば異説紛々となるため、公議において、六割以上の協同の意見があれば評決し、それ以下は不採用とする。そうすれば、大事件が多くあっても数日中に評決できるというのである。

第二は、当時の大山名刹の住職の後住は、法類の推薦や前住職の遺言によっているが、この制度を改正するべきであるという。すなわち、大本山はじめ僧録寺院や三法幢地の格地寺院は、法類や縁故、遺言によって後席を決定することを廃し、入札による人選にて住職させるという。しかし、私情が入ったりするため、大本山は日本国中の録所へ触達して入札し、証人列席の上で開票して、票の最も多い人を太政官へ進達し、太政官より任命する。一方、僧録はその国の配下寺院へ触達して入札し、最高得票者を大本山に申し立てて大本山より住職に任命する。また、法幢格地寺院は一郡一郷、または数郡数郷の寺院にて入札し、最高得票者をその国の僧録より任命するというのである。しかし、それ以下の支末小院は、従来どおり師資、法類、遺書などによって本寺より住職を任命され、本寺が遠境ならば、本寺に代わる寺院あるいは僧録より住職を任命するのである。

このように坦山の意見は、現代の言葉でいえば公選法を主張したのであるが、その背景の例として、「当今米利堅国大統領已下肝要の職掌皆公挙人撰任候法則にて全く一乾坤の内協和至治と讃称仕候本源は唯此公挙人撰の一事に可有御座奉存候間御採用被為在可然奉存候」というように、アメリカでは、大統領以下要職者は公選されていることをいう。さらにつづいて、大体上位より人選する場合は、自然と賄賂や依怙、縁故などがあるが、同輩や下位より推挙され、上位より任命されるならば上下協同で、自然に道徳のあるものが大刹の住持となる。そのため、後学初識者は学道勉励することになり、僧風が一新するというのである。

坦山の主張の結論は、住職は公選によること。事件は公議の評決すなわち多数決で決めることで、民主制を主張したものであり、この意見の思想的背景には、出家以前に江戸で多紀安叔の塾において医術を学んだり、出家後、京都において蘭方医の小森宗二の下で解剖実験に基づく西洋医学を学んだりして、封建的な時代にヨーロッパ文明の知識のあったところから生まれた意見と思われるのである。それは、碩徳会議が決定事項をなくして終ったため献言したのであった。しかし、坦山の意見は、すべてはとりあげられなかったものの有名無実の策ではなく、明治五年三月に締結した「両山盟約」の第七条には、大本山貫首の交代の節は、投票によって後任を確定し、政府へ推挙出願して任命されるということなど、近代曹洞宗が出発する上の制度確立に、建設的な意見となっているのである。

第二節　宗門機構の近代化

明治二年十二月二十日、政府は永平寺、總持寺へ沙汰を出した。それをあげると、

永　平　寺

昨夏　御沙汰之筋有之候処今般御取糺之上其寺總持寺共本山如故各其末寺取締違乱無之様可致旨更ニ被仰出候事

但永平寺ハ道元開基之祖山タルヲ以テ席順總持寺ノ上タルヘク候尤両寺之末派互ニ転住向後差止候事

總　持　寺

昨夏　御沙汰之筋有之候処今般御取糺之上其寺永平寺共本山如故各其末寺取締違乱無之様可致旨更ニ被仰出候事

但永平寺ハ道元開基之祖山タルヲ以テ席順總持寺ノ上タルへク且其寺従来輪番持之処向後碩学智識之者ヲ挙テ住持タラシムへク候尤両寺之末派互ニ転住自今差止候事

とあり、以前の沙汰を取り消して、あらためて両寺が本山であることを認めた。しかし、永平寺は總持寺より上席を確保されたが、それ以外は總持寺の願意が認められた。ただし、總持寺は本山として輪住制を廃止し、独住制と改めるべく申達された。そして翌三年七月二十五日、天徳院（金沢市小立野）の梅崖奕堂が勅命によって總持寺独住一世に就いたのである。しかし、両寺の末派がたがいに転住差止めになると、末派少数の永平寺は衰退するため、今度は逆に永平寺より差し止め解除の嘆願書が明治三年十月に政府へ提出された。それは、

乍恐曹洞一宗の儀尤總持寺開山瑩山を初一宗都て宗祖道元一脈を以て到貫通候法孫にて聊異派無之、一宗一体宗祖創立之法則を以て室内伝法成就のものは彼此無分涯いづれの寺にても致住職其寺伽藍伝法相続仕候宗儀に御座候処、派分を以て互に伝法御差止被仰一宗両派に相成候ては宗祖道元室内正伝の旨を以て制立仕置候一宗一体之法則相潰れ、創業之総本寺忽寺に荒蕪衰退仕、宗門之外聞は不及申上、諸末派共人法伽藍法の両脈支離錯乱、即今住職之寺門差支、一同困惑動乱仕、乍恐御静定之御仁裁却て彼此の争根と相成、断脈乱統之宗害立地に醸し可申、忍然難罷在、宗門危急之一大事、恐怖至極奉存候、御時節柄重々奉恐入候得共、不顧万死重罪、宗門創業以来一宗一体之法則、且従前公判例証委曲書取を以て再願嘆奏候、以上

越前
永平寺

明治三年庚午年十月

弁官　御伝達所

とあり、そのため政府は永平寺の嘆願をとり入れて、明治四年四月三十日には、

四月三十日　　　　　　　　　　永平寺

第二一三号

其寺總持寺末派寺院互ニ転住被差止置候処再応之御詮議ニ依リ今後転住等旧来之通差許候事

と転住差し止め解除の沙汰を出したのである。しかし、總持寺は永平寺の一方的な行動にたいし、再三抗議をつづけており、こうした両本山の紛争によって、新時代に則した宗制の編成は期待できず、宗制は江戸期のままの維持となり、新宗制の成立どころか、それ以前に両本山和合の実現を積極的に推進せねばならなかったのである。

明治五年になると、政府は大蔵卿郷純造の名によって、永平寺貫首環溪密雲と總持寺貫首栴崖奕堂を大蔵省へ招き、演達および要領五カ条の文書を手交して、両本山親睦修交の盟約の締結を勧告した。そして三月二十八日に、両本山間で盟約書を交換したが、その要領をあげると、

第一条　永平寺總持寺是レヲ曹洞一宗ノ両本山トス而シテ永平寺ハ始祖道元ノ開闢タルヲ以テ席順總持寺ノ上タルヘシ

第二条　宗門之制度法中ノ事務ニ於ル一切ノ疏帖等永平寺總持寺両名捺印タルヘシ

第三条　一宗之派下寺院ヘ可相渡免牘ハ勿論総テ布達ニ関スル書類等両寺捺印タルヘシ

第四条　両本山之諸堂等破損修理ノ節ハ双方互ニ助成可致事

第五条　両本山ニ於テ将来諍論ヲ不致旨ノ盟文ヲ急度可取結事

とあり、宗門内部にかかわる重要な課題にはふれておらず、教団統制上の事務的文書にたいして捺印するなどの形式的なことが主となっている。そして、第五条にある「将来諍論ヲ不致旨」にしたがって、同日付で環溪、奕堂の連名で、

本月廿四日御書下ケニ相成候御演達ノ趣深奉敬承今後両寺一体毫末ノ異情不可有之候尚宗弊釐正之儀ハ碩学徳望之者ヲシテ決議セシムヘク候依之為後鑑盟文互ニ為取替候也

明治五季壬申三月廿八日

永平寺
環溪
總持寺
奕堂

と盟約書をとり交わし、多年の悪弊が一掃されたのであった。しかし、「両山盟約」が締結されることになったのは、政府の演達勧告によったものであるところから、曹洞宗は国家の指示によって近代化が推進せしめられたということになる。両本山紛争の解決の道が政府によって訓諭されたことは、それ以後の曹洞宗教団の出発にとっては幸福であったわけで、近代宗団としての装いを整えながら、新しい一歩をふみ始めたのであった(5)。

ところで、明治五年は、「両山盟約」以外に学制や徴兵令の施行、鉄道の開通、太陽暦の実施など多くの改革が行われた年でもあった。廃仏毀釈にたいする反省と仏教界の奮起により神道中心の神祇省が廃止され、政府は教部省を設置した。これは鴻雪爪や島地黙雷による進言や建議によったもので、神道と仏教が平等に政府の下で管理されることになった。そして四月二十五日には「僧侶肉食妻帯蓄髪等可為勝手」の布告が出され、両本山より末派寺院へ諭達された。これは出家仏教というよりも在家仏教であり、政府の宗教政策は在家仏教たらしめようとしたものと思われる。六月二日には、政府より「教導職心得」が出され、教部省に属する教導職の職制を定めて、全国の神官と僧侶を教導職に任命した。こうして、神官と僧侶が提携して国民の教化活動にあたることになったのである。

しかし、その目標として定められたものは三条の教則といわれるもので、

一、敬神愛国の旨を体すべき事

一、天理人道を明らかにすべき事

一、皇上を奉戴し朝旨を遵守せしむべき事

とある三条であったが、天皇中心の敬神愛国思想を宣揚することにほかならなかった。

仏教各宗はこの政府の方針に賛同し、各宗連合の教導職養成機関として大教院の設立を願い出た。もちろん神仏合同の大教院であるが、廃仏毀釈による廃寺合寺から還俗するものが多く出たため、僧侶救済の一策として仏教側から要請されたもので、ふたたび神仏合併を計ったものであった。曹洞宗も積極的に協力し、六月五日には教導職巡回説教の儀を末派へ布達しており、六月十六日には三条の教則の発布や大教院創立宣布の趣旨および教部省の命令にしたがって、大教院経営の費用を教部省へ納入することなどが末派へ示達された。こうして八月二十七日、東京の金地院に神儒仏三宗を開講し、ついで東京麴町紀尾伊坂の旧紀伊徳川邸跡をへて、翌六年二月六日に芝の増上寺境内に移転した大教院は、同年十月頃から真宗側より異論が続出し、神仏教導職の対立が深刻化したため、結局は明治八年四月三十日太政官達、五月三日教部省達乙により神仏合併を差し止めて、大教院は解散してしまった。

さて、曹洞宗では両山盟約による近代教団の組織を形成せねばならないため、十月三十日に碩徳会議を開いて衣体、結制、戒会などのことを決定して示達した。また、政府は各宗にたいして、管長一人を定めて届け出す指令を出しており、各宗協議の結果、各宗を七派となして一派管長とした。曹洞宗は禅三派（臨済、曹洞、黄檗）連合で禅宗管長を置くことになり、抽選で最初に臨済宗天竜寺の由利滴水が就き、十月三日より翌六年三月三十一日まで務めた。つぎに曹洞宗の番であったため、永平寺貫首の久我環溪が就いた。環溪は同六年四月一日より翌七年三月

末日までの予定であったが、明治七年二月十九日には、政府が諸般の事務取り扱いの上で不便であるところから、禅宗三派より単独の宗名呼称が認められ、各々に管長を設けることが許された。そこで、曹洞宗の初代管長として環溪が二月二十二日より三月三十一日まで務め、四月一日より總持寺貫首の諸岳奕堂が就いて、それ以後の管長は、両本山貫首の一年交代で務められた。なお、管長交代の時期は明治二十四年まで四月一日であったが、永平寺貫首森田悟由の就いた明治二十八年より一月一日付の交代となっている。

そして、曹洞宗単独宗名の呼称の許可により、両本山の東京出張所を曹洞宗務局と改称するとともに、全国録所の称を廃して曹洞宗務支局とした。この改称は両山盟約の締結とともに、教団組織の近代化として注目すべきことであり、体質改善へと進んでいく機会となった。宗務局は教部省と宗務支局、末派寺院との間に置かれ、政府よりの連絡と指導とともに、教団全体の一切の事務を統轄するものになっていった。しかし、当時は、明治国家による三条の教則の国策にしたがった姿勢を示さねばならない時期であったため、自主的な宗門布教活動はできず、みずからの立場を確保するにはどうしても国策にしたがわねばならなかったのである。

こうして両山盟約の締結、宗務局の設置などが行われ、行政機構の確立とともに広く衆議によることを決定して、明治八年十一月十五日には、第一次末派総代議員会議が開かれた。そこで、一、宗教恢張之事、二、宗務匡整之事、三、両本山並宗局永続資本之事、四、本校資本之事などが審議されている。このように教団の新体制が着々と進められていくなか、明治十二年二月十五日には、先の両山盟約を一層強固にするため、より具体的に十カ条に成文化して発表し、内務省の認可をへて末派寺院へ布達した。この「盟約書」は、以後の宗門の根本法規となるもので、明治十四年十月十一日には、第二次末派総代議員会議を召集して根本法典を制定すべき決議がなされ、青蔭雪鴻、滝谷琢宗などが曹洞宗規編制委員となって編纂に着手し、翌十五年五月五日に「曹洞宗本末憲章」が発布された。

この本末憲章は本山の末派にたいする権利、義務、末派の本山にたいする権利、義務をうたっており、両本山と末派寺院との間の権限を明らかにして成文化したものであった。そして明治十七年八月十一日、これらを総合した「曹洞宗宗制」が太政官達をもって編制を指令され、同時に政府は神仏教導職を廃止して、寺院住職の任免や教師等級の進退に関することの権限をすべて管長に委任することになった。

この宗制は第一号より第十一号にわたっており、翌年四月二十日に内務省へ認可を出願し、五月二十八日には内務卿山県有朋の名で認可されて八月一日から実施された。その後、この宗制は時勢の進展によって改正され、明治三十九年二月二十八日には「曹洞宗宗憲」として告諭発布された。こうして、ようやく宗制が完備され、宗門制度は近代化をなしとげたのである。

第三節　近代宗学の形成と出版

政府の干渉によって明治五年に「両山盟約」が締結されて以来、曹洞宗は宗門機構の組織作り、宗制の編制などによって近代化へと歩み始めた。しかし、曹洞禅の思想や教学面の近代化は、急速には推進されなかった。江戸期の宗乗を踏襲しており、宗典や祖録の注釈、解説、提唱の形がそのまま継承されていた。

明治初期、教学の近代化を推進した最初の人は原坦山であろう。坦山は出家する以前、江戸の昌平黌において倫理学としての儒教を、また、多紀安叔の塾で医術を学んでいる。さらに京都において、蘭方医小森宗二の下で解剖実験に基づく西洋医学を学んでいた。また、出家後、風外本高に参じて禅を修行し、叡山に上って天台の教相も学んでいる。したがって、近代西洋文明が我が国へとり入れられる以前に実験、実証主義を導入して仏教の心識論の解明を行っており、明治二年には『時得抄』を、同六年には『心性実験録』を刊行した。彼はみずから「心識論」

にいうように、仏教の経論に説かないところを、西洋の学説を取捨して仏教の真意をとらえようとしており、それを実験、実証などといっている。したがって、西洋文明をとり入れて仏教の心識論の解明を行ったものであるが、伝統的仏教解釈の立場からは批難された。しかし、実験的仏教研究を行って、近代国家の思想文化のなかに仏教を位置づけようとしたことは画期的であった。(6)

それにたいし、『正法眼蔵』を伝統的に参究した眼蔵家の解釈を継承する人もあり、『正法眼蔵』を教団全体のものとして「眼蔵会」を開き提唱した西有穆山は、みずからの体験をとおして『正法眼蔵』を参究し、一般僧侶にもわかりやすく提唱した。その提唱を編述したのが『正法眼蔵啓迪』であるが、そこでは原坦山の主張する実験主義からみた近代的教学は容認せず、実参実究の立場をとったのである。しかし、西有穆山は近代思想との対決を回避したのではなく、対決に意味がないとしたのである。そして近代思想と対決した立場をとった人は、忽滑谷快天であった。明治三十八年に『禅学批判論』、同四十年に『批判解説禅学新論』を公刊し、その立場を闡明にしたが、こうして曹洞禅は「禅学」としての研究が始まった。しかし、護教的信仰を根底に置いて進んでいったことは当然であり、客観的な研究にまでは至らなかったといえよう。

そこで、明治期を大きく四期に分けて、出版された著作や著者、出版社などをながめ、当時の状況の概略をみてみよう。ただし、ここでは著者と出版社のみをあげる。

明治元年～十年

〔著　者〕

原坦山、大内青巒、能仁柏巌、栖川興巌、南木国定、古田梵仙、笠間竜跳

〔出版社〕

森江佐七、永田調兵衛、神先宗八、明教社

第一期は明治元年より十年頃で、この間には、仏教を医学的に細かく研究する西洋の学問研究方法をとり入れて著わした原坦山の『心性実験論』をはじめ、大内青巒によって仏教雑誌の刊行が始められた。また、神仏合併の大教院より三条の教則やそれを敷衍するための「十一兼題」の解説書が出始めている。さらに、江戸後期の宗乗家による提唱や著語も随徒らによって刊行された。

明治十一年〜二十年

〔著　者〕

古田梵仙、笠間竜跳、翼竜童、栖川興巌、長善玄朗、大内青巒、能仁義道、大渓雪巌、山腰天鏡、原坦山、野々部至遊、林古芳、西有穆山、木村文明、山田大応、辻顕高、吉田義山、滝断泥、宝山梵成、寺島得一、町元呑空

〔出版社〕

森江佐七、神先宗八、栗田東平、曹洞宗務局、文光堂、出雲寺文次郎、鴻盟社、其中堂、松屋書店、仏仙社、積善社、巌松堂

第二期は明治十一年より二十年頃で、この間の初期には、教導職の十一および十七兼題に関する解説書が出され、また、聞解、首書傍訓、増冠傍註、校訂などが付されて、宗典の語や出典、故事などを書き加えたものが多くみられる。また、折本装の経典なども刊行されており、曹洞宗大学林の教師であった古田梵仙、翼竜童、辻顕高、吉田義山などによって大学林、中学林のテキストである黄表紙本などの出版がその中心であった。しかし、後期になると、両祖の伝記や禅学の研究書、入門書なども刊行されるようになった。

明治二十一年〜三十年

〔著　者〕

高田道見、鵜飼常樹、足立普明、大道長安、大内青巒、山田孝道、丹羽仏鑑、久田竜峰、折居光輪、古知知常、福山黙童、金山貫苗、安達達淳、鳥尾得庵、加藤咄堂、大辻是山、村上泰音、丹霊源、麻蒔舌渓、西有穆山、岡田泰明、白鳥鼎三、菊池大仙、森田悟由、横井見明、滝谷琢宗、霖玉仙、岸和田一雄、阿川断泥、水野霊牛、忽滑谷快天、今川勇禅、木田韜光

〔出版社〕

国母社、日新社、宗粋社、曹洞宗務局、鴻盟社、秀英社、顕道書院、尊皇奉仏大同団本部、洪雨軒、明教社、経世書院、古香書院、哲学書院、如是社、益友社、光融館、永平寺東京出張所、總持寺東京出張所

第三期は明治二十一年より、三十年頃で、とくに『修証義』の制定により、その説教例や『修証義』に関するものが多く刊行されるようになった。また、永平寺、總持寺両本山の分離事件が生まれ、各本山側の主張を公論した雑誌や新聞、著作がみられる。その代表が現在稀覯本である安達達淳の『能山独立曹洞革新論』（明治二十五年四月　安達達淳）である。なお、この頃から国母社などをはじめ洋装の活版本が盛んに刊行されており、第二期と同じように増冠傍註本、冠註本などが何度も出版されている。

明治三十一年〜四十年

〔著　者〕

松崎覚本、来馬琢道、芳川雄悟、五十嵐絶聖、佐々木珍竜、森田悟由、石川素童、畔上楳仙、丘宗潭、木津無庵、弘津説三、木田余鶴仙、秋野孝道、梶川乾堂、鷲尾順敬、伊藤俊道、武田泰道、水野梅暁、鈴木天山、

竺山黙禅、峰玄光、境野黄洋、久内大賢、紫安常応、新井石禅、佐藤鉄額、秋山悟庵、高田道見、加藤咄堂

〔出版社〕

森江書店、其中堂、光融館、国母社、鴻盟社、通俗仏教館、博文館、曹洞宗務局文書課、同教学部、文明堂、顕道書院、井洌堂

明治四十一年〜四十五年

〔著　者〕

松浦百英、孤峰智璨、神谷篤倫、五十嵐絶聖、陸鉞巌、荒木礒天、細川道契、弘津説三、岡田宜法、横尾賢宗、秋野孝道、竺山黙禅、北野元峰、岸沢惟安、浅野斧山、高橋定坦

〔出版社〕

井洌堂、宝文館、東亜堂書房、丙午出版社、博文館、一喝社、大日本薫風会、図書刊行会

第四期は明治三十一年より四十五年である。ここでは同四十年までとそれ以後を分けてみたが、この間は、高田道見や加藤咄堂らによる宗門教化に関する著作が多く出版されるようになった。また、先年に出版されたものの後刷といわれる再刊本も出版されており、光融館、国母社、鴻盟社、森江書店、其中堂、井洌堂などが出版社の中心であった。そして、宗学に関する研究書も盛んに刊行されるようになった。

以上、明治期の宗門の出版状況の概略をみてきたが、宗門の機構や諸制度成立の過程に歩調を合わせながら出版書は変遷しており、時代をへるにつれて高度な研究書が刊行されていった。とくに大学林や中学林のテキストであった校訂、傍註、冠註本などは西洋的研究方法をとり入れて進んでおり、「禅学」としての専門研究書が、徐々にではあるが執筆公刊されていった。

註

（1）『玉竜三十年の歩み』（昭和四十五年九月　鹿児島玉竜高校）七六頁。
（2）『松本市史』下巻（昭和四十八年九月　名著出版）一〇〇頁以下、宮坂喆宗「松本藩の廃仏毀釈の顚末」（昭和四十二年十一月『松本と安曇の話』安筑郷土資料刊行会）一〇三頁。
（3）服部空谷『鴻雪爪翁』（昭和十三年十二月　古鏡会）四八頁。
（4）孤峰智璨『奕堂禅師』（昭和二年十月　鴻盟社）二五五頁。
（5）竹内道雄『曹洞宗教団史』（昭和四十六年六月　教育新潮社）一六〇頁。
（6）川口高風『原坦山和尚全集』解説（『原坦山和尚全集』昭和六十三年六月　名著普及会）四二六頁。

第二章　碩徳会議と總持寺独住一世栴崖奕堂

第一節　碩徳会議の開催

明治元年三月六日（従来は二月説）、永平寺の臥雲は太政官にたいし、関三刹制度を廃して永平寺を「一派総本山」とする願書を提出した。この背景には總持寺との三衣事件などがあったが、永平寺は疲弊のどん底でもあったためである。しかし、總持寺側は永平寺が一挙に総本山を主張し、宗門の全権を掌握せんことを謀願したとする厳しい指摘を行っている。臥雲は同郷である薩摩出身の新政府の要人と越前松平春岳侯と厚き関係にあった彦根清凉寺の雪爪などと会談し願書を提出しているが、監院の千準や大円寺の是山、台雲寺の董戒らの推進もあったためである。(1) 五十世玄透は清規の復古を行ったが、臥雲は衣体の復古を訴えるとともに、宗政を永平寺中心とする宗規に改革しようとしたわけで時宜を得たとしたのである。永平寺に所蔵する文書のなかには、「総本山」と木版によって刷られた罫紙に当時の願書や留書が記録されている。永平寺の意識は、新政府に認められようが認められなかろうが「総本山」として出発したのであった。

この永平寺の主張にたいし、政府は總持寺より故障申し立てはないか尋問した。しかし、永平寺は總持寺が元来末派中の本寺であり、異論申し立てはないことを返答した。それと前後して、總持寺は代理として芳春院の義順が上洛し、宝牘を献上して帰山したところ、永平寺は總持寺の異論なき願書を提出したと御用商人の上林長左衛門より通報があり、そこで四月一日、總持寺の代理として天徳院の奕堂と總持寺役局の東源寺の禅牛らが上洛し、總持寺は後醍醐天皇以下四帝の綸旨と旧幕府における朱印、条目などの由緒を詳らかにし、さらに勧修寺家の添書を得て、従前のごとく本山職を維持する宗制の施行を出願した。總持寺はその後も数通の願書を提出しているが、永平寺も監院の千準や雪爪らが建白を行っている。しかし、政府は一度の審問も行わず、六月六日に永平寺へ、

永　平　寺

於総本寺学寮ヲ創立致シ宗門制度碩徳ノ公議ヲ遂ケ宗規一新教化諸民可奉報　国恩旨被仰出候事

六月

と永平寺（総本寺）に学寮を創立し、宗門制度について碩徳の決議を行うことが沙汰された。この沙汰は、政府が永平寺を総本寺であると認めたものであった。また、總持寺にたいしては、

總　持　寺

当寺儀賜　紫衣直ニ参内出世本寺ノ儀ニ候得共元来永平寺ノ別寺ニ候へハ甲乙ノ廉顕然候間今度　御一新ノ折柄是迄輪番住持相止宗門碩徳ノ僧ヲ為致選挙住職同寺ヨリ祖師開闢総本寺永平寺へ昇住致シ総本寺ト争立ノ念慮ヲ相忘専ラ宗門振起教化ヲ以テ可奉報　国恩旨被仰出候事

六月

と、總持寺は紫衣を賜わる参内出世の本寺であるが、永平寺とは別寺であり、明治と一新されたことであるから、住持の輪番制をやめて碩徳を住職に就かせ（独住制）、総本寺の永平寺へ昇住するように沙汰した。

この政府の見解はまったく永平寺の主張を認めたものであり、宗規一新して総本山永平寺となったことを、雪爪は天竜寺詰の鉄英に告知している。そこで、永平寺は七月二十四日、太政官へ金五百両を上納した。もっともこの献金は永平寺にあるわけでなく、越前藩などから借用して奉納されたのである。なお、永平寺には「総本山永代会計趣法議定書写」を所蔵する。これは明治二年二月に、臥雲以下六役と門首宝慶寺、後見鎮徳寺および公議集会寺院が列挙され、総本山として一年間に集金できる額の見積明細が記されている。全国一万七千カ寺にたいし、金二歩二朱の割合で付加して、一年間で一万両の集金が概算されている。当時疲弊していた永平寺が、これによって経済的復興のできることを喜んだのは当然である。

このような政府の沙汰にたいし、總持寺は当然不当、不法を主張し、服従すべからざることの請願が總持寺末派より出た。しかし、政府は、總持寺の請願について何らの詮議も行わず、八月二十三日には、太政官の秋月種樹らが永平寺の主張した碩徳会議の開催を許可し雪爪に伝達した。そこで、九月三日、行政官より十二名の碩徳を上京させ会議公論の上、一宗の定則を成立させるように沙汰された。その十二名とは先にみたように、

加州金沢	天徳院奕堂	肥前長崎	皓台寺伝翁		
江州彦根	清凉寺雪爪	城州宇治	興聖寺環溪		
越中高岡	前瑞竜寺橘僊	濃州下有知	竜泰寺正僊		
濃州今須	妙応寺玄齢	尾州名古屋	万松寺鑑法		
尾州熱田	法持寺鼎三	加州金沢	宝円寺玄璵		
下総国府台	総寧寺元良	肥前佐賀	高伝寺宥庵		

である。永平寺は行政官よりの沙汰と総本山の肩書による副達を発し、とくに宝円寺の玄璵と天徳院の奕堂へは総

本山の肩書をはずし、たんに永平寺の名をもって上洛を促す特達を出した。しかし、玄堈も奕堂も応じておらず、その他の数寺院も快諾しなかったようである。奕堂は九月十六日、總持寺代表として訴願のため能本山宿所の生蓮寺（京都市左京区新高倉通仁王門下る福本町）へ赴き、また、臥雲も十九日には永平寺宿所の天寧寺へ到着した。なお、天寧寺は西京出張所と称しており、京都の永平寺出張所ともいわれた寺院であった。十月一日、臥雲は翌二日から公議を挙げるべく碩徳会議に出席されんことを興聖寺の環溪らに願っている。そして二日より四日までの三日間、天寧寺において会議が開かれた。この会議の内容については、孤峰智璨『奕堂禅師』（昭和二年十月　鴻盟社）所収の「奕堂禅師書翰集」や服部空谷『鴻雪爪翁』（昭和十三年十二月　古鏡会）四七頁、横関了胤『曹洞宗百年のあゆみ』（昭和四十五年一月　曹洞宗宗務庁）一五頁によって、各碩徳の動向が明らかになり、また、両本山の苦悩も明らかになった。もちろん總持寺代表の奕堂は出席しておらず、臥雲と雪爪との意見の対立も生まれ、万機公論は竜頭蛇尾に終った。会議後、雪爪の命により、法嗣で孝顕寺住職の童寿（雪鴻）の記した「願達」が總持寺役局や奕堂へ提出された。それをあげると、

今般、王政一新之御時運宗規制席之儀、諸宗門共御勅裁御座候旨、両本山ニ於而も被レ為蒙レ御二裁許一候趣、先般越本山より御布告ニ相成、奉二恐承一候、元来御末派ニ於而、両山者如二両肩一奉二重仕一候得共、近古於二両山一衣躰之争論御座候而、余論御末派ニ波及仕、宗規法衣両端ニ出、甚迷蒙罷在候、右等之儀者、今回御泯絶ニ可二相成一与《カ》一同蘇息仕候、右ニ付朝廷ヨリ、宗門夫々連名之寺院速ニ上京致、遂二公議一宗規一新、可レ奉レ報二御国恩一御旨御達ニ付、早速上京仕候得共、御地最寄御召之寺院者多分不参ニ而、一統之公議ニハ雖及何分此度之大事件ニ御座候間……（中略）……今般御変替御不都合之儀者、拙寺共乍レ不レ及粉骨砕身為国家為二宗門一尽力仕度候間、御任被下両山御懇和ニ相成候様、奉二懇願一候、於二朝廷一何歟無我を修行致候僧兮方今争論之義者深

ク御厭被レ成候趣ニ承候、此上御争論之儀致二増長一遂ニ吾宗門のみなら春、一体之毀釈排仏之論抔ニ至る者、何共歎敷奉レ存候、右之趣越本江茂奉レ願候間、格別之御公評被レ下度、一同奉願候以上　明治元戊辰年十月

肥州　医王寺融源　印
摂州　陽松庵雪巌　印
越州　孝顕寺童寿　㊞
紀州　安楽寺朴全　印
紀州　宗応寺愚慶　印
房州　長安寺台翁　印
濃州　竜泰寺正僊　印
房州　延命寺竜山　印
江州　洞寿院透関　印
肥州　竜源寺活山　印
江州　清凉寺雪爪　㊞
濃州　妙応寺玄齢　印
尾州　法持寺鼎三　㊞
摂州　鳳林寺明道　印
尾州　正眼寺良器　印
遠州　可睡斎興宗　㊞

讃州　見性寺宏宗　印
尾州　万松寺鑑法　印
武州　総寧寺元良　㊞
城州　興聖寺環溪　印

とあり、天寧寺に集合した碩徳二十人が連署押印している。したがって、この会議には太政官より指名された十二名以外も出席したことが明らかで、指名されても出席しなかった人は奕堂はじめ橘僊、伝翁、玄璵、冐庵である。また、指名された以外の人は融源、雪巌、童寿、朴全、愚慶、台翁、竜山、透関、活山、明道、良器、興宗、宏宗らがおり、各地の録所寺院が多かった。總持寺側の人がすべて欠席したというものではなく、鑑法、良器、正僊ら總持寺側の人も出席している。しかし、両山の軋轢は根深く、碩徳の主張も無駄なものとなった。

碩徳会議における雪爪と臥雲の立場は異なっていた。雪爪は宗制改革の一点張りであり、従来のごとく両本山軋轢の繰り返しでは、両山一致協力など行われず、宗内の統一を図る得策として永平寺を総本山としたのである。雪爪の言議に終始同調し支持したのは、環溪と鼎三のみであったともいわれている。ただ、臥雲は宗権を回復して永平寺を有利に導く目論見があり、そこに対立が生まれたのであった。そのため、十月八日、雪爪は越前屋敷に赴き、臥雲について相談しており、二十二日には、越前藩家老本多修理釣月が台雲寺の董戒と地蔵院の竜山に臥雲の永平寺退隠を示唆した。これは本多修理釣月の手記である『越前藩幕末維新公用日記』（昭和四十九年九月　福井県郷土誌懇談会）の十月十九日の日記に、

十九日、地蔵院呼出、過日禅師より總持寺出願之次第被レ伺へ返答シ、且近況次第聞ク。第一総本山ニ相成、宗制モ引受、總持寺輪住モ相止候様相願節、禅師ハ願之節ハ人ニ手寄宜候へとも、願カ叶ト人ヲ不レ頼、自分

ノ物数奇出ル人ナリ。左様ノ事ニ而ハ不レ叶申候、……（中略）……加レ之今日迄も、右一致公儀ノ事ニハ気も掛り不申。十二寺ノ出タモ出ヌモ貪着不レ致、加レ之私利ヲイトナミ、出来、迚も此上ハ不二相叶一候間、足本ノ明ナル中に、御懇命ノ御廉ヲ以、隠居ノ儀、御内沙汰ニ相成候ハ、難レ有仕合と申レ之、其余宮上ケ等ニ付金取コトヲ伸、尤極内話ナリ。

とあり、二十二日にも、

今朝呼出ニ而丸岡大（台）恩（雲）寺ト地蔵院来ル。禅師退隠可レ然旨ヲ、御懇命之廉ヲ以申聞ル。

とある。そして、二十三日には、

地蔵院昼後来リ、昨日之次第禅師へ申聞候処、難レ有、乍レ併御請ハ直ニ難レ仕候。懇意人モ有レ之ニ付、薩人へ談度旨ナリ。

と、臥雲は永平寺退隠について、薩摩の懇意の人と相談して決めることをいっている(2)。

このように碩徳会議後、雪爪と臥雲との関係は悪くなったが、永平寺は総本山として末派の全国録所へ法幢地の寺格昇任や免牘の書き改め、さらには太政官への献金についての御用金納入を催促したり、一般僧侶から献言すべきことを触達した。それにたいし、原坦山はすでに紹介した意見を申上したのである。そして十一月、永平寺に学寮が創設されることを末派寺院に示達した。

一方、總持寺は永平寺に有利な沙汰の取り消しに奔走尽力していた。その一人に備中永祥寺の彦竜（在田氏）がおり、知人の儒者である中条二郎の長女（梅子）が岩倉家の老女となっていることから、岩倉家へ綸旨の写や歎願書を提出し、岩倉家の尽力によって總持寺の願意が叶えられるよう活動していた。

第二節　政府へ提出した「曹洞宗掟書」

明治二年二月になると、永平寺は東京へ出役所を設けるべく大円寺などを指定し、大円寺の是山（大辻氏）を総本山監院に任じた。そして、碩徳会議に出席した寺院や全国録所寺院など四十九カ寺にたいし、上京して免牘改めや献金を願った。また、政府へは総本山としての機能を果たすため「総本山会計趣法議定法」を提出し、さらに三月二日には、長老を集めて公議した宗門制度の掟である「曹洞宗掟書」（大本山永平寺蔵）を提出した。これは永平寺名代として大円寺から提出されているが、内容は二十カ条にわたっている。

第一は、出家受戒の時、師より血脈度牒を授与され、江湖会安居を二十年遍歴修行すること。ただし、修行中に江湖会安居した時、度牒にその寺院の法幢師および首座や役寮より安居した旨を記してもらう。また、遍歴中はかならず総本山学寮へ三夏三会以上掛錫し、送行の時印鑑を授与される。そして、総本山印鑑所持の者で二十年以上へた人は、人望によって諸山の江湖頭になれる。

第二は、二十年の修行を行っていない者は江湖頭に任命されない。江湖頭を行っていない者は嗣法相承ができず、未嗣法者は住職になれない。

第三は、師資面授嗣法は一師印証で、他人が代わったり未出世者は行えない。

第四は、嗣法相承者で住職となり二十五年以上の者の中、転衣希望者は永平寺、總持寺いずれかで、嗣法の本師もしくは録寺、本寺などで作成した推挙状を持って上山し、賓位に就いた後、執奏家より綸旨出世転衣を拝戴する。

第五は、三十年の修行を行っていない者は法幢を建てることができない。

第六は、江湖会結衆の人数は定まっていないが、最近、物価は高く寺院も窮乏しているから、常恒会の結衆は二十五人以上、片法幢会は三十人以上、随意会は三十五人以上で、二時、供養も質素淡薄をもって仏祖の家訓に遵うことをいう。

第七は、戒法は仏々祖々によって今日まで正伝してきたものであるから、寺院では時々、授戒会を修行すること。ただし、戒師は法幢を建てた碩徳を請すること。

第八は、転住の時、嗣法の三物は一生護持するが、伽藍法の二物（大事・血脈）も重ねて授けること。ただし、伽藍法の二物は先住地へ残し、遷化後、後住がいない時、本寺あるいは同門が代わって付与する。

第九は、他寺へ転住した時、その寺の伽藍伝法を行い、旧寺の後住人へ伽藍法の二物を伝付することはできない。その寺の隠居、あるいは本寺、同門の末寺などから代わって付与される。

第十は、法地起立は伽藍伝脈によって本末を定め、他寺の人法によって乱りに伝脈しないこと。

第十一は、録所、三法幢地へは未法幢者が住職できない。

第十二は、録所、三法幢地の住職が平法地へ転住する時は、委細な書付に録所の奥印を付して願い出ること。

第十三は、住職が一旦隠居した後、再住する者は本寺および録所において調べ、理由が明白ならば認められる。しかし、他寺へ住職の後は元の寺院への再住はできない。

第十四は、開基および大檀那のある寺院住職は意に任すが、法臘などの調書を総本山へ提出すること。

第十五は、録所、三法幢地の住職は、法系に拘らず相応した人物を住職とすること。また、総本山住職は碩徳を人選すること。

第十六は、寺院の本末関係は守り、末寺は本寺の法式を乱してはならない。また、本寺は末寺へ理不尽を申し付けてはならない。

第十七は、平法地の結制は七カ年に一会を修行し、年限が来ないのに修行してはならない。
第十八は、男僧寺院では尼僧など一切女人を宿泊させてはならない。たとえ親類の姉妹、老若でも止宿させてはならず、違犯の寺院は厳罰を申し付ける。
第十九は、紫衣、黄衣は永平寺、總持寺の住職以外一切禁止、緋衣は、寺格無き寺院では着用できない。
第二十は、永平寺へ推挙された碩学は時々、全国を巡回し仏祖の家訓を教導せしめる。寺院住職も従来の弊習を新して諸民を教導し、府藩県の煩労にならないよう僧道を守ることが国恩に報いるものである。

とある二十カ条である。この「掟書」は、江戸幕府が元和元年七月に降した「永平寺諸法度」、「總持寺諸法度」以来、江戸期に発布された定や掟をベースに改めており、明治政府へ新しく出発する曹洞宗の掟として総本山永平寺より提出されたのである。しかし、これをみても、直に掟の近代化が進んだわけでなく、江戸期の掟が従来のまま踏襲されていたのである。

そこで、この「掟書」が明治になって改められた点をみてみると、

第二の二十年修行せねば江湖頭になれなかったことは、後に五年以上と改められた。

第四の転衣は、入衆以後二十五年以上の住職であったが、明治五年十月三十日の布達によれば、両本山において色衣着用が許可される儀式となった。

第五の入衆後三十年へなければ法幢を建てることはできなかったが、住職後三年を過ぎれば修行でき、その後七年をへれば再会ができるようになった。

第六の江湖会結衆の定数は、江戸期に七十三人以上（法幢地は五十三人以上）の安居者を必要としたが、本「掟書」では常恒会地で二十五人以上などというように、当時の物価高による寺院の窮乏から少人数に改められたので

ある。

第八、九の嗣法の三物以外に伽藍法の二物を重授することは、明治八年一月十三日に伽藍法の廃止が布達された。それは従来、總持寺が輪住地であったため、伽藍法の伝承を行っていなかった。しかし、明治三年に奕堂が独住一世となり、宗門必須の伽藍法伝承を大本山の貫首が行わないことは非であるところから、両本山の協議によって廃止されることになった(3)。

このように、近代曹洞宗の出発した掟は江戸期の法度を踏襲しているものの、王政復古の御命によって皇国の大恩に報いんため、当時の経済的事情などによって改められつつ年次をへるにつれ、さらに一層の近代化が進んでいった。

ところで總持寺側は永平寺総本山にたいして再審のため、政府へ必死の運動を試みていた。そして、三月二十二日、太政官より、

總持寺ヨリ歎願之事件今般御東下ニ付於東京御裁判被仰付候間彼表ニ罷下可伺出候尤御差図有之迄宗旨異乱等之無之様可申入候事

との達書を得て、東京表にて裁判が行われることとなった。この背景には彦竜（在田氏）の苦心の奔走があったようで、彦竜は前年（明治元年）八月十五日より本年八月十五日まで、總持寺輪住に上山せんとしていたところ、途中の京都で奕堂より協力を依頼され、輪住を他者に譲って裏面より運動した。

永平寺は四月十日、政府へ金札千両（米百石代）を天恩として献納しているが、總持寺側は願意貫徹のため、奕堂らは四月三日に京都を出発し、十五日に東京へ着いた。そして、池端七軒町の慶安寺（現在、東京都杉並区梅里一―四―二四）を能本山宿所として掛錫し裁判の結果を待ったのである。なお、当時の奕堂は總持寺擁護のために

尽力するとともに、廃仏毀釈や耶蘇教の侵入にたいして各宗の高僧と会合し対策を講じており、六月には政府にたいして耶蘇教防禦の法則五カ条を建言した。また、諸侯の執事にたいしては仏教の外護を歎願した建言書を提出している。

第三節　東京裁判による沙汰

太政官は明治二年三月、總持寺の歎願を認め、天皇が御幸した東京において、裁判に付して決着をつける旨を通達した。この通達を得るため、彦竜（在田氏）は裏面より運動し思い切った手段をとっている。それは、知人の儒者中条二郎の長女梅子（岩倉家の老女）を訪ねる際、京都の南禅寺にいた半僧半俗の行者である磯貝台湯より十徳と両刀を借り、頭には宗十郎頭巾をかぶって一士人に扮装し、總持寺の綸旨や願書を示して懇望したのである。その結果、裁判に付することとなったが、これはもっぱら彦竜の力によるものと總持寺側から高く評された。

当時、永平寺は臥雲の関係から薩摩侯の協力を得、さらに、越前藩がバックアップしているのにたいして、總持寺は加賀侯が協力していた。そのため三藩間の争いということもいえ、越前、加賀を通行する宗門人は五条衣の永平寺、絡子の總持寺で、各藩目付の糾問にあった。そこで、彦竜は越前を絡子で通過する際、駄荷衆（荷馬を扱う人）に混じって通行したところから、俗に駄荷彦とも称された(4)。その後、總持寺監院に就いており、總持寺のために尽くした功労者の一人として後世に名を残している。

ところで、当時は廃仏論の盛んな時代であった。すでに前年（明治元年）には、日吉山王神社で仏像や仏具などがおびただしく焼かれたり、各地で廃寺も行われた。そのため、雪爪は政府の内命により、宗教問題の解決にあたるため上京し、五月（明治二年）には、弁事役所より教導職取調局の御用掛となった。しかし、局員は主に神祇官を兼務している人であり、僧侶は雪爪一人のみであったため会議は激論となった。耶蘇教は入ってくるし、祭政一致を楯として仏教を廃し、耶蘇教は入れない暴論を局員はとり、雪爪の意見である「神仏二教は連合して内容を充実し、耶蘇教にたいしてあたらねばならない」という主張が正面衝突した。(5) 奕堂ら各宗同盟会より建白した耶蘇教防禦の法則五カ条とは、

一、檀徒戸籍の検査を厳重にする事
一、布教伝道に依り諸民を教化する事
一、右法令を各国の録寺に達する事
一、各寺院をして法義を研究せしむる事
一、寺院僧侶の賞罰を明にする事

であったが、まったくとり入れられず、そのため雪爪は、六月に病気を理由に辞任し、自坊の清京寺へ帰ることになった。雪爪は三回程刺客に襲われているが、各宗碩徳との意見を疎通して結束を固め、新時代に対応する方向を覚悟せしめた功は大きかった。しかし、七月、政府は神祇官を太政官の上に置き、民部省に寺院寮を設けて寺院の管掌を行うようになった。

このような廃仏論の盛んな時代に、西洋文明をとり入れて実験的に仏教の研究を行うことを公表した原坦山の『時得抄』が九月に学要社より刊行された。本書は後に、荒木礒天が講述した『禅学心性実験録』(明治四十年二月井洌堂)にも所収されたが、明治の新時代にあたり、一種の総合仏教論を提唱したものとして、さらに明治期の宗門における最初の刊行書として注目されたのであった。

一方、永平寺は太政官より總持寺へ東京裁判に付した通達が出されていることを知りつつも、五月には福井社寺

御役所へ総本山学寮創立のため、平岡山麓東北と吉野境村の両所のうち、約五十間四方の土地の借用を申し出た。そして、臥雲は八月に永平寺へ帰山し、九月二十三日より一週間、大野の洞雲寺で行われた授戒会の戒師を勤めていた。

ところが、十二月二十日、太政官より前年六月に出された永平寺、總持寺への沙汰を取り消し、改めて両寺へ沙汰が出た。

永平寺

昨夏　御沙汰之筋有之候処今般御取糺之上其寺總持寺共本山如故各其末寺取締違乱無之様可致旨更ニ被仰出候事

但永平寺ハ道元開基之祖山タルヲ以テ席順總持寺ノ上タルヘク候尤両寺之末派互ニ転住向後差止候事

己巳十二月　　太政官

昨夏　御沙汰之筋有之候処今般御取糺之上其寺永平寺共本山如故各其末寺取締違乱無之様可致旨更ニ被仰出候事

但永平寺ハ道元開基之祖山タルヲ以テ席順總持寺ノ上タルヘク且其寺従来輪番持之処向後碩学智識之者ヲ挙テ住持タラシムヘク候尤両寺之末派互ニ転住自今差止候事

己巳十二月　　太政官

この沙汰は永平寺、總持寺の両寺ともに本山と認め、各々の末寺を取り締ることをいう。「但書」によれば、永平寺は道元の開基であるところから、席順は總持寺より上である。總持寺は従来の輪番制をやめ、今後、碩学知識者を住持とすべきことをいう。この沙汰により奕堂、彦竜ら總持寺側は大歓喜した。考えてみると、前年の沙汰は永平寺の総本山を認めたもので、永平寺はそれを遵守しようとした。總持寺は歴史を表に出して両山を主張したわけで、本山論の争いであった。しかも、この沙汰は各々の末寺を取り締ることと各々末派寺院住職相互の転住を差し止めている。つまり、前年の沙汰である永平寺を総本山として一宗を統一せしめんとしたことと、まったく反対であった。当然、總持寺は喜び、独住制への道をとるが、極論的にいえば、太政官は「各」を認めているため、両山の分離分派を認めたものともいえよう。しかし、分離し末派のたがいの転住が差し止めになると、永平寺は末派が少ないため衰退することになる。そのため、永平寺としては相互の転住差し止めを解除せねばならない立場に追いこまれた。しかし、永平寺は沙汰にある各其末寺を取り締ることを無視し、以前と同様、総本山を称して總持寺末派にたいしても訓令を出している。それは両山同格となり、總持寺よりの昇住は取り消されたものの、総本寺の名称を取り消されたのではないとみなしたのである。そして、席順が祖山として上である以上、総本寺の名称は公許されていると解釈した。それにたいし、總持寺は両山同格である以上、永平寺の総本山を称することは、取り消されたものと解釈したのであった。

第四節　聖応寺蔵の奕堂の書簡

少し話は戻るが明治二年三月二十二日、太政官より總持寺へ歎願による裁判を東京において行う旨の達書があった。それについて、すでに考察し奕堂の行動をながめてみたが、その当時の様子を知ることのできる書簡を新しく見出すことができた。それは奕堂の受業地で首先地でもあった聖応寺（愛知県豊明市沓掛町）に所蔵するもので、聖応寺住職天産雷童へ出したものであった。奕堂の書簡は孤峰智璨『奕堂禅師』の「第三編　奕堂禅師書翰集」に入っているが、森田悟由、豊川妙厳寺、足利泉竜院、越後禅雄寺等への書簡のみである。しかし、聖応寺には明治元年より同二年頃の書簡十通を所蔵している。この書簡は、昭和九年春の奕堂五十回忌報恩授戒会の時に表装し直されたもので、その桐箱には「奕堂禅師御書翰」と永建寺の熊沢泰禅が記している。

十通の書簡の中、明治二年五月二十一日の書簡は、東京裁判のため京都より東京へ行った時のことが記されており、政府の様子などが興味深く記されている。そこで内容をあげてみると、

三月廿九日吉川屋客席より弐通の芳翰京師回り五月廿一日東京池之端慶安寺へ到来し、御芳慮逸々致拝承候
恭惟　大座下無レ与レ時放光万福応化之条奉二法喜一候、客殿普請も追々成功之由奉二祝望一候、野衲儀三月廿二日従二太政官一本山歎願之事件於二東京一御裁判之御趣意被二仰付一依レ之度々東行御伺可二罷出一之処、則四月三日南禅寺発斗中山道通同月十五日に到着、十六日に着届旁出願、其後も不措時々御伺申上候得共、何分諸侯土地人民返上等之事件御裁断六ケ敷旁以本山願件、今以御沙汰無之種々配慮周旋罷在候、何分於二此地一御裁判之御沙汰故、其中何と乎御取調可レ有レ之と日々相待申居候、
扨、熱田社領寺院挙動之次第、附ては妙覚寺儀長盛院へ引移り居、妙覚寺立開場見合尤之至、何分宜敷御憐愍可レ被レ下候、京師発斗節、東海道通とも存居候得共、大名之通行等夥敷道中混雑之由、然処東京迄同道有之、依レ之中山道罷越申候も、五月三日天徳院に御守殿御一周忌も御坐候得共、公用専一之事故、直に此地来着之次第御賢察可レ被レ下候、先は来状拝見候間返翰迄如此、当節梅雨乍レ去日々曇天、五日一度小雨、何分冷気故為二人法一自玉専要千祈万禱

五月廿一日　　　　堂布衲敬白

上復

聖応老力生
侍衣下

とあり、この書簡は聖応寺より京都を回って、五月二十一日に東京の宿所であった慶安寺に着いた返信であった。当時、聖応寺は客殿の普請を行っていたようで、それも近々完成する運びであった。

奕堂は、三月二十二日、太政官より總持寺の歎願を東京において裁判されることが達せられるや、度々東京行きを考えていた。そこで四月三日、京都の寓所であった南禅寺の正因庵を出発し、中山道を通って同月十五日に到着した。中山道を通ったことは、四月十九日に無関禅透と森田悟由へ宛てた書簡にも「野衲儀京師三日発、中山道通十五日晡慶安寺へ安着、客路至極無事御安意可レ被レ下候、十五日晡御屋敷へ着届、……」（『奕堂禅師』二九一頁）とあって明らかであるが、聖応寺への書簡には、その理由が記されている。それによれば、東海道は大名の通行が多く混雑しているため、避けたようで、また、五月三日には、天徳院で前田侯の一周忌法要があり立ち寄ることもできたが、總持寺歎願の裁判という公用を中心としているため、どこへも寄らずに直接東京へ来たという。さらに、奕堂は上京後、政府へ何度も御伺いを申し上げているが、政府も藩籍奉還などがあり、裁断を出すことが難しいようであった。しかし、東京にて裁判の沙汰があることから、近々取り調べがあるものと、日々期待しているのである。法嗣の妙覚寺の月喚滄洲は、近くの熱田神宮で廃仏毀釈による暴動があり、一時長盛院へ移り住んでいたことも明らかであり、当時の東京は梅雨のため毎日曇天ばかりで、五日に一度は小雨が降って寒い日々であったという。

ところで、「追伸」がある。それには、

妙覚之書状も此間来着、多忙に付不レ及二返書一此役宜敷御伝声願上候、行政官此節役替り、按摩も漸退の風聞、清凉寺雪爪儀、按摩の取持にて万事官の書記に被二願込一候処、同勤の役人中より厳敷被レ断、乍レ去還俗の上な

らば猶又勘考も可レ有レ之と皆々弾指也、此節青松寺塔司にもそ〳〵被ニ困入一候様子、所謂五千の大鬼払ニ脚跡一
の時節到来なり

とあり、雪爪のことが記されている。それによれば、当時、体の凝りなどを治す療法者を介して意見が行政官へ伝わっていた。しかし、行政官の役替りが行われ、そのような風習も次第にやめられるようになっていたが、雪爪は療法者による取り持ちで行政官の書記へ願い入れていた。ところが、役人より厳しく断わられており、還俗した立場での意見ならば、何とか考えられるが、と役人より非難されていた。当時雪爪が住んでいた青松寺の塔司にも無理難題をいっているようである。

当時の雪爪は、正月十日に朝命御用召の伝達を受けて東京へ出ることになり、二月十四日に青松寺内の清岸院へ入った。これは前年の建白の趣旨に基づいて宗教問題解決の折衝にあたるためで、その後、随徒による日誌によれば、養鸕徹定や原坦山、さらに木戸孝允、小野石斎、鮫島静造、森金之丞、小原鉄心らと懇談している。その中、三月二十一日、二十二日には如禅と会談している。服部空谷『鴻雪爪翁』五五頁によれば、如禅について「如禅は奕堂とも親交あり、而かも虚心坦懐師の説に傾聴せる熱誠には、師も太く感ぜりといふ」といっている。如禅は浄春院住持の新井如禅のことで、奕堂とは竜泰寺の天外来応、全久院の雲生洞門らに参随した頃からの同参で、道交も深く奕堂の總持寺晋山式には道旧疏を贈っている。また、總持寺後董の遺書の第二筆にも推された。この如禅が、太政官より總持寺へ東京裁判による達書の出た日に雪爪と会談し、總持寺の立場を強く主張した。そして、雪爪も如禅の熱誠に深く感じたのである。

五月三日、雪爪は弁事役所へ出頭して、教導局御用掛の辞令を受けた。しかし、五月九日に行われた教導局の会議は、神祇官を中心とした暴論であったため、翌日には辞意を決意している。

聖応寺に所蔵する奕堂の書簡からみると、雪爪は療法者を仲介として行政官へ意見を願い入れていたようである。このような雪爪の行動は、奕堂が五月十八日に無関、悟由、僧牛らへ出した書簡（『奕堂禅師』三〇三頁）にも述べられており、

太政官も大分転役の風聞、按摩士公等退役と内々承候。雪爪儀行政官書記に按摩より取持の処、同役中より厳敷被レ断、乍レ去、復飾の上ならば如何共何分役中に一人法体とは如何にも天下に無レ人様にて此段決而御断と申事、依て雪爪も当節進退不都合の由、依レ之諸方へ種々に致二手配一候得共皆々不平の趣、所謂一千大鬼払二脚跡一の時到来と相見申候。乍レ去生来の奸物故此上又々謀計可二企申一と察入候。御藩御役名も追々変革の御様子、就ては有是有非何乎与御心配可レ有レ之是察入候。

とあって、聖応寺へ出した書簡と同主旨であるが、奕堂は、雪爪は還俗の身でないため進退に不都合があり、皆が不平をいっているところから謀計を企てるかもしれないと、雪爪にたいして用心しているのである。

雪爪の立場は曹洞宗内の問題ではなく、神仏二教連合して内容を充実し、耶蘇教にたいしてあたる、大きな仏教界全体のことであった。しかし、宗門では永平寺側の立場であったところから、奕堂は政府による總持寺の位置付けを心配していたため、雪爪の行動にたいして用心深く批判的にみていたものであろう。なお、雪爪は明治四年九月、木戸孝允や岩倉具視らの推薦によって「少議生」に任官されるや左院議官の位置に立ち、還俗して建白の完遂に活動したのである。

第五節　能山東京宿所の慶安寺

明治二年四月三日、京都を出発し十五日に東京へ着いた奕堂らは、上野の池之端七軒町にある慶安寺を安下処と

した。慶安寺は能山の東京宿所として明治初期の文書等にしばしば名が出てくるが、それは總持寺の役局に就いていた安達達淳が住職であったためであろう。永平寺が臥雲の法嗣である大辻是山の住持していた芝伊皿子の大円寺を永平寺宿所としたのと同じであり、總持寺が横浜市鶴見へ移転するまでの間、總持寺の東京宿所として政治的にも使用されていたものと思われる。

慶安寺は現在、東京都杉並区梅里一―四―二四に所在する。大正三年、二十八世沖津大象によって東京都下谷区七軒町より現在地へ移転したが、それは慶安寺の寺域は湿気が多く、しかも伽藍の腐敗、崩壊が著しかったため移転したのであった。しかし、昭和二十年五月二十五日の東京大空襲によって本堂、庫裡、什物などすべて烏有に帰すところとなり、三十世深沢弘明によって昭和四十一年十月に再建復興された。

慶安寺は寛永四年（一六二七）三月に、白泉寺（東京都豊島区巣鴨）五世高山全得によって下谷池之端七軒町に開創された。当時の本尊は虚空蔵菩薩で、境内には観音堂があり、とくに忍の城主阿部豊後守忠秋が篤く帰依信仰された。一説には、忠秋が隅田川を馬で乗り切る折に、この観音菩薩に祈願したとも伝えられている。同じく境内には秋葉社も祀られており、秋葉祭には参詣者が多く、そのため七軒町の慶安寺あたりを、俗に秋葉横町ともいっていた(6)。慶安寺に所蔵する当時の絵図には、本堂の右手前に秋葉社がみえる。

ところで、慶安寺のあった池之端七軒町は、奥州街道など江戸への街道の到着地であった。七軒町と呼ばれる理由は元和年間（一六一五～二三）に、幕府より黒柳助九郎および牧野金助の組中間衆に拝領された地を、後に権兵衛、三郎兵衛、久兵衛、勘右衛門、市右衛門、与兵衛、惣兵衛の七人の町人が買い請けて開いた町であったところから称されるようになった。また、池之端は不忍の池畔にあるところから呼ばれたもので、往古は不忍の池の沼沢地であった。しかし、天正年間（一五七三～九一）に埋めたてられて水田となり、慶長、元和と時代をへて寺院などが建立されるようになった。とくに寛永年間（一六二四～四三）には、慶安寺をはじめ各宗の寺院が創建されたり、他所より移転され門前町として栄えた。本格的な門前町となったのは元禄期からで、代官の支配下にあったが、正徳三年（一七一三）五月より町奉行支配に変わっている。(7) なお、境内には蘭学者の前野良沢の墓碑も祀られている。

慶安寺が、能山の東京宿所となった年次や詳しい理由は明らかでないが、水野霊牛『洞門現時二十五哲』二二頁の「安達達淳師」によれば、

安政元年甲寅、能本山役局ニ任セラレ江戸ニ出役ス、乃チ同山宿坊下谷池之端慶安寺住職ニ任セラル、文久三年癸亥、四十二歳ニシテ、能本山總持寺直末ナル信濃国北安曇郡大町霊松寺住職ニ栄転セリ、而シテ後慶応二（丙寅）年ヨリ仝三（丁卯）年ニ至ル間、能本山總持寺ニ輪住シ、明治元（慶応四年）年戊辰、永平寺総本山暴願事件ノ為メ、更ニ京都表出役ヲ命セラレ、在田彦竜師等ト共ニ永平寺ノ願意ニ抗シ奔走大ニ尽ス処アリ、而シテ事ノ定マルヤ、能本山貫首ハ之レカ功労ヲ賞シ、明治三年庚午九月、特ニ霊松寺ノ寺格ヲ昇セ常恒会地ノ免牘ヲ授与ス

とあり、達淳は安政元年（一八五四）に能山の役寮として江戸に出て慶安寺に住職した。達淳は慶安寺二十世で、十八世は廓庵泰応、十九世は大成寛道である。しかし、大成寛道と達淳は師資の関係でなく他法である。そのため、達淳が法系者として慶安寺に入寺したのではなく、慶安寺がそれ以前から總持寺と深い関係があったため、役寮として達淳を住持に命じたものとも考えられる。

達淳は、文久三年（一八六三）に霊松寺（長野県大町市山田町）へ転住しているが、明治元年の永平寺総本山論が出た後は京都へ出役し、在田彦竜とともに永平寺に対抗した。そして總持寺のために献身的な働きをなした功に

より、明治三年九月には霊松寺へ常恒会地の免牘を授与された。慶安寺は達淳の後、二十一世大達義能、二十二世大仙活勇、二十三世大俊元機、二十四世克全実道、二十五世至淳孝岳、二十六世潮海良音、二十七世太元浩道、二十八世等随大象と達淳の門下によって継承されており、東京裁判が行われた時の住持は大達であった。大達は總持寺の役僧として大蔵省戸籍寮へ出頭し、總持寺願書にたいする尋問に答弁しており、達淳とともに永平寺総本山論に対抗して、両山協和盟約を喚起する一つの動機を作った人として評価されている。

このように慶安寺は、明治五年の両山盟約によって両本山一体の宗政を施行するため、青松寺に両本山東京出張所が開設されるまでの間、總持寺宿所であるとともに、總持寺東京出張所として總持寺側の政治的活動の中心地であった。その慶安寺において、達淳と奕堂との逸事がある。それは、奕堂が参学師風外本高の肖像を常に床上に懸けて追慕していた。しかし、風外の肖像の袈裟に環や総が欠けているため、達淳は奕堂に「瑩峨両祖の児孫たるもの須らく両祖の服を着すべし」といった。ある日、奕堂は達淳を喫茶に招いたところ、達淳は固辞して侍者へ「山僧は瑩峨両祖の児孫なり、異容の服装を為す者と一堂に座するを欲せず」と述べた。それを聞いた奕堂は翌日、筆をとって風外の肖像の袈裟に環と総を描き、「室中異影なし」として達淳を招いたのである。そこで達淳は快く入室し、茶を喫したといわれる。

この逸事は、両山確執の時代であったため止むを得ないことであったが、いかに達淳が總持寺一辺倒で、總持寺のために奕堂の参学師風外の肖像をも変えさせる情熱を持って活動していたかが明らかになる。なお、奕堂の頂相は、安政四年（一八五七）に横山鼇山によって描かれており、それには、袈裟の環や総がついていない。しかし、明治三年に同じく横山鼇山によって描かれた頂相には環や総がつけられており、その他の明治以後の頂相に環や総がつけられていることは、達淳との逸事が関係していたものとも考えられるのである。(8)

第六節　總持寺の独住制

太政官より明治二年十二月二十日に両本山へ出された沙汰は、すでにみたように永平寺にとって不利であった。そのため臥雲は、上京して差止め解除を歎願することになり、明治三年二月七日、臥雲一行は永平寺を出発し、四月四日、宿坊の大円寺に到着した。そして、大円寺に滞在の旨弁官へ届けたが、臥雲は上京途次に発病していた。籠輿で箱根山を通過の際、脚部に疼痛を発し、そのため山頂で一時間程休憩した。臥雲は以前、道中にて休憩したことはなかったが、この時はみずから休憩を命じている。沙汰にたいする心労とともに、心臓の衰弱による発病であった。大円寺到着後も、みずから足を擦して「かかる足になってもよく生命があるな」と歎息しており、留錫中は常に温炉によって静養したといわれている(9)。

こうして東京を中心に、政府への両本山の歎願は熾烈を極めたが、一方總持寺は沙汰どおり輪番制を廃止し、碩学知識者を住持とする独住制の体制を整えていった。二月には直末総代の永祥寺の彦竜、霊松寺の達淳、瑞源寺の竜宗をはじめ山内寺院、侍局より住持の選挙を行うため、直末寺院ら近門が集って会議を開くことを藩庁や執奏家へ願い出た。「天徳奕堂禅師本山独住撰挙書類」に所収している「覚」（大本山總持寺所蔵文書一三〇―四四）をみると、

覚

加州金沢　天徳院奕堂
摂丹境　永沢寺覚峯（ママ）
長州深川　太寧寺泰城（ママ）

今般總持寺住職仁之義右三長老之内何欤可然哉　御内庁に被達御差図之程奉仰願之候　以上

總持寺五院代
芳春院
同寺後見
宝円寺

明治三年二月
問遺方

とあり、栴崖奕堂、覚峯素宗、泰城《ママ》（簣運泰成）の三人が候補者になった。選挙の結果は、

金州金沢
天徳院奕堂

右總持寺住職之義自今碩学知識之者を挙て住持タラシムヘクン御旨蒙御沙汰依之右奕堂依為相応一山同等選挙仕此段朝廷其御筋へ御執達義御許容度奉依願候　以上

物持寺五院代
芳春院印
同寺後見
宝円寺印

明治三年二月
壱通
大参事御中
壱通
勧修寺殿
閣下

とあるように、奕堂を住職に決め、政府へ執達することを金沢藩庁の大参事や勧修寺家へ願い出た。そして三月二十四日、金沢藩より奕堂の住職を申し渡され、四月には、奕堂が政府より住職を受けたことを金沢藩庁大参事へ報告している。

奕堂は七月十七日に上京し、二十五日には總持寺住職の勅命を受け、同日に弘済慈徳禅師の禅師号を宣下された。続いて二十九日には、総寧寺の元良や金沢藩士前田与平次らを伴って青山の仮宮中へ参内し、天顔を拝礼せられた。なお、参内の様子は「勅特賜弘済慈徳禅師栴崖奕堂大和尚御直参内　天顔拝記録」（大本山總持寺所蔵文書一三〇―四四）によって明らかになり、当日は快晴であった。奕堂は天徳院を道旧の洞猊活宗に譲って退院し、九月二十二日には、總持寺において独住第一世の晋山祝国開堂を挙げた。当日の開堂疏は山門疏一通、近門疏一通、道旧疏三通もあり、各宗同盟会の一員でもあったため、他宗派より多くの祝詞賀章も寄せられたのである。

ところで、奕堂個人としては總持寺へ昇住することは迷惑の感があった。当時、總持寺は三衣事件以来、三万五千両にものぼる負債が山積みしており、しかも両本山ではあるが、永平寺は相変わらず総本山と称して達書を總持寺末派へ出している。總持寺は内外多事にわたる時代であったため、奕堂としては一喜一憂の胸中であった。

私は昭和六十二年九月、奕堂の語録（総持奕堂禅師遺稿）に解説を付して刊行した（『栴崖奕堂禅師語録』名著普及会）。その際、奕堂の受業地で首先地でもある聖応寺（愛知県豊明市沓掛町）の資料調査を行った。聖応寺には奕堂の遺品や遺墨、書簡などがあり、その一つに奕堂が使用されたと伝えられている大きな曲椂があった。聖応寺に伝わる逸話によれば、奕堂は六尺程の大柄な人であった。そのため奕堂用として大きな曲椂を什具としたのである。また、二枚の古写真があった。笏と如意を持った奕堂の真影である。總持寺に所蔵する奕堂の画像や頂相からは大柄な体型を想像できないが、聖応寺に所蔵する曲椂や写真などからは、伝承の裏付けができる。永平寺に対抗して、總持寺の主張を通すことに活動できたのも、威風堂々とした立派な身体であったからということもできるのではなかろうか。

このように、總持寺は沙汰どおり独住制をとり、大本山として末寺の取り締りを行うようになったが、十月四日、永平寺の臥雲は弁官伝達所へ出頭し「再願奉歎奏　上書」を提出した。また、同書を福井藩へも提出しているが、それには、

乍恐曹洞一宗の儀尤總持寺開山瑩山を初一宗都て宗祖道元一脈を以て致貫通候法孫にて聊異派無之、一宗一体宗祖創立之法則を以て室内伝法成就のものは彼此無分涯いづれの寺にても致住職其寺伽藍伝法相続仕候宗儀に御座候処、派分を以て互に伝法御差止被仰一宗両派に相成候ては宗祖道元室内正伝の旨を以て制立仕置候一宗一体之法則相潰れ、創業之総本寺忽地に荒蕪衰廃仕、宗門之外聞は不及申上、諸末派共人法伽藍法の両脈支離錯乱、即今住職之寺門差支、一同困惑動乱仕、乍恐御静定之御仁裁却て彼此の争根と相成、断脈乱統之宗害立地に醸し可申、忍然難罷在、宗門危急之一大事、恐怖至極奉存候。御時節柄重々奉恐入候得共　不顧万死重罪宗門創業以来一宗一体之法則、且従前公判之例証委曲書取を以て再願嘆奏候　以上。

越　前

永　平　寺

明治三庚午年十月

弁官　御　伝　達　所

とあり、末派を分けて互いの伝法差し止めになると一宗両派となり、宗祖道元の室内正伝の制が立たず、宗一体の法則が潰れて、総本寺永平寺は荒蕪衰退する。また、末派の人法、伽藍法も錯乱し、寺門は困惑動乱してしまう。

したがって、政府の裁定はかえって争根となり、断脈乱統の宗害となって宗門危急の一大事になるという。このように、臥雲は宗門創立以来、一宗一体の法則に関して従来の例証などを委しく記し再歎願したのであった。しかし、その歎願の結果をみずに臥雲は十一月三日午後十一時頃、大円寺において尾辻応竜、大辻童麟、渡辺源蔵にみとられて示寂した。

すでにみたように、臥雲は上京途次に発病しており、病状は次第に悪化して最後は起居不自由の身となっていた。臥雲の示寂は、永平寺にとって大ショックであった。しかし、歎願のため上京する時の意志は、事実上永平寺退隠の確固であったであろう。門弟の是山をはじめ永平寺側は臥雲示寂を公表せず、従来どおりに臥雲の名をもって太政官へ運動を行い、臥雲の喪を秘したのである。なお、臥雲の示寂年次については、第三章第七節で考察する。

第七節　奕堂の語録と編者

栴崖奕堂の語録を『懶眠余稿』という。奕堂みずからの手沢で十有余冊あったようであるが、現在その原本を確認することはできない。ただ、永平寺に「懶眠余稿」と題した法語の貼り合わせたものが一冊あり、それには、奕堂の法語と森田悟由の法語などが入り交っている。奕堂示寂後、随徒などによって語録が刊行された。それは、

一、『懶眠余稿』　明治二十四年五月　編輯兼発行金山貫苗

二、『総持奕堂禅師遺稿』　明治二十九年四月　編輯蘿月照巌　発行土谷温斎

の二書で、各々随徒の金山貫苗、蘿月照巌によって編輯され公刊されている。現在では両書とも稀覯本である。

両書の性格などをながめてみると、『懶眠余稿』は、明治二十四年の奕堂十三回忌の法縁に刊行された。その出版について、墻外道人（高田道見）が「明教新誌」第二八九五号（明治二十四年五月二十六日）に、

●懶眠余稿の出版に就て

墻外道人

右は勅特賜弘済慈徳禅師總持独住第一世栴崖奕堂大和尚の語録を編集したるものなり、予は本書に対して胡乱に批評し去らんとするものにはあらず、何となれば、禅師の語録は万仭懸崖にして挙づべからず、禅師の境は壁立千尋にして擬議すべからず、争て後輩の喙を容るべきものならんや、只だ予は深く禅師の慈徳を追慕するものなるが故へ、此度語録の出版に就て、聊かその感情を述んとするに過ぎざるのみ、予は嘗て禅師に随侍したるものにもあらず、又禅師に拝謁を遂げたるものにもあらず、只だ徳風の天下に高くして、道力の近世に稀れなることを識るのみ、禅師の世を去りしは、去る明治十二年己卯の秋八月廿四日のことにてありし、その当時予は未だ禅師の性行慈徳如何なりしを識らざりしと雖も、その訃音の耳朶に達するや、眼底潜かに暗涙を催ふしたることありし、是れ予が宗門を思ふの切なる感情に出たるものなりとは雖へ禅師の徳光暗に予が胸宇を射透したりしならん、爾来稍長するに至り、禅師の智徳広大にして、宗門に大勲功蹟のありしことを分疏するより、禅師を追慕するの念、倍々渥かりし折柄、今春偶ま金山貫苗氏が本書の原稿を携帯し居られしを一見したるに、悉く禅師の親筆にてありし、而して氏の云へるを聞くに、本年は故禅師の十三回忌に当るを以て之を世に公にし、滅後法乳の恩滴に酬んとするの心算なりと、予之を聞くや大に随喜賛成の意を表したりし、氏又云ふ本書を出版するに就て、過日坦山老師を牛込の寓居に訪ひ、之が序文を懇請せしに、老師は此の遺稿の親筆にして、而も手跡の整然たるを見給ひ、直に起て三礼せられ、速に序文を草して予に与へられたりと、其文載せて本書の劈頭にあり、以て余稿の片々一々純金なるを証するに足れり、然るに禅師語録の世に存するもの十巻ありと云ふ、本書の如きは其中の二巻にして、貫苗氏が天徳院董席中に係るの真蹟を拝持したるものなりと云へり、而して本書の中には、竹門大如禅機和尚其他の数氏より、今度新たに寄せられたるものも交り居れりと云へり、然れども皆な禅師の親筆にして、一も紛らはしきものにあらざることは之を寄せられたる諸氏の現に保証せらるゝ所ならん、去ればその余残あるが如き、今ま何人の手にかある、虚しく篋間の蠹食と為さず、集めて以て之を剞劂に命じ、永く世の重宝と為さんことを希望に堪へざるなり、今ま纂むるもの千有余篇、之に名くるに「懶眠余稿」と為したるものは、禅師手沢の自題を其儘用ひたるものなり、故に本書の表面に大書したる懶眠余稿と云へるの文字は、全く原稿に自書せられたる、禅師の親筆を其儘に写したるものにし、予が嚮に拝見したるものに毫も違はざるなり、又その傍らに無似閑人と少し小細く書したるものも矢張禅師の親筆なり、次に裏面第一紙に至れば、禅師の肖像を載せ、その上に親筆の自賛を影写し、看るものをして転た欣慕に堪へざらしむ、次に坦山老師の自書せられたる序文の文字を木版摺にて之を載せ、その次には附言として貫苗氏の本書出版に就ての来意を載せてあり、次に本文第一紙より、祝国開堂の法語を始め、小参の示衆、佳節の法語、仏祖忌世代忌及び他山の下炬、斎忌の香語、画像の賛、檀信の葬儀、尊宿の葬儀に関するの法語、並に雑集の部類、略伝の終りに至るまで、凡て二百十五ページの大篇なり、然れども予は未だ一々之を閲読するの遑まなきを以て、語録に就ての感情は一言も述る能はずと雖も、只だ天下衲僧の重宝として座右に欠くべからざるものなるとを、信じて疑はざるものなり、而して末尾に左の三誓文を載せたるを見る

○一朝分明《ニ》不《ンハ》レ踏二断《セ》生死《ン》迅流一《ヲ》則誓《テ》不レ休（第一誓）

○十二時中不《ンハ》二仏祖不伝《ン》行履《ニ》一則誓《ヲ》不レ践（第二誓）

○従劫至劫於《テ》二違情順境《ニ》一第二念誓《テ》不レ生（第三誓）

此は禅師年十九の春、濃州関の竜泰寺来応和尚の坐下に参問せられし時、和尚咄して曰く、行脚の衲子は先づ予じめ誓志を立て以て道に進むべしと、其の時此の三誓を立て和尚に呈せられしかば、和尚その法器なるを知

りて掛錫を聴るされしとぞ、実に是れ天下雲衲の一大亀鑑なりとす、嚮に村上泰音氏の著作に係る「栴崖芳話」を附載せらる、やの広告ありたるが、如何なる都合にてや本書に之を載せざりし、該芳話の禅師の伝を審かにすることは、本書に載せたる略伝に超ゆると幾層なるを惜むのみ、开は兎もあれ禅師滅後十有三祀の今日に於て、一朝分明に顕出したるは誠に祖門の慶幸なり、漢文偈頌の捨て仮名及び復り点を附し且つ句読点を切たるもの、類は、植字上余程困難なるにも拘はらず、此の大篇にして価の廉なるは、世の営利的著書の出版と其の旨趣を異にするの故ならん、故に其の代価も印刷費及び前後の費用位ひのものと思はる、製本の醜美に至りては今ま是を言ふの必要なしと雖も、全篇中多少活字の誤植なきを保し難し、看官よく之を注意して、謾に禅師を責むること無くんば好し

と記しており、刊行の経過を明らかにすることができる。本書の構成は表紙に自筆の題をあげ、次に頂相、原坦山の「弘済慈徳禅師遺稿序」、金山貫苗の「附言」、目次、本文、故禅師略伝、奥付となり、金山貫苗の「附言」には、

故禅師語録之ノ存二于世一者有二十巻一而其中一巻貫苗拝二持之ヲ一天徳董席中之手稿真蹟也或人云禅師嘗有レ意二于撰輯一而其末路能山改二輪董之旧制一禅師初蒙二勅賜独住之特命一尋両本山協和宗制統一之商定等実遇二宗門七百年未曾有振起之時機一而禅師一身以任レ事料理鞅掌不レ得二寸隙一撰輯之事遂止矣今玆相膺禅師十三回之忌景貫苗欲レ修二其遺稿一公二之于世一以報二法恩涓滴一竹門和尚養昌寺大如和尚源長寺禅機和尚其他数氏聞レ之各出二或遺稿或真跡装幅等一以資二編纂一於二于此一詩偈文章得二千有余篇一今者節略分二部門一以為二一巻一命レ梓名云二懶眠余稿一乃川二手稿之自題ヲ一也

明治廿四年五月　親参居士　金山貫苗識　九拝謹識

と、語録十巻の中、金山貫苗は一巻を拝持していたが、これは天徳院（金沢市小立町）住持中の手稿本であった。

しかし、某人の説によると、奕堂は生前中にみずから語録を撰輯するつもりでいたが、晩年には總持寺独住一世となり、永平寺、總持寺両本山協和の統一した宗制などを定めねばならない時期であったため多忙となり、奕堂自身による語録の編纂は不可能となったのである。

金山貫苗は奕堂十三回忌にあたり、所持していた遺稿を修訂し法恩に報いるため、門下の竹門、大如、禅機をはじめ数師に遺稿や真跡などを求めて編纂したのが本書である。詩偈文章など千有余編あるが、それを部門ごとに分けて祝国開堂法語、小参示衆、佳節附歳時、仏祖忌、世代忌、他山下炬斎忌香語、贈酬賀偈尺牘（目次にはあげられていない）、画像賛、画賛、尊宿亡僧葬儀忌斎、檀信法要葬儀、聯牓、雑篇の一巻となし、さらに奕堂手稿の自題を用いて題にしたといわれる。なお、編輯兼発行人の金山貫苗は總持寺時代の随徒で、「これぞ根津の一時成金分非時代の名物男として呼ばれ、当時の監院石川素童に鉄拳を見舞して後、越中立野の長久寺に復帰したる者である」(10)といわれた人であるが、本書刊行以前の明治二十二年十月には『曹洞宗時事小言』（発行人出雲寺文治郎）を刊行し、当時の宗門時勢について「時弊ヲ匡済シ以テ隆盛ノ域ニ進マシメン事ニ望ムニ在リ」（凡例）と述べ、管長、両本山出張所執事、教導職取締、宗議会、布教、僧堂、宗制などについての改進方策を提唱している。また、「明教新誌」第三七四九号（明治二十九年四月十四日）によれば、明治二十七年に富山県の長久寺（高岡市立野）に住持し堂宇を再修して寺格を昇進させ、明治二十九年六月一日より森田悟由を拝請して授戒会を修行している。

『総持奕堂禅師遺稿』は明治二十九年四月に刊行されたが、奕堂の十七回忌を迎えるにあたって企画されたものである。構成は頂相、森田悟由題字、畔上楳仙題字、凡例、本文、愨大機撰「総持奕堂禅師伝」（明治二十八年八月二十四日に滝谷琢宗が縁由を記している）、奥付となるが、本書は、二種の版があったようである。それは同内容であるが、奥付は、

明治二十九年四月二十日印刷
明治二十九年四月廿三日発行

編輯者　石見国安濃郡長久村長久一番地　蘿月照巌
発行者　東京市京橋区木挽町四丁目四番地　土谷温斎
印刷者　東京市京橋区銀座四丁目一番地　渋谷信次郎
印刷所　同　八尾商店活版部
発売所　東京市芝区露月町十八番地　今村金次郎
同　東京市麻布区飯倉町五丁目赤羽橋北側　森江佐七

とあるものと、

明治二十九年四月二十日印刷
明治二十九年四月廿三日発行

編輯者　石見国安濃郡長久村長久一番地　蘿月照巌
発行者　東京市京橋区木挽町四丁目四番地　土谷温斎
印刷者　東京市京橋区銀座四丁目一番地　渋谷信次郎
印刷所　同　八尾商店活版部

とあるものがあり、発売所の付いているものには、助刊寄贈者芳名一八〇人があげられている。また、発売所のない版は、助刊者芳名がない。さらに、「明教新誌」第三七七四号（明治二十九年六月四日）にある本書の広告には、

総持奕堂禅師遺稿

全一冊改良半紙和綴美本　正価七拾銭　郵税六銭

右は曹洞宗大本山總持寺独住の第一世にして禅門近世の善知識たる奕堂禅師の示衆法語等を編輯したるなり禅師少壮より学道に志厚く万里一条鉄の修行遂に空しからず一句隻言直截根源の機用を逞ふするは諸方宗師の称歎せらるゝ処なり世の禅学に志ある人此書に就て参究せば禅門の堂奥に入ること敢て難からざるべし

売捌所　麻布区飯倉五丁目　森江佐七
同　芝区露月町十八番地　今村金次郎
同　京橋区三十間堀二丁目一番地　明教社

とあり、売捌所（発売所）として森江佐七と今村金次郎のほかに明教社の名も列せられている。また、定価が七十銭、郵税代六銭であることも明らかになる。

さて、編者蘿月照巖の凡例をみると、

一　編者嘗拝《テ》下持《スルヤ》　禅師手沢語録《ノ》。題二懶眠余稿《ト》一者《ヲ》上久《シ》矣。然《レモ》独秘《スル》二之《ヲ》於鉢嚢《ニ》一。則《トキハ》恐《ハ》不《ラン》レ免《レ》二慳法《ノ》之過《チ》一。故《ニ》今発二刊《ノ》之《ヲ》一。而以《テ》分二甘参学《ス》之《ノ》志士《ニ》一。不下啻《ス》与《タ》二禅師一眉毛厮《ヒ》結《フノミ》上。庶幾《クハ》得《ルコト》二参禅《ノ》之要訣《ヲ》一。蓋《シ》有下不《ル》二鮮少《ナラ》一者上乎。

一　嚢《キニ》有《リ》下禅師《ノ》語録。題二懶眠余稿《ト》一而刊行《スル》者上。而《レモ》唯《タ》自《リ》二竜海一至《テ》二天徳《ニ》一而止矣。編者秘蔵之稿本《タル》者。自《リ》二天徳《ノ》之末年一延《テ》覃《フ》二総持《ノ》之一代《ニ》一。今也併《セテ》二此両本《ヲ》一為《ス》二一大冊《ト》一。蓋《シ》懶眠余稿《ノ》之文字《タル》者素《ト》出《ツ》二于禅師謙称《ニ》一。顧《フニ》非《ランカ》二後世採《テ》以《テ》可《キニ》レ題《ス》者一歟。是以《テ》今更《ニ》改題《ノ》云《フ》二総持奕堂禅師遺稿《ト》一。

一　遺稿中目次有《リ》下苦《ム》二細別《ニ》一者上。姑《ク》分《ヲ》為《ス》二上堂示衆小仏事斎忌偈頌戒会雑之六部一。而《ノ》斎忌部中載《スル》二上堂之語《ヲ》一者《ハ》。以《テ》レ有《ヲ》レ縁二于斎忌《ニ》一也。戒会部中掲《ルハ》二塔銘《ヲ》一者。以《テ》レ関《ルヲ》二于其式《ノ》場《ニ》一也。自余《ハ》可二推知《テル》一。

一　自《リ》二禅師出世《ノ》之始《メ》一至《ル》二其《ノ》戢化《ノ》之終《ニ》一。語録稿本有《リ》二前後十有余冊一。雖《モ》レ然《リト》滅後。散逸亦《モタ》不《ス》レ鮮《カラ》。是以《テ》移《ソ》二書《テ》於大方《ノ》道俗《ニ》一。展転捜討《ス》。幸有《ニ》下若干之尊宿。而被上レ寄二遺編《ヲ》一。因《テ》今咸《ク》輯二録《ス》之《ヲ》一。恐《クハ》不レ能《ハ》レ無《キ》二魚魯之謬一。後賢冀《クハ》訂《セ》レ之《ヲ》。

一　遺稿中或有《リ》二重複之句一。或有《リ》二難解《ノ》之句一。蓋《シ》是《レ》臨時応請《ノ》之法語等《ニノ》。而或依《ル》二侍局《ノ》之諳記一。若《クハ》転写等《ニ》一者《ノカ》耶。然《レドモ》所レ詮《スル》共《ニ》是《レ》無《シ》レ非《ル》二禅師之遺身舎利《ニ》一。故《ニ》不レ忍《ヒ》二敢《テ》舎《ルニ》レ之《ヲ》悉《ク》編二入《ス》于稿中《ニ》一。読者幸《ニ》択《ヘ》レ之《ヲ》。

一　遺稿之編次或有《リ》下歳月之順序。不《ル》レ得二其宜《キヲ》一者《ノ》上。然《シモ》不二是《レ》編者故《ヲニ》為《スニ》一。顧《フニ》禅師《ノ》滅後。迨《テ》レ今《ニ》十有七年矣。而考覈頗《ル》難《ク》。殊《ニ》如《キハ》二竜海住中《ノ》之語録《ノ》一者。有《リ》下茫乎《トノ》難《キ》レ鑑二別《シノ》其順序《ヲ》一者《ノ》上。読者請《フ》察《セヨ》レ之《ヲ》。

編　者　誌

とあり、蘿月照巌は奕堂手沢の語録を所持していたようである。明治二十四年に刊行された『懶眠余稿』は、奕堂の竜海院（前橋市紅雲町）より天徳院時代までの語録である。しかし、蘿月照巌所持の稿本は天徳院晩年時代より總持寺独住一世時代に及んでおり、そこで、蘿月はこの両本を合わせて一冊とし『総持奕堂禅師遺稿』と改題したことをいう。なお、語録稿本は十有余冊あったようである。しかし、奕堂示寂後散逸したようであり、ここに数人の随徒の所持していた遺編を集めて輯録したが、重複したものや難解な句もあり、遺稿の編次、歳月の順序などの区別に難しいもののあることを述べ、上堂示衆部、小仏事部、斎忌部、偈頌部、戒会部、雑部の六部に細別されている。

ところで、編者の蘿月照巌は天徳院後期時代に随侍しており、円福寺（宇佐市大字閤）十二世戒本孝全（蘿月氏）の弟子で、本書刊行の明治二十九年頃には浄土寺（大田市長久町）十八世であった。永平寺蔵の『大円覚海』によれば、明治三十九年四月一日に正福寺（鳥取県西伯郡名和町）前住職として永平寺の維那補より維那に昇任されており、同四十年七月二十日には御代香師に転任された。しかし、現在の正福寺では世代に入っておらず、歴住としての行歴は明らかにならない。当時の評として「末路甚だ萎靡せしも親化随行に於ける維那として美音の持主」[11]といわれており、御親化の随行に維那として活躍した美声の持ち主であった。晩年の行歴は不詳であるが、大正十一年五月九日に示寂した。

第八節　奕堂伝の資料

奕堂の伝記、逸話などを知る上で最もまとまったものは、孤峰智璨『奕堂禅師』（昭和二年十月　鴻盟社）である。これは五十回忌を迎えるにあたり、大本山總持寺修史局において、報恩記念として編纂され刊行したものである。本書を超える伝記の研究書はいまだ刊行されておらず、そのため昭和五十三年に迎えた百回忌には、總持寺より覆刻され功績を改めて世に知らしめたのであった。

ところで、その『奕堂禅師』を完成ならしめた資料は「例言」に紹介されている。それをあげてみると、

一　我が曹洞宗大本山總持寺独住第一世勅特賜弘済慈徳禅師梅崖奕堂大和尚の伝記として世に流布するものに約三種ある。即ち一は禅師の遺稿たる『懶眠余稿』に附録する「略伝」と、他は同じく『総持奕堂禅師遺稿』に附載せる「総持奕堂禅師伝」と、而して栗山泰音師の撰にかゝるものとである。

一　「略伝」は何人の撰述なるやを詳にせずと雖も、「総持奕堂禅師伝」は明治七年門人慤大機師の撰に係り禅師生前再三検閲を得て誤りなきものと伝ふ。去れど歴史の事実と相違するもの頗る多く、年代の錯誤また尠しとしない。「略伝」にも年代の誤謬等ありて無批判に信ずることは出来ぬ。

一　次に栗山泰音師の著にかゝる禅師の「行実」、「梅崖芳話」及び「奕堂老人」等あり、以上三者は簡略より次第に詳密に入り、禅師の性行と事業とを記して余薀なく、最も正鵠を得たり。故に今は主として師の著

に基き、其の他各種の文章、記録、等の史料を参酌して本書を記述することとした。

とあり、「略伝」「総持奕堂禅師伝」、それに栗山泰音（旧姓村上氏）の執筆した論稿によることが明らかである。しかし、それらの資料をみることは専門の研究者以外にとって容易でないため、原資料よりみる伝記をながめることも意義がある。また、筆者の調査によって見出した資料もここにあわせて紹介し、奕堂伝資料をまとめてみよう。なお、基本となるものを中心に年代順に並べたが、年次が明確にならないものもあり、それらは筆者の考察によって該当すると考えられる箇所に入れた。

一、「懶眠余稿」（大本山永平寺蔵）所収伝記

この伝記は、大本山永平寺蔵の「懶眠余稿」に所収しているものである。しかし、永平寺蔵「懶眠余稿」は、奕堂のみならず森田悟由らの法語も貼りつけた帖子本形式をとっている。明治三年五月に記されたもので、書体から奕堂直筆のようである。

二、「総持奕堂禅師伝」　　慤　大機

これは『総持奕堂禅師遺稿』（明治二十九年四月　土谷温斎）末尾に所収する伝記で、生前中に門人の慤大機が口授されたことを編輯し奕堂が検閲したものである。しかし、明治七年までの記事であったため明治二十八年八月、滝谷琢宗が明治十二年三月に手沢の伝記を受けていたものによって、明治八年以後遷化荼毘までの伝記を追加してまとめたものである。

三、「勅賜弘済慈徳禅師梅崖奕堂大和尚行実」　村上泰音

これは「明教新誌」第一〇四六号（明治十三年九月二十八日）に発表せられたものである。一周忌にあたり、村上泰音が撰したもので、その草稿を大内青巒が考訂し、滝谷琢宗に諮ってその行実をまとめたものである。

四、『梅崖芳語』　村上泰音

本書は明治十五年六月九日版権免許で、村上泰音が編輯兼出版人となっている。「緒言」によれば、先の「明教新誌」に行実を記した後、二、三の客が行実について再請するため、その客に演述したものの概略をまとめたものであることが明らかになる。村上泰音が調べたことなどもあげられ、奕堂伝の最初の総合著作といえよう。

五、「奕堂大教正道行記」　松本帯川

本稿は聖応寺（豊明市沓掛町）に蔵する。奕堂の法嗣久安寺（三重県多気郡明和町）の松本帯川が記したもので、報恩行として出版を宗務局へ申し入れたが可能にならず、そのため写本にて伝わったものである。聖応寺時代の二村山延命地蔵尊などについては、他の伝記資料にみえない説で注目すべきものである。

六、「故禅師略伝」

本伝は金山貫苗『懶眠余稿』（明治二十四年五月　金山貫苗）の雑部最後尾にあげられているものである。編者、編年次は明らかにならないが、遷化後までが記されており、編者金山貫苗が収集した遺稿などからまとめられたものと思われる。愍大機「総持奕堂禅師伝」と異なっているため、奕堂の手沢ではない系統のものと考えられる。

七、「奕堂老人」　村上泰音

これは明治三十三年一月より同三十四年三月まで「和融誌」第三十五号より同五十四号までの十二回にわたって連載されたものである。すでに村上泰音には、「勅賜弘済慈徳禅師栴崖奕堂大和尚行実」と『栴崖芳話』があるが、それらの遺漏を補ったもので、本稿はその後の奕堂伝の中心となるものであった。

八、「奕堂門下の高足逸材」　栗山泰音
併せて当時に於ける宗門中の人物概観と各宗中の人物一斑

本稿は栗山泰音（旧姓村上氏）が大正十四年一月に「中央仏教」第九巻第一号に発表した論稿で、後に『栗山禅師自適集』（昭和十四年四月　中央仏教社）にも転載された。すでに栗山泰音には、奕堂に関する論稿が三編あるが、本稿では、偉大なる人格の所有者であることを追憶するものとして、鉗鎚打成した一千数百の門下生の中から数百人を随侍期に分けてとりあげ、その人物を評したものであり、門下を知る好論文である。

第九節　独住一世候補者の簀運泰成

明治三年二月、總持寺は碩学知識を独住一世とする選挙を行った。總持寺に所蔵する「天徳奕堂禅師本山独住撰挙書類」（大本山總持寺所蔵文書一三〇―四四）には、在田彦竜、安達達順《(ママ)》らより奕堂へ上書したものがある。それには、

謹上書陳者本山住持選挙之義今般基朝裁之御旨合山直末近門会議之上副帖之面這回藩庁及執奏家江奉依願候間

勅許之上無謙譲御点頭奉渇仰之候恐惶謹言

直末惣代備中
永祥寺
彦竜
同　信州
霊松寺
達順（ママ）
近門
瑞源寺
竜宗
山内
秀翁院
泰栄
長泉寺
侍局
千寧寺
石窖

天徳堂頭老和尚

侍史下

とあり、總持寺山内の塔頭、直末、近門寺院による会議の上、藩庁や執奏家へ願うが、勅許された後には承諾して就任されることを願っている。すなわち、独住一世を選ぶ選挙といっても宗門全寺院による公選というのではなく、總持寺山内塔頭、直末、近門寺院による会議によって決められたものであった。しかし、二月に總持寺五院を代表して芳春院と總持寺後見の宝円寺より役所へ出された「覚」には、總持寺住職を左記の三長老より選ぶことをいっている。その三長老とは、

加州金沢　天徳院奕堂

摂丹境　永沢寺覚峯

長州深川　太《ママ》寧寺泰城《ママ》

とあるように奕堂、覚峯、泰城《ママ》の三人で、表向きはこの三人より選ぶことを藩庁に伺っているのである。結果は奕堂を選んだのであるが、候補者の一人であった覚峯とは、永沢寺（兵庫県三田市永沢寺）独住十八世乾峯泰元の法嗣で同寺独住十九世となった覚峯素宗のことである。俗姓を細川氏と称し、長和寺（兵庫県多紀郡篠山町）二世、竜沢寺（京都府船井郡日吉町）十八世で、明治十三年四月十九日に示寂した。

もう一人の泰城《ママ》とは、大寧寺（山口県長門市深川湯本）四十五世の簣運泰成のことである。泰成は明治四年九月に總持寺役局として大蔵省へ、總持寺住持を輪番制に戻すのでなく独住制を採っていくことなど政府の処置にたいする四カ条の意見書を申請しており、總持寺役局として活動していた一人であった。しかし、その後、妙厳寺（愛知県豊川市豊川町）の豊川稲荷を廃仏毀釈より守った陰の功労者でもあったことは、宗門史においてあまり知られていないので、ここでとりあげてみよう。

泰成は伯耆国（鳥取県）の生まれで、瑞仙寺（鳥取県米子市寺町）二十二世鉄雄泰関の法を嗣いだ。西尚寺（山口県阿武郡田万川町）十一世に就いた後、大蘊寺（山口県阿武郡須佐町）二十三世に就き本堂の聯額や山号額を揮毫している。そして大寧寺四十五世に昇住した(12)が、当時の長州藩は幕末時代の渦の中心にあり、泰成が大寧寺へ昇住する前年の文久三年（一八六三）には、宮廷を中心として幕府と組んだ会津藩にたいし、薩摩藩と長州藩が対立していた。尊皇攘夷派、公武合体論、さらに開国論というように、各地で佐幕派と尊皇派が争い、暗殺事件が起きていた。長州藩は五月十日、下関海峡において攘夷を決行し、朝廷においても三条実美らの急進派の公卿が勢力を伸ばし、ともに天皇親政という大義名分を得て会津藩（当時、京都守護職）を攻める用意をしていた。そして、八月十八日を期して朝廷警固の約束を取り付けたが、突然薩摩藩は会津藩と組んで公武合体論をとり、中川宮を擁してクーデターを起こし、勅命によって長州藩の堺町御門警衛を免じて藩主毛利敬親、元徳父子の入京を禁止した。また、尊攘派の公卿二十一人もこれに連座して参内、他行、面会を差し止められ、三条実美、三条西季知、東久世通禧、壬生基修、四条隆謌、沢宣嘉、錦小路頼徳の七名は身の危険を感じて長州藩士に守られ、京都を脱出して長州へ落ちのびていったのである。これを七卿の都落ちと称している(13)が、長州藩はこの事件を境に幕府の攻撃を受けており、薩摩藩の変貌にたいして敵対意識を持つようになった。こうして長州藩は自衛組織を作り、藩内挙げて防衛隊を強化したが、七卿も安住の地を求めて潜伏場所を変えており、その時、泰成は三条実美らを大寧寺に潜居させ扶けたのであった。

その後、慶応二年（一八六六）二月二十二日、土佐藩の坂本竜馬は京都の薩摩屋敷で長州藩の桂小五郎と薩摩藩の西郷隆盛を会見させて薩長同盟が成立し、これによって幕府の勢力は衰え、ついに慶応三年十月十五日、徳川慶喜は大政を朝廷に奉還した。そして十二月には、王政復古により長州に都落ちした公卿らの復位入京が許されたのである。

めまぐるしく変わる時代の長州藩は文久三年（一八六三）五月十日、攘夷を決行するため下関海峡で通過する米仏蘭の船艦を砲撃した。それにたいし、米仏蘭によって報復攻撃が行われ、また、幕府からも征長軍によって窮地に追いこまれていった。この危機に、高杉晋作は武士、農民、町人から有志を募り力量中心の軍隊の奇兵隊を作った。武器、俸給は藩から支給され、幹部の任免も藩庁の辞令によってなされており、これを契機として、各地で類似の自衛隊が結成された。慶応元年の大田、絵堂の戦いでは軍官山県有朋に率いられて活躍し、戊辰戦争では越後口の戦いで戦功をたてている。しかし、維新政府が成立すると戦闘はなくなり、明治二年には兵制改革によって各隊を解散し、常備軍の再編成に着手した。ところが、常備軍編成に際して各隊員から常備軍要員の選抜に反対が起こり、大挙して脱隊する反乱が起こった。いわゆる脱隊事件である。翌同三年二月には、木戸孝允（桂小五郎）を総指揮とする鎮圧隊と激戦し反乱兵は潰滅した。その後、首謀者ら二十七人が斬首されたが、それにたいして泰成は、儒者富永有隣、藩士大楽源太郎らとともに藩庁へ大量処刑を否認して対抗したのであった。そのため身に危険の及ぶこととなり、富永は土佐に潜伏したが、やがて捕えられて東京石川島監獄に入った。また、大楽は久留米へ逃走したが、明治四年に暗殺されている。泰成も密かに大寧寺を去って三河の妙厳寺に難を避けた。なぜ妙厳寺へ行ったのか、その理由は明らかでないが、永平寺や總持寺では追手の危険性があったからとも伝えられている。

ところで、妙厳寺に逃れたものの、妙厳寺は廃仏毀釈運動の最も盛んな時で、政府による豊川稲荷の取り調べが行われていた。当時の住職二十八世禅海霊竜は法嗣の黙童とともに、吒枳尼尊天は妙厳寺の鎮守で仏像であると取り調べに答え、豊川稲荷の存続を主張していた。そして中央政府が確立されるや廃藩置県が行われ、旧藩時代の罪は問われないことになり、身の危険が除かれると泰成は、霊竜や黙童らに協力し、政府へ強訴説得して豊川稲荷は門前の鳥居を撤去し、その代わりに赤い幟旗を立てることで法難を免れた。政府の要人は三条実美を擁した旧長州藩と薩摩藩出身者が多かったため、泰成は都落ちした七卿の一人の三条卿や長州出身の要人に強訴しており、泰成の陰の力によって法難を免れたといっても過言ではなかった。その後、政府と妙厳寺の関係に宮内省が動いたりしていることは、政府と泰成との深い因縁があったからともいえるのである。[14] さらに、政府へ大本山としての總持寺の立場を歎願するのに泰成が動いたのも政府要人と通じていたところからと思われる。

泰成が、總持寺独住一世候補者に挙げられた明治三年二月は大寧寺の住持であり、總持寺系の碩徳として高名であった。明治五年六月十七日には大寧寺住持として中講義に任命されており、[15] 俗姓は大寧寺の別山号である東盧山より盧山と称した（ただし、玉林寺の過去帳によれば、旧姓は梅地とも称した）。そして、政府による豊川稲荷の取り調べも終り落ち着いた明治十三年七月、妙厳寺二十九世に就いた福山黙童は泰成に敬意を表し、先師禅海霊竜を法地開山に勧請した玉林寺（愛知県豊川市麻生田町）の第二世に迎えて丁重に遇したのである。その後、泰成は玉林寺を離れることなく、黙童に協力して妙厳寺の復興に力を尽くし、明治三十四年三月十三日、玉林寺において世寿九十一歳で遷化された。

註

（1）中嶋繁雄『永平寺風雲録』（下）（昭和六十年三月　大本山永平寺祖山傘松会）一〇二頁以下、吉岡博道「臥雲禅師をめぐる人々」（『臥雲禅師語録』下巻　昭和六十三年十一月　大本山永平寺）七十六丁以下。

（2）熊谷忠興「臥雲禅師に関する二・三の問題点」（『臥雲禅師語録』下巻　昭和六十三年十一月　大本山永平寺）九十五丁以下。

（3）麻蒔舌渓『曹洞宗史要』（明治二十六年五月　明教社）一八〇頁。

（4）水野霊牛『洞門現時二十五哲』（明治二十八年十月　圯橋軒）一五頁。
（5）服部空谷『鴻雪爪翁』（昭和十三年十二月　古鏡会）五六頁。
（6）慶安寺については『杉並区史』（昭和三十年三月　東京都杉並区役所）一二〇一頁、『新修杉並区史　資料編』（昭和五十七年十月　東京都杉並区役所）一二七頁参照。
（7）『上野繁昌史』（昭和三十八年五月　上野観光連盟）五七九頁。
（8）川口高風解説『栴崖奕堂禅師語録』（昭和六十二年九月　名著普及会）の口絵。
（9）中村泰心・山内尭海編『永平六十世臥雲童竜禅師遺稿』（大正八年十一月　大迫希雄）五十六丁。
（10）（11）栗山泰音「奕堂門下の高足逸材」（大正十四年一月「中央仏教」第九巻第一号）。
（12）世良莞一『曹洞宗瑞雲山大寧護国禅寺略史』（昭和五十五年四月　瑞雲山大寧寺）一二〇頁。
（13）『幕末明治文化変遷史』（昭和五年一月　名古屋毎日新聞社）二〇頁、『山口県百科事典』（昭和五十七年四月　大和書房）三五六頁。
（14）安井四郎『実録「豊川いなり物語」』（昭和六十一年十一月　マイブックチェーン21）一七三頁。
（15）杉本尚正編『各宗教導職職員録』二（東京杉本蔵板）の「中講義」に、

山口県下　　大寧寺住職
　同　　　　盧山泰成

とあり、同は補壬申六月十七日のことである。

第三章　両山盟約と永平寺の動向

第一節　『曹洞宗原問対』の刊行

明治二年十二月二十日に太政官より永平寺、總持寺へ出された沙汰は、両本山の分離を認めたものとも受け取ることができる。この二年間の宗門を騒動宗とも称されたが、沙汰が出た直後の明治三年正月、曹洞宗の宗原を探った『曹洞宗原問対』が刊行された。著者、出版社は不詳であるが、問者にたいする弁解を答者の侍者が筆記したもので、明治期の最初の宗門概要書といえるものである。しかし、両本山の抗争中に著わされたものであり、著者の立場は、永平寺の臥雲の言動にたいする批判と永平寺が宗門行政の主導権を握ることの不当な点を指摘しているところから、總持寺側の有力者の著作であることが予想される。

ところで、本書は稀覯本のため容易にみることができなかった。しかし、『明治仏教思想資料集成』第二巻（昭和五十五年六月　同朋舎）に翻刻されている。その底本は、東洋大学図書館に所蔵するもので、大内青巒の旧蔵書であった。大内は東洋大学学長に就任したものの病となり、職責を果たすことができず、子息の大内俊が後学者のために、大内の遷化後三年をへた大正十年一月に蔵書を東洋大学へ寄贈したのである（『白雲精舎図書録』大内俊の序)。

本書は曹洞宗の起源と制度に関して、七項目にわたる問答となっている。前年の十二月二十日の沙汰が出た後執筆したようで、本書を通して当時の両本山の主張をながめてみよう。

第一の問は、永平寺は道元が開基して以来、天皇より綸旨勅額を賜わり、禅師号を拝戴するなど宗門開闢の総本山と説く人がいる。それは可否かというのである。

それにたいする答は、永平寺、總持寺両寺への勅賜の歴史をあげた後、元和年中に出た法度(永平寺諸法度、總持寺諸法度)により、両寺は等しく出世道場となった。しかも、永平寺現住の臥雲は、公訴して道元に国師号を懇請し、その国師号は、寛元年間に賜わったと偽称していることを概歎している。

第二の問は、總持寺は後醍醐天皇より出世道場の綸旨を賜わったが、総本山永平寺と並ぶ寺格でなく、臨済宗の五山制度の南禅寺と同じで、末派中の出世本寺であると説くはどうか。

それにたいし答は、末派中の出世本寺と邪解してはいけない。南禅寺、總持寺は洞済二派禅宗の上刹と定められ、日域無双の禅苑で綸旨を拝戴した最初である。後陽成帝より曹洞の本寺出世道場と綸旨されたのは、總持寺の方が早い。しかし、元和の法度によって両本山と称したが、勅命を尊重すれば、總持寺は一宗の大本山であると答えている。

第三の問は、元和の法度の条令では永平寺のみに「日本曹洞下之末派如先規可守……」とあり、總持寺には「曹洞下」の一条はない。したがって、宗門開闢の総本寺と出世本寺とでは明らかに異なると説くはどうか。

その答は、永祖の家訓は瑩祖の家訓であり、家訓とは僧規のことで寺格のことではない。一宗の規律をあげて、俗の寺格を論ずることは正しくない。元和の法度の一条に固執して、本末や宗門の法則、衣体などを改革しようとすることは、審細な研究を行わない未分暁の人という。

第四の問は、宗門制度は総本山の総括である。しかし、元和年度に幕府の命によって関三刹へ委任していたが、明治の御一新により曹洞宗一途の宗制は、永平寺に復せられたと説くがどうか。

それにたいする答は、明治維新により、政府が多端な時機に乗じて、永平寺の歎願により宗制の官裁が降されたといっても、永平寺の古格に相違することは永祖の制約で明らかである。ところが、臥雲は政府に跪き、典故なきことを訴願している。曹洞宗の宗制は總持寺に委任されており、関三刹を首として各地の録寺で行っていたが、それを總持寺が総括していた。しかし、明治元年六月、永平寺は「大日本曹洞宗総本山」あるいは「総本山監院」と改刻して告状などに押印している。これは、従来より総本山でないことの確証といえよう。また、両寺が本山である起原の理由は、政府が糾弾しており、明治二年十二月二十二《（ママ）》日に出された沙汰は、「太政官日誌」第一一二号で詳細に説いている。

第五の問は、曹洞一派と書いたり称する時は、すべて永平派下である。總持寺も派頭であるならば、曹洞両派というべきである。そうでないのは末寺中の出世本寺であり、一派の本寺でないことが明らかであると説くがどうか。

それにたいし答は、臨済宗は五山十刹等すべて分派しているが、宗名は従来より通っており、各々末寺を統領し、末派は互いに転住していない。さらに、その制度は開祖の前後に拘らず、勅捷の次第で順次を立てている。もし、曹洞宗が臨済宗のケースと合わないというならば、「洞済一轍全無他岐」という祖語はどのように解釈するのか。勅捷をもって階級が定められることは、諸書に明らかであるという。

第六の問は、曹洞宗の命脈を継ぐ人は永祖の子孫である。したがって、いつも永平寺の祖訓を護念すべしと説くがどうか。

それにたいする答は、宗脈系を論ずれば、必ずしも永祖のみでない。曹渓慧能によって両派となり、洞山良价によって宗名が起きた。永祖は曹洞十四世の祖、瑩祖は十七世の祖といえる。永平寺には山居の規約があり、總持寺には奉勅の規約がある。そのため、永祖は内法を擁護し、瑩祖は外法を検校して非律を弾訶し宗綱を天下に知らしめた。どうして永祖の子孫のみであろうか。永祖は日用、瑩祖は月分年分の規範を成し、あわせて両祖の清規が叢林で実行されている。宗門僧侶は永祖の児孫といえども、瑩山、峨山の出現がなかったならば今日の盛事にならなかったと答えている。

第七の問は、總持寺は輪住制をとっているが、今後、独住制に改めるならば、瑩祖の教えと異なることになる。また、五院を廃するならば、峨山の遺文をどのように解するかと説く。

それにたいする答は、今日まで總持寺住職は、勅請により綸旨を拝戴した時、一朝夕でも住職である。常住の人は西堂位に就き、瑞世の人が欠けたならば、現方丈が住職に就く。その方丈を補うために五院を置いた。官命により一人の碩学知識が住職となり、常住しても瑞世の人がいる時、現住職は西堂位に就く。五院は今後、宗権を掌握して諸局務を統領する任にあたる五人を登庸し、五院に兼住させる。そうすると峨山の遺文に合う。巧拙を論じているると答えている。

以上の七問答によって明らかなことは、問者の主張が永平寺、それにたいする總持寺の主張を答えたのである。そして、最後に本書の成った理由を、

呵呵〳〵。前条ノ如ク、古往今来永平寺ニ於屢謀訴ヲ企テ、動モスレハ總持寺ヲ圧倒セント欲スル事、挙テ計フヘカラス。宗門ノ僧侶コレカ為ニ困惑不少。実是レ御政府曁ヒ、他宗ノ緇素エ対シ、慚愧恐懼ノ至ニタヘサル也。冀ハ我門ノ諸兄弟旧弊ヲ一洗シ、宗学ヲ研究シ、和合和睦無争慮念ニ住シ、方今ノ騒動宗ヲシテ、真ノ

曹洞宗ニ復古セヨ。至嘱々々是レ則チ曹洞ノ宗原概略如斯シ。来問黙止難ク卒ニ弁解ス、各頓ニ疑団氷消拝謝シテ去ル。侍者コレヲ筆記シ来テ同志ニ贈示セシ事ヲ乞フ。余叱シテ云、止止好事不如無于時。

明治三庚午年正月閣筆

と記しており、和合和睦の真の曹洞宗へ復古しようと考え、永平寺の主張にたいして弁解したのであった。したがって、問者、答者も總持寺の人であるが、問者が永平寺の主張をいい、それを答者の侍者が筆記し同志に贈ったのである。

永平寺は総本山たることを強調しているが、總持寺は、政府の沙汰による各末寺を取り締る両本山分離を主張するのでなく、和合和睦した両本山の曹洞宗であることをいう。しかし、本書は、紛争問題を客観的に捉えようとする姿勢には欠けている。また、宗門行政の歴史的変遷にたいする反省も認められない。それは、いまだ宗門体制が教学や安心立命問題にまで及んでいない時代であったためである。その後、政府の沙汰は二転三転するのであった。

第二節　明治三年の曹洞宗の大意

明治三年、仏教各宗派は東京府社寺御役所へ宗派の大意や僧侶の進退などを上申し、それが『諸宗大意』（三友社）と題して刊行された。これは神道中心の為政者による仏教教団にたいする抑制の一段階で、僧侶の身分統制を行う内意があったものと思われる。しかし、仏教教団各宗は天皇と国家にとって宗門僧侶の果たしてきた功績を歴史的、また教義的に主張し、宗門の伝統的なあり方を示した。

その宗派は真言宗、新義真言宗、天台宗、臨済宗、曹洞宗、浄土宗、時宗、日蓮宗、真宗、浄土真宗の十宗で、触頭寺院や輪番などが各宗の立場や制度を簡潔に執筆している。また、新しく出発する宗門の方向を打ち出した私案もみられる。その私案は、浄土宗を福田行誡が、曹洞宗を原坦山が述べているところから、政府は当時の学僧にも宗派の大意を質したものと思われる。

そこで、曹洞宗の大意などをみてみよう。

曹洞宗門之大意

曹洞宗門ノ儀ハ、先仏ノ伝受禅定精進ヲ論セス、唯仏ノ知見ニ達スルコトヲ旨トス、是則チ釈迦出世三乗道偏ク四衆化盈リト雖トモ猶イマタ其人ヲ得ス、末後大迦葉ヲ得テ正法眼蔵涅槃妙心ヲ附属ス、爾来嫡々正伝シテ西天廿八大達磨ニ至ル、達磨西来直指人心見性成仏ト唱ヘ震旦ノ初祖タリ、廿三伝シテ趙宋ノ如浄ニ至ル、貞応二年宗祖道元入宋シ如浄ノ室ニ投シテ仏心印ヲ正伝シテ本朝ニ帰リ、初テ宗門ヲ開キ家訓ヲ演ヘ清規ヲ定メ恢ニ別伝ノ宗ヲ振フ、直ニ今日ニ至ルマテ師資証契系連明覈ナリ、仏祖単伝ノ宗意人々心体妙性即是諸仏自覚聖智ヲ研究発明シ、持戒忍辱精進布施等ヲ行シ、勤善破悪一切衆生ヲシテ仏ノ智見ニ開示悟入セシメ、陰ニ盛大ノ聖化ヲ翊ケ国恩ヲ報答シ奉ル、但シ曹洞ト唱ル所以ハ、震旦ニ於テ洞山曹山特地ニ宗旨ヲ激揚ス、ソレヨリ宗号ト相成候儀ニ御座候、

弟子ニ取剃髪為致候次第

此儀或ハ幼年或ハ晩年、ソノ発心ノ縁由モ区々ト雖トモ、当人決定得度ヲ請フ時シハ父母親族ニ就テ是ヲ質シ、地方官ノ允許ヲ得来ルニ於テハ薙染ヲ許可シ、其式如法ニ整ヘ候

剃髪致候ヨリ昇進出世ノ次第

此儀黙止難キ次第ニヨリテ、年数延促ノ所置アリト雖トモ、其定則ハ七歳已上ニテ得度、夫ヨリ三年其師ニ就テ業ヲ受ク、四年目ニ江湖会ニ初入スルヲ法臈ノ始トス、右初入ヨリ随意ニ偏歴イタシ戒定恵ヲ練磨シ、二

十年ヲ経テ首座職ヲ勤ム、是ヨリ長老ト称シ衫付ノ法衣ヲ着用ス、然シテ受業師或ハ別師ニテモ機々投合ノ上入室嗣法ス、其後ハ因縁次第ニ一寺住職申付候、此嗣法ヲ得サル長老ハ一寺住職ハ勿論能化ノ作法許サヾル宗規ナリ、法臈二十五年ニ満嗣法師、或ハ本寺触頭ノ推挙状ヲ帯ヒ、派頭ノ大本寺ニ登リ出世転衣其式畢テ上京、執奏家ニ就テ応勅詔宣奉祈宝祚長久、国家安全御宣旨拝戴、和尚号、勅許ヲ蒙リ、是ヨリ色衣ヲ着用ス、法臈三十年已上ノ者ハ随意ニ江湖会ヲ興行ス、上来長老和尚江湖会ノ三級満円ノ者ヲ三世成就ト唱へ、其人ノ器量ニ寄リ常法幢・片法幢・随意会地ノ三等ノ格寺へ昇進住職ス、

本末孫末寺等住職進退ノ次第

此儀大本寺ハ其派下ノ格寺ニ住職コレアル者ノ内、碩学知識ノ者ヲ抜与シ、執奏家ノ奏聞ヲ維テ朝命入住職ヲ蒙リ昇任仕候、

官命地ハ其派頭ノ大本寺ヨリ執奏家ヲ経テ伺ノ上官許ヲ蒙リ、大本寺ニ於テ住職申渡ス、一宗ニオイテハ大本寺ニテモ自分直末寺ノ外ハ平常ノ住職ニハ関係セス、其小本寺ニオイテ人器法臈ヲ調へ住職申付、入院ノ上本寺ノ添翰ヲ帯テ触頭ニ出頭シ指揮ヲ受ク、尤開基建立由緒コレアル寺院ハ其先例ニヨリ不同ニ御座候、但シ宗内一般ノ取締寺職与奪ノ権ハ大本寺コレヲ司トリ、小事件ハ各国ノ触頭管轄ス、塔頭平僧地ト唱ルハ総テ其本寺限リニ進退致シ、出世化他ノ式相除キ候、右御尋ニ付大略奉申上候、

明治三庚午年六月

高輪　泉岳寺
貝塚　青松寺
橋場　総泉寺

東京府社寺局御庁

これは、明治三年六月に泉岳寺、青松寺、総泉寺の府内三カ寺より東京府社寺局御庁へ提出されたもので、宗門の大意、弟子の剃髪次第、昇進出世次第、本末孫末寺などの住職進退次第について述べられている。宗門の大意は別として、それ以外は第二章第二節でみたように、明治二年三月二日に長老を集めて公議した「曹洞宗掟書」を受け継いだもので、掟書は二十カ条にわたっているが、本上申書は要領よく短文にまとめられている。すなわち当時の宗門制度は、得度、江湖頭（首座）、入室嗣法、住職、出世転衣、色衣の順であったが、ただ、得度において、父母親族は当然のことながら地方官の允許を得たものといい、国家制度の管掌下に得度が許されるというような政府の干渉が加わってきた。

次に、原坦山の私按の「洞家大意」をみてみよう。

洞家大意　　　　長徳院坦山私按

禅宗ノ儀ハ、其始メ釈迦牟尼仏自性本具ノ心体ヲ発明シ、奇哉一切衆生悉皆如来ノ智恵徳相ヲ具有スト、其法タル至大至広浅智ノ尽シ難キ所、是故一乗二乗三乗五乗等皆随宜時ノ悉檀ニシテ、常範固格アルニ非ス、本ヨリ寂然トシテ不動一念シテ三際八極ヲ舎吐シ、居然一塵ヲ転セスシテ無量ノ人法身土ヲ建立ス、蓋夫世俗ノ巧智猶能気球ニ乗シテ天際ニ翺翔シ、或ハ千里ヲ隔テ、音信ヲ瞬息ニ往来ス、是皆智工一分ノ功ナリ、況ヤ心性妙体ハ天上人間ノ造作ニ非ス、巧智測量ノ及フ所ニアラサルヲヤ、其体タル、方寸ヲ離レスシテ十界ノ性相宛然トシテ明了、跬歩ヲ移サスシテ十方ノ刹土厳然トシテ顕現ス、其実智妙境ノ広大ナルヲ毘盧海蔵ト名ケ、其自性荘厳ノ善美ヲ尽スヲ妙厳国土ト号シ、其真観妙楽ノ穢悪ヲ脱スルヲ極楽世界ト称スル、コレヲ知サルモノハ謊誕虚妄ノ毀謗ヲ起シ、之ヲ信スル者ハ此ヲ去ルコト不遠ト観念シ、之ヲ悟ル者ハ自己本体ノ妙楽ニ安住ス、譬ヘハ簷ヲ連ル比隣モ貧富憂歓ノ情ヲ異ニシ、枕ヲ双ヘテ同床ニ臥スモ苦楽泣笑ノ夢ヲ同フセス、盤ヲ同

シテ甘旨ノ膳ヲ倶セザレ共健恙好嫌ノ味ヒ吐嗜懸隔ス、

然レトモ人根ニ利鈍アリ、識智ニ深浅アリ、上智ハ頓悟シ中下ハ漸修ス、小器ハ小成ス大器ハ大成ス、是故ニ定恵等学フ、修行シテ地歩ヲ教ヘ参禅弁道以テ修証ノ通塞ヲ詳ニシ、明見仏性以テ出家ノ能事畢ル、是ヲ正覚大悟トイヒ又見性成仏ト号ス、大凡修証ノ大体ハ人々本具ノ心性即是諸仏ノ自覚聖智ナルコトヲ信解行証スルカ故ニ、仏心宗トモ唱フ、抑西天竺二十八祖菩提達磨、此旨ヲモツテ支那国ニ伝来シ、五十一祖仏性伝東国師道元入宋ノ後本朝ヘ伝来シ、五十四祖弘徳円明国師瑩山、後醍醐天皇ノ御帰崇ヲ蒙リ、応勅請可奉宝祚長久、国家安穏旨被仰付候、其後一宗ノ規格ト相成、今日ニ至ル迄聯綿相続仕候、大凡直指心伝ノ妙旨ハ言辞ノ及ヒカタキ所ニ候ヘトモ、大略如斯ニ御座候已上、

庚午六月

これをみると、曹洞宗門之大意を敷衍したものとみることができ、したがって、府内三カ寺の記述とあるものの実際は、原坦山が執筆したのではなかろうか。坦山は明治元年の碩徳会議後、永平寺役寮や碩徳へ「書附申上書」を出し、僧風を一新する公選法を主張して、将来の宗門制度確立に建設的な意見を出した。政府も坦山の主張に一目を置き、私按を求めたものと考えられる。しかし、坦山は「禅宗ノ儀ハ、其始メ釈迦牟尼仏自性本具ノ心体ヲ発明シ、奇哉一切衆生悉皆如来ノ智恵徳相ヲ具有ス」に基本を置きながらも「直指心伝ノ妙旨ハ言辞ノ及ヒカタキ所ニ候ヘ」といい、曹洞宗は道元禅師入宋後、我が国へ伝来し、瑩山禅師が後醍醐天皇の帰崇を蒙って以後、「応勅請可奉宝祚長久、国家安穏旨被仰付候、其後一宗ノ規格ト相成、今日ニ至ル迄聯綿相続仕候」と国政の要請に応えてきたことを述べている。なお、「洞家大意」は約言されて、明治五年六月十三日に永平寺環溪、總持寺奕堂の名をもって長徳院坦山等撰による「禅曹洞宗大意」と題して教部省へ届けている（大本山總持寺所蔵文書二〇〇―一

八B)。しかし、その末尾には、環溪が「評云」として評考を加え合意できない点も指摘されている。

このように、天皇制への迎合は原坦山による曹洞宗の大意のみでなく、他宗派の大意も同様であり、宗祖の本来の教義とはかけ離れているものであった。廃仏毀釈の中から仏教勢力を伸ばすためには、天皇制国家への積極的な協力を打ち出さねばならない時であった。しかし、その中から国家体制の下に宗門僧侶の秩序を整える制度の確立へと向かう姿勢も見出すことができ、政府の厳しい仏教政策の一面を知ることができたのである。

第三節　原坦山の伝記資料と法系

原坦山の伝記は、『坦山和尚全集』(明治四十二年十月　光融館)所収の大内青巒「坦山老師の事歴」や第三篇雑部の「追慕録」にある明教社主筆の「原坦山禅師の遷化を悼む」によって、明らかになる。詳細は、「明教新誌」に掲載されており、「追慕録」は、「明教新誌」よりの転載が多くある。

駒沢大学禅研究館の前庭に「覚仙坦山老師之碑」がある。その碑銘は、明治二十七年八月に大内青巒が撰したもので、それを永平寺貫首森田悟由が篆刻を願った。銘文は『坦山和尚全集』に所収されており、銘文を題として下部に坦山の頂相をとり入れて銅版刷にした軸装も刊行されている。

坦山の伝記は大内青巒によるものが中心となっており、後学者の坦山紹介もそれらによっている。しかし、ここに従来とりあげられていない首先住持地長徳院(茨城県結城市今宿)の過去帳と最乗寺(神奈川県南足柄市大雄町)の「大雄山住山記」による伝記を紹介してみよう。最乗寺は、『大雄山誌』が同題で明治四十五年五月に荻須梅信の編集発行したものと昭和三十六年三月に横関了胤執筆、伊藤峰宗編による寺誌が刊行されている。ともに独住編の第二世として紹介されているが、両書を対照してみると異なった伝記もみえる。その他、「東京学士会院雑誌」

第十二編之十に所収する伝記や「明教新誌」第三一〇二号の高田道見「古仏去りて新仏来らず」もある。

一、覚仙坦山大和尚禅師（長徳院過去帳）

明治二十五年七月廿七日旧六月四日、当山二十四世、最乗寺独董第二世仏仙創業之始祖
分骨相模足柄上郡関本最乗寺、東京市ケ谷薬王寺町前長昌寺、下総結城郡山川村長徳院、東京牛込通寺町保善
ノ四ケ所へ霊骨納候也
当山第二十四世原坦山師文政二年己卯十月十有八丁未之日亥中刻生于磐城平藩新井氏諱孝貫称勇輔母諱緩先考
有謂曰五先原氏清和之裔仕鎌倉氏至徳河氏仕仙台伊達氏祖父為原元衛門先考其第三子也
出襲磐城平新井氏配於先妣仕安藤候生三男一女余其長了也
幼而称逸郎又称宗八又称良作出家而称坦山
天保三壬辰年先考致仕挙家到東都四年癸巳入東都昌平黌内山氏之塾十一年庚子正月十二日先妣逝矣是年出家為
曹洞宗僧侶歴遊諸方嘉永二年己酉夏首座於下総結城郡上山川村東持寺、三年庚戌正月二十四日嗣法於下総印幡
郡中沢村昌福寺京璨長老、六年癸丑六月住山城愛宕郡白河村心性寺、安政二年乙卯十一月奉孝明天皇勅住永平
寺三年丙辰夏結衆安居於心性寺十月五日退休、文久二年十月住武蔵豊島郡西台村善長寺、三年癸亥六月転住於
武蔵葛飾郡長嶌村梵音寺、慶応元年乙丑八月転住於下総結城郡山川村長徳院、明治五年壬申四月廿九日、補権
訓導六月十七日補中講義六年癸酉三月三十日補権大講義七月十七日教部省免教導職務八月退長徳院到東京、
十三年庚辰六月一日補教導職試補相模足柄上郡関本村最乗寺兼神奈川県二号教導轄摂十一月二十二日補権少教
正
十四年四月一日曹洞宗管長命本宗専門本校教師十月諾東京大学印度哲学講師之嘱十六年癸未十月一日退最乗寺

辞本校教師隠棲於東京下谷上野第二街十四号地　十七年甲申四月五日補少教正八月十一日官廃教導職教規宗制委任諸神仏管長十八年乙酉十一月為東京学士会員　明治二十五年七月二十七日午後三時三十分原坦山師遷化其際師自羽書郵便ニ筆ヲ取テ認メ曹洞宗局曹洞宗大学林及ビ平素親密ナル友人等ニ報ズ、其文ニ曰ク

拙者儀即刻臨終候条此段御通知ニ及候也

七月二十七日午後三時三十分　　原　坦山

二、第二世覚仙坦山和尚（「大雄山住山記」）

磐城国平藩士新井勇輔長男幼名逸郎又称良作文政二年己卯十月十八日生

天保四年癸巳江戸昌平黌内山氏ノ塾ニ入学

天保十一年庚子得度

得度ノ月日不明ニ付師ノ法嗣下総結城郡山川村長徳院住職原田玄竜ニ照会ス

其回書ニ云

玉書到来至急御返報可申上処段〻延引致候儀者拙僧他行ニ付目今帰寺仕謹テ拝誦仕候処先般大畧申上候モノハ弊師畧譜ニ記載有之所ニ御座候其中不詳ノケ所御尋有之候得共判然不致事ニ御座候依テ言伝ニ候処ヲ申上候弊師ハ元ト儒学ヲ業トシテ駒込吉祥寺学寮ニ於テ孔孟ノ道講義ノ節仏教誹謗致シ其際佐土寮ノ寮主京璨和尚ノ耳ニ入其時弊師ト京璨和尚儒仏ノ道ヲ弁論シ且ツ議論ニ負タル者ハ勝者ノ弟子トナランコトヲ約定シ弁論数日ノ後遂ニ京璨和尚ニ降伏セラレテ弟子トナル当時京璨和尚ハ武州大宮宿東光寺住職中ニ付同寺ニ於テ得度セラレ候察スルニ天保十一年ノ中ニ相違ナシト存候ソノ後風外老師ニ参シテ所得アリト平日噺アリ猶京都ニ於テ洋学士小森宗二ト心理ノ議論ヲ致シ遂ニ敗ヲ取リ焉ニ於テ一層研究シテ心理ノ奥義

ヲ発明スト云大畧ノ処申上候早〻
頓首拝白　　明治廿五年十二月二十二日
嘉永二年己酉下総国結城郡山川村東持寺ニ於テ立職
嘉永三年庚戌正月廿四日下総国印幡郡中沢村昌福寺住職京璨長老ノ室ニ入テ嗣法
嘉永六年癸丑六月山城国愛宕郡白河村心性寺へ首先住職
安政二年乙卯十一月越本山ニ就テ転衣
安政三年丙辰夏山城国愛宕郡白河村心性寺ニ於テ初会修行
同年十月五日同寺退休
文久二年壬戌十月武蔵国豊島郡西台村善長寺へ住職
文久三年癸亥六月武蔵国葛飾郡長島村梵音寺へ転住
慶応元年乙丑八月下総国結城郡山川村長徳院へ転住
明治五年壬申四月二十九日補権訓導
同年六月十七日補中講義
明治六年癸酉三月三十日補権大講義
同年七月十七日教部省免教職
同年八月退長徳院到東京
明治十三年庚辰六月一日教導職試補拝命当寺へ住職神奈川県一号支局下教導取締トナル
明治十三年十一月二十二日補権少教正

明治十四年四月一日曹洞専門本校教師ヲ命セラル
同年十月帝国大学印度哲学講師トナル
明治十六年癸未十月一日当寺ヲ退休シ尋テ本校教師ヲ辞シ東京下谷上野第二街十四号地ニ隠栖ス
明治十七年甲申四月五日補少教正
明治十八年乙酉十一月東京学士会員トナル
曹洞宗大学林総監ヲ命セラル　年月不詳
明治廿五年五月廿四日内務大臣ヨリ曹洞宗事務取扱ヲ命セラル
同年六月廿五日曹洞宗事務取扱ヲ辞ス
同年七月廿七日午后三時三十分遷化世寿七十四法臘五十三（牛込通寺町保善寺境内ノ閑居ニ於テ遷化）
明治十三年六月一日　独住第二世ヲ継グ（六十二歳）
明治十六年十月一日　最乗寺ヲ退休（六十五歳）コノ間三年六ケ月

遺偈

応世応道　応世時顕　仏亦有時　時亦法矣哉　得之無所失

坦山の法系をみると、『曹洞宗全書』大系譜（昭和五十一年十二月　曹洞宗全書刊行会）には、先師の大中京璨の法が関浪磨塼（四一七頁）と実山栄禅（六三七頁）の両系に掲載されている。しかし、伝記をみて明らかなように、坦山は大中京璨の本師の実山栄禅に得度しているところから、実山栄禅――大中京璨――坦山の法系が正しいと思われる。そこで、法系をあげてみると、

永平道元――孤雲懐弉――徹通義介――瑩山紹瑾――峨山韶碩――通幻寂霊――了庵慧明――無極慧徹――月江正

文──華叟正萼──大林正通──南渓清曹──密天闇茂──梵海正音──霊室宗繁──雄山正碩──月舟正初──
吾宗正察──雪嶺正瑞──天南正青──朴翁正淳──久山正雄──久国正良──快洲正悦──快向正暾──観月徹
禅──劫外壺春──霊海崑山──量山千如──千嶂秀山──絶山天如──実山栄禅（東京安昌寺20）──大中京璨（埼玉東光寺・千葉昌福寺2128）──覚仙坦山（原）（京都心性寺？・東京善長寺・東京梵音寺15・茨城長徳院2422・神奈川最乗寺独住2）──
玉泉玄竜（原田）（茨城長徳院25）

となる。なお、嘉永二年（一八四九）夏の東持寺（茨城県結城市上山川）における立身の法幢師は不明であったが、同寺の過去帳から弘化二年（一八四五）より同寺二十二世となった巨雲竜谿であったことが明らかになった。さらに、坦山の俗系に関して永林寺（神奈川県横浜市栄区公田町）住持原田隆司より戸籍簿を教示された。それは、坦山の弟子原田玄竜の除籍謄本で、玄竜の長女に原田せつがいた。その項に「明治貳拾參年八月五日東京市下谷区上野町貳丁目拾四番地　原坦山養女不熟に付復帰ス明治廿四年六月貳拾四日養子八十八ト結婚」とあり、原田せつは坦山の養女となって身の世話を行っていたようである。しかし、戸籍の上では認められなかったようで、明治二十四年六月二十四日に養子の原田八十八と結婚した。八十八とせつの間の長男に原田碩天が誕生し、碩天の長男として原田隆司が生まれた。八十八は出家せず家督を継いだが、長男の碩天は、原田玄竜との関係で出家した。しかし、法は喜福寺（東京都文京区本郷）二十四世今井鉄城の室に入って嗣いだため他法となり、坦山の法系は法嗣原田玄竜で断法となっている。

第四節　『坦山和尚全集』の構成と編者の釈悟庵

全集の構成は第一編講演部、第二編著述部、第三編雑部の三編となっており、第三編の雑部には、逸事と追慕録があげられている。

第一編講演部は、「仏仙会雑誌」「教学論集」「哲学雑誌」「明教新誌」などに所収されたもので、東京帝国大学の哲学会や文学会における講演、また、東京学士会院における講演などが中心となっている。仏教を印度哲学としてながめ、とくに心の所在に問題をおいて、惑と病の関係は体と心の異状にあることをいい、心の病を解脱したところに体の病もなくなるという惑病同源説を打ち出しているのである。

第二編の著述部は、仏教を実験的に研究した成果の著作の『時得抄』や『心性実験録』、それに『大乗起信論』や『証道歌』の解釈とともに禅僧としての坦山の真髄である語録の『鶴巣集』を所収している。なお、『時得抄』は、後に荒木礒天が講述した『禅学心性実験録』（明治四十年二月　井冽堂）にも所収されている。『鶴巣集』は、明治十七年四月に仏仙社より一書として刊行されており、風外本高門下における禅僧としての境涯が明らかになるものと思われる。

その他、著作として全集に所収されていないものには『大乗起信論要義七門』（明治十五年四月　能仁雲外）や『般若心経講義』（明治二十六年六月　仏学院）、『通俗首楞厳経講義』（森江書店）などがあり、明治十六年六月には、風外本高の本師玄楼奥竜の『十六鐘鳴』（森江書店）を校閲している。

第三編雑部は、「坦山和尚逸事」と「追慕録」に分けられているが、逸事にはここにあげられている以外にも口伝として他の逸話集にとりあげられているものもみられる。「追慕録」には坦山遷化後、その功績を讃えた追悼文がまとめられている。

『坦山和尚全集』の編者は、奥付に釈悟庵とある。釈悟庵は本名が秋山悟庵である。『禅と武士道』（明治四十年九月　光融館）や『和訳聖典十種』（明治四十四年十月　興風館）は、秋山直峯の名で著わしており、直峯とも称したようである。『力ある修養禅林清話』（大正六年一月　文瑛書院）の「はしがき」には、「於北越顕聖寺認可僧堂」とあり、顕聖寺（新潟県東頸城郡浦川原村顕聖寺）三十三世であった。

顕聖寺の所在する新潟県東頸城郡浦川原村の役場より昭和五十九年八月に刊行された『浦川原村史』八三六頁をみると、「第十二章　村の人物誌」に「秋山悟庵」の項目があり紹介されている。地元では村の功績者として名高き人物であったが、「村の人物誌」や顕聖寺現住持の岩崎良悟よりの御教示から略伝をながめてみる。

釈悟庵は文久三年（一八六三）九月一日、新潟県東頸城郡安塚村石橋に父新佐衛門、母キセの次男として誕生した。明治十年七月に出家し、長野県更級郡大岡村の天宗寺二十四世単道雄伝（俗姓秋山氏）の弟子となった。同二十三年三月、城山館において長野県曹洞青年興道会が招聘した原坦山の講演に列したり、各地を転々として修行した。生家の菩提寺の賞泉寺（新潟県東頸城郡安塚村安塚）十九世諦応良観（俗姓浦壁氏）の下に帰り法を嗣ぐことになった。

その後、明治二十五年十二月に上京し哲学館に学んだ。勉学を終えて同三十年頃に新潟へ帰り、真慶寺（上越市東本町）三十三世となった。しかし、いくばくもなく真慶寺を去り、再び上京して哲学館の井上円了の下で勉学に励んだ。また、釈宗演の下にも学び、在京の宗門関係者や宗教界の有力者、さらに三宅雪嶺や新渡戸稲造などの学者とも親交していた。在京中、『禅と武士道』（明治四十年九月　光融館）、『禅と修養』（明治四十一年一月　東亜書院）、『坦山和尚全集』（明治四十二年十月　光融館）、『青年と禅』（明治四十三年六月　文成社）、『和訳聖典十種』（明治四十四年十月　興風館）、『禅と英雄』（大正四年一月　近代文芸社）、『禅の簡易生活』（大正四年四月　近代文芸社）などを著わした。その他、仏教大辞典の禅学部門を担当したり「禅学雑誌」などに寄稿しており、大正五年には顕聖寺へ帰って、雲衲教育に尽力した。在京中の生活は、『禅の簡易生活』の自序に、予や、理想の定命既に三分の一を蚕食し了らんとす。此間、僧となり俗となり、時に或は非僧非俗ともなり、変現出没遊戯自在。近くは在京十有五年の淡生涯は、克く幾多物質的迫害者の襲来を撃退し、遂に精神的全勝を博するを得たり。嗚呼、快哉何ぞ之に過ぎん。今や旧者先輩の道誼に感じ、再び故山に入るに際し、這箇精神的勝利の紀念として本書を道交に頒たんと欲し、書肆に命じて上梓す。詩あり、

曾作《テリ》二忩僧《ト》一為《ル》二和尚《ト》一　或《ハ》呼《バレ》二居士《ト》一号《サル》二先生《ト》一
在京十有五年《ノ》事　澹泊生涯逃《ル》二利名《ヲ》一

といっており、時には僧侶、俗人、あるいは非僧非俗の生活であった。在京中に執筆した『奥義解説禅学講話』（大正五年七月　光道館）は顕聖寺へ帰山してからの刊行で、校正などを「例言」において、

本書は出版に際し、校正は著者が一切了すべきの所何分新潟の山間に引込み居り、往復の便に五日間も要する始末の為、万事書肆に一任せり、故に或は誤植其他不備の点は幸に諒せられん事を望む。

と述べ、万事を出版社に一任している。また、大正六年一月に出版した『力ある修養禅林清話』（文瑛書院）は在京中の因縁によって起稿したもので、その「はしがき」をみると、

本書は題して禅林清話といふ、これいふまでもなく、古今禅者が機に臨み変に応じての活作略を列記したものである、所が目今野衲の境遇越路の山間僻地に雲水悠々去来に任すてふありさまである、されど在京中の因縁によつて書肆が切に起稿を督するで、止むを得ず、こゝに斯様なるものをあつめたわけである、随て田舎の山寺のことぢやからたしかなる参考書もなく、有益なる材料も求めがたい、乃でたゞ野衲が先輩から聞いたことやら、或はある雑書や祖録で見ておぼろげに頭に印象してることどもをつぱらに想ひおこししまゝを書きつけたのぢや、であるから、その次序の如きは到底時代の順を逐ふて居らぬであるから読む人はよろしくその心し

て読みたまひかし、しかしながら次序不順ではあれど、そが個々の人についての事実のごときは決して根拠のないことは書かぬぢやから、一読して各自が禅的修養の資することは疑はざるところぢや、いはゆる彼の黄金の杖は断々にするも皆これ一片の黄金たるを失はず、珠玉打砕するも皆これ一箇の珠玉たるを失はないと同じ一如ぢや、ゆめ軽々に読過することなければ幸ひぢや。

とあり、顕聖寺僧堂の雲衲教育に従事していた一面を知ることができる。

その後大正十一年、本師の諦応良観の後住として賞泉寺二十世の法灯を継承し、昭和五年には顕聖寺三十三世に昇住した。顕聖寺僧堂の運営と教育に努めて十余年をへた昭和十八年九月六日、八十一歳で遷化した。

道号は悟庵雄道、人格は温厚で努力家であった。学問に励み書道にも通じた人であったが、生活は常に清貧に甘んじ一生涯清貧に徹していた。在京中は一度も温浴せず水浴を事としていたといわれる。著作の序文やはしがきなどから明らかなように、教界の名士との交流が多く代筆の著作も多くあったといわれている。

第五節　原坦山の仏教研究

坦山の仏教思想は、みずから「心識論」にいうように経論に説かないところを、西洋の学説を取捨して仏教の真意をとらえようとしたところにある。それをみずから実験、実証などといったが、古田紹欽は仏教人体学ともいっている（『明治仏教思想資料集成』第二巻　昭和五十五年六月　同朋舎出版）。しかし、坦山の仏教思想の理解はすでに出家する以前、江戸の昌平黌において倫理学としての儒教を、また、多紀安叔の塾で医学を学んでいる。さらに、京都において蘭方医小森宗二の下で解剖実験に基づく西洋医学を学んでいた。したがって、近代西洋文明が明治維新によって我が国へとり入れられる以前に実験、実証主義を導入した仏教の心識論の解明を行っており、明治になって著わされた『心性実験録』もその立場を受け継いだものであった。

坦山の説は心というものを実験的に研究するわけで、それを「不覚心」「和合心」「浄覚心」の三心に分け、その作用の行われる場所は脳にあるとした。人間が惑に陥り病気となるのは、ともに脊髄の液が逆流して脳髄に入り、脳液と混淆するためで、その源は同一である。医学では解剖により実験して脳脊が同体であることを説く。しかし、坦山は同じならば、死人は生人と同じになるものであるから異なるものという。惑病の同源なることを説き、惑を除けば病は生ずることがないという。病は人間の体に異状を生ずるもので、惑は人間の心に異状を生ずるものである。この心の異状を生ずる惑と体に異状を生ずる病とは全く別物でなく、心の病すなわち煩悩を解脱して悟りを開くならば、体の病もなくなるというのである。

このように坦山の説は、仏教の教説と実験主義的西洋の学説と異なるものではないというわけで、仏教が衰頽したのは中古以来、実証の法が衰えて空論の虚義の法が起こってきたためであるという。坦山の実験主義でみた仏教の心識論の研究は、当時、西有穆山や福田行誡らの伝統的仏教解釈の立場からは批難され「心識論略弁」や「心性実験論批判」などが出された。しかし、その批難にたいして、坦山は西有穆山に『心識論略弁対破』を、福田行誡に対しては『心性実験論批判最後庇』を出して再び反駁している。坦山は、伝統的解釈の仏教学にたいし実験的仏教研究を行い、明治維新による新しい日本国家の思想文化の中に仏教を位置付けようとしたのである。

第六節　明治政府の責任

明治四年四月三十日、弁官は臥雲の再歎願を容れ、永平寺、總持寺に転住差止め解除の沙汰を出した。それをあげると、

其寺總持寺末派寺院互ニ転住被差止置候処再応之御詮議ニ依リ今後転住等旧来之通差許候事

四月三十日　　永平寺

其寺永平寺末派寺院互ニ転住被差止置候処再応之御詮議ニ依リ今後転住等旧来之通差許候事

四月三十日　　總持寺

とあり、分派許可の取り消しともいえるものであった。この沙汰は両寺とも同文であったが、總持寺へは別の達書も出た。それは、

其寺住持職之儀ニ付去ル巳年十二月御沙汰之趣モ有之候処今般旧来之通輪番ニ被復候条此旨更ニ相達候事

辛未四月　太　政　官

とあり、明治二年十二月の沙汰による独住制を、旧来のとおり輪住制に回復することであった。しかし、前年の七月二十五日には、奕堂が独住一世に就き、禅師号も下賜されており、九月二十二日には晋山祝国開堂を挙げた。それにも拘らず、半年後に無効とする沙汰を出した太政官の処置は朝令暮改であり、一起一倒ともいえるものであった。

このような処置は政府の宗教政策にたいする不明のみならず、永平寺の訴願を認めるものであった。永平寺にとって、總持寺の独住制は分派の主因となるもので不利と考えたのである。一方、總持寺はこの沙汰にたいして当惑した。總持寺としては転住差止めを固守せねばならなかったが、転住の自由は致し方なくても、独住制は固守せねばならず、逆に永平寺がこの沙汰を末派へ示達するにも、総本山の称号を用いて通達していることにたいして、政

府へ異議を申し立てた。また、總持寺は自派の末派へ「末派取締宗制ノ儀ハ去ル巳年十二月被　仰出之通変動無之并ニ派下寺院転衣之儀者其派頭本山ニ就テ可相調ハ勿論之旨」と副達を出した。

ところが、当時の寺院寮からは、永平寺総本山の称号を用いていることにたいして何らの返答もなく、總持寺の副達にたいしては、どのような旨趣かの尋問があり、答弁を文書で差し出すことを申し渡された。そこで手続きを行ったところ、寺院寮から副達は不都合に付き、念書を無くして差し出すことの口達があった。しかし、總持寺としては末派の動揺をさけるために副達を出したものであり、念書を入れずして提出することを拒否した。その後七月五日、總持寺へたいし、

其寺永平寺宗制之儀再応御詮議ヲ以旧来之通被差許候上ハ転衣転住輪番ハ勿論法規宗制総而旧慣ニ被復去ル巳年十二月被　仰出候儀ハ御取消之処御主意取間違末派共江及副達候段不都合之事ニ候右御主意篤ト相心得副達之儀至急差止可申事

辛未七月　　　太　政　官

との達書を出した。この達書は永平寺にも内示されたようで、永平寺は右の本文に副達を加え、翌七月六日に、総本山として全国宗門寺院へ布達した。その副達は、

別紙之通従　太政官能州總持寺江御沙汰之御旨写書ヲ以当寺へ被　仰渡候条各寺謹奉体仕宗門之制度法規宗則旧来之通当寺之家訓可遵守者也

総　本　山

明治四辛未年七月六日　　永　平　寺　印

曹　洞　宗　諸　寺　院

とあり、永平門下の児孫は永祖の家訓を守るところから、宗門制度法規宗則のすべてを永平寺に随順すべきといった。しかし、總持寺は歴朝の綸旨や瑩山をはじめ歴住の教えを何によって遵奉するのであるかとなり、「総而旧慣ニ被復」の旧慣の意味を明確にするべく金沢藩をへて弁官へ伺書を出した。そして八月には、大蔵省より、

書面宗制之儀ハ慶長以来御維新迄之間ニ被復候条其旨總持寺へ可相達候事

辛未八月

と裁決された。政府の趣旨は、この解釈が慶長以前ならば、両寺は判然と分離することになり、永平寺には宗門制度の取り締りの慣例がないところから不都合とみなし、慶長以後、明治維新までと解釈することにしたのである。そうなると、永平寺の副達は不法不当となり、互格の中にも總持寺の宗制権は、永平寺より強大であることが関三刹制度や總持寺法度などの歴史から明らかである。したがって、この裁決は總持寺にとって有利なものであった。しかし、政府はこの裁決にも拘らず、永平寺の副達にたいしては不問に付しており、政府の道理の判断は、一層紛擾惑乱を起こさせたのである。

そこで、總持寺は九月にあらためて、大寧寺の簣運泰成を總持寺役局として、金沢県庁をへて大蔵省へ四カ条の願書を申請した。その大要は、

（第一）旧幕府住職任命地總持寺孫末竜穏寺住職差定ノ儀一応總持寺へ御沙汰被成下度件

（第二）總持寺輪住ニ復セラル、ノ御沙汰ニ候得共右輪番地ハ概子旧諸侯ノ牌所又ハ朱印地等ニシテ方今一般上地被　仰付各自ノ弁営スラ窮迫之情態ナレハ今後輪住之方法難相立候ニ付一旦　勅命ヲ以テ被　仰出候御主意モ有之候得者何卒独住之儘被据置度件

（第三、第四）曹洞宗制度之儀慶長以後御維新迄ノ旧慣ニ復セラレ候ニ就テハ永平寺總持寺共互格一様ナルへ

キニ永平寺ニ於テ自ラ総本山ノ僣称ヲ公署シ両山派下一手ニ宗制可致様ノ達書ヲ発シ官府ニ於テ之レヲ不問ニ付シ置カレ候テハ自然總持寺ニ於ケル歴朝ノ綸旨并ニ旧政府ノ朱印条目モ在レトモナキカ如キ場合ニ立到リ随テ旧慣ニ復セラル、ノ御趣意ニモ背キ且ツ總持寺及ヒ其ノ末派一般ノ迷惑モ容易ナラサル次第ニ付適当ノ御沙汰被　仰付度件

とあり、これにたいして、十二月三日には大蔵省よりつぎの返事があった。

書面之趣別紙初ケ条住職之進退ハ地方官江被任候条後住之儀ニ付出願之事情有之ハ其県之添書相渡竜穏寺所轄之庁江可為申出二ケ条独住之儀ハ難聞届三ケ条四ケ条ハ調査之上追而可相達候事

大蔵大輔　井上馨

辛未十二月三日　大蔵少輔　吉田清成

大蔵省は大蔵大輔井上馨、大蔵少輔吉田清成の名をもって出しているが、第一については地方官へ一任した。第二は聞き難き届、第三、四は調査の上、追って沙汰するとの達であった。とくに第三、四は、旧慣に復する以上、両本山互格であるところから、永平寺が総本山と呼称することは不当であり、そのため政府としては、不問にして追って調査の上というほかはなかったのであろう。

顧みると、明治元年に政府は、永平寺へ総本山号を許して一宗の統一を図ろうとしたが、總持寺は歴史を表面に出して対抗した。そのため両山の分派を許したが、再び永平寺の異議申し立となり、すべて旧慣に復することとした。しかし、永平寺に許可した総本山号は公然と取り消すこともできず、逆に總持寺より再異議の申請となった。独住制を許可した總持寺にたいしても、旧慣に回復するならば従来の輪住制とせねばならず、永平寺の総本山号も取り消さねばならないとする困窮した立場に政府はあったのである。しかし、それは、政府が宗門の歴史などにた

いして無知であったことと、簡単に朝令暮改した沙汰を出したところに責任もあるのである。

第七節　臥雲童竜の示寂

總持寺が活発に運動を展開している中、明治四年十一月三日に臥雲の遷化した旨が弁官および福井県庁へ届けられ公表された。事実は前年の十一月三日午後十一時頃、大円寺において遷化している。

すでにみたように、臥雲は明治三年二月に政府へ歎願のため上京する途次発病し、遷化するまで起居不自由の身となっていた。当時、總持寺との争闘が盛んであり、永平寺にとって不利となるため公表を秘したのであった。明治三年十一月三日示寂説を指摘し、その理由が明らかになったのは最近のことである（天藤全孝「年回正当の光紹・臥雲・黙仙・元峰四禅師」昭和四十四年九月「傘松」第三一九号）。永平寺に所蔵する公式記録の「留書」類は、すべて明治四年十一月三日である。しかし、永平寺の旧監院寮保管の「御年代年譜記」には、

勅特賜大晃明覚禅師六十世臥雲童竜大和尚　八十一歳

明治三年午十一月三日示寂　至今明治十八年乙酉歳十六年

とあり、明治三年十一月三日説をあげている。明治十八年は滝谷琢宗貫首の時で、永平寺内部では明治三年説であった。そのため、承陽殿の位牌にも明治三年と刻されている。

ところで、それを裏付ける資料がある。それは大正八年十一月に、臥雲の五十回忌にあたって法孫会より『永平六十世臥雲童竜禅師遺稿』が刊行されることになった。そのため資料蒐集を行っていた中村泰心（竜沢寺住職）が、臥雲の養家の上村友吉に宛てた書簡に、

二伸　臥雲禅師之死亡ハ実の処、明治三年十一月三日、東京芝区伊血子町大円寺ニ於て午後十一時頃、死亡セ

し事ハ確実ニ候へ共、当時ハ能大本山と公事をなし江戸町奉行所ニ於て共ニ雄雌を争ひありしを以て一ケ年秘して明治四年十一月十八日死亡の旨を公表せし者なり。（右大円寺ハ嶋津家ノ江戸菩提所なり）、右寺ニ於て仮葬の上荼毘ニ附し永平寺へ送骨せしも、当時永平寺ハ財政之窮乏せしを以て今日ニ至る迄本葬ハ無之候、之レ一ヘニ小生法孫等の慨嘆ニ堪へざる処ニ御座候。禅師死亡之夜、左右ニ侍セシ者僅かニ二三人ニて一人は本郷長泉寺十六世尾辻応竜ト、大辻是山の弟子ナル大辻童麟ト、渡辺源蔵トノミナリト。前二人ハ既ニ死亡セしも、渡辺源蔵ハ今猶現存セリ。住所ハ永平寺門前ニテ彼ハ十六七歳ヨリ禅師ニ随侍シ禅師死亡の時ハ廿七歳の時とかや。昨年十月小生、源蔵に親しく面談致し候。

出家の因縁及ヒ永林・大円・大中・永平ノ四ケ寺へ住職セシ年月日も委細ニ判然致居り候。又逸話等も沢山在之存候共両本山の関係上、刊行出来兼ル事も在之候。都合ニ依リ本年五月十七・八日の頃ニ本郷菊坂町長泉寺ニ於て禅師五十回忌の法要を執り致す考へ在リ、夫迄ニ遺稿及ヒ法類系図を刊行の予定ニ御座候。二伸、芝の文科卒業生なる御人の住所及姓名を御通知願度候也。

三月十九日　　　　　　　　　　　中村泰心

上村友吉様

とあり、明治三年説を確認しているのである。しかし、明治三年十一月三日示寂が明らかになったにも拘らず、『永平六十世臥雲童竜禅師遺稿』では明治四年説をとっている。それは、大正八年頃でも両本山の関係から公表できなかったからであろう。

明治四年四月三十日、弁官より永平寺、總持寺へ末派転住を認める沙汰が出た。臥雲の歎願が叶えられたのである。そこで、永平寺側は五月十六日、是山を中心に十カ寺の出席を得て、臥雲が老病につき、永平寺を退隠する願

いを提出するべく相談し、同月十八日には弁官伝達所と福井藩庁へ臥雲の退隠願と後住推挙の願を提出した。それをあげると、

拙僧儀追〻老衰之処近来持病之疝積時〻相発難渋仕種〻薬養差加へ候得共兼て老病全快之程無覚束殊更当節に到り病悩強歩行不自由に而住職之行事も難相勤依之今般隠居仕度奉願上候右願之通被仰付被下候は〻難有奉存候以上

越前

永平寺

臥雲　御印

辛未五月十八日

弁官

御伝達所

前書之通弁官御伝達所へ奉願上度候間宜敷御取計被下度奉仰願候以上

永平寺　御実印

辛未五月

福井

御藩庁

奉願上候

一　城州宇治　　　　興聖寺
　　行年五十六歳　　　環溪
一　加州金沢　　　　前大乗寺
　　行年六十四歳　　　仏心
一　尾州熱田　　　　法持寺
　　行年六十四歳　　　鼎三
一　江州彦根　　　　前清凉寺
　　行年六十三歳　　　雪爪
一　若州小浜　　　　空印寺
　　行年五十二歳　　　瑞芝

右五僧共当寺住職相応之者に奉存候別段御明監之者不被為在候はゝ此五僧之内当寺住職被仰付被下度奉願候以上

　　　　　　　　　　　　　　永平寺
　　辛未五月　　　　　　　　臥雲　御印
　　弁官
　　　御伝達所

前書之通弁官御伝達所へ奉願度候間宜御取計被下度奉仰願候以上

　　　　　　　　　　　　永平寺

臥雲　御印

辛未五月

福井

御藩庁

御役人中

とあり、後住には環溪、仏心、鼎三、雪爪、瑞芝の五人の名があげられている（ただし、東京御宿所の記録〈明治四年御交代留〉では五月十八日とあるが、それを清書した永平寺蔵の記録では七月とある）。そして同月二十九日には、臥雲の隠居と後董を環溪に内定した。七月三十日に監院の戒鱗から興聖寺の環溪へ宛てた書簡には、

……兼而御本山御願件云々去ル四月廿九日御裁判之御旨、先般　御布告之通奉恐悦候、就而者、台上尊前旧冬ヨリ御病気ニ付、一応御退休被為成度御出願之処、越邸老侯等ヨリ大事件成就迄見合可然御利解戴キ御見合之処、今般諸事総テ願望御成就之折柄、尚亦御隠居願并御後席願等兼而思召し之通、老師初筆ニ而御呈出ニ相成候処、方今執奏家被廃諸寺院進退総テ地方管轄被仰出候ニ付、御当地出張県ヨリ福井県庁江贈達ニ相成之処、昨廿九日県庁より御達之旨趣者……

とあり、旧越前藩主松平春岳などと相談し沙汰を待って隠居を願い、後住選定が進められて初筆の環溪に決定し、福井県庁へ贈達したことが明らかになる。またこの書簡には興味深いことが記されている。それは「方今執奏家被廃諸寺院進退総テ地方管轄被仰出候ニ付……」とあることで、執奏家は廃止せられ、諸寺院の問題などはすべて各地方役所の管轄となった。これは七月十四日に制定された廃藩置県によるものである。是山は廃藩置県を予想して、臥雲の示寂を秘密裡にし、福井県庁内で後董を決定する方が速やかに事が進むと考えたのではなかろうか。そのた

め松平春岳などと相談しているのである。しかし、後住には雪爪みずから出願しているとか、松平春岳の推挙によって後席に就くという風評もあった。環溪は八月二十七日、病気を理由に辞退したが、九月二十日には西京の福井県出張所の布令に応じて永平寺後董の継承を受け、十月十六日、環溪は永平寺に到着し同月二十二日に晋山式を挙行した。

環溪の永平寺昇住は、従来の関三刹より昇住するという故例が一新されたものであったが、形式は後住推挙者より第一筆という旧幕府以来の例に準じて、内密裡に運ばれていった。これは前年（明治三年）に、總持寺が政府の沙汰によって輪住制を廃し、碩徳知識の独住制をとることになり、奕堂、覚峯、泰成の中から初筆の奕堂を推挙したことと同じである。ただ、雪爪は碩徳知識を後席へという考えをもっていたようであるが、自分は一宗一派のことだけに関係していられない身であり、再度上京して政府との宗教対策を行わねばならないところから、政府よりの後席の内意を断るとともに、諮問に応じて環溪を推挙したという説もある。(1)

こうして、環溪が後席を継ぎ、晋山大礼を挙げた後の十一月三日、大円寺の是山などは、臥雲が今暁六時に遷化した旨を弁官と福井県庁へ届けて公表した。そして十一月十二日正四時（午前十時）、大円寺において内葬を修行した。『永平六十世臥雲童竜禅師遺稿』五十六丁によれば、城南桐ケ谷において荼毘に付され、完全なる遺骨舎利を得たとある。しかし、それは是山の指揮によって予め御遺骸を大瓶に納め、さらに松材の棺に容れて、藁百貫目を積んだ中に安置して荼毘したといわれている。このような火葬時の逸事は、事実上の遷化の明治三年のことが明治四年のこととして伝承されていったものであろう。そして十一月十八日、環溪は臥雲示寂による取り計らいなどを行うため永平寺を出立し、十二月十九日、大円寺へ到着した。十二月二十六日、天章院（十三代徳川家定侯御内室）より臥雲の牌前へ菓子料金三百疋、香料金百疋を賜わり、翌二十七日に東京府へ出頭し、禅師号紫衣参内を勅許されている（十二月二十六日付）。翌同五年一月二十八日、参内して天顔を拝礼した。

第八節　臥雲童竜の遺稿と筆写本語録

臥雲童竜の語録である『永平六十世臥雲童竜禅師遺稿』（以下、『遺稿』と略称）は、大正八年に迎える五十回忌にあたり、同五年一月に法類寺院が協議し法乳の慈恩に酬いんとして大正八年十一月に上梓されたものである。編集者は法孫の竜沢寺（東京都港区元麻布）住職中村泰心と松楽寺（鹿沼市下日向町）住職山内尭海で、同じく法孫の稲村坦元も編集に協力された。

内容は口絵に禅師の遺品や墨蹟、法系譜、それに遺稿として語録があり、その他に逸話や法系法類寺院、法孫の略歴などが所収され、当時の臥雲派の隆盛が一覧できるものである。しかし、ここにとりあげる遺稿すなわち語録は、凡例によると法嗣の梅雪凌淳が永平寺安居中に筆写していた一巻で、嘉永元年（一八四八）秋より文久二年（一八六二）にいたる十四年間の語録が中心である。さらに、それに他の所蔵による数首を加えたもので、文久二年以後の語録については未詳であった。しかも梅雪凌淳の筆写した語録は順序立てがなされておらず、随聞随記の長短も分かれていないため遺稿を編集する際、編集者によって入寺、晋山、結制、完戒上堂、香語、詩偈、輓歌、鐘銘、宣疏などに分類して編集されたのである。なお、本来は入寺法語より鐘銘までが臥雲の語録であるが、『遺稿』には高祖六百回大遠忌の代香諸尊宿の法語十八首と祝国開堂の疏も付載されている。

ところで、梅雪凌淳が筆写した原本の親本やそれらの伝播については全く不詳であるが、『新纂禅籍目録』（昭和三十七年六月　駒沢大学図書館）四九六頁によれば、臥雲に『螺睡録』と題した語録の名があげられている。その出典は「洞門政要」となっているため、横関了胤『江戸時代洞門政要』（昭和十三年十月　仏教社）九二七頁をみると、『螺睡録』の題がとりあげられているものの内容や所蔵者などは明らかにされていない。したがって、『螺睡録』の存在も不確かなことであったが、宝慶寺（大野市宝慶寺笠松）に『螺睡翁　二稿』と題したものが所蔵されていた。「二稿」とは原本を再稿したものの意味か、初稿があって第二集にあたる「二稿」であるかは明らかでないが、現段階では、臥雲の筆写本語録として『螺睡翁　二稿』しか見あたらないのである。『螺睡翁　二稿』が梅雪凌淳の筆写した親本にあたるものかは明らかでないが、次に『遺稿』と『螺睡翁　二稿』とを対照してみよう。なお、便宜上、構成順にしたがって通しナンバーを付した。

『永平六十世　臥雲童竜禅師遺稿』	『螺睡翁　二稿』
入寺法語	
1　夢中作	113　夢中作
晋山法語	
2　永平寺晋山法語	
結制法語	
3　結夏上堂垂語　祝香罷　嘉永四亥年	
4　解制上堂垂語	
5　解制上堂祝香罷垂語	
6　上堂安政元甲寅年	
7　上堂安政二乙卯年	14　上堂曰
8　結冬上堂釣語	31　結冬上堂釣語曰
9　垂語	32　垂語曰
10　結夏上堂　安政五戊午年	74　拈香
11　三殿下	75　三殿下
12　上堂	76　上堂
13　結冬上堂	148　上堂

万延元庚申年	
14 三殿下	149 題ナシ
15 釣語	150 釣語
16 結夏祝聖	160 祝聖
文久二壬戌年	文久二戌正月十五日上堂之日
17 三殿下	161 三殿下
完戒上堂	
18 拈香	151 祝香 台上前勝山義宣寺 授戒之戒師 満戒上堂之拈香
19 将軍拈香	152 将軍拈香
20 勝山公拈香	153 勝山公拈香
香語	
21 高祖忌逮夜 嘉永元戊申年秋八月師蒙台命此日上山因語及茲	

22 同午時献供

23 観禅禅師卒哭忌 永平五十九世

24 成道会献粥

25 今月九日。総寧霊道和尚。為本師真済禅師被設添菜。因代霊師香語。

26 二祖断臂会

27 祖来上座亡母為智音信女一周忌設添菜

28 為授業師設添菜 授業師南林一呑素戒和尚也

29 祝聖嘉永二己酉年元旦

30 同 二日

31　同　三日
32　道法力生実父母為大道院円照院各十三回忌設添菜
33　百丈忌
34　涅槃忌
35　洞山忌
36　咄宗忌逮夜　相州井原祖学咄宗和尚也
37　同　午時
38　竜穏道海和尚六周忌　師在世也常修都史生天法因言及茲
39　宝鏡院殿一周忌
40　二代尊逮夜
41　同　午時
42　高祖忌　献供

43　同
44　薦梅関其馨和尚
45　累善居士大練忌
46　成道会献粥
47　同　午時
48　二祖忌献粥
49　同　午時
50　授業師素戒和尚本師瑞峰和尚大転昌隆和尚月忌　隆和尚者大円大中二処之先住也依及此語
51　祖来上座為実母設添菜
52　海晏開山天叟慶存大和尚毎歳忌　師者東照君之従弟而始終侍君之左右依及此語

53 施餓鬼会
54 祝聖嘉永三庚戌年元旦
55 同　二日
56 同　三日
57 禹隣禅師征月忌
58 涅槃忌
59 洞山忌午時
60 誕生会
61 同
62 二代尊逮夜
63 同　午時
64 高祖忌逮夜
65 同　午時
66 徹通忌
67 武蔵州品川
海晏寺開山忌
68 成道会献粥
69 同　午時

70 祝聖
嘉永四辛亥年元旦
71 同　二日
72 同　三日
73 戒厳上座為先考設添
菜
74 百丈忌
75 大円瑞峰大和尚十三
回忌拈香
76 涅槃忌
77 洞山忌
78 為諸尊宿設菜
79 誕生会
80 福井心月寺授戒会啓
建
初日午時
嘉永四辛亥年四月
81 尸羅会

82 同

83 金毛禅獅菴主三十三回忌就戒筵供養

84 天方氏供養

85 竹内氏為維徳軒供養

86 尸羅会

87 本師当晩

88 尸羅会

89 同

90 同

91 同

92 為青松魯宙和尚長泉祥雲和尚設供養因請法眷三位為光伴

93 祥雲和尚六七日忌 長泉十五世而禅師之法嗣也

94 同　大練忌

---

95 為瑞応源光信士十三回忌設斎 施主門前某氏

96 為剃度師曰新三十四世宝山曹受大和尚卒哭忌設斎 功徳主是山力生

97 二代忌午時

98 高祖忌逮夜　廿五日

99 同　禺中　廿七日

100 同　逮夜

101 同　献粥　廿八日

102 同　午時

103 徹通忌献湯

八月廿三日

104 同　午時

同　廿四日

105 高祖忌献粥

代香
房州延命愚洞長老

106 同　午時
代香
宝慶寺章鱗長老

107 九月十日為雲外恆喚
和尚設添菜
功徳主恵喚上座

108 寂円忌献湯
九月十二日

109 同　午時　十三日

110 達磨忌逮夜

111 同　午時

112 五世中興忌逮夜
義雲禅師也十月十一日

113 同　午時　十二日

114 徳応上座初願忌設添
菜　十月十八日

115 大転昌隆大和尚忌嗣
法師受業師為光伴設
添菜　十一月十八日

116 海晏開山天叟慶存大
和尚征月忌
十一月廿五日現住慈光
具寿設添菜此寺有千松
千楓縁由故及此句

117 徳応上座大練忌
高声呼名曰来也

118 成道会献粥

119 同　午時

120 同

121 山門四天王開光
十二月十二日

122 覚皇宝殿之三尊仏開
光

123 涅槃忌
嘉永五壬子年

124 洞山忌
125 誕生会
126 五鈷開山玄透禅師五十回忌　五鈷山光明寺主請
127 為亮天珍牛堅光養洲等二十一尊宿設斎筵
128 玄透禅師五十回忌
129 為本師瑞峰和尚受業師素戒和尚設斎筵
130 善長弁竜和尚善積祖東和尚十三回忌斎筵隆盛盛鱗和尚善長泰伝和尚為光伴　受業資董戒戒貫両具寿請
131 為長泉祥雲和尚及福昌独参和尚設斎筵

132 釈妙専五十回忌　斎主伊藤仁兵衛
133 失題
134 失題
135 十六霊供養
136 同
137 広鑑院五百回忌逮夜
138 同　朝粥
139 同　午時
140 施餓鬼会　禺中
141 咄宗忌逮夜
142 同　午時
143 天童忌逮夜
144 同　午時
145 大施餓鬼会　彼岸中日雨天
146 二代尊献供
147 成道会

148 同
149 同
150 同
151 断臂会
152 同
153 同
154 同
155イ 承陽高祖六百回大
遠忌 嘉永五年
承陽殿 八月朔日
155ロ 大遠忌啓建
十五日午時
155ハ 十八日午時
155ニ 廿一日晡時
155ホ 廿二日午時
155ヘ 廿三日午時
155ト 廿三日晡時二代尊
献湯

155チ 廿四日午時二代尊
献供
155リ 廿五日午時
155ヌ 廿六日午時
155ル 廿七日晡時
155ヲ 廿八日午時
155ワ 十六日午時
空印寺賢了
155カ 十七日午時
万松寺同嶺（ママ）
155ヨ 十九日午時
大光院大薩
155タ 二十日午時
永建寺為霖
155レ 廿一日午時
円通寺覚巌
155ソ 廿二日晡時
全久院吉丈

155ツ　廿二日午時
関刹専使孝顕寺惟
一
155ネ　廿四日晡時
福昌寺無著
155ナ　廿五日晡時
孝顕寺応竜
155ラ　廿六日晡時
同
155ヌ　廿七日午時
宝慶寺章鱗
156　宗祖六百回遠忌添菜
海晏主人請
157　同
義雄具寿請
158　涅槃忌
嘉永六癸丑年
159　洞山忌

御忌
160イ　廿五日
160ロ　廿六日
160ハ　同
160ニ　廿七日
160ホ　同晡時
160ヘ　廿八日
161　施餓鬼会　同日
162　盂蘭盆施餓鬼会
163　天童忌
164　同　午時
165　直心戒伝居士
初七日忌添菜
166　高祖忌迎真
167　二代尊献湯　廿三日
168　高祖忌献粥
169　二代尊午時献供
廿四日

170 同
171 高祖忌
午時献供 廿四日
172 同 献湯
173 同 献粥 廿五日
174 同 午時
175 同 献湯
176 同 献粥 廿六日
177 同 午時
178 同 献湯
179 同 献粥 廿七日
180 同 献湯
181 同 献粥 廿八日
182 同 午時
183 高祖忌廿六日晡時
代香洞寿院顧三
184 同 廿八日献粥
代香孝顕寺応竜

185 徹通忌献湯
186 同 午時
187 寂円忌
188 同 献湯
189 同 午時
190 祝聖
安政元甲寅年元旦
191 承俊首座初願忌
192 百丈忌献湯
193 誕生会
194 梅岳文竜和尚忌
梅淳長老請
195 歓光院忌
戒円上座請
196 承全首座中陰
197 失題
198 胸海祖胆和尚忌
199 添菜香語

200	施餓鬼会		
201	同		
202	同		
203	同		
204	諦運栄観居士 諦永晶観大姉 大練忌		
205	禹隣禅師添菜 御転僧法孫東岳天慧請		
206	石屋忌		
207	兀寥上座開蓮忌		
208	天童忌		
209	咄宗忌		
210	高祖忌逮夜	2	同　逮夜
211	同	1	高祖忌
212	百丈忌 安政二乙卯年	3	百丈忌
213	同	4	同

214	誕生会	5	誕生会
215	同	6	同
216	観音白山文殊普賢開眼	7	観音白山文殊普賢開現
217	同	8	同
218	玄光征月忌 曾抜萃宝慶記分解功 成後三日寂因及此語	9	玄光征月忌
219	証道兀寥上座二七日忌	10	証道兀寥上座二七日忌
220	虚菴普門和尚十三回忌 其嗣拙騰具寿請	11	虚菴普門和尚十三回忌其嗣拙騰具寿請
221	道海大和尚 直芽大和尚 点菜 儀衷首座請	12	道海大和尚 直芽大和尚 点菜 儀衷首座請
222	咄宗忌	13	咄宗忌
223	大施餓鬼会	15	大施餓鬼

224	同	16	同
225	天童忌献湯	17	天童忌献湯
226	即室妙心禅尼香語	18	即室妙心禅尼香語
227	為双親尊供	19	為双親尊供東海具寿
	東海具寿請		請
228イ	御忌	20	御忌中香語二代尊献
	二代尊献湯		湯
228ロ	高祖忌廿四日上供	21	廿四日上供
228ハ	同　廿五日	22	廿五日
228ニ	同　献湯	23	同晩献湯
228ホ	同　廿六日	24	廿六日
228ヘ	同　献湯	25	同献湯
228ト	同　廿七日献粥	26	廿七日朝
228チ	同　献湯	27	同　献湯
228リ	同　廿八日献粥	28	廿八日朝
228ヌ	同　午時	29	同午時
229	達磨忌	30	達磨忌
230	祝聖	38	祝語

	安政三丙辰年元旦		
231	梅岳文竜和尚忌	41	梅岳文竜和尚忌
	梅淳具寿請		梅淳具寿請
232	仏成道	39	仏成道
233	同　午時	40	午時
234	断臂会	42	断臂会
235	同　午時	43	午時
236	同	44	又同
237	祝聖安政五戊午年元旦	53	元旦　香語
238	同	54	同
239	某十七回忌	57	霊峯具寿請
	霊峯具寿請		
240	承俊首座一周忌	58	承俊首座一周忌
241	百丈忌	59	百丈忌
242	輓泰稟大和尚	60	輓泰稟大和尚
243	同	61	同
244	同	62	同
245	同　初七日忌	63	同　初七日

246	仏誕生	66	仏誕生
247	宝慶枯木吟竜和尚十七回忌	67	宝慶枯木吟竜和尚十七回忌
	孝顕仏天応竜和尚一周忌		孝顕仏天応竜和尚一周忌
	香語		香語
248	観道和尚三周忌	68	観道和尚三周忌
	台雲全孝具寿請		台雲全孝具寿請
249	泰禀和尚卒哭忌	69	泰禀和尚百箇日香語
	拈遺怡笏因語及斯		語拈遺怡笏因語及斯
250	施餓鬼会	70	施餓鬼　香語
251	同	71	同
252	天童忌	72	天童忌
253	当日	73	当日
254	高祖忌逮夜　午八月	77	高祖逮夜　午八月
255	同　献粥	78	同　献粥
256	同　午時	79	午時
257	徹通忌逮夜	82	徹通忌御逮夜

258	同　午時	83	午時
259	寂円忌逮夜	80	寂円忌逮夜
260	同　午時	81	午時
261	達磨忌逮夜	84	達磨忌御逮夜
262	同　午時	85	午時
263	祝聖	87	安政六年己未元旦
	安政六己未年元旦		香語
264	同　二日	88	二日
265	吉祥安居之日		
266	金剛定院殿供養	89	金剛定院殿之法事
	薩州太守		香語
267	同	90	同
268	同	91	仝
269	同　二十二日	92	同　廿二日
270	同　二十三日	93	同　廿三日
271	同	94	仝
272	宗観院殿井伊掃部頭	110	宗観院殿　香語
	追悼香語逮夜		

273	同　当日拈香	111	題ナシ
274	某供養香語	112	供養法語
275	石屋梁古仏拈香	118	天童忌
	征当五月十一日		
276	同	119	同
277	同	120	題ナシ
278	長善院香語	100	長善院香語
279	天童忌	114	天童忌
280	同　午時	115	同午時
281	高祖忌献湯　廿二日	101	御忌中香語
			廿二日献湯
282	同　廿三日献粥	102	廿三日献粥
283	同日二代尊献湯	103	廿三日二代尊献湯
284	同廿四日献粥	104	廿四日献粥
285	同日午時	105	同午時
286	同　廿五日献粥	106	廿五日献粥
287	同　廿六日献粥	107	廿六日
288	同　廿七日逮夜	108	廿七日逮夜

289	同　廿八日午時	109	廿八日午時
290	成道会献粥	96	成道会献粥
291	同　午時	97	同　献飯
292	断臂会献粥	98	断臂会献粥
293	同　午時	99	同　午時
294	祝聖	129	酉　元旦
	万延元庚申年元旦		
295	同　二日	130	二日朝
296	同　午時	131	午時
297	同　二日	132	三日
298	大般若	133	大般若
299	同　三日	134	三日香語
300	養淳上座	135	養淳上座
	篤宥上座　開蓮忌		篤宥上座　開蓮忌
301	為泰稟大和尚点菜	136	泰稟大和尚点菜香語
302	仏誕生	137	仏誕生
303	高祖忌逮夜　廿三日	138	廿三日逮夜
304	同　午時	139	廿三日午時

305	同　廿四日献粥	140	廿四日朝
306	同　午時	141	同　午時
307	同　廿五日晡時	142	廿五日晡時
308	中興忌献湯	143	中興忌献湯
309	成道会	144	成道会
310	同	145	仝
311	断臂会	146	断臂　香語
312	本師受業師昌隆和尚	147	本師受業師昌隆和尚
	三尊宿香語		三尊宿
313	祝聖	154	元旦
	文久二壬戌年元旦		文久二壬戌年
314	同	155	題ナシ
315	同　二日	156	二日
316	同　三日	157	三日
317	道正菴元祖六百回忌		
	嘉永元年八月		
	詩偈		
318	夏安居日示衆		

	嘉永二年
319	同　送行
320	道謙首座円鏡之賛
321	野賦以簡大夫白雲菴
	左右聊擬草呫謝恩
	嘉永三年
322	立春
	嘉永四年
323	和韻以答永建為霖力
	生之志
324	元朝有感
	安政元年
325	偶作
326	同
327	同
328	同
329	祝多福菴結制慰湛然
	師之耳苦

330	賀一導首座罷参盛事		
	兼策励其平常		
331	観音賛		
	戒厳子請		
332	懺法文摸写観音賛		
	全提首座請		
333	同		
334	宝鏡三昧吟		
335	贈祝全提首座		
336	同		
337	吉祥草上座像観音賛	33	吉祥草上座像観音賛
338	間々新田闢翁像賛	34	間々新田開闢翁像賛
339	賀宗鏡首座罷参盛事	35	賀宗鏡首座罷参盛事
340	同	36	同
341	達磨大師賛	37	達磨大師賛
342	三面大黒天賛	45	三面大黒賛
	桶屋親子三人請		桶屋親子三人請
343	天神宮賛	46	天神宮

344	同	47	又
345	地蔵菩薩賛	48	右地蔵菩薩賛
346	虎弾御像賛	49	虎弾御像賛
347	観音大士賛	50	観音大士賛
348	同	51	又賛
349	示衆	52	示衆
350	初夢之偈	55	初夢之偈
	安政三年		
351	賀宗鏡首座	56	賀宗鏡首座
352	信州小県郡上田城月	65	信州小県郡上田城月
	窓道詢和尚像賛		窓道詢和尚像賛
	道謙具寿請		道謙具寿請
353	瑠璃光十九世運照東	86	瑠璃光十九世運照東
	岳和尚寿像賛		岳和尚寿像賛普徹具
	普徹具寿請安政五年		寿請
354	七月送薩州之僧帰国	123	送薩州之僧帰国
	安政六年		七月
355	泰禅和尚安居祖山経	164	泰禅和尚安居祖山十

	十年而文久二春赴西国肥後大慈寺之末院依而留別打一首		年経而文久二春赴西国肥後大慈寺之末院依而留別打二首
356	同	165	仝
357	承陽菴口号		
358	同		
359	同		
360	仏殿口号		
361	識得法性賦浄穢不二		
362	自像画賛	95	題ナシ
363	賀慧全首座兼警策平常	124	賀慧全首座兼警策平常
	万延元年		
364	賀如意菴董戒和尚建法幢	125	如意菴董戒和尚建法幢
365	賀孝甫首座	126	賀孝甫首座
366	宝慶章鱗寿像賛	116	宝慶章鱗寿像賛
367	瑞雲寺天竜和尚真像	117	瑞雲寺天竜和尚真像

	賛		賛
368	三十六人図賛	121	三十六人之図賛
369	文殊大士賛	122	文殊大士賛
370	自画像自賛	127	自画像自賛
371	同	128	題ナシ
372	芭蕉翁之賛	158	芭蕉之賛
	文久二年		
373	賀真牛首座以為警策	159	賀真牛首座以為警策有事也
374	泰澄大師之賛	162	泰澄大師之賛
375	賀戒円首座以警策平常	163	賀戒円首座以警策平常
	年次不詳		
376	鉄牛大和尚之賛住霊松山		
377	自像画賛 笠間玄勝院所蔵		
378	同　応戒小子請		

東京長泉寺所蔵	
輓歌	
379 輓泰熏和尚　安政五年	
鐘銘	
380 洪鐘銘並序	
宣疏	
山門疏	
道旧疏闡明	
門派疏章鱗	

この対照表によって明らかなように、『遺稿』は計三八〇首（ただし、155承陽高祖六百回大遠忌の二十二首、160御忌の五首、228御忌の九首を含めない）で、『螺睡翁　二稿』は計一八七首となり、『遺稿』の方が多くの法語を所収している。概観すれば、「入寺法語」は両書ともあり、「晋山法語」は『遺稿』のみである。「結制法語」「完戒法語」は両書ともあり、「香語」「詩偈」は、『遺稿』の前半が『螺睡翁　二稿』にはない。「輓歌」「鐘銘」「宣疏」は『遺稿』のみである。なお、対照表において『遺稿』に題はあるが、『螺睡翁　二稿』に題のない場合は「題ナシ」と記しておいた。

両書を対照した結果、同偈であるが題は異なっているものもある。それは『遺稿』275が「石屋梁古仏拈香　征当五月十一日」となっているが、『螺睡翁　二稿』118には「天童忌」となっている。続く『遺稿』276と『螺睡翁　二稿』119も各々「同」となっているため、『遺稿』『螺睡翁　二稿』各々の両首は、異なった題の香語となる。また、『遺稿』294 295 296 297は、294に「祝聖　万延元庚申年元旦」とあるが、該当する『螺睡翁　二稿』の129 130 131 132は、129に「西元旦」とあるため、干支から辛酉の文久元年元旦の祝聖となり異年次となる。

ここにあげた二首の題の相違は、どちらが正しいか明らかでない。『遺稿』の編集者が訂正したものであるか、それとも『遺稿』の親本と『螺睡翁　二稿』とは異なった筆写系統のものであったかなど不詳の点が明らかになろう。これらの問題は臥雲直筆の香語の確認によって明確になるが、現在では未詳といわざるを得ないのである。

第九節　明治政府の行動と大辻是山

明治四年十二月、總持寺の四カ条の請願にたいする大蔵省よりの答えは、実行の期待ができなかった。しかし、翌年一月二十日、大蔵省戸籍寮より七尾県庁をへて、同月二十二日に總持寺役僧一人を出頭するべく召致を受けた。そこで、能山東京宿所であった慶安寺の大達義能が出頭したところ、昨年九月に總持寺が提出した四カ条の請願にたいして尋問されたため、大達は一々に答弁したのであった。

政府の意は第三、四の請願を解決しようとするところであったが、總持寺側の答弁によっては、紛争が長引くものであった。当時の実情を書き取ったものが、安達達淳『能山独立曹洞革新論』一一四頁にあり、それを要約してみると、

大達は戸籍寮大属の根本茂樹と面会した。根本は昨年、總持寺より差し出された請願の中、「両山派下一手ニ宗制可致様……」を永平寺は家訓と宗制を混淆しているというが、永平寺にも日本曹洞下の末派が守るべき家訓と旧幕府よりの条目があり、家訓も宗制の一つと聞いている。それにたいして大達は、家訓とは仏祖の家訓であり、これを守らないでは、今日まで仏法は伝わっていない。しかし、家訓のみを宗制として、永平寺だけに宗制が行えるということは、總持寺へ下された綸旨や宗制条目が成り立たないことになる。寛永六年には峨山門下へ總持寺の制法を命じ、録所四十八カ寺にも總持寺より宗制を申し付けている。それにも拘らず、永平寺がすべての宗制を行うというのは、末派として堪え難いことであるという。さらに、転衣、転住は志趣次第で旧来のとおりとされたが、

どうして宗制を一手に永平寺で行うことをいうのかと尋ねた。そこで根本は、永平寺より諸国寺院へ新たに教導師を申し付けた達書に確証を認めてあり、先日、金沢県へも差し上げておいた。追って御手元へ廻ってくるからみていただきたい。永平寺へ尋ねたら大層なことを申し出、總持寺へ尋ねても大層なことを申す。時勢が時勢だけに、御手数になるだけではよくないから、いずれは両寺和融、宗門扶起の策を立てなければならないというのである。大達は有難い主意といったところ、根本は一師印証という先規もある間、両寺にても何事も和融の上で取り計らうことが良く、總持寺の奕堂はどうしているかと尋ねた。大達は輪住制に復せよとの沙汰があって以来、輪番地へ沙汰を出したが、直ちに出仕し難い歎願があり、奕堂へ住職してくれるよう頼んでいる。無住のままでは良くなく、今日まで住職を懇請していると答えた。また、根本は永平寺の環溪が上京しているから、その間に奕堂を招して両山の理解をお願いしたく、なるべく早く出府するよう取り計らいを大達へ頼んでいる。大達は退出した後、直ちに金沢県へ右の確証書を差し出すように願ったが、当時、金沢県の内田大参事が出府されており、緊急ではできないため、書類を持参して戸籍寮へ出頭し、その時に確証できるようにといっている。

右の要旨からみると、当時、政府はこの事件を持て余しており、早期に両山の協和親睦を結ぶことをいう。總持寺の輪住制への回復は暗中裡に付し去り、両山ともに独住制をもって、宗制の施行をさせようとしていたのである。

一方、永平寺の環溪は同月二十八日に参内し天顔を拝礼しており、二月二十六日には大円寺に安置していた臥雲の霊骨を永平寺へ御送させ、三月二十二日に霊骨は永平寺へ到着した。

ところで、根本茂樹と大達義能の問答にあったように、三月十八日、大蔵省戸籍寮は郷純造と根本茂樹の名によって環溪と奕堂を大蔵省へ召喚した。そして従来の両山の宿弊をすべて打ち払い、両人のみにて親和し、末派への宗制を取り扱うなどの訓諭がなされた。しかし、両人だけで取り計らうこともできないため、永平寺東京宿所の大円寺において内談した。奕堂の書簡（孤峰智璨『奕堂禅師』一一九頁）によれば、達淳、嫩裔が奕堂に随行しており、奕堂と環溪が種々内談した後、是山と達淳も同席して尋問した。

ところが、是山があまりにも暴論を吐くため、奕堂は大喝一声して教諭し示談したが、是山は旧弊をいいだして不服の様子であった。是山の暴論は何であったか明らかでないが、おそらく臥雲の唱えた永平寺総本山論を強語したのであろう。是山は臥雲の高弟で、明治維新前後には永平寺の副寺、監院などを勤め臥雲の参謀であった。京都天寧寺で開かれた碩徳会議では、永平寺監院として出席し、雪爪と万機公論（万事口論）で論争した。また、両山紛争中における臥雲の遷化は、永平寺にとって形勢不利とみなし、喪を隠して一年後に遷化を公表するなど、永平寺側の大忠臣者であった。それは總持寺側の在田彦竜、安達達淳に匹敵する人物で、明治期の宗門体制を築いた一人であった。

永平寺総本山論を唱えた是山も明治五年の両山盟約が結ばれた後、明治八年の第一次末派大会議には、東京選挙区より宗会議員に選ばれており、明治二十五年に起こった總持寺分離事件頃には、管長事務取り扱いの永平寺側代表に任命され、總持寺側代表の在田彦竜とともに両山の和解に努めた。同二十六年三月十八日、両山協和の道を開くため、内務大臣井上馨は両山関係の長老を官邸に招いて勧告したが、その時に是山は永平寺側の一人として出席しており、六月二日には永平寺顧問に任命され、同三十三年四月九日に遷化した。なお、翌々日、永平寺西堂を贈補されている。

奕堂にたいして暴論を吐き、永平寺総本山論を強調した是山も、二十年後の總持寺分離事件頃は当時の制度であった両本山併立管長交番制度を強く主張しており、両本山の分離を許さないことをいっている。そして、『両山は分離すべからず』（明治二十五年四月　大辻是山）を著わしたが、その最後に、明治五年の大蔵省演達と要領をと

りあげ、

此演達を読むもの冀くは慚愧を知り、再び政府を煩すことなかれ。果して然らば、分離の匪挙は自から蹤跡を絶ち、宗門の基礎は長へに鞏固ならん。是れ吾人の切に曹洞宗僧侶諸師に望む所なり。

と、かつて自分が政府の仲介によって成った明治五年の両山盟約に至る経験を、再び行わないことと宗門僧侶に要望している。明治五年頃の是山は永平寺中心に行動しており、總持寺側と衝突していたが、晩年は永平寺というよりも曹洞宗のために行動していた。しかし、その意見は容れられず、再び政府の仲介となったことは、是山の悲しむところであったであろう。

第十節　両山盟約書と大蔵省の裁断

明治五年三月十八日、環溪、奕堂らが政府の要請によって種々内談した後、同月二十四日、大蔵省戸籍寮へ出頭した。予め根本茂樹は同文の達書二通を用意しており、それは両山の盟交を取り結ぶ受書を差し出す趣意であった。それをあげれば、

演達

越前国永平寺能登国總持寺諍論ノ儀ハ古来ヨリ両寺ノ悪弊ニシテ其派下ニ於テモ永平寺派ト称シ或ハ總持寺派ト唱ヘ互ニ層々ノ異見ヲ主張シ争立ノ念慮又止ム時ナシ而シテ其述ル所ノ事由甚シキニ到リテハ師弟相争骨肉相食ニ等シ実ニ尋常俗子スラ尚耻ル所況ヤ布教伝道ノ任アル禅師知識ノ身ヲ以テ之ヲ傍観セハ其責何人ニ帰シテ可ナラン唯嘆スル所ハ永ク如斯セハ終ニ六百年来連聯タル始祖ノ法脉ハ勿論一宗両山ノ滅絶ニ到ルコト指ヲ弾シテ可知也果シテ然ラハ道元ノ子孫タル環溪奕堂ニ於テ之ヲ如何トナスヤ因テ今般両人ヲ徴サル、上ハ年来

ノ諍端今日ヲ限リ悉皆打破シ双方共無我無諍之境界ニ立戻リ一宗一体ナル宗祖道元ノ家訓ト先師瑩山ノ素懐トヲ固守シ瑣々タル派下ノ物議ニ関セス宗風挙揚ノ永図ニ注意シ自今一言之訴願等誓テ政府ニ奏スル勿レ是レ環溪奕堂ニ示ス処之大意也

壬申三月

とある「演達」と、さらに五条にわたる「要領」であった。

要　領

第一条　永平寺總持寺是レヲ曹洞一宗ノ両本山トス而シテ永平寺ハ始祖道元ノ開闢タルヲ以テ席順總持寺ノ上タルヘシ

第二条　宗門之制度法中ノ事務ニ於ル一切ノ疏帖等永平寺總持寺両名捺印タルヘシ

第三条　一宗之派下寺院ヘ可相渡免牘ハ勿論総テ布達ニ関スル書類等両寺捺印タルヘシ

第四条　両本山之諸堂等破損修理ノ節ハ双方互ニ助成可致事

第五条　両本山ニ於テ将来諍論ヲ不致旨ノ盟文ヲ急度可取結事

壬申三月

そこで、環溪をはじめ是山、静焉らは大蔵省戸籍寮へ行き(2)、種々懇話したが、相変わらず是山は永平寺総本山論を主張しており、両本山とも繰り返しの主張を行っていた。しかしながら奕堂は、政府が五条の「要領」を出しており、愚論をいってもしかたがなく、「要領」にいう法幢地などの免牘が両寺連印で出す条などに一抹の不安があったものの政府の達を受けるつもりでいた。しかし、永平寺側は旧弊を主張しており、奕堂らは大円寺に三度も足を運んでいた。その会議には原坦山も同席し協議しており、能山の印鑑を改刻して布達に使用することとして、三月二十八日、環溪、奕堂連署の下に盟約書を交した。

本月廿四日御書下ケニ相成候御演達ノ趣深奉敬承今後両寺一体毫末ノ異情不可有之候尚宗弊釐正之儀ハ碩学徳望之者ヲシテ決議セシムヘク候依之為後鑑盟文互ニ為取替候也

明治五季壬申三月廿八日　永平寺

環溪　印

總持寺

奕堂　印

この盟約書によれば、今後の宗弊釐正には碩学徳望者によって決議すると述べてあり、これは本山の専制より末派寺院による問題解決へと移行したもので、それが後の宗議会開設の基礎となったのである。そして翌二十九日、大蔵省戸籍寮へ取り結んだ盟約書を届け出た。

以書付御届奉申上候

本月廿四日両寺へ御差渡ニ相成候御演達之件々難有奉体認右御主意ニ基キ別紙之通盟交取結候ニ付此段御届奉申上候以上

明治五年壬申三月廿九日　永平寺

環溪　印

總持寺

奕堂　印

大蔵省

戸籍寮御中

ここに、表面的ではあるが、政府の「演達」および「要領」を遵奉して、両本山協同一体に統治されたのである。しかし、裏面では両山とも互いに譲らず、永平寺は総本山論、總持寺は独立別本山論を主張し、対立が激しいものであったことは、奕堂の書簡（『奕堂禅師』一一九、一二一頁）および「明教新誌」第一九〇三号の「顛末録事」における滝谷琢宗の寄書などによって明らかである。

では、どうして大蔵省は裁断を早くし、また、両山もそれに服従することになったのであろうか。

それは第一に、両本山の相次ぐ歎願を煩わしく思ったからである。当時の政府は、維新により一般の政務においてすら錯雑を極め、制度の激変に忙殺されていた。そのため両本山の権利の優劣に関わる紛争において、政府の処断を期待されることは政府にとって迷惑であった。

第二に、政府はすでに二月二十八日、太政官第六十三号を公布し、各本山を除く一般寺院が拝戴した僧位僧官の永宣旨を廃しており、三月十四日には神祇省を廃し、神官、僧侶の教導を管掌する教部省を置いている。そして四月二十日までに碩学徳望者一、二名を召して教部省へ出頭することを仏教各宗の本山に通達しており、永平寺、總持寺へも三月二十三日に通達した。すなわち政府は、神道、仏教を統轄する教部省の運営が目前に迫っており、曹洞宗の事件を教部省が引き継ぐことを快く思っていなかったのである。当時、廃仏毀釈の声も沈んできており、教部省を設けて神仏教導上の一新生面を開くに際し、曹洞宗の事件を新設の教部省に継続させることは、大蔵省の責任問題となるものであった。

第三は、大蔵省戸籍寮がこの事件の詳しい歴史的縁由に暗かったことである。大蔵省は寺院や教義との関係はなく、事務のみを同省の一部にあたる戸籍寮が行っていた。したがって、江戸幕府時代の寺社奉行および宮中における弁官や執奏家とは性質が異なっており、維新となって弁官および民部省寺院寮の管掌から教部省管掌に至る短期間の管轄のため、取り扱った大蔵省の官吏でさえ、紛争を解決する資料は持っていなかったのである。

このような理由から大蔵省は急いで裁断を下したもので、また、高圧的に出たのであった。それにたいし、両山は余儀なく服従せざるを得なかったが、それにも理由があった。

第一は、嘉永以来の三衣事件紛争において、両山ともに疲弊して負債は山積みし、堂宇も頽廃し、経営的には傾いている状態であり、実に窮境に陥った時代であった。

第二は、当時の政府の威厳は猛威厳粛であり、容易に是非を論ずることはできなかった。

第三は、「要領」の第一条の席順が永平寺を總持寺の上とすることにたいし、總持寺側から異論があり、また、第四条の両本山の諸堂宇修理を互いに助成する点も実質上不都合な面もあったが、表面上では著しい不都合がなかったため従ったのである。

しかし、両山の対立の悪感情は簡単に除去されるものでなかったが、盟文を交わした以上、対立は環溪、奕堂一代で終るという希望的観測があった。たとえこの「要領」に欠点があろうとも、共和の精神を政府より推進され、強制的に曹洞宗統一のレールが敷かれたといっても過言でない。ただ、「要領」は明らかなように、宗門内部の儀礼などに一切ふれておらず、教団の統制上に必要な事務的文書にたいして対等に捺印するなどの形式的なことが主となっていた。そのため宗教的内容にまで干渉しなかったことは、新政府の当を得た賢明な方法であった。また、強制的に両本山が分離されなかったことも曹洞宗にとってラッキーであったといえよう。

第十一節　越山東京宿所の大円寺

永平寺東京出張所の大円寺（現在、東京都杉並区和泉三―五二―一八）は、明治五年の両山盟約により、両本山一体の宗政を施行するため、青松寺に両本山東京出張所が開設されるまでの間、永平寺の東京宿所であり、永平寺側の政治的活動の中心地であった。芝伊皿子（東京都港区伊皿子）に所在し、近くに泉岳寺や功運寺などのあった寺町の中でも七千五百余坪の寺領があった大刹であった。總持寺の宿所であった慶安寺は、上野池之端七軒町にあり、この両寺が近代曹洞宗の将来を決めた檜舞台であった。

すでにみたように、両山盟約が成立するまで、臥雲、環溪、奕堂らが両寺を往復し、両山の立場を主張して論争した。慶安寺はとくに安達達淳の関係から能山宿所となったが、大円寺は臥雲の歴住地であり、また、法嗣の是山が住持していたところから越山宿所となり、臥雲示寂後も越山宿所として、環溪が滞留し政府との交渉を行った。

大円寺の草創は、慶長八年（一六〇三）江戸赤坂溜池辺に、徳川家康が開基となって建立された。将軍となった家康が、武田信玄の末弟で出家し甲州の東林院に住持していた諦巌桂察を江戸に召致した際、帰依して開山に請したのである。寛永十八年（一六四一）正月二十九日、近隣から出火し諸堂を類焼したため、その跡地は御用地として召上げられ、その代替地として芝伊皿子に寺地を拝領し移転したのである。なお、その際、寺号の大渕寺を大円寺と改称した。

延宝元年（一六七三）、六世俊山全猊の時代に、薩摩藩主第十九代島津光久の嫡子綱久が江戸で薨去し、大円寺で葬儀を修行した。それ以来、島津家の江戸の菩提所となり、境内に薩摩島津家代々の位牌堂が設けられた。また、その時、福寿院、門能院の塔頭も建立されている（3）。

こうして薩摩出身の宗門徒弟は、江戸に出れば大円寺会下に集まっており、吉祥寺の栴檀林にも薩摩寮があった程多くの徒弟がいた。大円寺は十四世心光海印、十六世大耕国元、十七世永祝貞順ら薩摩出身者が住持しているが、とくに二十五世大円瑞峰から三十世無動是山に至る江戸後期は、島津家二十五代重豪、二十六代家宣、二十七代斉興、二十八代斉彬らとともに、徳川家との姻戚関係が結ばれるなど幕府とも親交があった。そのため大円寺は、斉彬の書写した『三千仏名経』三幅をはじめ島津公より寄進された仏具なども所蔵している。とくに臥雲と是山は、斉彬の信任が厚く「有事の際は臥雲、是山を使うべし」と語られる程であった。

しかし、明治維新となり、神仏分離令によって廃仏毀釈が起こり、薩摩島津家の菩提所福昌寺をはじめ薩摩一帯の寺院は徹底的に破壊されて廃寺となったが、大円寺は是山によって島津家のみの寺ではなく、家康以来の香華院たることを主張し廃寺を免れたのである。

大円寺には、同じ薩摩出身の西郷隆盛がよく足を運んでいた。臥雲は青年時代から西郷隆盛、大久保利通らと親交があり、しかも先輩であるため、西郷隆盛を吉之助と呼んでいた。また、臥雲所持の三口の太刀の一口を大久保利通へ与えており、臥雲が京へ上った際には天寧寺で交流していた[4]。

ところで、明治三年四月、臥雲は政府へ再歎願のため大円寺へ到着した。その時、住持是山より弁官へ「寄留人御届書」が出ている。それによれば、当時の大円寺には臥雲をはじめ永平寺役僧の翔雲、董戒、孝芳、竜山、瑞雲、それに大円寺内の□孝、大拙、仏□、童邦、童麟、さらに侍士として吉田敬之助、松川階助、管村茂右衛門、山越喜久造、渡辺源蔵、平山米松、山口幸吉、中村福松らとともに是山の二十人が居住しており、是山を除く十九人の御鑑札を受け取っている。

当時、島津家をはじめ一五〇戸の檀家を有していたが、この大円寺を中心に永平寺総本山を政府へ歎願したのであった。臥雲は同年十一月三日、大円寺において示寂したが、公表は行わず、翌年十一月三日に示寂を弁官などへ届け出、大円寺で内葬を修行した。遺骨を安置していたが、明治五年二月二十六日、永平寺へ移すため大円寺を出立した。その時の様子が「明治四年五月　御交代留　御宿所」に、

　二月廿六日庚辰晴天
　　　　　　　　鎮徳寺
一閑居大禅師御送骨　守護　台雲寺
　当日正八字御発輿　　　　崇禅寺
　御小休　　海雲寺　　帰坂に付名古屋沾也
　　　　　　　　　　　　　　松川階介（ママ）
　　　　　　　　　　　　　　渡辺源蔵
　　　　　　　　　　　　　　甚兵衛
　右に付
　台上尊前門外沾御見送役位一同品川海雲寺沾御見送外宿内大衆諸出入のもの不残同等於同寺
　別酒三菜蕎麦一同え賜十二字御出輿也
　　御長持　　二人持也

とあり、当日八時に出立した。永平寺の後董であった環溪は大円寺門外まで見送り、法類寺院など役僧は品川の海雲寺まで見送って小休止し、酒、三菜蕎麦などの点心を受けた後、十二時に出立していることが明らかになる。また、送骨について、

一閑居大禅師御送骨前以為御知ケ所
大中寺　竜穏寺　泉岳寺　拙産《雪爪》和尚
慈眼寺隠居　岩佐氏　桜井清次郎　村田宇八郎
其外一所之前寄御出入のもの等へも伝聞

とあるように、大中寺、竜穏寺をはじめ出入の者などへも予め通知していたことが明らかである。

このように臥雲、是山らが政府へ永平寺側の主張を行ったベースの大円寺は、明治の維新によって境内のみを残して上地となり、衰頽せざるを得なくなったため、明治四十一年秋、三十二世大辻徳明によって二塔頭を併合し現在地へ堂宇を移転改築した。大正二年には墓地の改葬移転も完了したが、関東大震災によって堂宇や屋根瓦に被害を受け、さらに戦時中、防空高射砲弾の弾片によって瓦などに被害を受けた。そして昭和の伽藍大改修により、平成三年十月には、山門が再建され落慶した。

こうして大円寺は、草創の赤坂溜池辺から芝伊皿子へ、さらに現在へと三転されたが、芝伊皿子時代の大円寺は近代曹洞宗出発の永平寺側の政治的中心地であった。奇しくも總持寺側の中心地であった慶安寺も大正三年に同じ杉並区に移転されており、政治的には遠く隔てていた両寺が近くに移転したのも、両山和合の仏縁によるものかと思われるのである。

註

（1）　服部空谷『鴻雪爪翁』（昭和十三年十二月　古鏡会）五二頁。
（2）　孤峰智璨『奕堂禅師』（昭和二年十月　鴻盟社）一一九頁。

（3）『杉並区史』（昭和三十年三月　東京都杉並区役所）一一七六頁、『新修杉並区史　資料編』（昭和五十七年十月　東京都杉並区役所）一一二〇頁。

（4）『臥雲禅師語録』下巻（昭和六十三年十一月　大本山永平寺）七十丁左。

第四章　久我環溪をめぐる諸問題

第一節　環溪の略伝

環溪の略伝を知る資料は、

一、慶応三年（一八六七）八月に、興聖寺の環溪より永平寺監院へ提出した留書（永平寺蔵）

二、滝谷琢宗（明治三十年一月三十一日寂）の遺稿に所収する「環溪和尚履歴」（愛知学院大学附属図書館蔵）

三、明治二十四年十一月十七日に自得院（都留市十日市場）より越本山東京出張所へ提出された「大本山永平寺六十二《ママ》世天真禅師略履歴書」と「当山六十一世絶学天真禅師環溪密雲大和尚履歴書写」で、これは法嗣の興聖寺三十四世不二門眉柏へ照会し承諾したもの（自得院蔵）

四、明治三十九年十月二十五日に法嗣の興聖寺三十五世西野石梁が記した「六十一世環溪禅師履歴」（永平寺蔵）

五、大正四年六月三十日に西野石梁が記した「長福二十三世勅特賜絶学天真禅師環溪密雲老和尚略伝記」（長福寺蔵）

の五資料があげられる。しかし、五資料を対照してみると、行歴や年月日などが異なっているため、礎は最も後にまとめられた「長福二十三世勅特賜絶学天真禅師環溪密雲老和尚略伝記」を中心としてながめてみる。その他、佐藤桂随「本山六十一世絶学天真禅師の五十回忌を迎へ奉る」（昭和八年九月　『傘松』第七十三号）、山内尭海「絶学天真禅師環溪密雲大和尚履歴」（昭和十五年九月〜十一月　『道元』第七巻九号〜十一号）、秦慧玉「久我環溪禅師年譜」（昭和五十年七月　『禅思想とその背景』）、吉岡博道「永平六十一世環溪密雲禅師讃仰」（昭和五十五年三月　『宗学研究』第二十二号）郡司博道『久我環溪禅師詳伝』（昭和五十八年九月　昌林寺）をはじめ、地方史でとりあげられた論稿も参照した。

伝記を理解しやすくするために年譜形式をとり、大きく分けてみると、

一、誕生と幼少年時代　文化十四年（一八一七）一歳より
二、出家と参学時代　文政十一年（一八二八）十二歳より
三、諸寺住持時代
　①長福寺二十三世　嘉永三年（一八五〇）三十四歳より
　②蔭凉寺二十一世　安政元年（一八五四）三十八歳より
　③豪徳寺二十五世　元治元年（一八六四）四十八歳より
　④興聖寺三十世　慶応三年（一八六七）五十一歳より
　⑤永平寺六十一世　明治四年（一八七一）五十五歳より
四、永平寺退隠時代　明治十六年（一八八三）六十七歳
五、昌林寺において示寂　明治十七年（一八八四）六十八歳

となる。

文化十四年（一八一七）　一歳
二月八日、越後国頸城郡高田村（現在、新潟県西頸城郡名立町）に、高田藩士族細谷勘四郎（利左衛門、文平）と勘子の次男として誕生す。幼名を与吉という。

文政十一年（一八二八）　十二歳
二月十五日、清凉寺（彦根市古沢町）より久昌寺へ退隠した寂室堅光について天寧寺において剃髪す。象峰と称す。

天保元年（一八三〇）　十四歳
神宮寺（現在、海蔵寺〈神戸市灘区国王通〉）五世松濤天巌の下に随侍し修学す。

天保三年（一八三二）　十六歳
二月、広福寺（玉名市石貫）へ行き、二十一世春翁宗英について約二年間修学す。その間、大智禅師の旧跡聖護寺に拝登する。

天保五年（一八三四）　十八歳
春、報恩寺（熊本市坪井）十二世正巌恵順の下に転錫し、熊本城内の藩校時習館において、約二年間、儒学を学ぶ。

天保七年（一八三六）　二十歳
春、晧台寺（長崎市寺町）に移錫し、二十三世聯山祖芳の下で約二年間随侍す。

天保九年（一八三八）　二十二歳
秋、神宮寺へ帰山す。冬、松濤天巌、神宮寺を退隠し、大坂、虎屋の別荘に寓居す。随侍するかたわら儒学、書画、茶道、華道を学ぶ。

天保十一年（一八四〇）　二十四歳
五月五日、松濤天巌、神宮寺で示寂す。

天保十二年（一八四一）　二十五歳
春、興聖寺（宇治市宇治山田）に掛搭し、二十八世回天慧杲に随侍す。冬、興聖寺の結制で首座に任ぜられ立身す。環溪密雲と改名す（また雪主とも号す）。

天保十四年（一八四三）　二十七歳
閏九月十日、回天慧杲の室に入って法を嗣ぐ。天桂伝尊下七世の正嫡となる。冬、回天が観音寺（加古川市志方町）十世国瑞玄隆の結制の助化師に請されたため随侍し、臘八接心中に回天の印可証明を受ける。

嘉永二年（一八四九）　三十三歳
二月、正法寺（宇治市神明宮北）住職の名を得、ついで、永平寺において出世転衣し、上京して参内す。なお、自得院蔵資料では、弘化元年（一八四四）春、正法寺住職、秋、永平寺において転衣となっている。

嘉永三年（一八五〇）　三十四歳
三月十五日、長福寺（門真市岸和田）二十三世として首先住職す。

嘉永四年（一八五一）　三十五歳
秋、興聖寺で道元禅師六百回大遠忌法要が厳修され、回天の侍者を勤める。冬、長福寺において、初会結制を修行す。

嘉永五年（一八五二）　三十六歳
八月、永平寺における道元禅師六百回大遠忌法要に随喜す。

嘉永六年（一八五三）　三十七歳
正月、故郷（新潟県西頸城郡名立町）へ帰る。

安政元年（一八五四）　三十八歳
二月、長福寺より蔭凉寺（和泉市尾井町）二十一世に転住す。そして、春秋の二回、堺へ行乞に廻る。反正天皇陵の近くにあった紅屋（米屋茂兵衛）の隠宅を借りうけ止宿す。そこを水晶宮と名づく。夏、清源院（静岡県庵原郡富士川町）十世金霊泰竜の初会の助化師となる。助化師となった最初である。冬、横蔵寺（加古川市平岡町）十安政二年（一八五五）三十九歳　二世良秀湛禅の結制の助化師となる。

安政三年（一八五六）四十歳　夏、真福寺（加古川市西神吉町）十六世祥雲湛宗の初会結制に助化す。その時（六月十八日）、払子袋の表書を記す。冬、観音寺（兵庫県多紀郡篠山町河原町）十五世実際勝堂の初会結制に助化す。

安政四年（一八五七）四十一歳　夏、洛北白川の心性寺（現在、廃寺）の覚仙坦山の初会結制に助化す。冬、蓮華寺（京都府竹野郡網野町）十五世冨山通国の初会結制に助化す。

安政五年（一八五八）四十二歳　夏、長命寺（京都府竹野郡弥栄町）七世梅渓周香の初会結制に助化し、同寺五世祖鼎周岳の三十三回忌の導師を勤める。冬、流泉寺（兵庫県氷上郡春日町）十七世雪峰大嶺の初会結制に助化す。

安政六年（一八五九）四十三歳　夏、青峰寺（丹羽国桑田郡寺田村、現在廃寺）の行戒の初会結制に助化す。冬、墨染寺（伊丹市中央）十八世祖庭柏禅の初会結制に助化す。

万延元年（一八六〇）四十四歳　夏、蔭涼寺において再会結制を修行す。冬、長興寺（亀岡市余部町）十六世喚光義運の初会結制に助化す。

文久元年（一八六一）四十五歳　夏、長源院（静岡市沓谷）二十八世達門桂宗の初会結制に助化す。冬、最林寺（藤枝市下藪田）二十二世興宗禅隆の初会結制に助化す。

文久二年（一八六二）　夏、光鏡院（静岡市瀬名）十七世義門良孝の初会結制に助化す。冬、長泉寺（和泉国南郡摩潟、現在、廃寺）の大量の初会結制に助化す。

夏、久昌寺（兵庫県多紀郡篠山町）八世大用大機の初会結制に助化す。冬、大病とな文久三年（一八六三）四十六歳　り休養す。

元治元年（一八六四）四十七歳　病のため療養し、秋に快復す。冬、高福寺（舞鶴市別所）十四世曹契証宗の初会結制に助化す。

慶応元年（一八六五）四十八歳　夏、保春寺（静岡県賀茂郡南伊豆町）二十七世通眼大円の初会結制に助化す。六月、豪徳寺（東京都世田谷区豪徳寺）二十五世に請せられ、八月十日、晋山開堂を執行す。冬、結制を修行す。なお、この頃、興聖寺二十九世無隠退吾より後住に請せられる。

慶応二年（一八六六）四十九歳　夏、善養院（東京都世田谷区新町）の道鳩（世代に入らず）の初会結制に助化す。八月三日、本師回天慧杲の十三回忌祭文を記す。冬、竜門寺（群馬県群馬郡箕郷町）十九世卍岫道介の結制に助化す。

慶応三年（一八六七）五十歳　夏、鳳勝寺（海老名市勝瀬）十二世仙外太嶺の再会結制に助化す。冬、玉林寺（神奈川県愛甲郡愛川町）の得船（世代・号不詳）の初会結制に助化す。

明治元年（一八六八）五十一歳　夏、豪徳寺において結制に修行す。七月、興聖寺三十世に転住し、八月二十八日、晋山開堂す。冬、興聖寺において結制を修行す。

明治二年（一八六九）五十二歳　夏、陽泉寺（東京都港区赤坂）十八世越山倫超の初会結制に助化す。秋、紅谷庵（堺市三国丘町）に接化し、法地となす。また、法嗣眉柏祖禅を二世とす。九月二十八日、天寧寺（京都市北区寺町）で行われた宗門碩徳会議に出席し、宗制改良を検討す。冬、神宮寺（現在、海蔵寺〈神戸市灘区国王通〉）八世梅巌恵宗の初会結制に助化す。

春、紅谷庵で接化す。夏、興聖寺（滋賀県高島郡朽木村）二十六世大覚来禅の初会結

五十三歳
制に助化す。秋、永平寺の西堂となり、旧来の弊風を改革して接衆す。なお、永平寺冬安居中、天竜寺（福井県吉田郡松岡町）十五世喬運碩叟の結制に助化す。

明治三年（一八七〇）　五十四歳
三月、興聖寺において授戒会を修行す。そして紅谷庵で接化す。夏、紅谷庵二世眉柏祖禅の初会結制に助化す。七月、棟岳石梁に法を伝える。秋、興聖寺で修行された法華千部会に出た後、再び紅谷庵で接衆す。冬、竜潜寺（大分県東国東郡国見町）十一世目雲笑嶺の初会結制に助化す。

明治四年（一八七一）　五十五歳
春、七十余名の随徒とともに豊前、豊後地方を巡教す。夏、妙本寺（諫早市小豆崎町）九世悦山魯教の初会結制に助化す。七月三十日、永平寺六十世臥雲童竜、退隠願いを出し、後住候補の一人となる。十月九日、太政官より永平寺六十一世を任命せられる。十月十六日、永平寺に到着、十月二十二日、晋山上堂す。なお、十月に紅谷庵を片法幢会地に昇格さす。十一月十八日、臥雲が十一月三日に示寂したため、その取り計いに上京す。十二月二十六日、禅師号、紫衣参内を許可される。冬、天初院（長崎県北高来郡高来町）二十世省己逸外の初会結制の助化に請せられていたが、法弟の雪菴玄朗を代理に出会さす。

明治五年（一八七二）　五十六歳
一月二十八日、参内し天顔を拝す。三月二十四日、大蔵省戸籍寮より両本山盟約の演達が渡される。三月二十八日、永平寺、總持寺の協和盟約成る。三月二十九日、總持寺の旃崖奕堂とともに大蔵省へ請書を提出す。四月二十八日、教部省より権少教正に補任される。六月十三日、大教正に補任せられる。夏、永平寺出張所を東京に設置す。

明治六年（一八七三）五十七歳

秋、随徒六十名とともに武蔵、伊豆を巡教す。十一月、紅谷庵を常恒会地に昇格さす。

春、在京。四月、教部省より七宗管長および禅宗三派の管長に命ぜられる。教部省および神仏合併大教院の禅宗局に巡勤す。『三条弁解』（禅曹洞本山蔵）を著わす。六月、永平寺の「除地取調帳」を提出す。八月、宮城県下へ巡教す。十一月七日、「教導職取締条件」を教部大輔宍戸璣に提出す。十二月十九日、旧藩より永平寺が拝借した金子の返納容赦を歎願す。冬、在京し教部省へ出仕す。

明治七年（一八七四）五十八歳

五月、教部省より西三条季知公とともに長崎を巡教す。八月、帰京。冬、教部省は神仏合併大教院を廃止したため、各宗分離し、七宗管長を辞す。

明治八年（一八七五）五十九歳

春、在京。四月一日、曹洞宗管長に就任す。また、永平寺に金一千円を寄附し、法堂の瓦葺を行う。能仁柏巌『曹洞宗問題十説』（曹洞宗大教院蔵版）の序を記す。六月十八日、久我建通の遊子となり久我姓に改める。七月二十四日、『永平正法眼蔵弁註』の出版願いを教部省大輔宍戸璣へ出す。八月二十八日、『明教大師孝論』（曹洞宗大教院蔵版）の序を記す。

明治九年（一八七六）六十歳

四月、東京を出発し、約一年間、諸国を巡教す。五月、若州、七月、越前、九月、加賀、十月、越中、十一月、越後、十二月、信州各地を巡教す。冬、絶学天真禅師号を勅賜される。

明治十年（一八七七）六十一歳

三月、伊勢、伊賀、四月、志摩を巡教す。五月、帰京す。四月一日、曹洞宗管長に就任す。七月十二日、「曹洞宗僧侶身代限処分を受る物ある時は、教導職を差免度儀に付伺」を内部省へ提出す。九月七日、「書面之趣差支無之候事」の指令を受ける。

明治十一年（一八七八）　六十二歳

一月、栄町に曹洞宗務局が新築され移る。三月、茨木、四月、埼玉、五月、山形に巡教す。六月、帰京。七月、美濃に巡教す。なお、四月、自得院（都留市十日市場）の法地起立に付、開山に請される。八月二十四日、後鑑のために「両山一体盟約之演達並派下寺院へ告達の写」を備える。九月、永平寺に帰山す。九月二十二日より、二代孤雲懐奘禅師六百回大遠忌および大授戒会を厳修す。また、入祖堂恩金を改める。十一月、岩倉具視永平寺に参詣す。十一月、大和、伊賀、伊勢を巡教す。

明治十二年（一八七九）　六十三歳

伊勢の四日市で越年す。つづいて尾張を巡教す。三月、帰京。滝谷琢宗『總持開山太祖略伝』（曹洞宗務局蔵版）の序を記す。大崎行智『教場要論』の題辞を記す。四月一日、曹洞宗管長に就任す。また、奥羽を巡教す。五月三日、陸前を巡教中、承陽殿、孤雲閣焼失す。電報に接し、至急帰京。六月、永平寺に帰山す。『洞上二世光明蔵三昧』の序を記す。七月一日、承陽殿、孤雲閣の再営を全国末派寺院に諭達す。九月、上京。十月、越後を巡教す。十一月五日、總持寺独住一世旃崖奕堂の本葬の秉炬師を勤める。十一月二十二日、参内し、道元禅師の承陽大師諡号を拝戴す。十二月一日、大教院において、承陽大師諡号の大法要を修行し、永平寺へ帰山す。

明治十三年（一八八〇）　六十四歳

二月、愛知県を巡教す。三、四、五、六月、肥前、七、八、九、十月、肥後、十一月、薩摩、豊前、豊後を巡教す。なお、福昌寺（現在、川内市向田町）が廃寺されたことを知り、再興資金として七百余円を出資す。また、永平寺に開祖、三代尊の石塔を建立する資金として三百余円、紅谷庵へ隣地屋敷を購入するため、三百余円を寄附す。十二月、備中、備後および長州を巡教し、功山寺（下関市長府町）で越年す。

明治十四年（一八八一）　六十五歳

一月、帰京す。二月より八月まで、信濃より奥羽を巡教す。九月、永平寺に帰山す。九月二十五日、祖廟落成により、御遷座式を修行す。九月、『永平正法眼蔵弁註』を出版す。九月二十八日、道元禅師御霊骨を可睡斎へ贈与す。十月十一日、第二次末派総代議員会議に臨席す。十一月、美濃、若狭を巡教す。

明治十五年（一八八二）　六十六歳

一月、若狭で越年し永平寺に帰山す。三月、監院寮が再建され、「唯務」の額を掲げる。再び上京し、山梨県を巡教す。四月、曹洞宗管長に就任し、北海道に向けて巡教す。五月、青森、六月、函館、七月、江差、八月、小樽、九月、後志高島、十月、札幌、中央寺（札幌市中央区南六条西）の請に応じ開祖となる。また、北海道の吉祥講を再興す。十月十日、曹洞宗専門学本校の開筵式に出席し、曹洞宗務局へ教義費として八千円を寄附す。また、永平寺に副住職を置く儀不可との答申を得て、永平寺退休を決定す。十一月、七戸、十二月、石巻を巡教す。

明治十六年（一八八三）　六十七歳

一月五日、洞雲寺（岩手県大船渡市盛町）二十世道光文山の授戒会に戒師となる。一月二十五日、帰京す。三月二十九日、久我建通、通久にたいし、永平寺住職は代々久我姓に附籍し姓を改めることを請す。四月、尾張を巡教す。四月十五日、「御直渡交割簿」に自叙し、監院寮に納める。五月、永平寺に帰山す。八月、永平寺住職退隠の願いを出す。九月二日、金六十円を納入し十霊を入祖堂さす。十月五日、遷化後、曹洞宗務局へ寄附金する件を嘱託す。十月十日、清涼寺の長森良範にたいして、清涼寺を永平寺門首に列し賞勲状を贈る。興聖寺へ道元禅師茶湯料として、金一千円を寄附す。十月二十四日、永平寺退隠の免許を受く。十一月、永平寺に帰山し、十一月二十八日、永平寺退院上堂を修行す。十一月二十九日、下山す。十二月、昌林寺（東京都北区西ヶ原）へ隠棲す。陽松庵（池田市吉田町）へ五百円を寄附し、始祖天桂伝尊永代の祭料とす。

明治十七年（一八八四）　六十八歳

十月、豪徳寺の授戒会に請され、最後の戒師を勤める。十一月初旬、胃癌病となる。十一月二十一日、遺託書を下附す。十二月七日午前二時、昌林寺において、六十八歳で示寂す。十二月十日、密葬を執行し遺骨を永平寺へ護送す。

明治十八年（一八八五）

一月二十四日、昌林寺において大練忌を修行す。五月五日、永平寺において本葬を厳修し、遺骨を住職地、開山地へ分骨す。秉炬師青蔭雪鴻、奠湯師福山堅高（大慈寺）、奠茶師笠松戒鱗（宝慶寺）、起龕師堀麟童（大乗寺）、鎖龕師大沢大乗（竜渓院）、掛真師満岡慈舟（竜門寺）、移龕師大安麟乗（長英寺）、入龕師辻顕高（孝顕寺）であった。

第二節　環渓の二、三の逸事

環渓が永平寺の禅師となった後の明治五年三月、政府は新たに教部省を設け、社寺の廃立や教義講説の認可などの事務機関を置き、神官、僧侶ともに提携して、国民の教化活動にあたる教導職が定められた。しかし、教導職は神祇思想により国民教化を目的とするため、神道家が中心となっており、しかも、教化の基準の「三条の教則」が弘布され、これを中心とする説教を行わねばならず、仏教独自の活動はできなかった。

翌明治六年になると、神仏合併の大教院が設置され、環溪は曹洞宗を代表して、禅宗三派（曹洞派・臨済派・黄檗派）合同の禅宗管長となり、さらに、仏教七宗の管長にも命ぜられ、仏教界を代表して神道側へ、また政府にたいしても進言したのである。なお、環溪が仏教界を代表する管長の時、神官に一策を与えた逸事がある。

それは、ある神官が、「神社の祭典にあたって、僧侶が法衣を着し、数珠を携えて死んだ魚や鳥を取り扱うのは、実に見苦しいことである。このような時には、僧侶もやはり烏帽子に直垂を着て、神官と同じようにせねばならない」といった。それにたいし、環溪は、「それはおもしろいことだ。僧侶は、人間の死んだものさえ取り扱うのが常であるから、死んだ魚や鳥をさわる位、不思議なことではない。また、烏帽子も直垂も着て、何も構うことはない。ただ、その代わりに、神官が寺院へ来た時には、髪を剃り、クリクリ坊主頭にして、法衣を着て、仏教の儀式に随喜するのが当然であろう」と答えたため、神官は驚き閉口したそうで、「やはり、僧侶は僧侶らしいに限る」ということになった滑稽な逸事があった。

また、同じ頃、大教院のある増上寺では、本尊をはじめ仏教法器などが取り除かれ、神祭を遷座した。そこで、教部省より環溪へ、七宗管長として、烏帽子と直垂を着て祝詞をあげよという御達示があった。そのため、環溪は教部省へ出頭し、「僧侶に神服を着よとは、どのような訳であるのか」と質したところ、教部省の長官は、「神前であるから、神には、神服を着るのが最もよいものである」といわれた。だが、環溪は「もし、西洋人が天皇陛下へ献上しようとした時、洋服を和服にかえて献上せねば嬉ばれないではないか」といい、それにたいして長官は、「西洋人は洋服のままで献上してもよい」といったので、環溪は、「それならば、神前の祭式に、仏教の法衣を着て祝詞をあげても、神は御受けになるであろう」といった。そこで長官は「それは道理だ。神服でなくても法衣で行ってもよい」という結論が出て、翌日の祭奠式には、環溪は法衣を着て一千余人の各宗僧侶をひきい、意気揚々に祝詞を献上したのである。

ところで、明治十二年十一月、道元禅師に「承陽大師」の諡号が宣下され、環溪は参内して拝戴した。そして東京都の青松寺において、盛大な諡号会が催され、各宗の高僧をはじめ、勅使の岩倉具視など多くの名士が集った。そこで、老若男女、数千人の参詣者で満場の本堂に登るや、環溪は一喝を下した。その声はあたかも雷の落ちたごとくで、今までの騒々しさが一遍に静まり、環溪はおごそかに式典を挙げたのである。なお、この式典には、内部卿の伊藤博文も列席しており、環溪は伊藤の前に進みより、「お前は誰かな」と尋ねた。すると、伊藤は「我輩は伊藤博文じゃ」と答え、環溪は伊藤を穴のあく程のぞきこみ、しばらくして、「おゝ、貴卿が伊藤博文か。若いのに利口そうな顔をしているな」といったため、会に出席した者すべてが啞然としたそうである。そして、環溪は「聞いて百文、見て一文か。ハッハッハ……」と大笑したのである。

伊藤を小僧扱いした環溪は、それ以来、伊藤と親しく交流がつづき、ある日、伊藤の私邸に招待された。そこで環溪は、「わざわざ招待したからには、御馳走を出してくれることであろうな」といい、伊藤は「別に御馳走はありませんが、酒だけは、上等なものがありますから、沢山飲んで下さい」と接待したのである。そして環溪が、「こんな小さな杯では面倒である。大きなコップによって飲みたく、また、伊藤とさしあいで飲みたい」といったため、環溪と伊藤は互いに献杯したが、環溪は、伊藤より数倍飲んでも酩酊せずに平生と異なることなく、伊藤は舌を捲いたといわれている。

また、ある日、環溪を訪ねた伊藤は一目されるや、すぐに「貴卿、近頃はどうじゃな。相変わらずかな」と一問され、それにたいして、一言もなく、満面紅を染めて頭をかいたそうである。

伊藤との逸事によって明らかなように、環溪はかなりの酒豪であったが、こんな逸事もある。ある時、陸軍の知名な将校連中が環溪を訪ねて、「一つ禅師を潰してやろう」と考え、矢つぎ早に大杯をさしむけたが、いつまでたっても環溪は平生で、将校連中の方が先に満酔し、環溪の返杯さえ受け得ないようになった。そこで、環溪は大笑して、「面前に百万の強敵を控えるとも、これを呑却する者でなければ英雄とはいえない。だから、貴公達のように、これ程の酒で酔いつぶれてしまうとは、何たる醜態ぞ」とばかり、大気焰をあげて、一同を一吹きにしたといわれる。

このように、二、三の逸事を聞いただけでも、環溪の大力量を知ることができよう。示寂の時には、四日前に新しい棺を買い、剃髪沐浴して白衣を着用し、「示寂後は、沐浴しなくてもよい」といい、遺偈を認めて禅床に趺坐し、法界定印を結んで、大喝一声して大往生を遂げたのである。まさしく禅僧そのものであった。

第三節　未刊であった環溪の研究書

環溪は、酒豪の禅師であることが明らかになった。その人徳、学問、道心は大教院時代、相対した神道側にも迎えいれられ、また各宗の高僧、政府の名士にも厚き徳望を慕われた。しかし、永平寺貫首時代は、總持寺との協調を和する両本山盟約、政府が設置した教部省、大教院問題、二祖懐弉禅師六百回大遠忌、承陽殿の出火による再建事業、道元禅師の「承陽大師」諡号宣下、曹洞宗大学林の開校など、新しい曹洞宗の門出の時で、多くの課題にあったことであろう。なお、環溪は文化事業も行っており、『三条弁解』や『正法眼蔵弁註』、『光明蔵三昧』の出版者でもある。

ところが、このような功績のある環溪を顕彰するべく後世に残された語録や行歴などの研究書は、近年まで見あたらなかった。ただ、環溪の五十回忌を迎えた昭和八年に、永平寺講師であった佐藤桂随が「本山六十一世絶学天真禅師の五十回忌を迎へ奉る」と題して、「傘松」第七十三号に発表した論稿のみである。昭和八年といえば環溪の法孫や随徒のいくらかは健在であったものと思われ、その機会に、どうして研究書が残されなかったのであろうか。

明治期の永平寺歴代禅師の中で、語録などの研究書が成立していないのは、環溪とその後董の青蔭雪鴻のみである。この理由は法孫の怠慢であるとか、永平寺の文化事業にたいする意欲が乏しかったとか、また、環溪自身が、後学者のためには残さない考えであったとか、さらに、環溪は生前中に、二十カ寺の再興開山に勧請されたり、実際に復興したり、しかも、宗務局をはじめ永平寺、興聖寺、陽松庵、紅谷庵、そして開山地、法弟などに、手元のすべての金子を寄附したため、最晩年は無一文の状態であり、語録などの刊行資金がなかったとも思われ、種々の批判的意見や好意的理由が考えられるが、詳しいことは明らかにならない。

しかし、先師を追慕する方法として、遺弟や随徒による環溪一代の法語は存在しなかったかといえば、そうではなく、明治三十九年十月に、法嗣の西野石梁によって「六十一世環溪禅師履歴」がまとめられていた。したがって、法嗣の怠慢ではなく、やはり環溪も、他の禅師と同様、残すべきものは法嗣によって残されていたのである。

ところで、「六十一世環溪禅師履歴」は、近年まで、まったくみることができなかった。永く興聖寺と永平寺東京出張所であった永平寺東京別院長谷寺に秘蔵されていたのである。しかし、秦慧玉がそれを紹介して一部の年譜を公刊し（昭和五十年七月『禅思想とその背景』春秋社）、本書は世に出た。また、私は最近、山内尭海が昭和十五年九、十、十一月号の「道元」（道元禅師鑽仰会刊）に著わした「絶学天真禅師環溪密雲大和尚履歴」、「絶学天真禅師環溪密雲大和尚逸事㈠㈡」を知り、「六十一世環溪禅師履歴」と対照したところ、山内が、すでに履歴と逸事を翻刻していたことが明らかになった。しかし、その論稿は、出典がまったく記されておらず、「六十一世環溪禅師履歴」の存在は確認できないものであった。したがって、秦慧玉により、初めて「六十一世環溪禅師履歴」の名と所蔵寺院が明らかになった。本書の発見は、明治期曹洞宗の研究において、高く評価されるものである。

なぜかというと、環溪と同時期に、總持寺を代表して宗門を興隆した旃崖奕堂の研究とともに、明治初期の永平寺の立場と動向を明らかにする指針となるからである。奕堂の研究は、遺稿や逸事などが明治十五年に、村上泰音によって『旃崖芳話』が刊行され、さらに明治二十四年には、金山貫苗によって『懶眠余稿』が編集され、翌同二十九年四月には、蘿月照巌によって『総持奕堂禅師遺稿』が刊行され、語録や伝記が世に紹介された。しかも、昭和二年十月には、孤峰智璨により奕堂の伝記や逸話、書翰集などが平易な文によってまとめられ、『奕堂禅師』と題して道俗の知ることとなった。さらに、同書は昭和五十三年八月に、奕堂百回忌記念事業で、門下の法系譜や参学人も追加して再刊されている。したがって、近年までは明治初期の曹洞宗を研究するに、奕堂の研究書から考察せねば明らかにならない状態であり、總持寺の立場からの意見のみによっていた。

そこで、「六十一世環溪禅師履歴」をみると、環溪の行歴をはじめ語録、逸事、開山地、随徒、戒弟などが明らかになり、環溪の遺徳を知ることができる。また、明治初期の宗門の動向も明らかになり、研究に一大光明を与えるものとなった。禅師百回忌を迎えるにあたり、「六十一世環溪禅師履歴」が翻刻され、しかも法嗣、随徒によって成らなかった語録の刊行がついに成る。泉下の環溪に恐縮であるが、遅ればせながらも一書が生まれる。奕堂とともに環溪は、明治期曹洞宗の双璧で、永遠に名の残る人物であり、その研究は、明治期永平寺史研究のみではなく、ひいては、明治期曹洞宗の研究を一歩前進させることができるものといえよう。

第四節　環溪の著作と序・跋文

環溪の著作として従来知られているものは、「環溪密雲禅師語録」（『新纂禅籍目録』）で、法嗣の西野石梁によって編集されたものである。その他、著作といわれているものや序文、題辞、跋文などがある。ここにあげてみよう。

まず、最初に著作といわれるものは、『三条弁解』がある。明治五年三月十四日、政府は教部省を設置し、社寺の廃立や教義講説の認可などの事務機関とした。そして四月二十五日には、神官、僧侶ともに提携し、国民の教化活動にあたる教導職が定められ、大教正から権訓導に至る十四段階に分けられた。教導職は、神祇思想による国民教化を目的とするため、神道家が中心となっており仏教者独自の活動はできなかった。ついで、四月二十八日には、教導職が大教宣布にあたる基準の三条の教則を弘布し、それを中心とする説教が行われることになり、曹洞宗も積極的に協力して、六月十六日には、全国末派寺院へ三条の教則の発布や大教院創立宣布の趣旨などを示達し、環溪、奕堂両大本山禅師が全国を教導巡回した。しかし、各地で質問などを受けたため、翌同六年四月には、三条の教則の解説書として、『三条弁解』が禅曹洞本山蔵の名で刊行された。本書の柱には、永平寺、總持寺とあるが、『社寺取調類纂』によれば、環溪の著作といわれている。また、同内容の『三条畧解』も刊行されており、それには、曹洞派本山著とある。そして、同内容の書の題を変え、発行所を異にした点は明らかにならないが、豊田武の『改訂日本宗教制度史の研究』（昭和四十八年十一月　第一書房）二一八頁によれば、大教院の刊行といわれており、曹洞派本山著の名を冠しただけで、実は官許の大教院刊行とも思われる。

したがって、『三条弁解』が環溪の著作であるとは断定し難いが、当時、曹洞派を代表して禅三派合同の禅宗管長となっているため、環溪の著作としたのかもしれない。また、永平寺、總持寺と柱があるところから、環溪と奕堂が相談して著わしたものかもしれない。法系の祖天桂伝尊の『正法眼蔵弁註』の「弁」をとって、「弁解」としたのではなかろうかという説もあるが、明確なことはいえないのである。

つぎに、序文および題辞、跋文をみると、明治八年四月に能仁柏巌が著わした『曹洞宗問題十説』（曹洞宗大教院蔵版）の序文を記している。それには、

慨然護国愛人心。吐向毫端字字金。
寄語洞家宗仙子。座辺豈可欠斯箴。

明治八年四月　　永平寺現住
大教正細谷環溪題

とある。また、同年八月には、明教大師の『輔教編』にある『孝論』（曹洞宗大教院蔵版）の序文を記した。それには、

明教大師孝論序
人道未全焉。知仏道是蓮池之語。人道所帰彝倫而已世学仏者不措心於此。勅招無彝倫之謗可勝嘆哉。仏之垂教応機随縁始若無定法。然而不出五乗世出世之規焉。彼自利独覚趨高遠棄彝倫而不屑者。豈契円融無碍之真理哉。昔者宋仁宗之時欧陽修作本論。石守道作怪説。詆訾随起明教大師憫之著輔教編於是乎。群議頓止三教並明我朝方今人文日開無復抵。排仏者而学仏之徒趨高遠棄彝倫者不為不多。予深慨焉。乃就其編抜孝論授之梓以頒同志与明教之救時弊固不同旨也。語曰。孝者百行之本彝倫之道莫先於孝。
明治八年八月廿八日

永平幻寓大教正久我環溪

とある。両書ともに曹洞宗大教院蔵版として、東京の書林山口屋の森江佐七から刊行されており、環溪が曹洞宗管長職にあったところから、序文を贈ったものと思われる。

明治十二年三月には、真言宗の大崎行智が著わした『教場要論』（森江佐七出版）に、

字〻津梁

己卯春応嘱

大教正永平環溪書

と題辞を贈った。なお。同書には真言宗管長の守野秀善の序文も付されている。そして、同じ三月には、滝谷琢宗著『總持開山太祖略伝』（曹洞宗務局蔵版、明治十二年五月出版御届）の題辞を記した。それには、

唯拝椽筆編伝紀。開巻乃翁内尚従。
五世雲烟松樹月。以斯風趣与児孫。

明治十二年三月

大教正永平環溪謹題

とあり、その他、奕堂と辻顕高が序文を記している。また、同年六月には、白鳥鼎三校訂出版の『洞上二世光明蔵三昧』（永平寺僧堂蔵版、明治十二年八月刊）の序を記した。

重彫光明蔵三昧序

夫光明蔵三昧一書。吾犎祖。一分白毫光。而祖用之以照破焉。後進用之以返照焉。世尊五時之化教。高祖一代之垂誨。豈有他哉。蓋距今一百年前。在祖半千諱景之秋。永福老人面山。及永慶玄梁。戮力鏤梓。以公于世。

於是乎。無始暗室忽開。法性光明復輝。星霜経久。原版磨滅。書亦存於世鮮矣。弊納焦心索之。有年而未得也。明治戊寅之秋。九月二十四日。適丁祖六百遠忌。法弟前仏徳肯庵。齎此書。得得登峰。弊納掃室焚香。欣躍承之。豈啻得環隣揃。還珠合浦。抑亦雲仍大幸福。而澆季大光明也。乃寄之鼎三前西堂。謀重刻。今茲刻成矣。嗚呼末派数万遠孫。惟知安住于余光。而不起返照于自己。則祖師光明。逐堕于地。亦未可知。可不戒邪。時

明治十二年六月穀旦　　永平六十一世不肖密雲謹序

なお、この序文は、鼎三が代筆して所収してある。

つぎに、明治十二、三年頃、栖川興巌『随喜称名成仏決義三昧義疏』（大阪府妙寿寺蔵版、明治十三年三月版権免許）の題辞を記した。

題辞

二十光明遍十方。世尊妙証寿無量。
若臻前翰不通地。披見分疏嗽細毫。

吉祥山主翁

この書には、ほかにも相国寺の荻野独園と奕堂の序文がみられる。

つぎに、明治十四年九月に出版された『永平正法眼蔵弁註』（曹洞宗大教院本校蔵版）の跋文を、同年八月に記した。

跋

天桂老人吾祖先也。師衆復示門人曰。欲供養老僧須覧。吾正法眼蔵之弁註。是孝順之第一義也。善此語為子孫

又庶為末代也。豈可不思之哉。先正法眼蔵即仏心也。弁註即直指也。依是明之則古仏内尚。煖先師未曾去世也。然而百五十年間雖有孝順之者。歴転□開会専為間故。今弁同志陳校訂上梓以公於世兄弟家無東高閣而修之証之。則正法之住世亦与虚空無有窮尽。豈不慶快乎。

明治辛巳八月祖忌日

遠孫永平幻寓環溪謹識

本書は、環溪の法弟の大渓雪巌が発願し、明治八年七月に出版願いを教部省へ提出して以来、六年目の明治十四年九月に出版された。校訂は雪巌の担当であったが、出版者は環溪で、出版代理、校訂者として雪巌の名があげられている。題辞や序は、有栖川宮、三条実美、久我建通、久我通久、荻野独園、奕堂、跋は永井尚服、原坦山ら当時の政界、宗教界の第一人者が記している。

以上、現在までに確認できた環溪の序文、題辞、跋文などをあげてみたが、すべて明治期のものである。一般に黄表紙本といわれ、よく見られるものであるが、普段は何気なくみていた著作に環溪の墨蹟がみられ、そこから宗風を窺うことができる。また、交流者も知ることができ、今後の調査によって、さらに多くの序文、跋文などを見出すことができるかもしれない。なお、これらは西野石梁の「六十一世環溪禅師履歴」に所収されておらず、本来は語録の一部を占めるものといえ、環溪の活躍の一端を知ることができる。

第五節　環溪密雲・密雲環溪の呼称

(一)　百回忌を迎える環溪

明治期仏教において、永平寺六十一世久我環溪は宗内のみならず、禅宗三派合同の管長や仏教七宗管長を務め、教部省や神仏合併の大教院へ出仕し、各宗僧侶を代表して仏教興隆に努めた明治仏教の大巨匠である。

明治四年十月、環溪が永平寺貫首となって以来、新しい国家体制による刷新が行われ、仏教界の新制度が成立した時代から永平寺を退隠する明治十六年までの明治初期に活躍し、ついに、明治十七年十二月七日、六十八歳で示寂した。

したがって、昭和五十八年は百回忌にあたり、歴住地や開山地でも法要が厳修されている。永平寺においては、九月の高祖大師御征忌中に修行されるが、また、環溪禅師語録刊行会が設置され、未刊であった環溪の語録や伝記などを公刊し、泉下の環溪への報恩とするものである。私も刊行委員の一人となり、環溪の伝記などを担当し、歴住地、開山寺院、伝記資料、墨蹟などの調査を行ったところ、呼称は環溪密雲か密雲環溪かの号諱の問題に出会った。すなわち、現在、永平寺承陽殿に安置されている位牌は「六十一世絶学天真禅師環溪密雲大和尚」であり、回向文も「勅特賜絶学天真禅師本山六十一世環溪密雲大和尚」とあり、法堂の朝課諷経でも「六十一世環溪大和尚」と称され、環溪密雲が永平寺における呼称である。

ところが、私の開山地の位牌や墓誌、墨蹟の落款などの調査によると、密雲環溪と呼称されている場合も数多くあり、本来の号諱は、どちらであったかという問題が起こったのである。

そこで、『禅学大辞典』をはじめ、人物伝の論稿や『曹洞宗全書』大系譜をみると、号は環溪、諱は密雲とあり、環溪密雲となっている。すなわち環溪密雲が耳慣れした一般の通称である。

㈡　歴住地・開山地・法嗣の呼称

つぎに、歴住地の位牌による呼称をながめてみると、首先住職地長福寺（門真市）をはじめ豪徳寺（東京都）、興聖寺（宇治市）、永平寺は、環溪密雲とあるが、蔭涼寺（和泉市）のみは密雲環溪となっている。開山地の呼称は、紅谷庵（堺市）、宗心寺（本渡市）、竜泉寺（尾鷲市）、中央寺（札幌市）が環溪密雲、自得院（都留市）、東光寺（大府市）、西洪寺（敦賀市）、東光寺（清水市）が密雲環溪となっている。開山に勧請された年月日の新旧によって、呼称が異なるのではないかと思うと、そうではなく、勧請年月の新旧関係による区別はできないのである。

さて、示寂後すぐに、永平寺において祀られた位牌と山門不幸の門牌をみると、「勅特賜絶学天真禅師本山六十一世環溪密雲大和尚真位」「山門不幸　明治十七年十二月七日　勅特賜絶学天真禅師当山前東堂六十一世環溪密雲大和尚示寂　執事敬白」とあり、環溪密雲で、伝記資料の明治二十四年十一月十七日に、自得院（都留市）より越本山東京出張所へ提出した履歴書には、「当山六十一世絶学天真禅師環溪密雲大和尚履歴書写」とあり、これは、法嗣の不二門眉柏が承諾したものである。さらに、明治三十九年十月二十五日に、法嗣の西野石梁が記した「六十一世環溪禅師履歴」と、同じく西野石梁が大正四年六月三十日に記した「長福二十三世勅特賜絶学天真禅師環溪密雲老和尚略伝記」にも環溪密雲とあり、法嗣の記した伝記関係は、すべて環溪密雲となっている。

ところで、密雲環溪と呼称するものに、法弟の大渓雪巌が明治八年七月に発願して出版願いを教部省へ出し、明治十四年九月に環溪が出版者として刊行した『永平正法眼蔵弁註』巻一の後尾にある「略系図」には、回天慧杲門下に「絶学天真禅師　密雲環溪」となっている。さらに、明治十七年十月に自題した木版の頂相の落款には、「環溪　号　密雲」とあり、号が密雲で、密雲環溪となるのである。また、明治十八年五月五日の永平寺における本葬茶毘式の青蔭雪鴻の秉炬香語には、「勅特賜絶学天真禅師当山六十一世密雲環溪老和尚」と呼称しているのである。そして、永平寺に所蔵する『当本山六十一世絶学天真禅師御遷化茶毘式諸輯録』の「明治十七年十二月七日御遷化ヨリ翌十八年五月五日御本葬茶毘式営弁迠ノ概略」には、「勅特賜絶学天真禅師本山六十一世環溪密雲大和尚」とあるが、環溪と密雲との間に返印が入っており、密雲環溪と称していたことが考えられるのである。

(三) 号諱の制度と苗字の設置

環溪の号諱を、環溪密雲と称するか密雲環溪というかを対照してみたが、どちらであったか判断し難い。この点は、禅僧の呼称法の特異性を表わしているもので、号と諱の特殊な構成を考えねばならず、それに関する唯一の論稿である玉村竹二の「禅僧称号考」(昭和五十一年八月『日本禅宗史論集』上　思文閣出版)によれば、号諱には、上下の因果関係があり、曹洞宗において、臨済宗と関係した寒巌派を除き、号諱が上下の因果関係で成立したのは、大本山總持寺開山の瑩山紹瑾禅師が最初といわれている。そして、号は後輩から呼称される場合や後輩にたいする書に用いられ、尊敬の意味があった。また、諱は師より呼称される場合や、目上の人にたいする書に用いられるというのが、玉村竹二の研究結果である。

では、号諱をつけるのはいつかといえば、受戒の時に師より受けるのが常で、受業師からである。しかし、立身する時、法幢師より改名された場合もみえ、さらに、嗣法の時、本師より改名されて受けた場合もある。

ところで、江戸時代の曹洞宗学者の中、号の有名な人がいる。例えば、天桂伝尊とか面山瑞方であり、臨済宗の白隠慧鶴も号が有名である。だが、この呼称も、明治五年九月の太政官よりの第二六五号布によって僧侶に苗字を設けることとなり、従来、苗字を称していなかった僧侶は、急遽、生家の俗姓や、あるいは住持寺院の山、寺号などから苗字をつけたようであった。そのため、号諱の制度がくずれ、苗字で呼称される方が尊敬の意を表わすことになったのである。そこで、苗字プラス号あるいは苗字プラス諱となり、明治五年九月からの永平寺、總持寺貫首の号諱と苗字をみると、環溪と穆山瑾英(西有氏)のみが、上の二字の号をとっている。しかし、他の貫首は、すべて苗字プラス諱で呼称しており、總持寺独住一世となった奕堂も、苗字は總持寺の山号の諸岳をとって称したが、号は旃崖である。本来の号諱制度からいえば、号の旃崖と称するのが尊敬の意を表わすわけであり、明治十二年八月の示寂より三年後の明治十五年六月に、随侍者村上泰音が著わした略伝は『旃崖芳話』と題している。

さて、西有穆山は、穆山が号、諱は瑾英である。しかし、明治五年頃には、すでに鳳仙寺（桐生市）住持で、總持寺東京出張所監院に就いている碩徳であったため、みずから「穆山」の号を多く使用していた。そこで、苗字の西有氏に号の穆山をとったのであろう。もし、当時、若き修行者であったならば、苗字プラス諱をとったものと思われる。西有穆山の伝記によれば、苗字を設けたことを大変に喜び、苗字で呼称されることを望んだようであった。この例からも、いかに苗字を設けたことが僧侶の喜びであったかが推察できるのである。

㈣　号諱の資料的推論

環溪は、西野石梁の「六十一世環溪禅師履歴」によれば、文政十一年（一八二八）二月、寂室堅光について剃髪し、象峰と称した。しかし、天保十二年（一八四一）冬、興聖寺（宇治市）の結制で立身した時、法幢師回天慧杲から環溪密雲と改名されたといわれている。この名は、かつて大智禅師の旧蹟鳳儀山聖護寺を訪ねた時、鳳儀山の景勝を渓谷の環るところ、雲密にして幽邃と表した辞句という郡司博道（東京都昌林寺住職）の説がある。

そして、郡司は、雲は天で、溪は地にあるところから、密雲環溪と呼称せねばならないといわれるが、鳳儀山の景勝から、みずから法幢師に願って、号諱を変えたとは考え難い。それは、回天慧杲門下に、環溪の法弟の轟渓肯庵がいるためで、轟渓は号である。苗字は平川氏であり、平川肯庵といわれており、苗字プラス諱となっている。

また、法弟の柏堂雪巌は、豪徳寺（東京都）住持中に苗字をつけたところから、山号の大渓をとって大渓氏といい、回天門下は〝渓〟と縁が深いようである。

したがって、雪巌は別として、環溪密雲、轟渓肯庵の号諱は、ともに回天慧杲から受けたものであり、轟渓肯庵にたいするならば、環溪密雲と称したものと思われ、郡司説のように、環溪は鳳儀山の景勝から号諱をとったとはいえないのである。

つぎに落款から考えてみよう。落款は易学の陰陽より生まれたもので、陰の白字を上に、陽の赤字を下にして押印する。陰の白字は姓とか名を、陽は号とするのが中国の古則である。環溪の落款をみると、白字で「密雲」、赤字で「環溪老禅之印」とあり、中国の古則からすると、赤字の環溪が号で、白字の密雲が名にとることができる。他の落款をみると、白字に「勅特賜絶学天真禅師」とあり、赤字には「環溪　号　密雲」というのがある。これは、先にも述べたように、示寂する前に自題した木版刷りの頂相の落款にあり、他の墨蹟にも押印されている。

この落款からすると、環溪が諱で、号は密雲となる。同じ型の落款が、明治期曹洞宗の碩徳であった白鳥鼎三にもみえる。それは、「即一　号　鼎三」とあり、即一が諱で、号は鼎三となる。そして、俗姓は白鳥氏で、みずから白鳥鼎三と称した。つまり、苗字プラス号を称したのである。また、『曹洞宗問題十説』などを著わした能仁柏巌も、諱は伝苗であるところから、苗字プラス号である。それと同じパターンであるならば、細谷氏プラス号の密雲をとり、細谷密雲と称すればよかったが、古文書には、細谷密雲の署名はみえない。すべて細谷環溪か明治八年六月に久我建通の遊子となって以来、久我環溪となっている。

したがって、この落款から考えるならば、苗字をつける以前は、号を密雲、諱は環溪で、密雲環溪と称していたが、苗字を設けることになって以後は、苗字プラス諱としたものと思われる。しかし、法弟轟渓肯庵とたいして考えるならば環溪密雲であり、苗字プラス号となり、白鳥鼎三、能仁柏巌と同じパターンになるのである。だが、最近、環溪の贈った序文や題辞の落款をみると、赤字が「環溪」とある滝谷琢宗『總持開山太祖略伝』（明治十二年五月刊）の序文もあれば、赤字が「密雲」とある栖川興巌『随喜称名成仏決義三昧儀疏』（明治十三年三月刊）の題辞もみえ、環溪は、号諱を区別していなかったのではないかと考えるようになった。

現在、公刊されている大系譜や永平寺の呼称などは、すべて環溪密雲であり、号の環溪を称して尊敬の意を表わしている型であるが、『永平正法眼蔵弁註』の「略系図」にあるように、密雲環溪ならば、一般にも諱の環溪を呼ばれていたことになり、禅宗古来の号諱の呼称法に反するものとなる。

環溪は、本来の号諱制度を知らなかったかといえば、そうではなく、明治十二年八月に刊行された白鳥鼎三校訂による懐奘禅師の『洞上二世光明蔵三昧』の序文には、「永平六十一世不肖密雲謹序」と記し、懐奘禅師にたいして、諱を用いて尊敬の意を表わしたのである。したがって、この型からすれば環溪密雲となる。

㈤　明治期曹洞宗の特異な呼称

このような呼称問題が起きたのは、明治五年に苗字が設けられ、従来の号諱制度がくずれてしまったためとも考えられ、環溪の落款を中心に号諱を称するならば、密雲環溪、環溪密雲ともにいえ、永平寺や法嗣の呼称によるならば、環溪密雲となり、一つの資料を所依とすると定義ができないのである。

そこで、私見を述べるならば、環溪密雲でも密雲環溪でも、字義からは、どちらも意味が通り、どちらでもよかったのではなかろうか。ただ、懐奘禅師にたいしては、本来の諱の密雲と称したものと思われ、環溪密雲が本来の号諱であった。しかし、環溪以後の永平寺貫首は、すべて号諱の型で、苗字プラス諱となり、そこから環溪の号諱を考えた場合に問題が起きるのである。環溪と西有穆山のみが明治期曹洞宗の特異な呼称の禅師といえるが、他の碩徳の呼称例なども合わせて考えてみなければならない問題である。百回忌を迎える環溪を絶学天真禅師、久我禅師、久我大教正、環溪密雲、密雲環溪のいずれで呼称しても、顕彰の道念は変わらず、歴住地、開山地の呼称の相違は、何かの縁由があったわけであり、それが慣習となってきた。そのため、呼称の相違が明治期曹洞宗の特徴であり、環溪の特異な一面ともいえるのである。

第六節　環溪の永平寺昇住

明治四年九月、永平寺は臥雲の後董に興聖寺の環溪が就いた。この昇住は従来の関三刹より昇住する故例が一新されたのであったが、形式は後住推挙者より第一筆という旧幕府以来の例に準じたものであった。しかし、第四筆の雪爪がみずから後董に出願しているとか、松平春岳の推挙によって後席に就くという風評もあった。雪爪側から見た研究では、雪爪が一宗一派のことだけに関係していられない身であったところから、政府よりの後席の内意を断わり諮問に応じて環溪を推挙したともいわれる(1)。

ところで、昭和五十八年の環溪百回忌には「傘松」九月号（第四八〇号）で環溪の活躍などを紹介した特集が組まれ、さらに『環溪禅師語録』も刊行して功績などを讃えた。私も語録編集委員の一人として環溪に関する資料調査を行い拙稿を執筆した。資料調査によって環溪の呼称は、環溪密雲か密雲環溪かという問題が起こり、私は環溪密雲説をもって「中外日報」（昭和五十八年八月三十一日、九月二日）で報告した。一方、法孫の郡司博道も百回忌を迎えるにあたり、環溪に関する資料を蒐集して見事に『久我環溪禅師詳伝』（昭和五十八年九月　宗教法人昌林寺）を完成させた。郡司は「中外日報」の拙稿にたいして反論され、「中外日報」（昭和五十八年十月十日、十二日、十四日）において、環溪密雲でなく、密雲環溪であることを強調された。私説と全くの反対説を主張されたが、私は両説のあることを実証したもので、環溪示寂地で自坊の昌林寺における密雲環溪説が正しいと主張される郡司説にたいして、再反論を試みなかった。それは永平寺へ昇住する前の先住地興聖寺の十分な調査を行っていなかったためである。しかし、見過ごすことのできない問題であるため、興聖寺へ通って詳しく調査した。植本摂道住職の厚意によって三物や古文書等の調査を行い、私なりの呼称説の再考が行えた。

郡司の労作にたいして、細かな問題を指摘しても『久我環溪禅師詳伝』刊行の意義と価値の変わらないことは十分承知しているが、ただ法孫の立場で書くものと第三者的立場から書くものとでは、結論が一八〇度変わることがある。顕彰、讃仰は法孫として大切であり、泉下の環溪の喜びは譬えようがない感激であろう。私も法孫の立場から白鳥鼎三を讃仰し研究して刊行したことがある（『白鳥鼎三和尚研究』昭和五十七年六月　第一書房）。執筆するまでに集めた資料を検討駆使して一冊にしたが、その後、別の調査において見出した資料は拙著の中に書き加えており、将来、増補して再刊しようと思っている。このような体験と考えは、郡司も同じ気持ちであろう。著者と一八〇度転回した説を主張しても、資料を忠実に読みとり、晩年に生まれた口伝を法孫によって、それ以前の行歴にまで遡り、主張されることは、逆に誤った説を後世へ残すものになりかねない。私が客観的立場から研究してみると、環溪の永平寺昇住の様子や禅師号問題、さらに号諱呼称について、郡司の主張と異なった説を主張せざるを得なくなった。

その第一は永平寺昇住についてである。『久我環溪禅師詳伝』二〇五頁において、

環溪禅師の永平寺昇住について両極端の謬説があるので、この際正しておきたい。一説は雪爪和尚の推薦説である。

この論をなすものは、雪爪和尚の推薦があって始めて環溪禅師の昇住が決まったかのようにいっているが、

とんでもない妄説である。何となれば、環溪禅師ご自身が興聖寺で役僚達を集めて永平寺昇住の請をつげ《この際わしが出ないでだれが出るのだ》といわれたのである。第一、第四筆に挙げられた者が第一筆の者を推すのは当然のこと、もし順位が逆で第一筆の者が固辞して第四筆の者を推薦したというなら話はおのずから別である。二説は雪爪和尚に永平寺昇住の希望があり、環溪禅師の昇住でその望みを絶たれ、失意の結果、洞門を去り反俗、御岳教の管長に転出したという説である。この説の妄説なることは自明のことなので論をひかえたい。環溪禅師は全洞門の輿望を一身に荷って永平寺に晋住されたのである。

といい、雪爪推薦説は妄説という。しかし、先にあげたごとく雪爪側の立場による研究では、雪爪の推薦説をいっており、郡司のいう妄説というよりも、当時の雪爪の立場から考えると雪爪の推挙もないとはいえないであろう。雪爪が失意の結果、洞門を去り反俗して御岳教管長に転出した説は妄説といわれるが、これは私も郡司と同様妄説であることは認める。雪爪は大教院の教導職の関係から政府より御岳教管長に任命されたもので、永平寺昇住が叶えられなかった失意からではない。しかし、郡司は環溪の昇住について、環溪自身が興聖寺で役寮を集め、永平寺昇住の請を告げて「この際わしが出ないでだれが出るのだ」といったという。この説は興聖寺の植本住職からも聞いたが、植本住職は先住より口伝されたものであった。おそらく郡司も興聖寺調査の折、植本より聞いた口伝によって書かれたものと思われるが、環溪は昇住すべく野望を持ち自薦で自分の昇住を当然のことと思っていたのであろうか。後の大教院における行動の逸事や伊藤博文などとの逸話によって、豪快な人間性が永平寺昇住の際の言葉にも受けとられ、後世に伝わったのではなかろうか。

それよりも、臥雲示寂の事実を隠していた東京出張所の大円寺において、臥雲門下の是山らが総本山としての永平寺を護持し、總持寺に対抗できる豪傑人として環溪を第一筆にしたのではなかろうか。すでに示寂していた臥雲の永平寺退隠願いなどを書き、後董候補者の願上状などを記していたのは臥雲門下であろう。もちろん是山一人で決定したことではないものの、臥雲をとりまいた人たちと永平寺監院戒鱗などによって書かれたことであろう。東京出張所から環溪へ後席の沙汰を出しており、福井藩庁や弁官御伝達所へは五人の候補者をあげて願い上げた。東京出張所周辺では、他の四人は形式的であり、すでに後董には環溪とする腹案を持っていたことであろう。しかし、環溪自身に「この際わしが出ないでだれが出るのだ」という表立った意志はあったであろうか。興聖寺には「三拾世環溪大禅師惣本山え御転住要書扣」（冊三十九）を所蔵する。これは、明治四年八月より翌五年三月までの書状などを鑑寺の大量が書写して綴ったものである。環溪へ出された永平寺後席の沙汰の書翰から、興聖寺後董に肯庵が就くまでのことが詳しく記されており、当時の興聖寺の動向が明らかになる。

それによれば、明治四年八月三日に大円寺より二通の書翰が環溪へ来た。内容は、臥雲が病気のために退休する願いと永平寺後席に就いてほしいという願いで、一通は監院戒鱗、もう一通は是山よりであった。そして八月二十日には、西京聖護院村にあった越州福井県出張所より、永平寺転住への書状が来た。しかし、環溪は八月二十二日、円蔵院方丈と役僧の雷牛を福井県出張所へ行かせ、病気にて転住の難しいことを口上で述べ辞退している。また、八月二十七日には東京出張所の総本山監院へ、辞退の書翰を出した。その書翰には、

　謹上復時下秋色荒凉恭惟　台上尊前益御栄福二に貴座下御左袒無倦之条祝望之到奉存候

陳者　御願意云々御十分之御勝利、重以護法之加被かと奉瞻仰候先般夫々之御布告恐悦之至奉振舞候就ては

　台上尊前旧冬以来現不安中御願望被為在御成就旁弥以御勇退之御志願兼て思召通と御座候て御後席之儀初筆

拙僧を以御差出に相成居候処当廿日西京福井御出張県より夫々御手数の上御書中を以兼々被仰越候通不閣御沙

汰有之重畳難有奉感戴候旦又過日御尊翰之云々逐一奉恐承猶又当月廿日拙寺鑑寺之御返翰中にも　台上尊前思

召之程貫徹可仕御懇篤之御旨涼徳非器之拙僧不堪恐懼之至如何様にも受請可仕本意之処拙僧義年来之持病兼て御存之脚疾老衰に相随ひ近来大に差重座中往来迚も木上座無之ては運動難相叶似之実は当春已来休隠之志願差出候初秋肥前御化先之砌法第佐賀県高伝寺隠居肯庵長老之遂内談置帰山仕次に京府え出願の手順仕居候処え今般之御沙汰誠以恐縮至極至て　台上尊前□□格別之御慈悲何共奉恐入候得共何分病軀にても迚もここ御本山住務等之儀は難相勤勿論今般御一新初て之御事に候得は拙僧如き非器之輩却て宗門を今在耻筆就中席上之運動も不自由之事候得は是非にも今般後席の儀は無断故固辞仕度乍恐此辺之処深御推考被成下　台上尊前え宜敷御取成之程所希御座候右に付福井御出張県えも右之段篤と申上候通之儀御聞届に相成直様福井御県庁え相届越に相成候様被仰聞候事に御座候

東京御本山御出張えは至急に従拙寺可申達旨御指揮に候間乍恐不怠御一諾奉冀候右辞退書旁御返翰迠早々如此御座候　臨書戦々栗々叩頭頓首敬復

未八月廿七日　　　　　　　　　　　　　　　　興聖寺　環溪花押

東京御出張　総本山監院大和尚

二白当初旬尊翰到来至急に御酬答可申上筈に御座候処未其手順無之内無余儀差扣今般自福井出張県御沙汰□□本書如此御座候処尚病中旁□□等行届兼且遅滞之段御高評御海容所願御座候拝白

とあり、環溪は涼徳非器で持病の脚疾があり、往来も難しいところから興聖寺を休隠する内談を行っていたという。したがって病身であり、とても本山の住務は難しく、強く後席を固辞しているのであった。

九月七日、永平寺より御専使が興聖寺へ来た。しかし、環溪は堺の紅谷庵へ行き留守であった。そこで、九日には御専使が紅谷庵へ行き、夜通しで後席を再請しているのである。そのため、環溪は翌十日、法類総代の観音寺の退吾と近門総代の月江院などを招いて相談し、その結果再請を受けることになり、月江院の太愚と紅谷庵の眉柏より受請を申し上げているのである。翌十一日、環溪は御専使へ請書を差し出した。それには、

謹上呈先般従東京御出張所　台上尊前後董え御尊意委細被仰示且亦福御県庁之御布令一々奉恐承候得共非分は勿論病軀旁乍恐奉辞退候処今般再応之御沙汰為御専使御両刹遠路御来駕有之種々蒙御勧諭為法御懇情之段奉恐縮候依之退吾隠居初法類門中共一同相招遂示談候処御内意とは乍申御再応之御趣意奉対朝庭戦競之至可奉存候旨一同申聞候間不顧非分乍恐奉受請候猶従福御県庁之御再達奉持上候慚懼之至に候得共右内諾之験迠御請書如此御座候

恐惶頓首拝白

未九月十一日

城州宇治　興聖寺

環溪花押

総御本山　御専使

とあり、再応の御趣意によって非分を顧みず受請することをいう。九月二十六日、永平寺より本請の御専使であった通安寺方丈が興聖寺へ上山し、九月二十二日に記した監院よりの尊翰を呈した。そして正式に永平寺後席に決定したのである。

このように環溪は、最初は固辞した。その理由は脚疾のためであった。しかし、それは通例による社交的理由なのであろうか。それとも実際に足が不自由であったのであろうか。いずれにしても最初は固辞しており、再度の応請があったため法類らと相談して受請したのである。したがって、郡司のいう積極的な環溪の自薦主張は資料にみられない。興聖寺の口伝は、精力的に活躍した環溪の後の行動から、永平寺昇住をみずから推進したといわれる口伝になったのではなかろうか。『久我環溪禅師詳伝』六五三頁の「密雲環溪大和尚年譜」には、永平寺昇住に至る

までの詳しい経由が記されていない。資料からみると、郡司説と異なった昇住説が明らかになるのである。

第七節　環溪の禅師号問題

環溪は禅師号を絶学天真禅師という。これは明治九年冬に下賜されたといわれるが、郡司博道はすでに明治五年二月にも密雲環溪禅師を賜り、永平寺歴住の中、勅賜号を二度拝戴された方は道元禅師と環溪の二人という（「中外日報」昭和五十八年十月十四日）。法嗣らによる環溪の履歴や略伝記、後世の伝記研究では密雲環溪禅師号について全く述べられておらず、郡司によって初めて主張された。その所依資料は滋賀県高島郡朽木村の興聖寺に所蔵する文書で、それには、

可　　永平寺環溪

禅師号紫衣参　内

大内史正五位土方久元奉

明治四季辛未十二月廿六日

右之通去十二月廿六日

勅特賜禅師号紫衣直参　内被蒙勅許当正月廿八日

天顔拝礼難有被　仰付依而自今

密雲環溪禅師ト称号申上候間一宗之僧侶同称無之様可被

相心得候此段支配下寺院へ無漏可被相達候也

総本山

監院

壬申二月

近州朽木

興聖寺

とあり、明治四年十二月二十六日の「可禅師号紫衣参内」と明治五年二月に総本山監院すなわち永平寺監院長森良範より密雲環溪禅師と称号申し上げることを興聖寺へ伝達したものである。

これと同じ文書が養寿院（川越市元町）に所蔵する「扇叟派略伝」にもある。しかし、宛名は記されていないが、総本山監院より録所や全国主要寺院へ伝達されたものと思われる。『曹洞宗全書』年表（昭和十年十月　曹洞宗全書刊行会）五八五頁の明治四年十二月二十六日の項には「扇叟派略伝」の出典によって、

永平寺貫首密雲（環溪・細谷氏）密雲環溪禅師の勅号を賜ひ、紫衣参内を勅許せらる

とあげられており、明治九年の項には、

是歳　永平寺貫首久我環溪、絶学天真禅師の勅号を賜ふ（傘松七十三、明教新誌千廿五）

とある。その出典は「傘松」第七十三号所収の佐藤桂随「本山六十一世絶学天真禅師の五十回忌を迎へ奉る」と明治十三年八月十六日発行の「明教新誌」第一〇二五号で、「宗局布達」第十六号に、

全国末派寺院

両本山貫主　特賜禅師号の儀自今左の通公称成せられ候条此旨布達候事

絶学天真禅師　　越本山貫主

法雲普蓋禅師　　能本山貫主

明治十三年八月十四日　　曹洞宗務局

とある布達によっているが、明治九年冬に勅賜号を下賜されたことは述べられておらず、絶学天真禅師号の確かな下賜日は明らかにならない。しかし、環溪が禅師号を二度拝戴していることは、すでに『曹洞宗全書』年表によって述べられており、郡司によって初めて主張された説ではないことになる。だが、それを強調し論稿によって主張したのは郡司である。

いずれにしても『曹洞宗全書』年表、郡司のあげる密雲環溪禅師は、正式の下賜された禅師号であったであろうか。宗教行政機関の変遷や両本山問題が急速に変化、展開していった時であるため、政府の正式な任命であったか、さらに二度も禅師号を拝戴する例が宗祖以外にあるか、私は疑問視していた。郡司は朽木の興聖寺所蔵文書を所依としているが、それと同内容の文書が「扇叟派略伝」にもあるところから、明治五年二月に示達されていたことは事実である。しかし、それは永平寺監院よりの示達であり、政府からの通達は何もない。また、密雲環溪禅師とした理由も理解できない。郡司はその理由をつぎのようにいう。

「可禅師参内」の御綸旨は拝辞しがたく、御熟慮の上、禅師号撰名奏請を一切止め、御自身の道諱をそのまま禅師号に奏請されたものと思われる（宣下＝勅許＝は明治五年一月二十八日）。このことは禅師の御心中、熟慮の結果下されたぎりぎりの処置であったと思われる。明治九年道徳天聴にきこえ、絶学天真禅師の徽号を賜わるまでは、勅特賜密雲環溪禅師であったのである。しかもその間、如何なる書にも勅特賜密雲環溪禅師とは、お書きにならなかった。恐らくは勅特賜密雲環溪禅師と口頭で言われたことすらなかったにちがいない。本稿末尾の禅師号宣下の末派への達書中の「一宗之僧侶同称無之様相心得ラレ候此ノ段支配下寺院へ無漏可被相達候也　総本山監院」を熟読していただきたい。この間、御自身は細谷環溪・久我大教正等と書かれている。宣下後（密雲環溪）は勅特賜禅師号であり、密雲も環溪も文字は同じでも内容はまったく一変し、道号諱とは関係のない禅師号となったのである。石梁和尚の両書には明治五年の項に勅特賜「密雲環溪禅師号」拝戴の事実は記載されていない（「中外日報」昭和五十八年十月十四日号）。

右の郡司説によれば、環溪は御綸旨を拝辞し難く、禅師号撰名奏請を一切やめて御自身の道諱をそのまま禅師号にしたという。また、宣下後は道号諱と関係のない禅師号となったとするが、私の考えは十二月二十八日に禅師号紫衣参内を勅許され、一月二十八日に参内して天顔を拝したが、勅特賜号の密雲環溪禅師ではなく、勅特賜禅師号を勅許された密雲環溪禅師で、とりあえず、しばらくの間永平寺貫首であるところから、密雲環溪禅師と称号し、その間、宗門僧侶の者で道諱を密雲環溪と称する者が出ないように永平寺監院より支配下寺院へ通達したものとみる。つまり、密雲環溪禅師は政府より下賜された禅師号ではなく、永平寺における尊称であったのである。

そのため、郡司もいうように絶学天真禅師号を賜わるまで、勅特賜密雲環溪とは書かず、口頭でもいわなかった。それは、政府よりの正式な禅師号ではなかったためである。それを証明するために、国立公文書館に所蔵する大蔵省や司法省の公文録などもとり入れて、明治四年十一月頃からの動向をながめてみよう。

明治四年十一月、環溪は福井県庁へ願い上げた。それは、

当寺事宗祖道元入宋伝法帰朝之後寛元年中波多野出雲守義重当山ヲ建立シ請道元為開山第一祖開堂演法道誉
遠ク相聞へ徳風高ク達　上聞従
後嵯峨帝様再度　勅使ヲ被下紫衣、并拝徽号
被賜之候以来旧幕府ニ至リ候テモ蒙台命住職イタシ上洛仕就執奏家遂奏聞被賜　徽号紫衣直参　内
天顔拝礼被　仰付候義例先住臥雲迠相勤

来候拙僧儀今般
御県命ヲ以住職被　仰付候間右従前義例之通被　仰付候様宜ク御執奏被成下度奉仰願候恐惶謹言
永平寺
明治四年辛未十一月
環溪
福井御県庁
（永平寺蔵「奉願口上覚」）

とあるように、永平寺住職になると徽号紫衣を賜り、直ちに参内して天顔を拝礼することを先住臥雲まで勤めているため、環溪も御県命によって住職したことから旧例どおり行うことを願ったのである。そして十八日、環溪は上京するため永平寺を出立し、十二月十七日に横浜へ着き、十九日に大円寺へ到着した。二十日には、是山が環溪の参府願いを提出し、二十六日、天章院（十三代徳川家定内室）より臥雲の牌前へ菓子料金三百疋、香料金百疋を賜わり、さらに東京府より大円寺内の環溪へ、明二十七日九時に東京府へ出頭する旨を申達された。

そこで二十七日九時、環溪に代って竜沢寺の常円監院が出頭した。従来、環溪自身が参内したことになっている(2)が、「明治四辛未年五月御交代留　御宿所」（永平寺蔵）によれば、

永平寺煩ニ付　代　竜沢寺常円
廿七日第九字御名代竜沢寺常円監院出頭之処左之御書付御渡に相成候

とあり、常円が出頭して大奉書半切に書かれた御書付を渡されたのである。それが、

可
永平寺環溪

禅師号紫衣参　内
大内史正五位土方久元奉

明治四年辛未十二月廿六日

である。これには太政官の最高官庁である正院の印があり、大内史正五位の土方久元から禅師号紫衣参内できる許可であった。

ところが、政府は廃藩置県によって諸寺院の管轄を各地方官に任じたため、足羽県の管内である永平寺住職の参内願いを管轄外の東京府で取り扱ったことが問題となり、今後の心得方の達を下すことを翌年（明治五年）一月にいい出した。

永平寺環溪紫衣参　内ノ儀ニ付伺
足羽県管内永平寺新住持環溪ヨリ参　内ノ儀ニ付別紙出願ノ趣ハ　御沙汰ノ次第モ有之候間御聞届ノ上其旨御達有之可然ト存候此段相伺候也

壬申正月

大蔵少輔吉田清成
大蔵大輔井上　馨

正院御中

追テ客冬十二月中環溪へ紫衣参　内許可ノ御達書東京府ヨリ相渡候趣ニ候へ共総テ諸寺院ノ儀各地方官ノ所轄ニ被　仰出候上ハ管轄外ノ府庁ニ於テ取扱候儀順次如何ト存候間今後ノ心得方御達被下度候也

来二十八日第十字参　内候様可相達事

（公文録大蔵省之部㊷六三五）

これは井上馨と吉田清成から正院へ出した伺にいっているが、一月二十八日十時に参内するよう達せられた。
また、一月十七日に足羽県から大蔵省へ伺っているものをみると、

管下永平寺住職継目ノ儀ニ付伺

今度永平寺環溪へ別紙ノ通　御沙汰相成候処東京府ニ於テ申渡候由然ル処同寺ハ当県管轄ノ儀ニ付管轄外ノ府庁申渡相成候儀伺後如何相心得可申哉同寺ヨリ伺出候間右当県申渡ノ廉ニ相心得申候此段相窺申候也

足羽県

壬申正月十七日

大蔵省御中

（公文録大蔵省之部㊷六三五）

とあり、環溪への沙汰は東京府において申し渡されたが、永平寺は足羽県管轄であり、管轄外の府庁から申し渡されたことにたいし、今後どのように心得るべきか伺っており、永平寺は足羽県より申し渡されたものと心得ていることをいう。一月二十三日には井上馨より、

福井県部内曹洞宗大本山越前国永平寺住持代替ニ付別紙出願ノ条欵逐一取調候処従前同寺ノ儀代替ノ節々先蹤ニヨリテ　天顔拝礼徽号特賜等御許容相成候儀相違モ無之加之近ク御維新後同宗本山總持寺へ独住ノ御沙汰被仰出候砌住職奕堂へ　天顔拝式禅師ノ徽号下賜リ候規格勘例モ有之候間別紙ノ趣夫々御許容相成可然ト存シ候因テ　別経書類相添此段相伺申候也

壬申正月卅三日
来廿八日第十時参内候様可相達事

大蔵大輔
井上　馨

（公文録大蔵省之部㊷六三五）

と、先蹤のとおり天顔拝礼徽号特賜の許可を奕堂の例を出して許容されることが政府へ申達され、一月二十八日十時に参内するよう達せられた。そして永平寺は、福井県庁へ参内の儀の御指揮を願い、一月二十四日には、史官より大蔵省へ、

永平寺環溪紫衣参　内ノ儀管轄違府庁ヨリ相達候段如何ノ趣御問合ニ付式部寮取調候処同寮施行ノ間手順間違候段申出候依テ此段及御答候也

壬申正月廿四日

史官

大蔵省御中

（公文録大蔵省之部㊷六三五）

と環溪の紫衣参内儀は管轄の違った府庁より達せられたため、式部寮で調べたところ手順が間違っていると答えている。

このように管轄の問題があったが、一月二十七日に井上馨、吉田清成から足羽県へ、

足羽県

其管内永平寺環溪儀明廿八日第十字参内致し候様可相達事

壬申正月廿七日　　　　　　　　　　　大蔵大輔井上　馨
　　　　　　　　　　　　　　　　　　大蔵少輔吉田清成

（「明治四年五月　御交代留　御宿所」永平寺蔵）

と環渓が二十八日十時に参内するよう示達され、それを足羽県から環渓へ示達している。そして当分の間、東京に滞在するようにも足羽県より達せられた。そこで環渓は、二十七日夕方に祝麵をとり、二十八日に参内した。当日は晴天で、その様子が、

正月廿八日　晴天

一早天より御発輿御参内

天顔拝礼首尾克被為済足羽県庁へ御廻勅三字御帰宿晩御祝斎珍重〳〵

御随伴監院竜沢寺　　　知客　崇　禅　寺

文応和尚　　　侍士　松川甲斐介

　　　　　　　　　　柳沼斧太郎

　　　　　　　　草履　源蔵

　　　　　　　　六尺　四人

　　　　　　　　分持　壱人

（「明治四年五月　御交代留　御宿所」永平寺蔵）

とあり、参内して天顔拝礼された後、足羽県庁へ廻勅され、三時に大円寺へ帰山して祝斎をとった。なお、監院の竜沢寺、知客の崇禅寺、文応、松川甲斐介、柳沼斧太郎、源蔵ら十一人が随伴したことも明らかになる。

ところが当日、徽号は下賜されなかった。井上馨、吉田清成が足羽県へ達したものに、

足羽県

其管内永平寺環渓徽号之儀ハ不被及御沙汰候条其旨可相達事

旧臘廿六日御参内勅許書東京府より御渡に付内伺に相成候処全く行違歟之旨別紙之通福井県へ御書下に相成候写同県より被相廻候

書面環渓への達方は全く行違之趣に候間伺之通可相心得候事

壬申正月廿八日

大蔵大輔井上　馨

大蔵少輔吉田清成

（「明治四年五月　御交代留　御宿所」永平寺蔵）

とあるように、徽号の儀は沙汰しないことをいう。また、十二月二十六日に参内勅許書を東京府より渡されたことについて、全く行き違いであったことを福井県へ書き下しておいた。その写しが廻ったであろう。環渓への達しは全く行き違いというのである。つまり政府は、東京府より参内勅許書を渡されたことにたいしてクレームをつけ、そのため徽号を下賜しなかったのである。

そこで、環渓は翌二十九日、

昨日ハ参　内　天顔拝礼被　仰付難有仕合ニ奉存候猶嘉蹤ノ通徽号降賜被　仰付候様宜御執成被成下度奉願上候恐惶謹言

越前

永平寺環渓

壬申正月廿九日

足羽御県庁

（公文録大蔵省之部公⃝六二六）

と、嘉蹤のとおり徽号を降賜されるように履歴書の「上表」を添えて足羽県庁へ願い出た。

このように、環溪は禅師号を下賜されるものと思っていたが、大蔵省は「永平寺環溪徽号之儀ハ不被及御沙汰候」といって、禅師号を下賜しなかったのである。

参内した一月二十八日、史官より由利公正東京府知事への達しによれば、

過日永平寺環溪紫衣参　内ノ宣旨足羽県へ可相達ノ処式部寮ヨリ御府へ御達シニ及候趣全同寮不都合ニ有之候処於御府管轄外ノ寺院へ御達相成候段是又不都合ノ儀ニ付御府取扱ノ官員進退伺候様可被相達候式部寮ヨリハ進退伺出候儀ニ有之候依テ此段申入候也

壬申正月廿八日　史官

由利府知事殿

（公文録司法省之部公⃝六八六）

とあり、紫衣参内の宣旨は本来、足羽県へ達しするべきであったが、式部寮より東京府へ達した。すべて式部寮は不都合であり、東京府が管轄外の寺院へ達したことも不都合であるため、取り扱った東京府の官員の進退伺を出すことをいっている。

そこで、二月二日、東京府大属の守永宗摸は、

進退伺

旧冬廿六日永平寺環溪へ紫衣参　内宣旨可達候様式部寮ヨリ被相達候ニ付右管轄外ノ事ニ候間其段申立返進可
致処無其儀当人へ相渡候段無念ノ至奉恐入候依之進退奉伺候以上
壬申二月二日　　東京府大属守永宗撲
東京府御中
（公文録司法省之部㊄六八六）

と東京府へ進退伺を出し、さらに由利公正知事より史官へ御指揮下さるように願っている。

先般永平寺環溪紫衣参　内ノ宣旨渡方不都合ノ儀ニ付当府守永大属ヨリ別紙進退伺差出候ニ付差上申候何分ノ
御指揮可被下候以上
壬申二月　　東京府知事
由利公正
史官御中
（公文録司法省之部㊄六八六）

その結果、

職制詔書有違条
官ノ文書ヲ施行スルニ失錯スルヲ以テ擬シ笞五十判任例ニ依
贖金五両　　守永宗撲
（公文録司法省之部㊄六八六）

とあるように、太政官の文書を施行する上において誤りを犯したところから、守永宗撲へ金五両を贖うことが命ぜられている。

一方、環渓は参内し天顔拝礼したため、先蹤のとおり徽号の下賜を願っており、二月二日、足羽県はその願いを大蔵省へ出した。そして二月七日、井上馨、吉田清成は正院へ、

　　永平寺環渓徽号降賜ノ儀ニ付伺

足羽県管内永平寺環渓禅師ヨリ徽号ノ儀ニ付別紙出願ノ趣ハ先蹤モ有之候間願ノ通御許容相成可然ト存候此段相伺候也

　壬申二月七日

大蔵少輔　吉田清成
大蔵大輔　井上　馨
正院御中

　　徽号ノ儀不被及御沙汰旨可相達事

（公文録大蔵省之部(公)六三六）

と徽号降賜の許容されるよう伺を出したが、太政官は「徽号ノ儀不被及御沙汰旨可相達事」と徽号を下賜しなかったのである。

このように公文録などもとり入れてみてくると、明治四年十二月二十六日に土方久元より環渓へ出された「可禅師号紫衣参　内」は、永平寺管轄下の足羽県より申し渡されたのではなく、東京府より申し渡されたため寺院管轄の行政機関が異なっており、式部寮から東京府にその責任を問うている。したがって、太政官としては紫衣参内を許したものの徽号は否認せざるを得なかった。それは、廃藩置県による行政機関が日々変化していた時のために

起こったことであり、その結果、東京府大属の守永宗撲が責任をとっているのである。

このような背景から環溪に徽号の下賜は受けられなかったが、永平寺は旧例のごとく禅師号を称しようとして、二月に窮余の策として密雲環溪禅師と称号することを監院から示達したのである。しかし、先住地興聖寺時代まで呼称していた環溪密雲をそのまま禅師と称号するのでは権威がないため、逆にして密雲環溪禅師と称し、一宗僧侶に同様の呼称がないように心得るべく達したのではなかろうか。郡司は、環溪が「禅師号撰名奏請を一切止め、御自身の道諱をそのまま禅師号に奏請された」というが、そうではなく、環溪は積極的に勅賜号降賜を願い出ている。しかし、永平寺の管轄は足羽県である。出張所の大円寺が東京府管内にあるため、東京府より永平寺住職の禅師号紫衣参内について申し渡されたことから、行政機関の相違理由により下賜されなかったのである。そのため、密雲環溪禅師とは勅賜の禅師号でなく、禅師号を許可された禅師として永平寺より仮に称された称号とみられるのである。

なお、当時の宗門は明治五年一月二十二日に能山東京出張所の慶安寺の大達が大蔵省戸籍寮へ出頭し、總持寺の提出した四カ条の請願にたいして答弁している。政府は曹洞宗の総本山問題を持て余しており、早期に両山の協和親睦を結ぶことに動いていた。總持寺の輪住制への回復は暗中裡に去り、両山とも独住制によって宗制を施行しようとしていた時である。そして三月十八日には、大蔵省戸籍寮の郷純造と根本茂樹の名によって環溪と奕堂を大蔵省へ召喚しており、二十四日には両本山盟交を取り結ぶ演達を渡され、二十八日に盟約書を交した。

このような両本山問題があったとともに、政府の宗教行政機関も大蔵省戸籍寮から教部省へ移る時期であったため、環溪の勅賜号下賜どころではなかったとする間接的な理由も考えられるのである。

第八節　環溪の号諱問題

すでに明らかになったように、密雲環溪禅師とは下賜された禅師号でなく、永平寺監院よりの、しばらくの間呼称する尊号であった。では、永平寺監院が密雲環溪と称した理由は何であろうか。興聖寺時代まで環溪密雲と称していたのに、逆に密雲環溪としたことに何か理由があったのであろうか。

永平寺に所蔵する「永平寺開山承陽大師ヨリ久我環溪和尚迠御世代系譜」には、

開山　永平道元承陽大師
二代　孤雲懐弉大和尚
三代　徹通義介大和尚
四代　寒巌義尹大和尚
五代以下五十九代迠中畧
六十代　大晃明覚禅師　臥雲童竜大和尚
六十一代　絶学天真禅師　密雲環溪大和尚
右之通御座候也

とあり、絶学天真禅師密雲環溪大和尚となっている。しかし、よくみると、孤雲懐弉、臥雲童竜と並び「雲」が号に使用されて整然としている。偶然になったのか、意図的であったのか気にかかる共通点である。

そこで、環溪の号諱問題について考えてみよう。私は、この問題について環溪百回忌の際（昭和五十八年八月三十一日、九月二日「中外日報」）問題提起をした。それは歴住地、開山地、伝記資料、墨蹟などによって呼称が環溪密雲、あるいは密雲環溪となっており、この相違をどのように理解したらよいかということであった。

永平寺承陽殿に安置されている位牌は「六十一世絶学天真禅師環溪密雲大和尚」とあり、回向帳にも「勅特賜絶学天真禅師本山六十一世環溪密雲大和尚」とある。さらに法堂の朝課諷経でも「六十一世環溪大和尚」と称されており、環溪密雲が永平寺における呼称である。『禅学大辞典』をはじめ環溪の人物伝や『曹洞宗全書』大系譜も号は環溪、諱は密雲とあり、環溪密雲となっている。

つぎに歴住地の位牌をみると、首先地長福寺（門真市）をはじめ豪徳寺（東京都）、興聖寺（宇治市）、永平寺は環溪密雲とあるが、蔭凉寺（和泉市）のみは密雲環溪となっている。開山地では紅谷庵（堺市）、宗心寺（本渡市）、竜泉寺（尾鷲市）、中央寺（札幌市）が環溪密雲、自得院（都留市）、東光寺（大府市）、西洪寺（敦賀市）、東光寺（清水市）が密雲環溪となっている。この相違は開山に勧請された年月日によって呼称が異なるのかと思うとそうではなく、勧請年月日の新旧による区別はできない。

示寂後、すぐに永平寺で祀られた位牌と山門不幸の門牌をみると「勅特賜絶学天真禅師本山六十一世環溪密雲大和尚真位」「山門不幸　明治十七年十二月七日　勅特賜絶学天真禅師当山前東堂六十一世環溪密雲大和尚示寂　執事敬白」とあり、環溪密雲である。また、伝記資料の明治二十四年十一月十七日に自得院（都留市）より越本山東京出張所へ提出した履歴書には「当山六十一世絶学天真禅師環溪密雲大和尚履歴書写」とあり、これは法嗣の不二門眉柏が承諾したものである。さらに、明治三十九年十月二十五日に法嗣の西野石梁が記した「六十一世環溪禅師履歴」と、同じく西野石梁が大正四年六月三十日に記した「長福二十三世勅特賜絶学天真禅師環溪密雲老和尚略伝記」にも環溪密雲とあり、法嗣の記した伝記関係はすべて環溪密雲となっている。

つぎに密雲環溪と呼称する資料をあげると、法弟の大渓雪巌が明治八年七月に発願して出版願いを教部省へ出し、明治十四年九月に環渓が出版者として刊行した『永平正法眼蔵弁註』巻一の後尾にある「略系図」には、回天慧杲門下に「絶学天真禅師　密雲環渓」とある。ただし、本書は曹洞宗大教院本校蔵版と曹洞宗本校蔵版の二種類あり、曹洞宗本校蔵版のみに「略系図」が所収されている。さらに明治十七年十月に諸方より勧められて自題した木版の頂相の落款には「環渓　号　密雲」とあり、号は密雲であるため密雲環渓となる。また、明治十八年五月五日の永平寺における本葬荼毘式の青蔭雪鴻の秉炬香語は「勅特賜絶学天真禅師当山六十一世密雲環渓老和尚」と称している。そして永平寺に所蔵する『当本山六十一世絶学天真禅師御遷化荼毘式諸輯録』の「明治十七年十二月七日御遷化ヨリ翌十八年五月五日御本葬荼毘式営弁迠ノ概略」には「勅特賜絶学天真禅師本山六十一世環渓密雲大和尚」とあるが、環渓と密雲との間に返印が入っている。なお、本葬当日の法語や回向をみると入龕念誦および回向は「勅特賜絶学天真禅師環渓密雲大和尚」、移龕、鎖龕、掛真回向は「本山六十一世環渓密雲大和尚」とある。また、三河竜渓院の大沢大乗の鎖龕法語は「永平勅特賜絶学天真禅師密雲溪大和尚」、武生竜門寺の満岡慈舟の掛真法語は「勅特賜絶学天真禅師」、能山専使で相州最乗寺の滝谷琢宗による逮夜法語は「六十一世絶学天真禅師」とあり、鎖龕法語と秉炬香語のみが密雲環渓と称している。しかし、鎖龕回向は環渓密雲となっているため、人によって呼称の異なっていることが明らかになるのである。そして遷化地昌林寺の回向帳では、「重興開山勅特賜絶学天真禅師密雲環渓大和尚」となっている。

以上、両説を主張する資料をあげてみたが、どちらが本来の号諱であったか判断し難い。号諱に関する玉村竹二「禅僧称号考」（『日本禅宗史論集』上、所収）によれば、号諱には上下の因果関係があり、その関係で成立した曹洞宗の最初は、總持寺開山の瑩山紹瑾といわれる。そして号は後輩から呼称される場合と後輩にたいする書に用いられ、尊敬の意味があった。諱は師より称される場合や目上の人にたいする書に用いられたというのが玉村竹二の研究成果であった。しかし、明治五年九月の太政官よりの第二六五号布によって僧侶に苗字を設けることになり、従来苗字を称していなかった僧侶は急遽、生家の俗姓や住持寺院の寺号、山号、地名などから苗字をつけたようであった。そのため、玉村説のような号諱制度は崩れ、苗字で呼称される方が尊敬の意を表わすことになったのである。

例えば号諱と苗字をみると、梅崖奕堂は諸岳奕堂というように苗字プラス諱、それにたいし穆山瑾英は西有穆山といい苗字プラス号となり、苗字の出現によって名前が号の人もいれば諱の人もいて、呼称しやすい方をとり入れたものと考えられる。したがって、本来、上にあった号、下にあった諱も、苗字の出現によって諱となる名前が号の人もいれば諱の人も出て、本来の号諱制度はなくなり、名前に号を使用しても諱を使用してもどちらでも良くなったものと考えられる。

環溪は西野石梁の「六十一世環溪禅師履歴」によれば、文政十一年（一八二八）二月、寂室堅光について剃髪し象峰と称した。しかし、天保十二年（一八四一）冬、興聖寺で立身した時、法幢師回天慧杲から環溪密雲と改名したといわれる。この名は、かつて大智禅師の旧蹟鳳儀山聖護寺を訪ねた時、鳳儀山の景勝を渓谷の環るところ雲密にして幽邃と表した辞句からとする郡司説（『久我環溪禅師詳伝』六二頁）や環溪も密雲もともに宋代の古先徳の名で、それを合わせて一人の号諱にしたとする栗山説（『栗山禅師自適集』　昭和十四年四月　中央仏教社　三八三頁）などがある。

回天慧杲門下に、環溪の法弟の蘿渓肯庵がいる。苗字は平川氏で、平川肯庵と称し苗字プラス諱であった。これに合わせて考えるならば環溪密雲となる。しかし、先にあげた落款からみると環溪が諱で、号は密雲であるところから密雲環溪になる。同じパターンの落款が白鳥鼎三にもある。それは「即一　号　鼎三」とあり、諱は即一、号は鼎三となる。俗姓は山号より白鳥氏をとり、みずから白鳥鼎三と称した。すなわち苗字プラス号である。また、『曹洞宗問題十説』などを著わした能仁柏巌も諱は伝苗であるところから苗字プラス号である。

では、環溪が俗姓とともに称した場合をみると細谷環溪、久我環溪とある。号が密雲であるならば苗字プラス諱であり、平川肯庵と同じパターンとなる。しかし、法弟で興聖寺後董へ推挙した程の肯庵と号を合わせ環溪、蘿溪としたことは推測できることで、それが反対の号諱とは考え難い。したがって、法弟蘿溪肯庵とたいして考えるならば環溪密雲であり、苗字プラス号となり、白鳥鼎三、能仁柏巌と同じパターンになる。

しかし、現在まで長福寺、豪徳寺、興聖寺、永平寺では環溪密雲と称しており、それにたいし蔭凉寺、昌林寺では密雲環溪と称している。大きく分けて興聖寺歴住の法嗣と昌林寺歴住の法嗣とでは呼称が反対であり、法嗣の二派によって呼称が異なったともいえる。

これをどのように解釈したらよいのだろうか。落款の白字、朱字からの考察は両方あるため、結論が出ない。筆者は、すでに江戸後期、本師から与えられた諱を号にして、その号と合う別の号をつけて号諱にすることのできた時代だからと考えるのである。例えば、環溪は溪上座、溪野衲と記しており、鼎三も鼎三座元と称されていた。それが環溪密雲、鼎三即一となったのは、本来諱であった呼称が上二字に使用されたところから、後に号と解釈するようになった。そのため、環溪は興聖寺時代まで環溪密雲と称していた。しかし、その環溪が明治五年二月に永平寺監院より「密雲環溪禅師ト称号申上候間一宗之僧侶同称無之様可被相心得候」と示達された頃から、環溪密雲を密雲環溪とも称するようになったのではなかろうか。つまり、興聖寺時代までと永平寺に入寺した時は環溪密雲であったが、天顔したものの勅特賜号を下賜されなかったことから、従来称していた環溪密雲を前住の臥雲童竜と合わせて反対にし、密雲環溪と変えて永平寺からの尊称としての禅師号にしたものと考えられる。そのため、永平寺監院寮の「唯務」額の落款には「環溪禅師」「密雲」とあり、密雲環溪と称したが、絶学天真禅師号を勅賜された後は「絶学天真禅師」と「環溪号密雲」のペアーの落款を使用したものと考えられる。

したがって、環溪密雲は明治五年二月の永平寺監院より密雲環溪禅師と称号された示達を期して、従来のみずからの呼称と全く反対になったと考えられ、それ以前の興聖寺や永平寺では環溪密雲のままであり、遷化地の昌林寺では絶学天真禅師密雲環溪と称したのであろう。永平寺の本葬法語や回向に環溪密雲と密雲環溪とがあり、また呼称に返印が入っているのは、密雲環溪禅師を重視するか、それとも環溪みずから称していた号諱をとるか、法語や回向を称する人によって呼称が異なったものと考えられる。そのため二通りの呼称があり、どちらも同じ環溪を指しているものである。しかし、みずから称していた号諱は法嗣西野石梁らが記した伝記のごとく環溪密雲であり、それが明治五年二月の勅賜号不降賜によって、永平寺監院より密雲環溪禅師が示達されたことから両方の呼称が生まれ、後世に伝承されたものと考えられるのである。

第九節　環溪研究の今後の課題

環溪は勅特賜禅師号を絶学天真禅師という。この禅師号はみずからも墨蹟の肩書きに書かれており、落款にも使用されているところから、称していたことは事実であろう。しかし、それが本来の勅特賜号であったかは、宣下された年月日やその時の様子を知ることのできる第一次資料が見当たらない。

『曹洞宗全書』年表五九二頁の明治九年の項には、

是歳　永平寺貫首久我環溪、絶学天真禅師の勅号を賜ふ（「傘松」七十三、「明教新誌」千廾五）

とあり、「傘松」と「明教新誌」を出典としている。「傘松」第七十三号は、佐藤桂随「本山六十一世絶学天真禅師の五十回忌を迎へ奉る」の論稿で、その中に「明治九年六十歳の冬、道徳遂に天聴に達し、絶学天真禅師の徽号を賜はる」とある。また、「明教新誌」一〇二五号は、「曹洞宗録事」に、

○宗局布達第十六号　　全国末派寺院

両本山貫主　特賜禅師号の儀自今左の通公称成せられ候条此旨布達候事

絶学天真禅師　　越本山貫主

法雲普蓋禅師　　能本山貫主

明治十三年八月十四日　　曹洞宗務局

とあり、明治十三年八月十四日の曹洞宗務局布達第十六号によっている。しかし、この布達からは絶学天真禅師であったことは明らかになるが、いつ勅賜されたものかは明らかにならない。明治十三年六月四日に、總持寺独住二世畔上楳仙は法雲普蓋禅師号を勅賜された。それを八月十四日、宗務局が全国末派寺院へ両本山貫主の勅賜禅師号の公称を布達したものであり、この二出典からは、環渓の具体的な勅賜号下賜は明らかにならない。佐藤桂随稿は、おそらく法嗣西野石梁の記した「六十一世環溪禅師履歴」（永平寺蔵）によっており、明治九年の項に「此冬頃。拝二戴絶学天真禅師之勅賜号一也」とあるところからと思われる。

畔上楳仙は、明治十三年六月四日に勅賜号を宣下された。それは明治十三年六月の公文録内務省（二A―一〇―公二八七一）に「總持寺住職畔上楳仙へ禅師号下賜ノ件」とあり、その時の様子を記した政府の公文録があるため実証することができる。

ところが、環溪に下賜されたことを証する公文録は全くみられない。教部省が神道、仏教を管轄していた明治九年までの公文録および明治十年一月以後の管轄を行った内務省の公文録にも、環溪の禅師号件は見当たらないので

ある。さらに永平寺に所蔵する文書でもこれに関する資料はなく、そのため西野石梁の伝記によって、明治九年冬に下賜されたことにしているのが実状である。したがって、拙稿の「環溪禅師略伝」（『環溪禅師語録』昭和五十八年九月　大本山永平寺）、郡司博道の『久我環溪禅師詳伝』でも明治九年の事項に入れられている。

密雲環溪禅師は永平寺監院よりの称号であるが、絶学天真禅師は、環溪自身が勅特賜と記しているため勅特賜号であろう。しかし、それを証する第一次資料がない。明治五年三月以後、宗務局布達による同十三年八月までの間に勅特賜されたものと推測するのみで、それを証する資料の御教示を識者にお願いする次第である。

つぎに環溪の永平寺昇住について秋山悟庵による逸話がある。それは昭和七年五月発行の「大乗禅」第九巻第五号に所収する「古今禅僧奇譚逸話　(2)環溪和尚」である。

秋山悟庵は原坦山の講演に列したり、井上円了、釈宗演の下で学び、三宅雪嶺、新渡部稲造などとも親交していた。新潟県の賞泉寺二十世、顕聖寺三十三世であったが、在京の勉学中には非僧非俗の生活で、『坦山和尚全集』をはじめ『禅と英雄』『禅の簡易生活』を著わし「禅学雑誌」などにも寄稿した学僧であった。晩年は顕聖寺僧堂の雲衲教育に従事しており、学問に励み書道にも通じた人である。しかし、生活は常に清貧に甘んじ、一生涯清貧に徹しており、在京中は一度も温浴せず、水浴を事としていたといわれ、教界の名士との交流も多く、代筆の著作も多くあったといわれている。(3)

その秋山悟庵が環溪の逸話の一つに、臥雲遷化後の永平寺後董について、

(1)　自薦大本山永平寺貫主

今ぢゃ大本山の貫主は末派の投票で定まるのぢゃが、明治の初年頃はまだそんな規定は具はらぬで、所謂ゆる

宗門の耆宿が集って彼此詳議の結果定めるのぢゃ。是は明治初年の話ぢゃが、永平寺第六十世大晃明覚禅師臥雲和尚が遷化せられて、其後董を定めると云ふので、一宗内の高徳耆宿が多く諸国から出かけて来て集会した。中には彼の森厳家として聞えた奕堂和尚も居り、豪放磊落なる原坦山も居り後に化けた鴻雪爪老人なども慥に会したのぢゃ。時に環溪和尚はかゝる耆宿連を眼中なきものの如く、ヅカヅカと上座に昇り、ドッカと座り、座中を冷眼視していふのに、アー本山には、一日も住職がなくてはいかぬのぢゃから止むを得ず敢て望ましからぬが、老衲が出ることにしやうといはれた、が、一座相目するので一語も発するものとてはなく、水をうつたる如く、一人として異議をとなへる者なく直ぐにそれなりに後董が定まってしまったといふことぢゃ、大本山貫主の自薦は和尚を以て嚆矢とす。否絶後ぢゃらふよ。

和尚永平寺の貫主となるや、細谷姓を改めて久我姓となった。それは、本願寺が大谷家てふ名門を慊ってることが気に喰はぬで、自ら宗祖の生家なる久我姓を冒したと見るが僻目か。

とあり、後董を定める集会で自薦したといわれる。そして自薦で大本山貫主となった嚆矢ともいう。さらに、細谷姓より久我姓と変えたのは本願寺の大谷家にたいして、みずから宗祖の生家姓を継承したとみられているが、自薦説も久我姓も客観的にはみられていないように思える。ただ、「野僧なぞも小僧の時に授戒に入って血脈を授かったものぢゃ。其の態度の堂々たる実に泰山の如きものぢゃった」というように、秋山悟庵は環溪の授戒に入って血脈を受けていることから、信憑性の薄いものとは思えない。しかし、總持寺の奕堂をはじめ坦山、鴻雪爪など高徳耆宿の集った所で自薦したといっている点は、明治元年九月に京都の天寧寺で行われた碩徳会議と混同しているかのようにも思える。

興聖寺文書によれば、再度の応請によって後席に就いたといわれており、秋山悟庵による逸話も後の環溪の活躍から積極的な自薦説となったのではなかろうか。このように、環溪に関して明らかにするべき点がまだ残っており、それらも今後解明していかなければならない課題と考えている。

註

（1）服部空谷『鴻雪爪翁』（昭和十三年十二月　古鏡会）五二頁。

（2）『臥雲禅師語録』下巻（昭和六十三年十一月　大本山永平寺）六十九丁右。

（3）川口高風『原坦山和尚全集』解説（『原坦山和尚全集』昭和六十三年六月　名著普及会）四〇九頁。

第五章　宗教行政機関と僧侶の世俗化

第一節　明治前期の宗教行政機関

明治五年三月二十八日、政府の要請により永平寺環溪、總持寺奕堂によって両山盟約を交わした。翌日、その盟約書を大蔵省戸籍寮へ届け出ているが、盟約書成立の背景には、政府の宗教行政機関として教部省が新しく置かれるため、旧行政機関においての問題を早急に解決せねばならなかったという一面の事情もあった。明治五年三月二十三日の太政官布告第九十三号によって、神社、寺院の設立を統制し社寺や神官、僧侶の等級、身分を定め、宗教上の教義を監督する機関として教部省が置かれ、宗教活動はすべて政府の管轄下に入った。

そこで、教部省が設置されるまでの宗教行政機関の変遷をみてみたい。鎌倉期以前には祭祀、神職を司る官は神祇官で、寺院、僧侶は治部省の配下に属していた。しかし、鎌倉期以後は寺社奉行が置かれ、寺院、神社などを監督していた。明治維新になると、神社と寺院の監督を異にするべく議論が生まれ、明治元年一月十七日に新政府の職制が定められた。その制度は総裁・副総裁とともに七科に分かれ、最上位に神祇事務科を置き、ついで内国、外国、海陸軍、会計、刑法、制度の六事務科がつづいた。そして、同年二月三日には職制改革が行われ、神祇事務科は神祇事務局となった。つづいて同年閏四月二十一日に神祇事務局は神祇官に改められた。太政官下の行政官府として行政官、神祇官、会計官、軍務官、外国官とあり、翌二年四月八日には民部官も成立した。さらに同年七月八日には、神祇官が太政官の上に置かれた。神祇官は神祇に関することを管掌するとともに、惟神の大道を宣布して国民を教化指導することを目的とした。神祇伯を長官として、一般の神社および神職を附属せしめたものであり、祭政一致の神祇行政となった。また、同二年三月に太政官に設けられた教導取調局の事務も神祇官に移され、神祇官に宣教使が設けられた。

翌三年三月には、各府藩県にも一、二名の宣教使が設けられ、知事、参事の兼任であったが、この宣教使は月割交代に上京して中央の指令を受けることになっていた。この目的は祭政一致を系統的に教育する強力な計画の遂行であったが、この政策にたいして仏教側から強い反対のあったことは当然である。

仏教側の管掌は、明治三年七月に太政官下の民部省社寺掛が設けられ、そこで寺院と神祇官管掌以外の神社を統轄していた。しかし、同年閏十月には民部省寺院寮と改められ、教派神道と仏教のみを扱った。

このように寺院の管掌を司る行政機関が目まぐるしく変わったことは、祭政一致の神祇行政を行おうとした政府の政策が失敗したからであった。単一的神道主義は国民の間に深くしみこんだ仏教信仰、また次第に起こってきたキリスト教信仰を無視することはできず、強制的な神道主義の施行は得策でなかった。さらに社会情勢によっても単一的神道主義から総括的皇道主義に移る方が得策であり、そのため政府は仏教にたいする態度を変え、逆に利用して教化することにした。

そこで、政府は明治四年八月、太政官を本官とし諸省を分官する官制に改め、今まで太政官の上にあった神祇官を神祇省と改称し、他の省と同一に降格させた。しかし、宣教に関することは神祇省において取り扱っていたが、明治五年三月、政府は神祇省および宣教使ならびに寺院の宗教事務を管掌していた大蔵省戸籍寮社寺課を廃して教部省を設置し、教部省に教導職を置いて神官、僧侶がこれにあたった。そして、三条の教則を中心に説教を行い新社会に対応することとなったのである。なお、祭祀はすべて宮内省式部寮があたることとなり、これによって神社にたいする事務と祭祀に関する事務は全く分かれ、政府が目的とした祭政一致の政策は一八〇度転換したのであった。

教部省は職制として卿、大輔を設け、以下各課に分けられたが、初代教部卿には正親町三条実愛（明治五年三月十四日～同年十月二十五日）が就き、つづいて大木喬任（明治五年十月二十五日～同六年四月十九日）が就任した。また、教部大輔には福羽美静（明治五年三月十四日～同年五月二十四日）、つづいて宍戸璣（明治五年五月二十四日～同十年一月十一日）が就いており、鴻雪爪も教部省御用掛となっている。また、その権限は、

一、社寺廃立および祠官、僧徒等級格式等の事
二、新たに祠官を置き僧尼を度する事
三、教義に関する著書出版免許の事
四、教徒を集会し、教義を講説し、講社を結ぶ者に免許の事
五、教義上の訴訟を判決する事

などで、これによって教部省は神社、寺院の設立を統制し、社寺や神官、僧侶の等級、身分を定め、神官、僧侶を任命するなど、宗教上の教義を監督したり宗教活動すべてが教部省下になったのである。

宗教行政機関とその期間	神社	教派神道	仏教	その他の教団
神祇事務科（明治元年一月～同年二月）	○			

神祇事務局（明治元年二月～同年閏四月）	○			
神祇官（明治元年閏四月～同四年八月）	○			
民部省社寺掛（明治三年七月～同年閏十月）	○	○	○	
民部省寺院寮（明治三年閏十月～同四年七月）		○	○	
大蔵省戸籍寮社寺課（明治四年七月～同五年三月）	○		○	
神祇省（明治四年八月～同五年三月）	○			
教部省（明治五年三月～同十年一月）	○	○	○	○
内務省社寺局（明治十年一月～同三十三年四月）	○	○	○	○

（『明治維新神道百年史』第一巻一六九頁より抜き出して作成す）

第二節　教導職と大教院

明治五年三月二十八日、永平寺、總持寺は両山盟約を交わし、両山問題は一応解決した。以後、両本山が一致して宗政を執ることになり、大円寺、慶安寺にあった永平寺、總持寺東京出張所を合併して青松寺に両山出張所を設けた。出張所といっても青松寺書院の一室を借りて事務室を開いたにすぎず、永平寺側から執事に青蔭雪鴻、書記に天令文応、總持寺側は執事に滝谷琢宗、書記に沖津元機が就いた。四人で事務処理を行った程度であるため、事務は閑散であったことが想像できよう。

一方、政府は同月、新たに教部省を置いた。太政官布告第九十三号によれば、

今般教部省被置候ニ付テハ左ノ件々願伺届等総テ同省へ可差出事
一　社寺廃立及祠官僧徒等級格式等ノ事
一　新ニ祠官ヲ置キ僧尼ヲ度スル事
一　教義ニ関スル著書出版免許ノ事
一　教徒ヲ集会シ教義ヲ講説シ及講社ヲ結フ者ニ免許ノ事
一　教義上ノ訴訟ヲ判決スル事

とあり、社寺の廃立や教義、講説の認可などを取り扱う事務機関であった。しかし、これは教部省が神社、寺院の設立を統制し、社寺や神官、僧侶の等級や身分を定めて神官、僧侶を任命する宗教上の教義を監督する権能を得たことになり、すべての宗教活動が政府の管轄下に入ったともいえるのである。

そして四月二十五日には、教部省内に教導職が設けられた。神官、僧侶ともに提携して国教を宣揚し国民の教化活動にあたるもので、その教導職に十四段階の等級を定めた。それをあげると、

一級　大教正　二級　権大教正　三級　中教正　四級　権中教正　五級　少教正　六級　権少教正　七級　大講義　八級　権大講義　九級　中講義　十級　権中講義　十一級　少講義　十二級　権少講義　十三級　訓導　十四級　権訓導

となり、全国の神官、僧侶を教導職に補任したが、すべて俸給は支給されず、公務員として一級すなわち大教正は官等二級に準じ、以下各級もそれに準じたのである。この中、六級（権少教正）以上の者は教部省より直接任命され、七級（大講義）以下は管長の推薦によったのである。なお、八月、教導職七級以下に試補を置いたが、翌六年十二月には廃止して、単に教導職試補と称するようになった。

同五年八月八日、すべての神官は教導職に任命され、翌六年四月には神官、僧侶に限らず、一般にも教導職に補任する途が設けられた。そのため教導職は落語家、講談師、俳優などにまで至ったのである。そして同七年七月には、教導職試補以上の者でないと寺院住職に就くことができず、説教も差し止める教部省の達書も出た。

明治五年四月の太政官布告第一四一号によれば、

教義関係ノ事件ニ付神官僧侶等ヘ達ノ儀ハ教部省ヨリ其教導職管長ヲ以テ直ニ可相達候条神官僧侶ヨリモ其教導職管長ヲ以テ同省ヘ可申出事

とあり、教部省より教導職管長へ、教部省へは教導職管長をもって申し出るように布告され、教部省が、宗教活動を完全に掌握するようになった。そして、神官教導職は東西両部に分けられ、別々に管長が置かれた。東部管長には神官祭主が、西部管長には出雲の宮司が任命されている。

仏教は六月、各宗に管長一人を置くようになり、十月には天台、真言、浄土、禅、真宗、日蓮、時宗以外の諸宗派もこの七宗に分属された。禅宗は臨済、曹洞、黄檗を一宗として取り扱われ、一人の管長下に統括された。初代管長には天竜寺の由利滴水が就き、以後、任期は一年で三月晦日に交代することになった。京鎌倉五山派、永平寺、大徳寺、妙心寺、總持寺、万福寺の順に交代し、翌六年には永平寺の環溪が就任した。しかし、七宗管長制には無理があったため、同七年三月には各派一管長と改められ、臨済と曹洞は分離して一宗公称が許可された。なお、黄檗は臨済宗に合附することになった。臨済宗の管長には由利滴水が就いたが、曹洞宗は環溪が三月三十一日までの間管長に就き、四月には總持寺の奕堂が就任して以来、永平寺、總持寺の住職が隔年で交代して勤めたのである。

こうして教導職は管長によって統率され、管長の推挙によって教部省へ補任申請を行っているが、神官、僧侶でない教導職志願者は地方官で取糾し、相当の等級を教部省へ推挙することになった。なお、同五年四月二十八日、環溪、奕堂は権少教正に補任されたが、僧侶の最高位は権少教正であったため、権大教正のある神官の下位にあたり、仏教独自の政治的活動はできなかったようである。

このように教導職は神官と僧侶らであったため、大教宣布の方針を確立する基準が必要となり、同五年四月には、教部省より教導職へ三条の教則が公布された。それは、

第一条

一　敬神愛国ノ旨ヲ体スヘキ事

第二条

一　天理人道ヲ明ニスヘキ事

第三条

一　皇上ヲ奉戴シ朝旨ヲ遵守セシヘキ事

右ノ三条兼テ之ヲ奉戴シ説教等ノ節ハ尚能注意致シ御趣意ニ不悖様厚相心得可申候事

とあり、教導職の任務はこの教則を一般に宣布することにあった。つまり三条の教則を中心とする説教を行わねばならず、そのため仏教側は布教上の問題について各宗より碩徳が集まり、熟議することになった。京都に道盟会が成立し曹洞宗からは奕堂が出席している。その後、道盟会を東京に移し新たに福田行誡や新居日薩なども加入し教導職養成機関の大教院を創設する気運が生まれた。しかし、神道と提携せねば実現しないものと考えられ、神官、僧侶一致の「神仏合併大教院設置願」を教部省へ差し出した。それは大教院を東京に置き中教院、小教院を各府県下に設置せんとすることであったが、同年五月には設置が決定され、八月二十七日に東京の金地院に仮教院を設けて神儒仏の三学を開講したのである。大教院の学生に教授する学課表をみると、

下等　下級―神国略述頌。原人論。四書。スペルリング
　　　中級―国史略。法運通塞志。五経或ハ小学。リードル
　　　上級―日本外史。八宗綱要。十八史略。ソラントル
中等　下級―皇朝史略。闢邪集。文章軌範。ジョグラヒー
　　　中級―日本政記。倶舎論。綱鑑易知録。ユニボルサルヒストリー
　　　上級―古語拾遺。成唯識論。論孟。ポリチカマール
上等　下級―六国史。起信論。資治通鑑。ポリチカマール
　　　中級―大日本史。楞厳経。春秋左氏。ホレバイブル
　　　上級―二記。法華経。詩・書・易。ツランクスレイション

とあり、下等の中級までは素読、それ以後は講義であった。この学課表をみて明らかなように皇学、仏教学、漢学、洋学で、具体的に書名も記されている。「大教院規則」（明治仏教史編纂所蔵、現在、慶応義塾大学斯道文庫蔵）によれば、

一　教院大教頭ハ当分管長二員月番ニテ常勤シ諸事句当イタスヘキ事
　　但シ祠官ヨリ一員僧侶ヨリ一員月給ハ官等七号ニ準シ与フヘキナリ
一　教院掛リ十教名ヲ選出シ内チ大講義ヨリ権訓導マテハ生徒ヲ訓導シ且検査ノ事務ヲ統轄ス又学鑑主簿営繕司厨ヲ置各其職ヲ司ラシムベシ
　　但大教頭ヲ始メ諸役輩ハ東西両部並諸宗管長ヨリ両三名ヲ選ヒ置配役ハ投票ノ上決定スヘキナリ大講義已下官等八等ヨリ十五等ニ至ル迄力ニ応シテ月給ヲ慎フヘキナリ

一　洋学ハ洋学教師ヲ雇ヒ入レ漢学ハ其学ニ長スル者ヲ聘スヘキ事
　但皇釈学ハ学頭講義訓導ニテ教授イタスヘキ事
大教院建築前数多クノ生徒空ク消光セシムヘカラス
　依テ管長決議ノ上規則ヲ確定シ金地院ヲ仮地ト定メ人才教育ノ機会ヲ失ハサルコト
　但輦下ハ勿論諸県ノ祠官僧侶ヘ開黌ノ布告本省ヘ請フヘキナリ
一　生徒ハ祠官僧侶ニ不限広ク有志ノモノヲ入学セシムヘキ事
　但祠官僧侶ノ生徒ハ無月費其他有志入学ノモノハ飯料ノミ出スヘシ臥具食器ハ都テ自費タルヘキ事
一　生徒ノ勤惰ハ月〻試験シ四季ノ試験ニハ点陟アルヘシ院中ノ規則ヲ破リ或ハ遊惰又ハ非器ノ者擯斥スヘキ
　事

とあるように、皇学と仏教学は学頭が講義教授し、漢学は漢学に秀でた人を講師に招聘した。また、洋学は洋学教師を雇うといっている。生徒は神官、僧侶に限らず広く有志の入学を許しており、神官、僧侶は無月謝であったが、有志入学者のみは飯料を出すことになっていた。なお、臥具、食器などはすべて自費であり、毎月および学期に試験を行い、院中の規則を破ったり遊惰、非器者は擯斥することもいっている。しかし、

一　皇釈漢洋学共ニ一等ヨリ三等マテノ位階ヲ立テ下等ヲ以テ住職ノ免許ヲナシ本山並ニ触ハ二等通暢（ママ）タルヘキ或ハ学力ナシト雖モ道心堅固ニシテ其身寺務ニ堪ヘ檀越帰依ノ者ハ住職ヲ許スモ亦可ナリ

ともいっており、学力がなくても道心堅固で寺務に堪え檀越の帰依ある人は住職を許するともいうのである。

大教院の経営は教導職の自費によったため同年六月十六日、次のような布達が出た。

全国録司

今般教部省ヨリ諸宗本山被召出三条ノ教則ヲ以テ海内一致諸民教導致スヘキ旨被仰出各宗教導職被仰付候ニ付テハ布教伝道ノ人材養育ノ為至急於輦下諸宗合同ノ大教院ヲ創建シ各誠心ヲ奮励シ速ニ御主意ヲ貫徹可奉報御国恩就テハ別紙大教院造立用費諸宗一同末派一カ寺金弐円宛ノ割合当九月限リ可差出候且前条両本山春中ヨリ出京並説教人出京往復諸入費等是亦一カ寺金一円宛ノ割ヲ以都合一カ寺ニ付金三円宛此内金弐円弐分ハ当九月限無遅期可差出残金弐分ハ来ル酉三月限可差出（略中）此段相達候也

但各録壁配末ノ内現在ノ寺院ハ勿論住持ノ有無等明細ニ相認可差出尤去辰年以来於諸国廃寺合併等有之哉ニ相聞候右ノ分ハ寺号ノ上ニ朱字ヲ以目標相立洩落無之様相認至急差越可申候事

これによれば、経営用費として一カ寺に金弐円宛を賦課している。これは諸宗一体となっており、九月までに教部省大教院掛へ納入すべき旨であった。大教院はその後、金地院より東京麹町紀尾井坂の旧紀州徳川邸に移り、ついで同六年二月六日には増上寺境内に移された。増上寺の仏殿を改造し旧八神殿を本堂の後ろに移し神殿とした。開院式は神祭で執行されており、神道色の濃いものであった。烏帽子、直垂の神官と円顱方袍の僧侶が相対座する有様で、当日は細谷環溪（曹洞宗）、養鸕徹定（浄土宗）、大谷光勝（真宗）、由利滴水（臨済宗）、密道応（真言宗）、新居日薩（日蓮宗）、赤松光映（天台宗）それに増上寺の福田行誡ら仏教界の碩徳が袈裟を搭けて坐っていた。一方、神官は田中頼庸が総裁となり烏帽子、直垂の姿で神官を率いていた。なお、神官側は頭数を揃えるため市川団十郎や三遊亭円朝らも加わっていた。僧侶でも烏帽子、直垂で臨んだ人もあり、その中、曹洞宗では田倉岱洲（敦賀県慈眼寺住職）、寺田福寿（住職地未詳）らの名があげられている。しかし、彼らは僧侶としてではなく役人の資格で列席したわけで、とくに田倉岱洲は、教部省十一等出仕であった(1)。田倉は後の十月十七日、官命で宮城県管内を布教して廻り、その状況を同県参事宮城時亮へ報告したものによれば、先般御打合之上、大講義落合直亮・権中講義守瓶城同行ニテ、北方十二大区巡回候処、神官之迂闊、僧侶之遊惰、撰任神官之内、三条教憲ヲ読得サル者アリ、事ノ実効ヲ奏スルハ人ヲ得ルニアリ、然ルニ此等ノ人ヲ以教導職ト為シ、御趣意遍ク貫徹セシメ候儀、無覚束ニ付、漸ヲ以黜陟有之度候、且今後社寺トモ任官住職ノトキハ、学業試験候様致度、仍テ左ニ五条取調、此段及御打合候也

（社寺取調類纂）

といっており、神官、僧侶は依然として迂闊、遊隋に満ちて教養が衆望を繫ぐには足らないといっている。そのため神官、僧侶の補命に試験を用いるべく次の五カ条をあげており、

一、県・郷・村社ヲ撰置シ、祠官・祠掌ヲ増加スル事
一、神官・僧侶布教伝道ノ任ニ堪ヘサル者ハ、追々黜貶スル事
一、今後、社寺トモ任官住職ノトキハ、学業試験スル事
一、学業試験ハ、其都度中教院ヘ御申付ノ事
一、社寺ノ進退ハ、都テ中教院ヘ御打合之事

（社寺取調類纂）

これによって当時、神官、僧侶が安逸にしており、民衆の譏りを受けていたことを知ることができるのである。[2] なお、田倉は鴻雪爪に随侍して教部省に出仕したのであったが、後に還俗して二本松銀行の頭取となった。[3]

ところで、増上寺への遷座祭の時、環溪に次のような逸話がある。それは教部省より神服を着て祝詞をあげよという命があったため、環溪は「明日の祝詞は、僧侶の資格であげるか神官の資格であげるか」と問うた。それにたいし、教部省の長官は「神前に御馳走をあげるのなら神服でよい」と答えた。そこで、環溪は「西洋人が天皇陛下

へ御馳走を献ずる時、洋服を和服に着替えて献上しなかったならば陛下は召しあがらないか」と質問した。長官は「それは、洋服のままで献じてもお召しになろう」という。環渓は「それならば、神祭に法衣を着て祝詞をあげてもよいではないか」となり、ついに長官は法衣を着てあげることを認め、翌日、環渓は法衣を着て意気揚々と一千余人の各宗僧侶を率いて高声に祝詞をあげたのである。(4)

さらに、こんな話もあった。神官が「神社で祭典を行い説教する時、僧侶が袈裟を着し数珠を携へて我らとともに死んだ魚鳥を取り扱うことは見苦しく、そのような時、僧侶も烏帽子、直垂を着る方がよい」というのである。それにたいし、環渓は「坊主は死んだ人間を取り扱う。死んだ魚鳥を触るぐらい何の仔細もない」といい、さらに「烏帽子、直垂を着ても構わないが、その代り神官が寺へ来た時は頭をクリクリ坊主にして法衣を着るべきである」と答えたので、神官は驚き馳せ帰ったのである。(5)

なお、環渓は教導職に俳諧師を登用すべきことも建言している。それは「教義新聞」二十五号（明治六年七月発行）に、

大教正永平寺住職細谷環渓、教院へ差出サレタル書面ニ云ク、方今教部ノ所嚮、国体ヲ知リ人民ヲ教育スルニ堪タル者、挙テ以テ教導職トナス。愚案スルニ、世ニ俳諧師ナルモノアル、枚挙スヘカラス。就中芭蕉派ト唱フル者、専ラ道学ニ心ヲ寄せ、人倫ヲ正フシ、今日ノ事務ニ明カナル者、亦鮮シトセス。因テ府下ニ在ル三両名ノ宗匠ト唱フル者ヲ挙ケテ、教導職ヲ命シ、其派下ヲ鼓舞シ、教導ニ尽力セシメ、教会ニ加フルヲ得ハ、亦益ナキニ非ス。此旨公評ヲ仰キ候也

とあり、俳優や婦人も教導職に任用されるべきことを論じられていた時であり、世の人々を驚かした建言であった。

このように大教院は、初め仏教各宗の教導職教育機関として設置され、優秀な教徒や学術研究はもちろんのこと、

布教の方法を考えて三条の教則を講明するために設けられたが、神仏合併であったため、その根本の趣旨が忘れられ単なる三条の教則の布教伝道の道場となり、しかもそこでは、僧侶が神官に隷属した形となってしまったのである。したがって、大教院でなく大狂院とも風評されており、栗山泰音は『立教大論』（明治二十四年九月　日本法教独立会本部）一三三頁に、

況ンヤ其ノ教院建設ノ趣旨ニ於テ、其ノ主要専門ノ教学ヲ次ニシ、自ラ「神道ヲ始メ釈漢洋学」云々ト云ニ至リテハ、他未タ侮ラサルニ先ツ自ラ侮ルモノナリ、其ノ甚シキニ至リテハ、平生其ノ門末信徒ヨリ、活如来ナリ、生菩薩ナリトマテ尊崇セラレタルノ身ヲ以テ、微々タル禰宜祠掌ノ末班ニ列シ、剰ヘ法教弘通ノ主標タル大教院内ニ在テ、西爪ヲ欺クノ頂顱ニ烏帽子ヲ戴キ、袈裟ヲ退却シテ直衣ヲ着シ、跪居拍手、以テ神ヲ拝セントス、仏祖ノ正統ヲ嗣キテ人天ノ大導師タル者、無法ニモ己レノ衣冠ヲ退却シテ、禰宜祠掌ノ衣冠ヲ借被ス、狂ト云ハンカ、痴ト云ハンカ、実ニ言語道断ト云フヘシ、然ルニ此ノ奇々怪々ノ現象ニ対シテ、己レ素ヨリ疑ハス、他モ亦タ之レヲ訝ルナシ、之レヲ名ケテ狐憑病者ノ集合ト云ハンカ、妖怪変化ニ魘ハレタリト云ハンカ、其ノ名状スル所ヲ知ラス

と痛烈に批判しているのである。

なお、その間、神官、僧侶の争いを防ぐため、教部省は同五年十一月、管長および教導職にたいして神官の廃仏、僧侶の仏道専唱および勧財禁止の注意などが発せられており、とくに僧侶の説教を戒しめているのであった。さらに、教部省は同六年二月、教導職のよるべき十一兼題と十七兼題を下した。十一兼題とは一、神徳皇恩の説、二、人魂不死の説、三、天神造化の説、四、顕幽分界の説、五、愛国の説、六、神祭の説、七、鎮魂の説、八、君臣の説、九、不死の説、十、夫婦の説、十一、大祓の説で、すべて神道に関するものであった。十七兼題とは一、皇国

国体説、二、道不可変説、三、制可レ随レ時説、四、皇政一新説、五、人異二禽獣一説、六、不レ可レ不レ学説、七、不レ可レ不レ説教、八、万国交際説、九、国法民法説、十、律法沿革説、十一、租税賦役説、十二、富国強兵説、十三、産物製物説、十四、文明開化説、十五、政体各種説、十六、役心役形説、十七、権利義務説で、政府はこの兼題を教導職の試験科目にあて、大講義以下は毎月、右一章宛講録したことを教部省へ提出させたのである。しかし、大教院は同六年十二月三十一日午後十二時、講堂より出火し神殿、鐘楼などに延焼したが、四神御霊代は芝大神宮へ遷座された。当時、この火災は政府の宗教政策に抗議した放火によるものといわれた。

大教院の経営は政府の予算によらず、神社や寺院の出資によって運営した。機関紙として「教院講録」や「官准教会新聞」などを発行し活動を期待されたが、活動は三条の教則の枠内に制限され、教団組織は神官支配下の大教院を頂点とする教院制に組み込まれた。そのため、仏教側は反撃を展開し神仏教導職の対立が深刻となり、運営は混乱していった。

そこで、大教院より仏教の分離を主張する人が出てきた。それは、西欧諸国の教状視察に従った真宗本願寺派の島地黙雷である。同五年十二月、パリから三条教則批判建白書を送り、その中に、

曩に欧州新聞を得、曰く、近来日本の開化、刮目驚歎するに堪へたり。何ぞ思はん、此頃政府新に彼此を採合し、更に一宗を造製し、以て之を人民に強ふ、顚倒の甚しきと云べしと。臣当時以為く、是亦外教公許の訛伝に同じと。今にして其説の真なるを知る。欧人の笑弾するも宜哉。夫宗旨は神為也。人の造作すべきものに非ず。奚ぞ制度法律の衆議によって相定め、之を布告するが如き者ならんや。……

といっており、信教自由、政教分離を主張したのであった。そして同六年七月に帰国するや、宗教政策の全面的改変を要求して運動を起こし、大教院分離建白書を提出して真宗の単独分離を上申した。同八年一月に分離が認めら

れ、四月三十日付太政官布達によって神仏合併布教の差止めが指令された。そして五月二日に、大教院は解散されたのである。解散の原因は、

一、神官教導職の横暴にたいする仏教側の反発
二、当初の仏教側の構想と異なり、研究機関としては機能せず、神道説教場と化した実態への失望
三、島地黙雷ら真宗の革新的活動
四、大教院に奉斎する祭神について、伊勢派と出雲派とが対立した神官教導職内部の祭神論争

などであったが、それ以後は各宗の大教院を設立して維持されたのである。

曹洞宗では、同年五月十二日の布達に、

各府県　教導取締
　　　　宗務支局

今般別紙之通教部省伺済ニ相成候条末派一同厚相心得各地方本宗中教院等取設方明治七年教部省乙第三十八号達書ニ準拠シ至急相運候様可取計此旨相達候事

別紙

御省本年乙第四号御達ニ付当宗之儀第二大区四小区芝愛宕町青松寺ヲ以テ曹洞宗大教院ヲ仮設シ全国末派教導職ヲ統轄シ一層布教行届候様仕度御差支之儀無之候哉此段至急相伺候也

曹洞宗管長
明治八年五月八日　大教正細谷環溪
教部大輔宍戸璣殿

御指令

伺之趣聞置候条地方庁へ可届出尤其宗大中小教院ト可相唱候事

但中教院以下取設候節ハ昨七年第三十八号布達ニ照準シ其都度可願出儀ト可相心得候事

明治八年五月十日 印

とあり、青松寺に曹洞宗大教院が仮設され、宗門の教導職を統轄して布教することが述べられている。そして神仏合併大教院へ差し出すところであった文書も、今後は曹洞宗大教院宛に出せば教部省へ進達することも布達された。五月十八日、曹洞宗大教院の開筵式が執行され、教部省へ提出された曹洞宗大教院仮規約をあげると、

曹洞宗大教院仮規約

第一条

本院ハ政府ノ令ヲ遵奉シテ全国末派ノ教導職ヲ陶冶スル所ナリ故ニ到底両本山ノ掛所ト見做シ府県下本宗中小教院及末派ノ教義宗務ヲ総轄スル事

第二条

布教ノ大綱ハ一般ノ人民ヲシテ三条ノ教則ニ由ラシムルヲ旨トス教院ハ其本源タルヲ以宗教ノ枢機ヲ発転シ日用行事仏祖ノ高蹤ヲ踏ミ志操自ラ宇内衆庶ノ亀鑑トナルヘキ事

第三条

管長以下本院詰ノ者ハ勿論宗内僧侶参院ノ節威儀整斉仏前ニ炷香三拝上報四恩下資三有ノ誠信ヲ尽スヘシ退出モ亦此ニ準スル事

第四条

毎月十五日廿八日講義以下当器ノ者ヲ精撰シテ説教セシム尤モ本日献供諷経ハ宗規ノ通リタルヘキ事

第五条

教義講習ハ尋常本院ノ専務タリ明治七年確定公試場課程部内講究書目ニ拠リ順序ヲ以検査ヲ遂クヘキ事

但専門学科本内講毎日本院ニ於テ講義ノ事

第六条

教導職ハ衆庶ノ模範タルヘキニ付品行人望ヲ先トシ徒ニ巧弁チ以テ言行一致ナラサルノ悪弊ヲ洗除スヘキ事

第七条

曹洞宗務局ヲ直ニ本院事務所ト見做シ願伺以下文書往復教義宗規トモ総テ宗務局ニ於テ管理スル事

但局中ニ庶務課講究課會計課ヲ置各々主任担当セシムル事

第八条

専門教師ヲ講究課長トナシ学監ヲ講究掛トナス教部省へ諮詢シ毎月日ヲトシテ公試撿ノ事

第九条

大教院ト宗務局ト専門本校トハ三用一体分別ス可ラス必鼎峙シテ以テ宗教ヲ発揮シ治化万分ノ一ヲ翼賛スヘキ事

第十条

大凡布教ニ関スル時義教部省ノ達書ニ準スルハ無論今後変革ノ事件ハ臨時遵奉スヘキ事

とあり、教義の宗務を統轄するところで、布教に関することを中心としたのであった。しかし、第二条にいうように、布教の大綱は従来どおり三条の教則によっているのである。なお、事務所は曹洞宗務局において管理することになった。

これより以前の五月三日、青松寺元境内に宗内専門学本校を設立することが布達された。それは、専門学を勉励し布教伝道して宗門興隆にあたるためで、曹洞宗部内専門学本校仮規約の第八条によれば、初級以上者は教導職試補に推挙されるのであった。学生の一日の時間表は、

時間表		一六休暇剃浴 同日夜間詩会	
午前		午後	
五時	振鈴覚眠	一時	随意看読
	朝課諷経		
		二時	外典正講
六時	喫粥	三時	同
	校外灑掃		
		四時	輪講
七時	随意看読		
		五時	晩飡
八時	本講		
九時	同	六時	随意看読

五ノ日	夜間説教稽古	十ノ日	夜間講究
		十時	打眠
十二時	行飯	九時	質問
十一時	内講	八時	同
		七時	輪講
十時	質問		
			晩課諷経

とある生活で、また、学則は、

本校学則	正講 正則	正講 変則	輪講 正則	輪講 変則
両山詰	提唱 坐禅用心記 禅関策進 従容録 碧巌集 正法眼蔵（八大人覚 袈裟功徳 面授 授記）			
九級	楞伽経 唯識	左氏伝	法華新注 同不能語	易経
八級	楞厳経 倶舎	書経	禅経 華厳合論	荘子
上等 七級	法華要解 起信論 曹洞二師録	日本書紀	弥陀経要解 観経妙宗抄 顕密二教論	老子 詩経
六級	註維摩経 正法眼蔵抜萃（大修 転法華 他心通 仏性 弁道）	文章規範	永平広録 卍山復古集 観心覚夢鈔	管子
五級	永平家訓 円覚経畧疏 禅戒鈔	五教章 古事記 論語	六祖壇経海吹一滴 浄土十要 禅門口決	万国公法 弁妄
中等 四級	頌古称提 宝慶記 正宗賛 不能語五位説	四教儀集註 孔子家語 三経一論	問題十説 大智偈頌 永覚外集	十一兼題 日本政記
三級	梵網経古迹記 不々菴注心経 大清規 原人論	古語拾遺 十八史畧 中庸	百法問答 十規論 昭倫義筌 十七兼題	続国史畧 元明史畧
二級	輔教編 坐禅儀 諦観録 金剛経畧疏	神徳畧述抄 十七憲法 国史畧	不能語履歴蹋頌 西谷名目 三十三過法	読史管見 日本外史
下等 一級	仏祖三経 学道用心集 孝論	孝経 緇門崇行録	緇門宝鏡録 黄竜尺牘	大学 近世史畧

看読			
随聞記 伝光録 通幻録 義雲録 華厳経 涅槃経			
質問		読通	
正則	変則	正則	変則
正法眼蔵	新旧約全書	宗鏡録 後続後日本紀	通鑑綱目 大日本史
小止観 十善法語	続日本紀 三代宝録	最勝王経 文徳宝録	史記 類聚国史
宏智広録 信心銘拈提	格物入門	五灯会元 仁王般若経	綱鑑易知録 韓非子
参同契 宝鏡三昧 貞観政要 吹唱	性理発問	本朝高僧伝 護法資治論	八大家
伝心法要 撰択集 釈教正謬再破	通鑑覧要 孟子	国法汎論 元亨釈書	憲法類編 礼記
梵網戒疏 心学典論 釈教正謬初破	顔子家訓 天道溯原	新律綱領 改定律例	博物新編
闢邪集 護法論	耶蘇創世記	七十二法 国史攬要	小学 五代史
詔勅 禅余套稿	輿地誌畧 東教宗鑑	父母恩重経 皇朝戦畧篇	韓非子 自由ノ理 天変地異
仏説孝子経	各国史畧 学記	法界次第	蒙求箋注 地球説畧

とあり、下等、中等、上等が各三級に分けられた学課の構成は、神仏合併大教院の学生に教授された学課表と同じようなもので、新たに曹洞宗学を加えたごときものであった。

こうして神仏合併大教院の解散により、宗門の組織は、

となった。なお、同七年三月一日、曹洞宗独自の管長を置くことになったところから、両山東京出張所は曹洞宗務

局と改称している。したがって、曹洞宗務局では政治、大教院は布教、専門学本校は教育を司る機構体制となり、事務は庶務、会計の二課で分担され、講究課は法式や学術の研究機関として後に学林や僧堂に進展したのである。

第三節　教導職の廃止と教導職職員録

神仏合併大教院は明治八年四月三十日に廃止されたが、それ以後は、各宗の大教院を設置し各宗門の教導職を統轄して布教することになった。すなわち政府の置いた教導職制度は引きつづき伝承されたが、同十七年八月十一日、太政官布達第十九号によって廃止された。それには、

自今神仏教導職ヲ廃シ寺院ノ住職ヲ任免シ及教師ノ等級ヲ進退スルコトハ総テ各管長ニ委任シ更ニ左ノ条件ヲ定ム

第一条　各宗派妄リニ分合ヲ唱ヘ或ハ宗派ノ間ニ争論ヲ為ス可カラス

第二条　管長ハ神道各派ニ一人仏道各宗ニ一人ヲ定ム可シ

但事宜ニ因リ神道ニ於テ数派聯合シテ管長一人ヲ定メ仏道ニ於テ各派管長一人ヲ置クモ妨ケナシ

第三条　管長ヲ定ム可キ規則ハ神仏各其教規宗制ニ由テ之ヲ一定シ内務卿ノ認可ヲ得可シ

第四条　管長ハ各其立教開宗ノ主義ニ由テ左項ノ条規ヲ定メ内務卿ノ認可ヲ得可シ

一教規

一教師タルノ分限及其称号ヲ定ムル事

一教師ノ等級進退ノ事

以上神道管長ノ定ムヘキ者トス

一宗制
一寺法
一僧侶並ニ教師タルノ分限及其称号ヲ定ムル事
一寺院ノ住職任免及教師ノ等級進退ノ事
一寺院ニ属スル古文書宝物什器ノ類ヲ保存スル事
以上仏道管長ノ定ムヘキ者トス
第五条　仏道管長ハ各宗制ニ依テ古来宗派ニ長タル者ノ名称ヲ取調ヘ内務卿ノ認可ヲ得テ之ヲ称スルコトヲ得
右布達候事
明治十七年八月十一日
太政大臣三条実美
内務卿山県有朋

とあり、住職の任免、教師の等級はすべて管長に委任され、管長を定める規則の宗制を作り、内務卿の認可を得るようになった。ただし、太政官布達第六十八号に、

神仏各宗派一般
今般教導職廃セラレ候ニ付テハ従前教導職タリシ者ノ身分ハ総テ其在職ノ時ノ等級ニ準シ取扱フ者トス
右相達候事
明治十七年八月十一日
太政大臣三条実美

というように、従前の教導職の身分はすべて在職時の等級に準ずるもので、管長にたいしても、
神仏各派一般

管長身分ノ儀ハ総テ勅任官取扱ノ例ニ依ル
右相達候事
明治十七年八月十一日　　太政大臣三条実美

と布達し、管長には特別な待遇を与えて歳首や四時の大節における宮中参内などが許された。したがって、政府は教導職の管理をすべて切り離すことはしなかったのである。

曹洞宗は宗制を定めることになり、翌十八年四月二十日、管長の畔上楳仙より内務卿伯爵松方正義へ認可願を出し、五月二十八日に内務卿山県有朋より認可を受けた。それによる「第三章　教師分限称号及其等級」には、

第十二条　曹洞宗教師ノ称号ハ教師准教師トス
第十三条　曹洞宗教師ノ等級ハ教師ヲ四等ニ分チ准教師ヲ三等ニ分ツ
第十四条　曹洞宗教師ハ分限ニ応シ称号及等級ヲ定ムルモ別ニ補任ノ式ヲ用ヒス
　曹洞宗教師ノ称号等級ハ国法上必要ノ場合ヲ除クノ外之ヲ公称スルコトナシ

曹洞宗僧侶教師分限称号等級修学程度及寺院住職程度表

教師		僧侶分限	
等級	名称	法臘	称号
一等	教師	結制以上	大和尚
二等	教師	結制以上	大和尚
三等	教師	結制以上	大和尚
四等	教師	伝法以上	和尚 大和尚 長老
五等	准教師	伝法以上	和尚 大和尚 長老
六等	准教師	伝法以上	和尚 大和尚 長老
七等	准教師	伝法以上	和尚 大和尚 長老
		入衆以上	上座
		得度以上	上座

住職資格		修学場所及修学程度					
寺院資格	寺院等級	本山僧堂	認可僧堂	大学林	高等中学林	中学林中学科	中学林小学科
常恒会	一等	八年以上	十二年以上	二年以上			
片法幢会	二等	八年以上	十二年以上	二年以上			
随意会	三等	八年以上	十二年以上	二年以上			
一等法地	四等	六年以上	九年以上		全科以上		
二等法地	五等	五年以上	七年以上		三年以上	全科以上	
三等法地	六等	四年以上	六年以上		二年以上	二年以上	
四等法地	七等	三年以上	五年以上		一年以上	一年以上	
平僧地	八等	二年以上	四年以上				全科以上
菴室	九等						

とあり、称号は教師と准教師に分け、さらに等級は教師を四等、准教師は三等に分けたのである。そして、国法上必要の場合を除き教師分限の公称を行うことはなくなったのである。明治期の碩徳の墨蹟に、肩書きを権少教正とか大講義と記されているのをみるが、これは教導職が廃止される同十七年八月までの教導職職階であったのである。

神仏合併大教院時代の教導職職員録がある。それは『各宗教導職職員録』二冊で、一冊目には天台宗、真言宗、浄土宗、臨済宗の教導職の職階と人名、住職地、補任の年月日が記されている。二冊目には曹洞宗、真宗、日蓮宗、時宗、融通念仏宗の教導職が一冊目と同様にあげられている。奥付がないため発行年月日や発行所は明らかにならないが、表紙の裏に、

杉本尚正編集

官許教導職職員録

東京　杉本蔵板

とあるところから、編者杉本尚正の私家版かと考えられる。しかし、政府の許可を受けた教導職の職員録といえよう。

杉本は、明治二十年十月十八日に出版届を出した「明治名僧居士一覧」と題する名僧と居士の名をあげた一枚刷を編集し出版も行っている。それには「愛知県名古屋区栄町四丁目一番地　寄留　編集兼出版人杉本尚正」とあるところから、明治二十年頃は名古屋に在住していた。しかし、『各宗教導職職員録』は「東京　杉本蔵板」とあるため、東京に居住していた時の出版で、「明治名僧居士一覧」刊行以前の出版と考えられるのである。なお、杉本が居士か僧侶か詳しい伝記は明らかにならないが、仏教界に関心を持っていた人物とみられるのである。

本書にあげられた宗派、職階の人物数を表で示すと、次頁の(1)の表となり、総計二〇一八人である。最も多いのは真宗の四六六名、つづいて浄土宗の四三五名で、以下、真言、日蓮、曹洞、臨済、天台、時宗、融通念仏宗の順になっている。また、教導職の職階で最も多いのは訓導で五六五名、続いて権訓導の五〇八名、以下、権少講義、少講義、中講義、権中講義、権大講義、大講義、権少教正、大教正、権大教正、少教正、中教正と続くが、権中教正は当時の仏教界において一人もいなかったのである。さらに、補任された最も早い日は明治五年四月二十九日付で、最も後は同七年十二月二十八日であった。この中、曹洞宗のみをながめてみると、最も早い補任日は明治五年五月二十四日付の権訓導榊原得宗で、最も後は同七年七月九日の権少教正長森良範と権中講義吉岡信行であった。したがって、同職員録は明治五年四月の教導職設置から同七年十二月の約二年半に補任された人があげられているのである。(6)

明治九年十二月に刊行された修史局編纂『明治史要』の附録概表に「全国教導職概表」がある。それをあげてみると、(2)の表になる。これは明治七年の教部省への上申書に基づいているようであるが、僧侶の教導職数は計三〇

	天台宗	真言宗	浄土宗	臨済宗	曹洞宗	真宗	日蓮宗	時宗	融通念仏宗	計
大教正	1	1	1	3	2	3	0	1	0	12
権大教正	0	1	3	1	0	3	0	0	0	8
中教正	0	1	0	0	0	0	3	0	0	4
権中教正	0	0	0	0	0	0	0	0	0	0
少教正	2	0	0	0	1	3	0	1	0	7
権少教正	2	4	7	4	3	4	4	1	1	30
大講義	2	14	13	7	4	16	1	0	0	57
権大講義	9	15	17	3	6	11	4	2	0	67
中講義	5	20	23	15	33	23	9	5	0	133
権中講義	11	13	21	7	10	17	8	2	0	89
少講義	17	45	55	13	36	26	21	2	0	215
権少講義	13	34	86	23	30	95	30	6	6	323
訓導	16	78	120	68	57	138	85	3	0	565
権訓導	43	88	89	45	40	127	70	6	0	508
計	121	314	435	189	222	466	235	29	7	2018

(1)宗派、職階の人物数

四三名を数え、各宗とも数が増加しており、『各宗教導職職員録』より約千名程多くなっている。そのため、日々に補任された人が増加していったものと考えられるのである。

私は明治十四年五月に真宗の試補であった高志広覚が編集し刊行した『三重県神道各宗教導職員録』を手に入れた。例言によると、高志広覚が県庁に備置されている教導職名簿と神道事務局、教院、各宗中教院事務局などの教導職職名簿によって編集したもので、神道と仏教各宗の教導職員が

○全国教導職概表　教部省上申書ニ拠ル

等級	神道	天台宗	真言宗	浄土宗	臨済宗	曹洞宗	真宗	日蓮宗	時宗	融通念仏宗
大教正	三	一	一		三	二	三		一	
権大教正	四		一	三	一		三			
中教正			一					三		
権中教正	六									
少教正	一四	二				一	三		一	一
権少教正	二三	二	五	七	五	三	四	四	一	
大講義	一〇九	五	一五	一三	五	六	一七	三		
権大講義	一〇一	一三	一七	一九	四	八	一一	七	二	
中講義	一六四	九	一九	二八	一五	三三	二八	九	五	
権中講義	一七六	二〇	一八	二四	一一	一八	二五	八	二	
少講義	三六七	二五	四九	六八	一五	四四	三九	二七	四	
権少講義	五四六	二〇	四五	一〇〇	三三	五二	一二一	四六	五	一
訓導	一〇三四	三四	一一三	二〇九	七七	一二七	二一八	八一	七	
権訓導	一六五七	六七	一六五	一六二	六八	一六六	二五六	一〇八	一四	

総計	神道	天台宗	真言宗	浄土宗	臨済宗	曹洞宗	真宗	日蓮宗	時宗	融通念仏宗	合計	内 神官	内 僧侶
	四二〇四	一九八	四四九	六三三	二三六	四五九	七二八	二九六	四二	二	七二四七	四二〇七	三〇四三

(2)全国教導職概表

三重県下の本籍所在村の順にあげられている。したがって、当時、各地で、このような地方版の教導職職員録が編集され刊行されていたことも予想できるのである。

第四節　大教院の機関紙

大教院は、明治五年五月三十一日に設置が認可され、八月二十七日に金地院で神儒仏三学を開講した。それ以来、東京麹町紀尾井坂の旧紀州徳川邸に移り、ついで同六年二月、増上寺境内に移転された。その大教院では、機関紙として「教院講録」や「官准《かんじゅん》教会新聞」が発行された。まず、同六年七月に「教院講録」第一号が発行され、月一回あるいは二回発行された。第一号の発行所建本堂主人による「緒言」には、

大教洽布ハ方今天下ノ大典治民ノ急務ニシテ澆季ノ俗ヲ変ジテ仁厚ノ風ニ帰セシメ良民ハ善ニ進ミ頑民ハ罪ニ陥ラズ上下一塊石ノ如ク共ニ神明ヲ敬信シ皇上ヲ戴キ死シテ遺憾ナキニ至ラシムルハ都鄙教ヲ一ニシテ神道七宗相親睦シテ同心協力スルニアリ今教ヲ一ニシ同心協力セント欲シテ大教院講録ヲ刊行シテ遠陬僻邑ノ緒教職ニ広布センヲ教部省ニ乞テ允許ヲ得タリ諸国中小教院此講録ヲ以テ説教セバ神道七宗相反シ都鄙言ヲ異ニスルノ譏ナカランカト云々

建本堂主人敬白

とあり、神道と仏教七宗が親睦し同心協力せんがために刊行したもので、遠隔地の教導職に広布し各地の中、小教院において、「教院講録」によった説教を行うようにしたのである。発行所は本局の建本堂（東京蠣売町二丁目十一番地）で、支局として吉岡十次郎（東京小伝馬町三丁目新道）と池村久兵衛（西京麩屋町通御池下ル）の名があげられている。五、六丁の薄い冊子本であるが、定価は一冊三銭、二十冊以上は定価より一割半引、四十冊以上は

定価の二割引きで販売された。

第一号には、六月十七日に開講した出羽神社宮司で権大講義の西川須賀雄の三条教則の講演があり、それが第五号までつづいて、次に奥山照子（大講義梅津教知妻、訓導）の第一条の演説がある。以下、神谷大周（東京伝通院学寮主、中講義）、岡部譲（丹羽国出雲神社権宮司、権中講義）、鬼木沃洲（真宗、大講義）などの演説が掲載されているが、同九年五月に廃刊された。

明治七年二月一日には、「教会新聞」を発行した。正式には「官准教会新聞」で、隔日発行である。「教院講録」が三条教則の演説で、月一、二回発行の冊子であったが、「教会新聞」は縦三十一・五センチメートル、横四十四・五センチメートルの一枚刷で、一枚一銭五厘であった。一カ月前金二十銭で、東京府下外はすべて郵便税一カ月十五銭、一年一円八十銭が必要で、合わせて前金を納めることになっている。編集人は中講義西浜正熙で、掛員には鴻春倪もいた。印務者は辻金太郎、印刷所は更新社（東京京橋銀座一丁目五番地）となっている。

構成は公文、本院布達、本院録事、をしへのたね、府県新報、東京近事、海外記聞、論説、弁駁、投書、稟告などで、仏教と神道両方の記事が掲載されている。大教院の法規令達がすべて発表されているため、教導職は購読するべき義務があり、曹洞宗でも五月二十日、宗務支局にたいして、

宗務支局

大教院ニ於テ教会新聞発兌以来教部省並大教院達書ハ総テ右新聞ヲ以テ告示ノ規則ニ付宗局ヨリ別ニ布達不致候条此旨相心得各支局ハ必教会新聞ヲ購求シ達書ノ分ヲ写取リ其時々配下へ可触示候事

但新聞ハ全国トモ中教院又ハ合議所へ纒送ニ相成居候事

と布達され、教部省および大教院よりの達書は、すべて「教会新聞」に告示されているから、あらためて宗務局よ

り支局へ布達せず、必ず購求して達書を書写し配下寺院へ触示することをいう。なお、新聞は中教院や合議所へ纏めて送られていることもいっている。しかし、「教会新聞」は大教院の廃止とともに、同八年四月三十日付第一三四号をもって休刊となった。その後、同八年七月十二日、本局の明教社（東京銀座二丁目三番地）が譲り受けて、編集印刷総長大内青巒の名で第一三五号より同題名で再刊することになった。再刊は佐久間貞一や宏仏海、鵜飼大俊、鴻春倪らの計らいによるものであり、価格も一枚一銭七厘、一カ月分前金二十三銭と改定され、売捌所として明教分社（大坂高麗橋通一丁目と三河国国府の二社）でも販売することになった。新聞名は従来どおりであったが、装丁は一枚刷より八頁の冊子に変わり、官報、各宗の録事、論説、雑報、寄書、稟告などの構成になっている。官報は従来の公文、本院布達、本院録事にあたり、府県新報、東京近事が各宗ごとの録事をあげることに変わったのである。なお、第一三八号（明治八年七月十八日発行）より、売捌所を明教社の支局として大坂、三河の明教分社以外に山口屋佐七（東京芝赤羽）も加わっている。

神仏合併大教院の機関紙として出発した「教会新聞」であったが、大教院は廃止されており、そのため、民間の書林である明教社が、依然として官准の同題名で刊行を続けることは不相応であるところから、八月五日発行の第一四七号には「本社公告」として、

弊社新聞改正発兌の後未た期月に満たざれとも四方の愛顧日に加わり自他の幸福また之に過くるなし然るに社中大に謀る所あり明後七日刊行第百四十八号より更に明教新誌と改題し全く旧面目を一洗し了り盛に斯教の振興するを期せんと欲す江湖四方の君子愈以て愛顧を垂れ我社新聞の盛衰を以て仏教弘通の汚隆をトするの要具となさしめ玉はゝ幸ひ甚し

と公告され、第一四八号（明治八年八月七日発行）より「明教新誌」と改題して旧面目を一洗することになった。

第一四八号のタイトルには、「教会新聞改題明教新誌」とあり、しばらくこの形で進んだが、「本社公告」には、

旧合併教会の新聞を弊社にて譲り受け、用紙の体裁より編集の目的まで尽く旧の態を一洗し仏教純一に各宗普通の新聞となせしより、江湖の愛顧も日にまし加はり自他の慶幸これに過ぐるものなし。然るに、題号のみは矢張旧のまゝにして教会新聞と名け来りしか一体この新聞を教会新聞と名けしは、当時神仏合併の教会なる大教院にて発兌せしゆへなりしに、既に弊社へ譲り受けし上は弊社は一箇の書林にて固より教会にあらざるはいふまでもなきことなれば、弊社にて発兌する新聞を旧のまゝに教会新聞と名け置くは名と実と甚はだ相応せず。然のみならず、世の人々には教会新聞の再興なりしを見て、また〳〵合併教院を再興せしことの様に思ひ誤るも多きよし。然る疑がひの起こるは実に尤ともなることなり。旦弊社の目的とするところは全く明教の二字にして、如何にもして斯教義の世に明らかならんことを期するより外なければ、断然本日よりこれを明教新誌と改題せしなり。伏て望むらくは、江湖の君子この明教の二字を以て目印となし、いよ〳〵愛顧を垂れたまはんことを、これ我々が明教新誌の盛衰を以て仏教弘通の汚隆を卜する要具となしたまへといふ所以なり。謹しんて白す。

とあり、旧「教会新聞」を譲り受けて体裁や編集の目的などを一洗し、仏教各宗の新聞にしようとしているが、旧名のままでは神仏合併大教院を再興せんがためと思い誤る人も多い。教義を世に明らかにすることを目的とするため「明教新誌」と改題したことをいうのである。

　こうして「明教新誌」は、大内青巒を編集長として日本仏教新聞の嚆矢となったが、曹洞宗では明治十三年九月二十七日に、全国末派寺院へ、

全国末派寺院

聞思修ヨリ三摩地ニ入ルハ此レ学仏者ノ通規ナリ。自度此ノ如シ。化他モ亦之ニ由ラサルヲ得ス故ニ聞見ヲ博クシ知識ヲ明ニシ真俗二諦ニ通暢スルニ非スンバ安ンゾ化導ノ方便ヲ得ンヤ。吾人ノ此ニ捷径ヲ得ヘキモノ蓋シ明教新誌ニ如クハナシ。此レ其必覧ヲ要スル所以ナリ。已ニ賢者アリ。或ハ財乏シク購求ヲ得サル者アリ。豈ニ遺憾ナラスヤ故ニ所在ノ寺院総合シ之ヲ購覧スルノ良法ヲ立テ各自縦覧セハ則チ世出世ニ通達シテ化導其宜ヲ得衆庶ヲシテ三摩地ニ証入セシムルノ素懐ニ庶幾ランカ。幸ニ之ヲ注意セラレヨ此旨諭告ス。

と、化導の方便を得るのに、「明教新誌」を必要とする諭告を出し購読を慫慂している。なお、発行部数は明治二十二年二月十四日付の「官報」によれば、月十五回で二万七三七二部を数えており、他の宗教関係の定期刊行物に比べると格段と多い部数であった。しかし、同三十四年二月二十八日の第四六〇三号をもって廃刊されることになった。廃刊されるに至った直接の原因は、第四五六三号（明治三十三年十二月二日発行）で、

日刊明教新聞発行の計画

世間幾多の新聞雑誌が或は起り、或は倒る、中に、独立濶歩二十有七年、超然教界の指針を以て自ら任じたる我が明教新誌は、今や時勢の必要に応じ歩一歩を進めて日刊新聞たらしめむとす。……教界事頗る多く社会も亦た大にこれが注目を怠らざるに、我が徒が一の日刊新聞を有せざるは不便此上もなきことにあらずや。我が徒は時勢の必要に応じて仏教主義日刊新聞発行の必要を宣言す。然り而して日刊新聞発行の事たる多くの資力と多くの経験とを有するの事業にして、資力なく経験なき輩の遽かに企て得べきことにあらず。幸に我が明教社は明治七年来明教新誌を刊行し、明治廿三年活版を兼業せしより万朝報を初め多くの日刊新聞を印刷し、目下尚ほ毎日新聞、社会新報、建国新聞、朝野新聞、法律新聞を印刷せり。これ他の得易からざる経験にあらずや。其資力の如きは、もとより微にして敢て大方に告ぐる能はざるも営業家屋壱万六千円、印刷器械壱万五千

円、活版五千四百円、新誌保証金発行権并に営業用諸器具に於て壱万三千六百円を有す（財産目録別項にあり）。総計五万円少しといへども、他の所謂朝に起り夕に倒る、もの、比にあらず。然れども僅か五万の資金を以て仏教主義の日刊新聞を発行せむとす。未だ以て十分なりと為す能はず。此に於て組織を一変し、明教社は此財産を悉皆提出して発起人となり普く株券を江湖に募り資金を弐拾万円とし、以て確実なる基礎の上に日刊新聞を刊行せむとす。……我が社が組織を一変して株式会社と為すは、従来明教社々主一個人の事業を大にし、社会公衆と共に此事業を大成せむとするなり。苟くも教界目下の状態を察し、二十有七年来我が明教社新誌がこれが為めに幾多の尽力を辞せざりしことを想ひたまふの諸君は、速に此挙を賛し応分の出資を惜むなく二利円満の此事業を一日も早く成立せしめられむことを。各宗寺院壇信にして既に出資を約せられし向も少からず。諸君にして続々応募勧誘せられむか。日ならずして日刊新聞の発行を見るに至らむ。こゝに定款財産目録并に勘定書を掲げて諸君の一覧に供す。請ふ速に賛して此好時機を逸せしむるなからむことを。

と公告されたように日刊を計画し、そのため組織の変更を行い、増資して株式会社とすることになった。しかし、株券の募集を行ったが、全国的な金融恐慌で財界が不況となり、予期した資金募集の成績が上がらず、したがって、独自の新聞を作るよりも既設の新聞と合併して日刊にする方が得策となり、第四六〇三号（明治三十四年二月二十八日発行）で、

明教新誌と日出国新聞の合同に就て満天下の読者に告ぐ

▲日刊明教新聞の身替り出づ

▲仏教主義の一大新聞紙はこれ

▲日出国新聞は明教新聞なり

▲来一日後の日出国新聞を見よ

爾来の隔日発兌の我が明教新誌が、其根本主義の為め、唯一目的の為め、区々の情実を去り、一大英断を施し、爰に潔よく、進んで他の日刊新聞と合同し、以て花々しく社会に打つて出でんとするの事実は、上来説述の理由に依つて略これを知る得べし、然り、我が明教新誌は、本年本月本日を以て正しく爰に一段落を告げ、二十世紀の開幕《かいばく》、明治三十四年といへる教界多事の歳の三月、其三月の一日といへる大吉祥の日を撰んで合同の実を挙げ、即座に仏教主義の一大日刊新聞と姿を変して以て再び社会に現はれん。これ即ち、名は合同と称すといへとも実は明教新誌の主義の拡張なり。其目的の遂行なり。事実に於て仏教主義の一大日刊新聞となれるなり。たゞ其名称の予定通りならざるは聊か憾みとするの心地なきにしもあらざるべしといへとも、予定明教新聞の名、堅くなにして面白からずとの世評さへこれ出てしのみならず、吾徒自らも亦たこれを取替ゆるの可なるを認めたる場合なれば、予定の名称の存否は何等吾徒に痛痒を感せしむるものあらず。而して爰に所謂、吾徒、我が明教新誌が今や、合同を企てんとする新聞紙とは抑も如何なる種類、如何なる性質の新聞紙なるか。我が明教新誌が合同を企てんとする新聞紙の種類、性質、其如何なるものなりやは爰一夜、少なくとも爰一夜を俟たば事実に於てこれを知るを得ん。翌一日の暁天、旭日瞠々として地平線上に現はれ出つる頃には、必ずや読者の前に翩々として飜らん、然れとも其以前、吾徒は読者に向つて其概略を語り置くの義務あり、請ふ。聊かこれを語らん。

挈頭標題に特筆大書せるが如く、我が明教新誌が、今回合同を企てんとする新聞紙とは名にしあふ敷島の朝日に匂ふ山桜のそれよりもなほ香ぐはしき日出国新聞なり。……

我が明教新誌が、今回合同を企てんとする新聞紙は斯くの如き新聞紙なり。社主松下君、主筆福地君は固と仏教の篤信者、更らに幾多の仏教主義者を叫合して以て爰に大なる勢力を形造り、仏教主義の日刊新聞『日出国新聞』の名称の下に僧侶の味方となり、僧侶の敵となり、社会の味方となり、社会の敵となる。この意義に於て、我が明教新誌は彼れと合同を企てたり。我が明教社主宏虎童は入つて彼れの顧問となれり。日出国新聞が事実教界の一大勢力、一大新聞、仏教主義の一大日刊新聞となつて社会に現はるゝの日は蓋し教界に一大光明の点せらるゝの日なるを疑はず。……

因に白す。我が明教新誌は斯くの如く彼れと合同すといへども、明教社其物、明教社全部が彼れと合同するにはあらず。たゞ新誌部のみ合同するなり。活版印刷部は従前の如く、明教社名を以てこれを営む。

株式会社明教社の設立はこれを廃止せり。幾多株式応募者諸君の厚意は感謝に堪へざる所証拠金予納の御方は、御手数ながら請取証御送還有之度く、さすれば直ちに其手続に及ぶべく、右御了承を乞ふ。

明教新誌の愛読者諸君へは引続き日出国新聞を御送附申上ぐべく、明教新誌同様御愛顧相成たし。

と日出国新聞との合併を発表し、この日をもって「明教新誌」は廃刊したのである。その他、振興の仏教新聞との普及拡大する争いもあったが、雑報などの多い大衆性に富んだ振興新聞によって発展を抑制されたことも原因の一つといわれている。(7) なお、神道は「教会新聞」廃刊後、明治九年十月より「開知新聞」を発行した。

第五節　三条教則の宗門の解説書

明治五年四月二十八日、教部省より教導職へ三条の教則が下達され、三条の教旨を奉戴して説教を行うことになった。その宣布機関として大教院が設立されたが、三条の教則を敷衍し闡明にするため多くの解説書が刊行された。河野省三の調べたところによると、注釈書が四十点、それに関する書類が三十九点である。(8) その中、宗門僧侶が解説し刊行された注釈書は『三条弁解』(明治六年四月刊)と『三条要論』(明治七年八月刊)のみであろう。どうして宗門関係からは少なかったか、その理由は不詳であるが、おそらく先にあげた河野の調査による注釈書でも、仏教関係は十点、関係書類は二点であり、神道に関する注釈は容易にできなかったためと思われる。しかし、三条の教則を仏教各宗の立場において、どのように説くべきかという大綱を示した『諸宗説教要義』が同年、大教院の教典局から刊行された。大教院に参加した七宗すなわち天台宗、真言宗(古義、新義)、浄土宗、禅宗(五山派、大徳寺妙心寺派、曹洞派)、真宗五派、日蓮宗、時宗であるが、これには各宗門の伝統的な教義の主張はみえず、あったとしても神道の理論と一致して示されており、ほとんど三条の教則の解釈を自宗の説として提示しているのであった。この『諸宗説教要義』は大教院から刊行されたものの、大教院で一方的に作られたものとは思えない。おそらく、各宗より教諭する心得方となるべきものを教部省へ上申したのが『諸宗説教要義』と考えられるのである。(9)

曹洞宗の撰者が誰かは不詳であるが、曹洞宗は「上古元神天御中主・尊諾冊ノ二神ヨリ人皇ニ至リ、神武天皇乃至当今ニ至ルマテ、悉ク皆神明不測ノ聖徳ヲ以テ国ヲ創メ民ヲ御シ王フ、是則神聖ヲ敬崇シ皇上ヲ奉戴シ奉ルヘキ必然ノ道理固ヨリ言ヲ待タスト雖モ、民ノ蚩々タル或ハ其恩沢ノ至大至広ナルコトヲ知ス、之ヲ教へ之ヲ導クニ神皇ノ深恩妙徳ヲ以テス、是教導ノ闕ク可ラサル所以ナリ」といい、また、「天人同一自佗不二神聖不測ノ妙体其教法ノ起ル処ニ随テ仏ト云ヒ儒ト云フ、皆悉ク天然本具ノ実徳人々固有ノ妙体ヲ示ス者ナリ」と神聖不測の妙体を仏とも儒ともいう。そして、禅宗は「直指人心見性成仏ヲ以テ宗旨トス、即チ人々本具ノ実性ヲ指シ天然自在本具妙楽ノ法ヲ教へ之ヲ神通ト名ケ見性ト唱へ成仏ト称ス」といい、直指人心見性成仏の宗旨は神通、見性、成仏とも称されて「帰スル所ハ神仏ヲ敬崇シ皇上ヲ奉戴シ、国恩ヲ愛念シ民情ヲ和同シ、文明至治ノ徳沢ヲ無窮ニ光被セシムルニ在ルノミ」と皇上を奉戴しているという。

これは、すでに明治三年六月、府内三カ寺より東京府社寺局へ提出された「曹洞宗門之大意」（『諸宗大意』所収）や原坦山私按の「洞家大意」を利用したもののように思われる。「洞家大意」は、約言されて明治五年六月十三日に永平寺環溪、總持寺奕堂の名をもって坦山等撰による「禅曹洞宗大意」と題し教部省へ届けられているため、原坦山によって曹洞宗の「説教要義」も撰述されて教部省へ上申したのではなかろうか。したがって、宗門において『三条弁解』より先に成った三条の教則の解説書といえるものである。

次に、両書について考えてみたい。『三条弁解』に奥付はないが、表紙裏によれば明治六年四月に禅曹洞本山蔵として刊行された。十一丁の菊版和綴本で、柱に「永平寺、總持寺」とあるが、『社寺取調類纂』によれば、永平寺貫首細谷環溪著となっている。しかし、同内容の『三条畧解』も刊行されている。それは、表紙裏に曹洞派本山著とあり、柱は永平寺、總持寺とあるが、豊田武は『三条畧解』を大教院の刊行とみて、両書を区分している(10)。また、『新纂禅籍目録』（昭和三十七年六月　駒沢大学図書館）五八五頁にも、両書は別々に項目をあげ、『三条畧解』は曹洞宗本山、『三条弁解』は永平寺撰となっている。同内容書が題を改め著者も異なって伝承されているのである。その経緯は明らかにならないが、白鳥鼎三が書写した『三条弁解』（法持寺蔵）をみると、内題は「三条畧解」とあるものの「畧」の横に朱字で「弁」とあり、「畧者弁誤也」と書き入れられているため、鼎三は細谷環溪著といわれた『三条弁解』を曹洞宗の基本解説書とみなしたのであろう。

いずれにしても、『三条弁解』の刊行は近代曹洞宗の伝道史上、布教の基礎資料として画期的であり、布教方面に刺激を与えたが、『三条畧解』は曹洞派本山著の名を冠しただけで、実際は『神教要旨』『神教要旨略解』『善悪報応論』などとともに、大教院の刊行であったものと思われる。環溪著の『三条弁解』を、大教院が検閲して『三条畧解』と改題し、禅宗三派の曹洞派本山著として刊行したものと考えられるのである。そして、二万六千部が印刷されたと伝えられている。

本書は、他の注釈書と同様、三条の教則の精神を注解しており、第一条では「皇国ハ神ノ御国ニシテ、神代モ今モ隔テナク神祇ヲ崇敬スルヲ以テ不抜ノ要道トス」といい、さらに「吾カ固有ノ道此ノ如シ、其ノ後儒ノ漢ヨリ入ルヤ能ク智ト合シ、仏ノ竺ヨリ来ルヤ能ク慈ニ適シ、共ニ以テ正直ノ神道ヲ賛ケ、皇道愈々昭カナリ」と皇国に儒教が伝わって智となり、仏教が伝わって慈となり、神道を賛けて皇道を明らかにしているというのである。そして、敬神愛国を忘れないともいう。

第二条では「天トハ自然ノ義、譬ハ火ハ上ニ升リ水ハ下ニ降ルノ類ヒ、自然ニ其筋ニ趣ク所ヲ云フ、天理トハ造化神ノ賦スル所ノ真心ノ謂ヒニシテ……」といい、天理は真心のことで、最後に「天賦ノ真心ヲ昧サヾルハ人道ナリ、是レ天理ノ外ニ人道アルニ非ラス」と天理の外に人道はなく、愚夫愚婦でも五倫の道を守らないことはないという。

第三条では「タトヒ時勢ニ随ヒ維新開化ノ変革アリト雖モ、皆ナ天ツ神ノ御心ヲ御心トシ給フ、愛撫ノ道ヨリ外ナケレハ勇ンテ朝旨ヲ遵守スベキナリ、朝旨遵守ハ天理ノ常道敬神ノ大本ナリ」と、朝旨遵守は天理の常道で、敬神の大本であることをいっている。そして、最後に「余論」があり、「三条教旨ハ皇道ノ始中終ニシテ国体ノ関スル所甚タ重大ナリ、民心維持ノ要道此外ニ出ルコト能ハス、夫レ敬神ノ実タツトキハ倫理随テ備リ、倫理既ニ明カナレハ皇上奉戴朝旨遵守ハ固ヨリ論ヲ待タサルノミ、然リト雖モ葦原ノ水穂ノ国ハ言挙ゲセヌ国トアリシ古語ノ如ク、神代ハ惟タ神随ラニシテ之ニ教ルニ敬神ト云ヒ明倫ト云ハサルノミ、其実既ニ千古ノ上ニ明カナリ、然ハ則チ三条ノ教ハ今日ニ始マルニ非スシテ、神々継承シ給フ固有ノ国教ナリ、何人カ服膺セサラン何人カ感戴セサラン哉」と、三条の教則は、民心維持の要道にほかならず皇上奉戴、朝旨遵守の倫理をはっきりと示しているもので、今日に始まったものでなく、神々によって継承されてきた国教というのである。

このようにみてくると、神話の論理を用いながら神話の歴史的正統性を主張しており、仏教から三条教則をどのように解釈するのか、また、曹洞宗の立場から論じられている箇所は全くみえない。ただ、宗門の立場より示したもとであるということだけといえよう。

つぎに明治七年八月、鴻春倪の述べた『三条要論』が明教社より刊行された。序を正六位の田中頼庸と海南忘筌漁史が記している。海南忘筌漁史とは鴻春倪と縁のあることから大教院新聞課の同志か、それとも明教社社主の大内青巒とも考えられる。さらに、跋を従五位の本多正憲が記している。春倪は当時、大教院に出仕しており、「教会新聞」の掛員にもなっていた。したがって、神道の田中頼庸、本多正憲らから序、跋を贈られたものと思われる。また、「教会新聞」廃刊後は大内青巒らとともに「明教新誌」の発行にも尽力した。

春倪は福井藩士岩崎氏の出身で、幼時、孝顕寺において鉄面清拙すなわち鴻雪爪の下で得度、その後、養子となって鴻氏を称した。環溪について侍者となったこともあったが、春倪は世才にも長けており、交際の達人ともいわれた(11)。明治維新後は、雪爪の下で働き大教院に出仕していた。明治六年十二月二十五日、岐阜県長興寺住職として中講義に補任され教導職の試験役ともなった。その後、滝谷琢宗の側近として曹洞扶宗会の成立や行持軌範の制定に伴い法式改正係の委員に任じられている。

明治十五年には、教誨師として樺戸囚治監へ行き、囚徒によって一寺を建立することになった。同十七年二月、新寺建立の願いが許可され、北漸寺と名づけて、みずからは北漸道人と称した。しかし、同十八年八月十日、兄弟子の永平寺貫首青蔭雪鴻が遷化したため、九月三日には北漸寺開山に雪鴻を勧請したのである。

このように春倪は、洞門の宗風を北海道に宣揚した功績があり、その後、静岡県秋葉寺十九世に要請されて、白鳥鼎三が復興した後の秋葉寺寺務を回復することに手腕を発揮した。しかし、秋葉寺所有地の林が官有林となり、それを濫伐した責任から退穏した。(12) 退隠後は東京麻布三河台に閑居し、昭和元年七月十二日世寿八十三歳で遷化した。雪爪の弟子中、一番の長生者で、雪爪の詩偈集『江湖翁遺藁』は春倪の集録であり、東京青山墓地の「従四位鴻雪爪墓」の碑文も春倪の書である。(13)

『三条要論』は、春倪が大教院へ出仕していた時の講述であり、「教会新聞」第一三七号（明治八年七月十六日発行）の稟告には、

鴻　春　倪　述

○三　条　要　論　　　　壱　　巻

此書ハ主トシテ教憲頒与ノ旨趣ト教職之ヲ奉スルノ心得トヲ弁論シ又且ツ僧侶ノ惑ヲ解テ布教上モ疑懼ノ念アル莫ラシムル者ニシテ実ニ能ク其要ヲ提クルノ撰述ナリ教導職ノ諸君思ヲ覃フシテ是論ヲ観ルトキハ其発スル所他ノ猥雑ノ弁解ヲ読ムニ勝ル必ス万々ナラン

と紹介されている。七丁の小冊子であるが、三条教則の趣旨と教導職の奉ずる心得を弁論しており、他の猥雑な弁解よりも簡潔に要点をついているという。

本書を著わすことになった理由をみると、「余頃日大教院ニ在テ講究ヲ受クル者ノ説教ノ体裁ヲ研窮シ、三条ノ大意ヲ弁説スルヲ聞テ大ニ憂ナキコト能ハス、其体裁或ハ三条ノ朝旨ヲ誤テ一経典ノ如ク看做シ、説教スルコトニ終始三条ヲ説キ、其条目ノ簡ナルヲ以テ種種ノ贅言ヲ加ヘ、或ハ卑俗ノ因縁話談ヲ交ヘ、唯三条ノ教則ノミニ着眼シテ神教ノ至理仏説ノ妙用ハ措テ問ハサルカ如シ、是レ教法ノ行ハル、所以ヲ知ラス、之ヲ行ハント欲スル者ノニシテ到底国家ニ益ナシ、又三条ヲ弁スルヲ聞クニ、或ハ敬ノ字ノ義ヲ講シ、或ハ神ノ字ノ意ヲ釈シ、朝旨ノ所在ニ

至テハ毫モ之ヲ説クコト無シ、是レ皆誤解ノ然ラシムル所ナリ」といっており、三条教則の弁説を聞くと誤解されることが多く、三条は「布教ニ属スル一ノ国法ト謂フ可キ者ニシテ、経典ニ非ラサルハ固ヨリ論ヲ待タス」といい、国法で経典ではなく、単に解説するのみでは事足りないという。目的は「請フ其要ヲ論セン、夫レ敬神ハ皇国政体ノ本源ニシテ、皇上自ラ政ヲ行ヒ玉フモノ必ス敬神ヲ以テ本トス、其政ニ依テ三千万ノ人民尽ク其所ヲ得、人民ノ其所ヲ得ルハ即チ神徳ナリ、誰カ敬神セサルヲ得ンヤ、縦令外国ノ人民ト雖モ、其国ニ生レシ者ハ其国ヲ創立シ其民ヲ愛護セル祖宗ヲ敬セサルハアラス、是レ即チ天ノ理ニシテ人ノ道ナリ、況ヤ神孫聯綿天壌無窮ノ神勅令猶依然タル祭政一致ノ国体タルニ於テヲヤ、然レハ則チ固有ノ国教ト為ス者ハ特リ神教ナリ、而シテ中朝仏教ノ渡来スルヤ、其教法ノ国家ニ益アルヲ以テ国教を輔翼セシメ、終ニ内国ニ徧布シテ神教ト並ヒ行ハル、ニ至ルト雖モ、畢竟主客判然タリ」というように、敬神であり、固有の国教と称するものは神教である。仏教は渡来後、教法が国家に益のあるところから神教と並び行われたと説く。そして「我国土ヲ開闢シ我国政ヲ立テ我身体ヲ愛護シ玉フ天祖天神ヲ敬セスシテ、国体ニ違乖スル者ハ皇国ノ人民ニ非サルナリ」と天祖天神を崇敬するところに三条教則の目的があると主張している。また、「天理トハ即チ神理ナリ、所謂四時ノ循環万物ノ化育ヲ始メ吉凶禍福ニ至ルマテ、皆人間ノ私ヲ以テ強ユ可ラサル者ニシテ、一モ神ノ所為ニ出テサル無シ、故ニ之ヲ神理ト云フ、而シテ其理ニ則トリ今日ノ事業ヲ為ス之ヲ人道ト云フ」と、天理は神理のことで、人道とは神理に則った今日の事業であるという。さらに、皇上を奉戴することは、天孫として超越的な君主のため「是レ我皇国ノ政体立君独裁タリト雖モ、人民オノツカラ之ニ安ンシテ今日ノ文明開化ニ妨碍スルコトナキ所以ノ者ナリ、又人民ノ朝旨ヲ遵守ス可キハ言ヲ待タス」と、独裁であっても、それによって今日の文明開化ができたため、人民は朝旨を遵守すべきことをいうのである。

三条教則について、正確な理解を民衆へ施さないため、迷う民衆が後を絶たない。そのため、教導職は「皆能ク時勢ノ変遷ヲ弁ヘ、内外ノ情実ニ通シ、古今ノ政法ニ明カニシテ以テ戸ニ説キ家ニ諭シ、飽マテ朝旨ノ所在ヲ貫徹セシメンコトヲ要スヘシ」と朝旨すなわち御布告などを貫徹せしめるべきで、大教院において各種の論題を設け教導職を講究させているという。さらに、教導職は「然レハ則チ三条ヲ了解シテ朝旨ノ所在ヲ誤ルコト無ンハ、各自ニ其学得スル所ノ教法ヲ説キ、死後霊魂ノ帰托ニ安ンセシメ、三千万ノ人心ヲ固結シ以テ開闢以来祖宗列聖ノ深仁厚沢ニ報ユル」ことが一大義務と強調するのである。最後に、当時の僧侶に対して「仏教ヲ説カス枉ケテ未熟ノ神典ヲ講説シ、却テ人民ヲシテ疑惑ヲ生シ其帰向ヲ失ハシメ、終ニ邪教ノ所誘ト為ル、哀ヒ哉是レ所謂其行ハル、所以ヲ知ラスシテ強テ之ヲ行ハント欲セハ、終ニ国家ノ大害ヲ醸スニ至ル者ナリ」と、仏教を説かず未熟な三条教則の理解によって講説することは、かえって邪教を誘引することになり、国家の大害にもなると厳しい批判と警告を行っている。

したがって、同書は『三条弁解』のように三条教則の直接の講述ではなく、教則を説く教導職の講述方法を批判し、また、それを講究せねばならない姿勢を教導職に説いたものといえる。

宗門において、刊行されず筆写で伝承された三条教則の注釈書や覚書は、西有穆山の『三章略解』をはじめ多くあったようである。しかし、大教院と教部省の管轄による検閲を得て刊行されたものは『三条弁解』と『三条要論』のみであり、数少ない仏教関係の注釈書の中でも注目に値するものということができるのである。

第六節　政府による僧侶の世俗化

明治五年は、仏教界にとって今後の仏教存続に大きな影響を与えた年である。四月二十五日、政府は三条教則を定め、それを中心として布教することになり、神官、僧侶を教導職十四級の職階に分けて教部省が管轄することになった。そのため、仏教界は教導職の養成機関として、大教院の設置を上申し神官とともに運営することになった。しかし、これは、政府が宗教界を統制し神道国家とすべき手段であったわけで、それにたいして、仏教界は従順せざるを得なかったのである。さらに政府は、僧侶の待遇についても、従来の江戸期の制度を弊習とみなして改革に走ったのである。教導職を置いた同じ四月二十五日、太政官布告第一三三号によって、

自今僧侶肉食妻帯蓄髪等可為勝手事

但法用ノ外ハ人民一般ノ服ヲ着用不苦候事

と、僧侶にたいし肉食、妻帯、蓄髪、俗服を公許したのである。すでに当時、肉食妻帯が行われていたようで、それは公然の秘密であった。一向宗（真宗）は、公然と妻帯し非僧非俗と称していた。もちろんこの布告は、仏教の戒律において非法で破戒となるが、政府は破戒を禁じないというだけで奨励したというわけではなかった。つまり政府は、江戸期のように僧侶を特別扱いするのでなく、特別扱いが弊習であり、それを打破し一般俗人と同様の待遇にしようとしたのであった。そして、六月十二日には太政官布告第一七六号を出し、

僧尼服忌ノ儀ハ是迄御制度モ無之候処自今人民一般ノ服忌ヲ可受事

とあるように、僧尼も一般人民と同じように服忌せしめたのである。さらに九月十四日には、

自今僧侶苗字相設住職中ノ者ハ某寺住職某氏名ト可相称事

但苗字相設候ハヽ管轄庁へ可届出事

と僧侶に苗字を設け、一般人民と同様、在家の姓名を名乗らしめたのである。

翌六年正月二十二日、先年四月二十五日に布告された僧侶の肉食妻帯等勝手の布告にもれた比丘尼にたいしても、

壬申第百三十三号布告僧侶肉食妻帯蓄髪等可為勝手旨被仰出候ニ付テハ自今比丘尼ノ儀モ蓄髪肉食縁付帰俗等

可為勝手事

但帰俗ノ輩ハ入籍致シ候上戸長へ可届出事

と蓄髪、肉食、縁付、帰俗などの自由を布達したのである。

そして翌七年七月十日には、太政官布告第七十四号に、

本年一月第八号僧尼族籍編入ノ布告自今左ノ通更定候条此旨僧侶へ布告スヘキ事

一僧尼ノ輩族籍被相定候条各自其原籍ニ復スヘキ事

一原籍不分明又ハ復籍ヲ望マサル者ハ現在地へ別ニ本籍相定若シ原籍地ノ外へ本籍相定度望ノ者ハ一旦現在地へ定籍ノ上其地ヨリ望ノ地へ送籍スヘキ事

但別ニ本籍相定候者ハ元身分ニ不拘総テ平民籍タルヘキ事

（後略）

と僧尼を原籍に復帰させ、もし、原籍不明や復籍を望まない人は現在地で本籍を定めることになった。

このように、明治五年から七年の二年間に太政官布告によって国法上から僧尼が全く出家者ではなくなり一般俗人と同様な在家の戸籍を有する民衆の一員になったのである。一般民衆と認められるからには、国民としての権利や義務が民衆と同様になり、徴兵令の除外例があったものの、それも撤去されてからは僧侶も俗人と同じく兵役に服したのである。

ここで考えねばならないことは、政府が僧尼の肉食、妻帯、蓄髪、俗服の自由と苗字を公称し戸籍に編入して、出家者でなく、事実上、在家者と認めた点である。それについて、宗門ではどのように対応したのであろうか。それをながめてみよう。

第一の肉食、妻帯、蓄髪、俗服の自由についての布告にたいし、六月二日、環渓、奕堂より宗内巡廻教導職へ「教導職須知畧」を布達した。その一つに、

一仏家ノ戒律ハ天下普率ノ公法ニ非ス中世以来混シテ王制ノ如ク相成僧侶ノ仏戒ヲ犯者官刑ニ処セラル、ニ至ル今也仏戒ハ仏氏ニ委シテ持犯トモ勝手タルヘキノ儀誠ニ公明至当ト謂ヘシ然ト雖諸部ノ法各々戒律アリ戒律厳ナラサレハ教法行ハレ難シ況ヤ人情ノ嶮岨ナル之ヲ戒ルニ律ヲ以テセスンハ減否ヲ弁セス只禁欲ヲ恣マヽニシ逐ニ善性ヲ損スルニ至リ憐ムヘキノ甚シキナリ依之末派ノ僧侶ヲ教ルニハ従前ノ通仏祖ノ戒律ヲ以テ急度教諭ニ及フヘクノ旨伺済ニ相成候段寺院へ可申諭事

と、仏教の戒律は公法でないが、中世以来、公法のごとくになり、仏戒を犯した者は官刑によって処罰されていた。しかし、今回の布告により、仏戒は仏者の自由になったが、末派の僧侶は従来どおり、仏戒を教諭することをいっている。さらに六月五日、広く末派寺院へ次のような訓諭を出した。

全国末派寺院

自今僧侶肉食妻帯蓄髪等可為勝手ノ御布告有之ニ付事情不明之族旨意取進驚愕致候テハ不都合ノ儀ニ候条畧〻弁ジテ示スコト左ノ如シ

沙門ノ徒久シク遊惰ニ流レ仏祖真実ノ道ヲ了スルコト能ハス陽ニ解脱ノ形ヲ票シ陰ニ繋縛ノ念ヲ抱ク者十之八九ハ皆是ナリ夫宇内万国文明日新ノ秋ニ膺リテ独吾カ　皇国ノミ斯ノ流弊ヲ坐視スルニ忍ンヤ然ト雖コレカ厳規ヲ立テ、以テ之ヲ糺問セント欲セハ天下ノ僧侶将ニ孑遺ナカラントス於是一回寛大ノ典ヲ降シ咸ク其好ム処ニ循ハシメ而後自然真偽趣ヲ異ニシ涇渭判然タラハ仏祖ノ大道再ヒ宇内ニ興隆センコト必セリ是レ乃チ既往ヲ咎メス将来ヲ諫メ僧中ニ其人アリヤ否ヲ検スル所以ノ微意ナリ仏子ソレ枢機ヲ察セサルヘケンヤ且夫仏戒ハ素

ト仏弟子ノ禁ニシテ天下普率ノ律ニ非ス然ルニ中世以降混シテ王制ノ如ク其犯戒ノ僧アレハ之ヲ罰スルニ王律ヲ以テス且ク鷲嶺ノ付嘱ニ基クト雖亦甚シキコトアリ今ヤ明令一タヒ降リ仏律ハ沙門ニ委シテ（委ハ勝手タルヘキノ義）自ラ是ヲ厳整セシム是ノ時ニ当テ仏子タルモノ速ニ回光返照シテ従前ノ不規ヲ改メ憤発激励正法ヲ護持シ国恩ヲ報セスンハ更ニ何レノ日ヲカ待ン是レ我等カ竜天ニ誓テ末派ノ僧侶ニ期望スル所以ナリ若又自ラ顧ヲ明ニ仏戒ヲ持シ仏種ヲ継クコト能ハサルガ如ンハ各自ノ好ム処ニ任セテ早ク裁制セヨ濫吹シテ法門ヲ汚ス間敷事

これによって明らかなように、仏者は従前の不規を改め憤発激励して正法を護持し国恩に報ずるといっており、仏戒を護持することは各人の自由にまかせるが、法門を汚すことは行ってはならないと厳訓している。しかし、正法を護持することが国恩に報ずることといって、国家の布告を肯定しながらも正法の仏教を護持せねばならない矛盾する意見によって厳訓したのである。

その後、政府は明治十一年二月二日、内務省番外達で、

仏道各宗管長

明治五年四月第百三十三号僧侶肉食妻帯等可為勝手公布之儀ハ従前右等ノ所業ヲ禁止セシ国法ヲ廃セラレ候旨趣ニ止リ決シテ宗規ニ関係無之訳ニ候条此旨為心得相達候事

と布達した。これは、肉食妻帯等自由の法令が従前までの僧尼の法令を廃止したもので、各宗派の教義などの宗規を廃したのではないとする弁解であった。つまり、肉食妻帯等自由を撤回した取り消し令ともいえるものであった。

それにたいし、宗門では三月一日、末派寺院へ、

全国末派寺院

本年二月二日内務省番外達書ノ趣ハ本宗限リ当時伺済ノ上明治五年六月五日詳細弁解シ末派一同へ教諭ニ及其

後連年厳達致置候事件ニ付各自誤認ハ毛頭有之間敷候得共自今一層反省シ宗規違犯無之様可心懸候此旨布達候事

と布達し、詳細は、すでに明治五年六月五日に末派寺院へ訓諭したとおりで、その後も毎年厳達しており、各自誤認せずに反省して宗規違犯しないようにといっているのである。なお、その間、同八年十一月二十四日の番外説諭に、

品行ハ人倫ノ要義ニシテ古今得失ノ因テ起ル所ナリ嗚呼大覚世尊戒法ヲ末世ニ垂ル其旨深ヒ哉其戒タル厳且整ナリト雖トモ如何セン澆季ノ際之ヲ持スル者幾ント希レナリ就中婬肉ノ二戒ニ至テハ陽守陰犯自他ヲ欺キ天鑑ヲ蔑如シ抗顔宗師タル者尠シトセス是名実相副ハス風俗ヲ汚染スルノ甚シキ者誠ニ慎マサル可ケン哉嚮ニハ官制ノ保護アリテ陽守スル者アリト雖ドモ一旦之ヲ解クニ当テ陰ニ犯ス所ロ断然之ヲ陽ニ行フニ至ル今ヤ宗制之ヲ釐正セント欲スト雖ドモ一時ノ能為ス所ロニ非ス況ヤ匪教蔓延我教衰耗ノ秋之カ備ヲ為ス日モ亦足ラス焉ンソ毛色ヲ論シテ相質ニ失フ可ン哉要スル所ロ唯国律ニ触レス檀信ヲ失セス力ヲ布教ニ尽シ以テ今日ノ急務ニ勉励センコトヲ四来ノ議員此意ヲ体シ宗徒ヲシテ誤認勿ラシメンコトヲ企望ス

とあり、宗門における第一回宗議会において、議員にも示しているのである。このように、宗門の立場は明治十一年に至っても示達によって明らかなように、妻帯等を否定した立場をとっていたのである。

明治十七年八月十一日、政府は神道、仏教の教導職制を廃止し、住職の任免や教師の進退等を各宗管長へ委任することになった。各宗において宗制を制定することになり、曹洞宗宗制の第三号曹洞宗寺法条規第九条に、

寺院中ニ女人ヲ寄宿セシム可ラス

との一条を設けた。また、これに側注して、

行政上ニハ僧侶ノ妻帯ヲ妨ケサルコト明治五年第百三十三号ノ公布アレトモ右ハ宗規ノ範囲内ニ関係ヲ及ホサザルコト明治十一年二月内務省番外達ニ明ナリ故ニ宗規ハ依然僧侶ノ妻帯ヲ禁止ス政教已ニ区別アリ他ノ干渉ヲ脱シテ独立ノ機運ニ傾向セシ以上ハ奮テ宗規ヲ恪守スヘシ尼庵ニ男子ヲ寄宿セシメサルモ亦同シ

とあり、政教を区別している。

ここでも宗門の宗規は妻帯を禁止する立場をとっているが、明確な禁止の条文ではないため、寺外の別宅を構えての同棲など、解釈の相違によっては肯否いずれにも解釈できるものであった。しかも、この宗制の罰則には、寺院中に女人を寄宿せしめた人への罰則もなく、妻帯者への懲戒もみえない。ただ、仏戒護持を主張するのみという建前だけであり、徹底したものではなかったことは逆に当時、政府の布告を公許とみなし、妻帯した人の多く出てきたことが想像される。そのため、宗門の宗規は建前論となり、宗制中にも条文化されず罰則規定にも入らなかったものと考えられる。時代の風潮による流れという言葉で片づけることは軽率であるが、政府の強制で僧侶は出家者でなくなり、在家者となったため、出家教団はすべて真宗にたいして降伏したものになったのである。そして明治三十九年二月、改訂された宗制では、全く女人、妻帯などの条文が撤去せられ、昭和期になっては、寺族規程が制定される程にまで変遷したのである。

こうしてみてくると、政府によって、すなわち国法によって仏戒を自由にしたことは、一種の僧侶解放令とでもいうべきもので、是非の論を超越した爆弾宣言でもあった。それは弾圧干渉的でなく、自由解放による僧侶の自覚を問うものであったともいえよう。そのため、妻帯の賛否論は明治五年の布告以来、同十一年の取り消しともいえる布達が出るまでの間、激論となった。しかし、取り消し令が出るや妻帯者は自己の立場を弁護することが必要となり、それまでとは異なった是認論が生まれたのではなかろうか。

そこで、宗門における二、三の意見をながめてみよう。同八年、西有穆山が宮城県の宗門僧侶に示した文（「明教新誌」第一五〇号　明治八年八月十一日）に、

一今般神仏分離の布告は宗教自由の権を与へらる、ものなれは歓喜して一層憤励布教尽力すへき事

一僧侶蓄髪は政府之を許すと雖とも当地方未た蓄髪の僧あるを見ざれは置て論せす俗服は時を見処を察して人の忌嫌を避くへしたとへ旅行と雖とも如法なるに如かず俗服を好むものは袈裟の功徳尽未来際に徹して広大なる利益あることを知らさる所以なり故に時々宗祖の袈裟功徳巻を看読すへき事

一噉肉蓄妻は元より仏律にして政府の関さる所なり故に壬申以降各自の意に任せて従前の束縛を解くと雖とも噉肉は殺生の因蓄妻は惑業の因なることを観察し且つ人々発心の素願宗祖の本意浄地の居住檀家の信仰一々推究して布教の利害を顧み以て心に耻つること無く且つ活計確定して住職綿密ならば敢て之を咎めすと雖とも生涯の始終をも顧みす漫りに妻子を蓄へ法を無し信を破り人望を失ひ終に窮して職を守り妻子を養ふこと能はず離散零落するに至らばたとひ博文雄弁と雖とも何を以てか教導職と称することを得んや生死事大無常迅速時不時人善因善果悪因悪果の道理を観念して将来の苦業を恐れ言行共に戒慎すへき事

と示しており、蓄髪、俗服、肉食、妻帯のすべてに反対の意見であった。また、当時の意見（おそらく大内青巒の論説と思われる）として、最も嘆かわしいものは蓄髪で、つぎに妻帯、肉食、俗服であった。蓄髪のみを厳しく警戒し、仏衣を棄擲することを問わないとするは、西有穆山もいうように、袈裟の功徳が尽未来際に徹して広大な利益のあることを知らないためという。そして、政府の号令は法用のほか、一般民衆の服を着用してもよく、法用のほかは必ずしも一般の服を着用すべきという趣旨ではないという。それは近来、袈裟の取り扱いが不如法であることを見聞したためであった（「明教新誌」第一五三号　明治八年八月十七日）。

また、原坦山は妻帯するかしないかで清僧と俗僧に分け、「清僧は清規を遵行し専ら打坐参禅の宗風を扇揚して仏祖単伝の正法眼蔵を未来永劫に相続せしむる弁道師」といった。それにたいし、「俗僧は世間に随順して在家を悉く修証不二の妙境に契当せしむる唱導師」としたのである。さらに、寺院を弁道地と唱導地に分けて清僧寺と俗僧寺を区別する案を持っていたのである。(14) しかし、坦山が示寂したため、この名案はとりあげられなかったが、坦山の意見は妻帯を認める立場をとっていた。認めながらも無妻帯者とを区別し、住持寺院も二種に分けるべきであるという、当時としては発展的な意見であったと思われるのである。

明治五年四月の肉食妻帯等自由の布告にたいして、反対の意見を教部省へ建言した人がいる。その一人が福田行誡である。建白書の要旨をながめてみると、

一、仏教の戒律をゆるくし人情の私を誘うため、寺院における教導に迷惑である。

一、僧俗の相違は婬内鬚髪の有無であり、僧俗の区別が混乱する。

一、寺院は檀越の清なる浄財で建立した道場であるため、檀越の不帰依がおこる。

一、若僧は血気盛んなため数々の心得違いがあり、師家上座が呵責していた。教導職はその指導を行うことであるため、教部省の趣旨と変わることになる。

一、経説に、肉食は人間一途の食物で、天部以上の食物にはない。婬欲は欲界一途の煩悩で、色界以上はない。

などであったが、つまり、仏戒に違犯していることをいうのである。さらに、行誡は明治十年九月に各宗管長と連署の上、内務省へ僧風釐整の建言を行っており、その結果、政府は同十一年二月二日に取り消し令とでもいうべき布告を出したのである。(15)

このように当時は、反対意見の方が多くみられたが、明治十七年に教導職制が廃止せられ、政府の干渉から各宗

における宗制が制定せられた後、妻帯論が徐々に認められていき、日清戦争後の経済的好況に恵まれて、仏教界が一定の社会的地位を占めるようになってからは、妻帯肯定論が盛んになっていった。曹洞宗でも大正六年七月には、栗山泰音によって『僧侶家族論』が刊行され、妻帯の公許を主張し、妻帯上の二十四種の有益が説かれている。しかし、妻帯によって住職の世襲問題、遺族問題などにまで発展することになり、栗山泰音は寺院を世襲寺院、非世襲寺院と分け、住職にも条件を付すなどして、現実に即した論の展開を行ったのである。さらにその後、昭和十三、十四年頃にも再び妻帯論がとりあげられ、古川碓悟が『僧侶妻帯論』（昭和十三年五月　中央仏教社）、上坂倉次が『僧侶妻帯の諸問題』（昭和十四年三月　明治仏教研究会）などを刊行したが、両書とも、妻帯を公許する立場をとっているのである。

つぎに、僧侶に苗字を設けたことがある。つまり、一般人民と同じく在家の姓氏を名乗らしめたことで、それは明治五年九月十四日に布告された。仏教は本来、出家であるため俗姓を捨てており、姓氏はない。出家すれば同一釈氏であり、釈氏であるべきはずであった。しかし、政府が苗字を設けさせたことは、出家を認めず在家の俗人と同じ待遇にしようとしたものといってよい。いいかえれば、俗人たることを強制したものといえよう。そのため、俗姓を名乗ることに不服な者は、釈氏とか仏法、住持している寺院名など縁故のある名を選んで苗字とした人が少なくない。

苗字を設けることになったのは、明治四年四月四日に宗門改めや宗門人別帳が廃止され、新しく戸籍法の布告が出て、それによって翌五年二月一日から実施され編成された壬申戸籍によるのである。それまでの寺院人別帳は宗派、寺院、住職名、年齢を記し、生国と出家日、師僧名を記して、現住地に住職した年月日などを記したのみであった。しかし、版籍奉還で廃藩置県となり、国民の基本的戸籍を置くため戸籍法が布かれたわけで、宗門改めの用をなすものではなくなった。

僧侶は宗門改めや宗門人別帳では別扱いであったが、壬申戸籍法の第十八則には、

僧侶ハ其得度ノ地ヲ以テ本貫トシ他寺ニ転住スル時ハ送籍シ行脚遍参スルモノ寄留地ニ於テ鑑札引替ル事第十二則ノ例タルヘシ

とあり、得度の地を本貫とし、他寺に転住する時は送籍する。また、行脚遍参する者は、寄留地で鑑札を引替えると規定されている。そして、戸籍法実施とともに町屋敷、武家屋敷の区別が撤廃され、社寺の敷地に地番号が付けられた。また、神官、僧侶は教導職として華族、士族の待遇であったが、出家者として苗字を持たなかった僧侶にたいしては苗字を設けることになり、九月十四日に布告されたのである。要するに、壬申戸籍を実施するため僧侶も苗字を名乗ることになったのである。これにたいし、仏教側から出家を出家と認めず、在家の俗人待遇と同様にしたことに批判の意見は出たが、壬申戸籍は人別改め帳と異なり、四民平等の西洋思想をとり入れて身分違いの士族を平民と一緒にしたのであった。しかし、これは明治維新の王政復古によって古律令の戸籍法に復古しただけという意見もみえる(16)。

苗字の問題について、増上寺に置かれた大教院では種々の案が出ていた。例えば、各宗本山住職は開山祖師の苗字を称するか、末寺では隠居した先住より弟子に至るまで、同苗字による一家僧族を定め、転住の時は転住先の苗字を称するという案も出たのである(17)。

宗門でも、例えば西有穆山は苗字を設けたことを喜び、苗字で呼称されることを望んだようであったが、修禅寺の古知知常は、最初に仏敵の姓を届けた。しかし、官庁は僧分として不似合の理由から改めるべく再三の督促を行い、知常はついに古知と記して姓としたのであった(18)。

ところが、同七年一月二十日、太政官布告第八号に、

僧尼ノ輩自今族籍被定候条各自元身分ヲ以テ本人望ノ地へ本籍相定其管轄庁へ可届出尤本末寺トモ宗教事務管理ノ儀ハ従前ノ通取扱一般ノ職分同様ニ可相心得此旨僧侶へ布告スヘキ事

但原籍へ復帰シ及師僧或ハ親戚へ附籍ノ儀ハ情願ニ任セ不苦尤一寺住職ノ者ハ平民タリトモ身分取扱士族ニ準候儀ハ従前ノ通候事

とあるように、僧尼は今より族籍を定めるとして、各自の元の身分をもって本人望みの地へ本籍を定め、その管轄庁へ届け出させることになった。ただし、師僧または親戚へ附籍のことが請願によって許されることになり、住職の身分の取り扱いは、たとえ平民でも従前どおり士族扱いとされることになったのである。そのため、大教院は三月三十日、右の布告が廃寺や排仏と誤解されないことを各宗へ布達した。

本年第八号御布告僧尼ノ輩自今族籍被定云々ノ儀ニ付御旨意ヲ誤解シ或ハ廃寺排仏等之疑惑ヲ生シ或ハ本籍相定候ニ就テハ一寺住職ト雖モ新規別戸相搆エ寺院ハ通勤ノ儀ト相心得候者モ有之哉ノ趣以ノ外ノ事ニ候従前僧侶ハ其所生ヲ辞シテ四民ノ外ニ居リ族籍無之者ニ候処方今一視同仁ノ御政体ニテ万民各其所ヲ得セシメラレ候御趣意ヲ以僧侶ヲモ度外ニ不被為置一般族籍ノ儀被仰出尚本籍ハ本人望之地タルヘク且原籍へ復帰師僧親戚へ附籍スルモ都テ情願ニ任セラレ候上ハ格外御保護被成下候筋ニ候得ハ銘々篤ク相心得可申尤宗教事務管理之儀ハ従前之通取扱一般之職分同様可相心得ト有之候上ハ一寺住職ハ勿論法弟ニ至迄仮令原籍へ復帰候迚其寺ヲ相離レ候事ニモ無之且族籍相定候上ハ出家之道不相立杯ト存違候者モ有之哉ニ候得共畢竟出家ノ出家タル所以ハ心術之上ニ有之ハ勿論之儀其形迹ヲモ弥正クスヘシ就テハ僧侶ハ固ヨリ自ラ修メ人ヲ導キ以テ国家ニ報ルハ其職分ナレハ益以布教ヲ担当シ実効相挙候様一層奮勉可致此段及説諭候事

このように、族籍を定めることは出家の道を立てないなどというが、出家の出家たることは心術の上にあり、形跡を正しくすべきもので、僧侶はみずから修して人を導き、国家に報ずる者で布教を担当し一層奮勉することを説諭している。

この背景には肉食妻帯等自由を否定し、出家たる僧侶は、仏戒を守ることといわんとしたものであろう。また、三条教則を中心とする説教を行い、国家に報ずることもいっていると思われる。さらに、七月十日には、太政官布告第七十四号が出された。

本年一月第八号僧尼族籍編入ノ布告自今左ノ通更定候条此旨僧侶へ布告スヘキ事
一僧尼ノ輩族籍被相定候条各自原籍ニ復スヘキ事
一原籍不分明又ハ復籍ヲ望マサル者ハ現在地へ別ニ本籍相定若シ原籍地ノ外へ本籍相定度望ノ者ハ一旦現在地へ定籍ノ上其地ヨリ望ノ地へ送籍スヘキ事
但別ニ本籍相定候者ハ元身分ニ不拘総テ平民籍タルヘキ事
一真宗維新以来華族ニ列セラレシ者ヲ除クノ外並旧修験等世襲ノ者モ一般平民タルヘキ事
一本末寺共其住職タル者宗教事務管理ノ儀一般ノ職分同様タルヘキ事
但一寺住職ノ者ハ平民タリモ総テ身分取扱士族ニ準候儀ハ従前ノ通タルヘキ事

これによって原籍の不分明、また、復籍を望まない人は現在地へ別に本籍を定め、もし現在地外へ本籍を定めたい者は、一旦現在地へ定籍の上、その地より希望地へ送籍させ、別に本籍を定める者は元の身分に拘らず、すべて平民籍に編入した。また、真宗の僧侶で維新以来、華族に列せられた者以外と旧修験者など世襲者も一般平民としたが、住職の身分は従来どおり士族に準じたのである。しかし、住職の宗教事務の管理は一般の職分と同様にみなされており、身分は職分によっているのであった(19)。

以上、明治初期における政府の僧侶にたいする待遇を二つの視点からながめてきた。肉食妻帯等自由、さらに壬申戸籍に伴う僧侶の苗字および族籍に復帰した点である。すでに考えてきたように、これらは出家者としての仏戒を犯すものであったことは周知のとおりである。しかし、政府は江戸期の制度を弊習とみなして改革を行い、出家の僧侶たりとも国民民衆の一員であるとし国民民衆と同じ俗人同様の待遇としたのであった。

しかも、僧侶を神官とともに教導職に任じ、三条教則の敷衍を行わせしめる政教一致策をとった。僧侶は三条教則や十一兼題、十七兼題など神道を学びながら一歩一歩俗人とさせられていったのである。当時の仏教界は、それに反抗できる状態ではなく、政府の強制的手段の枠に従順せざるを得なかったのである。したがって、明治十七年八月に教導職制度が廃止され、各宗は管長の下で独自に管理され布教活動ができるようになるまでの間は、苦闘の時代であったといえよう。今日に至っては、政府の布告した妻帯公許が数度にわたる論争を踏まえ黙認される時代に進展したのである。

註

(1) 杉本尚正『各宗教導職職員録』二の「中講義」に

敦賀県下　慈眼寺住職
十一等出仕　田倉岱洲

とある。

(2) 藤井貞文「教導職廃止の要因」(昭和五十年八月「神道学」第八十六号)。

(3) 服部空谷『鴻雪爪翁』一〇四頁。

(4)『環溪禅師語録』(昭和五十八年九月　大本山永平寺)四十六丁左。
(5)横井雪庵『各宗高僧譚』(明治三十年十月　春陽堂)一三〇頁。
(6)川口義照「明治仏教における教導職職員」(上)(昭和六十一年十一月「曹洞宗研究員研究生研究紀要」第十八号)。
(7)上坂倉次「明教新誌」(昭和九年十月「明治仏教」第三号)。
(8)河野省三「明治初年の教化運動」(昭和七年十一月「国学院大学紀要」第一巻)。
(9)辻善之助『明治仏教史の問題』(昭和二十四年一月　立文書院)一八五頁。
(10)豊田武『改訂日本宗教制度史の研究』(昭和四十八年十一月　第一書房)二一八頁。
(11)山岸安次郎『洞上高僧月旦』(明治二十六年十二月　古香書院)四九頁。
(12)川口高風『白鳥鼎三和尚研究』(昭和五十七年六月　第一書房)七九頁。
(13)熊谷忠興「樺戸山北漸寺」(昭和五十九年九月「傘松」第四九二号)。
(14)横関了胤「坦山和尚の清僧俗僧分別案に就て」(昭和十三年三月十九日「中外日報」)。
(15)望月信道『行誡上人全集』(昭和十七年九月　大東出版社)四五一頁以下。
(16)新見吉治『壬申戸籍成立に関する研究』(昭和三十四年一月　巌南堂書店)一四五頁。
(17)新見吉治、前掲書、九〇頁。
(18)横井雪庵、前掲書、一二一頁。
(19)新見吉治、前掲書、九一頁。

第六章　各種制度の形成と展開

第一節　托鉢の禁止と解禁

明治五年十一月九日、政府は府県に、

府県

自今僧侶托鉢之儀禁止候事

（教部省達第二十五号）

と托鉢禁止の令を発布した。廃仏毀釈の動きに端を発したものであるが、糊口のための乞食に堕する弊害もあったため禁止されたのである。しかし、如法の僧侶にとっては檀越より送供の食料がなくなるため、命根を断絶されたのと同じであった。そこで、諸宗の管長らが相議して政府へ托鉢の解禁を建言請求していた。

本来、托鉢は鉢を托出する、鉢中に物を承けるの意味で、鉢を挙げて食物を乞うことをいう。また、行乞、乞食ともいい、出家者が鉢を携えて城市、村落などにおいて食物を乞うたのである。インドでは仏教以前からバラモン教の教団で行われており、仏教でも当時の風習に従って十二頭陀行の一つとして行乞を行った。身には三衣をまとい、食器の一鉢を持って、原則的には托鉢により食物を得ていた。中国に仏教が伝わると行乞の訳語として乞食があてられ、宋代には鉢を携える意味から托鉢という言葉があてられるようになった。中国や日本では禅宗を中心に諸宗の間で修行の一つとして行われており、それらの規則に関しては『百丈清規証義記』第七、下などによって明らかになる。

江戸期の宗門の托鉢行については、指月慧印に出家者の行乞受食の意義と用心を委細に示した「行乞篇」の著作があり、その中に、

身形ヲカヘリミ、威儀斉整ニシテ、左手ニ応器ヲトリ右手ニ錫杖ヲ持シ、緩歩シテ象ノゴトク、左右ヲカヘリミズ、人ト言語セズ、他事ヲ聴視セズ、卒暴ナラズ、……

と托鉢の注意を与えている。いずれにしても、叢林において自己を究明する修行の一つとして、さらに、貪欲心を起こさない布施行として、現在でも托鉢が行われている。

明治五年十一月九日に托鉢は禁止されたが、同十四年八月十五日には、政府が、

明治五年十一月教部省第廿五号達僧侶托鉢禁止之儀相廃候条此旨布達候事

但托鉢者ハ管長ノ免許証ヲ携帯スヘシ

（内務省布達甲第八号）

と托鉢解禁の布達を出し、つづいて各宗派管長へ、

仏道各宗派管長

僧侶托鉢解禁之儀今般別紙甲第八号布達候ニ付テハ自今左ノ条件遵守各宗派僧侶（教導職試補以上）ノ内托鉢ヲ為サント欲スルモノ免許方法及取締規約取調可伺出此旨相達候事（別紙ハ上ニ載ス）

托鉢免許方並托鉢者心得

一托鉢ヲ免許セシトキハ左ノ雛形ニ照シ免許証ヲ交附シ其都度願者所在ノ地方庁ヘ通知シ東京ハ警視庁ヘモ通知スヘシ

一托鉢ヲ行フハ午前第七時ヨリ同第十一時迄ヲ限リトス

　但遠路往返ノ為メ時間ヲ遷延スルハ非此限

一托鉢者ハ如法ノ行装ニテ免許証ヲ携帯シ行乞スルヲ常トス施者ノ請フアルニアラサレハ人家ニ接近シ濫リニ歩ヲ駐ムヘカラス且施物ハ施者ノ意ニ任セ敢テ余物ヲ乞ヲ許サス

一托鉢者ハ一列三人以上十人以下タルヘシ且公衆来往ノ便ヲ妨クヘカラス

一免許証ハ何時タリトモ警察官等ノ検閲ニ供スヘキモノトス

標牌雛形

　木製（次頁に縦・横、表・裏などをあげた）

と「托鉢免許方並托鉢者心得」を達し、托鉢禁止を解いて、托鉢者は教導職試補以上の者で、所属宗派管長よりの免許証を受け、午前七時より同十一時までの間、一列に三人以上十人以下の僧衆に限り許可された。解禁されるまで、諸宗派管長らの請願があったようであるが、如法僧として福田行誡（当時、増上寺住職）は同十三年に解禁を請願した。行誡は托鉢方法十六条を草稿し、これに各宗管長の添書を付して内務卿に呈しており、「托鉢免許方並托鉢者心得」には行誡の十六条の方法が採用されている（『明教新誌』第一二〇〇号）。

解禁を布達した内務省達戊第二号にたいし、疑義をもち数条の伺書を内務卿に呈していた人がいる。それは当時、永平寺東京出張所（宗務局）監院を務めていた青蔭雪鴻で、曹洞宗管長代理として伺ったものである（『明教新誌』

縦六寸　横二寸

表

第何号

○

何宗派管長印

焼印

托鉢免許之証

裏

何府県国郡区町村
何寺住職徒弟
〔教導職名〕
〔試補〕
何　某
年月日生

年月日

（内務省達戊第二号）

第一二〇二号）。

　その第一は、第一項に托鉢を免許せし時は左の雛形に照して免許証を交附し云々とある点で、この免許証は管長より末派の僧侶に交附すべきものであるが、管長には誰より交附すべきか。別に免許証を必要とせず、ただちに戊第二号達で免許の証とみなすというのか。

　第二は、第三項に施者の請うあるに非ざれば、人家に接近し濫りに歩みを駐むべからずとあるが、在村僻遠の地は、人家はもとより接続しておらず、行乞に便利ではない。このような所に托鉢したい時、いまだ人家に接近しないため、施者の求めがあるか否かを知ることはできない。したがって、このような地に限り適宜に人家に接近してもよいか。

　第三は、第四項に托鉢者は一列三人以上十人以下たるべし。かつ公衆来往の便を妨ぐべからずとあるが、学校や叢林、江湖道場などは僧が十人以上おり、百人から二百人が同居して弁道することもある。したがって、公衆の来往を妨げないならば、一列に十人以上でもよいか。必ず一列を十人以下と定め、公衆の来往の便を図って数列で同時に行乞するというのか。とあり、これらの伺書は、雪鴻が托鉢免許法を考究し曹洞宗の取締規約を制定するため、その指令を得て敷設しようとしたのであった。それについて「明教新誌」記者の意見をあげると、

第一について、托鉢は僧侶の清浄食を得る正路である以上、管長といえども貫首であっても常に修行すべきである。したがって、当職管長の標牌は、雪鴻の考案したごとく戊第二号達書によってただちに管長の托鉢の公証とみなして良いであろう。一旦、管長を辞したならば、後任の管長より標牌を受けて一般僧侶と同等の公証を携帯すべきである。後任の管長は、すでに前職管長の時標牌を受持した人ならば、管長が交代した後、天下に托鉢の公証を得ていない者はいない。そのため当職管長に限り、ただちに戊第二号達書によって托鉢免許の公証とみなすのである。

第二については、在村僻遠の地において人家に接近することは、止むを得ない事情であり仕方がない。しかし、禁令せられた理由を考えてみると、托鉢者が不如法な人家に接近し猥りに歩みを止めて施す心のない男女に強いて施物を請わんとする卑劣の所業を恐れて禁止されたものである。このような不如法者は法律に背くのみならず、仏祖の教誡にも違犯している。したがって、管長が最初に標牌を与え托鉢を公許するにあたり、願者の心行を点検し世、出世の二法に違背することのないように誓わしめ、自己の命脈を減殺する者はない。もし、違犯した場合、内務省乙第三十八号の法律で各地方官において処分せられ、仏法では管長が標牌を奪う権利がある。一、二の不如法者を恐れて数万僧侶の不便を顧みるのである。

第三については、数十・数百人が一時に行乞するのは止むを得ないことである。たとえ甲宗が一列十人以下の制

を恪守し、その他の托鉢を許さなくても乙宗丙宗が各々一列でなく、一市一村中を四、五列の托鉢者でいるのをみる。したがって、一列十人と定められた者は結局、公衆の来往の便を図るに過ぎず、他に何の意義も含まないならば、雪鴻の伺書の末段にいうごとく、公衆の来往を妨げない限り数列で同時に行乞しても支障のないところであるという（「明教新誌」第一二〇四号）。

このように、雪鴻の伺書に同意見を持った人のいたことも明らかになったが、それは宗門人でなく他宗門の人のようであった。雪鴻に同調し早く完全な托鉢免許法の完成を政府に希望しているのであった。

明治十四年十月十四日、管長畔上楳仙は内務卿松方正義へ

曹洞宗托鉢規約実施イタシ度ニ付伺

本年御省戊第二号御達シヲ体認シ本宗僧侶托鉢免許方法及取締規約別紙之通取調候御差支無之候ハヽ速ニ実施イタシ度此段相伺候也

曹洞宗管長

明治十四年十月十四日　大教正　畔　上　楳　仙

内務卿松方正義殿

と曹洞宗の托鉢規約の実施の伺いを出した。そして十一月十七日に、内務卿山田顕義より「書面之趣差支無之候事」と指令許可を受けており、十一月二十一日には両貫主より全国末派寺院および僧侶へ、

宗局布達第十七号　十四年十一月廿一日

全国末派寺院及僧侶

本年八月内務省甲第八号達托鉢解禁ニ付戊第二号ヲ以各宗管長へ御達之趣有之依テ本宗僧侶托鉢免許方法及取

締規約別紙之通同省へ伺済乃チ両貫主ヨリ諭告相成候条右修行ノ者ハ篤ク該旨趣ヲ領認シ毫モ規約ニ触忤セサル様注意可致此旨布達候事

十四年十一月廿一日

両貫主御連名

諭　告

明治十四年八月十五日ハ果シテ何日ソ政府分衛ノ禁ヲ解キ仏子ヲシテ正命食ニ復シ法身ノ慧命ヲ任持セシム豈ニ吉祥中ノ最吉祥ニアラスヤ夫レ分衛ハ千仏ノ清軌万祖ノ勝躅ナリ金剛経ニ曰爾時ニ世尊食時ニ着衣持鉢シテ舎衛大城ニ入テ其城中ニ乞食シ玉フト苟モ仏子タルモノ之ヲ履践セザル可カラス慳慢ノ名利ヲ断除シ法身ノ慧命ヲ相続スルハ唯此法門ヲ最ナリトス然リ而テ近世桑門ノ之ヲ修スルヤ往々其名アリテ其実ナシ啻ニ其実ナキノミナラス非法非律ヲ極メ弊害ヲ生スルモノ枚挙ニ遑アラス政府曾テ之ヲ禁セラレシハ蓋シ此ニ由ルナラン其レ然リ政府之ヲ禁スルニ非ス仏子之ヲ招クナリ嗚呼慎マサルヘケンヤ今ヤ幸之ヲ解カレシハ偏ヘニ有道輩ノ志操ト賢明者ノ保護トニ因ルト雖モ抑モ仏祖加被力ノ然ラシムルニ非スンハ焉ゾ此吉祥アルコトヲ得ンヤ吾人蘇息ヲ出スハ已ニ今日ニ在リ仏家ノ元気ヲ復スルモ亦期スベシ仏子善ク之ヲ思念セヨ若シ此時ニ際シ仏祖ノ正轍ニ由ラス貪婪ノ邪坑ニ堕セハ再ヒ政府ノ法令ヲ招キ遂ニ仏祖ノ慧命ヲ断スルニ至ラン不祥亦焉ヨリ大ナルハナシ嗚呼慎マサルヘケンヤ

と曹洞宗僧侶托鉢免許方法と取締規約を諭告された。「托鉢修行規約」は第一章托鉢之大意、第二章托鉢免許方、第三章托鉢者用心、第四章総結の計十九条より成り立っており、翌十一月二十二日には曹洞宗務局より各府県教導取締へ、

宗局達書第十八号　　十四年十一月廿二日

各府県教導取締

本年宗局第十七号布達ノ趣ニ付所轄内寺院住職及徒弟試補以上ノ者托鉢免許ヲ願度向ハ該規約第四条ノ手続ヲ以出願可為致此旨相達候事

但本条出願ノ者ハ手数料トシテ住職ハ金壱円徒弟ハ金五拾銭ツ、願書ニ添へ納付セシムヘシ

と托鉢免許の出願することが布達されている。

ところが、托鉢は解禁されたものの規約に違犯したり無標牌の人、衣食を貪り資糧とする人が出るなど、警察官や地方庁より報告がなされて管長に尋問があった。そのため宗務局は、同十六年六月十八日に、

宗局布達第二十八号　十六年六月十八日

全国末派寺院及僧侶

托鉢開禁ニ付明治十四年宗局第十七号達規約并両貫主諭告有之爾来該規ニ準シ托鉢修行セシメ候処往々規約ニ反シ或ハ無標牌ノモノ之ヲ行シ或ハ坊間ニ寓居シ純ラ衣食貪婪ノ資糧ト為ス者アリ為ニ警察官ノ検督地方庁ノ具状ヲ煩シ其筋ヨリ管長へ垂問アルニ至ル実ニ一人ノ不規ヨリ宗門ノ体面ニ関渉シ甚シキニ至テハ仏家ノ全面ヲ汗穢シ痛腸之至ニ候依テ諭告ノ旨ヲ体認シ毫モ規約ヲ違犯スへカラス此旨更ニ布達候事

と全国末派寺院および僧侶へ規約を違犯すべからずと布達している。なお、当時（明治十六年十一月十日）、大洞院住職椎名大由の曹洞宗管長より正式に受けた「托鉢免許之証」が転住地の竜泉院（千葉県東葛飾郡沼南町泉）に所蔵しており、警察官などの検閲に供した実物の免許証をみることができる(1)。しかし、それにも拘らず不埒の者が出ており、そのため翌十七年八月五日には「托鉢修行者警策条例」が出され、十月一日より実施すべき旨が布達されれた。それをあげると、

甲第拾参号　　十七年八月五日　　全国末派寺院

本宗僧侶托鉢修行ニ際シ往々規約ヲ遵守セサルモノ有之明治十六年六月宗局布達第二十八号ヲ以テ詳細諭示ニ及候ニ付托鉢修行ノ者各自反省スヘキノ処頃日益々違規ノ輩アリ不埒ノ至ニ候抑モ最初免許願ノ節都テ規約ヲ遵守センコトヲ誓ヒ保証人ヲ立テ、願出而シテ免許ノトキハ必ス規約一通ヲ附与シテ以テ平常ノ用心ヲ忘失スルコト勿ラシム然ルヲ自ラ省ミスシテ違規ノ修行ヲ為シ儘警察官吏ニ糺問セラル、ガ如キハ畢竟僧侶ノ志操ニ有之間敷事ニ候依テ今般托鉢修行者警策条例ヲ創定シ来ル十月一日ヨリ施行候条末派寺院僧侶ハ勿論宗学生徒ニ至迄屹度相心得ヘシ此旨布達候事

　托鉢修行者警策条例

第一条　此ノ条例ハ明治十七年十月一日以後托鉢修行者ニシテ規約ヲ守ラサルモノヲ処分スルノ例則トス

第二条　托鉢修行者ハ規約第一章ノ大意ヲ認得シテ第三章ノ用心ヲ恪守スヘシ違背ノ者ハ譴責シテ免許票牌ヲ返納セシメ更ニ　両祖真前ヘ違規懺謝トシテ住職ハ金参円非住職ハ金壱円五拾銭虔備セシム

但托鉢修行者ノ中規約ニ反スルモノアルトキハ其一列同行ノ者一般同等ニ処ス

第三条　托鉢修行者規約ニ反スルトキハ該保証人（免許願ニ保証セシ者）ハ規約ヲ遵守セシムヘキ保証ノ任ヲ尽サ、ルノ責ヲ免レス依テ違規者ヲ処分スルト同時ニ六十日間托鉢修行ヲ停止ス若シ保証人未タ托鉢免許票牌ヲ領得セサル者ニ候ハ、違規懺謝トシテ金壱円虔備セシム

第四条　本宗僧侶若クハ宗学生徒免許票牌ヲ領得セス私ニ托鉢ヲ修行スル者ハ満一年間宗内徘徊ヲ停止シ更ニ違規懺謝トシテ住職僧侶ハ金拾円非住職僧侶及宗学生徒ハ金五円ヲ虔備セシム若シ資力ナクシテ該納附ヲ怠ルトキハ徘徊停止ヲ延伸ス

第五条　托鉢免許票牌ヲ受ケタル者他ノ規約ニ反スル托鉢修行者ヲ見聞シテ之ヲ不問ニ付シタルトキハ規約第四章第十八条互相締約ニ反スルノ責ヲ免レス依テ三十日間托鉢修行ヲ停止ス

第六条　一支局所轄内ニ於テ違規ノ者アルトキハ該支局ハ規約第四章第十九条ノ監察締紀ヲ怠リタルノ責ヲ免レス依テ懺怠金弐拾五銭ヲ虔備セシム

第七条　此ノ条例第二条第四条ノ処分ヲ受ケタル者ハ更ニ三カ年ヲ経テ真実ノ悔過ヲ見認メ一寺住職三名以上ノ保証ヲ得ルニ非サレハ托鉢免許票牌ヲ附与セス

以上

とあり、違犯者にたいする厳しい処分を創定したのであった。

翌十八年五月二十八日には「曹洞宗宗制」が編次され、その第十号に「曹洞宗托鉢修行規約」が制定された。編次された綱領をみると、

第十号　托鉢修行

凡ソ僧侶ハ住職前住職徒弟ニ論ナク生涯浄命食ヲ以テ法身ヲ長養シ名実相叶フヲ庶幾スヘシ故ニ托鉢修行規約ヲ第十号ト為ス

とあり、僧侶は浄命食をもって法身を長養するところから、規約を宗制に編次したのであった。なお、この規約は明治十四年十月に内務省へ伺った「曹洞宗托鉢修行規約」をベースとしているもので、ほとんどが同じであり、教導職試補以上とか教導職を罷免せられた者とあるように、教部省時代の教導職が宗制では取り除かれている。そして「曹洞宗宗制」には、新たに、

第十一条　第七条ニ該当スル者ハ爾後先非ヲ悔悟シ謹慎修道満二年若クハ三年ヲ経ルニ非サレハ更ニ標牌免許

ヲ出願スルヲ得ス

が加えられ、托鉢免許の標牌を宗務局へ返納したものは以後、謹慎修道を二年あるいは三年へなければ改めて標牌の免許を出願することはできないとしている。また、同十七年八月五日に規約が創定された「托鉢修行者警策条例」もとり入れられており、「一警誡条規ニ触レテ懺謝未済ノモノ」「一警誡条規学級降殺以上ノ処断ヲ受ケタルモノ」と規定されている。そして同十九年五月十八日、内務省は托鉢者の取り締りを各宗管長もしくは地方取締へ通達していることが左記によって明らかになる。

乙第三号　十九年六月十日　　各府県宗務支局

本年五月十八日内務省令第九号ヲ以テ明治十四年同省乙第三十八号達書ヲ改正セラレ候ニ就テハ自今托鉢犯則者有之トキハ其筋ノ都合ニ由リ或地方取締ニ通知セラル、コトアルへシ故ニ該通知ヲ受ケタルトキハ通知書ノ写ヲ添へ直チニ之ヲ管長ニ具状スへシ此旨相達候事

内務省令第九号　　庁府県

明治十四年八月当省乙第三十八号達中「当省へ可申出」トアルヲ「該宗管長若クハ其地方取締へ通知スヘシ」ト改ム

明治十九年五月十八日　内務大臣伯爵山県有朋明治十四年内務省乙第三十八号達

今般戊第二号ヲ以仏道各管長へ相達候条万一不都合ノ所業有之節ハ直ニ托鉢差止顚末詳細取調当省へ可申出此旨相達候事（別紙ハ略ス）

しかし、その後も規約を遵守せず宗制に触れるものが多かったようで(2)、ついに同十九年八月十六日、宗務局は全国末派寺院へ、

甲第拾号　十九年八月十六日　　全国末派寺院

本宗僧尼托鉢修行ノ輩最初免許願シテ旨意ヲ忘失シ規約ヲ遵守セスシテ宗制ニ触ル、モノ不少依テ当分宗内僧尼一般托鉢修行停止シ候条此旨普達候事

と当分の間、宗内僧尼の托鉢を停止することが普達された。そして各府県宗務支局には、

乙第四号　十九年八月十六日　　各府県宗務支局

今般甲第拾号普達ハ実際已ムヲ得サルニ出テタル者ニ付各支局所轄内僧尼托鉢免許票牌所有者一般ヘ篤ト教示シ修行停止中ハ決シテ出鉢セサル様監督スヘシ此段相達候事

但本文停止中ハ托鉢票牌免許出願ヲ進達ス可ラス

と托鉢免許標牌所有者へ篤と教示し、出鉢しないように監督することを達している。同二十一年十一月に編纂された『明治校訂洞上行持軌範』（明治二十二年八月　曹洞宗務局）には、托鉢の作法が全く述べられておらず、その後の宗務局の普達にも全くみられないところから、同十九年八月十六日の托鉢を停止する普達が、明治期の間生き続けたのであろう。

第二節　伽藍脈の廃止

明治八年一月十三日、寺院へ住職する際、伽藍二脈（大事・血脈）を重授する制度の廃止の布達が出された。それをあげると、

全国末派寺院

師資面授嗣承了畢三脉ヲ帯テ以テ法灯ヲ維持スルハ宗祖ノ家訓ニシテ毫モ違犯ス可カラズ然ルニ中古乱灯祖規

ヲ敗リ院ニ由テ師ヲ換ヘ其弊殆ンド済フ可ラザルニ至ル元禄ノ度卍山梅峯之ヲ患ヒ屢々官衙ニ哀訴シテ復古ノ動労アルハ末派ノ熟知スル所ナリ然ト雖積年ノ弊垢一洗悉ク拭フガ如クナル能ハズ遂ニ伽藍二脉重授ノ規ヲ創シテ以テ当時ノ意ニ充タシム延テ今日ニ至リ尚ホ克ク宗祖ノ家訓ニ復セザルハ豈ニ児孫ノ遺憾ナラズヤ因テ今般断然伽藍二脉重授ヲ廃止シ候条末派ノ僧侶厚ク此意ヲ体スベシ自今師資面授入室伝法三脉ヲ帯ル者ハ永瑩門下何レノ寺院ニ住スルトモ更ニ伽藍二脉ヲ附贅スルニ不及候此旨布達候事

但シ重授式廃止シ候トモ本末ノ条理ハ従前ノ通リ違乱ナキ様深ク注意シ交際一層親睦タルベキ事

とあり、伽藍法を廃止し師資面授入室伝法した人は、いずれの寺院に住持する際も伽藍法は附贅しなくて良いとしたのである。

では、どうして伽藍法の制度が設けられることになったのであろうか。それは布達にあるように、師資面授一師印証は仏々祖々嫡伝の法則であったが、中古には寺院に住持する際、その寺院の資となって二法三法を受ける乱灯になっており、そのため元禄期に、卍山道白や梅峯竺信らが本来の一師印証の復古を幕府へ訴えた。しかし、一師印証の二法相続の弊害を矯正するには、まず伽藍相続の方法を厳密にして乱離疎離の弊をなくさねばならず、そこで伽藍法を制定して二法相続の弊害を矯正したのである。

伽藍法の制定は本末関係の名分が明確になるため、末寺の少ない永平寺は同意しなかったが、幕府より一師印証の法則は仏々祖々の法則で道元禅師の家訓と公言したため、永平寺はみずから主唱すべき地位となり、永平寺が宗門の冠絶たる地位にあると主張して伽藍法を認めたのであった。それ以来二百年、宗門の嗣法において伽藍法は相続されてきたが、明治期になり廃止されることになった。その理由を考えてみると、それは明治五年三月に両山盟約が結ばれ、両山協和一体の宗制を布く上においてとられた結果であった。總持寺側では、伽藍法の廃止が能山の勢力を弱めるため不利といっているが、「但書」において、本末の条理は従前のとおりであることを規定することで本末関係を維持できた(3)。それにたいし永平寺側は、太政官の命令で従前の輪番住職諸寺院が独住制を設けることになった。輪住寺院は伽藍法の伝承を行っておらず、独住を置くことになったため、一宗の慣例によって伽藍法伝承式を挙げねばならず、大本山の總持寺も同三年七月に独住一世の栴崖奕堂を迎えるにあたり、伽藍法伝承式を挙げることとなる。輪住寺院の總持寺ではそれまで全く行われていなかったが、大本山の貫首として伽藍法伝承式を行わないのは奇観を呈するとみている(4)。しかし、伽藍法廃止となり本宗嗣続の法式は全く五百年前の古例に復したといわれ、寺に依て法に依らざるの弊習を全く根治した真に千古の英断ともいっている(5)。

廃止された後の十一月十五日より二十四日まで、青松寺において第一次末派総代議員会議が開催された。これは同五年十一月二十三日の両大教正告示に、

全国末派寺院

皇運隆盛百度維新ノ今日ニ膺リ吾徒独リ苟且偸安古ニ泥シ今ヲ知ラス加之海外ノ教法日ニ盛ンニ吾教日ニ衰ントス而シテ教法ハ国家ニ関渉スル一大事件也頃者我等辱クモ大教正ノ任ヲ蒙リ黽勉茲ニ従事スト雖質性固陋識量老耗終ニ能ク為ス所ニ非サル也因テ両山相謀リ新ニ教法議事ヲ興シ大ニ言路ヲ開キ公明正大ノ論ヲ採リ以テ教法ヲ更張セントス抑数百年来国家ノ洪恩ニ沐浴シ維新ノ今日ニ際会シ教法ヲ以テ国体ヲ翼賛スルハ固ヨリ吾徒ノ本分願ハ末派ノ碩学門閥老幼ニ拘ラス各自所見ヲ建白シ且ツ有志ノ輩ハ速ニ上京議論ヲ遂ケ盛世ノ鴻業ニ於テ万一ノ裨補アランコトヲ

とあり、近く末派大会議を開催し宗門の機要を公論に諮はんとする前提であった。その後、三年を経た同八年九月十五日、両大教正より最初の末派大会議召集の令達が発せられた。

時運変遷ニ随ヒ規模ヲ更定シ愈ヨ本根ニ培ヒ枝葉ヲ繁茂スルノ良図ナクンハ宗門ノ衰頽指ヲ屈シテ待ツヘキナリ故ニ左ノ条目ノ通広ク衆議ニ付シ各自ノ所見ヲ鳩シテ不抜ノ基本ヲ立テ宗教ヲ振作致度依テ本年十一月十五日ヲ以開議十日間致集議候条各府県下ニ於テ事理通達ノ者一名支局取締ヲ必トセス投票ヲ以公選シ期限迄ニ出京可致此旨相達候事

但往復旅費ノ儀ハ十里五拾銭ノ割ヲ以差与滞在中ハ勿論本山ニ於テ相賄可申候事

〇議目

一宗教恢張之事　　一宗務匡整之事

一両本山並宗局永続資本之事

一本校資本之事

右の令達で議員選挙、会期、会議召集など一切を含めたが、この令達と同時に会議規条を制定発布し、末派では各府県において事理通達の者一名ずつを選出したのである。そして、その会議における「決議条件」の一つとして、

〇伽藍二物廃止シ候処往々本末ノ権理義務ヲ誤ル族モ有　之ニ付本末ノ条理一層厳重ニ正フスヘキ事

を議定し、翌九年二月十五日に、

全国末派寺院

明治八年宗局達書第一号ノ儀ハ宗祖ノ家訓ニ基キ師資面授一師印証ノ洪範ニ復シ伽藍二物重授ノ附贅ヲ廃止シ候旨意ニテ本末ノ系譜並交際ハ決シテ違乱軽薄ニ不立至様一層本末ノ権理義務ヲ明瞭ニシ宗規ヲ遵奉スヘキ処末派僧侶ノ内間ニハ伽藍法脈ノ廃棄ヲ名トシ小本寺ヘ尽スヘキ義務ヲ軽忽ニ心得候者モ有之哉ノ趣不都合ノ事ニ候自今末寺トシテ其本寺ヲ等閑ニ心得宗規ニ戻リ自儘ノ所業有之者ハ其顚末ヲ具状シ本局ノ指揮ヲ受ケ而シ

テ末本ノ条理ヲ不紊交際親睦ノ様可心懸候此段布達候事
　但本寺ニシテ其末寺ヲ凌侮シ抑圧ノ所為有之者ハ末寺ヨリ其顚末具状スヘキ事

と伽藍二物重授を廃止した結果、末派で小本寺を軽視する弊風が生じたため、本末の条理を紊さざるよう従前に比して一層厳重にすべしと末派寺院へ諭達した。したがって、伽藍法が廃止されたものの本末関係は一層厳しくなったといえるのである。

第三節　廃仏毀釈に利用された『法服格正』

江戸期には幕藩権力と結びついた仏教界の安逸と形式化にたいして、先覚僧侶により戒律遵守が強調され、各宗に戒律復興運動が展開された。衣体も宗派にとらわれることなく正法の仏袈裟に帰するべきであるとの意図により多くの袈裟研究書が著わされた。それらをみると、当時は俗服と異ならず、施主も非法衣を贈ったり、僧は呉服店から高価な衣財を買い求めて女工を雇って輝くばかりに縫い作らせており、袈裟にたいする知識の乏しかったことを知ることができる。

袈裟研究書は宗派を問わずに著わされており、とくに享保～宝暦（一七一六～一七六三）年間に多く出ているようである。曹洞宗の研究書をあげるならば、徳巌養存『仏祖袈裟考』、卍山道白『対客閑話』、逆水洞流『剃度直授菩薩戒儀軌』『剃度周羅訣』『伝衣象鼻章稿』『得度或問弁儀章』、面山瑞方『釈氏法衣訓』、祖道『法服正儀図会略釈』、晦堂義秀『袈裟問答』、玉洲大泉『伝衣象鼻章稿巴歌』、黙室良要『法服格正』、祖光来禅『福田滞邃』などがあり、多くの袈裟研究書が著わされた。しかし、嘉永三年（一八五〇）には三衣事件が起こった。それは永平寺と總持寺の争議ともいわれ、永平寺が五十世玄透即中の著わした『永平小清規』を全宗門寺院に実行させようとしたところ、總持寺は開山瑩山禅師の『瑩山清規』によるため、実行できないと主張したことに端を発する。玄透の主張は、当時の宗門規式が黄檗宗の影響を強く受けていて道元禅師の古清規を忘却しているとし古規の復古を主張した。もちろん玄透以前は、永平寺も總持寺も黄檗宗の影響を受けていたことに変わりはなかったのであるが、玄透は永平寺のみならず全宗門寺院に古規復古の実践を主張したのである。とくに袈裟に環をつけることは古規に反しているといい、總持寺は従来どおり環つき、永平寺は環無しを主張して対立した。その背景には永平寺を総本山にしようとする下心があるとか『瑩山清規』の遺訓に反するものであるとかいう人まで出て、永平寺、總持寺の争議はついに幕府を動かして三回にわたり裁決が下されたのである。

　第一回は安政五年（一八五八）四月で、總持寺の申し立ては、

　　總持寺ニハ袈裟ハ是迄用ヒ来レル環紐有之九条七条並ニ掛絡開山瑩山二世峨山已来至今製作変動無之旨申立

といい、それにたいして永平寺は、

　　右掛絡ハ五条衣略製ノ品環紐有之袈裟ハ南山衣ト唱ヘ之ヲ用ユルハ宗祖家訓ニ触レルト

と申し立てたが、幕府の裁決は、

　　古今区々一定セズ故ニ右両様着用ノ儀ハ志趣次第是迄通リト心得ヨ

とあり、これまでどおりという解釈が両大本山で異なったため、第二回の裁決を願うことになった。第二回は安政七年（一八六〇）二月に、

　　越前国永平寺関三箇寺与能登国總持寺衣躰之儀異論に付相定覚

　一、曹洞一宗之衣躰古今区々而一定不致異論有之に付、以来一宗之僧侶環附之袈裟は相止環無之袈裟可相改事

一、總持寺を始加賀能登越中三箇国に罷在同宗之寺院は、従来之趣を以いづれの袈裟着用候共可為志趣次第事

一、總持寺へ輪番相勤る寺院右輪番中は同寺志趣次第之三衣可相用、乍併總持寺並加能越三箇国之寺院たりとも永平寺へ登山之節は環附之袈裟着用いたす間敷事

一、一宗之転衣僧綸旨頂戴に令上京之節は、向後輪無之七条衣以上可相用之、雖然加賀能登越中三箇国之寺院においては志趣次第之衣躰可相用事

一、転衣之望ある者は弥以志趣次第両山之内可致登山之、尤環無之袈裟着用之僧侶有之候而も總持寺において不可有異議事

右之条々今般衆議之上達老中之聴相定之畢、向後永平寺總持寺を始一宗之僧侶相互に和融いたし、弥宗門興隆尤可心掛候、依而為後証右令印判下置条永不可有異論者也

安政七庚申二月

水野左近将監 ㊞ 忠精
松平伊豆守 ㊞ 信吉
松平伯耆守 ㊞ 宗秀
松平右京亮 ㊞ 輝聴

と裁決され、宗門は環無しの袈裟に改め、總持寺はじめ加賀、能登、越中の寺院は環の有無を問わない。しかし、永平寺へ上山の際は必ず環無しの袈裟にすること、加賀、能登、越中の寺院以外の転衣僧が上京し綸旨を頂戴する時は環無しの袈裟にすること、なお、總持寺では環無しの袈裟によって転衣はできないなどが定められたが、總持寺より再び異議が申請され、翌文久元年（一八六一）七月、第三回の裁決が下され、環つきの袈裟も志趣次第で着

用できるようになった。

この十二年間の三衣紛争は従来の慣習と古規との対立であり、その影響として祖師の画像にある袈裟の環が削除されることも行われたようである。(6)

曹洞宗の袈裟研究書の第一は『法服格正』といわれる。『法服格正』は文政四年（一八二一）頃に黙室良要が著わしたもので、明治二十九年十一月に鴻盟社より『洞上法服格正』と題して発行された。それには西有穆山の序と滝谷琢宗の跋があり、それらによって『法服格正』の著わされた理由をながめてみよう。

序によれば、玄透即中が古規復古を唱え、道元禅師の『永平清規』への回復を打ち出したが、当時の人々は容易に従わなかった。しかし、尾張の万松寺の瑞岡珍牛は玄透に賛同して復古運動を補佐し、清規のみならず法衣の復古格正も提唱して『革弊論』を著わした。珍牛の弟子黙室は袈裟について全く知らない人の多いことを憂い、『正法眼蔵』袈裟功徳、伝衣を中心に律文を学んで衣法が一如であることを主張するため本書を著わしたという。黙室は随侍していた月潭全竜に将来は訂正し後世まで伝持するように教えており、月潭も数回、講義して改訂していった。月潭の下に学んだ西有穆山は月潭より、注を加えたり、律に明解な人に通覧を請うて印刻することをいわれていたが、容易にできず、同じ月潭門下にいた畔上楳仙の勧めによって法恩に報いるため刊行したという。

跋は、ある耆宿より聞いたこととして書かれている。それによると、信州松本の全久院の提宗元（玄）綱が大檀那（戸田侯）より袈裟の本来の意義を質問されたが、元綱は「袈裟は重要大事なものであるから軽率に答えるものでない。後日、よく考究して答える」と約束し、病気ということで一カ月間湯治に行く名目をたて、尾張の護国院へ行き黙室に質したのであった。当時は祖道の『法服正儀図会略釈』が曹洞宗における最も重要視されていた袈裟研究書であったが、漢文体のため和文体による容易なものを請われ、黙室は元綱の道心と大檀那（戸田侯）のために引き受け、珍牛をはじめ眼蔵研究の学友である黄泉無著、法叔の寂室堅光ら硯学に相談して教えを受けるとともに、律については珍牛と道交厚く尾張藩主の要請によって万松寺に留錫していた天台安楽律の豪潮律師に質して著わしたという。したがって、『法服格正』は近世の眼蔵家の第一人者によって著わされ、近代の眼蔵家の第一人者により刊行されたもので、しばしば眼蔵家の間で講筵が張られていた。

内容は道元禅師の『正法眼蔵』袈裟功徳、伝衣の教えと律の正しい教えとが一体であることを説いているため、曹洞宗のみならず真の仏法の袈裟研究書として広く仏教界に用いられ、しかも当時のすべての研究書を引用しているところから、袈裟研究書の集大成といっても過言ではないといわれた。(7) しかし、『法服格正』は松本藩の廃仏毀釈に利用され、著作を依頼した提宗元綱(二十九世)の住持した全久院をはじめ多くの寺院が廃毀された。明治二年六月、藩主戸田光則が版籍を奉還して、新たに松本藩知事に任命された。藩の政務は大参事稲村久兵衛によって決められ、その下には小参事神方新五左衛門、権小参事増田万右衛門、太賀努、権大属官根岸敬、小属官吉武権内、岩崎八百之亟らが補佐した。知事をはじめ稲村大参事らは朱子学を奉し、ことに水戸学を尊崇して行政の範としており、寛文年間および幕末に行われた水戸藩の寺院整理の政策をモデルとしていた。そのため翌三年八月には、敬神廃仏の説によって太政官弁官へ願書を提出した。

願　書

微臣光則、菲才薄徳ノ身ヲ以テ、之ヲ松本藩知事ニ承ケ寵遇優渥、日夜勉励仕候得共、管内ノ儀ハ僻在ノ地ニシテ、民心頑固、加之仏教浸淫、狡猾点衲、毎々志ヲ得テ民ヲ震撼セシメ、許多ノ財宝ヲ獲取シ、大ニ此道ノ榛蕪ヲナシ、何分皇国固有ノ大義ヲ妨礙シ、敬神ノ典ハ至急ニハ行ヒ難ク、実ニ憂慮ノ至リニ付、臣身ヲ以テ引率シテ、士庶人ニ至ル迄、仏教ノ信ズルニ足ラズ、祭政維一ナル我皇国不易ノ大典、万国ニ独立スル御趣旨浹洽仕セ度、目的ニ有之候間、最初臣一家ヲ始、神葬祭ニ仕、当藩士族卒志願次第承屈、遂ニハ管内悉ク神葬祭ニ相改サセ度奉存候、附テハ臣カ菩提所当藩松本町曹洞宗全久院、同埋橋村同宗前山寺儀、檀家一同神葬出願、承届上ハ無檀地ニ相成、有名無実ニシテ無益ノ贅物ニ付、廃却仕、住僧生活相立候迄、臣家禄ノ内ヨリ給助仕、両寺共学校ニ相改メ度、其他管内寺院無檀無住ノ贅物ハ同様廃却仕度、此段奉伏願候。恐惶謹言

明治三年庚午八月　　　　　　　　　　　　松本藩知事

弁官御中

これによって戸田光則の廃仏毀釈断行の決意が明らかになり、予めその承認を得ようとしたもので、太政官よりは「故障無クンバ可也」と指令されていた。そして十月には、藩士へ、

国家維新、古昔神聖経綸ノ跡ニ復シ、大ニ敬神ノ道ヲ崇拝スルハ千歳ノ一時、孰レカ踊躍奉体セザランヤ、況ヤ余菲才薄徳ノ身ヲ以テ、聖世ニ遭遇シ、之ヲ知事ノ職ニ承ク、固ヨリ藩士族卒庶人ノ輔ヲ得テ、相共ニ勉励シテ以テ敬神ノ道ヲ立テント欲ス、其先後ヲ量ルニ、蓋葬祭ノ典ヲ正スヨリ先ナルハナシ、故ニ余既ニ改典ヲ請ヒ、其免許ヲ受ク、幸之ニ過ギズ、食芹ノ至悃推テ之ヲ衆庶ニ及ボサント欲ス、士族卒宜シク是意ヲ体シ、異端左道ニ惑ハズ、其志ヲ同スルモノ余ノ不逮ヲ輔ケ、多少妨碍ヲ論議シ、能其方ヲ定メ、以テ仏典ヲ廃止シ、神葬祭式ニ改正、其成功ノ速ニ与ルヲ欲ス、是余ノ先卒ニ努ム所以ナリ。

午閏十月　　　　　　　　　　　　戸田光則

と下し、藩士を神葬祭に改宗せしめんとしたのである(8)。

そこで知事みずから範を示し、戸田家廟墓を護持していた前山寺を廃毀して住僧を還俗せしめ、戸田家唯一の菩提寺である全久院も廃したのであった。当時の全久院三十五世住持巨海意竜は、古来の由緒を列記し寺門の存続を

歎願したが悉く却下され、ついに止むなく本尊と開山像を奉じて郷里の越後出雲崎に帰り、寺号を移して一宇を建立したのであった。全久院は新潟県三島郡出雲崎町井鼻一七一にあり、明治十一年に伽藍が建立された。巨海意竜は明治十九年六月十九日に示寂している(9)。また、三河の全久院と合併し、住持二十六世官堂金牛へ伽藍法脈を引渡すとともに什宝書類などを移蔵した。巨海意竜の去った後、民衆を大手門前に集め、歴代藩主の霊碑を女鳥羽川に投じ、仏像や仏具は焼却され、堂宇を毀つなど施行の仕方が甚だ極端であった。廃仏は各宗寺院に及んでおり、僧侶を召喚して廃寺帰農を奨め、領民には神葬祭改典の願書の差し出しを督促していた。

このように松本藩は廃仏毀釈の諸工作を進める一方、神葬祭普及に努力しているのであった。本来、廃仏論者が仏葬祭を批判し神葬祭を採用した理由の一つに、葬祭による寺院の経済的圧迫から民衆を解放するということがあった。したがって、神葬祭は自身葬祭であり、葬祭の施行には神職を必要としないものであった。しかし、いつしか司祭者として神主が登場しており、その自身葬祭普及のために角田忠行の『葬事略記』を読ませ、さらに同四年には藩より「哀敬儀」を刊行して各戸に配布し、神葬祭を普及せしめようとした(10)。明治五年六月二十八日には、太政官布告第一九二号に、

近来自葬取行候者モ有之哉ニ相聞候処向後不相成候条葬儀ハ神官僧侶ノ内へ可相頼候事

と自葬祭を禁じ、葬儀は神官や僧侶に依頼すべきことになったが、松本藩ではこれ以前も自身葬祭といいながらも司祭者を神主が務めた神葬祭であったと思われる。『葬事略記』は、角田忠行が明治三年に一般の神葬祭のために作ったものといわれている。しかし、奥付には刊行年月日などが記されておらず、確かな刊行年次は不詳である。題簽が「神葬祭記」、内題は「葬事略記」とあり奥付には「勢州山田一志町　藤原長兵衛」とある版と、内外題とも「葬事略記」とあるが奥付は尾張の書肆永楽屋東四郎の発行になっている版がみえ、後者は角田忠行が熱田神宮

宮司になっているところから、尾張で再刊されたものと思われる。その要領は、

一、父母の齢五、六十歳に至らば、請うてその肖像を写し、遺言等を記し置くべし
一、すでに父母息絶えなば、神棚を封じ棺を作る
一、祭主は嗣子たる「誄」を述べること。なお、誄とは故人一世の功業のこと
一、墓所、葬地、葬送、葬後の行事、大祓、墓碑の建立

などについて詳細な解説を記したもので、国学者師岡正胤による後書をみると、

此葬事略記は角田忠行ぬし世に神喪祭の式しるせる書、これかれあれど其式厳重にてたやすからぬうへに、はた非説もあれば、さらに思いおこして正しき式により、世の常人のまつり仕ふるにも便よくよろづことすくなに誌されたるなり、さるはいさこけき書にはあれど、現世に在人のこと〳〵此書の恩頼をかふるなれば、其功はいと広大になむ、我予て思ふ旨にうしあひて、いとうれしく悦ばしきままに一言しるしそへつ、

とあり、式は厳重であり、非説もあるが正しき式によって世の常人に便利なことを望んでいる。

『葬事略記』のみでは意が尽くせず、同四年には、その趣旨を徹底せしめるため、藩で「哀敬儀」を編集した。編者は藩の掛者三人で増田金平が主任で定稿し、藩主の閲覧をへたものである。なお、増田氏の兄は万右衛門といい、朱子学派の人で藩校崇教館の教授であった。「哀敬儀」は縦二八・一センチ、横七一センチの一枚刷で、包紙に「哀敬儀」とある。刊行年月日は記されていないため明らかにならないが、本文最後の枠外に「二万五千枚摺立畢テ絶板」とあり、二万五千枚のみ摺られて松本藩各戸へ配布したものと思われる。その一枚が国学院大学図書館河野省三記念文庫に所蔵しており、唐沢貞次郎「松本藩廃仏事件調査報告」三七〇頁（昭和五十八年九月『新編明治維新神仏分離史料』第五巻）に翻刻したものと校合してみると、「松本藩廃仏事件調査報告」には、かなりの誤字脱

字や新しく書き加えられた文がみえる。

構成は「祭儀略」、「葬儀略」、「誌石題名式」の三部となっており、「祭儀略」では、その家の床の間に棚を設け祠堂として四世を祀り、朔望（一日、十五日）、佳節などには食を供え、毎年の忌日には神の好物を捧げて、喪中の心得のごとく孝子の情を尽くす。また、秋には新米を供えて大祭を挙行する。その儀節は『追遠儀』をみて知るべきであるという。

つぎに「葬儀略」をみると、人が亡くなったならば、浄衣を尸の上にかけて挙家哀を尽くす。ただし、世俗では末期の水をすすめたり誦仏などを勧めるが、決して行ってはならない。

主人は祠室に詣り、某親が某月某日に亡くなったことを告げ、褥を尸の側に布き、その上に遷して東向きにする。ただし、世俗では北向きにするが、それは非である。屏風を倒に立ててはいけない。世俗で送葬の時、髭髪を剃ることは非であるというが無用である。

喪礼の第一の要は棺槨である。その木は柀を上として檜がその次である。板の厚さは一寸以上にする。つづいて棺木の種別、寸法、体裁、納品などについて詳細にいう。喪服は絡で無紋、上下は羽織などを作る。

斂褥を棺中に設けて襲衣で包み、棺中に納める。ただし、浴潔はしなくてもよく、一般に旅仕度などというのは甚だ非である。

その前に霊座を設けて酒食茶菓を供え香を焚き拝礼する。夜は灯をつける。ただし、一般に昼間に灯をつけて莽草（しきみ）を花立に供えることは無用である。

つづいて埋葬の儀礼、虚祭、小祥、大祥の祭儀を修すべきことをいう。ただし、一般に後で塩をまき、ほうきではき、丑寅除けの跡祓いなどを行うことは非で無用である。一般に水で足を洗い、塩で身体を浄め、榊を河辺に供えて祓除（みそぎ）をなすことは甚だ非であり無用である。俗に遺物を送るは甚だ非であり、決して行ってはならない。詳しいことは『慎終儀』をみて知るべきであるという。

「誌石題名式」は墓碑銘の形式をあげ、個人個人によって力量は異なり、この旨を酌量して報恩の誠を捧げるという。

以上、「哀敬儀」の概要をみてきたが、要領は孝養を基準として葬祭の真儀を説示したもので、文章言句の上では別に廃仏の意向を述べた点がみあたらない。家主みずから葬儀を営む式を教えたものであるため、確かに費用節約に時弊を救う効はあったといえる。しかし、仏教徒の手から転換せしめる上に甚深な用意を払ったものとみることができる。なお、詳しくは、「祭儀略」は『追遠儀』に、「葬儀略」は『慎終儀』によって知ることができるという。そこで両書をみてみると、ペアーになって刊行されており、『慎終儀』の見返しには、

晩翠増田先生著
慎終追遠儀
信濃松本　慶林堂鎖桜
明治十年丁丑十二月刻

とあり、明治三年十二月に増田磐の記した序がある。『追遠儀』は同十年十月に同じく増田の記した跋があり、奥付は、

○明治十年丁丑十一月出版御届
同　年　十二月出版
○編修人　長野県士族

増田　磐
北深志町一番丁百七十八番地
南第一大区一小区松本

○出版人　長野県平民
高美　甚左衛門
南深志町一番丁二百四十八番地
南第一大区二小区松本

○三府発行
東京　北畠　茂兵衛
同　山中　市兵衛
同　稲田　佐兵衛
同　小林　新兵衛
同　牧野　吉兵衛
西京　村上　勘兵衛
大坂　岡田　茂兵衛
同　岡　嶌　真　七

○諸県発行
甲府　内藤　伝右衛門

静岡　大　森　弘三郎
新潟　室　　直三郎
同　　堀　　治　作
長野　西　沢　喜太郎
同　　岩　下　伴五郎
松本　竹　内　禎十郎
同　　高美　甚左衛門

とあるところから、両書とも明治十年十二月に出版されたのである。著者は増田磐で、松原衢と栗原恒によって校訂されているが、「哀敬儀」の編者増田金平と増田磐（晩翠）とは同一人物と考えられ、「哀敬儀」が著わされた明治四年頃は両書とも写本で伝わっており、それが廃仏毀釈の終った後、慶林堂主の請によって刊行されたのである。

したがって、松本藩の廃仏毀釈による神葬祭の普及には、

（角田忠行）『葬事略記』――（増田金平）「哀敬儀」┬「祭儀略」――（増田磐）『追遠儀』
　　　　　　　　　　　　　　　　　　　　　　　　├「葬儀略」――（増田磐）『慎終儀』
　　　　　　　　　　　　　　　　　　　　　　　　└「誌石題名式」

という形で著作が著わされ刊行されたのであった。

国学院大学図書館河野省三記念文庫に所蔵する「哀敬儀」の全文を紹介してみよう。なお、絵図などは省略した。

改行は、私が適宜に行った。

哀敬儀

祭儀略

先其家の床の間に棚を設け祠室となし神主並へ様図の如く四世を祭るべし。四代以上は墓地に祧へし。諸子は其の側に祔すべし。序座図を見て知るべし。吉凶あれば必ず祠室に告くべし。朔望佳節等は其日家内にて祝ふ時食をそなふ。又毎年忌日には其神の好み給ふ物を捧け告曰。光陰流れやすく又忌日に臨めり。遠を追ひ時を感して永慕に勝へす。謹んて麤饌を用ひてそなへ奉る。尚くは饗け給へと礼拝す。総て是の日は喪中の心得にてあるへきか孝子の情なり。又秋分に新穀をそなへて大祭を挙くべし。其儀節は猶追遠儀を見て知るべし。

葬儀略

凡疾ひ革りされは内外を物静にし侍者をして其の旁に座し手足を視せしむ。且男子は婦人の介抱にて死せす。婦人は男子の介抱にて死せざる事礼の大節なれとも夫婦暮しの者は已むを得さる事なれは其旨を失はさる様に心得あるべし。既に息絶へなは浄衣を尸の上に加へ終を正ふし及ち挙家哀を尽すべし。（世俗末期の水を薦め或は誦仏なと勧むる等の事あり。決して為すへからす。）夫より主人祠室に詣り告て曰。某親某月某日より疾に臥し某月某日某時終ると黙告け畢て褥を尸の側に布き其上に遷して東首す。（世俗北首にするは非也。）衾にてこれを覆ひ前の浄衣を加へ薄き物にて面を掩ひ礼衣を其側に陳ね屏風にてこれを囲み（屏風を倒に立へからす。）香案を尸の南に設け蕭を爇へ必ず壱人つつ尸の側に侍らしむ。

扨病者余す所の食を常に用ひたる膳椀に盛り蒲箆を戸の左隅に布き饌を進め酒肴を莫き葬めに至る迄三次の食をそなへ其他菓子をそなふる事日夜絶すへからず。又毎朝茶をそなふ。新物あれば不時もそなふべし。男女皆かざりを除り襪を脱き鬚髪を剃らす髪をゆはずして喪を務むべし。世俗送葬の節鬚髪を剃るは非也。決して無用たるべし。喪礼第一緊要は棺槨なり。喪祭の礼は家の貧富に因る事なれは其分に随ひ槨なきも又余義なき事ど。其木は柀を上とし檜これに次ぐ。板の厚さ一寸以上図の如く製すへし。尤衽挿にして佃腰にてしむへし。槨は棺より大ひなる事一寸以上棺と槨との間上下四旁を五分許り透して松脂を其際に注くへし。先松脂を銅鑊の中に沸しよし融釈けて黄なる沫きは少し黒めかゝれは油を注き数々水中に点滴して其膠否を試み左の手に鉉を持ち右の手に筈竹を執り鑊口を推して注くべし。喪服は絡にて無紋乃上下或は羽織等を製り服すべし。

扨歛褥を設けて襲衣にてつゝみ静に棺中に斂め浴潔はなさざるもよし。世俗旅仕度など入るゝは甚だ非なり。決して入へからす。其前に霊座を設け酒食茶菓を供へ香を焚き拝礼す。夜は灯を点くべし。世俗昼間灯を燃し葬草を花立にさしそなふる等無用たるべし。壙を掘る深さ一丈余。炭の粉を底に敷き石灰四斗擣に三杯ふる為砂あり。土は同しく一杯つゝ酒五升水八升にて煉り粉炭の上に堅く築きつめ置き葬送は卯の刻と相定め啓柩に臨んで主人香を焚き告て曰。何年干支何月何日何時何の山に葬んとす。形は土に帰るも神霊は永く此の宅に平生の如くあらせ給へと。因て膳及ひ酒者茶菓をそなへ主人以下不残永き別れを告け啓柩すべし。世俗跡にて塩をまき箒にてはき又は丑寅除け跡祓ひ等をなすは甚非也。決して無用たるへし。

既に葬地に至れは犇子を置き其上に北首に置き其前に机を設け牌子を置き主人告て曰。只今幽宅を営み謹んて葬んとす。形は永く土に帰るといへとも神霊は本宅に帰り給へと拝礼し窆縄を結ひ柩を北首に下ろし四旁薄板にて仮に囲み其内へは三物外は炭末をいれ内外一度に築き堅め柩の上に一陪のあつさに築き土をいれ地面より一尺斗り下迄つきあげたれば誌石を蔵め又ゝ土をかけ一尺斗りも高く土にて墳を造り其前に木標を立て香案をそなへ序を布き主人告て曰。只今幽宅を営み葬め既になれり。体魄は永く此に安し給へと拝礼し又牌子の前に詣り只今謹んで葬め壙標を営みおわる。神霊は請ふ。従て本宅に帰り給へと拝礼し蓋を掩ひ牌子を守護して帰路に趣くべし。世俗水にて足を洗ひ塩にて身を清め或は榊を河辺にそなへ祓除をなすのるい甚非なり。決して無用たるへし。葬より未だ帰らざる以前に家にては霊座を設け置き牌子帰れは直に虞祭をなし又五十一日目に至り暇満の祭りをあけ俗に遺物を送るは甚非也。決してなすへからす。十三カ月目に小祥の祭を挙け其翌日祠室に祔て神座を取りかたつけ喪服を除き是より心喪を勤むべし。又二十五月に至り大祥の祭りを挙け閏は其数に入れず。又一月を隔て晦日に禫祭を挙くへし。二十七月なり。其翌日。吉服にて朔儀を行ひ是より諸事平生の如し。猶委敷事は慎終儀を見て知るべし。

誌石題名式

表　男氏某称某の遺骸を葬む
　　女氏某称某の妻某氏の遺骸を葬む

裏　鶴田亀吉。常代国千代郡松竹村の人。父は亀蔵。母は梅沢氏。竹何年干支何月何日何時に生れ何年干支何月何日何時に終る。年幾歳何月何日同国何郡何ゝ山に葬む。何年干支何月何日梅沢松右衛門幾女を娶とる。幾男幾女を生む。
梅沢氏。竹は鶴田亀吉の妻。父は梅沢松右衛門の幾女。母は永田長吉の幾女也。何年干支何月何日何時に生れ何年干支何月何日鶴田亀吉に嫁す。何年干支何月何日何時に終る。年幾歳同国同郡同山先営の次に葬む。墓表の陰も亦かくの如し。

式は右の如しといへとも力と及ばざる者は此旨趣を以て斟酌し厚く相心得深切に取り行ふへし。

二万五千枚摺立畢テ絶板

以上、松本藩の廃仏毀釈において神葬祭普及のために著わされた「哀敬儀」をながめてきたが、松本藩内の大町地方では、明治四年三月に大町の陣屋へ藩庁より神方小参事らが出張し、同地方五十四カ村の寺院および檀徒総代や名主らを招集して廃寺帰農の旨を達した。その様子をみると、各宗派別に住職および檀徒総代、名主を集めて住職を上席に坐らせ、役人は下座に席をとって出問した。その問は、三衣とは何か、直裰と法衣の別、三衣の解釈などであったが、住職達はほとんど明確に解答する者がいなく、かえって役人らが三衣直裰などの解釈や縁由などを詳述し、各宗僧侶を罵倒翻弄したのである。そして法衣について解答できない者は、即時に帰農すべきことをいい、檀徒も無知の愚僧を尊敬すべからず云々などと叱責して退散せしめ、帰農の願書を提出すべき旨を伝達したのであった。なお、大沢寺の快竜は藩の指揮を受けず、二条殿の命令ならば受けるといって役人を閉口させ、霊松寺の達淳（安達達淳）も大本山との密接不離な関係があり、帰農するか否か役人に関係なしと詰責し、単身、總持寺の添簡を得て江都に出府し松本藩の暴政を歎訴した。弁官の社寺役員根元茂樹は「其還俗すると否とは共に僧侶の任意たるべく決して強勧すべからざる」の旨を伝えており、両寺は廃寺の厄を免れたのである[11]。

明治三年八月より四年末までの一年半には、領内の百四十余カ寺が廃寺されており、存続するものは十五カ寺のみであった。全久院の元綱による道心と大檀那戸田侯のために成った『法服格正』は神方、今井、岩崎ら役人はほとんど暗記していたようで、それによって盛んに僧侶を詰責した。そのため、戸田侯の子孫戸田光則にいたって『法服格正』が逆に廃仏の武器となってしまったのである[12]。そして、同四年七月、廃藩置県となり、八月には松本県となった。戸田光則は藩知事を免じ東京居住となって華族に列せられた。翌五年三月には三府七十二県の制定によって筑摩県となり、廃仏もうやむやとなっていった。その後、達淳は霊松寺塔頭であった青竜寺を移転して奕堂を開山第一祖に請し、總持寺直末となした後、全久院と改号して復興するなど廃寺復興に尽力した。みずから復興したもの七カ寺、復興に協力した寺院は数カ寺あり、信州における曹洞宗興隆の基礎を築いた人として仏教復興師とも称されている。[13] なお、同三十年頃までに数カ寺を除くほか、曹洞宗寺院は悉く再興されたのである。

第四節　巨海意竜と出雲崎の全久院

巨海意竜は出雲崎の全久院開山であるが、養泉寺（新潟県北蒲原郡加治川村）十七世、百観音院（新潟県五泉市宮町）三世でもある。百観音院は戦前、大火により焼失したため資料を所蔵しておらず、養泉寺に所蔵する二種の過去帳に略伝が記されていた。一冊の過去帳によれば「十七世巨海意竜大和尚明治十九年六月十九日」とあり、その下に、

> 観音寺筏舟和尚ノ嗣。中蒲原郡古津村ノ産也。姓保志氏。松本全久院雲生洞門ニ参ズ。養泉寺ハ首先住職地也。文久二年雪巌和尚ノ請ニヨリ全久院ヲ董ス。明治二年廃寺ノ厄ニ遇ヒ隠退。十二年出雲崎全久院ヲ開創シ開山トナル。養泉寺住山以来化ヲ四方ニ敷ク。随徒常ニ三十名ヲ下ラズ。排仏ノ難ニ遇フヤ松本公ト折衝大ニ努ム。然レ共モ時流ノ趣ク所遂ニ如何トモ能ハザリシナリ。
> 羅漢堂及観音堂ハ師ノ建立ニカ、ルモノナリ。嗣法ノ者。全之。高岸。月窓。喚応。来童。梵戒。尼実明アリ。来童ハ水原町双善寺。喚応ハ全久院。梵戒ハ慈眼寺住山シ実明尼ハ女塚庵ヲ再興シ師ヲ請シテ開山トナナス。十九年全久院ニ於テ遷化ス。時ニ七十五才ナリ。

とある。また、年次順に記されたもう一冊の過去帳には、

> 当寺十七世全久開山巨海意竜老師

明治十九年六月十九日午前第十一時三島郡出雲崎町大字井鼻全久院ニ於テ示寂。世寿七十四年。仝師ハ出雲崎ニ於テ全久院ヲ創立セラル故ニ仝寺ノ開祖トス。右顚末ハ仝寺及仝師ノ略歴ニアリ。又仝寺明治十一年建立ニテ初ハ平僧地ナリ。后明治二十四年十二月法地ニ昇進ス。

と記されており、意竜は中蒲原郡古津村の出身で、俗姓は保志氏。観音寺（新潟県北蒲原郡安田町）三十四世煩海筏舟の法嗣で、全久院三十二世雲生洞門にも参随している。養泉寺は首先地で、文久二年（一八六二）には三十四世雪巌棟門の請によって全久院三十五世へ昇住した。

養泉寺に住持して以来、四方に教化し、随徒は三十名を下らず、養泉寺の羅漢堂と観音堂を建立した。なお、『仙寿山全久院志』二四頁によれば、万延二年（一八六一）三月六日に入院し、翌文久二年（一八六二）八月一日には大洞院（静岡県周智郡森町）へ輪住して同三年七月に帰山したとあり、養泉寺過去帳による全久院入院より一年早く住持となっている。そして明治四年二月の廃寺にあい、出雲崎に難を逃れてきた。それは、意竜が越後出身であるとともに、出雲崎の羽黒町の裏山には、天文五年（一五三六）に全久院二世光国舜玉によって開創された妙広庵があったためである。妙広庵に入った意竜は、明治十年十月二十六日に井鼻村にあった観音堂を全久院と改称して旧来に戻すことを県に願い出た[14]。

寺号両名履歴之事

第四大区小壱区井鼻村　曹洞宗観音堂

全久院之称号仕候義者天文年中信州松本町元全久院二世光国和尚、当国□度之砌、庶衆之帰向ニ依而当村ニ遷宮ヲ致造営、即全久院与号シ同人信奉シ観音大士を境内ニ案(安カ)置仕候処、永年之中本堂・庫裡風荘霜雪之為ニ朽損頽破ニ及、住居仕兼候故、彼の観音堂ニ仮リ同居仕候処、数代之住僧者折々之浮沈も有之候得共、観音大士者益々諸人之得帰向候ニ付、自然観音堂之通称ニ形行、原基之全久院名目不計消毛(耗カ)仕候様ニ相成候際、既ニ戸籍帳ニも観音堂之事全久院与□然注書申上置候、今般為御国恩之教儀□大々執行仕度本堂致再建、素元之釈迦像を為本尊、観音大士を同堂ニ案(安カ)し観音堂之名儀(義カ)を戻し度候、特ニ近郎隣前ニ於而も観音堂之同名数多有之ニ付、教儀執行之節庶衆之問聞称号を解違杯儘有之、教儀□□不都合之次第も御座候間、向後全久院与証記披露仕度候、此段御聴許被成候度奉懇願候也

明治十年十月廿六日

右観音堂住僧　堀　智音　㊞

本寺代理

第四大区小壱区出雲崎町

保志意竜　㊞

新潟県令永山盛輝殿代理

大書記官　南部信近殿

前書願書之趣相違無之ニ付、奥印仕候也

受持副大区長

久須美秀三郎　㊞

戸長

伊藤　喜平　㊞

これにより、同年十月二十九日には、

書面之趣、聞届候事

明治十年十月廿九日

新潟県令永山盛輝　㊞

と再建が認可された。再建にあたり、地元の出雲崎周辺の町民をはじめ意竜の法類寺院、松本全久院の末寺、松本周辺の篤志家、信徒などからの寄進もあり、本堂に掲げられている「再興助勢名標単」をみると、永平寺をはじめ松山禅苗（養広寺）、千葉良寿（観音寺）、金子大安（曹源寺）、阿部観竜（正法寺）、真野瑞応（広大寺）、柄沢智白（双善寺）、寺岡哲心（盛巌寺）、室橋悦竜（西明寺）、大貫良鉄（竜源寺）、大石恵達（西福寺）、小熊広道（広徳寺）、桑山月窓（智勝院）、長尾高岸（養泉寺）、真木恵哲（盛泉寺）、高松弘宗（久昌寺）、関川独応（慈眼寺）、小林哲竜（洞泉寺）、諸橋祥雲（永明寺）、佐藤是山（正雲寺）、長谷川素光（東福寺）、横木卍元（観音寺）、などがあり、また、仏像や什具として大権菩薩（津山藤吉）、達磨大師（萱森弥助）、永平尊像（津山又平）、地蔵菩薩（阿部善次郎）、開祖尊像（大崎屋某）、鈞半鐘（十方施主）木蓮華（十方施主）などが記されており、巨海意竜の開祖尊像も安置されたのである。

翌同十一年六月には再建入仏式が行われ、その法語は、

拈《ジ》得《タリ》一蘆迷盧《ノ》宮　十方《ノ》世表現《ズ》二堂中《ニ》一
乞《ウ》看《ヨ》諸仏来迎《ノ》処　無上《ノ》法輪転《シテ》不レ窮

再興現住沙門意竜草

とある。また、同年には、松本の庵主が磬子を寄進しており、その銘には、

于時明治十一戊寅之年

施主信州松本　霊明　実仙　智元
盤明　梅珠　勝安　清岩　禅孝
玄峯　各庵主中
越後国三島郡井鼻村仙寿山
全久禅院什具

とある。寄附単にも名があげられており、代価金十六円五十銭であることが明らかになる。

その後、同十九年二月三日には本寺を松本全久院と同じであった泉竜院（愛知県新城市豊栄字大洞山）より意竜の先住地の養泉寺とする本寺換えが許可され、六月十九日には世寿七十五（四）歳で示寂した。

全久院には、意竜が松本全久院より運んだ仏像、仏具を安置している。口伝によれば、松本より馬車で一晩の中に運んだといわれているが、須弥壇や御膳には戸田侯の家紋の梅鉢がついている。木魚には「文化七庚□□□□則以寄附　于是信州松本仙寿山全久禅院二十七《ママ》世元綱叟記」と銘があり、二十九世提宗元綱代の文化七年（一八一〇）に安置されたものである。また、『大般若経』の表紙裏に「信陽府松本城仙寿山全久禅院什具　大般若経一部幻住明極代新添」と木版刷されたものや『法華経』の裏書には「御城御寄附三拾部之内　仙寿山　寛政二庚戌四月二十六世海外亮天叟代」「従御城寄附　信中松本僊寿山全久禅院什物　二十九世提宗元綱叟代」と記されているものもあり、廃仏の難を逃れた松本全久院の仏具を今なお所蔵している。

巨海意竜の尊像は、位牌に「当院開山巨海意竜大和尚禅師」と彫られており、威風堂々とした体格の尊像は、全久院を廃寺させた残念至極の無念さと廃仏の嵐を乗り越えて出雲崎に全久院を復興せしめたエネルギーを感じさせるようである。

第五節　衣体制度の変遷

嘉永三年より文久元年までの十一年間にわたる永平寺、總持寺の三衣紛争のしこりを解決するため、政府は明治五年三月、両本山協和盟約の締結を慫慂し、両本山はこの勧告を受けて両寺一体の盟約書を交換した。そして十月三十日には、両本山の碩徳による会議の結果の七条を全国録司に達示した。その最初に、

全国録司

一、一宗僧侶衣体ノ儀自今志趣次第タルヘシ両本山拝登ノ節タリトモ同様ノ事其他国法山法抔ト唱ヒ一国一山限リノ異論申立間布事

と宗門の衣体のことがあり、これによれば志趣次第といい、両本山拝登の際も同様で各地方、各寺院の山風を認め異論を出さないことが布達された。その後、同十二年三月には先の同五年三月の両本山協和盟約の演達と要領を継承し、両本山一体の書面を交換して政府へ届け、さらに全国末派寺院へも布達し、その条約を永世恪守すべしとした。その盟約書の第八条をみると、

第八条　衣体及行法ハ永瑩清規ノ内各自ノ志趣ニ任セテ遵守セシムルモノナレハ両山々内ヲ除ノ外何レノ国何レノ寺ヲ問ハス其制限ヲ立ツ可ラサル者トス

但衣体行法ヲ異ニスル所以ニ因リ末派ヲ見ルニ彼我ノ偏執アル可ラス

とあり、両本山の協和盟約条件が規定されている。

同十七年八月十日、政府は神仏教導職を廃し、住職任免、教師の等級などを各宗管長に委任した。そして、新たに宗制を定めて認可を得るべく官達があり、宗門は宗制の編成に着手し始めた。翌同十八年四月、管長の總持寺貫

首畔上楳仙より政府へ宗制を提出したが、この宗制は、永平寺貫首滝谷琢宗が心血を注いで編成したといわれている。しかし、この宗制は第一号両山盟約、第二号本末憲章というように、宗門を統轄する宗務制度のため、具体的な行法は述べられておらず、仏教を布演するために、各々の規式を遵守せよという概論的なものであった。衣体については、第三号寺法条規の第十条に、

寺院ノ衣体行法ハ各自ノ志趣ニ任セテ制限ヲ立テザルコト両本山盟約第八条ノ通リタルベシ
衣体トハ七条以上ノ袈裟ニシテ環紐ノ有無並ニ五条衣掛絡等ヲ云

とあり、やはり、両本山別々の区々不統一であった。そのため、曹洞宗として統一した宗制の衣体制度を作らねばならないところから、滝谷琢宗と畔上楳仙は熟議し、各地方の碩学にも相談して同十九年五月、「曹洞宗衣体ヲ斉整スルノ御諭告」を出した。その諭告をまとめてみると、

一、五条衣はすべて掛絡、七条衣以上は環紐なきものを用いる。ただし、七条衣以上は、各自の身体の大小に随って肘の長短を定め、掛絡は一尺を最小の量として、それより小さいものは受用してはならない。

二、歴代祖師、開山などの伝衣は、各寺院伝承の宝物として、環紐があっても改整せずにそのままでよい。ただし、被着受用してはならない。

三、全国末派寺院の衣体改整期限は、明治二十一年一月一日限りである。それ以後、改整しない者は、管長が教誡するという。ただし、六十歳以上の老僧は、自己一身に限り、曹洞宗務局へ願出れば、旧来のままでよい。

となる。そして同二十一年一月二十日に布達された特許者をみると、三十三名おり、世間用すなわち總持寺流の環付きの七条衣以上を受用することにした人は、志比大渓（愛知県楞厳寺）、日山柏禅（福島県大隣寺）、円山達音（長

野県青竜寺）、良川宗綱（石川県瑞源寺）、木津忠光（福島県石雲寺）、梅沢良宥（石川県海門寺）、高瀬得髄（石川県長齢寺）、竹俟明山（東京都正覚寺）、大宗俊山（新潟県能満寺）、上杉瑞国（福島県正法寺）、松谷厚道（新潟県普光寺）、秋浜白林（岩手県正覚寺）、下村泰中（岩手県報恩寺）の十三人。また、掛絡ではない五条衣を受用する者は、津山天然（佐賀県大洋寺）、高閑者盧道（佐賀県高伝寺）、宗万年（佐賀県宗竜寺）、五十嵐慈幢（島根県栄泉寺）、大辻是山（東京都大円寺）、末村玄雄（山口県瑠璃光寺）、小野義海（佐賀県円蔵院）、山本諦及（福島県大暾寺）、久保道仙（長野県無量寺）、川崎仙洲（佐賀県静元寺）、深沼亮光（福島県常泉寺）、大神透門（大分県松屋寺）、岡大愚（兵庫県景福寺）、山田梅岳（埼玉県西光院）、秦慧芳（兵庫県長松寺）、貞包俊竜（佐賀県東明寺）、今川禅翁（佐賀県円光院）、直指一秀（兵庫県見性寺）、高原曹洞（佐賀県竜田寺）、竹原俊峯（長野県碩水寺）の二十人で、この三十三人を除く宗門人は、すべて五条衣を掛絡、七条衣以上は、環紐を廃した衣体となったのである。なお、歴代祖師の木像や画像にある環は、従来のままにも拘らず、環を取り除くことが行われたようであった。

このように、宗門の衣体は、両本山の合意により制定されたが、それは、七条衣以上の袈裟が永平寺の主張を、五条衣は掛絡とする總持寺の主張をとった折衷案であることが明らかになる。なお、それとともに行持の統一も行われ、明治二十年十一月には、両本山貫首の告諭に基づき、法式改正規則編纂の準備として、全国末派寺院より法式改正意見を受けることを普達し、翌同二十一年一月には、法式改正係を置き、森田悟由、北野元峰、鴻春倪などを委員に、村上（栗山）泰音を書記に命じて編纂にとりかかり、十一月には『洞上行持軌範』三巻が成って、翌同二十二年八月に刊行された。この『洞上行持軌範』は、従来の行持法式を一定にするため、各地方叢林の行法や現行の法式をはじめ『禅苑清規』『永平大清規』『瑩山清規』『椙樹林指南記』『洞上僧堂清規行法鈔』などを参考に、時機に適応する行持法を制定したものであり、衣体と同じく行持法の両本山折衷案ともいえ、両山協和を推進する方策であった。そして同二十四年一月一日以後、この行持軌範により遵行されることが普達され、ここに衣体と行持法の両本山紛議は終ったのである。

さて、明治十九年五月の「曹洞宗衣体ヲ斉整スルノ諭告」により、一応宗門として統一した衣体の規程はできたが、同二十九年六月には、色衣を着用する特許規程（曹洞宗末派寺院僧侶色衣著用特許規程）が制定せられた。それによると、紫、黄、緋の三色以外の色衣を寺院にたいして永世特許し、代々の住職はそれを継承する永代色衣と、僧侶個人にたいして終身特許する一代色衣に関するもので、永代色衣着用の特許は、一等か二等法地寺院、また、伽藍堂宇を完備している寺院、一代色衣とは、六等准教師以上で布教、教学に尽力した徳望者、世寿三十五歳以上で法臘二十歳以上の者、一等から三等の法地寺院住職者が両本山および宗務局、管轄宗務支局に報恩金、披露金、謝金などを納めて特許されたのであった。このように、具体的な色衣着用の規程が生まれるとともに、同三十六年十二月十五日には、「曹洞宗服制規程」を制定し、同三十九年一月より施行するところであったが、同三十八年十月一日、他の制度上の諸規程と重大な関係があるため、諸規程の制定施行に至るまで、延期する普達が出され、実施はされなかった。なお、この服制規程が制定される前、同三十五年の道元禅師六五〇回大遠忌を迎えるにあたり、大遠忌を機会として法服を一定することなどの要望が出ていた。それは「和融誌」第五十七号（明治三十四年四月二十五日）に「曹洞宗の法服に就いて」と題する記者の意見があり、その部分をあげてみると、

大遠忌に附随せる事業は、一二にして止まらず、当局者の企画しつつある事業中にも、永平寺の大修繕、法器の調進、宗祖大師伝記の編纂等、其の重なるものとして、吾人の耳朶に達するおり、是等は、素より必然的に行はるべきものにして吾人は更に冗言を弄せざるべきも、切に希望する所は、『永平全集』の発刊の如き、永遠不朽の製作物にあり、而して最も急務として、当局者に望む所は、

一、大遠忌を機会として、宗門僧侶の法服を一定すること
一、大遠忌を機会として、法要の改定をなすこと
の二要点に在り、吾人は、大遠忌を以て、兎も角も一宗の大部分を動かすに足るべき一大法要たることを信ず、明治三十五年の秋季に於て修せらるべき大法要は、開宗以来僅に指を僂して数ふべき程の有数なる大法要に相違なし、故に前の五十年と、後の五十年とに介在して、一時の標榜をなすに足るべき勢力を有する者にして、殊に、今の時は、旧文明より新文明に移り、旧世紀より新世紀に入り、日本的より世界的に至る経路に在るものなれば、這回の大法要は、従前の大法要と同等にして論ずべきものにあらず、少くとも、明治時代に於ける曹洞宗の記念的法要たる要素を備へしめざるべからず、……吾人は、千言万語を費したりとて、殆ど其の効なきを知れりと雖も而かも、法服の一定と、儀式の改定の如きは、比較的容易の事業にして、如何に消極的の脳髄を有するものにても、決して、さほどの難事とは思はれざるものなり、乞ふ吾人をして少しく説かしめよ。

仏教各宗の法要は、孰れもあまり美しきものなし、而して曹洞宗の法服は、其の醜なるものの、上位に位す、美しからずとは、法服其ものの醜きには非ずして、儀式に参列する際の景況があまりに醜きを云ふなり、「十人寄れば、十色」とは、俚言に聴く所なれども、今、十人の洞宗僧侶、殊に寺院の住職以上のものを集めて、誦経せしめよ、緋の衣あり、黄の衣あり鳶色のものあり、灰色のものあり、木蘭のものあり、黒あり、紫あり、浅黄あり、鼠あり、其品質を云へば、絽あり、紗あり、縮緬あり、袍あり、緞子あり、綸子あり、其袖を見れば、短促にして、腋下に縮めるあり、長垂して、床に至るあり、白衫あり、鼠衫あり、衣服を同じ長さのものあり、衣服より一尺も短きものあり、若くは、衣服より一層長きものあり、斯る雑多の直綴は、雑然として、一堂の中に会す、目先き変りて「柳桜をこきまぜたる観ある」とは云へ之を一宗の法要に列なる一宗僧侶の風

儀として、冷かに観察せば、誰が之を醜と云はざらん、俗間の礼儀すら、猶ほ、黒羽織、袴の慣習あり、俗間の有識者が礼を正しうして、整列せる時は、却つて仏教僧侶のそれよりも、粛然として襟を正さしむる感あるを覚ゆ、吾人は、曹洞宗の衣体の整はざるを見る毎に、何となく慚愧の情に堪へざるものあり。

　由来日本は衣服に於てあまり一定せざる、換言すれば、規律なき国なり、而かく規律なき国とは云へ、曹洞宗の僧侶が前に掲げたる如き雑然たる直綴の上に、更に雑多の袈裟を掛け（ママ）金襴、繻珍、緞子、紗、縮緬、床等以下数十種の彩色を以て之を彩り、平然として、堂に立つは、真に、卑賤なる劇場に入り「見世物小屋」に手踊りを見、若しくは古着店の廛頭に立列びたる思ひして、其の醜さと、真に名状すべからず、加ふるに、衣服は、縞のものあり、無地のものあり、二枚重ねあり、一枚のものあり、襪子のものあり、和襪のものあり、其の形状や千差万別、極めて宏量に観察するも、諸宗の集合とは、見得べし、決して一宗内の僧侶の集合とは見るべからざるなり、斯の如きは、果して曹洞宗の名誉なりや、本色なりや、或は云ふ、本宗の衣服等が一定せざるは、是れ本宗の特色にして、衣体の千差万別なる処、却つて法座に美観を添へ法要をして、衆目の注意を失はざらしむ、此の変化多くして単調ならざる処、是れ本宗の特色に非ずやと、此の言一応理あるに似たるも、乞ふ思へ、法要は儀式なり、観世物には非ず、法要は荘厳なるべし、軽跳なるべからず、真率なるべし浮華なるべからず、苟くも教家として、法要に臨む、単調たりとも、落寞なりとも、是等は論ずべきとに非ず、神聖にして威儀を重んずるは、法要の能事、今の曹洞宗の僧侶等が、徒らに美服を衒ひ、勝手気随の風姿をなして法要に列するもの畢竟「提灯坊主」の現るゝ所以にして法要の神聖を汚すと、是に職由せざるもの少し、堂々たる大刹の住職にして、此の弊に陥り平然たるは、果して慚づべきとに非ざるか、吾人は、何等の故障にも耳を傾けず、我が本山が、大なる決心を以て、此の弊害に眼を注ぎ、衣服の色より、衣体の標準（例へば、タケは平服より短きこと一寸袖巾は二巾、袖タケは二尺等の如し）を定め、袈裟の色を一定し、以て宗門衣体統一の基を定め大遠忌の参列者は、此の標準以外の衣体を着くべからずとの規定をなし、普く末派寺院に布達して、大遠忌の好機を逸せず、大に儀式の改定に尽されんとを望まずんばあらず。……

といっており、宗門における袈裟の色を一定し、衣体の統一を規定することを望んでいる。しかし、永平寺の大遠忌では十人中、四、五人が木蘭色で、他は異なった色の袈裟を搭けていたようで、それが同四十一年四月に永平寺で修行した徹通義介禅師六百回大遠忌の法要では十人中、九人が木蘭色の袈裟であったといわれている。(15) したがって、明治期後半より大正期にかけて法定聚会は木蘭色に統一されたのではなかろうか。

大正二年六月十日には、明治二十九年六月に制定された「曹洞宗末派寺院僧侶色衣著用特許規程」を改正する「曹洞宗末派寺院僧侶色衣著用特許法」が発布された。その諭達によると、

宗門ノ衣体ニ関シテハ曩ニ服制法ヲ発布シアルモ之カ関係法規ノ制定ニ至ルマテ其ノ施行ヲ延期セリ然ルニ近年末派寺院僧侶ノ間ニ於テ往々寺格又ハ分限ヲ僭越シテ法服ヲ被着シ秩序ヲ紊乱スル者アルヤノ趣加之能化ノ力充実シアルモ下級法地ノ寺院ニ住職セル為メ末建法幢ナル者ニシテ布教興学ノ任ニ当リタル場合色衣被著ノ途之ナキニ依リ今般宗法第三十二号ヲ以テ末派寺院僧侶色衣著用特許法ヲ改正発布セラレ特ニ服制ヲ厳ニシ其ノ時弊ヲ矯ムルト共ニ檀信化益ノ上ニ於テ信念ヲ増進セシムルモノトス依テ末派一般僧侶ハ自今相互ニ戒勅シ各自其ノ寺格及分限ニ応シテ成規ニ準スル手続ヲ為シ規定ニ抵触セサル様斉シク此ノ意ヲ体認シ以テ其ノ本分ヲ完ウセンコトヲ期スヘシ

大正二年六月十日

総務心得 庶務部長　沖　津　元　機

教学部長　栗木智堂
人事部長　青山物外
財務部長　有田法宗

とあり、寺格や分限を越えて法服を被着し、秩序を乱す者がいるとの理由から、色衣とは直裰を総称するものとし、一代色衣着用特許者を入衆以後十年以上の法臘を有して転衣許可を得た者、さらに、法地寺院住職および前住職とし、この規程外にも布教、教学などに抜群の功績をたてた者という人物本位のものとなった。

さて、実施が延期されていた服制規程は、大正十三年九月に「曹洞宗僧侶服制」と改称し、内容も再改正して発布された。さらに、その服制の第十四条に規定する色衣、ならびにそれに準ずる壊色衣および第十三条に規程する特衣の緋衣の特許に関し、「曹洞宗寺院僧侶直裰著用特許令」も発布され、従来の「曹洞宗寺院僧侶色衣著用特許令」を廃止したのである。したがって、「曹洞宗僧侶服制」により、総則、袈裟、直裰などが規程されたものの、直裰は「曹洞宗寺院僧侶直裰著用特許令」によって、より具体的に規程され、翌同十四年一月一日より施行された。とくに直裰については、正式の資格がなくても、その資格相当の直裰を便宜上借りて着る借衣の制度が生まれ、永代色衣地寺院住職および一代色衣着用特許者以外三法幢会地寺院住職、結制以上の者、准建法幢の許状を得た者に、借衣の緋衣を特許したのである。

さらに、「曹洞宗僧侶服制」では、第五章に略服の項が設けられ、

第五章　略　服

第三十二条　略服ノ裁制ハ別記図案ノ如ク一定スヘシ

第三十三条　略服ハ総テ無地黒色トス

第三十四条　略服ハ法要以外ニ於テ直裰ニ代用シテ之ヲ著用スルモノトス

第三十五条　最モ如法厳粛ヲ要スル場合ノ説教ヲ除キ法話演説等ノ際略服ヲ直裰ニ代用スコトヲ得

第三十六条　海外布教師従軍布教師又ハ特殊ノ事情ニ在ル者ハ特ニ洋服ヲ以テ略服ト為スコトヲ得

第三十七条　略服著用ノ際ハ資格相当ノ掛絡ヲ被著スヘシ

とあるように、法要以外にも直裰の代わりに着用することができ、また、海外布教師、従軍布教師などは、洋服を略服とすることができることを制定し、直裰を簡略化したものが、宗門の制度によって公認されたのである。そして、洋服が宗制の上で正式に認められたのであった。

昭和二十六年四月に宗教法人法が公布されたため、その実施に対応する宗教法人曹洞宗規則案および関連する宗制の改正が行われ、翌同二十七年三月、宗教法人「曹洞宗」規則および諸規程が制定せられ、新しい「曹洞宗服制規程」が施行されることになった。それによると正服と略服が分けられており、正服は袈裟、衣（直綴《ママ》）、略服は帽子、掛絡、衣（直綴《ママ》、行衣、洋行衣）、帽子（利久帽子）となっている。なお、行衣とは作務衣、洋行衣は背広などの洋服を意味するものであろう。第二条には、

第二条　法要修行の際には正服を被著し、法要以外の場合には、正服又は略服を被著する。但し、会議、集会等の際には、洋服の上に掛絡を被著した略式でもよい。

とあり、洋服の上に掛絡を被著する略式が僧侶の服装で一般化したのである。同五十七年四月の服制規程では、法要時被著の正服が袈裟、直裰、帽子、護襟で、略服は掛絡、衣（直裰、行衣、洋行衣）、帽子（利久、不老帽子）となっている。

ところで、服制規程はできたものの、一方では、当時の華美な荘厳を装っている法衣にたいし、本来の法衣の精

神に帰るべきであるという僧服改正論や洋服をとり入れた実用服と葬儀や法要などに着用する儀式服を区別して、時機に適応したものへ改良していこうとする僧服改良論などが唱えられ始めた。とくに、三浦梧楼の『僧服改正論』(明治三十年四月　三浦梧楼)は「速かに非法の衣制を改正して正法を挽回せよ」と、諸典籍を引用して厳しく主張しており、また、来馬琢道は、僧服改正というよりも、むしろ僧服全廃論を唱え、僧侶の服装を俗人と同じようにしていくことを主張した。しかし、一種の式服は定めておかなければならないとして、従来の法衣を改良した新しい式服を提案している(16)。

このように、ヨーロッパ文明をとり入れた国家体制により、宗門は新しい服制規程を作成したが、その反面、僧服改良論なども生まれ、それらの可否について種々参究された時代といえるのである(17)。

第六節　僧服の改正・改良・改造論

明治五年四月二十五日の太政官布告第一三三号により、法要以外は平服の着用が政府によって許された。それ以来、僧侶の服制改良が唱えられている。

最初に、明治六年二月十四日、宗派によって衣体が異なるところから衣体一定の制を政府へ願い上げた。

僧侶衣服之儀ニ付願

今般各宗僧侶八大区へ派出ノ義ニ付衣服ノ制従前之通ニテハ門戸ノ見ヲ競ヒ同心協力ノ姿不相見各宗集会ノ節不都合ノ儀有之候テハ不相済候間各宗教正協議ノ上僧侶教導職ノ衣服制度別冊ノ通リ等級ヲ分チ一様ニ致確定度存候此段速ニ御許可被成下候様奉願候也

明治六年二月十四日

大教正　由利滴水
外六名連署

教部省御中

それにたいし、政府は四月二日に、

書面服制之儀ハ当分従前の儘被差置候事

明治六年四月二日

と願意を廃棄している。政府は制度を定めることがあるものの、衣体の異なることは宗派が異なることを表明しているのと同じため、法衣の制度まで変えることは行わなかった。同七年三月二十四日には、太政官布告第三十八号で神官教導職および僧侶の礼服が定められ、

一諸宗教導職ハ大礼服着用ノ節法衣ヲ可相用事

一僧侶ハ法用之外礼服着用之節通常礼服又ハ法衣可相用事

との二カ条が設けられた。すなわち各宗各派の法衣が僧侶の大礼服と定められたのである。

つぎに、明治十九年から二十二年頃に服制改良論が唱えられ、雑誌や新聞などで論戦が繰り広げられた。その論稿には、

有賀火洲「法衣全廃の報を聞て感あり」（明治十九年三月「東洋宗教新聞」第十二号）

加藤恵証「僧服改良問答」（明治十九年六月「東洋宗教新聞」第二十一号）

林　古芳「改服非急務論」（明治十九年九月～十一月「東洋宗教新聞」第三十、三十二、三十三、三十四、三十五号）

林　古芳「改服非急務論の余勢」（明治二十年一月～二月「東洋宗教新聞」第三十九～四十二号）
宇田川玉端「服制改良の可否」（明治二十年二月「東洋宗教新聞」第四十二号）
などがあげられるが、「明教新誌」第二二四五号（明治二十年一月二十八日発行）には、
○僧服改良　曹洞宗大学林の生徒一同は去る十五日僧服改良の儀に付き講義館に於て大議会を開き種々討議の末僧服改良の事に決し其旨意を書面に認め其筋へ捧呈したりとそ如何の改良方法なるや聞く所に拠れは洋服依用の方案なりとか

とあり、明治二十年一月十五日に曹洞宗大学林の生徒が僧服改良の大討論会を開いており、洋服依用の方案のようであった。

加藤恵証の「僧服改良問答」をみると、

○僧服改良問答　　丹津楼主　加藤恵証

僧服を改良するの議論に付各地巡回中処々の僧俗に諮詢するに僧侶は四十才以上の人と社会の風潮を知らざる人即ち新聞を読まざる人と頑固なる宗乗家を除くの外は改良に同意する者多し。又俗人輩は五十以上の翁媼と一丁字を知らざる愚民とを除く外は皆な改良論に賛成す然れは予も亦軽躁家と見做さるゝを厭はず僧服改良論の主張者たらざるを得ざる時節とはなれり
○或頑僧予に問て曰く僧にして仏衣を廃するを得るや答仏衣とは袈裟をこそ云へ長袖は支那の古服なり今の長袖を仏服と思ふは全く誤りなり○問如何なる服に改良するや答袖は手の形ちに従ひ袴は足の形ちに従ひて二本の足を一纏めにし或は手の下にぶら〳〵する袋を附する如き製に非ず便利能き身体健康に適する服製にすべし
○問然らば西洋服か答日本明治聖代の礼服にすべし（問者微笑）○問袈裟は如何答是は仏服なれば洋服否新僧

服の上に掛くべし○問洋服は身体健康に適する由は生理学の書にて承知せしか正座する時に窮屈に非ずや答僧侶の正座は結跏趺座なり結跏が出来ずは半跏趺座にして可なり若し日本流の御膝立を好まば仏蘭西風の袴に製せば更に窮屈に非ず（仏蘭西製は膝節の所広し）○問数珠は廃するや答平生不断所持すべし○問通常服に止るや答演説説教勤行にも用ゆべし止を得ずんば演説説教に迄なりとも用ひたし○問本山より厳達して一般に改正せしむるや答圧制するには及ばず新服旧服勝手たるべしとの達書を出すべし新服を厭忌する老僧にも用ひよと云に非ず○問新旧混交は見苦しからずや答見好くはあるまじ然し官吏抔の洋和混交と同様なり其混交も暫くのことにて天保老人死し去れは一汎新服になると掌を指すが如し○階級堂班は廃するや答廃するに及ばず袈裟にて区別すべし亦新服の色は黒白の二色に限る方宜しからん○問袈裟は各宗一体にするや答出来れば妙なれども行れまじ禅ならば落子《ママ》天台なら畳五条真宗なら輪袈裟と云如き軽便の品を用ゆべし○問不品行の媒介とはならざるや答品行豈服製に関せんや寧ろ長袖にて酒肆妓楼に往来するよりは勝るべし予と雖ども改良服は品行を良正にするものとは主張せず只囚人重法の故に便服を着せよと云ふなり○問改良論は雛僧の理論のこと思ふ有名の耆宿にも論ずるものありや答論じて行はざるは雛僧にあり黙して実行するは日本十八高僧の一人にて文部大学講師学士会員原坦山上人なり○茲に至りて問者驚駭声を卑くして曰く長袖の世に軽蔑せらるゝは我輩も飽迄承知す先般も和敬会員が長袖にて洋服の人を随行せしめしに茶屋の下婢か茶を酌むにも随行を先にし宿屋の亭主か挨拶するにも本弁師を後にせしとを伝聞せりと予曰く今の話は拙僧と英立雪のことなるべしと答へたれば問者弥よ打驚き年こそ老たれ我も改良論に加入し玉はれと云て去れり此問答を記して予か僧服改良論の第一稿とす

とある。また、「東洋宗教新聞」の編者の意見には、東洋記者曰く吾僧侶改服論の如きは既に目下の一大問題となり甲非乙是其論未だ一に帰せずと雖とも社会風潮の激進は人力の支ふ所にあらされは早晩必ず僧服改良の機に至るは亦疑ふ可きにあらされ共林氏も既に論せられし如く吾仏家にして目下急眉の改良を要す可き唯茲に止まらすされは記者の思考にては改服緩急の如何は社会風潮の如何に相伴ふの勢理に一任し吾輩の熱望して有志に冀ふ所のものは西洋十九世紀の将来に向て吾仏教を拡張して百折不撓よく当時代の人智を制服するに足る人材を今日に培養せんと欲するに在らされは林氏も前章にて痛論されし如く教学の科業書を精密にすると共に智徳壮活なる良教師を其校林〳〵に配置し授業中知らす〳〵生徒の精神をして活発奮起せしめ成業の後は競ふて法城堅固の策を講する様薫陶せしむるこそ望みても亦望ましきことなり実に固陋の頑道徳に泥酔して文明時代の活智識に伴れて発明せし新道徳を夢にたも知らさる如き盲者とは共に文明の進達を謀る可らす吾仏家文明時代の智徳に乏しからさる人寡きに非すと雖とも一般より之を評する時は吾邦僧侶十有余万中其智徳者は千百中の一だも六かしかる可し然らは則ち此等無智無徳の者を改良するを勉めすして其形容のみを更正せんことに急なるはこれ自ら欺き兼て人を欺くの論と云可し吾輩は改服論の非なりと云に非す其急ならさるを云ふもの也若し改服是急論者の言る、如くよしや吾十有万の僧侶をして洋服を着せしむるものとするも古語の謂ゆる獼猴にして冠するの誘りを取らんのみ故に吾輩記者は其能力あり其活動ありて改服するは可なりと雖とも其能力なく其活動なき人にして信施を貪りて洋服を調整する如きは敢て記者輩の冀ふ所にあらすこれ僧侶改服の如何は社会風潮の如何に一任するのみと蓋し修令《たとひ》釈聖の制服なれはとて偏袒右肩の制は今日に用なけれは服制更正の如きは須らく社会風潮の如何に和伴はさる可らす唯緩急の序を論するは世の謂ゆる先導者の本分ならん今や林氏の論結局せるに付聊か記者輩の謾評を附し同意を表するの旨趣を明せりとあり、僧衣を改め洋服を着て文明社会に入ることを主張した。栃木県曹洞宗専門支校の教師である宇田川玉端は「服制改良の可否」で、

嗚呼僧門の時世に迂なる自から笑ふへく又思はさる可けんや抑も制度なるものは時機に随て変更すべきものなり結縄の約なる制度は変して門司の制度となり近くは封建の制度一変して明治立憲政体となり若し制度時に随て変更せされは国歩の危き踵を回さざるに至るや必せり今僧門の服制なるものは其源を尋るに宗徒の遵奉すべき相伝の服制を見聞せず只仏在世に祇支覆肩なる一種ありと爾后種〻の服制起り法衣の名称を与へ尊敬を自然に受け越ひて今日の勢となれるならん漸〻時移り世変して又数十種の服制を立て現に我国の仏家十二家派と各〻服制区別あるを見てしるべし今の各宗法衣の服制は悉皆仏制より出しものにはあらざるべし仏十二宗の服制を制定せしめ玉ふ理なし然らは現今の着服も非法服なり否仏制の法服なしと断定すべし然らは早く今日に改良し僧侶は時代服を着用すへし然れは則ち服制は時代と共に変更して改良制定せさるへからす又感情より之を陳んに世俗和洋何れに尊敬の念ありや洋服なるべし過去の世に在ては長袖なりしも現在は変して洋服貴服となれり然れは未来は必ず進化と共に筒袖に尊敬の念深きわ当然の理なり爰に或問者あり改良服は信仰を害すへしと決して不然余以為反て真正の信仰を得へし旧服の信仰は天保年度の信者にして其信仰薄弱なり恃むに足らす寧ろ薄弱の信仰を恃んか有為勇進の信仰を恃んか薄弱の信仰は失ふとも有為勇進の信仰は決して失ふへからず若し失ふときは未来何れの信仰を恃んや或問者語尽きて去る既に世俗僧服を見るに凶服の感情を起し葬祭等の外法衣着服の儘在俗へ参入すれは僧家の来りし日を以て不吉となし敢為の学生は僧と道路に並立するを恥ち是れ僧風を忌嫌するの感情より起生するなり現今僧服の社会より忌嫌を受ること枚挙に遑あらず今日にして此感情を打破すべきは又僧家の一大急務と謂たるべからす今本論を結ばんと欲するに当て経済の点より之を説て局を

了らんとす見よ現今我十五万僧侶の生涯に（五十年余）ありて法衣上に消費する代価は幾計なりや平均一人に付五十円と仮定するに（袈裟は一切除く）総計七百五十万円なり一年に配当するに一カ年十五万円なり此巨額の金を無益の法衣上に費し恥ることなく自得然として虚飾を着服するは更に吾輩の解せさる所なり今日より将来社会の進化すると同時に年月を経過するに随ひ我宗教上より出費する教費の繁多なるは非常なるべし今日にして予じめ僧家此用意なくんばあるべからず況んや自今財政の困難なる時に当て豈虚飾の醜服を着し自得然として信徒の施物のみを坐待するの秋にはあらざるべし実に服制改良は経費上よりするも感情制度便利等の諸点更に進んで進化の域より之を論するも改良の鴻益あるは禿筆の得て尽す所にあらず。今や我本林は内部即ち学科授業法等着々改良の域に進みしにあらずや然れは内部にて満足偏辟して進取の威気を屈せず更に進んで外部の改良に力を尽すは吾等の一大義務と云はさるべからす然るを上陳の活利を知らす単に改良の時早し機到来せすとて一偏に保守主義の思想に牽束せられ一大英断を服制改良に実施し能はさるは抑も何等の原因に出るや余輩更に進んで説を聞んとするものなり諸君知ずや服制改良は既に輿論の一問題たり輿論は時機の到るを代表するものなり然れば時機到来の今日にあらずや若しくは之を今日制止するも輿論の風潮に激せられ又改良説に勢力を起すと今日の比にはあらさるべし西哲テンチーソンの詩に云く時代を通して一の増す所の目的が走る人の考が太陽の昇ると倶に広ると鳴呼氏の一言世界進化の原理を摘発するに足る夫れ然り進化の原理は決して人意の私に制止し左右すべきものにあらざるべし故に第二の服制改良説の勢力を得しは豈偶然に発起せしものにはあらざるなり是吾輩か今回深く服制改良説を主唱せし所以の者は此に原因するものなり

鳴呼今日は何れの日ぞや僧徒安眠高臥の秋にはあらさるへし此秋にして我党独り古制腐法に沈着し活発の運動を放任すへきの時機にあらす進み進んで退く勿れとは曾て西哲か固着の依頼心を打破せし鍼《（ママ）》言なり伏て望む満

堂の代議諸君よ進み進んで満腔の熱血を吐露し余か本論なる服制改良の可否得失を充分に討論あらんと余は諸君の高説を謹て聴んと欲す

といっている。

明治二十三年十一月には、小泉了諦が「僧侶服制論」（「仏教」第十九号）を、同二十四年十一月には「袈裟の説」（「仏教」第三十二号）を発表し、三衣の意義を説いている。

明治三十年四月には、軍人政治家の三浦梧楼が『僧服改正論』を著わし、当時の様子を、

今や各宗の僧服。多くは体色量如法の仏制を喪ひて。唯その名のみ遺れり。その茲に至りたる所以を思へは。情慨胸を衝て。言はんと欲して言ふ能はさるものあり。僧服の紊乱非法今日より甚たしきはなし。蓋しその弊源種々あるへしと雖とも。要するに僧侶自ら正知見を失して因果を信せす。仏戒の何たるを知らす。重禁を犯して持たさりしに由るの外ならさるへし。若し僧侶にして。因果を信じ。仏戒を遵奉せは。何そ独り法服のみ如此甚しき訛転を招かんや。

嗚呼破弊縫綴の衲衣は。漸く転して錦繡紋綵の華麗と為りその五条七条は。唯た名のみ残りて。紋白緋文白と為り展転変化して。底止する所を知らす。茲に於て乎。世人をして。その非法の袈裟を悪むと共に。仏教そのものを嫌厭し。正法そのものを聞信せさるに至らしめ。遂に仏教をして。今日の悲境に陥らしめたるは。それ将た誰か罪そや。聖誡慇懃立制厳密なること。諸経律の明説にして固より諸大徳の知る所。吾人愚俗の容喙すべき所にあらす。請ふ情を離れて理に取り。速に非法の衣制を改正して。既墜の正法を挽回せられんことを。

と述べて、諸典籍を引用し説いた。また、

官家は維新の初め。已に業に見る所ありて。是等虚飾的有害無益の制度を。断然廃止し。即ち立教開宗の本儀

に基つくへき旨を。令せられたるにあらすや。彼俗よりも俗なる平凡の僧侶に在ては。素より一朝俄に之れを改め難かるへしと雖とも。天下有数の高僧。何そ其弊を知て。之れを改むるの勇なきの理あらんや。切に思察せよ。内仏祖の禁止する所。外社会の嫌厭する所と為りたる非法の衣色をは。其本山の高僧たるもの何の理由ありて。自ら之れを着し。何の特権ありて。他をして。之れを着せしむることを得へきや。少しく条理を知るもの丶。決して為し得へき所にあらさるべし。

というように、当時の華美な荘厳を装っている法衣にたいし、本来の法衣の精神に帰るべきと僧服の改正論を述べたのである。

明治三十四年には、来馬逐道が僧服改良論を主張し僧服改良会を創立した。来馬は「各宗僧侶の式服を一定せよ」(「仏教」第一七一号)で、

吾人は兎も角も今日に於いて多くの坊さんが、長い袖の衣を著て、ブラ〳〵として居るのを賛成することが出来ないのである。

として、〝新仏教徒〟〝新仏教家〟は典拠もない無茶苦茶の衣体をつけて平気でいられるものではない。かえって全廃して平服のままでいる方がよい。羽織、袴を着ない人は着る方がよいなど、法服改正論というよりもむしろ法服全廃論を唱え、僧侶の服装を俗人と同じようにしていくことを主張した。しかし、一種の式服は定めておかなければならないとして式服の要件を述べ、従来の法衣を改良した新しい式服を提案した。ただ、来馬は世間で衣服改良の声が起こったため、それにかぶれたわけではないといっており、僧服を今日のままにしておくことに不同意で、僧服改良提案者として宿案を述べているのである。その可否に関しては一層の討究を行い、速やかに各宗共用の式服を一定せられたいともいっている[(18)]。

つづいて、来馬は「予が僧服改良論の要旨」（明治三十五年二月「仏教」第一七九号）において、体裁上、便利上、経済上、教理上の四方面から従来の僧服の欠点をあげ、僧服改良の必要を説いた。なお、来馬が創立した僧服改良会の趣意と規約をあげてみると、

僧服改良会の創立趣意

仏教改新の急務は、応に内外俱に之をなすべし、今や、吾人は、熱心其の内面の部に力を尽しつゝありと雖も、仏教の隆盛が仏教僧侶の尽力に依つて多大の便宜を得らるゝものとせば、少くとも、仏教界全般を通じて着用せらるべき「道服」若くは「教服」とも云ふべきものを作り、以て仏教家の標榜となすを要す、吾人は此趣旨に依りて、まづ本会を組織し、会員諸君の助力を乞ひて、其の様式を攻究し、各々所見を提出して、充分の研究を遂げんとす、乞ふ有志諸君続々入会して、本会の為に一臂の労を吝むこと勿れ

僧服改良会規約

㈠　本会は、各宗に通じて、仏教家の被着すべき服装を制定し、従来の不規律なる法服に代ふるを以て目的とす

㈡　何人にても本会に加入するを得

㈢　本会はまづ左の諸項に基き僧服改良に関する会員の意見を徴集し精細の討究を経るものとす

一、法服

二、帽子（道中用、法式用の二種）

三、袈裟（平生用、法式用の二種）

四、履物（晴天、雨天、屋内、屋外法式用）

五、袴、裙子の類（色、地合等の各項）
六、数珠、扇子其他の所持品
七、道中用、若くは雨天用の外套
㈣　本会々員の意見は「仏教」紙上に掲載し、必要の場合には挿絵を用ひて、詳細に説明し、会員の批判を待つものとす
㈤　本会は、各会員の意見を集めたる後、各宗先輩の鑑査を乞ひ、雛形を調製して「仏教」紙上に其の写真を掲載す
㈥　本会々員は本会の趣旨を世に流布するは勿論、此趣意を実行するを怠るべからず
㈦　入会者は、はがきを以て本会に通知すべし
㈧　本会は会費を要せず、但し時々会合をなす時は、臨時に席費を徴収することあるべし
以上は本会の規定なり、吾人は、唯だ、「ダラシ」なき僧服を改めて、新世紀に適したる法服を得ば、足れり、冀くは有志諸君、入会に躊躇し玉はざれ、
東京浅草区新谷町（日本仏教協会内）　僧服改良会

とあり、新世紀に適した法服を得るために入会をすすめている。
大正年間になると、大正六年七月には栗山泰音が『僧侶家族論』（桜樹下堂）を著わし、「第四十二章　俗化せる宗門僧侶の服装」で、
今の宗門の僧侶の服装は大に俗化し、その道中衣の如き、概ねみな褊衫裙子の変体略体たる直綴《ママ》すら之を着せ

ず、被布《ヒフ》または道行《ミチユキ》と称する在家婦人用の衣服の上着《ウハギ》の如き物、或は改良服などいへる一種変体の法衣代用の如き物を被することもある。是れ併しながら時代の要求なるものであらう。

と改良服は一種変体の法衣の代用といっており、俗化せる宗門僧侶の服装としては、

縞物《シマモノ》の羽織にセルの行灯袴を着せる者もあれば、紋付羽織に何平とかの袴を穿つ者もある。更に進んで洋服に中山帽といふ扮装もある。

という。そして栗山は「法式と法服の改造」（大正十三年二月「中央仏教」第八巻第二号）で、自分は改良服を着用せず、改良服は改悪服になるといい、改良服を現代より取り残された落伍者の表彰と評した。また、いかなる名案の下に改良発明せられても現時の改良服と差はなく効果もないという。法衣の改造とは坊主芝居の旅役者でない質素倹約のものでなければならないといっている。

　大正十二年には、色衣の廃止について批判や検討がなされた。「中央仏教」第七巻第四号には高島米峰「色衣廃止か僧侶廃止か」、窪川旭丈「色衣は廃止よりも解放へ」の両稿、同第七巻第六号には来馬琢道「仏教徒の法衣被著に就て」、山田一英「色衣廃止を痛論す」を発表している。色衣は僧侶および檀信徒の虚栄心に応じて等級が定められ、それによって各本山は課金を徴集しており、本山の財源などを考える場合、色衣廃止は困難である。そのため僧服の革新は、色衣廃止の断行とまでいっている。

　このようにながめてくると、明治期には僧服改正、改良論が唱えられたが、大正期には僧服改造論が出てきたのである。

第七節　近代化によって改良された略法衣

略法衣は法衣（直裰）を簡略化したもので、略衣、改良衣、改良服ともいわれている。それは、

一、袖は小さくする。
二、裳のひだの数を少なくする。
三、裳の脇ひだはつける。
四、腰つぎはつける。
五、色は黒とするが、法衣の色と同じく木蘭、紫とすることもある。
六、四つ紐を以って身につける。

のようにしたものであったが、[19] 来馬琢道は、その要件として、

一、僧侶たる威儀を失はざること。
二、歩行に便ならしむること。
三、なるべく動作に差支なからしむること。
四、袈裟を搭くる遺風を存すること。
五、皮膚の現れざるようにすること。
六、風吹き又は動揺等の為め威儀を崩さざること。

来馬琢道提案の式服

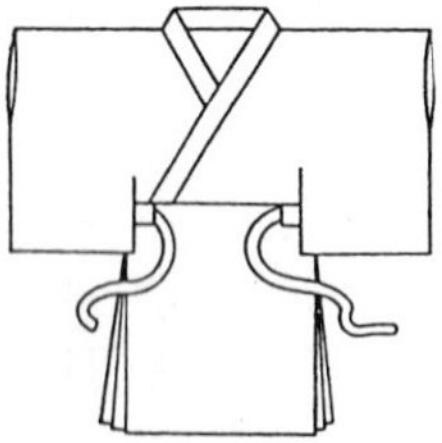
式服の前面図

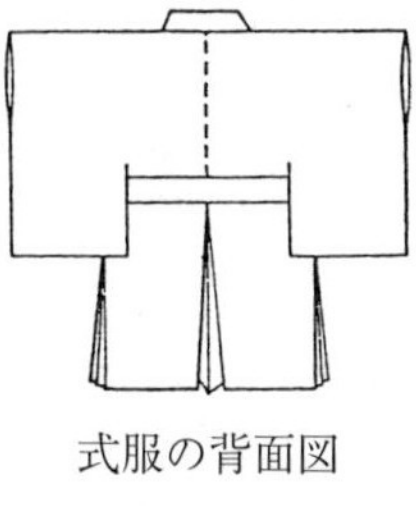
式服の背面図

図1

ともいっている。[20]来馬の提案した式服は図1のようで、大正十三年九月の「曹洞宗僧侶服制」の「略服ノ裁制図」をみると図2のようになっており、細部は異なっている。

略法衣が成立した規準は、

一、直裰の裳の取扱いを簡略化したもので、ひだの数を少なくした。

二、袖が広く大きいものであったのを小袖の大きさにした。

このように、法衣の布地の倹約と日常生活を行いやすいものへと改めた経済的、実益的な考えをとり入れたものである。したがって、略法衣は洋服の影響による僧服の近代化によって改良されたもので、実益的には和服の着物にならって改良されたものであることが明らかになるのである。

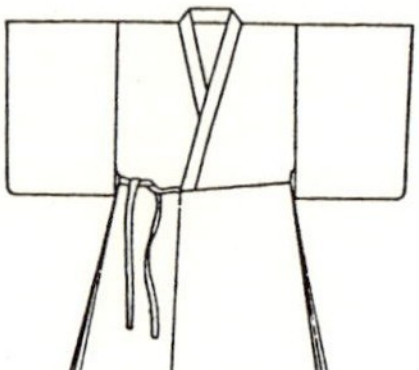

略服の前面図

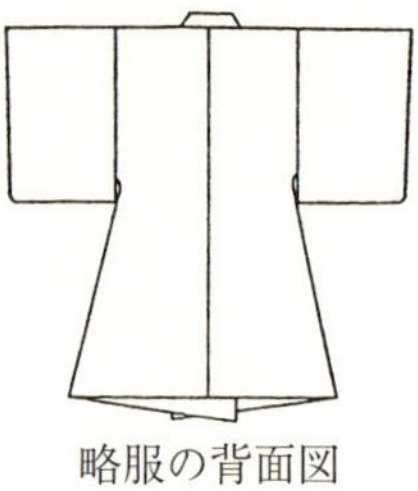

略服の背面図

図2

註

（1）椎名宏雄『豊洲大由和尚年譜』（昭和五十九年十月　天徳山竜泉院）口絵。
（2）伊東洋二郎『仏教各宗内部改良論』（明治十九年二月　仏灯舎）六五頁。
（3）安達達淳『能山独立曹洞革新論』（明治二十五年四月　安達達淳）一二五、一二六頁。
（4）麻蒔舌渓『曹洞宗史要』（明治二十六年五月　明教社）八〇頁。
（5）麻蒔舌渓、前掲書、一八一頁。
（6）川口高風『曹洞宗の袈裟の知識』（昭和五十九年四月　曹洞宗宗務庁）一四七～一五〇頁。
（7）川口高風『法服格正の研究』（昭和五十一年二月　第一書房）三七八、四〇五頁。
（8）『松本市史』下巻（昭和四十八年九月　名著出版）一〇〇、一〇一頁。

（9）『新潟県寺院名鑑』（昭和五十八年十二月　新潟県寺院名鑑刊行会）八四七頁、今泉忠左衛門『仙寿山全久院志』（昭和四年八月　全久院芙容室）二四頁。
（10）圭室諦成『明治維新廃仏毀釈』（昭和十四年十月　白揚社）二〇六頁。
（11）水野霊牛『洞門現時二十五哲』（明治二十八年十月　圯橋軒）二三頁。
（12）孤峰烏石「松本藩の廃仏毀釈」（大正元年十月「仏教史学」第二編第七号）。
（13）藤本全機『水月音容』（昭和二年五月　信陽功労七尊師法要講演協賛会）四頁。
（14）『出雲崎町史』通史編下巻（平成五年三月　出雲崎町）五一〇頁。
（15）陸鉞巌『吉祥水』（明治四十一年六月　円通寺）一七頁。
（16）来馬琢道『禅的体験街頭の仏教』（昭和九年十一月　仏教社）一〇六頁。
（17）川口高風『曹洞宗の袈裟の知識』一五一～一五七頁。
（18）来馬琢道「僧服改良論続稿」（明治三十四年七月「仏教」第一七三号）。
（19）井筒雅風『法衣史』（昭和四十九年十月　雄山閣出版）二九五、二九六頁。
（20）来馬琢道「各宗僧侶の式服を一定せよ」（明治三十四年五月「仏教」第一七一号）。

311

第七章　第一次末派総代議員会議と議決事業

第一節　第一次末派総代議員会議

明治八年十一月十五日に第一次末派総代議員会議が開かれ、宗門制度の綱領が議決せられた。この会議は、明治元年六月に政府が永平寺にたいし宗門制度について碩徳の公議を遂げることとの沙汰を出したことの実行といわれている。(1) もっとも同年十月一日より三日間、京都の天寧寺において十二人の碩徳による会議が開かれたが、この会議は雑言区々のため、宗制制定についての決定はなされなかった。

その後、明治五年三月には両山盟約がなり、十一月二十三日には両山盟約による末派の意見を尊重して宗政の公明を期するところから両本山大教正よりつぎのような告示があった。

皇運隆盛百度維新ノ今日ニ膺リ吾徒独リ苟且偸安古ニ泥シ今ヲ知ラス加之海外ノ教法日ニ盛ンニ吾教日ニ衰ントス而シテ教法ハ国家ニ関渉スル一大事件也頃者我等辱クモ大教正ノ任ヲ蒙リ黽勉茲ニ従事スト雖質性固陋識量老耗終ニ能ク為ス所ニ非サル也因テ両山相謀リ新ニ教法議事ヲ興シ大ニ言路ヲ開キ公明正大ノ論ヲ採リ以テ教法ヲ更張セントス抑数百年来国家ノ洪恩ニ沐浴シ維新ノ今日ニ際会シ教法ヲ以テ国体ヲ翼賛スルハ固ヨリ吾

徒ノ本分願ハ末派ノ碩学門閥老幼ニ拘ラス各自所見ヲ建白シ且ツ有志ノ輩ハ速ニ上京議論ヲ遂ケ盛世ノ鴻業ニ於テ万一ノ裨補アランコトヲ

これによると、近く末派会議を開いて公論で決定せよというのであった。しかし、当時は神仏合併大教院の下にあり、また、臨済、曹洞、黄檗の三宗を合して禅宗と称していた時であったため、宗門独自の活動はできなかった。ところが、同八年五月に神仏合併大教院が廃止され、仏教界は仏教として独自の布教活動ができるようになった。そこで、六月十五日には従来の曹洞宗務局とは別に、青松寺境内に曹洞宗専門学本校を開校し、曹洞宗大教院も同所に仮設した。また、地方には中教院を存続させ、宗門独自に教導職を統轄したのである。そして宗門は、いち早く末派会議を開いて全国組織を再建し、府県内には曹洞教会を結成して地方組織を強化したのであった。

九月十五日、両本山両大教正の直達により十一月十五日に末派会議を開催するべく招集の公達が出た。

時連変遷ニ随ヒ規模ヲ更定シ愈々本根ニ培ヒ枝葉ヲ繁茂スルノ良図ナクンハ宗門ノ衰頽指ヲ屈シテ待ツヘキナリ故ニ左ノ條目ノ通広ク衆議ニ付シ各自ノ所見ヲ鳩シテ不抜ノ基本ヲ立テ宗教ヲ振作致度依テ本年十一月十五日ヲ以開議十日間致集議候條各府県下ニ於テ事理通達ノ者一名支局取締テ必トセズ投票ヲ以公選シ期限迄ニ出京可致此旨相達候事

但往復旅費ノ儀ハ十里五拾銭ノ割ヲ以差与滞在中ハ勿論本山ニ於テ相賄可申候事

右の公達と同時に「会議規条」も制定されており、末派寺院は各府県において一名ずつ議員を選出した。その議員は、

議席番号	選出県	住職寺号	資格	姓名
1	三重県	四天王寺	権大講義	上月　禅月
2	香川県	見性寺	権中講義	百谷　奇雲
3	愛媛県	大興寺	権少講義	桑原　探底

4	新潟県	雲洞庵	大講義	南木 国定
5	千葉県	正泉寺	権大講義	瑞穂 俊童
6	浜田県（島根）	宝陀寺	訓導	森山 本光
7	福島県	玉泉寺	権少講義	三村 義門
8	鶴岡県（山形）	竜蔵寺	試補	佐藤 玄谿
9	山梨県	永昌院	権中講義	大森 大痴
10	小田県（岡山）	永祥寺	少講義	梅谷 得暁
11	浜松県（静岡）	光明寺	試補	天原 素道
12	堺県（大阪）	黄梅寺	権少講義	真伝 百錬
13	長野県	貞祥寺	少講義	鈴木 正光
14	静岡県	洞慶院	少講義	古知 知常
15	京都府	東運寺	試補	玉滝 舟洲
16	石川県	永光寺	少講義	義見 喆成
17	兵庫県	西林寺	試補	高崎 覚成
18	奈良県	三松寺	権少講義	底 祖学
19	白川県（熊本）	大慈寺	中講義	福山 堅高
20	茨城県	管天寺	少講義	小山 懿教
21	豊岡県（兵庫）	円通寺	試補	日置 黙仙
22	島根県	弘長寺	少講義	伊藤 泰淳
23	神奈川県	大泉寺	訓導	月江 元貞
24	長崎県	国分寺	権大講義	江西 芳洲
25	東京府	大円寺	中講義	大辻 是山
26	宮崎県	観音寺	権少講義	美原 破宗
27	度会県（三重）	玉泉寺	少講義	岳尾 泰忍
28	鳥取県	総泉寺	試補	羽衣石 単霊
29	岐阜県	竜泰寺	権中講義	空韻 懐宥
30	飾磨県（兵庫）	景福寺	権少講義	野田 黙中
31	山口県	闢雲寺	権大講義	滝 断泥
32	埼玉県	浄春院	訓導	今飯田 本翁
33	磐前県（福島）	竜門寺	中講義	和田 活宗
34	熊谷県（埼玉）	慈眼寺	権中講義	篤中 回玄
35	山形県	陽春院	権少講義	佐藤 大観
36	新川県（富山）	瑞竜寺	権大講義	島 玉岡
37	熊谷県（群馬）	双林寺	訓導	加藤 亮天
38	秋田県	長慶寺	訓導	神成 泰倫
39	宮城県	長徳寺	権少講義	貝山 閦貫

40	愛知県	正眼寺	権大講義	濤　聴水
41	同	長興寺	権大講義	田中　月璨
42	滋賀県	徳勝寺	中講義	田村　万安
43	水沢県（岩手）	代議員	権中講義	梅渓　月潭
44	敦賀県（福井）	永昌寺	中講義	長谷川天頴
45	小倉県（福岡）	安楽院	試補	柳塢　瑞峰
46	広島県	国泰寺	少講義	鷲見　独秀
47	大坂府	鳳林寺	権大講義	黄備　即法
48	置賜県（山形）	林泉寺	大講義	上杉　俊英
49	栃木県	甘露寺	訓導	近藤　禅答
50	筑摩県（岐阜）	善久寺	試補	都築　霊源
51	佐賀県	泰智寺	試補	弘生　如一
52	大分県	勝光寺	試補	南　慧明
号外	青森県	法光寺	中教正	西有　穆山
同	足柄県（神奈川）	最乗寺	大講義	畔上　楳仙

となり、中教正西有穆山、大講義畔上楳仙の両者を号外として一使三府五十一県の計五十四名の議席番号を有する末派総代議員が参集した。また、福岡県、和歌山県、若松県（福島）、相川県（新潟）の四県は出京御免願いを提出しており、三潴県（福岡）、岡山県、北條県（美作、岡山県）の三県は不参であった。なお、議員の往復旅費は十里について金五十銭の割で支給されている。

教導職とその資格者の数をあげてみると、

中教正	一
大講義	三
権大講義	八
中講義	五
権中講義	五

少講義　八
権少講義　八
訓　導　六
試　補　十

となる。この資格は旧神仏合併大教院時代の教導職の資格であったが、大教院の廃止に伴い、それをそのまま曹洞宗の教師資格に移行していったのである。

十一月十五日午前中に、議員一同は会場の青松寺法堂に集まった。開会式は久我環溪の導師で両祖諷経を勤め、環溪が口宣を行った後、昼食をとって散会した。二日目（十六日）は青松寺の書院を議場として議事が進められたが、最初に環溪による教示があった。

道ニ古今無ク持ニ汚隆有リ而シテ澆季此道ヲ維持スル尤モ難シトス今也世変ニ対遇シ殆ト傾頽ノ兆ヲ彰サントス是レ一臂ノ能ク支フ所ニ非サルナリ蓋シ事業ノ成ルヤ和ヲ以テ貴シトス況ンヤ和合テ以テ名字トナス我党ニ於テヲヤ故ニ協和同心シ興論ヲ採テ敷教ノ方法ヲ更メ随テ理財ノ定限ヲ立テ衆力ヲ一途ニ尽サンコトヲ要ス乃チ闔国門末ノ代議員ヲ拉集シ公議以テ制規ヲ確立シ我　両祖ノ児孫ヲシテ陋習ヲ脱却シ面目ヲ一新シテ四弘ノ願輪ニ乗シ駸々乎トシテ此道ノ正轍ヲ践ミ本末道合シ以テ再ヒ両祖ノ徳風ヲ発揮センコトヲ期ス

これにたいして答辞もあったようであるが、詳しいことは明らかにならない。会議の冒頭で議事に関する「会議規条」十四カ条が決定され、それに則って議事の審議が行われたが、その要領をあげると、

第一条―議員は参会し一般僧侶に代わって共同公議する。
第二条―議員列席の順位は抽選で定め、会長が席に出る時は一同低頭する。

第三条―時間は午前九時より午後四時までで、時間の伸縮は会幹の指揮による。
第四条―議事の第一会は、会幹が議事の大意を説明して議員はこれを熟読精考する。
第五条―第二会は議案にたいして、議員は自己の意見を書いて読みあげ説明する。ただし、発論中は黙聴する。
第六条―第三会は討論を行った議案の表面に可否の一字を朱書して会幹に差し出す。会幹は可否の数を調査して多数の意見に基づいて書記にその決議文案を書かせ各議員に示す。議員は廻読の証として調印する。
第七条―可否を即決し難いものは、別に委員を選び小会議を開いて決す。議案の修正は小会議で行う。
第八条―議員みずから建議するには、その議案を会幹に提出して衆議に付す。建議する時は大略を三日前に建言する。
第九条―建議案は、まず書記に展読せしめ、後にみずから説明する。
第十条―議案の条件は大意を採るべきというが、修正するには会幹が再び小会議で決める。
第十一条―大会議での発言は、会幹の許しを得て議席より少し前進して会幹に向かって発言する。議員相互に討論は行わない。
第十二条―議論は公平で言動も卒暴を禁ずる。もし、会議の規条を乱す者があれば、会幹はこれを警しめ、しばしば犯す時は衆議の上、処分する。
第十三条―議員が事故あって欠席の時は、他の議員に案件を委託する。
第十四条―大会議には数多の事件を議し、小会議は一事件のみを議することをいう。小会議中、議員すべて列席することを総小会議といい、一部の議員のみが出席するのを撰任小会議という。
となり、これが議事に関する規定であった。

「会議規条」に則り議事の審議が開始され、次の四つの議題が提案されて衆議に付した。

一、宗教恢張之事
一、宗務匡整之事
一、両本山並宗局永続資本之事
一、本校永続資本之事

各々をみると、「宗教恢張之事」については、宗務局執事青蔭雪鴻が議案を提出しており、それは、

> 直指単伝ノ大道ヲ履践シ各自本分ノ義務ヲ尽ス之ヲ宗教恢張ト謂フ近世其陵夷ヲ為スモノハ其人ニ乏キヲ以テナリ故ニ後生ヲ策進シ竜象ヲ陶冶スルノ術ヨリ急ナルハ莫シ乃チ仮ニ禅規学則ヲ定メ再ヒ僧堂学校ヲ振興スル所以ナリ已ニ満期成業ノ者ヲシテ始テ敷教ノ権ヲ有シ此道ヲ弘通セシメントス是其恢張ヲ将来ニ期スルモノ也然リ而テ匪教ノ我ニ入リ良民之カ為メ方向ヲ誤ル者多カラストセス其責教職ニ皈セズシテ将タ安ニカ皈セン然則教職ノ正鵠トスル処純ラ民心ヲ固結スルニ在リ民心ヲ固結スルハ教法ヨリ善キハ莫シ教法ヲ振作スルハ結社ヨリ善キハ莫シ故ニ闔国寺院其裁制ヲ一途ニシ我檀越ヲ一講社トナシ住職タル者其信男信女ヲ保導シ信心堅牢ナラシメントス議員ノ碩徳以為如何

とあり、結社結成の基礎をなすものであった。つづいて、宗務匡整についての議案を同じく宗務局執事の滝谷琢宗が提出している。それは、

> 宗規ヲ遵守シ本末共ニ能ク履践シテ専ラ務ル処之ヲ宗務ト云然シテ其細目ノ如キハ与世推移損益スル所アリト

雖大綱曾テ変ス可ラサル者也明治以還国法民法ヲ甄別シ上下各々其権理ヲ明カニスルニ当リ宗規ハ吾黐覆手裡ニ自由スルコトヲ得タリ復タ往時仏戒ヲ国律ニ混シテ束縛スルノ比ニ非ルナリ唯恨ラクハ僧侶或ハ誤解シ仏戒ヤ宗規ヤ落地ノ思想ヲ為ス者アリ既而教部開省三条ノ教憲ヲ設ケ僧侶ニ任スルニ教導職ヲ以セリ尋テ神道諸宗合併教院ヲ置キ一般教務ノ規条ヲ創制ス遂ニ僧侶ニシテ吾宗規ヲ践マス彼ノ教務ニ奔走シテ大綱ノ変ス可ラサルヲ忘ル、者アルニ至ラントス頃末派ノ僧侶ニシテ尚ホ宗規教務ノ区画ヲ審ニセス僅ニ教導職ノ任ヲ得ルトキハ則謂ラク戒臘ハ用ルニ足ラス宗規ハ践スシテ可ナリ吾レ已ニ職級ニ昇レリ安居禁足ノ仏制ヲ経ス入室伝法ノ祖規ヲ闕クトモ政府ニ於テ一寺住職不可ナルナシ寧ロ竈ニ媚ヨト云テ恬然大綱ヲ昧マスノ痴人アリ誠ニ浩歎ニ堪ヘサルナリ今ヤ各宗所立ノ宗教ヲ以テ宗内ニ臂ヲ振フコトヲ得ルハ難値難遇ノ好時節昭代ノ慶幸ト謂ツヘシ况過ル八月教部省乙第十三号ヲ以従来遵守ノ宗規可届出ノ達シアリ然ト雖宗規細目ノ如キハ古ニ行フヘクシテ今ニ行フ可ラサル者アリ今ニ改ムヘクシテ古ニ改ムルニ難シスル者ナシトセス所謂与世推移ノ幾ニシテ之ヲ偶然ニ附ス可ラス教部モ亦此ニ見ル所アリ達書但書ヲ以其意ヲ示セリ是レ吾両本山全国末派ヲ会シテ一タヒ宗務ヲ匡整センコトヲ謀ルノ原由ナリ蓋シ惟ルニ宗務匡整ハ難而最難其大綱ヲ変セス時機ニ適シテ損益シ必当時ニ履践スヘキノ活機軸ヲ転スルニ非レハ宗規有レトモ亡キカ如ク到底告朔ノ餼羊ニ類スルヲ恐ル故ニ世ニ阿ラス又泥古セス古今ヲ折衷シテ目下実際ニ施行セラル可キノ細目ヲ整頓センコトヲ欲ス而シテ此ノ挙固ヨリ一朝一夕ノ能為ス可キニ非ス先ツ委員ヲ撰任シ月日ヲ期シテ箇事ヲ担当セシメ草案成テ更ニ両大禅師ノ裁制ヲ経而シテ之ヲ教部省ニ届ケ之ヲ地方官ニ報知シ上ハ政府ヨリ下ハ庶民ニ至ル迄明ニ本宗僧侶遵守ノ規約此ノ如ク厳且整ナルヲ了センコトヲ要ス而シテ宗内本末交々権理義務ヲ明ニセハ其ノ実際ニ行ハル、ニ庶幾ン歟

といっており、宗門僧侶の遵守すべき規約は厳しく整っていることをいう。

十一月十六日に両執事の演説を聞いて散会したが、十七日以後は元大教院建築金や両本山ならびに宗局、専門本校の歳費、宗局詰の交番、宗教恢張、宗務匡整に関する各議案について審議が進められ、二十二日に議事が終了した。決議された条件の要旨をあげると、最初に元大教院建築金については、

(1)建築金など不納の寺院には、明治九年六月三十日までに送金の事。

(2)もし、右期日までに不納の場合は七月以後、一割五分の利子を加えて同年十二月までに納める事。

(3)もし、それにも反するならば教導職不適任により地方取締および支局において姓名を本局へ具状し相当の処分を行う。

(4)右の金額は本局へ収納して積立金にし、追って大教院新築資本に充てることは宗局第二十二号で示達した。

と決議されている（宗局第二十七号〈明治八年十一月二十五日〉）。

つぎに両本山、宗局、専門本校の永続資本については、

金五千円―両本山並宗局歳費毎年不足高

金二千五百円―本校生徒養育歳費金五千円の内

右の本校歳費不足分は有志を募って補う

合計金七千五百円

これを全国末派の一万カ寺で割って平均一カ寺金七十五銭の割当とし、各地方の以大補小にて徴集し、将来十カ年間、同率にて毎年三月と九月の二期に納めることを決議した（宗局第二十八号〈明治八年十一月二十五日〉）。また、第十九号議員すなわち大慈寺の福山堅高より提案された宗務局詰の交番について審議討論された。その結果、

(1)七大学区より年々一名宛選出して交代に宗務局に参与する。

(2)七大学区選出の人員は管長より職掌を任ぜられる。ただし、衣資は精勤者に別の手当を出す。明治九年以後の宗務局詰交番表が発表され、それを循環して務める。

さらに、宗教恢張、宗務匡整に関しての決議の要領は、

(1)敷教は自今の急務、一日も不可忽。依て結社は官准を得て一般着手の事。
(2)大教院および宗局の新築は資本の成立を待って着手の事。また、専門本校は駒込吉祥寺へ移転の事。
(3)各地方に専門支校を設立する事。
(4)両本山住職御交代の節は全国末派寺院投票公撰の末、その筋へ申立に可相成候事。
(5)非番の大教正は御山詰にて選仏場御担任の事。
(6)教導職取締は自今一府県一名と定め、寺院一同投票撰出の事。
(7)副取締は該地の適宜により定員なし。しかし、五名より多くない事。
(8)法地寺院の結制興行は該寺住職後、年限に拘らず執行すべき事。
(9)結制首座は支校学科初級以上の事。
(10)打給の円鏡を廃止し首座任状は、格地はその寺より、法地は支局より授与する事。
(11)支局事務は寺を以て定めず、人を以て定むべき事。
(12)結制初会の請首座と称して本寺へ納金を廃止する事。
(13)両本山僧堂は大教正の尊意に任せ、各府県下の僧堂は有志に任せ、本校の教師二名を各府県より撰出し一年交代とする。各府県下の支校は地方の適宜とする。

右のことが決議された（宗局第三十号〈明治八年十二月二十五日〉）。

⒁説教の体裁を一途にし帰着するところ、世尊および両祖の深恩に感ぜしめ安心帰向を定むべき事。

⒂檀家日課誦経を定むべき事。

⒃説教講録指南編輯の事。

⒄祖師の伝抄を国字にして、婦女子といえども読み易きに供する事。

⒅寺院住職の任として教導に不従事者は勉励する方法を立て、各地方の取締より教諭し、用いない者は本局へ具状する事。

⒆平僧地の儀、法地に可然永続目途有之向は願出づべき事。

⒇伽藍二物を廃止候処、往々本来の権利義務を誤る族も有之に付、本来の条理一層厳重に正すべき事。
㉑宗局中両山会計の区域は従前通りたるべき事。
㉒監院は両大教正の特撰を以て可被任事。
㉓七大学区より毎年一名交代にて局詰の事。
㉔七大学区撰出の人員参与中は管長より職掌を可被任事。

とあり、第一条は青蔭雪鴻が提案した結社についてで、急いで官准を得て着手することが可決されている。また、両本山貫首が交代する時、全国末派の投票によって公選することが第四条で議決されており、これは帝国議会の開かれた明治二十三年より十五年前であったところから、この会議は曹洞宗の近代化にとって特筆すべき重要な意義をもっていたものといえる(2)。なお、この第一次末派総代議員会議が開かれた最大の目的について、明治九年一月七日に滝谷、青蔭両名より奕堂、環溪両禅師へ出された書簡(3)に、

吾カ両本山ハ開創ノ初ヨリ其ノ常住ヲ助クルノ寺録ナク、修繕ヲ補フノ檀越ナシ。末派ト共ニ偏ニ枯淡ニ甘ン

スルヲ以テ宗風ヲ立ツ。而シテ中世以還国家門閥ヲ重ンスルニ依リ、諸宗ノ本山各自華麗ヲ恣ママニス、我レ亦頻ニ倣ハサルヲ得ズ、於レ是乎往々歳費毎度遂ニ年末ノ負債数万円ノ巨額トナルニ至ル。加レ之明治壬申軼ヒニ教院ヲ説ケシヨリ五年、于レ玆其間変遷一ナラスト雖、会計ノ消費ハ年々増加スルノミ、我等之ガ度ナキヲ憂ヒ明治七年、負債消却ノ策ヲ立テ、其大ナル者稍々償シ了ルト雖、其小ナル者未タ全ク尽ルニ非ス、且ツ明治八年八月、壬申以来ノ出納ヲ精算スルニ毎歳大凡五千円ノ不足ヲ生スルヲ知ル。今ニシテ之カ永続方法ヲ設ケスンハ両三年ヲ出デザルニ復負債幾万円ニ上ラン事必セリ。依レ之同年十一月、全国末派総代ヲ出京セシメ、明治九年ヨリ向フ十カ年、両本山御出並ニ本局歳費定額ヲ審議シ、其不足ヲ末派ヨリ課出セシムルニ一決ス。顧フニ夫末派疲弊窮極ノ際、尚ヲ両本山ヲ崇重扶翼スルニ勇ミ、各自尋常ノ衣資ヲ節メ敢テ両山歳費ノ不足ヲ補フ。両本山若シ一層厳重ノ節倹ヲ行ヒ、歳費定額ノ内追々減省ノ方法ヲ設ケスンハ何ヲ以テカ末派ノ厚意ニ対答センヤ。故ニ別紙第壱号決議歳費定額ヲ洄堪シ、第二号究竟節倹歳費見積リヲ立ツ。是レ他ナシ。十カ年ノ後末派課出ノ幾分ヲ減セン事ヲ欲スル而已。我等固ヨリ不才ニシテ漫ニ執事ノ職ヲ冒ス、況ヤ夫ノ理財経済ノ方法ニ至テハ最モ暗抹ニシテ、其出納増減如何ヲ預算校計スル事難シ。其永続ノ整頓ニ至ルハ次後我等ニ代テ執事ヲ勤ムル者ヲ待ツ。本年本月本日、本局事務ヲ開クノ初メ、先ツ之ヲ両大教正ノ猊下ニ呈ス、幸ニ其許可ヲ得ハ本月ヨリ究竟節倹定額ヲ以テ会計専任ノ者ニ付シ、実地施行ヲ試ミント欲ス。若シ夫見積ノ内不可ナル有ハ速ニ叱正ヲ賜フ

本局現員執事

少教正　滝谷琢宗

同

少教正　青蔭雪鴻

明治九年一月七日

大教正諸岳奕堂大禅師

大教正久我環渓大禅師

といっており、両本山の財政立て直しであったことが明らかになる。そのため、末寺ばかりに負担をかけるのではなく両本山、宗務局も節約に努力すべきことを力説しているのであった。

こうして二十二日に議事は終了し、二十四日午前十一時に管長の久我環渓の導師によって閉会式を挙行し、第一次末派総代議員会議は閉会した。

第二節　議決された事業の遂行と宗務局の俸給

第一次末派総代議員会議において議決された歳費は、全国末派一万カ寺に割り当てて徴収するとともに有志の寄附によったが、両本山、宗務局、専門本校の永続資本の歳費は宗教恢張や宗務匡整に関して議決された事業の遂行に使用されている。決議条件の順にみてみると、

(1)曹洞教会結社について

これは明治九年十月二十六日に「曹洞教会条例」が発布され、同十一年までに全国中教院の三分の二が総教会を設置した。

(2)大教院および宗務局の新築と専門本校を駒込吉祥寺へ移転することについて

大教院および宗務局は、明治十一年一月二十日に東京府下第二区六小区芝栄町一番地に新築落慶した。専門

本校は駒込吉祥寺に新築敷地を求めたが、地所の広さ、価額などで折り合いがつかず、そのため明治十五年五月十八日に敷地を東京麻布区北日ケ窪四十三番地に定め、六月十六日には吉祥寺より麻布へ移転した。そして十月十五日には、曹洞宗大学林専門学本校と改称された。

(3)各地に専門支校を設立するについて

明治九年五月十日、曹洞宗大教院附属専門学本校学課を改正し、中教院附属専門学支校学課および規則などを設定した。

(4)両本山僧堂の整備について

明治十一年二月十六日には總持寺僧堂を開単した。八月十六日には永平寺僧堂を開単し、各々雲衲五十名の掛搭を許した。

(5)檀家日課誦経編纂について

明治十一年十二月二十日、宗務局は『曹洞教会会衆日課経咒並式』(曹洞宗大教院蔵版)を編纂し頒布した。

(6)説教講録指南編集について

明治十二年三月二十五日、宗務局は『曹洞教会説教大意并指南初編』(曹洞宗大教院蔵版)を出版し頒布した。十二月二日には第二編、同十四年二月二十二日に第三編を出版し頒布している。

(7)祖師の伝抄を仮名文で読み易くしたもの

明治十一年八月、木村文明が『永平高祖行状摘要』(宮城曹洞宗中教院)を編した。同十二年三月には、滝谷琢宗が『總持開山太祖略伝』(曹洞宗務局)を著わし、六月に出版した。同十七年十二月には、大内青巒が『曹洞宗両祖伝略』(鴻盟社)を著わして刊行している。

となり、両本山、宗務局、専門本校の経費に割り当てられているが、実は右記の事業に投入されたのであった。したがって、第一次末派総代議員会議において決議されたことが忠実に遂行されており、それは青蔭雪鴻、滝谷琢宗両執事の功績といえるものである。

では、当時の宗務局の俸給と職員の定員などをながめてみると、滝谷が總持寺出張所監院であった在田彦竜へ出した書簡に「寒貧淡茶漬ノ菜幸幸談シ」と題するものがあり、それに、

賞罰ハ人ノ勤惰ヲ制スル所以ナリ。当時本山ノ権衰ヒタリト雖モ亦勤惰ノ制スルノ法ナクンバアルベカラズ。維新以降、朝廷ノ賞罰都テ幣貨ニ憑ル時運ノ然ラシムル処、上下共ニ甘心ス。仏法ノ高尚ナル布帛ヲ不浄ニ充テ、金瓶ヲ毒蛇ニ比ス。仰グベク尊ムベシ。然ト雖、僧風与世推移リ事ト活用ヲ貴ヒ業泥古ヲ悪ム。我本山ノ如キ困窶窮乏末派皆コレヲ知ラザルナシ。然リ而シテ其末派ヲ制スル時勢賞罰ノ法ニ傚ハザルベケンヤ。大座下、自坊ヲ関セズ。本山ニ従事スル茲ニ年アリ。一ト度其功ヲ奏シテ両派ヲ分流セシムルニ至ル。況ヤ、昨来滞京百爾ノ苦辛ハ言ヲ俟ズ。末派中精勤誰カ其右ニ出ル有ンヤ。若ソノ勲ヲ策セバ、数年ノ歳月ヲ統算シ月ニ百円ヲ以テ之ヲ賞スルモ過当トセズ。然ルニ頃ロ代理ノ要路ニ在テ、月資僅ニ五円ト聞ク。豈ニ糞紙ヲ求ルニダモ足ンヤ。勤ヲ賞セズ。惰ヲ罰セズ。之夫人ノ力ヲ本山ニ尽ザル所以ナリ。小弟従前毫モ本山ニ従事セズ。但客歳以来、教法ノ為ニ奔命スルスラ、今ニ至ルマデ計ルニ失費殆ド一百円ニ垂ントス。座下多年ノ費用想像ニ堪ヘタリ。本山ニシテ此ノ艱辛ヲ問ハズ。徒ニ人ヲ強役ス。ソレ之ヲ何ントカ言ンヤ顧フニ郷ニ在レバ各々一ノ方望刹ナリ。時勢貧寒ニ迫ルト雖此ニ招カレ彼コニ請セラレ月々得ル所未ダ三四十円ニ減ゼズ。随徒ヲ使令シ行者ヲ駆役シ只一身ヲ守ルノ外更ニ患ル所ナキナリ。此ヲ捨テ、独身錦地ニ出勤累卵ヨリ危キ要路ヲ蹈ミ懸糸ヨリ微ナル枢機ヲ把リ焦慮百端寝食不安然リ而シテ僅少ノ月資ヲ得足ラザレバ、補フニ自費ヲ以テセント

ス。之ヲ郷ニ在ルニ比スルニ、ソノ損益如何ゾヤ。其安危如何ゾヤ。小弟今後不幸ニシテ出京ヲ命ゼラル、トモ資給僅少ニシテ満タズンバ肯テ職ヲ奉ジ難シ。願クハ大座下在職中之ヲ監院寮ニ謀リ、之ヲ会計司ニ詢ヒ、賞罰ノ法ヲ立テ、以テ今後精勤ノ活路ヲ開キ玉へ、コレ小弟自ラ出京ノ為ニ言フニ非ズ。遠ク後来在職ノ者ノ勤惰ヲ慮ルニ在ル而已。若シ速ニ衆議御採用アラバ向後出勤ノ者ノ幸ナリ。御採用ナキニ於テハ小弟上京ノ患ヲ免ル亦幸ナリ。然ハ則採用ノ有無共ニ幸ナラザルナシ。コレ幸々談ニ非ズヤ。而シテ意ハ仏子ノ真味ニ非ズ。貧寒淡泊ヨリ起レル。俗中ノ俗話浮浅ノ極故ニ寒貧淡茶漬ノ菜ト名ク。請恠ミ玉フコト勿レ。

宿所詰出勤ノ者

路資　一里廿五銭　右荷物運輸ヨリ道中従僕ヲ具スルトモ、独身ナリトモ、豊倹ハ本人ノ意ニアルベシ。従僕ヲ具スル者ハ宿着後三日ノ間ハ僕モ亦宿所ニテ賄ヒ、三日ノ後ハ別ニ処分スベシ。右路資ノ儀ハ本人自力ノ自坊ヨリ東京迄ノ里程ヲ勘シ、宿着後計算シテ給与スベキコト辞職帰国ノ節モ亦同断。

在職　月資十円　右俸賜相定或ハ半年或ハ一年其精勤ノ者ハ辞職ノ節更ニ賞典アルベシ。ソノ惰慢ノ者ハ奉職中ト雖月資ヲ減シテ可ナリ。右月資ノ外タトヒ費用足ラザルモ宿所ヨリ借財スルヲ許サズ。本人自力ヲ以テ外方ヨリ弁用スベキコト。

両山永続ノ見込並宿所理財ノ方法等小弟別ニ考ル処アリト雖筆スベキニ非ズ。他日面上ニ罄サン。

明治六年七月一日　　権大講義滝谷琢宗九拝陳

謹呈　権大講義在田彦竜殿

といっており、月額の俸給は五円で、それを月額十円、旅費手当は一里二十五銭に増額することの意見を述べているため、僅少の俸給であったことが明らかになる。また、職員の定員をみると、やはり滝谷が在田に送った明治七

年七月六日の書簡には、

　両山詰合　越山　孝顕　文応　外ニ下男大小二人
　　　　　　能山　琢宗　慶安　外ニ下男　一人

〆以上局中表向役員詰合極質素ニテ去ルカハリ互ニ昼夜ヲ分タズ。休日モナシ。事務取計右四人之内二人宛教院へ出デ、二人ハ局ニテ担当大抵一月交代又ハ二ケ月交代、此節ハ両山極々平和ニテ孝顕教院へ出勤ノ時ハ拙子両山ノ事ヲ取計、拙教院へ出勤ナレバ孝顕両山ノコトヲ悉皆取計、決シテ彼是ノ隔ナク誠ニ運方宜敷御座候。

とあり、事務取計は計四名で、その内二人宛が大教院へ出て、二人は宗務局を担当していた。これを一カ月または二カ月で交代しており、末派を統轄する宗務局は四人の職員で、俸給も月額五円という状態から始まったのである。(4)

その後、明治九年頃から職員も二、三名が増加され、天令文応、沖津元機両氏以外に田村顕孝、快中俊雄、松原見竜、河村鴻川らが就任しており、その配役は、

永平寺	環渓	雪鴻	〔顕孝 鴻川〕庶務　見竜会計
總持寺	奕堂	琢宗	〔元機 俊雄〕庶務　北仙会計
			辻顕高講究

となるが、支給は月額四、五円程度であった。

第三節 「曹洞宗教会条例」の普達

明治八年十一月十五日の第一次末派総代議員会議において、青蔭雪鴻は「宗教恢張之事」を提案し、その中で教会、結社の結成の必要性を述べ賛同を求めた。そして、一日も早く官准を得て着手することが決議されたため、翌九年十月二十六日に「曹洞宗教会条例」を全国末派寺院に普達した。

この条例は一宗一派単独の教会、結社の条例の先駆的なものであり、曹洞宗は教会、結社による教線拡張にいち早く着目したのであった。

第一条大意は、

第一款　教会結社ノ要旨ハ本宗教導ノ体裁ヲ一ニシ以テ各寺ノ檀越信徒ヲシテ皆其依ル所ヲ定メシムルニ在リ。蓋シ覚道ハ信ヲ以テ能入ト為シ信ハ教導ヲ以テ所依トナス。然ルニ教導ノ体裁未タ一ナラスンハ人ソレ何ニ依テカ其信ヲ定メン。其信未タ定マラスンハ亦何ニ依テカ覚道ニ入ラン。今ヤ各自勤メテ広ク檀信ヲ教導シ普ク祖門ニ進マシメントスルノ秋ナリ。豈其教導ノ体裁ヲ一ニシテ其所依ヲ定メシメザル可シ哉。是レ此条例ヲ制定スル所以ナリ。

第二款　高祖国師曰ク。像末ノ澆運ハ唯結縁ヲ貴フト。凡ソ本宗ノ衆徒タル者ハ常ニ深クコノ遺誡ヲ体認シテ先ツ己ヲ正フシテ而シテ人ニ及ホシ言行必ス綿密ニシテ以テ各々人ノ所依トナルニ恥ナカランコトヲ要スヘシ。之ヲ教会結社ニ着手スルノ用心トス。

第三款　仏語ハ心ヲ為宗而シテ此宗ハ十方諸仏之所証一代時教之所詮教理行果信解証入各自受用ノ三摩地ナリ。之ヲ一大事因縁ト云。此宗教ヲ弘宣シテ自利利他怨親普救終ニ三草二木モ咸ク一地ノ栄ニ帰シ邪種焦芽モ同ク一両ノ潤ニ霑ハシムヘシ。是レ教導従事ノ大意ナリ。

とあり、教団を支える教会、結社の設立とともに檀信徒の信心や教導の体裁の樹立を告げている。

第二条総教会、第三条教会は、

第二条　総教会

第一款　本宗ノ教会ハ総テ曹洞教会ト称スヘシ。

第二款　総教会ハ各地ノ中教院ヲ以テ之ニ充テ該所轄内一般ノ各教会ヲ総督スル者トス。

第三款　総教会ヲ設立センニハ先ツ伺書印イヲ地方官ニ呈シ差閊ナキ旨ノ指令ヲ得テ其書面ニ願書印ロ正副三通ヲ添テ大教院ニ出シ管長ヲ経由シテ教部省ノ允許ヲ稟クヘシ。

第四款　議長一員ヲ置キ所属各教会ノ会頭ヲ統轄シテ一切ノ教会事務ヲ管理セシム。

但所轄内寺院ノ投票ヲ以テ之ヲ撰挙シ管長ノ命ヲ請フヘシ。尤モ該中教院取締ニテ之ヲ兼ルモ亦妨ケナシ。

第五款　議長ノ識務権限ソノ綱領ヲ挙ルコト左ノ如シ。一所轄内各教会設立ノ順序ヲ指揮シ其出願ノ者ハ速ニ添書印ハヲ附シテ大教院へ進達スル事。

一時々所属各教会ヲ巡視シテ布教ノ実際ヲ点撿シ務メテ化門ヲ拡張セシムル事。

一各教会会頭ノ勤惰及ヒ徳行ノ全欠ヲ亮察シ軽キハ自ラ之ヲ慰撫忠告シ重キハ之ヲ大教院ニ具状シテ融陟褒貶ヲ受ル事。

第三条　教会

第一款　一般ノ教会ハ一寺或ハ数寺連合シテ適宜ニ之ヲ結ヒ各寺檀徒ノ信者ヲ入社セシムルヲ要ス。

第二款　教会設立ハ願書印ニヲ大教院ニ出シ管長ノ認可ヲ受ケ番号ヲ請求スヘシ。

但番号ヲ得テ後届書ホ印ヲ地方官ニ出スヘシ。

第三款　会頭一員ヲ置キ教会上一切ノ教務ヲ総理セシム。

但一寺一教会ノ者ハ該住職ヲ以テ之ニ充テ数寺連合ノ者ハ投票又ハ協議ヲ以テ取究メ議長ノ命ヲ請フヘシ。

第四款　会頭ノ職務ソノ綱領ヲ挙ルコト左ノ如シ。

一教会社中ノ師標トシテ常ニ自ラ第一条及ヒ第五条ノ要旨ヲ体シ社中ヲシテ必ス此ニ服従セシムルヲ任トスル事。

一檀徒ノ入社ヲ許シ法脈ヲ授与スル事。

一毎月定日ハ勿論臨時ノ法要或ハ社中招請等ノ説教ヲ勤ムル事。

第五款　毎歳二月会衆ノ増減会費ノ出納ヲ審記シ総教会ヲ経由シテ大教院へ届出ヘシ。

とあり、各府県の中教院をもって、その地方の総教会と称し、その管轄下に一カ寺連合して一単位とする教会を置き、それらを集合して各地域の「曹洞教会」と称することをいう。

第四条結社は、

第四条　結社

第一款　各寺ノ檀徒ヲ結社センニハ先ツ懇切ニ第五条誓規ノ各款ヲ説示シ篤ク其意ヲ体認セシムヘシ。

第二款　会衆ハ毎人必ス仏祖正伝ノ法脈ヲ授与シテ浄戒ノ相ヲ示スヘシ。

第三款　会中適宜ニ毎月定日ヲトシ誓規ニ従テ必ス礼仏問法シテ深ク其信根ニ培ハシムヘシ。

第四款　会頭曁会衆協議ヲ以予メ教会入費ノ額ヲ定メ毎会又ハ適宜ノ時ニ之ヲ納メ一切ノ教用ニ備ヘ若シ剰余アラハ之ヲ積置キテ会衆非常ノ賑恤等ニ用フヘシ。

第五款　会衆甚タ多キニ過キ（一寺ノ檀越幾百戸或ハ幾千戸アルノ類）或ハ里程隔遠ニ渉ル等ノモノハ会中更ニ分講ヲ結ヒ時々参会シテ礼仏問法スルハ各教会ノ適宜ニ任スヘシ。

但分講ハ必ス副会頭一員ヲ置第何号曹洞教会第何番分講ト称スヘシ。

とあり、各寺の檀徒を結社せんために第五条の誓規を説示することをいい、ついで、信徒の結社への参加について述べられており、結社結成の方針を示している。

第五条誓規は、

第五条　誓規

第一款　釈迦牟尼仏ハ法界ノ教主ナリ。高祖国師円明国師ハ本宗ノ開祖ナリ。一大事因縁ハ各自安身立命ノ係ル所ナリ。宜ク切ニ仏祖ノ加被ヲ仰イテ速ニ本懐ヲ遂ンコトヲ要スヘシ。

第二款　十重ノ禁ハ出世ノ大戒彜倫ノ道ハ世間ノ通範ナリ。宜ク深ク護持珍重シテ真俗並ヒ全フスヘシ。

第三款　国憲ヲ遵守スルハ民タルノ義務家職ニ勉励スルハ生ヲ遂ルノ要術ナリ。瑣々タル小事ト雖モ切ニ忽諸スルコト勿レ。

第四款　吉凶相訪ヒ緩急相助ルハ同朋ノ交誼ナリ。宜ク懇ニ好ミヲ通シ睦ミヲ厚フスヘシ。

第五款　異端邪説ハ一大事因縁ノ妨障タリ。謹テ之ニ惑フコト勿レ。

上来五条二十三款ハ本宗教会条例ノ大綱トス。其細目ノ如キハ各地ノ適宜ヲ以テ斟酌施行スヘシ。

とあり、信徒の信心箇条について述べている。

このように「曹洞宗教会条例」は教会、結社結成の具体的な方針を示し、信徒の信心箇条についても明確に指示しているが、教化法についてはほとんど述べられていない。それは曹洞宗のみならず、仏教各宗派を通じて検討す

全国宗内中教院六十二箇の内四十一総教会設立
二十一未設置略表左の通

総教会設立許可済之中教院

東京府	大阪府	大分県
神奈川県一号	兵庫県一号	新潟県
同県二号	同県二号	長野県一号
山梨県	同県三号	同県二号
栃木県	堺県三号	山形県一号
埼玉県一号	同県二号	同県三号
千葉県	滋賀県	宮城県
愛知県一号	広島県一号	福島県一号
同県二号	同県二号	同県二号
静岡県二号	岡山県二号	同県三号
石川県一号	島根県一号	青森県一号
同県三号	同県二号	同県二号
三重県二号	愛媛県	開拓使
京都府一号	福岡県二号	

総教会未設置之中教院

群馬県	熊本県
茨城県	福岡県一号
埼玉県二号	同県三号
静岡県一号	鹿児島県
岐阜県	山形県二号
石川県二号	岩手県
三重県一号	秋田県
京都府二号	
和歌山県	
高知県	
岡山県一号	
山口県	
長崎県一号	
同県二号	

る暇がなかったのが実情で、その原因として神仏分離以来の政教混淆による宗教政策の圧力を受け、本来の教化思想の樹立が極めて困難な状況におかれていたためといわれる(5)。

以上のような「曹洞宗教会条例」によって結成された教会、結社は、明治十一年十二月三日の「宗局達書第二十八号」によれば表のようになる。総教会を設置した各地の中教院は三分の二に当たる四十一カ所があり、未設置は二十一カ所であった。

ここで注目されるのは、明治四年より同十五年まで開拓使によって管理され、未開発の地であった北海道(開拓使)にも曹洞総教会が結成されていることである。それは函館の高竜寺に置かれており、それ以来、曹洞宗寺院は高竜寺の本末関係の上に説教所が新設されていった。以前の北海道は松前の法源寺や法幢寺を中心とした本末関係の寺院のみで、高竜寺も寛永十年（一六三三）に法源寺の末寺として創設されている。その後、永平寺、總持寺の直末寺院が設立され、その門流や高竜寺の門流により北海道の曹洞宗教団は拡大していった。

たとえば、明治二十四年頃の北海道の寺院および住職の総数は、

寺院総数　二一〇カ寺

内

天台宗	三カ寺	真言宗	六カ寺
浄土宗	五十四カ寺	臨済宗	二カ寺
曹洞宗	六十一カ寺	黄檗宗	一カ寺
真　宗	五十八カ寺	日蓮宗	二十五カ寺

住職総数　一八四人

内

天台宗	一人	真言宗	四人
浄土宗	四十四人	臨済宗	二人
曹洞宗	六十一人	黄檗宗	一人
真　宗	四十九人	日蓮宗	二十二人

となるようで、曹洞宗が最も多かった（「明教新誌」第二八六五号）。

このように北海道は各宗教の競争地であり、キリスト教も開拓とともに伝導され組織的体制が整っていった(6)。そのため仏教側はキリスト教の教化活動を制するところから、仏教内外に世論の喚起を促そうと大内青巒が「北海道

布教論」第一―第六（「明教新誌」第二八六一号―第二八六七号）を著わして北海道の開教政策を論じている。

第四節　辻顕高の教化手引書

曹洞教会が設置されて教導体制は整えられたが、在家の化導法や宗意安心の説教手引書の刊行には至っていない。第一次末派総代議員会議の「決議条件」に、

檀家日課誦経ヲ定ムヘキ事

説教講録指南編輯ノ事

が決議されており、早急に編纂せねばならなかった。そこで、その編纂には山梨・大泉寺住持で曹洞宗専門学本校の教師を務め、当時の宗門一の学僧といわれた辻顕高があたった。そして明治十一年十二月十九日に出版届を出し『曹洞教会会衆日課経咒並式』（内題）を刊行したが、曹洞宗大教院蔵版で森江佐七の製本であった。

本書の外題は「日課経咒並式」となっており、表紙の裏には總持寺の奕堂の揮毫による南無釈迦牟尼仏の称号がある。構成は、内題につづいて、

毎日朝夕御仏壇にまづ灯明線香等を供じ合掌して仏名を唱へながら礼拝

南無大恩教主釈迦牟尼仏　三唱三拝

次に坐してまた合掌し一心に懺悔の文を誦するを三べん我昔所造諸悪業。皆由無始貪瞋痴。

従身口意之所生。一切我今皆懺悔。

次に小磬を鳴し心のみたれぬよふに気息をと丶のへて般若心経と消災咒とを誦みて回向すべし

と仏名、懺悔文を誦した後、『般若心経』と『消災咒』を読み、その後に、

上来般若心経。消災吉祥陀羅尼を諷誦する功徳は。大恩教主釈迦牟尼仏。高祖仏性伝東国師。太祖弘徳円明国師に回向して。上慈恩に酬ひたてまつる。伏て冀くは。家内安全。福寿無量。万難消滅。諸縁吉祥ならむことに。十方三世一切仏。諸尊菩薩摩訶薩。摩訶般若波羅蜜。

と回向する。そして、次に舎利礼文を誦みて先祖代々等の為に回向すべし。或は各機根と時間とに随ひて大悲咒寿量品偈観音普門品等を読誦すれば猶よろしことゝす。

というように、『舎利礼文』を誦んで先祖代々等のために回向することをいう。しかし、誦む人の能力や時間によっては『大悲咒』や『寿量品偈』、『観音普門品』などを読誦することも可といっており、その回向文は、

仰き冀くは三宝伏して昭監を垂玉へ。上来舎利礼文を諷誦する功徳は。戒名をよみ先祖代々諸精霊。六親眷属。七世乃父母。三界万霊等に回向して。報地を荘厳す。伏して願くは。存亡斉しく資け。怨親普ねく利は。早く人間生死の根塵を脱して。速かに如来宝明の空海に入らむことを。

十方三世一切仏。諸尊菩薩摩訶薩。摩訶般若波羅蜜。

とある。そして読誦終了後は、仏恩報謝のために仏名を十遍、あるいは百遍、木魚か鉦鈷を打って念じ、つぎに坐りながら三拝して退くという。

これが近代曹洞宗における最初の在家勤行聖典といえるものであった。宗務局は明治十一年十二月二十日、各府県教導取締および教会講長に、

各府県教導取締教会講長

今般曹洞教会々衆日課誦経ヲ確定シ頒布ニ及候条、各地方会衆一般遵行セシムヘシ。此旨相達候事。

但教会々衆ノ請求ニ応シ巻数申出候節ハ逓送ニ及フヘシ。尤モ定価並郵税可納候事。

と経本頒布の旨を普達した。

つぎに、明治十二年に『曹洞教会説教大意並指南』の初編（明治十二年三月十三日出版届）と第二編（明治十二年十一月十九日出版届）、同十三年には第三編（明治十三年十二月三日出版届）を著わし刊行した。三編とも『曹洞教会会衆日課経咒並式』と同じく曹洞宗大教院蔵版で、森江佐七の製本となっている。宗局達書（明治十二年三月二十五日、十二月二日、同十四年二月二十二日）には、各々の出版されたことや一部の代価金が普達されており、初編は二十六丁、第二編は三十九丁、第三編は十九丁で、初編は五丁までが、「曹洞教会説教大意」、六丁からは「曹洞教会説教指南」となっている。「曹洞教会説教大意」は十三条からなり、その解説が「曹洞教会説教指南」である。著わすことになった理由は、「緒言」に、

我宗ニ語句ナク、実ニ一法ノ人ニ与フルナシ。是ヲ以テ達磨東土ニ不来、二祖西天ニ不往ト示ス。然レドモ釈迦牟尼仏ヨリ吾人ニ至ルマデ、師資相承・血脈不断ナル者ハ何ゾヤ。是天然ノ釈迦ナク。自然ノ弥勒ナフシテ、道不弧運弘之由人ヲ以ナリ。然ル所以ハ大悲止ムコトヲ得ザル者ニシテ、所謂一切衆生ノ病アルヲ以テ、是故ニ我カ病アリト云ガ如シ。是我ガ病ヲ以テ問疾ノ人ヲ待ツ者他ナシ。其待ツテ相逢フトキハ、一ハ無言無説、一ハ黙然タル所ニ於テ始テ能所ノ病根消滅セリトス。即不来ノ相ニシテ来リ、不見ノ相ニシテ見テ、無語中ノ有語ナレバ、固ヨリ往来授受器ノ形跡ニ落ズシテ相続不断ナル者歟。彼ノ長者ノ自ラ糞器ヲ把テ、窮子ニ近ヅキシト同一轍ニシテ、異路ナカルベシ。然リ而シテ若シ一切衆生ノ病悉ク消滅セバ、我ガ病モ亦消滅スベシ。此際良医アリト雖モ、徒ニ手ヲ拱スルノミ乎、否其病者ノ悉ク消滅スルコトハ万々アルベカラズ。タトヒ不病者ト雖モ、今ノ文明世界ヨリ将テ道徳世界ニ進歩スルモ、動モスレバ尚ヲ悪路ニ蹉躓シ、悪病ニ感染シテ自ラ貴重ノ健康ヲ傷害スル者尠シトセズ。良医ニ乏シト雖モ、豈ニ予防ノ良策ヲ施サザランヤ。況ンヤ衆生無

始ヨリ以降タ痴愛ノ病ニ感染シ、無明ノ長夜ニ熟寝スル者ヲ見テ、苟モ我伝道社会ニ衣食スル部分ニシテ、奚ゾ之ヲ抛過スルヲ得ンヤ。是余ガ宗内初心晩学ノ為ニ説教指南ヲ編スル所以ナリ。然レドモ、此事易ナル如ニシテ、実太タ難キ者ナレバ、輒ク操觚スベキニ非ルヤ明カナリ。何ントナレハ、我宗ナル者ハ格量ヲ透脱シテ語句ニ落チズ、各自本具ニシテ授輿往来ニ堕セサレハナリ。然ト雖モ、是恐クハ上々ノ機ヲ接スルニ宣フシテ、中下ニ向テ之ヲ施ストキハ馬耳風ニシテ、例ヘバ舟筏ヲ仮ラズシテ大海ヲ渉ラシメ、翅羽ヲ斬取シテ太虚ニ飛騰セシムルガ如ニシテ、其機ヲシテ遂ニ望洋ノ嘆アラシムルノミナラズ、救ニ迷情ノ祖意ニ背反スルヲ免レザル者ナリ。然ルニ、今釈尊ノ困意超世ノ悲願ニ報答シテ、普ク此衆生ヲシテ痴黒闇ニ堕セズ、成仏ノ好結果ヲ獲セシメント欲スルハ、即チ吾人社会ノ菩提心ニシテ、義務ノ当ヲ尽ス者ナリ。之ニ依テ、余ハ事ノ難易ヲ云ハズ、言ノ鄙陋ヲ顧ミズ、扼腕切歯力メテ太意数条、指南第一編ヲ草シ、漸次ニ編ヲ重テ以テ職務ノ罪ヲ逃レント欲ス。看者庶クハ其意ノ在ル所ヲ取テ、国字ノ文ヲナサヾルヲ咎ムルコト勿レ、是我宗ニ語句ナケレハナリ。

といっており、能力に相応した教化法を見出そうとしたのであった。

「曹洞教会説教大意」の第一条表準は、「曹洞教会説教指南」で一講によって解説されている。第二条報徳は一講で、第三条報徳は第二編で三講にわたっており、第四条報徳は二講、第五条能所ノ縁は第三編の一講で、第六条安心ノ初歩も一講、第七条起行ノ初歩も一講で解説されている。ここまでは「曹洞教会説教指南」で解説されているが、それ以後の第八条安心ノ得所から第十三条屋裏ノ禁諱までの解説文はない。いずれにしても、これらの項目は『法華経』『悲華経』『正法眼蔵』『伝光録』などに典拠が求められており、曹洞宗教導の大眼目は、第一条表準に「釈尊ノ本懐ハ、此五濁ノ衆生ヲシテ、成仏セシメンガ為ニ、世ニ出現シ玉フ一大事因縁ナルヲ」ということを表準にして一仏および高祖、太祖への恩徳に報いることを眼目とし、ついで「五濁ノ衆生ハ、諸仏ニ捨ラレテ、釈尊一仏ノ憂慮ヲ被ムル」（第六条安心ノ初歩）という点に安心の初歩、得所、極処を求め「条セザレハ顕レス、証セザレハ得ルコトナケレドモ」（第十一条起行ノ極処）という修証一如に宗門の教化思想の体系を認めようとしたのであった[7]。なお、『新纂禅籍目録』五八六頁の本書の解説に「尚明治二三刊曹源一滴ノ広告ニ「修証要義説教指南」辻顕高トアルハ此本ノ事ナラン」とあるが、ここにいう「修証要義説教指南」は明治二十五年二月に刊行された辻顕高口授の『修証要義洞上説教指南』（曹洞扶宗会出版部）のことで、『曹洞教会説教大意並指南』とは全く異なったものである。

このように辻顕高は、曹洞宗が近代社会に応ずることのできる教団となるため、民衆が安心する表準を文字によって表現する手引書をまとめようとした。しかし、それは思いきった改進方策とはいえず、依然として過去の踏襲であったことは否定しえない。教化を確立する上の先駆をなすものであったことは確かといえよう。

第五節　敲唱会の結成

「曹洞宗教会条例」により、曹洞宗の教会、結社が結成された状況をみると、明治十年代には一一三社を数える。また、諸宗派協同の結社と仏教各宗派を合わせると四百余を数えることができる[8]。

曹洞宗の代表的結社は修徳、育徒を目的とする敲唱会であった。その修徳同盟会長兼育徒師家は西有穆山、育徒同盟会長は能仁柏巌、修徳兼育徒同盟会幹は能仁義道、市川東崖、日置黙仙であった。「敲唱会修徳同盟清規」と「敲唱会育徒同盟規程」をもち、会員は宗門僧侶の住職、徒弟で育徒同盟には尼僧や長者居士、宰官、檀越信者など金銭を納付する人が外護会員となっている。同盟結社の主旨は「敲唱会修徳同盟清規」の緒言で、

仏曰く二種の因縁ありて正法を久住ならしむ。一には内に持戒の比丘あり。二には外に篤信の壇越あり。云々

至れる哉。遺教や此れ即ち澆漓の吾党に正法を嘱托し玉ふの金言なり。日に三省せすんはあるべからず。然るに大聖世尊の遺教日は一日より振はず。他派は措き我曹洞門下の如き宗風陵夷し叢林荊棘を生じ寺観荒廃に至りしものは何ぞや。曰く持戒清潔の宗匠に乏しきより帰嚮随がつて減し壇越亦た支離するに至るの外にあらざるなり。此隙に乗じ匪教競ひ起り図南万里の翼を伸べ其志を遠大に逞しふせんと欲す。実に危急存亡の秋なり。今や我門の竜象悲憤勉励して救弊の良図あらずんば仏祖正嫡の宗風をして果た何れの処にか住持せしむるを得んや。抑も此の頽瀾を挽回し祖風を悠久に伝播せしめんとするや如何他なし我党仏制を守り祖訓に遵がひ噉肉畜妻と要せす。堂塔伽藍を維持し道徳を養成し品行を方正にするにあり。是に於て乎扶宗護法の篤志者を糾合し同盟協心して本会を組織し汎く一宗兄弟に及さんと熱心するなり。

といっており、また、第三章会員の注意の第十条でも「本宗は教観法相を弾斥して而して教観法相を左右し不思量底を思量して非思量の面目を現前せしむるにあり。故に信徒檀越は宗意の高尚幽遠なるに苦しみ宗意の何たるを領解する能はず。唯年忌葬祭を仰くのみ信徒檀徒の本懐と誤解する者尠なしとせず。宜しく接近に提携して宗意を領解せしめ信心相続を普勧すべきものとす」と主旨が述べられている。

この清規は、

第一章総則　　　第一―二条
第二章会員の進退　第三―八条
第三章会員の注意　第九―十三条
第四章会員の補佐　第十四―十九条
第五章任職大綱　　第二十―二十二条

第六章会同　　第二十三―二十五条
第七章会計　　第二十六―二十八条

と七章二十八条で構成されており、第一条にいうように「仏祖の戒律に敬遵し並に大小乗の威儀に依随し道徳を修め美にし澆世の津梁人天の摸範たるべきの任を尽すへし。苟も噉肉畜妻し或は非制の服帽を被着し若くは寺門を衰頽せしめる等の作業なきを要す」を同盟の本旨としている。そして第四条では、つぎの者は同盟に紹介してはならないことが述べられており、

(1)噉肉畜妻の者。
(2)俗衣俗帽を被着し俗具を携帯して僧儀を敗壊する者。
(3)堂塔伽藍を破毀し寺門の衰頽を醸す者。
(4)寺の動不動産を沽却し常住金を濫用する者。
(5)身代限の所分を受け弁償の義務を了じてない者。
(6)禁獄十日以上の所刑に罹りし者。
(7)宗規に違背したり師命に反する者。

これによると出世間的性格であったものと思われるが、宗門の衰頽、異教の侵入にたいして僧風の振起を期する同盟であり、道元禅師の厳格な出家主義を復興しようとするものであった。

「敲唱会育徒同盟規程」では創設の主旨について、第一章総則で「曹洞本宗に於るや本校あり、支校あり、頽門宗黌の設け已に整備するは論を竢たす。……本校は両本山の開設に係り、支校は本局の干渉主義を以て建設し、未た有志者の協識に出てたる自由主義より成立する宗黌の設け曾てあらざるは実に本宗の欠典」といい、宗門教育へ

の批判的な態度を記しており、これによって敲唱会学校が可睡斎の万松学校内に新設されて、道俗の子弟教育が実施された(9)。

明治十五年三月二十六日、可睡斎で開かれた敲唱会集会において、西有穆山会長は講演を行い、仏教の当面する課題を八カ条にわたって述べ、それを傍聴した小塚仏宗が筆記して整理した「西有教正婆言八条」(「明教新誌」第一三五七号―一三五八号)がある。

八カ条の内容を大きく分けてみると、第一、二、三、五条は中等以上の知識階級への教化、第四、六条は外教にたいして防禦すること、第七、八条は政教問題にたいする仏教者の態度との三種に分けることができ、それについて西有穆山の見解が述べられている。

中等以上への教化については、

第一条において世間の中等以上の知識の学生は仏法を信じない。この害はキリスト教侵入の害よりも甚だしい。仏法の注釈などを行って仏法を信じない徒を出さないこと、そして中等以上の学生などを感動させ、真実に仏法を帰依させる手段はあるか。

第二条では、人を感信させるのに説教、演説などがあり、各々に感信する者の浅深はどうか。中等以上のものは説教に感信するか道徳に感信するか。教法は中等以下のみの布教でよいか。

第三条では、真宗は他力専念の易行であるため、あえて僧侶の品行を正さない。同行となって他力の本願を勧めるのみである。曹洞宗はそうでないが、今後は公然と肉妻を許し、自力で他力を落ちつかさせるか。曹洞宗は今後、あらためて他力の宗派に変わり、その規制を速やかに立てるべきであるかどうか。

第五条では国会開設の時に至り、国会議員に選挙されるものは必ず中等以上の者で、多くは仏信なき学士である。

国会議場で仏教は行政上、益がないという論者はなきにしもあらず、困難苦慮の時といえるかどうか。

つぎに外教（キリスト教）にたいする防禦について、

第四条では「外教を防ぐに学才智弁にして論鋒を専らにするものは、腕力の争いに近きこと一間隔のみ、苟も論鋒智戦を欲せず専ら道徳品行を以て人心を伏するものは、迂なれども腕力の争いには至らざるべし」といい、不抜の心で外国人も仏法に帰依させる志を備えると仏教界は持つことができる。キリスト教の教線拡張に対しても「他の暴権に圧せられ、宗教社会に非常の禍を来すことあるも持戒梵行の道徳あるときは撲滅せらるゝの大害を招かざるべきや」と対応を述べている。

第六条では「明教新誌」に掲載される僧侶の論文をみると、多くは外教の侵入を憂え、布教が盛んでないことを憂えて法城厳護といわないことはない。そのため、噉肉畜妻の非を論ずることは稀である。今不足なものは道徳品行気概で、それを充足することが第一という。

最後に政教問題にたいしては、第七条で露国にたいして、日本は快々として安んじてはいられず、安否を問い、日本人は徴兵を避けたり、僧侶は畜妻別戸のため、仏法が衰弱しているにも拘らず、それも憂えない。国権維持の何物たるかを知らないといい、第八条では「国王の興廃政治の変化に関せざる高尚の位地に端坐して而して国王大臣に近付かず、慈悲を以て庶民を化度し政治を翼賛して国権を助くるときは進んで厭はれず、退て難なし、祖規を守り祖風を墜さゞるときは設会ひ撲滅に遇ふとも何の耻る所かこれあらん。……誤りて噉肉畜妻の党に陥るものは、手段を以て速やかに放下し、確乎として不抜の志を立て祖規祖風を慕ふて宗門を荷担すべし。若し然らば、宗教恢張何の難しきことか之あらんや」と僧侶のとるべき態度を述べている。

このように西有穆山の発言は、道元禅師の復興運動ともみられ、厳格な出家教団の確立と政権からの独立を明示したものとみることができるのである。

註

（1）麻蒔舌渓『曹洞宗史要』（明治二十六年五月　明教社）一七九頁。
（2）『永平寺史』（昭和五十七年九月　大本山永平寺）一三三五頁。青園謙三郎『出生の謎青蔭雪鴻伝』（昭和六十年六月　つぼた書店）一〇六頁。
（3）青園謙三郎、前掲書、二二五、二二六頁。
（4）栗山泰音『宗門財政論』（大正七年十月　桜樹下堂）一〇七～一一〇頁。
（5）池田英俊『明治仏教教会・結社史の研究』（平成六年二月　刀水書房）一九九頁。
（6）大浜徹也『明治キリスト教会史の研究』（昭和五十四年七月　吉川弘文館）二一一頁。
（7）『明治仏教思想資料集成』第六巻（昭和五十七年三月　同朋舎出版）四五〇頁。
（8）池田英俊、前掲書、二一〇頁。
（9）池田英俊、前掲書、二一一頁。

第二篇　両山協調期の動向と諸問題の対応

第一章　両山盟約書の再訂と両祖の称号

第一節　両山盟約書再訂の背景

『永平寺史』下巻一三三二頁では、明治五年三月二十八日に結ばれた両山盟約について、
　このように両山盟約が結ばれて、多年の悪弊も漸く一掃されたのであった。この盟約は更に明治十二年二月二十五日、再訂されて両山の親交は益々鞏固となった。
という。また、竹内道雄『曹洞宗教団史』一六三頁でも、
　明治八年の第一次末派總代議員会議の開催などによってその制度・組織が改革されて教団の新体制が着々と進められていった。これらに呼応して両本山の貫首および執事たちは、前述の明治五年の両山盟約を「益々鞏固」にし、具体化しようとして、明治十二年（一八七九）二月二十五日、これを十カ条に成文化して発表するにいたった。
といっており、『永平寺史』『曹洞宗教団史』ともに「益々鞏固」にするため十カ条に成文化した盟約書を明治十二年二月二十五日に交わしたとみている。しかし、その具体的背景については述べられておらず、そのため、ここで

盟約書を交わすことになった背景を考えてみたい。

それについて、明治十二年三月一日に両本山住職より内務卿伊藤博文へ出した「曹洞宗両本山盟約御聞置願」によれば、

曹洞宗両本山盟約御聞置願

曹洞宗両本山之儀従前屢々権限ヲ諍ヒ末派モ為ニ偏党ヲ生セシガ明治五年大蔵省ノ演達ニ基キ両山混和ノ旨政府へ御届仕爾来両山協議ヲ以宗教事務一途ニ取扱今日ニ至ル迄毫末ノ異情無之候然ルニ頃ロ諸宗往々分派独立各本山各管長ヲ設クル等ノ挙アルニ依リ当宗末派僧侶或ハ心得違ヲ以従前ノ弊習ヲ再演セント要スル者有之候テハ大蔵省ノ達旨ニ戻リ不相済儀ニ付永世両本山並末派共異論無之様今般更ニ別紙之通盟約取結候条曹洞宗両本山及末派御保護ノ為前件御聞置被下度依テ別紙盟約書相添此段相願候也

曹洞宗大本山總持寺住職
大教正諸岳奕堂印

明治十二年三月一日

同　永平寺住職
大教正久我環溪印

内務卿　伊藤博文殿

といっており、近年、諸宗で分派したり独立して各本山各管長を設けていることから、曹洞宗でもその刺激を受け心得違いの末派僧侶が出て、以前の弊習を再演させようとしているという。そこで両本山および末派を保護するために別紙の盟約書を添えて政府へ願ったのである。これにより曹洞宗で分派独立を主張する人が相変わらずいたことを知ることができる。それ以前の同十一年三月二十二日に両本山大教正より末派寺院へ出された直達には、

両大教正直達番外　　十一年三月廿二日　全国末派寺院
明治八年神仏各宗合併布教被差止候後今日ニ至リ諸宗内別派独立相成候向不尠付テハ本宗末派ノ内他門ノ形況ヲ視聴シ区々ノ妄議ヲ起ス者ナキヲ保シ難シ抑モ本宗ノ源脉タル他家ニ異流アルノ此ニ非サレハ決テ時勢ニ移リ改動スヘキノ理由ナシ且明治五年大蔵省演達及両本山盟約ハ万古不抜ノ綱領ニシテ毫モ乗戻スヘカラサル者ニ有之各自該旨ヲ確認シ一点ノ計較ヲ用ヒス純ヲ宗教興張ニ注意可致此旨諭達ニ及候事

とある。これによれば、明治八年五月十日に教部省が神仏各宗合併大教院を廃止して以来、各宗で布教することになり、そのため宗教拡張によって諸宗で別派独立が多く行われていた。しかし、曹洞宗は明治五年の大蔵省演達および両本山盟約が万古不抜の綱領であり、妄議を起こす者がないように粛正を諭達している。

このように明治十二年二月二十五日の盟約書が成立した背景は、他宗派における分派や独立行動が宗門にも影響を及ぼしたものであり、そのため大至急、盟約書を交わさざるを得なくなったものと考えられるのである。分派を主張した人がとった行動の例として明治十年頃の様子をみると、大阪、熊本、静岡、岐阜、愛知、滋賀、石川、三重、和歌山諸県の寺院一三七名が連署して五カ条十七款の建言書を宗務局に提出している（『明教新誌』第四五二号、第四五三号）。それにたいする宗務局の「指令」は同年四月七日に発令された。その具体的内容をみると、まず、建言者の考えは、

……抑〳〵吾宗は他の各宗に比較すれば寺数の多き第三等に降らず。其末派を統轄するに至りては他の一宗中に五派九流ありて支離分裂の繁雑あるの比にあらず。両山居を一局に共にし百度の制令一途に出て万余の末派を糸牽して禽走獣遁せざらしむ故を以て末派の緇徒唯だ命の如くに遵奉し首鼠両端を抱くの患ひなきのみならず。宗局を奉戴すること四肢の頭脳を護するが如くせざるを得す。然るに他の各宗に比すれば百事隆盛ならす。

梢鷸歩の患ひあり。宗徒の心志統一ならず。支離分脈するの嘆あり。是れ他の各宗の曾て知らざる所にして外面より此れを見るときは堂々たる一大宗たるを以て羨望するゆへんなり。此れに依て之と観るに名実共に合一ならざるは他なし。吾宗の両貫主に於ける譬へは国に二王あるが如し。然れは改進持守の所見両立せざるを得ず。随がつて局中所論を異にせざるを得ず。若し然らば末派の輿論も亦た両岐に分れざるを得ざるは保証する能はさる所なり。……

……吾宗万余の寺数浩瀚にして統一ならざるを以て今此れを厳且精ならしむるに至りては一大変革をなさゝれは能はず故にその宜しきを得んとならば内国を部分して二となし所轄を定め両局を置き両管長を設け各其所轄を管理せば事簡にして機宜しきに適合せん。今此れを実行せんには偏愛の徒必ず両山を敵視するの獅虫なきと保んじかたし。依て其根基を鞏固ならしむるには先つ宗徒の信奉する所を確定するを良しとす。抑〳〵瑩祖国師の宗門に於ける真宗の蓮如に匹如するも未だその当を得たりとせず。然るに碩徳宗匠と誇称するものも御在世中の履歴を詳びらかにせす。甚はだしきは諱日をも記せずして諤々嚚々妄論を主張し能山を本山と内腑に信奉せざるの徒も少なしとせず。是れ両山親和の名は合して実の和せざる所以なり。然らば既往の宿弊を一掃し更に名実を全たふせんには瑩祖国師を宗門の中祖と尊称し越山を始め其尊像を安置し忌辰には報恩の法会を修すべし。自余輿聖大慈等を問はず越山に準拠し高祖と同しく尊崇するに至りては初めて能山を仰いて越山同一の大本山なりと確信するを得ん。此れを宗内和合の骨目とす。然り而して合同すべきは合同し分割すべきは分割して互ひに宗風宣揚に着手すると要すべし。

といい、両貫首は国に二王あるのと同じで、そのため一大変革を行い、国内を二分して所轄を定め、両局を置き両管長を設けて各所轄を管理すればよいという。また、瑩山禅師は真宗の蓮如に匹敵する人であるにも拘らず、在世中の履歴は詳らかでなく諱日も記しておらず、總持寺は本山でないという妄論を主張する人も少なくない。両山和合をいうものの現実は違うからである。瑩山禅師を宗門の中祖と尊称し、永平寺をはじめ尊像を安置して、忌辰には報恩の法会を修行し興聖寺、大慈寺などでも永平寺に準じて道元禅師と同じように尊崇されることになれば、初めて總持寺は永平寺と同一の大本山であることが確信できる。そのため合同すべきは合同し、分別すべきは分別して、互いに宗風を宣揚すればよいと考えている。すなわち建言者は總持寺側の人で、總持寺の分派は曹洞宗の発展と考えている人であろう。

つぎに建言書の条款をあげてみよう。

○第一条両本山所轄を部分する事

第一款　全国を部分して西南地方を越山所轄とし東北地方を能山所轄とするを可とす。(附本款は旧幕の治世関三刹に於て海内寺院を部分して所轄するを適例とす)○第二款　両局を置き両管長を設け各其所轄内宗教の盛大を図るを可とす。○第三款　宗規を創定釐正するは両貫主および執事在京六級以上合議して施設するを可とす。○第四款　達書布達并に教道費金に至ては一局限り適宜に施行するを可とす。○第五款　宗規に関する金額は両局合議の上所分するを可とす。○第六款　執事及び役員等は各所轄内より擢用するは能轄本山の権限に属するを可とす。(但し越山にて能山所轄内の人を採用せんと欲せは能山へ照会して本人へ達するを可とす)両局互相に上に準す。

○第二条両祖崇敬の事

第一款　一宗の僧徒高祖国師の称号区々に口灸し甲は高祖道元云々と唱へ乙は永平開山云々と称し其称名一斉ならざれば檀徒信者は其煩雑を患ふ繇て一宗寺院へ吩咐して高祖の称名一斉に帰せしむるを可とす。○第二款全国末派寺院へ瑩祖国師の尊像を安置し高祖忌の如く報恩の法会を勤修し檀徒をして宗門の中祖たるを知らしめ高徳を欽慕せしむるを可とす。

○第三条両局教務課を置く事

第一款　両局中更に教務担任の一課を置き所轄内布教の通否を監督し普及法を起さしめ弘教の体裁を一途に出でしむるの根拠を立つるを可とす。○第二款　両貫主は管長の職務を六級以上に代理せしめ当分所轄内を巡教し教法の汚隆を点検し宗徒の勤惰を瞭察し賞与を施し奨励を行なひ而して檀徒の信否を通鑑し本末の情誼を団結し互ひに繁盛を図るを任とするを可とす。(但し時々局中の近況と貫主へ上申し御巡教先きよりは地方の景状を本局へ報知し、互ひに気脈を通暢し矛楯の所置之れなきを要す。○第三款　両貫主所轄内を巡教すと雖ども寺院多数なれば必らず不及の患ひあらん。依て代理として教務課のものを派遣し地方取締講長支校教師等の勤惰布教の当否を瞭察し本局へ具状するの権を与へて巡回せしむるを可とす。

○第四条専門校の事

第一款　専門本校は両本山内に設置し、生徒をして坐臥経行高祖瑩祖の遺風に薫染せしむるを可とす。○第二款　各府県下専門支校の名称ありと雖ども其実況に至りては資本に乏しく或は教師の妥当を得ず。遂に数名の生徒をも教育する能はずして徒づらに虚名を有するのみ。因て其実を得んには地理の広狭と寺数の疎密とを酌量し凡全国内に十支校を置き維持その宣しきを得育英その実を極め悠久永遠の基礎を葬するを可とす。○第三款　専門学制を編条し住職徒弟勉学策進の方法を創定するを可とす。

○第五条教会の事

本宗教会条例誓規中釈迦牟尼仏は法界の教主云々夫れ説教の旨たるや人をして邪悪を去り正善に導びくに在り。

而るに蠢愚の民はその要旨の指陳を聞取するも猶ほ魯啞の如し。矧んや世尊の大恩徳を仰ぎ各自本懐を遂ぐる等の向上の施設に於てをや。是に繇りて世尊年譜の勝躅を図書し檀徒をして此れを拝し之を観せしめば恰かも小学の稚幼に伊呂図を以てするが如く一目瞭然。必らず感泣して世尊の遺徳を欣慕し転迷開悟するの捷径なり。宗局におゐて之を制定し末派寺院へ頒布して説教の莚には必ず拝観せしむるを可とす。○第二款　同条例中従前該地方限り云々。何講社等区々の名称は此れ条例に照し改正すべし云々。此れ善且美なりと雖ども各地方の実況に至りては従前各寺が結社する地蔵観音薬師講等は随縁応機の化門にして今之を忽爾改称するに至れは信者の方向紛々として其欽奉する所を失なはざるや保すべからず。因りて曹洞教会の名称は本宗結社の一大名称とし地蔵観音薬師講称の如きは教会中の一小結社と視倣し惣々曹洞教会何々講と従前の名称を存置せしむるを可とす。○第三款　両本山伽藍相続は各地方寺院講社へ厥維引受を定め修営承当せしむるの方策を立つるを可とす。

これは、第一条が両山分轄の事、第二条は両祖崇敬の事、第三条は両局に教務課を置く事、第四条は専門学校の事、第五条は教会の事の五カ条より成り、全国を地理的に二分して西南地方を永平寺の所轄、東北地方を總持寺の所轄となし、両本山各別に管掌する管長を置いて宗教の盛大になることを期せんとする趣旨であった。しかし、宗務局の「指令」によれば、第一条は明治五年の盟約に反するため採用し難く、第二条の諸款はそのとおりで、追々確定し告諭に及ぶといっている。第三条の第一款は、以前より気にかかっていたもので、近い中に着手する。第二款、第三款は第一条の余意であるから採用できない。第四条の第一款、第二款は未だ機が熟していないため施行し難いが、第三款はすでに着手している。第五条の諸款はすべて申し立てのとおりとあり、第二条以下は適宜考慮して善処する旨の指令が出ているのであった。ただし、最後に条款の採択および施行は緩急のあることを断わっている。そして、このような建言が生まれた社会の妄議を粛正するため、同十一年三月二十二日には全国末派寺院へ両大教正の名をもって直達が発せられたのである。

明治十年頃には、もう一つの動きもあった。それは、両本山が和合し一宗挙げて両祖を尊崇するならば、称号を一定せねばならないということであった。一三七名連署の建言書の第二条第一款には、道元禅師の称号が高祖道元云云、永年開山云云など種々あり、一定していなかったために統一することが建言されている。また、宗務局の指令にも追々確定し告諭することをいう。しかし、この建言は道元禅師のみをいい、瑩山禅師については尊像を安置し、報恩の法会を勤修して、檀信徒に宗門の中祖たることを知らしめることをいうのであった。

そこで、同年（明治十年）十月二十日には局達第二十二号によって両祖の称号を規定しており、

両本山開祖御称号之儀

勅号ニ於テ已ニ禅師国師ノ両徽号ヲ賜ハラレ従前法孫ノ者尊崇ノ余リ初祖鼻祖開祖或ハ仏法禅師仏慈禅師等区々ノ称号唱来候処右ハ一宗教会ニ於テ体裁不宜義ニ付今般両大教正ノ御深慮ニ依リ左之通御称号一定被成候条自今末派一同屹度遵奉シ区々ノ称号不相成候此旨布達候事

但著述等ニ於テ因由ヲ序スルニ別号ヲ称スルハ此限ニ非ス

○

両祖一定ノ御称号

月忌歳忌法会供養疏文回向等或ハ月旦月中祝日ニ祖堂礼賀ヲ為ス等宗内限リニハ左ノ通唱フヘシ

高祖仏性伝東国師

太祖弘徳円明国師

教会説教其他通常ノ話頭信者檀越ヲ化導スル節ハ簡易ヲ主トスル者ニ付左ノ通唱フヘシ
高祖国師
太祖国師
政府又ハ他宗ヘ対スル等ノ時ニハ左ノ通唱フヘシ但外国ヘ対スルニハ更ニ大日本ノ三字ヲ冠スヘシ
曹洞高祖仏性伝東国師永平道元大和尚
曹洞太祖弘徳円明国師總持瑩山大和尚

とあるように月忌、年忌、法会供養疏、回向文、祖堂礼賀などの場合、説教や通常の化導の場合、政府や他宗にたいする場合との三種の称号を規定した。さらに同日、両祖の忌日を太陽暦に推歩してみると、高祖の建長五年八月二十八日は紀元一千九百十三年九月二十九日に相当し、太祖の正中二年八月十五日は紀元一千九百八十五年九月二十九日に相当するため、両祖の忌日は同月同日となる。ところが、グレゴリオ暦では高祖が九月二十九日、太祖が九月三十日となり一日ずれている。宗務局が同月同日とした根拠や経緯については現在、未詳である。

そこで、両本山の協議の末、翌十一年より両祖の月忌、年忌をこの日に行うことを布達した「祖師忌改正条例」を出した。それには、

第卄三号　　十年十月卄日　　全国末派寺院
高祖塋太祖ノ御忌日大陽暦ニ推歩候処高祖御遷化建長五年癸丑八月廿八日ハ紀元壱千九百十三年九月廿九日ニ相当太祖御遷化正中二年乙丑八月十五日ハ紀元壱千九百八十五年九月廿九日ニ相当右両祖御忌日宛モ同月同日ニシテ供養営弁等甚得便候宜ニ付両本山協議ノ末来ル明治十一年ヨリ両祖ノ月忌歳忌トモ総テ推歩ノ月日ニ改正左ノ通条例被相定候条此旨布達候事

祖師忌改正条例

第一条
高祖太祖ノ御忌日大陽暦ニ推歩候ニ付テハ毎年九月廿九日ヲ歳忌トナシ毎月廿九日ヲ月忌ト確定ス

第二条
越州本山ニ於テハ月忌歳忌トモ高祖ヲ主トナシ太祖ヲ光伴トナス能州本山ニ於テハ月忌歳忌トモ太祖ヲ主トナシ高祖ヲ奉請光伴トナス宇治興聖寺酒井永光寺等ノ如キ祖師ノ御開創ニ係ル向ハ総テ之レニ準スヘシ
　但疏文回向ニ主伴ノ義ヲ加入シテ唱白ス尤モ嘗テ光伴ナシ来レル列祖ハ従前ノ通リ

第三条
諸末派ハ月忌歳忌トモ主伴ヲ別タス高祖ヲ上位ニ奉シ太祖ヲ次位ニ請シテ平等ニ供養営弁スヘシ
　但大中小教院並教会等モ本条ニ拠ル者トス

第四条
茶菓蘋蘩ノ献供及読経供養疏文回向等ノ併別ハ各自ノ志趣次第タリト雖第二条ニ違却シテ区々ノ勤修ヲ為ス可ラス

第五条
改正条例ハ明治十一年一月ヨリ施行スル者トス爾後例規ニ背反スル末寺ハ祖恩ヲ等閑ニスル者ニ付見聞ニ依リ相当ノ譴責アルヘシ

と五条あり、永平寺では高祖を主として太祖を光伴となし、總持寺では太祖を主として高祖を光伴に奉請する。それに違却して区々に勤修してはならず、例規に背反する末派寺院には、相当の責罰を課すと定められている。なお、同十一年五月一日の第十一号により第五条の責罰は譴責に改められた。

明治五年十一月九日、政府は太陰暦を廃止して太陽暦の採用を布告し、十二月三日を明治六年一月一日として以来、同六年三月の「戒会口宣」には、三仏忌や諸祖忌を新暦の月日に準じて行うことを布達している。そして同十年十月には、両祖の称号が一定され、忌日を太陽暦に換算したところ全く同日になったのである。

ところが、この両祖の称号にたいして、東京の豪徳寺の大渓雪巌、長谷寺の水口竜機、吉祥寺の三井海雲、大円寺の大辻是山らは両祖の称号を非であるとし、全国に同志を募っていた。それは翌十一年三月三十日に、三州豊川の妙厳寺に寄留していた大阪の狩野白堂が四氏へ反駁の書翰（「明教新誌」第六一五号）を出していることから明らかで、その一部をあげてみると、

此度諸尊宿方より宗局へ伺がひの事件にて全国兄弟中へ機密を告け有志の捺印を募られし由。我輩大阪府下にて見聞致し又当県下にても承はり如何にも御深切の事なれども外人よりこれを見れば又古めかしき争端を開くに似て事実は新規なれども情実は急に依ると世間に見做して歎かはしき事なり。今日に至り宗教振起の為に有志を募り玉は、即今実際の急務は別に之わるかと察せらる。熟〳〵曹洞の一宗を傍観し奉るに皮の存せざる毛の着くところなきの勢ひなり。此度伺がひの事件の如きは閑暇無事の時の談にして全国に告けて苦心を費やすほどのことゝも見へがたし。其当人限り見込を以て宗局へ具申して可なるべし。第一高祖太祖の称謂の如きは世典に順ぜしことにてもなく宗門におゐて謚号の例もあれば私称もあり。二祖慧可大師に太祖禅師の謚あり。六祖恵能大師をは我が永祖は私に曹渓高祖と称し玉へること諸書に見へたり。近くは用心集を見て知るべし。然らば達磨大師二世の孫を太祖と称し六世の孫を高祖と称せしことは顕然たり。臨済派南浦紹明国師三世の孫徹翁国師は太祖正眼禅師の恵あり。然れは宗門におゐて高祖太祖の称謂あるは全たく世の帝王の一天下を領す

るの称と比すべきにあらざる歟。此度両大教正の深慮にて両山の開祖におゐて高祖太祖の称謂を分たれしは只混同を防くの思召しにて改めて高祖太祖の恵号を奉つるといふの布達を聞かず。既に二祖太祖と称し六祖を高祖と称して達磨の威徳を減ずるのことを聞かず今瑩祖を太祖と称して永祖の威徳を減するの理あらんや。又宗内におゐて大寺の開山はみな太祖と称すべきと雖あれども若し瑩祖の如き徳業ありて方今児孫の盛んなる及び本山職の名義あらばその子孫たるもの私に太祖と称するも他より妨くるの権なかるべし。況んや両大教正両監院の協議に出れば両出異議なきことと知る自恣専断の苛法とは云ひがたし。自恣専断は一人独断のことを云ふなるべし。……

とあり、高祖、太祖の称号は二祖慧可に太祖禅師の諡があり、六祖恵能は曹渓高祖と称している。これは達磨大師二世の孫を太祖といい、六世の孫を高祖と称していることである。曹洞宗において高祖、太祖の称があるのは、世の帝王が天下を領するのと比べるものになるのではないか。今般、両本山貫首が深慮して両山の開祖の混同を防ぐため、改めて高祖、太祖と諡号した布達はない。また、二祖が太祖と称し、六祖を高祖と称しても達磨大師の威徳を減ずることは聞かない。瑩山禅師を太祖と称しても、道元禅師の威徳を減ずるものではない。両貫首、両監院の協議によっており、両山は異論がないというのである。なお、狩野白堂（逸郎）は大阪府下北平野に住んでおり、妙寿寺の栖川興巌が著わした『随喜称名成仏決義三昧儀』に注釈を施した『随喜称名成仏決義三昧儀疏』（明治十三年三月　妙寿寺蔵版）の疏などを作った居士である。

当時、他にも両祖の称号にたいする意見があった。四月八日に福島県士族の水野澄が「明教新誌」第六一九号に「曹洞宗祖名称疑問解」を寄稿しているのである。それをあげると、

曹洞宗の一少年毎に我が社に就て訓詁を学ふ者あり。一日受業の後十数紙を出たし。予に語て曰く。我が宗祖

名称の義に付稍葛藤を生じ殆ど公訴に及ばんと欲す。而して我輩雛僧其義の是非を弁ずることは能はす。願くは之を弁解せよ。余之を把て読過し了りて曰く。余その宗義の紛紜に於ては之を弁せず。唯その高祖太祖名称の義に至りては大辻諸氏の駁義を以て当れりとす。何となれば道元瑩山の道徳如何を論せず。系譜四世の孫を以て太祖と称ずるのを誣妄なる固より論を待たず。然るを曹洞本山におゐて之を採用せざるは何事ぞや。若し日本の曹洞宗みな瑩山の子孫ならば高祖と称し太祖と唱ふるも其宗下の便宜と云べし。子孫より之を称すればみな祖と唱ふべきの義あればなり。仮令一寺一人たりとも瑩山の子孫にあらざるものに対し高祖太祖等と唱へ祭祠せよ報恩せよといふは誠とに抑圧の甚はたしき誣妄の称呼といふべし。子が宗は元と達磨に出て青原、南岳に分れたり。然るに青原の子孫をして南岳を太祖と唱へ之を祭祠し之に報恩せよといはゞ青原の子孫之に服従せんや。更に之に泝ぼる時は八宗は釈迦に出でて竜樹に分れたり。然るを禅宗をして弘法伝教を太祖と称し之を祭祠し之に報恩せよと云はゞ禅宗の徒之を甘せんや。是れみな同一理ならずや。故に曰く宗旨の紛紜は余之を知らず。始祖を高祖と唱へ四世の孫を太祖と唱ふるのを当らざる智者を待たずして知るべきなり。而してその本寺の之を用ゐざるは蓋し。我執とその過ちを飾るとに出るのみ。一旦の過ちを改むるは耻とするに足らず。過を遂て改めずんば耻を千秋に伝へ一宗人なきを見るに足なん。且つ夫仏氏の学は人我見法我見を脱するに在り。今諸氏の論鋒んを察するに人我を争そひ宗我を競ふに過ず。豈に之を仏氏と称するを得んや。

といっており、やはり高祖、太祖の意味の問題で、どうして道元禅師下四世の孫を太祖と称するかという点であった。もし、曹洞宗のすべてが瑩山禅師の子孫ならば高祖と称し太祖と唱えてもよいが、一寺一人でも瑩山禅師の子孫でない者がいたならば高祖、太祖と唱えて祭祀することは誣妄の呼称である。宗旨の紛紜は知らないが、始祖を高祖といい、四世の孫を太祖というのは当たっていないと瑩山禅師の太祖の称号を問題としているのであった。

著者の水野澄は出家か在家か不明であるが、たとえ在家であっても仏教学に通じ、ことに禅門各派の教えを知っている人と思われる。そのため、先の大辻是山らと結合する同志の一人かとみられている（「明教新誌」第六二〇号）。

いずれにしても、両山貫首および諸執事の協議により、道元禅師は開闢の洪徳を仰いで高祖と称号し、瑩山禅師は弘通の恩沢により太祖と称号して相互に光伴し報恩供養を営むことが約定された。これによって、初めて總持寺で高祖の真影が安置せられ、永平寺でも瑩山禅師の光伴をはじめるようになった。これは宗門の大美事であったが、逆に宗門の大変と称して悩む人もあり、瑩山禅師を太祖と称すべきかという問題があった。しかし、「明教新誌」の記者は、曹洞宗が当時流行していた弊風にならい、猥りに独立別派の妄権妄義を主張して、和合無事の本旨に背くことを行ってはならないと両山が分離する意見を批判している（「明教新誌」第六二一号）。

このような両祖の称号問題も、両山盟約を再訂して結ばねばならない理由の一つであったと考えられるのである。明治十二年二月に両山盟約の鞏固を計らねばならなかった背景には、

一、他宗派における分派や独立による刺激

二、道元、瑩山両祖の高祖、太祖の称号問題

などがあったものと考えられた。そこで、締結された盟約書をみると、明治五年三月の盟約書（演達・要領）を具体化して十カ条に成文化されている。ここに全文をあげてみよう。

盟約書

両本山協和盟約ハ明治五年三月廿四日大蔵省ノ演達及要領ヲ敬承シ同年同月廿八日ヲ以両寺一体毫末ノ異情ナキ旨書面ヲ交換シテ之ヲ政府へ届且ツ末派へ布達セリ今又該盟約ノ益々鞏固ナランコトヲ欲シ更ニ左ノ条約ヲ

立テ、以テ永世恪守スヘキ者トス
第一条　両山ハ貫主以下執事役位ニ至ル迄尋常水乳ノ如ク混和親睦ヲ旨トシ共ニ宗風挙揚ノ永図ニ注意スルヲ主眼トナス
第二条　東京両山出張所ヲ総称シテ曹洞宗務局ト名ク宗門ノ制令ヲ一途ニシ全国末派ヲ統管スルノ所トス其本山タル権利ヲ有スルハ両山同等ニシテ差異ナシ而シテ位次ノ甲乙ハ固ヨリ違乱ス可ラス
第三条　教導職管長ハ両山貫主毎一年交番ヲ以之ヲ勤ムルヲ定規トナス其教務ヲ管理スルハ第一条第二条ニ準スヘシ
第四条　両山各々制令ヲ出ストキハ末派ノ嫌疑ヲ招キ且ツ協和ニ妨害アリ故ニ全国ハ勿論仮令一府県下タリトモ末寺一般へ達スヘキ事件ハ一山限リ該山内ヨリ直チニ発令スルヲ得ス必ス宗務局へ通牒シテ両山熟議ヲ遂ケ支吾無之者ハ局達ヲ以テ該事ヲ弁スヘシ
　但直末又ハ一寺一己ニ関スル件ハ本条ノ限ニ非ス
第五条　宗門ノ汚隆ニ関スル重大ノ事件アリテ両山意見ヲ異ニシ可否ヲ決セサルモノ有ルトキハ全国教導取締宗務支局ノ衆議ニ附シ多同ヲ以之ヲ決スヘシ
　但時宜ニ依リ末派総代ヲ召集シテ議員トナシ公論ニ決スルコトアルヘシ
第六条　両山貫主及執事役位ノ者第一条ノ旨ヲ体認シ決シテ互ニ誹議ノ念ヲ抱ク可ラス是非ヲ説クハ即チ是非ノ人俗士スラ猶之ヲ愧ツ況ヤ仏家ニ於テヲヤ協和ヲ破ル職トシテ之ニ由ル最モ戒慎ヲ要スヘキ者トス
　但瑕瑾アルヲ見認ムルトキハ上ニ対シテハ之ヲ諫メ下ニ向テハ之ヲ諭シ同朋ニハ忠告スヘシ
第七条　貫主交代ノ節ハ投票ヲ以後住ヲ確定シ之ヲ政府へ撰挙出願スルニ方リ互ニ添書ヲ請求シテ両寺一体ノ

公証トナスヘシ
第八条　衣体及行法ハ永瑩清規ノ内各自ノ志趣ニ任セテ遵守セシムルモノナレハ両山々内ヲ除ノ外何レノ国何レノ寺ヲ問ハス其制限ヲ立ツ可ラサル者トス
但衣体行法ヲ異ニスル所以ニ因リ末派ヲ見ルニ彼我ノ偏執アル可ラス
第九条　自今一言ノ訴願等誓テ政府ニ奏スル勿レトハ大蔵省演達ノ大意ニシテ両山等シク継承セシ所ナリ是故ニ若シコノ盟約ニ背キ一方ノ本山ヨリ訴願ヲ企ツルトキハ其貫主ハ自ラ本山ノ権利ヲ抛擲セル者ト認ムルヲ定規トナス
但越本山ヨリ之ヲ企ツレハ能本山貫主ハ直ニ該事ヲ末派ニ報告シ越本山貫主ヲ退隠セシムルノ全権ヲ有スル者トス能本山ヨリ之ヲ企ツレハ越本山貫主之レガ処置ヲナスコト同然タルヘシ
第十条　末派ノ僧侶或ハ一本山ノ為ト唱ヒ偏党ノ私論ヲ起シテ両山ノ離間ヲ醸シ又ハ分派独立ヲ主張スル者有ルガ如キハ両山貫主之ヲ懇諭シ改心セシムヘシ若シ承服セサルトキハ明治五年旧教部省達書第四号ニ基キ宗内テ黜斥スヘシ
右十条ノ盟約ハ自今以後永ク実際ニ施行シテ一毫ノ悖戻有ル可ラス依テ執事直末総代ニ連署セシメ之ヲ交換シテ両山宝庫裡ニ収蔵スル者ナリ

永平寺住職
大教正久我環溪　㊞
總持寺住職
大教正諸岳奕堂　㊞

明治十二年二月廿五日

永平寺執事
孝顕寺住職
中教正青蔭雪鴻 ㊞
同
清凉寺住職
少教正長森良範 ㊞
同
大泉寺住職
少教正辻　顕高 ㊞
總持寺執事
慈光寺前住職
中教正滝谷琢宗 ㊞
同
大広寺住職
権少教正在田彦竜 ㊞
同
芳春院住職
少講義三吉竹堂 ㊞

永平寺直末総代
肥後国　大慈寺住職
権少教正福山堅高　㊞
總持寺直末総代
相模国　最乗寺住職
少教正畔上楳仙　㊞

右の盟約書の大きな特色をいえば、第一は両本山の同等の権利を確認し合い、その上に曹洞宗教団を立てて、新たに曹洞宗務局を設けて宗門の制令を一途にして末派寺院を統管するところとした（第一・二条）。第二に教導職管長を設けて、両山貫首が一年交代で勤めることにし教務を管理することが定められた（第三条）。第三には、全国教導取締宗務支局が全国末派寺院の衆議を議決する機関として設けられ、宗門の重大事件を決定することが定められた（第五条）。以上の三点を成文化したところに特色があり、それによって曹洞宗教団に曹洞宗務局、教導職管長、全国教導取締宗務支局が置かれ、宗政と教務を独立して運営する機関が成立したのであった。

とくに注目すべき点は、第五条にある宗門の存亡に関する重大な事件にたいし、両本山の意見が異なる時は全国教導取締宗務支局の衆議によるか末派寺院の総代議員による公論によって決定するか、いずれかであることが決められた。また、第七条では、貫首の交代は投票によって後住を確定することが決められているなど民主的な方法であり、近代化の観点から画期的であったといわれている[1]。しかし、その解釈を全く反対にとっている意見もある。それは第五条が「両山が意見を異にして決定できない時」の条件の下に末派に諮るわけであるが、明治五年三月の盟約書では無条件に「宗弊釐正の儀は碩学徳望の人によって決議する」といっており、そのため末派寺院の参与権は明治十二年の盟約書で削減されたとみられている。また、第五条は両山だけで一致の意見を得るならば、どんなことでも末派に諮らなくてもよいとする「両山専制の裏書」ともみられているのであった。さらに、第一次盟約は政府干渉の結果であったが、第二次盟約は両山互いの私的の協約文であるともいっており、總持寺側が進んで作ったものではないともいわれている。(2)

このように両山盟約の成立は、近代曹洞宗教団の形成に重要な意義を持つものであった。一方では民主的といわれ、一方では両山専制の裏書とも受けとられていたが、署名している總持寺執事の滝谷琢宗は、永平寺貫首になるや「曹洞宗革命策」を著わして永平寺本山の昇住論を持ち出しており、さらに一宗一本山論を主張した。また、總持寺直末総代として署名している畔上楳仙は總持寺貫首時代に總持寺分離問題の主人公になっている。その後、両山盟約は總持寺が分離する論拠を盟約書に求めており、逆に分離する反論も盟約書に求められており、盟約書が両山の避難所になったり宗憲改正の楯ともなっているのである。

第二節　両祖の称号と高祖の大師号

明治十年十月二十日、局達第二十二号によって両祖の称号が規定せられた。月忌、年忌などにおいては、

高祖仏性伝東国師

太祖弘徳円明国師

と称されることになったが、高祖、太祖の名称にたいして疑問の意見も出ていた。その意見は明治十二年二月に再び両山盟約書を取り交わすことになった理由の一つと考えられるが、盟約書を交わした後の同年十一月二十二日には、太政官より道元禅師へ承陽大師号が宣下された。すでに十月二十七日に青蔭雪鴻が内務省へ出頭し、社寺局長

代某より口頭で謚号宣下の内示を受けており、謚号宣旨を永平寺まで護送されたことが辻顕高の「謚号宣下諸記録」（永平寺蔵、青園謙三郎『出生の謎青蔭雪鴻伝』二二〇頁で翻刻されている）で明らかになる。

ところが、道元禅師の承陽大師号宣下にたいして瑩山禅師へも大師号を宣下されるよう、同等均一を主張する者がいた。それは真宗で、開祖の親鸞にたいして見真大師号を追謚されるや直ちに宗門興隆の祖である蓮如にも慧灯大師の謚号が奏請されているため、曹洞宗の場合も同じであることを主張するのであった。

それ以前の八月二十四日には、總持寺の独住一世栴崖奕堂が遷化しており、十一月五日に總持寺で荼毘式が行われた。そのため当時の總持寺住職はいまだ決定されておらず、無住であったところから永平寺側が總持寺側を併呑したとの中傷する意見もあった。しかし、總持寺は執事の在田彦竜が住職代理を勤めており、十一月二十二日には在田彦竜も太政官へ出頭して、久我環溪とともに謚号の御請に署名したり全国末派寺院への告諭も出している。(3)

さらに宗務局は、先の局達第二十二号で両祖の称号を規定し「自今末派一同吃度遵奉シ区々ノ称号不相成候此旨布達候事」と末派寺院へ布達しているにも拘らず、高祖の大師号宣下以来、高祖には宗祖の称号を付して告諭を出している。それは宗局布達第二十六号で、

十二年十一月二十二日　　全国末派寺院

宗祖へ謚号宣下被　仰出候ニ付右告諭之旨篤ト認得シ徒弟及檀越中へ報告シ益々祖風振興ノ様可心懸此旨布達候事

とあり、宗局布達第二十七号でも、

十二年十二月一日　　全国末派寺院

但賜号本書ノ外太政官ヨリ永平寺總持寺へ同文ノ御添書一通ツヽ下附有之候此段心得ノ為添テ申達候也

宗祖諡号宣下被　仰出候ニ付　天恩ノ優渥ヲ報シ兼テ真影供養ノ為メ十二月一日大教院ニ於テ報恩講式ヲ修セラレ同月八日東京発程越本山貫主親カラ勅黄ヲ護持青蔭教正随行東海道ヨリ美濃近江ヲ歴テ祖廟へ奉送相成候
　此旨布達候事

と宗祖を付しているのである。したがって、高祖にたいする称号のみが濫称されているため、太祖の大師号追諡の奏請を求めた人もいたようである。その後、明治四十二年九月八日に瑩山禅師は常済大師の諡号を宣下されている。

ところで、どうして道元禅師のみに大師号が宣下されることになったのであろうか。それを考えてみると、明治十二年は懐弉禅師六百回忌であったため、前年の九月には永平寺で予修法要が行われた。その法要に先立ち三条実美、岩倉具視を通じて内奏されていたものと考えられる。しかし、六百回忌本修を行う前の五月三日には承陽殿が焼失したため、六百回忌は中止になったが、十一月二十二日には諡号が宣下された。承陽殿焼失以前に大師号宣下を申請していたか[4]、それとも焼失した後に大師号宣下を願ったか[5]の二説があるが、大師号を宣下された永平寺は承陽殿の再建を急ぐとともに、貫首の環溪らの一行は東京より永平寺まで、諡号宣旨を奉戴して徒歩で帰山しているのである（「明教新誌」第九四二号―第九四五号）。

このように道元禅師の大師号宣下は、両祖の称号を一定した後、間もなくして宣下されたため、両祖併立の上においては偏見が持たれた。もちろん、それは總持寺側からの意見であった。

第三節　公文録による「承陽大師」の宣下

現在の曹洞宗における道元禅師の称号は「高祖承陽大師」と称している。これは明治十年十月二十日に、曹洞宗務局より宗務局第二十二号達書の「両本山開祖御称号之儀」で、

両本山開祖御称号之儀
勅号ニ於テ已ニ禅師国師ノ両徽号ヲ賜ハラレ従前法孫ノ者尊崇ノ余リ初祖鼻祖開祖或ハ仏法禅師仏慈禅師等区々ノ称号唱来候処右ハ一宗教会ニ於テ体裁不宜義ニ付今般両大教正ノ御深慮ニ依リ左之通御称号一定被成候条自今末派一同屹度遵奉シ区々ノ称号不相成候此旨布達候事
但著述等ニ於テ因由ヲ序スルニ別号ヲ称スルハ此限ニ非ス

○

両祖一定ノ御称号
月忌歳忌法会供養疏文回向等或ハ月旦月中祝日ニ祖堂礼賀ヲ為ス等宗内限リニハ左ノ通唱フヘシ
高祖仏性伝東国師
太祖弘徳円明国師
教会説教其他通常ノ話頭信者檀越ヲ化導スル節ハ簡易ヲ主トスル者ニ付左ノ通唱フヘシ
高祖国師
太祖国師
政府又ハ他宗へ対スル等ノ時ニハ左ノ通唱フヘシ但外国へ対スルニハ更ニ大日本ノ三字ヲ冠スヘシ
曹洞高祖仏性伝東国師永平道元大和尚
曹洞太祖弘徳円明国師總持瑩山大和尚

と一定せられた「高祖」と、明治十二年十一月二十二日に明治天皇より宣下された「承陽大師」を合わせたものである。

ところで、明治十二年十一月二十二日に「承陽大師」号が宣下されるまでの経緯が公文録によって明らかになった。それは国立公文書館蔵の明治十一年十一月内務省伺一の「曹洞臨済両宗々祖等へ大師国師両号追賜ノ儀上申」（二A—一〇—㊊二一九四）と明治十二年十一月内務省伺三にある「曹洞宗祖道元臨済宗二世授翁へ諡号ノ件」（二A—一〇—㊊二五〇三）に記されている。両公文録は年次順に構成されておらず、最初は明治十一年二月に臨済宗妙心寺住職関無学、末寺總代済門敬中、一山総代釈薩水より内務卿大久保利通へ同寺二世授翁宗弼の国師号を願った要望書である。これは同年四月に授翁の五百回忌を修行するにあたり、その功労にたいして称号の宣下を願うものであった。

曹洞宗では、同年四月十一日に滝谷琢宗、青蔭雪鴻、久我環溪より内務卿大久保利通へ「宗祖へ賜号アランコトヲ仰望スルノ書」を出し、道元禅師への大師号の要望書を出している。

それ以来、臨済宗の授翁の国師号願いとペアーになって内務卿より太政大臣へ上申されているが、とくに同十一年八月二十四日に内務省内局の品川弥次郎より太政官書記官へ出された文書には、

曹洞宗祖道元等謚号文字撰定之儀ニ付御照会之趣了承即取調別紙之通及御廻候条可然御取斗有之度此段及御回報候也

明治十一年八月二十四日

内務省内局

大書記官品川弥次郎

太政官書記官

御中

記

曹洞宗祖道元へ
正眼大師
臨済宗妙心寺第二世授翁へ
円鑑国師
以上

と諡号文字撰定の照会にあたり、道元には「正眼大師」、授翁には「円鑑国師」と返信している。しかし、十月十一日の内務省内局の松田道之から太政官書記官へ出された文書には、

曹洞宗祖道元等諡号文字之儀ニ付先頃御回報申進置候処道元諡号別紙之通更ニ取調替候条即及御廻候也
明治十一年十月十一日
内務省内局
大書記官松田道之

太政官書記官
御中

追テ臨済宗妙心寺第二世授翁諡号之儀先頃申進置候通御承知有之度為念申添候也

記

一曹洞宗祖道元へ
承陽大師

以上

とあり、先頃、道元などの謚号文字について返事はあったが、道元の謚号は別紙のように、もう少し取り調べて替えようとしていることをいう。なお、授翁の謚号は申し進めたとおり承知していることが念のために申し添えられている。その別紙の謚号とは「承陽大師」である。

この点から考えられることは、最初が「正眼大師」であったということである。したがって、明治十一年八月二十四日から十月十日までは「正眼大師」とする考えであったが、十月十一日には「承陽大師」に替えようとしたことが明らかになる。

「正眼」の所依が何であるかは記されていないが、おそらく著作の『正法眼蔵』からと考えられる。しかし、すでに元文五年（一七四〇）には、臨済宗の盤珪永琢が「大法正眼国師」と下賜されているため、「正眼大師」を遠慮したものと思われる。詳しいことは明らかでない。「承陽」は『宝慶寺由緒記』によれば、寂円が安貞二年（一二二八）に来朝し道元禅師と再会した。禅師は先師の如浄の祖堂を建てて寂円を塔主としたものが〝承陽庵〟といわれている。すなわち元々は如浄の祖堂であったが、『建撕記』巻下によると、道元禅師の遺骨を納める所を永平寺の西北隅に塔を建てて〝承陽庵〟と号したという。両書の関係から大久保道舟は、如浄の所へ道元禅師の遺骨を合祀したとみなしており、いずれにしても「承陽」は道元禅師の時代から永平寺祖堂の名称であったものといえよう。(6)

ところが、その案は十一月一日に「御沙汰に及ばれざる事」として廃案されたため、翌十二年一月二十七日に再び諸岳奕堂、久我環溪より内務卿へ「宗祖へ賜謚アランコトヲ仰望スル再啓」が出され懇願した。そして四月には、内務権大書記官兼太政官少書記官で社寺局長の桜井能監が「大師国師謚号賜与内規」を上陳し、「曹洞宗」につい

ては、

曹洞宗々祖道元ハ仏性国師ト云フ謚号アリ而シテ今般大師号ヲ謚セラレンコトヲ懇願セリ御允許相成ルトモ不都合無之ノミナラズ他トノ権衡其宜キヲ得ン

と述べられ、允許されても他宗と釣り合いは宜しいといっており、別に臨済宗の授翁の国師号についても允許されてよいと述べている。これによって、四月十八日には「太政官書記官義案」として内務省社寺局長の意見のとおり、他宗祖との釣合もよく、道元へ大師号、授翁へ国師号の追賜を許すといっている。日付は、道元禅師が十一月二十二日、授翁は十一月七日となっているが、どうしてこの月日と決定されたかは明らかにならない。この年、曹洞宗では五月三日に永平寺の承陽殿が火災にあった。八月二十四日には總持寺独住一世栴崖奕堂が遷化され、十一月五日に總持寺で荼毘式が行われており、不幸が続いていた。

以上、公文録によって「承陽大師」宣下までの様子をながめたが、従来、大師号宣下は明治十二年五月三日の承陽殿焼失にあたり、一刻でも早く祖廟を再建しなければならない誓願、報恩のあらわれから焼失後に申請したといわれる説(7)と焼失以前に久我環溪が懐奘禅師六百回忌報恩行として三条実美や岩倉具視を通じて内奏し、同十一年十月七日の岩倉卿永平寺参詣の折、宣下の内意を承けた。宣下の時期は六百回忌正当法要前の予定であったが、承陽殿焼失の突発事故のため、焼跡の整理の終る十一月まで延期されたとする説(8)がある。しかし、これまでみてきたように宣下は承陽殿焼失以前に決定され、その月日も決まっていた。その背景は同九年十一月の親鸞へ見真大師号を宣下されたことによるもので、太政官としては、親鸞の件は特旨として別扱いで比例すべきではないといわれる。他宗派では親鸞の大師号宣下を例として出さざるを得なかった。ただ、道元禅師の大師号に関しては、時を同じにした臨済宗妙心寺派二世授翁宗弼の国師号宣下とともに決裁されており、道元禅師には宣下までの間に「正眼大師」

という別の大師号が予定されていたことも明らかになるのである。

第四節　「曹洞宗」呼称の議論

明治十二年二月に両山盟約の鞏固が計られた後、曹洞宗の起源に関する意見が「明教新誌」の紙上で論争を繰り返した。

それは同十四年七月十六日の「明教新誌」第一一八三号で、曹洞宗専門本校自費寮生の徳光松隆が漢文で起草し同志に頒布していたものを江湖に閲読されんことを願い、そのために読みやすくした「仏教大意」と「曹洞宗起原」が発表された。著者の徳光松隆は、後に長崎県佐世保市の薬王寺十九世、同県北松浦郡佐々町の東光寺二十五世に就いた人である。「曹洞宗起原」をあげてみると、

或人曹洞宗乃大意を問ふ答へて曰く曹洞豈に別に大意あらんや仏教即ち曹洞々々即ち仏教々々の大意を知るときは即ち曹洞の大意即ち知るべし然るに今粗〻挙て曹洞と称する所以の起原を示さん原るに夫れ釈迦二十八伝して達磨に至り達磨十一伝して洞山に至る洞山曹山に伝へ師資此道と弘闡して丁々然なり天下之を称して曹洞宗と曰ふ是れ斯名の起原なり爾来十四伝して我が永平に至り四伝して總持に至る亦此道を弘闡して卓々然たり蓁々然たり児孫天下に偏く中古禅宗と称する者は暫く俗に随ふなり今単に曹洞と称する者は其旧に復するなり展転の大概是の如し其闡化布教の際自利々他普及法界の因縁大千も載ず虚空も容れず芥子に撞着し無間に攅着す日照し月輝きて晴快々たり風吹き雨降りて冷爽々たり魚や鳥や活潑々たり霜や露や転轆々たり人間誰か此教雨に沢はざれらん国土何れか此法雲に覆はれざらん到底之を要するに仏祖暫時も虚しく光陰を度らざるのみ

といっており、洞山良价と曹山本寂の師資から曹洞宗と称される起原をいう。しかし、この意見にたいして、同年

九月四日の「明教新誌」第一二〇六号で、当時、東京豪徳寺二十七世を退隠し、宇治の興聖寺三十三世に就いた大渓雪巌が「曹洞宗名の疑問」と題して疑惑を発表し反駁した。それには、

貴社新誌千百八十三号を閲するに在駒込曹洞宗自費寮生徒徳光松隆禅伯が社友の請益に依て起草せられたる曹洞宗起原壱篇を載せられり其中に曰夫れ釈迦二十八伝して達磨に至り達磨十一伝して洞山に至り洞山曹山に伝へ師資此道を弘闡して丁々然たり天下之を称して曹洞宗と曰ふ是れ斯名の起原なりと予之を一読して疑惑なき能はず試みに氏に問ふ予は天童浄祖以前の支那撰述に係る諸伝灯録及ひ二三の祖録を拝覧するに洞山曹山に伝へ師資両師のみ此道を弘闡して丁々然天下之を称して曹洞宗と云ふの確証を見ず抑〳〵人天眼目と云る一書あり然れども此書は宗祖の呵して取り玉はざる所なり爾余の書中に天下是を称して曹洞宗と云ふの明文あらば請ふ示諭し玉へ若し典故なしとせば氏か新発明の語なる歟氏は洞山大師の上足なる雲居大師の語録不幸にして渡舡せず只曹山大師の語録あるを以て之を正嫡と憶想するや伝灯録正法眼蔵等を熟読せば忽まち疑義の氷消する事あらん此に聊さか予か聞知するところの確証を挙して以て氏の参考に供し併せて読者の高教を俟んと欲す

寛元元年癸卯九月越州吉峰寺に在して示衆し玉へる我祖承陽大師の仏道篇に曰く洞山大師将に青原四世の嫡孫として正法眼蔵を正伝涅槃妙心開眼す此外更に別伝なし別宗なし大師嘗て曹洞宗と称すべしと示衆する拳頭なし瞬目なしまた門人の中に庸流まじはらざれば洞山宗と称する門人なし况はんや洞曹宗と云はんや曹洞宗の称は曹山と称し加ふるならん若し然らば雲居同安をも加へのすべきなり雲居は人中天上の導師なり曹山よりも尊崇なりはかりしりぬこの曹洞の称は傍輩の臭皮袋己れに斎肩ならんとて曹洞宗の称を称するなり誠に白日明らかなれども浮雲しもを覆ほふが如し云々予や曾て尋師訪道の時宗内二三の老宿に就て曹洞宗名の起原を問ふ一老宿云く予も斯の事に於て久しく疑惑せり故に諸方古刹に於て宝書を熟覧する次で或時越後国岩船郡村上在

大波沢村普済寺宝庫に於て傑堂能勝禅師の所蔵なりし宗祖の正法眼蔵逸篇を拝覧するに迷雲始めて晴る是書は宗祖の真蹟なり其文に曰く大宋国近代錯て曹洞派の本原を失脚す云々又曹谿慧能大師の下に青原南岳あり南岳の下に潙山臨済あり青原の下に洞山雲門法眼ありて宗風煽揚す曹谿五伝して洞山に至り曹谿の波浪唐土に鼓蕩するなり然あれば曹谿洞山を尊崇曹洞派を称するならん云々又一老宿曰く予阿波国徳島在本庄村丈六寺宝庫に於て金岡禅師の所蔵なりし正法眼蔵の逸篇を拝読して疑妄一時に脱却すと其文は前者と大同小異なり果して然らば曹洞の称は大宋国に於ても功倿者の為に誤解し来ること久しと見へたり然れども予や固より邪正を知らず偏へに氏及び江湖識者の示教を仰ぐのみ

といい、洞山、曹山の師資から曹洞宗という確証は諸伝灯録や祖録などをみてもなく、もし、明文があるのならば示論してもらいたく、典拠がないならば徳光松隆の新発明の語という。そして伝灯録や『正法眼蔵』などを熟読すれば疑義は消えるといい、参考に『正法眼蔵』仏道の巻や越後の普済寺に所蔵する道元禅師の真蹟と称される『正法眼蔵』の写本、阿波の丈六寺に所蔵する『正法眼蔵』の写本などをあげている。このように大渓雪巌の考えは、曹渓慧能と洞山良价を尊崇したところから称したことをいうのである。

さらに同年十月十四日の「明教新誌」第一二三六号では、埼玉県在住の花岡道光が大渓雪巌の意見にたいして「曹洞宗名の起原に付管見を述ぶ」と題する意見を述べている。

新誌第千二百六号の寄書欄内に大渓雪巌禅師の曹洞宗名の疑問と題せる一篇あり謹んで其旨意を接するに曹洞宗の名は曹渓洞山を取て曹洞宗と称すると云ふに在り実に確論と云ふべし故大仏道存禅師常に此説を余に示教せられたり然れば曹洞宗の名は全く曹渓洞山を以て称するに疑なかるべし然れども大渓禅師の言に曰く抑々人天眼目と云へる一書あり然れども此書は宗祖の呵して取り玉はざる所なり爾余の書中に天下之を称して曹洞宗

と云ふの明文あらば示論し玉へ云云又末言に曰く氏及び江湖識者の示教を仰くのみと故に余不敏浅学を顧みす千字訓童を抄録して禅師及び天下の兄弟に呈せんと欲す抑々南岳嬾庵和尚千字訓童（三十一紙）の鑑水省悟孝父忠君と云ふ文を絶海和尚釈して曰く洞山价禅師水を過ぎて大悟の偈に切忌従他覓迢々与我疎なり云云乃至唐の大中の末豊山に住して学徒を接誘す後に予章高安の洞山に住す権りに五位を開き喜く三根を接す又曹山の的旨を深く明め道君臣に合して偏正回互することを是に由て洞上の玄風天下に播す諸方の宗匠之を推尊して曹洞宗と曰ふ云云夫れ絶海和尚は頗る博学の宗匠なり崑に典拠なきの説を掲示せんや請ふ雪巌禅師及び天下の碩徳此間に正不を見得し去れ余は先づ絶海和尚の言に由て曹山洞山を以て起原とするを通説と為し曹渓洞山を以て起原とするを別説と見なさし去らんとす識者以て如何となす

これによれば、大渓雪巌の意見が確論であることをいう。それは大仏道存も同説を常に花岡道光へ示教しており、また、曹洞宗という明文を南岳嬾庵の「千字訓童行」を典拠としてあげている。それによると、曹山と洞山を起原とするのは通説といい、曹渓と洞山を起原とするのは別説とみなしているのである。

このように明治十四年には、曹洞宗の呼称に両説のあることが議論されているが、その名称については、福山黙童の『日本曹洞宗名称考』（明治二十四年五月　森江佐七）で詳しく述べられている。その中で、中国において両説あることを伝灯録などから述べ、五家七宗の一宗として、その名のあることを諸典を引用して明らかにしている。しかし、日本曹洞宗は、道元禅師が禅宗や曹洞宗の宗称を呵したことを『正法眼蔵』などから説き、元亨二年（一三二二）、後醍醐天皇より總持寺にたいし「曹洞出世之道場」の綸旨を、応安五年（一三七二）に後円融天皇より永平寺に「日本曹洞第一道場」の勅額を賜わっており、それらの旨趣は曹渓、洞山に依因したと主張されている。なお、『日本曹洞宗名称考』の著者は奥付によれば福山黙童となっているが、同じ福山黙童著とされる『曹洞教会修証義典嚢』とともに、実は滝谷琢宗の著作であったといわれている。内容から滝谷の著作と予想できるが、なぜ、著者を福山黙童とせねばならなかったかなどについて詳しいことは明らかにならない。滝谷は永平寺を退休した時であり、滝谷の周辺があわただしく動いていた時であったため、永平寺東京出張所執事で滝谷に協力していた福山黙童の著作に託したのではなかろうか。それは村上泰音の「禅師琢宗」（六）（明治三十二年十二月「和融誌」第三十四号）の主張より考えられた。これは秘話であったかもしれない。しかし、当時、批判的に評されていた滝谷琢宗を讃えるため、村上泰音は秘話を明らかにしたものとも考えられる。(9)

註

（1）竹内道雄『曹洞宗教団史』（昭和四十六年六月　教育新潮社）一六八頁。
（2）奥村洞麟『宗門秘史 曹洞宗政末派運動史』（昭和四年六月　公正社）二一六、二一七頁。
（3）青園謙三郎『出生の謎青蔭雪鴻伝』（昭和六十年六月　つぼた書店）二二四、二二五頁。
（4）郡司博道『久我環溪禅師詳伝』（昭和五十八年九月　宗教法人昌林寺）三一六頁。
（5）『永平寺史』（昭和五十七年九月　大本山永平寺）一三四四頁。
（6）大久保道舟『修訂増補道元禅師伝の研究』（昭和四十一年五月　筑摩書房）一九二頁。
（7）『永平寺史』一三四四頁。
（8）郡司博道、前掲書、三一六頁。
（9）川口高風「明治期曹洞宗における滝谷琢宗禅師考」（昭和六十二年三月「愛知学院大学禅研究所紀要」第十五号）。

第二章　畔上楳仙の總持寺貫首就任までの経緯

第一節　奕堂示寂後の總持寺後董選挙

明治八年十一月に開かれた第一次末派総代議員会議における宗務匡整に関する決議要項の一つに「両本山住職御交代の節は全国末派寺院投票公撰の末、その筋へ申立に可相成候事」とあり、両本山貫首が交代する時、全国末派寺院の投票によって公選することが議決された。また、同十二年二月二十五日の両山盟約書にも第七条に「貫主交代ノ節ハ投票ヲ以後住ヲ確定シ之ヲ政府へ撰挙出願スルニ方リ互ニ添書ヲ請求シテ両寺一体ノ公証トナスヘシ」とあり、貫首の交代による後住は投票で確定することが確認されている。

この議決による方法で貫首の交代が行われることになったのは、同十二年八月二十四日に示寂した總持寺独住一世栴崖奕堂の後任を決めることが最初になった。七十五歳の奕堂は老衰し、種々の病気も併発して遷化の近いことを覚悟していたようで、そのため生前に總持寺を退隠し後董の選挙手続きを行うことを希望していたようであった。それは、同十二年一月十五日に總持寺監院三吉竹堂に宛てた書簡によって窺うことができるが、

敬上啓、寒威甚舗御座候処。恭惟。金猊下且一山無異万福応化の条奉二遠賀一候。二に野衲去夏以来兼而御承知

の通、多病進退不便に付種々薬養相加へ候得共、実地快方と申場合に難レ参、春来東京漢家の名医浅田宗伯殿に診療相願、不レ措二薬養一候得共、兎角下痢不二相止一、去冬十一月以来膝下如二痘跡一血色相浮び時々浮沈有レ之、此間中は面部に腫浮び四五日過て相納り、時間には腕脚等に処々腫痛、依レ之種々配慮薬養三昧に罷在候得共、全快の目途無レ之生来無病達者とは申せ当年七十五歳、実以老衰の身分、且又、宝円閑居源瑚和尚去冬遷化の風聞、永光喆成和尚先般訃音に付嗣徒観応俄に帰国候由、然ば若輩の尊宿追々先行、野衲老衰の生涯何時も難レ斗、依て何卒後見・近門等至急御示談の上、辞職退休御取斗被二成下一度願上候。猶其上全国へ後席投票布達候て、内務省へ出願順序に候間、幾重にも至急宜敷御取斗所レ希候。滝谷教正へも内談再三に及置候処、滝谷公も病身薬養旁々辞職書内々被二差出一、幾乎与困却、宗局内外の規約等迄荒々全備候得共滝谷の後席相続出勤の人一切目的無レ之に付、重々頼入置候共、辞職の上及丈伽藍助成と被二申聞一候。何卒此段再便に厳重御差留の芳書願上候。種々申上度愚情千万候得共禿翰に難レ尽。何分野衲は生前に親く交代寸障無レ之様取斗度、万一歿後内外に私情云々出来候ては恐入候。尤、是迄前車覆轍追々見受甚以見苦敷、潔白如レ霜清浄如レ雲、為レ法護念肝要御憐察の上夫々宜舗御取斗願上候。且又退職候共存命中行化専務尽力致度涅槃の夕迄教導釈尊の芳躅敢践相貫申度候也。寒威厳令、為二人法一自玉専一奉二至祈一候。

十二月（旧）一月十五日（新）　　突堂九拝

本山監院

芳春尊堂大和尚

閣下

二白、本山精算標拝見、万々の御尽力幾重にも難レ有、乍レ恐役掛各前并会中一同へ宜敷御鶴声願上候。頓首。

右の書簡（孤峰智璨『奕堂禅師』一四九、一五〇頁）から、奕堂は遷化した後、内外に私情云々が出てくることを心配していた。しかし、後董に関する具体的な作業は進まず、東北地方を巡教していた八月二十四日に善宝寺（鶴岡市大字下川関根）で遷化した。九月一日には奕堂の遷化を、

本山總持寺住職諸岳奕堂大教正儀本年四月以来福島県山形県等御巡教ノ処旅中御発病過ル八月廿四日羽前国田川郡大山善宝寺ニ於テ御遷化相成悲嘆之至候此旨布達候事

全国末派寺院

但該本山無住中宗務上ニ係ル職務ハ本局監院少教正在田彦竜寺務上ニ係ル職務ハ御山監院中講義三吉竹堂代務致候此段添テ申達候事

と全国末派寺院へ布達し、後住決定までの無住期間の宗務上の職務は在田彦竜、寺務上の職務は三吉竹堂が代務することとなった。

そこで、九月二十五日には、

明治八年十一月全国末派惣代ノ決議ニ拠リ両本山貫主交替ノ節後董投票公撰ノ儀別紙ノ通規程ヲ創定シ候条自今之レニ照準スヘシ此旨布達候事

全国末派寺院

と「両本山貫主公撰投票規程」を創定して照準とするところを知らせ、九月二十八日には、

能山貫主諸岳大教正御遷化ニ付後董撰挙ノ儀本年宗局布達第十九号公撰投票規程ニ照準シ来ル十一月三十日以内ニ各寺投票ヲ所轄中教院へ差出スベシ此旨布達候事

全国末派寺院

但規程第五条ニ拠リ別紙候補者ノ住所姓名ヲ指示シ候得共右人名ノ外撰挙不相成儀ニハ無之候条各自更ニ篤
ト精撰ノ上失誤ナキ様投票スベシ

と、来る十一月三十日までに總持寺後董公撰投票を各寺所轄の中教院へ差し出す旨が布達された。また、「規程第五条」により候補者の住職地、姓名が発表されており、それをあげると、

越前国足羽郡福井町孝顕寺住職　青蔭雪鴻
摂津国豊島郡池田村大広寺住職　在田彦竜
相模国足柄郡関本村最乗寺住職　畔上楳仙
羽前国置賜郡米沢村林泉寺住職　浅間俊英
尾張国春日井郡三ツ淵村正眼寺住職　濤　聴水
同　国愛知郡名古屋町大光院前住職　忍　大薩
同　国同　郡熱田町法持寺住職　白鳥鼎三
越後国蒲原郡蛭野村慈光寺前住職　滝谷琢宗
薩摩国鹿児島郡鹿児島町福昌寺住職　滝　断泥
甲斐国山梨郡相川村大泉寺住職　辻　顕高
近江国犬上郡古沢村清凉寺住職　長森良範
遠江国周知郡久野村可睡斎住職　西有穆山
摂津国川辺郡兵庫町福昌寺住職　能仁柏巌
下総国葛飾郡国府台村総寧寺住職　服部元良

山城国久世郡宇治村興聖寺前住職　平川肯庵
肥後国飽田郡野田村大慈寺住職　福山堅高
越後国魚沼郡雲洞村雲洞庵住職　南木国定
加賀国石川郡金沢町天徳院住職　森田悟由

の十八名で五十音順にあげられている。しかし、「右人名ノ外撰挙不相成儀ニハ無之候条各自更ニ篤ト精撰ノ上失誤ナキ様投票スベシ」と但し書を送付しているところから、右の十八名以外にも投票してよいことをいっており、発表された投票結果では十八名以外に三十一人の名もあげられている。なお、同日、宗局達書第二十一号で各府県の教導取締および宗務支局にたいして、

各府県教導取締宗務支局

今般宗局布達第二十号能山後董公撰投票ノ儀ハ一宗重大ノ事件ニ付該取締等心得方左ノ通及開示候条尚能ク規程ニ注意シ疎慢ノ取計無之様所轄寺院ヲ誘誨スベシ此旨相達候事

〇

公撰投票ニ付取締等心得方左ノ如シ

一　投票用紙ハ該所轄内寺数ニ応シ下附ニ及候条各寺ヘ一枚ツヽ無洩頒布シ規程書式等厚ク説諭ヲ遂ケ失誤ナカラシムヘシ
一　各寺ノ投票ヲ中教院等ヘ蒐集スルハ本年十一月三十日以内タルヘシ所轄内ノ広狭遠近ヲ付量シ予シメ至当ノ日限ヲ定メテ寺院ヘ通知スヘシ而シテ予定ノ日投票ヲ出サヾル者ハ規程第六条ノ通心得ヘシ
一　投票ヲ取纏メ中教院等ヨリ宗局ヘ逓送ハ本年十二月廿日以内ニ郵着ノ様取計フヘシ若十二月廿日ヲ過ル時

ハ該中教院等ニ於テ所轄内能撰ノ分限ヲ抛棄スル者トナシ宗局ハ末派投票ノ数ニ算入セズ此旨相心得期限
　　ヲ失フ可ラズ
と公撰投票に関しての心得方を示し、十二月廿日以内に郵着するように期限の誤りなきことを注意している。しかし、十二月二日には、
　　　　　　　　　　　　　　　　　　　　　　　　　　　　　　　　　　　　　各府県教導取締宗務支局
　本年宗局廿一号ヲ以達置候能本山後董公撰投票開緘ノ儀十二月廿日期限ニ候処今般第廿七号布達ノ通リ越本山貫主並青蔭教正共不在ニ相成候ニ付右投票開緘ハ来ル十三年一月十五日迄延期候条為心得此段相達候事

と布達され、宗局布達第二十七号のとおり、道元禅師に「承陽大師」の諡号が宣下されたため、青蔭雪鴻が十二月八日に東京を出発して永平寺へ随行し送ることになり、不在であるところから翌年一月十五日まで、投票の開緘が延期された。また、開緘に際しては「開緘員心得」が定められており、その中に、

　投票開緘ヲ担任スル人員ノ事
一　青蔭氏ハ越本山ノ委任状ヲ受ケラレシヲ以テ監臨審査ノ全権ヲ有スル委員トス
一　滝谷氏ハ能本山ノ委任状ヲ受ケラレシヲ以テ審査整理ノ全権ヲ有スル委員トス
一　辻在田服部三氏ハ宗局詰両山ノ執事タルヲ以テ規程第七八条ニ準シ審査シ可否スル全権ヲ有スル者トス
以上五名ハ開緘并調査シ可否スルノ権アリ尤モ結局ニ至テハ監臨委員ノ決裁ヲ仰クヘシ
一　投票衆多ニシテ取扱方頗ル繁雑ニ付両山詰合則チ牧葛蔭沖津三氏ハ毎日各番ニ一名ツ、開緘所へ出頭シ委員ノ指揮ヲ受ケテ補助スヘシ

と担当する開緘員が記されており、青蔭雪鴻、滝谷琢宗、辻顕高、在田彦竜、服部元良の五名で開緘および調査の

全権を有していたようである。さらに、心得の最も照準とする「規程第七、第八条」には、

第七条　末派一般投票終ルノ後宗局ニ於テ一本山貫主（越山ノ公撰ニハ能山監臨　能山ノ公撰ニハ越山監臨）両本山執事之レカ審査ヲ為ス而シテ投票多数ノ者ヲ以テ当撰人トシ同数ノ者ハ法臘ノ長スルヲ取リ同臘ノ者ハ鬮ヲ以テ之ヲ判定ス

第八条　前条投票上ニ於テ能撰人及所撰人ノ当否ヲ査シ若シ規程ニ不適当ナル者アルカ或ハ当撰人自ラ其撰ヲ辞スルトキハ順次投票ノ多数ヲ得タル者ヲ取ルハ当然ナレトモ本山貫主ヲ公撰スルハ素ヨリ末派各自ニ瞻仰シテ一宗ノ統領タルヘキ者ヲ精撰投票セシコト疑ナケレハ其最モ多数ヲ得タル者一名ヲ当選人ト確定ス而シテ当撰人ハ自ラ其撰ヲ拒辞スルコトヲ得ス

とあり[1]、初選挙がどこまで公正に実施できるか心配であったが注目すべき大行事であったのである。

明治十三年一月十七日に、滝谷琢宗より投票開緘に関する取扱方の順序などが発表された（永平寺所蔵文書「明治十三年貫首投票綴」）。それによれば、

能山貫主公撰投票開緘ハ一宗開闢以来未タ曾テ有ラザルノ新法ニシテ其事ノ重且ツ大ナルハ固ヨリ言ヲ待タズ。全国末派ハ兼テ宗局ノ布達ヲ遵奉シ各自投票ヲ進達セシヲ以該多同ヲ採テ当撰人トナスヘキハ勿論ナリト雖若シ一撰挙ヲ誤ルトキハ独リ能山ノ盛衰ニ関スルノミナラズ。全国末派ニ対シ甚シイ影響ヲ生センモ亦知ル可ラズ。故ニ本局之レカ審査ニ従事スル者宜ク戒慎ヲ加ヘ公平ヲ旨トシ一宗ノ体面ヲ汚サヾランコトヲ要ス。依テ仮リニ別紙ノ通リ取扱方ノ順序ヲ立テ、以テ開緘着乎致度諸君ノ訂正ヲ乞フ。

但来ル十九日ヨリ毎日午前九時出頭。午後四時退出トナシテ速ニ整頓センコトヲ欲ス。

とあり、一月十九日より毎日、午前九時に出頭し午後四時まで整頓して退出することをいう。つづいて開緘員心得の「投票開緘ヲ担任スル人員ノ事」をあげる。永平寺の委任状を受けて監臨審査を行う青蔭雪鴻、總持寺の委任状を受けて審査整理を行う滝谷琢宗、宗局詰の両山執事であった辻顕高、在田彦竜、服部元良の三氏は審査して可否を決める委員で、以上の五名によって開緘及び審査、整理を行ったのである。なお、最後は監臨委員（青蔭雪鴻）の決裁を仰ぐことになっている。投票が多く取り扱いは繁雑であったため、両山詰合の牧玄道、葛蔭北仙、沖津元機の三氏は毎日、当番として一名ずつ開緘所へ行き委員の指揮を受けて補助を行った。

つぎに「投票開緘取扱方ノ事」をあげる。それは、

一全国中教院ヨリ進達ノ分第一大区乃至第七大区毎区ヲ一箇トナシ別立支院并支局ヨリ進達ノ分ヲ合ヲ一箇トナシ都計八箇ニ区別ス。乃チ第一大区ヨリ順次ニ開緘スヘシ。

一右開緘以前先ツ取締等ノ進達添書ニ記スル寺数ト各投票ノ箇数ト合スルヤ否ヲ検ス。若シ相違アルトキハ其旨ヲ詳細別紙ニ記シ置クヘシ。

次ニ各寺ノ投票ヲ封ノ儘先ツ表書裏書封印ト局達書式成規ニ準スルヤ否ヲ検ス。若書式ニ準セサル者アルトキハ之ヲ除却シテ開緘セザル者トシ其旨ヲ別紙ニ記シ置クヘシ。

一投票ハ永ク本局ニ保存スヘキ者ニ付紙幅ヲ損セザル様深ク注意シ開緘ハ必ス鋏ミヲ以テ封筒ヲ切ルヘシ。

一開緘ノ後所撰人ノ同異ヲ区別シ紛乱混雑セサル様一中教院毎ニ同数ヲ纒メ仮リ綴リヲナシ左ノ通リ記シ置クヘシ。

何府県中教院分

何誰　何枚

何誰　何枚

とあり、最初に全国中教院より進達の分は第一大区より第七大区があり、各区を一箇とし別に支院、支局よりの進達を合わせて一箇として計八箇に区別し、第一大区より順次に開緘することをいう。なお、当時の教区をみると、

一大教区
東京、神奈川一号、二号、山梨、群馬、栃木、茨城、千葉、埼玉一号、二号
二大教区
愛知一号、二号、静岡一号、二号、岐阜、石川一号、二号、三号、三重一号、二号
三大教区
京都一号、二号、大阪、兵庫一号、二号、三号、堺一号、二号、和歌山、滋賀、高知
四大教区
広島一号、二号、岡山一号、二号、島根一号、二号、三号、山口一号、二号、愛媛
五大教区
長崎一号、二号、熊本、大分、福岡一号、二号、三号、鹿児島
六大教区
新潟、長野一号、二号、山形一号、二号、三号
七大教区
福島一号、二号、三号、宮城、岩手、青森一号、二号、秋田、開拓

であった。また、進達の支院としては岐阜飛驒、愛媛讃岐、新潟佐渡、開拓福山、開拓函館、静岡伊豆の六地区がまとめら

れている。

二には、開緘する前に各地区の取り締りなどの進達、添書に記す寺数と投票の箇数が合うか否かを検査する。もし、相違の時はその旨を別紙に記しておく。つぎに、投票を封したまま、表書、裏書、封印が局達書式成規に準じているかを検査する。書式に準じていないものは、除却して開緘しないことを別紙に記すという。

三には、投票は紙幅を損なわないように深く注意し、開緘は鋏で封筒を切るようにいう。

四には、開緘後、中教院ごとで所撰人を混雑しないようにまとめ、仮り綴りしておくことをいう。

さらに「全国分悉皆開緘了テ審査可否ノ事」をあげている。それには、

一五名青、滝、辻、在、服、ノ者各々一中教院ノ分ヲ採リ逐一点検シテ能撰人所撰人住所姓名等書式及調印局達ニ準スルヤ否ヲ査定ス。若シ書式ニ準セザルカ又ハ所撰人規程第四条ノ各款ニ触ル、ト見認ムル者アルトキハ其旨ヲ別紙ニ記シ而シテ何誰検査済ト記シ自己ノ小印ヲ押シ置クヘシ。

一右ノ通各々検査済ノ分ヲ更ニ互換シ相共ニ検閲シ支吾ナシトキハ各自ニ小印ヲ押シ賛証スヘシ。

一全国各中教院等ノ分悉ク審査了テ後チ一般ノ異同ヲ合シテ該多同ノ数ヲ見ルヘシ。

一多同ノ中更ニ能撰人ト所撰人ノ間ニ於テ公私如何ヲ勘査スルヲ緊要トス。徒ラニ多同ナルモ或ハ雷同ノ嫌アリ。又ハ率引ノ疑アレハナリ。故ニ能撰人ノ内第一取締、第二能山之内近門并直末、第三格地以上ノ寺院、右等ノ撰挙多同ヲ真実ニ調査シ両本山委員執事ノ意見ヲ尽クシ成規ニ照シテ多同ノ適否ヲ査定シ公撰当機ノ人員ヲ確認スル事。

とあり、

一、委員の五名は逐一点検して査定する。もし、書式に準じていなかった場合には検査済と記して自己の印を押

すこと。

二、各々の検査済の分を互いに交換して検閲し、無事な時は各自に小印を押しておくこと。

三、全国中教院などの分は審査後、一般の異同と合わせて数の確認をすること。

四、能撰人と所撰人の間で公私の関係を勘査する。また、能撰人のうち、取締、能山の近門および直末、格地以上の寺院などで調査し、成規に照らして適否を査定し公撰当機の人員を確認することなどをいう。

このように投票に関する開緘の担任者、開緘の取り扱い方、開緘を終えて審査し当撰人の可否についての段取りが定められ、開緘した結果が明治十三年二月十五日の宗局布達第一号で全国末派寺院へ報告された。それによれば、投票総数は一万二五〇枚で所撰人の姓名と票数をあげると、

二千三十九枚	滝谷琢宗	二千二十二枚	西有穆山
千五百五十三枚	畔上楳仙	八百六十七枚	森田悟由
六百九枚	能仁柏巌	四百九十九枚	青蔭雪鴻
三百六十五枚	辻　顕高	三百四十三枚	白鳥鼎三
二百九十三枚	長森良範	二百五十枚	福山堅高
二百三十六枚	南木国定	二百三十三枚	平川肯庵
二百十七枚	忍　大薩	百六十三枚	服部元良
百三十二枚	濤　聴水	百二十八枚	在田彦竜
百八枚	浅間俊英	九十一枚	滝　断泥
二十一枚	天外石橋	十二枚	鷹林冷生

十一枚	高木忍海	九枚	老梅活宗
五枚	堀　麟童	四枚	北野元峰
四枚	規矩惟孝	四枚	高岡白鳳
三枚	麻蒔舌渓	三枚	中尾瑞峰
二枚	福山黙童	二枚	羽衣石単霊
二枚	蘆浦黙応	二枚	長善玄朗
二枚	天城法運	一枚	竺　舜孝
一枚	曾根莫道	一枚	大辻是山
一枚	新井如禅	一枚	大渓雪巌
一枚	青島興庵	一枚	梅渓月潭
一枚	岳尾泰忍	一枚	栖川興巌
一枚	田中月璨	一枚	金山主黄
一枚	細川覚峯	一枚	末村玄雄
一枚	星見天海	一枚	祇園寺禅棟
一枚	高橋黙仙		

となり、滝谷琢宗、西有穆山、畔上楳仙の順であった。しかし、この数は開緘のままを列記したものであったため、開緘員が審査したところ、十の中、一、二のみが純正で、他のほとんどは不正であったという。その理由を「投票開緘顚末報告書」（明治十三年宗局布達第一号）よりみると、

一、宗務局下附の用紙を捨てて、各自に模擬して作ったもの
二、薄紙を封筒にして、能所撰人ノ姓名が明らかに表面に出ているもの
三、無印のもの
四、代印のもの
五、連名のもの
六、数枚が同筆であり、そのため各寺住職の自筆ではないもの
七、取締投票と記したもの

などであり、開緘の途中には他の誘奨を受けて止むを得ずに某甲を投票したと自首する者が出たり、能撰人の他出中に所撰人の姓名を記した投票紙を留守居の者に渡し、調印して差し出すように迫った者もおり、投票の取り消しを上申する者が出るなど不都合が多く審査の収拾がつかないものばかりであった。

開緘員が純正票と認めたものをみると総票数一万二五〇枚のうち、八七八八枚は規程にはずれ、一四六二枚のみが純正と認められた。その純正票による所撰人の姓名と票数をあげると、

四百四十四枚	畔上楳仙	三十枚	忍　大薩
二百四十八枚	西有穆山	廿七枚	長森良範
二百三十五枚	滝谷琢宗	廿一枚	南木国定
百五十五枚	森田悟由	二十枚	辻　顕高
六十五枚	熊仁柏巌	二十枚	福山堅高
四十二枚	白鳥鼎三	十九枚	浅間俊英

三十五枚　　平川肯庵　　十四枚　　服部元良
三十二枚　　青蔭雪鴻　　十二枚　　濤　聴水
三十二枚　　在田彦竜　　二枚　　滝　断泥

以下九枚ハ略之

となり、畔上楳仙、西有穆山、滝谷琢宗の順となって全く順位が逆転してしまったのである。総投票数の一割強のみが純正票とされ、それによって貫首を決定することに問題はあったが、改めて投票を行うには不正の原因を糺問し処置するのに今後数カ月もかかり、それによって整頓できる保証もなく、後董を確定するのに支障をきたすことになる。そのため宗務局は、止むを得ずに全票を不問に附するほか、方策がないとも考えたが、

熟々惟フニ元来末派ニ於テ本山貫主ヲ公撰スルノ主眼タルヤ至当適任其人ヲ得テ宗教ヲ挙揚セント要スルノ一点ニ外ナラズ。而シテ能撰ハ末派ニアルモ撰挙シテ後本山住職ヲ許否スル全権ハ政府ノ掌管ニ帰ス。宗規独リ自由ヲ得可キニ非ズ。今ヤ末派ハ過半数已ニ能撰ノ権理ヲ抛擲セシ以上ハ能所ヲ巻テ其人ヲ政府ノ特撰ニ仰ギ適任ノ住職ヲ確定セラレンコトヲ請求スルニ非ザルヨリハ別ニ処断ノ途ナキニ窮マレリ。於是乎今回ニ限リ投票顚末ヲ政府ヘ上申シ別紙写ノ通断然其ノ高鑑ヲ以至当ノ住職ヲ特撰シ玉ハンコトヲ請願セリ。不日政府ノ明鑑ニ依リ直ニ特撰ヲ以テ能山後董ノ御命令アルアラハ末派衆望ノ帰スル処モ亦茲ニアランヲ信ス。

というように、末派の過半数が能撰の権利を捨てた以上、政府の特撰によって適任者を確定するほかなく、今回に限り投票の顚末を政府へ上申し、後董住職の特撰を請願することになった。

両山執事より政府への願書は、

政府ノ特撰ヲ以總持寺住職ヲ確定セラレンコトヲ請ノ書

曹洞宗本山永平寺總持寺執事等昧死シテ書ヲ内務卿閣下ニ奉シ敢テ請フコトアラントス。抑吾両本山ノ儀ハ往昔ヨリ事ニ触レテ相抗抵シ末派モ常ニ両党ニ別レ互ニ仇視セシコト年久シ、。近古嘉永六年ヨリ衣体ヲ争ヒ宗権ヲ競ヒ屢々ノ異論ヲ発シテ政府ノ公裁ヲ仰ギシガ一倒一起底止スル処ナク延テ明治五年ニ至迄二十年間一日モ寧日ナク徒ラニ我見ヲ主張スルニ依リ両本山ノ衰敗ハ勿論宗教ノ面目将ニ地ヲ払ハントス。然ルニ明治五年三月大蔵省ノ仲裁演達ヲ蒙リ始メテ固必ノ葛藤ヲ截断スルコトヲ得タリ。爾来両本山ノ住職互ニ地方ヲ巡廻シ諄々末派ヲ教諭シテ以テ従前ノ隔礙ヲ和解セシメ一宗一体ノ宗風ヲ振起シ国家海恩ノ一滴ニ報ンコトヲ勤メタリ。今ヤ両山ハ水乳相和シテ毫末ノ異念ナキニ至ルト雖末派ノ僧侶ハ数十年来両党軋轢紛諍止ムナキノ余リ陽ニ協和ヲ示シテ陰ニ讎視相容レザルノ輩今尚ホ尠カラズ。苟モ両本山ノ住職其人ヲ得ルニ非レハ又将タ如何ナル異議ヲ起シ宗内ヲ動乱セシメテ以テ政府ノ煩労ヲ招カンモ亦知ル可ラザルナリ。是ヲ以テ明治八年各府県下ヨリ末派総代ノ者一名ヅ、ヲ出京セシメ両山同体ノ宗規ヲ議スルノ際自今本山住職交代ハ全国末派投票ノ上該多同ヲ採テ撰定スベキノ旨決議ニ及ビ乃チ之ガ規程ヲ創定セリ。故ニ客歳八月總持寺住職諸岳奕堂遷化ノ後一万有余ノ末寺ヲシテ規程ニ準シテ本山後住ノ投票ヲ為サシメシガ右ハ宗内未ダ曾テ有ラザルノ新法ニシテ末派ノ僧侶首先馴致セザルノ事件タルヲ以テ規程ニ悖戻シテ収拾ス可ラザル者数多有之加焉故サラニ他ヲ誘奨シテ謾ニ投票セシメタル者ノ実跡ヲ発見スルアリ。苟モ此ノ如ナルトキハ縦ヒ投票ノ多同ヲ以テ当撰者ト見做モ多同果シテ真実ナリヤ否ヲ確信スルコト能ハザルヤ明カナリ。其レ然リ已ニ疑惑ニ渉ルノ投票ニ拠テ被撰人ノ当否ヲ認得セント要スルトキハ先ツ夫ノ撰挙人ノ虚実ヲ審査シ而シテ其過誤ニシテ規程ヲ犯ス者ト故意ニ率引シテ不正ヲ謀ル者トヲ甄別シテ以テ各々相当ノ処分ヲ為サヾルヲ得ズ。果シテ然ラハ一万有余ノ末寺中投票純正ニシテ該処分ヲ免ル、者我等恐クハ半数ニ充タザランコトヲ。蓋シ公撰投票ハ本山住職其人ヲ得テ一宗ノ平和ヲ期スルノ趣意タリシニ今ヤ却ヲ之レニ依テ宗科ヲ招ク者幾許多ナルベキヲ予知シテ尚ホ且ツ之ヲ実施スルコトハ我等甚ダ為スニ忍ビザル所ナリ。熟雇フニ吾両本山年来ノ葛藤ヲ截断シテ後チ日尚ホ浅キニ依リ万一住職其撰ヲ誤ルトキハ物然争諍ヲ再演シ末派ノ紛議ヲ醸サンコト掌ヲ反スカ如シ。就テハ寧ロ今般ノ投票ハ其儘束テ是非ヲ不問ニ附シ政府出格ノ保護ヲ仰テ以テ直ニ本山住職ヲ撰定一宗ノ平穏ヲ冀図スルノ外良策ナシ。於是乎諱忌ヲ憚ラズ。偏ニ閣下ニ懇願ス。明治五年大蔵省ノ仲裁演達ヲ蒙リシヨリ以来両山誓テ一宗一体ノ宗風ヲ挙揚シ布教稍々緒ニ着クニ至リシ者ハ全ク政府ノ賜モノタルニ付目下總持寺後住ノ儀復タ政府ノ高鑑ヲ以テ至当ノ人員ヲ特撰シ直チニ命令ヲ降シ賜ハルニ於テハ独リ両本山ノ多幸ノミナラス。永ク末派ノ紛議ヲ融消シ一宗ノ面目之レニ過グルナシ。庶幾クハ閣下我等ノ悃衷ヲ愍恕シ曹洞一宗ノ風波ヲ未兆ニ鎮静ノ為迅速裁定ヲ垂レ玉ハンコトヲ敢テ懇願望翹望ス。戦慄恐懼ノ至ニ堪ヘス。

両山執事連署

明治十三年二月

内務卿宛

とあり、二月となっているが、実際は一月二十七日であった（永平寺所蔵文書「明治十三年貫首投票綴」）。住職の撰定を誤った時は、両本山の紛争が再演し末派の紛議をかもすため、政府の高鑑による至当者を特撰し、末派の紛議を融消して一宗の面目を立てるほかにないというのである。しかし、この方法にたいしては不満の意見もあった。それは、畔上楳仙の純正票のみが総純正票の四分の一近くも占めているためで、しかも純正票の多数者ならば、なぜ宗規に照準して後董住職の手続きを行わないのか。また、不正票が多く収拾がつかないのならば、どうしてその理由をあげて再撰を行わないのか。規程に明文がないため、純正票の多数に従うが、不正投票者にたいしては一々の理由を糺さない口実を設け、すべての投票を埋没して政府の特撰を請うというのは、末派の公権を踏み躙るものだという意見である。

さらに第一次末派総代議員会議の決議、明治十二年宗局布達第十九号の明文にも両山貫首を官の特撰に委ねる意旨はない。したがって、投票開緘の結果、自己の私情と違ったために両山執事の名をもって貫首の官撰を請したものので、当時の宗務局の暴政という批判もある。(2) なお、宗務局といっても宗務掌握の実権者は滝谷琢宗であったといい、青蔭雪鴻は争論に堪えず、表面上は談笑歓語するのみであった。また、局員の辻、在田、服部は事務上で滝谷と争えば不利であることを知っている。そのため滝谷一人の専断であったともみられている。

では、どうして滝谷は、彼が作ったといわれる「投票規程」を、みずから破棄して畔上楳仙を当撰としたのであろうか。当時、或論として伝えられていたことをあげると、

或者ハ曰ク。能山貫首諸岳禅師後董投票ノ結果タル西有氏実ニ其ノ多数ヲ占メタリ。然ルニ滝谷氏ハ自己ノ同学（諸岳禅師ノ門ニ於テ）ニシテ諸岳禅師ヨリ均一ノ知遇ヲ受ケ殊ニ互ニ譲色ナキ。西有氏ヲシテ諸岳禅師ノ董ヲ襲ハシメ自ラ其ノ下風ニ立チテ使役セラル、コト本意ナラス。依テ投票ヲ不正ニ托シテ西有氏ノ当撰ヲ拒ミタルナリ。ト

或者ハ曰ク。当時ニ於ケル投票ノ結果ハ彼ノ総票ノ示スカ如ク滝谷氏実ニ第一ノ多数ヲ占メタリ。然レトモ滝谷氏カ此ノ総票ヲ埋没シテ自ラ当撰者タラサリシモノハ抑セモ理由アリ。蓋ハ両山同等ト云ウト雖モ其ノ開闢ノ由来ヨリシテ越山ノ次席ニ即クヲ欲セス。自ラ春秋尚ホ富メルヲ恃ミテ孰ツレ一度貫首タラハ越山貫首タルニ如カス。然レトモ前論者ノ説ノ如キ理由モアレハ当時ノ情勢自ラ西有氏ヲ推スコトヲモ拒ミタルナリ。ト

或者ハ曰ク滝谷氏ハ諸岳禅師の後董トシテ能山ニ貫首タルコト敢テ不満ナルニアラス。却テ欣フ所ナレトモ当時ノ情勢内ニハ彼ノ厳正峻抜ナル諸岳禅師スラ其ノ対抗併立ニ安カラサリシ久我禅師ニ対シテ同等同権ノ地

位ニ立チ且ツ其ノ上席者トシテ自ラ一歩ヲ譲ルヘキ青蔭氏ヲ執事トシテ之レニ臨ミ外ニハ其ノ地位ノ怨望者ナル西有氏ト云ヘル強敵ヲ引受ケテ之レニ貫首タルコト容易ナラサルヲ知ルカ故ニ自ラ之レヲ逃レタルナリ。ト
或者ハ曰ク。如上ノ所論或ハ理由アリ。依テ投票ニ故障ヲ唱ヘ特ニ畔上氏ノ正票ヲ多シトシテ隠然官撰ノ標準ヲ定メ且ツ自身モ其ノ地位ヲ放棄スル代リニ他ノ西有氏ヲシテ其ノ欲望ヲ断念セシムルノ地歩ヲ造リ以テ畔上氏ヲシテ貫首タラシメハ畔上氏ノ温柔ナル久我禅師ニ対シテモ諸事服従ノ意ヲ表スヘク西有氏ノ攻撃ヲモ免ルヘク且ツ自ラ之レカ輔弼者トシテ宗務ノ実権ヲ掌握セハ久我禅師ノ不羈放縦ナル青蔭氏ノ事ニ関スルヲ好マサル畔上氏ノ己レニ対スル恩義ヲ有スル。万事総テ不如意ノコトナカラントノ考察ヨリ終ニ末派ノ公権ヲ蹂躪スルヲ顧ミス決議条件ノ本旨ニ戻リ投票規程ヲ反古トシテ此ノ官撰住職ノ処分ヲ仰キタルナリ。ト

とあり、

一、滝谷は西有と同門下のため、その下で使われることを嫌ったため
二、滝谷は永平寺貫首になりたかったため
三、滝谷みずから貫首を辞したため
四、西有を断念させるため

などがいい伝えられていた。いずれにしても滝谷の禍心であったと批判的にみられている。(3) しかし、滝谷と西有との間で一段の美談があったとする説もあるが（「明教新誌」第九四六号）、それに関する詳しいことは明らかでない。

第二節　「明治十三年貫首投票綴」の資料的価値

奕堂示寂後の總持寺後董選挙の経過を知る資料は、永平寺に所蔵する「明治十三年貫首投票綴」が最も詳しいも

のであろう。この綴には、投票用紙が宗務局に到達する目安日や各府県中教院ごとの西有穆山、畔上楳仙、滝谷琢宗の投票獲得数、各中教院より提出された投票開緘日、開緘者、検査者、また、各中教院における投票総数と被選挙人の獲得票数を知る資料を所収している。さらに、各中教院より宗務局へ提出された投票進達添書も綴られているところから、これらの報告を整理して各中教院より進達された年月日や投票進達添書を提出した人の氏名、肩書、教導職名、投票用紙開緘の検査日、開緘者、開緘を検査した人などを表にして明らかにしてみよう。

府県中教院	投票進達月日（明治十二年）	投票進達添書者の肩書・教導職・氏名			開緘の検査日（明治十三年）	開緘者	検査者
東京府	十二月 十六日	取締	権大講義	北野元峰	一月十九日	在田彦竜	
神奈川第一号	十一月 三十日	取締	権中講義	月江元貞	一月十九日	服部元良	
神奈川第二号	十一月二十六日	取締	少教正	畔上楳仙			調済・滝谷琢宗
山梨県	十二月 十四日	取締	大講義	鷹林冷生			再検済・青蔭雪鴻
群馬県	十二月 十三日	取締	大講義	高岡白鳳			調済・滝谷琢宗
栃木県	十二月	副取締	少講義	皆川祖隆			調済・滝谷琢宗

茨城県	十二月二十二日	取締	少講義	高倉一音		在田彦竜
千葉県	十二月二十三日	副取締	権少講義	面渓愚道	一月十九日	在田彦竜
埼玉第一号	十二月十一日	取締	権中講義	今飯田本翁	一月十九日	服部元良
埼玉第二号	十二月十九日	取締	権中講義	守慶良宗		在田彦竜
		取締	中講義	阪井守道		
愛知第一号		取締	中講義	笠間竜跳	一月十九日	服部元良
愛知第二号	十二月	副取締	少講義	武田金牛		
静岡第一号	十二月十五日	取締	大講義	青島興庵	一月二十日	葛蔭北仙
静岡第二号	十二月三日	副取締	少講義	庭欽令		調済・滝谷琢宗
岐阜県	十二月六日	取締	中講義	慇大機	一月二十日	服部元良
石川第一号	十二月	取締	大講義	曾根莫道		在田彦竜

石川第二号	十二月二十四日	取締	中講義	春日玄峰		在田彦竜	
石川第三号	十二月十二日	取締	権大講義	長谷川天頴			調済・滝谷琢宗
三重第一号	十二月十二日	取締	権少講義	石幣独雄	一月十九日	在田彦竜	
三重第二号	十二月十五日	取締	権大講義	袖岡素雄	一月二十日	葛蔭北仙	
京都第一号	十二月二十六日	取締	少講義	峯観道	一月二十日	在田彦竜	
京都第二号	十二月十七日	取締代理	権少講義	西田恭音	一月二十日	服部元良	
大阪府	十一月十九日	取締	大講義	北山絶三			再検済・青蔭雪鴻
兵庫第一号	十一月二十六日	取締	少教正	能仁柏巌			
兵庫第二号							
兵庫第三号	十二月十六日	取締代理	権少講義	佐々木魯法			

堺第一号	十一月六日	取締	権大講義	不二門眉柏	一月二十日	葛蔭北仙	
堺第二号	十二月十一日		少講義	長嶺梁天	一月二十日	葛蔭北仙	
和歌山県	十二月十七日	取締	権中講義	水野大齢	一月二十日	服部元良	
滋賀県	十二月二十四日	取締	権大講義	能仁義道		在田彦竜	
高知県	十二月一日	取締	権大講義	戸田惟仙			調済・滝谷琢宗
広島第一号	十二月五日	取締	権中講義	鷲見独秀			
広島第二号	十二月七日			第二号中教院	一月二十日	服部元良	
岡山第一号	十二月二日	取締	権中講義	楳谷淂暁	一月二十日	滝谷琢宗	
岡山第二号	十一月二十六日	取締	権少講義	大道本光			調済・滝谷琢宗
島根第一号	十二月十八日	取締	中講義	重松仏魔			調済・滝谷琢宗

島根第二号	十一月二十七日	取締	権大講義	羽衣石単霊			調済・滝谷琢宗
島根第三号	十一月二十四日	取締	訓導	森山本光			調済・滝谷琢宗
山口第一号	十二月二十四日	副取締	中講義	天外石橋	一月二十二日	在田彦竜	
山口第二号	十二月　八日	副取締代理	訓導	中井蓬洲	一月二十日	葛蔭北仙	
愛媛県	十二月二十日	副取締	少講義	桑原探底	一月二十二日	服部元良	
長崎第一号	十二月　二日	取締代理	権訓導	霖玉仙		沖津元機	
長崎第二号	十一月二十四日	取締	権大講義	高閑者盧道	一月二十二日	服部元良	
熊本県	十二月　八日	代理	訓導	荒木宏智		沖津元機	
大分県	十二月　五日	取締	中講義	大神透門		沖津元機	
福岡第一号	十二月　十七日	取締	権大講義	宝山梵成			調済・滝谷琢宗

福岡第二号	十二月十一日	取締	権少講義	村山卍玄		沖津元機	
福岡第三号	十一月			中教院			調済・滝谷琢宗
鹿児島県	十一月	取締	少講義	久我祖参			調済・滝谷琢宗
新潟県	十二月十六日	取締	中講義	神田月泉			調済・滝谷琢宗
長野第一号	十一月二十八日	取締	権大講義	鶴沢古鏡			
長野第二号	十二月十日	取締	大講義	安達達淳	一月二十二日	青蔭雪鴻	
山形第一号	十二月四日	取締	中講義	近江寿山	一月二十二日	辻顯高	
山形第二号	十二月十九日	取締	権少教正	浅間俊英			再検済・青蔭雪鴻
山形第三号	十一月二十五日	取締	少講義	水野禅山			再検済・青蔭雪鴻
福島第一号	十二月二十日	取締	権中講義	高橋泰順	一月二十二日	服部元良	

福島第二号	十二月 一日 追十二月 三日	取締	中講義	和田活宗	一月二十二日	辻顕高	
福島第三号	十二月 九日	取締	権少講義	蒲生大珎			再検済・青蔭雪鴻
宮城県	十二月二十五日 追 一月 六日	取締	中講義	福山未道		在田彦竜	
岩手県	十二月 五日			中教院	一月二十二日	青蔭雪鴻	再検済・青蔭雪鴻
青森第一号	十二月 十六日	取締	中講義	斎藤喚山			調済・滝谷琢宗
青森第二号	十二月 十二日	取締	中講義	上田祖堂			調済・滝谷琢宗
秋田県	十二月 四日	取締	少講義	清岳智童			調済・滝谷琢宗
開拓使	十一月 三十日		権大講義	小松万宗			再検済・青蔭雪鴻
伊豆支院	十二月 十五日	取締	大講義	青島興庵			調済・滝谷琢宗
飛驒支院	十一月二十四日	取締	権中講義	本多玄旨			調済・滝谷琢宗

讃岐支院	十二月　一日	副取締	権少講義	藤井光全		沖津元機	再検済・青蔭雪鴻
佐渡支院	十一月二十一日 追十二月十七日	取締	権訓導	矢田元紋		沖津元機	再検済・青蔭雪鴻
福山支院	十一月二十七日			松永大孝			再検済・青蔭雪鴻
函館支院							調済・滝谷琢宗
平戸瑞雲寺	十一月二十六日		少講義	悦参道欣			再検済・青蔭雪鴻
人吉永国寺	十月二十八日		訓導	土肥祥童			
草水観音寺	十二月　八日			千葉良寿			再検済・青蔭雪鴻
土佐永源寺	十一月　十五日		試補	岡静済			
能本山塔中					一月二十二日	服部元良	再検済・青蔭雪鴻

つぎに、投票進達添書に記されている各中教院の所轄寺院数とその中の兼住、無住寺院、正票を出さない寺院数、添書に記されている投票を差し出した寺院数をあげてみると、

府県中教院	所轄寺院の総数	兼住・無住にして票を出さない分	規程第六条分	添書面現在差出の数
東京府	二二〇	二九		一九一
神奈川一号	二八四	五〇		二三四
神奈川二号	二二七	四九		一七八
山梨県	五九一	一一一	七一	四〇九
群馬県	三四五	二一		三二四
栃木県	一九五	二〇		一七五
茨城県	一七三		二三	一五〇
千葉県	三六五	八五	二	二七八
埼玉県一号	二〇四	一三	三	一八八
埼玉県二号	三五八	六八	一二	二七八
愛知県一号	六二八	五九	二	五六七
愛知県二号	三二七	五六	一三	二五八
静岡県一号	四二三	五四		三六九
静岡県二号	八九〇	一四五		七四五

岐阜県	一六四	七	二八	一二九
石川県一号	一〇八	八	三	九七
石川県二号	一〇〇	一五		八五
石川県三号	九〇	一一		七九
三重県一号	八二	一四		六八
三重県二号	三六七	八四	一九	二六四
京都府一号	一九二	三一		一六一
京都府二号	一四八	一七		一三一
大阪府	八五	一一		七四
兵庫県一号	八九	一四		七五

兵庫県二号				
兵庫県三号	一六七	一七		一五〇
堺県一号	四〇	五		三五
堺県二号	五七	六		五一
和歌山県	七九	三二		四七
滋賀県	三五六	一二九		二二七
高知県	二七	四	一〇	一三
広島県一号	一四〇	一六	一	一二三
広島県二号	四三	一	六	三六
岡山県一号	一五九	二四	二〇	一一五

岡山県二号	一九	四		一五
島根県一号	一九四	二二		一七二
島根県二号	一九一	七		一八四
島根県三号	一二三	一六	七	一〇〇
山口県一号	九九	八		九一
山口県二号	一三五	四	一三	一一八
愛媛県	一七一	二三		一四八
長崎県一号	一〇五	七	四六	五二
長崎県二号	二一四	五七		一五七
熊本県	四〇	四	五	三一

大分県	二一四	八七		一二七
福岡県一号	八一	一四		六七
福岡県二号	二七	二		二五
福岡県三号	二四	七		一七
鹿児島県	四二	四	二	三六
新潟県	六四四	一五	二九	六〇〇
長野県一号	三三二	一四		三一八
長野県二号	一五六	四三		一一三
山形県一号	二六四	一六		二四八
山形県二号	一五五	二〇		一三五

山形県三号	三二三	三〇	一〇	二八三
福島県一号	一六七	一一	一〇	一四六
福島県二号	一二四	二六	三	九五
福島県三号	二一一	九〇	九	一一二
宮城県	五三〇	一七三		三五七
岩手県	二八五	一一〇		一七五
青森県一号	五一	四	六	四一
青森県二号	四八			四八
秋田県	二九七	一〇九		一八八
開拓使	一六		五	一一

静岡県 豆州支院	一六五	六〇		一〇五
岐阜県 飛州支院	二五			二五
愛媛県 讃州支院	四			四
新潟県 佐州支院	三一		二	二九
開拓使 福山支院	一四		三	一一
開拓使 函館支院	四			四
肥前平戸 瑞雲寺	二二		五	一七
肥後人吉 永国寺	一四	一	一	一二
越後草水 観音寺	一〇	二		八
土佐比江 永源寺	二			二

本山山内	八			八
	計 一三三〇四	計 二一九六	計 三六九	計 一〇七三九

となる。

以上、「明治十三年貫首投票綴」により、投票進達日の最初は明治十二年十一月六日の堺第一号で、最後は十二月二十六日の京都第一号であったこと、投票進達添書者は曹洞宗中教院の取締、取締代理、副取締がほとんどで、当時の碩徳ばかりであったこと、さらに、投票の開緘日は明治十三年一月十九日、二十日、二十二日で、開緘は青蔭雪鴻、滝谷琢宗、辻顕高、在田彦竜、服部元良、葛蔭北仙、沖津元機の六名で行われており、開緘の再検査を青蔭雪鴻と滝谷琢宗が行っていたことも明らかになった。

つぎに、当時の宗門寺院数が一万三三〇四カ寺存在したことや兼住、無住寺院が二一九六カ寺であったことも明らかになり、明治十三年の宗門の様子を知ることのできる貴重な資料といえよう。

第三節　楳仙の總持寺貫首就任日の異説

こうして形は末派寺院の公撰であったが、実際は公撰でなく、宗務局より政府への願書で決まったものであった。それを官選の形式で大本山總持寺後董に就いたのは畔上楳仙であった。しかし、楳仙は固辞して受けなかったため、後に楳仙が後董に就いた月日に異説が生まれた。

楳仙が就任するまでの様子を「明治十三年貫首投票綴」（永平寺蔵）、「独住第二世御入山ニ関スル事件」（大本山總持寺所蔵文書一三〇―四六）、「明治十三年曹洞宗務局布達全書」などによってながめてみるが、楳仙自身の自叙伝ともいうべき「日誌」の存在によって月日が明確になるものと思われた。しかし、残念ながら明治十三年の「日誌」は存在しておらず(4)、楳仙の考えは明らかでない。

就任日には四説がある。

第一は明治十三年二月六日説で、「宗報」第一二三号（明治三十五年二月）所収の「大本山總持寺独住二世法雲普蓋禅師略年譜」、『大雄山誌』（昭和三十六年三月　最乗寺）五九頁の最乗寺の「独住二世大岡楳仙和尚年譜」、飯田利行『畔上楳仙禅師遺稿』（昭和五十九年九月　国書刊行会）七二頁の「畔上楳仙禅師年譜」の明治十三年項にいう。

第二は同年二月十六日説で、『大雄山誌』（明治四十五年六月　最乗寺）四六頁の「第一世法雲普蓋禅師」、『總持寺誌』（昭和四十年三月　大本山總持寺）二〇七頁の「独住第二世大岡楳仙大和尚」、横関了胤『曹洞宗百年のあゆみ』（昭和四十五年一月　曹洞宗宗務庁）五二二頁の「第三代管長總持寺独住第二世大岡楳仙」にいう。

第三は同年二月二十六日説で、村上泰音『日本洞上紀年』（明治二十五年十二月　村上泰音）六九頁の明治十三年項、菊池大仙『編年摘要曹洞史略』（明治二十七年六月　如是社）三四頁の明治十三年二月二十六日項、『曹洞宗全書』年表（昭和四十八年十月覆刻　曹洞宗全書刊行会）五九八頁の明治十三年項であげている。

第四は同年五月説で、これは明治三十四年十二月二十七日に遷化した後、一番先に紹介された略歴にあげられているもので、『日出国新聞』第四六五七号（明治三十四年十二月二十九日）所収の「曹洞宗前管長の略歴」と『通俗仏教新聞』第三八九号（明治三十五年一月八日）所収の「畔上楳仙禅師遷化略歴及密葬」にいう。

そこで、明治十三年二月の様子を窺ってみよう。

二月二日には、

権中教正畔上楳仙

右ハ学識品行徳望兼備ハリ宗内抜群ノ者ニ有之。而シテ尋常謙退卑遜敢テ貢高セス。実ニ一宗ノ統領タルヘキ人員タリ。閣下ノ高鑑ヲ仰キ總持寺住職ノ儀特選ヲ以テ直ニ同人へ御下命アラハ一宗ノ慶幸莫大焉。依テ履歴ヲ添此旨更ニ懇願ス。恐惶頓首。

明治十三年二月二日

總持寺執事
中教正滝谷琢宗
永平寺執事
中教正青蔭雪鴻

内務卿伊藤博文

と滝谷、青蔭両名より内務卿伊藤博文へ楳仙を總持寺住職へ特選御下命されることを懇願した。そして二月六日には、

神奈川県下最乗寺住職
権中教正畔上楳仙

自今石川県下總持寺住職
勤務可致候事

明治十三年二月六日
内務省

と内務省より楳仙へ總持寺住職の辞令が出た。そこで二月十日には、神奈川県が、

達之儀有之候条来ル十六日十時出頭庶務課へ可届出候事
明治十三年二月十日　　神奈川県
足柄上郡関本村最乗寺住職
畔上楳仙殿

と最乗寺住職の楳仙へ通達があるため、来る十六日十時に神奈川県へ出頭し、庶務課に届け出ることを命じられた。

なお、同日、公選投票の審査委員であった青蔭、滝谷より、

越山貫主代理監臨審査委員
青蔭雪鴻
能山後見審査委員
滝谷琢宗

各課長　詰合

能山後董公撰投票ハ最初之儀ニ付疎漏アルハ恠ム可キニ足ラスト雖全国共ニ不都合極マル者ニシテ愈々調フレハ愈々悪シク底止スヘキナシ。尚全国投票一覧表并調査明細共追々整頓シ回覧ニ付スヘク候得共別紙報告案ヲ尊シ先以回議ニ及候。是レ実ニ已ムヲ得サルノ勢ニ迫マル者ニシテ策ノ出ル処ナシ。猶衆議決裁ヲ仰者也。

と公選投票は最初のため、不都合が多く全国投票一覧表および調査の明細を整頓して回覧するようにするが、別紙

の報告案にたいし衆議の決裁を仰ぐものという。

二月十六日、楳仙は神奈川県へ出頭せず、橘得順を代理に差し出した。橘得順は当時、最乗寺の山内紀綱で、明治七年十一月七日に楳仙が最乗寺独住第一世に入山以来、山内紀綱に就任した人で、楳仙と親交が深かったものと思われる。そして、原坦山（二世）、滝谷琢宗（三世）、星見天海（四世）の四代にわたって紀綱職に就いた（現、最乗寺紀綱阿部顗瑞よりの御教示）。なお、橘は天保八年（一八三七）四月八日に生まれており、盛翁寺（神奈川県足柄上郡山北町）十八世光戒大輝の法を嗣ぎ同寺十九世に就いた。号を恒山と称し、養寿院（南足柄市竹松）三十世、大松寺（南足柄市竹松）二十九世、西福寺（神奈川県足柄上郡開成町）二十七世に歴住し、明治四十三年十月十八日午前七時に遷化した（同師の戸籍謄本による）。その他の詳しい行歴は明らかにならないが、楳仙を補佐して以来、最乗寺の事務機構の中心をなしていた人である。

そこで橘は、

右之通謹テ奉御請候也

明治十三年二月十六日

右畔上楳仙煩ニ付代理
橘得順　印

内務卿伊藤博文殿

と代理として辞令を受けとってきたのである。その時の詳しい様子が「明教新誌」第九四五号（明治十三年二月二十六日）、第九四六号（明治十三年二月二十八日）に、

○前号にも記せる曹洞宗大本山能州總持寺後住撰挙は愈〳〵投票の多少に拘はらず、内務卿の特命にて相州関

本村最乗寺権中教正畔上楳仙師へ命ぜられたる由なるが、師は固く辞して之を請けず。但し右の命令は内務省より神奈川県へ達せられ、同県より過る十六日に畔上教正を召されしに折柄不例なりとて役僧橋得順氏を代理に差出されしが、大本山住職の事なれば一応本人に申し聞け其上御請いたすべき旨申し立しかど、然様の事はならぬとの沙汰に止を得ず代理にて御請をなし偖帰山して其由を教正に話せしかば、教正は以ての外に立腹せられ設ひ何様の事ありとも本山住職などとに思もよらず。然るを代理の身にて本人へ一応の通報もなくお請なせしは不埒なりとて痛く叱責せられしかば、得順氏も大に悔て深く其罪を懺謝せしに、然らば其謝罪のため是より直に東京宗務局へ出頭して右大本山住職の命令書を内務省へ返却すべき手順をなせと厳しく命せられて過る二十日に出京はせしものゝ、到底内務卿の特命を空しく返却する等の事はなるまじきことゝなるに、況て代理にては諸般不都合なれは御自身に出京せらるべき旨宗局より電報を以て教正へ通知せられしが、未た出京もせられず且つ設ひ何様に厳命せらるゝともお請は申し難しとて確乎不抜なる勢ひの由なれど到底一応はお請けをなし一ケ月なりとも住山をせられて上辞職せらるゝより外はあるまじ。抑も職級位置の昇進するは方今皆人の競ふて望む所なるに、斯くまで固く辞せらるゝは、近頃未曾有の事にして誠に随喜の至なり。然れば記者輩も斯る尊宿をば殊更に飽まで推薦して大本山住務たらしめんことを冀望するなり。

○能州惣持寺新命貫首畔上権中教正は、東京宗務局より再三の電報あるに黙止し難くて過る二十三日の夜に着京せられ宗局詰の諸教正と数十番議論して頻に辞退説を主張せられ、されども到底政府の特命如何ともなし難しといふに決帰し、遂に大本山住職の任を承諾せられたるは誠に同宗のために慶賀すべき盛事なりし。

とあり、楳仙は固く辞して受けず、自分に一応の通報もなく受けてきた代理の橋得順を厳しく叱責している。そして曹洞宗務局へ出頭し、住職の命令書を内務省へ返却すべき手順を命ぜられた橋は、二十日に出京した。しかし、内務卿の特命を返却することは、代理人では不都合のため、楳仙本人が出京することを曹洞宗務局より電報で楳仙へ通知した。だが、それでも楳仙は出京しなかった。一部の人は、一応受けて一カ月程住山し、その後、辞職すればよいとの意見もあったが、それさえも楳仙は固辞した。

二十一日以来、回答書や電報で再三本人に出京することを促したところ、楳仙は二十三日夜に着京し、宗務詰の滝谷、青蔭らと議論し辞退を主張した。しかし、政府の特命のため何ともならず、ついに止むを得ず任を受けることになったのである（「明教新誌」第九四六号）。なお、「独住第二世御入山ニ関スル事件」（大本山總持寺所蔵文書一一三〇―四六）では、

廿四日夕御本人青松寺迠御着之由同寺ヨリ申来リ。直様在田出頭候処種々苦情御申立誓テ辞令書返上可致トノ事ニ付青松寺方丈ト交番徹夜百方説諭候処九分通御承諾相成依テ一応帰局。廿五日早朝総泉方丈同道御迎ニ出頭。青松方丈ト三名随行。同日午前八時過宿所へ御着。滝谷教正ノ御説得ニテ漸御点頭ニ相成一同安心。夕方祝麺侑上致候。即日右吉左電報致置候間大意御承知ト奉存候。

とあり、楳仙は二月二十四日夕方に青松寺へ到着し辞令書の返上を申し出たが、青松寺方丈は徹夜で説諭した。そのため楳仙は九分どおり承諾せざるを得なくなり、二十五日早朝、総泉寺方丈が迎えに出頭し、青松寺方丈ら三名も随行し午前八時過ぎに宿所へ着いて滝谷の説得で承知した。そして夕方、祝麺となったのである。このことは、ただちに能登の總持寺へ電報が打たれ、内容は仮名書で「本山御住職之儀畔上殿被申付タリ」とあった。この電報は赤羽分局より高岡分局へ、そして高岡分局より總持寺へ郵送されており、電報が着いたのは二十八日であった。

明治十三年二月二十六日には、

本山御住職ノ儀政府ノ特撰ニ拠リ直チニ閣下ヘ御降命ニ相成候段山内ノ公衆共ニ翹望スル所ナリ。則チ専介ヲ馳セテ請疏ヲ奉スヘキノ処政府ニ特命ニ対シ却テ憚ルコトアハ依テ請疏ヲ奉セス。専价ヲ馳セス。茲ニ聊カ請意ヲ表スル為袈裟一肩金百円ヲ拝呈ス。叱留シ玉ハンコトヲ。

本山近門并直末総代
執事小教正在田彦竜　印
同　中教正滝谷琢宗　印

明治十三年二月二十六日
最乗寺住職
権中教正畔上楳仙殿

と、本山近門および直末総代としての在田と滝谷が楳仙へ住職の請意を表するため袈裟一肩と金百円を拝呈しており、また、同日、楳仙は「住職之儀ニ付御届」を、

住職之儀ニ付御届
拙僧儀今般別紙写之通御管下能登国鳳至郡門前村總持寺住職被申付候条此段御届仕候也

神奈川県相模国足柄上郡関本村
最乗寺住職
権中教正畔上楳仙

明治十三年二月二十六日
石川県令千坂高雅殿

　住職之儀ニ付御届

拙僧儀別紙写之通御管内能登国鳳至郡門前村總持寺住職被申付候条此如及御届候也

但右ニ付速ニ移住シ總持寺務整理……以下県上ニ同シ

石川県鳳至珠洲郡長加藤鑽二殿

と石川県令千坂高雅と石川県鳳至珠洲郡長加藤鑽二へ出した。なお、石川県令千坂高雅には、

　寺務代理之儀ニ付御届

拙僧儀御管下能登国鳳至郡門前村總持寺住職被申付候ニ付速ニ転住シ寺務整理可致筈ニ候得共旧住職寺進退之都合有之。当分最乗寺ニ滞在罷在候ニ付拙僧転住迄總持寺寺務之儀ハ同寺山内芳春院住職中講義三吉竹堂へ代理申付候条此段御届仕候也

神奈川県相模国足柄上郡関本村
最乗寺住職
権中教正畔上楳仙

明治十三年二月二十六日

石川県令千阪（ママ）高雅殿

と芳春院住職の三吉竹堂へ代理を申し付けた「寺務代理之儀ニ付御届」も届け出ている。

二十七日には、曹洞宗務局より全国末派寺院へ「宗局布達第二号」が布達され、

宗局布達第二号　十三年二月二十七日　全国末派寺院

本山總持寺御住職ノ儀神奈川県下最乗寺住職権中教正畔上楳仙殿へ直チニ御命令相成候旨昨二十六日内務省ヨ

リ管長へ御達有之候。此段布達候事。

但御引移并御晋山大礼日限等ノ儀ハ両山協議ノ上追テ布達ニ及フヘシ。且又御晋山未済ニ候トモ既ニ政府ノ辞令ヲ受ケラレ候ニ付自今免牘其他公書ニ御署名可相成候条此旨添テ相達候事。

と二十六日に内務省より管長へ總持寺住職を楳仙へ命令されたことを明らかにした。さらに、總持寺新命の楳仙と永平寺代理の青蔭の名で、全国末派寺院へ「宗局布達第三号」の「告諭」が布達された。

宗局布達第三号　十三年二月二十七日　全国末派寺院

両本山貫主ヨリ左ノ通告諭ニ相成候条末派一同了承可有之此段布達候事

○告諭

楳仙儀本月十六日神奈川県庁ノ召喚アリシガ時ニ採薪ノ疾ニ罹ルヲ以テ代人ヲ差出セシニ突然内務省ノ辞令ヲ下附セラレ自今本山總持寺住職勤務可致旨御達ヲ蒙リ代人ハ其ノ何ノ理由タルヲ知ラズ辞令ヲ受ケテ帰山シ事ヲ楳仙ニ告ク。仙ノ之ヲ聞クヤ驚怪啻ナラズ。抑本山住職ノ儀ハ宗規ニ拠テ全国末派ノ公撰投票ヲ徴セラレ未ダ開緘了畢ノ報告ヲ得ザルニ本山住職ノ辞令政府ヨリ直ニ下附セラルヘキ理由ナシ。依テ楳仙ハ之ヲ宗規ニ訴ント欲シ速ニ書ヲ裁シ専介ヲ宗局へ馳セシメテ以テ辞令ヲ其筋へ返上シ玉ハンコトヲ上申セリ。然ルニ宗局ハ末派投票ヲ採用シ難キニ依リ本山住職ヲ政府ノ特撰ニ仰キシカドモ未ダ其何人ニ特命アリシヤ否ヲ知ラス。已ニ楳仙へ御降命アルニ於テハ必ス自カラ出京スヘシト再三再四達セラル。仙ヤ甚タ疑怪ニ勝へサレトモ情況已ムヲ得ザルニ付廿四日ヲ以発程出京セリ。而シテ宗局執事諸賢ニ詰問シ政府ノ辞令ヲ咄嗟ニ返上セント期セシニ却テ投票始末ノ詳細ヲ開示セラル、ヲ聞キ始メテ満胸ノ疑団ヲ打破シ実ニ其収拾ス可ラサル者タルヲ了解シ併セテ宗局諸賢処置ノ公明ニシテ政府ノ特選ヲ仰カレタルコト万止ムヲ得サルニ出テタルノ事実ニ感服セリ。

然ト雖トモ政府ノ明鑑ニシテ楳仙不肖ヘ特命アリシハ恰モ蚊子ニ鉄牛ヲ負ハシムルニ似テ決シテ其任ニ勝フ可ラズ。故ニ飽マデ之ヲ宗局ヘ訴ヘ辞令返上ノ紹介ヲ請求スト雖宗局諸賢ハ容ル、色ナシ。依テ罪譴ヲ甘ナヒ諱忌ヲ憚ラズ。直ニ書ヲ政府ニ捧ケテ以テ該任ヲ脱レント要スルノ際政府ヨリ吾ガ管長ヘ宛テタル一封ノ書面来ルアリ。傍ラ之ヲ拝観スルニ即チ總持寺住職ヲ楳仙ヘ申付タル旨ノ達書ナリ。是ニ於テ乎忽チ仙ガ身羝羊ノ藩ニ触ル、カ如シ。何ントナレハ仮令ヒ已ニ特命アリトモ管長実ニ之ヲ知ラサル者タレハ楳仙一己ノ関係ニ付直ニ進テ政府ヘ哀訴スルノ路アリ。今ヤ管長ヘ達セラレテ宗局之ヲ公認スル以上ハ退テ管長ノ添書ヲ得ルニ非サレハ該事ヲ政府ヘ請求スル能ハス。是レ豈ニ進ムモ又得ズ。退クモ又得ズ。進退維ニ谷マル者ニ非スヤ。終ニ屢々宗局諸賢ノ懇諭ヲ辱フシ自ラ省ミテ其任ニ勝エサルヲ知ルト雖枉ケテ此ノ重任ヲ負担スルニ至レリ。就テハ全国宗内ノ諸師自今楳仙ガ愚ヲ憐ミ其ノ足ラサルヲ補助シテ以テ本末ノ興隆ヲ謀リ玉ヘ。是レ仙ガ誤テ特命ヲ受ケタル事由ヲ演ベ宗内ノ諸師ニ向テ予シメ祈望スル所ナリ。諸師幸ニ不敏ヲ容恕セラレヨ。右能山新貫主開示ノ趣雪鴻等大ニ歎賞スル所ナリ。自今益々両山ノ親睦ヲ旨トシ末派公衆ト共ニ宗教ヲ振起センコトヲ欲スルノミ。

明治十三年二月二十六日

總持寺新命

権中教正畔上楳仙

永平寺代理

中教正青蔭雪鴻

とあり、楳仙が就任するまでの様子が記されている。楳仙が受けた理由は、政府の辞令のため返上すると投票の始末の開示をせまられ収拾がつかないこと、宗務局諸賢の公明な処置と政府の特撰にて止むを得ない事実のためなどであり、楳仙が特命を受けざるを得なかったことを明らかにしたのであった。

以上みてくると、奕堂示寂後の總持寺後董選挙は全国末派寺院の投票による初めての公選であったが、どこまで公正に実施できるか不安であった。投票を開緘し所撰人の姓名と票数を全国末派寺院へ報告したものの、開緘員が審査したところ十の中、一、二のみが純正で、他のほとんどは不正であった。そのため不正の原因を糺問し改めて投票を行うには今後数カ月もかかり、後董を確定するのに支障をきたすことになる。そこで、政府の特撰によって確定する以外はなく、投票の顚末を政府へ上申し特撰を請願したのであった。したがって、独住二世となった楳仙は公撰ではなく官命、官撰であったわけで、そのため就任日も所依とする資料によって四説が出てきたのであった。

第一の二月六日説は、内務省より楳仙への辞令によった日。

第二の二月十六日説は、代理の橘得順が内務卿よりの官命を受けた日。

第三の二月二十六日説は、内務省より管長へ御達があった日で、それを楳仙が受けた日でもある。

第四の五月説は、五月二十七日に大教正へ補任せられた日。

このように所依とする資料により四説みられたが、一応は内務省より辞令のあった二月六日が正式であろう。しかし、この日は、楳仙自身の意志はまったく無視されていた日であり、辞令だけの日ともいえよう。なお、楳仙は当時、神奈川中教院第二号詰の取締も務めており、明治十二年十一月二十六日に投票進達を宗務局へ、

投票進達ニ付添書

当所轄内寺院弐百弐拾七箇寺ノ内兼住無住他行四拾九箇寺ヲ除ノ外百七拾八カ寺投票取纏各封ノ儘進達仕候也

神奈川県中教院第二号詰取締

少教正畔上楳仙

明治十二年十一月二十六日

曹洞宗務局

御中

と出している。その一七八カ寺の投票は滝谷琢宗によって検査されており、内訳は、

畔上楳仙　百四十枚内二十七枚規外　百十三枚
西有穆山　十四枚内二枚規外　十二枚
白鳥鼎三　十枚内一枚規外　九枚
服部元良　三枚
忍　大薩　二枚
滝谷琢宗　二枚
天城法運　二枚
（以下、一枚は略す）

となり、地元の神奈川県中教院第二号所轄内では、純正票でも圧倒的な獲得票数であった。

こうして楳仙は、後董に就任した後、明治三十四年十二月二十七日に遷化するまでの二十二年間、總持寺独住二世を勤めた。近代になっての總持寺貫首では最も長い住山期間であった。しかし、その間に『曹洞教会修証義』の公布（明治二十三年十二月一日）、両山分非問題（明治二十五年三月十九日～同二十八年十二月三十一日）、總持寺烏有の災（明治三十一年四月十三日）などにあい、晩年は破乱であった。

近代曹洞宗の確立に寄与した碩徳として高く評価される人物であるが、總持寺貫首に就任するまでには、以上のような経緯があったのである。

註

（1）安達達淳『能山独立曹洞革新論』（明治二十五年四月　安達達淳）一四〇、一四一頁。
（2）安達達淳、前掲書、一四四、一四五頁。
（3）安達達淳、前掲書、一四六～一四九頁。
（4）飯田利行『畔上楳仙禅師遺稿』（昭和五十九年九月　国書刊行会）三〇頁。

第三章　キリスト教への対応

第一節　キリスト教にたいする排撃書

明治政府のキリスト教にたいする政策は幕府の禁教政策を踏襲したものであったが、諸外国との交渉が始まるや信教の自由が要請されることになった。しかし、信教の自由を認めキリスト教の公布を許すとなると国内に大乱が起こるといわれるなど公許の結論は出なかった。明治六年二月二十四日には太政官布告第六十八号によって、

自今諸布告御発令毎ニ人民熟知ノ為メ凡三十日間便宜ノ地ニ於テ令掲示候事

但管下へ布達ノ儀ハ是迄ノ通可取計従来高札面ノ儀ハ一般熟知ノ事ニ付向後取除キ可申事

と布告され、切支丹禁制の高札を撤去することになった。ただし、この布告は従来の切支丹宗門禁制を今後は解くという文意でなく、高札は熟知のため取り除くことのみに留まった。

これはキリスト教の公許公認ではなかったが、キリスト教は禁じられた宗教でなくなり、公然と布教活動ができることになったのである。そして政府の欧化主義により、キリスト教の伝道は一層活発な動きとなっていった。仏教は神仏分離に伴う廃仏毀釈の余波を受けて衰退していたが、護法運動が起こり、そこからキリスト教の排撃を行

うようになった。

最初に仏教側からキリスト教排撃を主張した人は、浄土宗の養鸕徹定（杞憂道人）であった。徹定は伝通院六十二世住職、知恩院七十五世門主となり浄土宗管長にも就いた人である。『闢邪管見録』『釈教正謬初破』『笑耶論』『仏法不可斥論』『釈教正謬再破』などの著作があり、それによって仏教を擁護する一方、キリスト教を批判し排撃した。つづいて、島地黙雷も欧州視察によって得た知識によりキリスト教批判の『復活新論』を著わしており、井上円了が『仏教活論序論』を刊行した明治二十年頃は、キリスト教にたいする排撃が最高潮に達していた時期である。

キリスト教にたいする排撃書については、桜井匡が『明治宗教史研究』（昭和四十六年五月　春秋社）一〇八頁以下において、大きく四種に分類している。

第一は、ロンドン伝道会の宣教師で東洋学者としても知られたジョセフ・エドキンス（中国名、艾約瑟迪謹）の著わした『釈教正謬』にたいして反駁しキリスト教排撃を行った著作である。『釈教正謬』は、エドキンスが仏教の経典や教理を研究した結果、仏教を批判し攻撃したもので、それにたいして養鸕徹定や細川千巌の反駁書がある。

第二は、唐通詞付書記であった帰正痴士（本名、阿部慎蔵、別名、貞方良助）が宣教師プチジャンの感化を受けてキリスト教に入信し、宣教師の伝道を助けて『夢醒新論』を出版した。本書は天主教の要旨を述べており、天地創造説や十戒のこと、悔改から入信に至る筋道などを説明している。それにたいして、養鸕徹定が『笑耶論』を著わし反駁した。

第三は一般の排耶論書で、桜井は五十数種をあげている。これについては後で述べることにして、第四は公認教をめぐる排耶書である。これは明治三十年頃から起こった問題で、仏教関係の雑誌などに「公認教」が盛んに論じられてキリスト教を排撃した。それは同二十一年九月に、キリスト教有志の小崎弘道、徳富猪一郎、高橋吾良、新島襄らが連署して元老院へキリスト教公許の願いを提出した。キリスト教禁教の高札撤去は公許でなく黙許であったためであるが、残念ながら認められなかった。しかし、翌二十二年二月十一日に発布された大日本帝国憲法の第二十八条に、

第二十八条　日本臣民ハ安寧秩序ヲ妨ケス及臣民タルノ義務ニ背カサル限ニ於テ信教ノ自由ヲ有ス

とあることから信教の自由が認められ、キリスト教は神道や仏教と同一に取り扱われることになった。そのため仏教側から不満の声が起こり、政教問題をとりあげてキリスト教を公認すべきでないなどを論じ、仏教国民同盟会を組織して『耶蘇教非公認論』などを刊行した。

このように桜井は、仏教側からのキリスト教排撃書を四種に分けたが、つぎに一般の排耶書をあげてみると、

南渓和上『淮水遺訣』（慶応四年刊）
概癡道人『護国新論』（慶応四年刊）
威力院義導『護法建策』（慶応四年刊）
雲英晃曜『護法小言』（明治元年刊）
概癡道人『筆誅耶蘇』（明治元年刊）
雲英晃曜『護法総論』（明治二年刊）
田島象二『耶蘇一代弁妄』（明治七年刊）
田島象二『耶蘇教意問答』（明治八年刊）
田島象二『新約全書評駁』（明治八年刊）
栗生佩弦『耶蘇教正謬』（明治八年刊）
中島弘毅『外道通考』（明治十一年刊）
佐田介石『仏教創世記』（明治十二年刊）
福田行誡『外道処置法』（明治十四年刊）
藤島了穏『耶蘇教の無道理』（明治十四年刊）
奥　尊厚『駁邪新論講話』（明治十五年刊）
川合梁定『旧約全書不可信論』（明治十五年刊）
吉岡信行『破邪顕正論』（明治十五年刊）
富樫黙恵『破邪論』（明治十六年刊）
平井金三『新約全書弾駁』（明治十六年刊）
島地黙雷『復活新論』（明治十六年刊）

目賀田栄『洋教不条理』（明治十六年刊）
吉岡信行『破邪顕正邪正問答編』（明治十七年刊）
垣上　緣『耶蘇開明新論』（明治十七年刊）
英　立雪『西洋宗教実理審論』（明治十八年刊）
水谷仁海『仏法耶蘇二教優劣論』（明治十八年刊）
垣上　緣『仏陀耶蘇両教比較新論』（明治十八年刊）
吉田嘉雄『日本魂耶蘇退治』（明治十八年刊）
目賀田栄『弁斥魔教論』（明治十八年刊）
佐治実然『破邪訣』（明治十八年刊）
井上円了『破邪新論』（明治十八年刊）
井上円了『耶蘇教の難目』（明治十八年刊）
島地黙雷『耶蘇教一夕話』（明治十九年刊）
能華空音『通俗耶蘇教問答』（明治十九年刊）
井上円了『真理金針』（明治十九年刊）
本田瑞円『耶蘇教審判』（明治二十年刊）
離迷道人『滑稽耶蘇退治』（明治二十年刊）
井上円了『仏教活論序論』（明治二十年刊）
井上円了『仏教活論本論第二編』（明治二十年刊）
井上円了『真理金針続篇』（明治二十年刊）
渡辺玄秀『天耶教十条誡評破論』（明治二十年刊）
中村信次郎『哲学一班無神概論』（明治二十年刊）
鳥尾得庵『真正哲学無神論』（明治二十年刊）
大内青巒『尊皇奉仏論』（明治二十年刊）
園山樵隠『内外宗教邪正問答』（明治二十一年刊）
井上円了『仏教活論本論第三編』（明治二十二年刊）
吉森嗽雲『頂門一針』（明治二十四年刊）
梅原薫山『仏耶舌戦耶蘇大敗北』（明治二十五年刊）
八巻泰厳『破邪顕正純正宗教論』（明治二十五年刊）
鬼頭祖訓『居士必携破耶金鞭』（明治二十五年刊）
卜里老猿『耶蘇教の危機』（明治二十六年刊）
安田真月『耶蘇教堕獄論』（明治二十六年刊）
藤島了穏『耶蘇教末路』（明治二十六年刊）
内藤耻叟『破邪論集』（明治二十六年刊）
皆川蛇鱗『興奮』（明治二十七年刊）
加藤咄堂『排耶蘇教』（明治三十二年刊）

などがあり、そのほかにも教育と宗教の衝突に関したものや公認教問題、内地雑居問題などに関連した排耶書のあることもいう。この中から宗門関係者をあげてみると吉岡信行、大内青巒、加藤咄堂の三人だけである。しかし、大内、加藤は在家居士であったため、宗侶としてキリスト教排撃書を出したのは吉岡信行のみであり、しかもその最初であった。

第二節　排耶書を著わした吉岡信行

吉岡信行は号を冐間[1]といい、鉄面清拙すなわち鴻雪爪の法嗣で青蔭雪鴻、戸沢春堂、鴻春倪らと兄弟弟子である。大内青巒の「破邪顕正論序説」に「出雲の信行和尚久しく奥羽各郡に遊化して……」とあることや石雲寺（宮城県志田郡松山町）の記録により出雲の出身であることが明らかになる。『各宗教導職職員録』によれば、明治七年七月九日に権中講義を補任されており、肩書には「島根県下　常福寺徒弟」とあるため、出家地は常福寺（島根県平田市小津町）であろう。常福寺十四世は鶴原道波で、雪爪に随身しており、鴻春倪の後董として北漸寺二世にも住持した。さらに、雪鴻より道波へ出した書簡には吉岡のことをいっており、受業の兄弟弟子であったかとも思われる。しかし、どのような因縁によって雪爪の法を嗣ぐことになったかなどは不詳である。

同十二年四月十日には、『求化微糧談』上帙の板権免許が下りた。しかし、同日に出版されたかは明らかにならない。中帙と下帙の奥書によれば、同十四年四月八日に北畠茂兵衛（東京日本橋区通壱丁目拾五番地）より出版された。また、肩書は上帙の奥書以来、中帙、下帙も同じく、

日光寺

吉岡信行

島根県下出雲国神門郡北荒木村

とあり、日光寺住職のようにみえるが、日光寺（島根県簸川郡大社町北荒木）の世代には入っていない。なお、同年六月十四日には『説教発願回向文』の出版届を出している。その奥書には、

編者　島根県下出雲国神門郡北荒木村　日光寺　吉岡信行

とあり、やはり日光寺の肩書となっている。本書は折本装二巻で、上巻にはかな法語、阿弥陀経訓点、略歎仏式回向文などがある。下巻はかな法語と諸和讃が集められており、『求化微糧談』の附録にあたるものであった（『説教発願回向文』巻末の広告文）。

当時の吉岡の生活について、雪鴻より鶴原道波（当時、島根県常福寺十四世）へ出した書簡（青園謙三郎『出生の謎青蔭雪鴻伝』一四七頁）の中に、

拝復、愈御清福御奉職可レ賀候。……

○吉岡爾後非音、住居不分明ニ而、拙ヨリモ役請忽々有レ之候。当人ノ風□ニハ殆ト困却致候。尊下方ヘモ申訳無レ之次第也。……

六月十七日　　青蔭雪鴻

鶴原道波殿

といっており、音信はなく住居も不明で困っていることをいう。そのため当時の吉岡は、すでに雪爪の法を嗣いでおり、雪鴻と兄弟弟子であった。しかも著作には、日光寺の肩書を付しているものの世代に入っておらず、居住地を明確にせず著作に励んでいたものと思われる。しかし、翌十三年七月に出版届けを出して刊行された『説教虎列刺

予防法手控』の奥書には、

伝説者　島根県下出雲国神門郡北荒木村　日光寺住職　吉岡信行

とあり、日光寺住職を明確にしている。しかし、先にも述べたように日光寺の世代には入っていない。翌八月十二日の雪鴻より道波へ出した書簡（青園謙三郎『出生の謎青蔭雪鴻伝』一五〇頁）には、

御芳簡拝誦、小拙先月十二日ヨリ病悩、所謂熱症にて已ニ関門ヲ過了候トモ、身体衰弱無レ可レ謂。当節専ラ薬養中ニ有レ之候。

○吉岡ノ事云々御申越領承、此本《ココモト》ハ今度出京ノ用事、拙へハ何等ノ訴モ不レ致、暫ク深川ニ滞留ト申居、先月十二日ニ金子切迫ニ付、機関借用申出、不レ得レ已相渡申候。其後拙方へ一向出頭不レ申、突然本月六日ニ参リ、今度俄ニ戒会ノ請書候。依テ明朝出立ト申出候。金子ハ例ノ通、返却不レ仕、其儘当地ハ出帆致候。右ノ次第故、当時ハ居所モ判然不レ致、何レ本人之居住相分候迄ハ、今般御申越之趣取計可レ申候。何分困タル人物ニ有レ之候。病中執筆モ懶ク、一事御回声迄如レ此候。尊下モ御悩処常々之趣、折角御保蔵奉レ祈候也。

八月十二日　雪鴻

鶴原様

師下

とあり、雪鴻は七月十二日より熱海温泉で療養中であった。吉岡には金子を貸し与えたが返却せず、その後一度も来なかったが、突然八月六日に来て困った人物であると評している。

同十五年九月二十一日には、『虎烈刺（ママ）予防法』の出版届を出し十一月に刊行した。本書を著わした理由が「虎列

刺予防法緒言」に、

過ル歳、虎列刺病流行シテ一時十万余人ノ疫死アリ、政府ノ愁嘆浅カラス、此ニ於テ予防ノ御諭解一巻ヲ頒布シテ将来ヲ救ハセラル。而シテ吾儂《ワナミ》教導職ニ於テ務テ疫病ヲ予防スル方法ヲ論セヨノ御趣意也。故ニ此ニ聊カ俚言ヲ加へ仏経ノ教意ヲ交説シテ信用ノ厚カランコトヲ要ス

とあるように、同十三年内務省衛生局より頒布の御諭解本を宣揚し、仏教の道理を交えて説く平生の用心と疫を避ける心得を教導したものである。また、九月三十日には『破邪顕正論』と『釈迦如来在世大和讃』の版権が免許され、十一月に出版された。『破邪顕正論』は大内青巒の「破邪顕正論序説」に、

輓近、外教の我国に行なはるゝや神仏各宗の緇素これを対治せんと欲するの志念すらぶる篤く、或は之を書に筆し或は之を口に説て彼教を評論駁議するもの漸やく多し、破邪顕正の業をつとめたりと謂ふべし、然るに其書其説往往彼の東西新旧諸教を混同し且つ概ね旧約創世記をのみ目的として之を討撃するもの多きに似たり、

……

とあるようにキリスト教排撃を行っており、吉岡の「破邪顕正論緒言」も、

我教若彼ニ入テ邪教ト見モ慣習ノ然シムルユヘン、彼教今我ニ来テ邪教ト見モ慣習ノ然シムルユヘン、見聞ノ慣習概ネ先入主ト成ザルヲ得ズ、誠ニ惟ニ我ハ神体仏性ノ国民也、国民ノ神体仏性ハ天地ノ浩然正気タリ、苟モ梟目ノ邪見ヲ交テ害スルナケレハ長ニ宇宙ニ充ル正気タリ、此ニ野言ヲ以テ事理ノ正法ヲ顕ハシ鄙語ヲ以テ邪教ヲ破ル、希ハ尊卑兄弟姉妹コノ短論ヲ薫習シテ心主ト成リ得テ共ニ外邪ヲ防カンコトヲ祈、

とあることから、邪教（キリスト教）の本末を明らかにしたものであった。また、『釈迦如来在世大和讃』は仏教の正信心を引き起こさんがために撰述されたもので、三千余言ある中を二十八題目に分けてひら仮名をつけ、読誦

する人は成仏する大功力のあることをいっており、「序」には、

釈迦如来在世大和讃序

夫《ソレ》正法ノ邪教ニ抗《カウ》《カグフセグ》シテ顕《アラハ》ル、コト良薬ノ変病ニ剋《コク》《ケツリカツ》シテ験《シル》《アラハ》スカ如シ。教法正邪ノ体《タイ》《カタチノキマリ》タル倶ニ心府ノ信ヲ力《チカラ》《シンヅルマカセル》トス若《モシ》心府ノ信ヲ失《ウシナ》ヘバ正邪《タヾシキモヨコシマモ》互《タガヒ》ニ力《チカラ》アルコトナシ。正ク衆生ノ信力ヲ得レハ如来ノ正教普ク天下ニ興起《コウキ》シテソノ盛大《セイダイ》多《タ》数《スウ》ナルコト三千五百万塔ヲ建立シテ三千五百万仏ヲ安置ス。男タリ女タリ百職賢愚ノ品ヲ殊ニスレノモ各自《カクジ》本具ノ心性曾テ諸仏ノ心性ニ同異ヲ論ジ難クシテ悉有《シツウ》仏性ナリ。正性ニ正信ヲ起スコトハ如来在世ノ大慈悲ヲ想《オモ》ヒ念《オモ》フニ如《シ》クコトナシ。其上根器ハ一代ノ経文余リアル処トス。其中下根器ノ為ニハ和語ヲ諷詠《フウエイ》《コヱニマカセテヨム》シテ仏在世ノ大慈悲ヲ讃歎スルニ依テ心仏感発《カンバツ》シテ正信ヲ興起スルモノナリ。一切衆生ノ父母兄弟姉妹共ニ正信心ヲ感発スル時ハ自然理トシテ邪教邪見ノ覘《ウカヾ》《ネラフ》フニ隙《ヒマ》《スキマ》ナカラント思フ。普ク仏教ニ信心ヲ興起セントシテ此大和讃ヲ諷詠シ共ニ成仏の因縁ヲ結ハン。敬テ序ス。

とある。なお、明治十五年に刊行した三書の奥書によれば、

著述人　石雲寺住職　吉岡信行　宮城県下志田郡千石村

著述人　石雲寺住職　吉岡信行　宮城県志田郡松山駅

と記されているところから、石雲寺三十世住持になっている。石雲寺へ入寺したのは、吉岡が奥羽地方に布教師として巡行していた時、石雲寺二十九世白翁良淳（俗姓、伊藤氏）が明治十三年三月二十五日に示寂したため、その

後住に請された。良淳は『求化微糧談』の刊行資金に洞雲寺の田崎竜参とともに金五百円を喜捨しており、また、

茲《ニ》実《ニ》頼二石雲良淳師洞雲竜参師之両翼一忽飛《ハス》二宿鵬一。並《ニ》応募各位満力也。憑二此製本返仕法資本金員一遂《ニ》二成《スル》微糧談全二十冊及経帙之彫梓《ヲ》一者也。　沙門信行謹白

明治十二年春弘誓妙日

彫刻　本願主　伊藤良淳
　　　　　　　田崎竜参

ともいうところから、良淳らの製本資金を得て『求化微糧談』は成ったことが明らかになる。そこで、良淳が示寂したため石雲寺の後住に就いたものと思われるが、石雲寺文書によれば、同十六年には帰国とあるところから、退董し郷里の出雲へ帰ったものとみなされている。

翌十七年五月九日に版権の免許が下り、十一月に出版した『破邪顕正邪正問答編』の奥付には、

著述人　光明寺住職　吉岡信行　岩手県江刺郡岩谷堂

とあり、光明寺（岩手県江刺市南町）二十二世へ転住したことが明らかになる。本書は「啓蒙序」に、

予曾テ破邪顕正論ヲ著《アラハ》シ以テ日本魂《ヤマトタマ》ヲ堅固ナラシメントス。是聊《イサヽ》カ短略ニシテ未ダ意ヲ竭サズ。近江湖ニ同志多シ頻リニ催促シテ本論ノ羽翼ヲ望ム。遂ニ嘴《クチバシ》ヲ継《ツイ》デ邪正問答編ト名ク。上巻ニ於テ正邪黒白ノ雲霧ヲ吹払《フキハラツ》テ神仏ノ正光ヲ輝カスコト十五問答ス。下巻ニ於テ邪正竜蛇ノ波瀾ヲ翻転シテ民人ノ正教ヲ顕ハスコト廿二問答ス。以《テ》神体仏性ノ人ニ呈ス。

とあり、『破邪顕正論』は短略で意を尽くせなかったため、再び正教邪教を問答したものという。上巻では十五問

答、下巻では二十二問答あるが、上巻は昼夜を分けたこと、鳥を造ったこと、魚を造ったことなどを論じ、十誡を十邪といい、キリスト教は国を奪って天主に報いようとする大逆無道の宗教と断じている。そして、

凡ソ政府ハ兵力ヲ以テ国体ヲ堅固ニスル者ナリ。凡ソ宗教ハ信力ヲ以テ国魂ヲ固結スル者ナリ。而ルニ若シ宗教者ノ無智怠慢ノ隙ニ彼天主耶蘇教徒ニ日本国魂ヲ蹂躙セラレバ其顚覆ノ怖ルベキコト赤手ニシテ虎口狼穴ニ入ヨリモ危シ。耶教防禦ノ策ハ愛国者ノ為ニ之ヲ相ヒ励ミ仏信者ノ為ニ之ヲ相ヒ諭シ崇神者ノ為ニ之ヲ相ヒ約シ学儒者ノ為ニ之ヲ相ヒ告ク。豈ニソレ之ヲ軽忽スベキモノナランヤ。

といい、日本魂を痺れさすと排撃している。下巻は神儒仏三道を学ぶことの必要を説いた後、日本天神のことから自然外道のこと、キリストの誕生復活などを論じてあらゆる方面からキリスト教を邪教と断言している。

明治十八年四月二十日には『四恩十善談』の出版届を出し、五月に出版した。第一、二丁に、

抑モ仏教ハ外教ニ差別シテ表題シ而シテ我仏ノ十二部教内ニ四恩報道ト十善戒法ヲ撰ヒ取テ今世後世ノ習学修行所トス。総要シテ四恩十善ヲ教法ニ依用ス。教法内ヨリ当然理トシテ信法ヲ派出ス。人ノ身体有テ心性ヲ具スル如シ。蓋シ教法ハ旅客ニ故郷ヲ指示スル如ク信法ハ指教ヲ信シテ前途ニ進ムカ如シ。ソレ娑婆ハ六道ノ岐路タリ。浄土ハ人人ノ故郷タリ。迷悟断証此ノ処ニ思按ヲ決定ス。而シテ故郷ノ方角ハ指教ニ順テ功ヲ積ベク。凡夫ノ成仏ハ信法ノ跬歩《キホ》ヲ重ネテ徳ニ至ベシ。四恩十善ノ教法ハ大舩ノ如ク身ヲ載《ノセ》テ生死ノ苦海ヲ渡ルヘク三皈念仏ノ信法ハ堅楫《ケンシフ》ノ如ク手ニ把《トツ》テ後生ノ方嚮ヲ見ルベシ。乗《ノ》ラサレバ済ルコトナク摘《コ》ガサレハ到ルコトナシ。此故ニ教法ハ恒ニ講読ヲ功トシ信法ハ常ニ称念ヲ徳トス。苟モ之ヲ忽《ユルカセ》ニスベケンヤ。豈ニ之ヲ怠《オコタ》ルモノナランヤ。是法ハ真俗二諦ノ教法ニシテ仏道各宗緇素男女ノ道トスヘキ道也。

といっており、四恩報道と十善戒法は、仏教各宗の出家者、在家者すべてが修行することであるという。また、自

序にも、

四恩十善談ト題シタルハ専ラ四恩ノ仏教ト十善ノ戒法ト之ヲ初入信者ニ備ン為ニ簡約ヲ要シテ誓願文ト名ケ以テ四恩十善人道ノ日課ヲ伝フ。古ニ述不作ノ名教アリ。故ニ経文ヲ和語ニ綴リ以テ緇素男女同修同行ノ教法ヲ演暢ス。

と同様のことが述べられており、初入信者のために、かな法語にして弁じたものである。そして翌十九年四月二十八日には、『参同契宝鏡三昧初和解』の版権が免許され、六月十日に出版された。その緒言には、

余客冬少叢林を打開し不満二十衆の為に参同契宝鏡三昧を提唱するに聾の如きあり。唖の如きあり。偶鸚鵡語を作すあり。或は古註の長談異見縦横の葛藤に纏縛せられて憐むべし。智劔を揮ふこと能はす云ふことを見すや。……此頃我か大学林盛りに戒定慧学を興して仏祖の児孫を試みんとす。二祖の言句その一部なり。吾党の修行その一人なり。誠に上根上智の為には顕高師の纂解出て青巒居士冠註に親切を尽しあり。即ち永覚師の洞上古轍千丈師の杓卜編天桂師の報恩編面山師の吹唱指月師の不能語。斯の如く五師の見を一纂に収得しあれば春蘭夏月秋菊の詠を凝らし又栴檀荊棘の看を作すに足れり。余はひたすら初心晩学の為に聊か見る処を講して初和解と名く。謹て天下老和尚の点破を請て末後の用心とせん。采て千里の一歩と作す人あらは幸ひ仏心祖宗を明らむるに庶幾からん乎。

といっており、前年（明治十八年）冬、二十人前後の大衆のために提唱したもので、当時、曹洞宗大学林でも盛んに講義が行われており、辻顕高の纂解、大内青巒の冠註などがあった。そして永覚元賢、千丈実巌、天桂伝尊、面山瑞方、指月慧印などの編纂書を学び、自分は初和解と名づけたという。なお、吉岡は末尾に、

謹テ此ニ追語ス。予行脚ノ頃ロ予州黙音禅師ニ参学ノ時。師親ク参同契宝鏡三昧ヲ提唱シ給ヘルヲ聴受スルニ

両祖第一義ノ宗乗ハ分疎不下ナリキ。然レトモ其親言親口ニ至テハ其謦咳声ニ至マテ記臆センコトヲ志ス。茲ニ初和解ヲ書テ前聴ヲ反省スレハ遥ニ三十三年ヲ経過ス。恩大イニシテ難レ酬而モ今忘了シテ胸宇隻字ナシ。頗ル古人ノ退歩ニ似タレ𪜈実ハ吾身ノ頑耄ニ近ヨレバ也。故ニ両祖ノ金句ニ於テ典拠濫觴ミナ失却シテ識部片点ナシ。故ニ爾来ノ註家ニ傚ハズ。今時ノ解家ヲ校セス。二祖ノ言句ヲ承テ直ニ石頭洞山ノ劈口ニ応答シテ呈解シ了レハ灑灑落落トシテ劈腹安心タリ。故ニ他ヲ帯累引坐スルニ意ロナシ。箇ノ何ヲカ他ヲ世累引坐ト云フ。或語ニ曰。勿三自立二規矩一ノ下ニ彼執二義論一者固諍二権実偏円一各立二門庭一私義膠黐スト。コレ他宗ヲ帯累スル也。或語ニ曰。十劫観レ樹ノ下ニ是借レ二病ヲ於大通ニ一ト。コレ仏祖ヲ引坐スル也。或篇ニ曰。以レ有二驚異一ノ下ニ使レ見二貍奴白牯畜生行ヲ一ト。コレ洞山大師ヲ帯累引坐スル也。或解ニ曰。参同契ノ下ニ石頭ニ瞞旰セラル〻コトナカレト。首尾杜撰ノ濫唱夥シ。其他部ニ異見妖解アリ。然レトモ敢テ宗乗祖意ニ害浅キ言句ハ措テ忍フヘキナレモ初心ノ後生若シ暴言ト禅語ヲ混乱シテ先入為レ主トコトヲ恐レテ少ク之ヲ指点ス。余許テ以テ直シトスルノ詆リヲ受ルコトアラン。然レモ仏徳祖恩ノ為ニ之ヲ甘受スルニ堪ヘタリ。謹識。

というように、若き雲水時代に黙音より提唱を受けていたが、本書では注解家に倣わずして解したことをいう。また、「遥ニ三十三年ヲ経過ス」とか「吾身ノ頑耄ニ近ヨレバ也」というところから、五十歳以上であったかとも想像できよう。そして同年十二月二十日に示寂した。示寂地、年齢などは明らかにならないが、奥羽地方における在家化導者として名をあげていたため、最終住持地の光明寺に葬られたものと考えられる。

このように、吉岡には『求化微糧談』『説教発願回向文』『説教虎列刺予防法手控』『虎烈《（ママ）》刺予防法』『破邪顕正論』『釈迦如来在世大和讃』『破邪顕正邪正問答編』『四恩十善談』『参同契宝鏡三昧初和解』などの著作のあることが確認できた。とくにキリスト教排撃を行った『破邪顕正論』『破邪顕正邪正問答編』は、宗門人として最初の排撃書であるが、その立場は庶民仏教の視点より破邪顕正をとらえたため、キリスト教にたいして邪教観の意識はみられないといわれる。(2)しかし、両書にはキリスト教排撃の厳しい言葉がみられる。

『破邪顕正論』には田中頼庸、千家尊福ら神道界の管長をはじめ村田寂順、釈雲照、今北洪川、荻野独園、新居日薩、島地黙雷、佐田介石、福田行誡ら仏教界を代表する人々、さらに山岡鉄舟、鳥尾得庵、大内青巒らの在俗仏教者など十七名よりの序文がある。序文を贈られたのは雪爪の弟子であったところから、大教院へ出仕したこともあったものと思われ、その時の交流から贈られたのではなかろうか。

ところで、『求化微糧談』は上、中、下帙の全二十冊で、明治期の刊行書においても、代表的な大部の著作といえよう。『説教発願回向文』の巻末にある広告文には、

求化微糧談　全二十冊　附録帙入法語回向文上下二巻

右表題の書籍は出雲の信行禅師東国風教の際之を身に行ひ布教上を試て時情に可適する教導向の書籍全二十冊なり。第一巻に大乗本生心地観経報恩品を弁解して君父四恩の濫觴を知しむ。第二巻に三皈戒の功徳神力を演て懺悔発願の道理を詳にす。第三巻に四恩の人道を説て忠孝の大義を諭す。第四巻に雛僧並に男女初心の日用を訓ゆ。第五巻に仏祖の艱難劬労を述て善行を興さしむ。第六巻に十善十悪の因果を明かす。第七八九十十一十二十三巻の間説教数十百座具に申がたし。各巻を展て閲覧ば悉く感語物話を引て円備団説と聯ねたり。第十四十五巻に遺教経阿弥陀経観無量寿経を一句一句に弁解す。第十六巻に梵網経上巻を条章に略解す。第十七十八十九巻に梵網経下巻を句句字字に弁解す。第二十巻に大無量寿経を簡約弁述して教導の法財に豊かならんことを志されたる書冊なれば冀くば教法上の法師並に有信の君子御購求あらんことを祈る。

出版書肆　東京日本橋通壱丁目　須原屋茂兵衛敬白

と紹介され購読を求められているが、巻は冊にあたる。『破邪顕正論』巻末にある「信行禅師著述広告　北畠茂兵衛敬白」によれば、上帙四冊、中帙九冊、下帙七冊で、上帙は三帰戒を弁じ念仏門を明らかにして教法と信法を詳らかにしたものという。中帙はもっぱら説教教導の法財を饒かにしており、下帙は遺教経、盂蘭盆経、浄土三部経、梵網経を弁じて明らかにしているという。なお、本書の内容については、池田英俊「吉岡信行の『求化微糧談』について」（平成元年十月「印度哲学仏教学」第四号）で考察されているが、池田は巻之一から巻之七の十三冊しか現存しないという。しかし、上帙四冊には巻之一前編上下、巻之二後編上下、中帙九冊は巻之三上下、巻之四上下、巻之五上下、巻之六上下、巻之七全、下帙七冊は巻之八上下、巻之九元、亨、利、貞、巻之十大尾と分かれ、計二十冊を確認できる。十三冊の「巻之七全」と二十冊の「巻之十大尾」の奥書は板《（ママ）》権免許、出板《（ママ）》、著述人、出板《（ママ）》人が併記されており、つづいて東京発行書肆の二十八カ所、諸国発行書肆二十八カ所の計五十六カ所の書肆名が併記されている。また、本書の刊行には多くの人から彫刻資本を得ており、十四冊の巻之八上には第一冊より第十四冊までの浄財金と喜捨者の名があげられ、それらは宮城県の人ばかりである。十五冊は竜門寺（山形県羽前国山形町）の近江寿山、十六冊は藤沢山（神奈川県高座郡藤沢駅）で、世話人大沢新平の名があげられている。十七冊は光禅寺（山形県羽前国山形町）の最上顕璣、寿仙寺（山形県羽前国上ノ山町）の大野珠孝、十八冊は善宝寺（山形県田川郡大山）の水野禅山、十九冊は岩手県の報恩寺下村泰中、竜門寺（磐井郡猪ノ岡）の村上活山ら十三人で、二十冊は宮城県陸前国栗原郡若柳駅の柳徳寺檀那の佐竹ふりであったことが明らかになる。

このように、出版資金を多くの人から受けており、そのため当時の吉岡の生活は、貧窮していたのではなかろうか。雪鴻から鶴原道波へ出された書簡によれば、住所不明、金子借用など雪鴻に迷惑をかけていることをいっていたが、それは刊行資金に苦労していたからではなかろうかとも考えられる。吉岡の著作は、すべて北畠茂兵衛すなわち須原屋茂兵衛よりの刊行であった。しかし、須原屋は『求化微糧談』の刊行によって倒産したともいわれている。(3)

吉岡は心地観経に説く四恩と華厳経、梵網経に説く十善を中心に教化の項目を作っており、また、浄土三部経なども注解して浄土教との融合による安心立命を説いた。したがって、教化は禅浄一致の立場をとったのであったが、それは未だ『修証義』を中心とする宗門の在家化導の標準が公定される以前であったからである。そのため吉岡は、近代庶民仏教の開拓者ともいわれている。(4)

第三節　尊皇奉仏大同団の結成

キリスト教の布教は容易でなかったが、政府の欧化思想をとり入れる方針によって英学教授や外国文化の指導者としての宣教師が続々と来日した。そして有能な日本人宣教師の養成や聖典を日本語に訳すなどの基礎的事業が行われ、「七一雑報」をはじめ「六合雑誌」「正教新報」などの雑誌も創刊されて発展した。キリスト教徒が明治文化の啓蒙に大きな働きをなしたことは確かであったが、その欧化主義にたいして反動が起こり国粋主義が勃興した。

このような風潮は日本の伝統の中心であった仏教の復興気運を作ることになり、しかもヨーロッパの近代哲学をかりて、新しく仏教の解釈を行うものとなったため、仏教の革新期でもあった。仏教は破邪顕正の名をもって国粋団体に合流し国粋主義思想の台頭となり、キリスト教の排撃に動き出した。こうした背景の下に明治二十二年一月には、大内青巒が幹事長となって尊皇奉仏大同団を結成し、キリスト教の発展を阻止して仏教の興隆をはかることになった。これは曹洞宗における組織的なキリスト教排撃の最初であった。

尊皇奉仏大同団は、同二十一年十二月に幹事長大内青巒、幹事辰巳小二郎、佐治実然、水渓智応、前田恵雲、浅野恵深の発起によって東京都麻布区北日ケ窪町二番地に本部事務所を置いた。「曹洞扶宗会雑誌」第十一号（明治二十一年十二月二十九日発行）一八頁によれば、

○大同団　大内青巒（文学士）辰巳小二郎、佐治実然、水渓智応、前田恵雲、浅野恵深、諸氏の発起にて「尊皇奉仏大同団」と名けたる一大会社の組織を計画せられたり、是は我が仏教徒が来る二十三年の国会開設に対して一同手を引き脚を揃へて進退すべき一大事件なりと言へは、其規則等を発表して天下に公示する日に至らば、本会々員の如きは他宗他会に率先して充分に賛成の実を表したきものにぞ有る、

とあり、明治二十三年の国会開設にたいして手脚を揃え進退すべきことをいっている。そして、趣意書によれば、

○尊皇奉仏大同団趣意書

尊皇奉仏大同団と云ふは、日本の御国躰や御宗旨が此後如何なることが有るとも、決して外国の侮りを受けぬ様にせねば成らぬと云ふ志操の人々が約束して、天子様の御威光と仏法の真の道理とを、何処までも保つ様にする為め取結びたる組合なれば、此仲間入をした人は何事をするにも、天子様の御威光に毀損のつかぬ様、また仏法の障りに成らぬ様にと、気をつけるのを相互ひの心掛けとして、例へは国会や府県会は勿論、町村会の議員を撰ぶにも、村の戸長や名誉職を撰ぶにも、学校の教員を雇ふにも、会社の役員を定むるにも、其他何事にも、彼の人は天子様を軽蔑する心が有りはせぬか、此人は耶蘇教などを信仰して仏法を仇に思ふ人では無いかと、事毎に心を用ゐて投票をすると云ふ様な訳で、箇様に皆々が何事にも気をつけて、日本中の三千九百万人が、心を一にして日本を守りさへすれは、此後色々な政党などが出来て、政治の議論が区々になり、諸人の

心が散々に成ても、天子様と仏法とに対しては、何時でも一つ心に成るに依て、其大本が崩れぬほどに、如何なることが有ても、決して外国の侮りを受ける様なことには成らぬ、此の道理に気の附た人は、早く此仲間入をして、尊皇奉仏に心を合せ手を引合ふて、日本の元気を強くしたまへ

東京麻布区麻布北日ケ窪町弐番地
尊皇奉仏大同団本部仮事務所
幹事長　大内　青巒
幹事　辰巳小二郎
（外四名）

とあり、また、規則にも、

尊皇奉仏大同団規則

第一章　名称位置目的事業

第一条　本団は尊皇奉仏大同団と名け本部を東京に置き支部を各地に設く

第二条　本団の目的は皇室の尊栄を保護し仏教の勢力を拡張して以て大日本帝国の元気を充実せしむるに在り

第三条　本団は前条の目的を達する為め左の事項を挙行す

一凡そ本団々友たる者は政治宗教教育経済其他一切の事業に当る毎に必す尊皇奉仏の本旨に背くことが無きや否やに注意し苟くも我皇室と我仏教とに毀損を受しむること無らんことを誓約する事

二演説若くは講義を開設して尊皇奉仏の主義を拡張し億兆同胞をして愛国護法の志気を発揮せしむる事
但し本団の演説若くは講義は必す宗派の範囲外に立ち一乗通途の教義を以て其程度と為すへし

三雑誌若くは小冊又は報告書等を頒布して尊皇奉仏の主義を拡張し億兆同胞をして愛国護法の志気を発揮せしむる計画を為す事

第二章　団友

第四条　本団々友を分て四類とす一に正友二に助友三に特別団友四に賛成友これなり

第五条　正友は左に示す所の書式（略す）に依り或は甲号或は乙号の書面に本則第十一条を以て定めたる年資金一ケ年分を添へ之を本団本部に提出して団友の証標を受くへし

第六条　助友は前条の書式に準し本則第十一条を以て定めたる入団金を添へ本団本部に提出して団友の証標を受くへし

第七条　特別団友に二種あり一は本団の決議を以て入団を請ひし者一は某会某社某講等の名を以て入団する者これなり其入団手続は皆特別の約定を為すへし

第八条　賛成友は第五条の書式に準し之を本団本部に提出して団友の証標を受くへし

第九条　正友は本則第十二条に定めたる本団役員と為り且つ本団大会議の議員たる権あり又時々発行する所の本団報告書を無料にて受ることを得

第三章　団資

第十条　本団の資金は団友の年資金及入団金并に寄附金を以て之を支弁す

第十一条　正友は年々金五拾銭以上を出し助友は入団の際金弐拾銭以上を出し特別団友は適宜多少の寄附金を為す者とす尤も某会社等の名称を以て入団する者は別に協議を経て約定すること有るへし　但し賛成友は団資を要せす

第四章　役員

第十二条　本団の事務は左の役員を置て之を処弁せしむ

幹事長一名　幹事五名　評議員若干名　書記若干名

第十三条　役員の撰挙は正友中より評議員を公撰し評議員の互撰を以て幹事を挙け幹事の互撰を以て幹事長を定む

第五章　議事

第十四条　本団の議事は通常会議大会議臨時会議の類三とす其類別左の如し

一通常会議は毎月若くは毎年数回評議員集会して本団の常務を評議する者とす

二大会議は毎年一同若くは数年一同総正友又は其総代人集会して本団事務の重大なる諸件を評議し且つ懇親の情誼を通する者とす

三臨時会議は幹事の意見若くは評議員五名以上又は正友十五名以上の請求を以て之を開くことを得る者とす

以上五章十四条本団規則の大綱たり其細目の如きは別に之を定む

明治廿一年十二月制定

とあることから、尊皇と奉仏を中心としてキリスト教の排撃を明白に示している。最初、本部仮事務所であったが本部事務所となり、大日本帝国憲法が発布された二月十一日には、東京都芝区愛宕町一丁目二十七番地の青松寺内に本部が移されて拡張が計画され、三月五日に機関誌の「大同新報」第一号が発行された。また、各地方においても同団支部の設置が計画されており、四月頃には、大内が幹事を務める曹洞扶宗会との混同もみられた(5)。しかし、扶宗会は曹洞一宗のみであり、大同団とは別の会であることが強調されている。

明治二十二年五月には、大内が二月に講演した『尊皇奉仏論』（尊皇奉仏大同団事務取扱所発行）が刊行された。これによって大同団を設けた理由は明らかになるが、当時、大同団にたいして反論する意見があった。それは、大同団が仏教を政治に混同させる弊害のあること、尊皇ということは仏教徒に限ったことでなく、キリスト教にも尊皇の教えがあるという点であった。しかし、それにたいし大内は、仏教と皇室のためにキリスト教を蔓延させないようにするほかはないとして説得している。また、大同団を批評し論難する新聞記事や雑誌も出て、大同団は天皇を利用しているだけとか、宗教が政治に干渉しているから憲法違犯で解散すべきであるとか、皇室を楯にしてキリスト教徒を政界外に付けているなどの論評が出た。それらの賛否両論は、大同団にたいする反論に反駁も加えて編集された小沢吉行『尊皇奉仏大同団』（明治二十二年三月　其中堂）に所収されている。

その後、大同団は本部を政治の中心たる東京より仏教の中心たる京都（京都市下京区大宮通七条上ル御器屋町十六番戸）に移転した。しかし、時代の生んだ宗教結社であったが、政治的性格が表面に強く出たため失敗に終ってしまった。

第四節　尊皇奉仏大同団結成以前の教化姿勢

明治初期の曹洞宗の教化姿勢は、同五年六月二日に宗内巡廻教導職へ出した「教導職須知略」の中に、

一説教ハ彼我ヲ一貫シテ公平ヲ旨トシ必自讃毀他スヘカラス。禦侮ノ策ハ即今ノ急務ト雖公然トシテ之ヲ説破スルヲ許サス。或ハ邪宗、或ハ妖教、又ハ耶蘇天主ナド其名目ヲ顕シテ誹謗誹斥スルハ教導第一ノ禁止ナリ。何トナレハ宇内万国各々教法アリ。我ハ吾カ国教ヲ是トシ、彼ハ彼ノ国教ヲ非トセサルハ固ヨリ人情ノ当然ナリ。

とあるように、耶蘇教にたいして誹謗排斥することを第一に禁止するといっている。また、同九年五月十日に布達された各府県下の中教院に附属する曹洞宗専門学支校の学課には、外典の「通読」に『耶蘇創世記』があげられており、後の中学林の学課では『新約聖書』の講義も行われている。

曹洞宗の耶蘇教にたいする姿勢は誹謗排斥を行ってはならない立場を主張するが、耶蘇教に関わる事件がしばしば起きている。そのため、ここでは新聞記事などから曹洞宗の耶蘇教に関わるものをとりあげながめてみよう。

明治十年一月十一日の「明教新誌」四一六号には、

○同県同国早川村の同宗海蔵寺山本義祐氏の徒弟なりし杉山真竜は、嘗て同国久野村京福寺の住職たりしが甚はだ心得方よろしからぬとて退院の上再行脚を師匠義祐氏より申し付られしに、其後ます〱放蕩無頼にて終に耶蘇教師の門に入りし由なるが、先月十一日の夜に三年ぶりにて師匠のところへ来り、取次の者に該宗の法脈なる嗣書。大事。血脈の三物を投げ返し矢鱈無性に仏祖を罵しりて何方へか逃げ失せたと申す報知あり。

とあり、海蔵寺徒弟で京福寺住職を勤めたことのある杉山真竜が耶蘇教に入り、三物を投げ返し仏祖を罵ったことがあった。それにたいし、曹洞宗務局は三月九日、杉山真竜を、

海蔵寺住職山本義祐徒弟　杉山真竜

其方儀従来操行宜しからず。常に師命に背反し加ふるに異教心酔の趣むきに不埒の至に候。右は年来翼卵の恩義を忘却するのみならず、全たく宗門の体面を汚し候儀に付、地方官へ照会し自今宗門を擯斥帰俗申し付候条、此旨可相心得候事。

明治十年三月九日　　總持寺住職大教正諸岳奕堂

永平寺住職大教正久我環渓

と擯斥帰俗に処分している（明治十年三月九日「明教新誌」第四三二号）。

明治十五年七月頃、渡島国福山の耶蘇教教会の報知によれば、

近頃は僧侶等切りに耶蘇教防禦に尽力中なり。特に過日、永平寺とかいふ禅宗の大僧此地に来り、表札には勅特賜天真禅師とか大書して勅命にて説教し耶蘇の邪教を防がんが為だとか、実に盛んな事にてありし、而して其授戒に入りし者は大約七百人もありたるよしに聞く。斯の如き景況なれば此地に伝道するは甚だ難きことにて、時として此の如きの狼羊の中に暴行して主の羔を害せんとすること度々なり。

とあり、永平寺の久我環溪が来て勅賜天真禅師と大書して耶蘇教を防ぐために説教し、受戒した人は約七百人を数えた。そこで、耶蘇教側はこの地に伝道すれば暴行事件が起きるかもしれず難しいと判断している（明治十五年八月四日「七一雑報」七巻第三十一号）。

明治十六年二月十六日の「明教新誌」一四五九号に、

埼玉県入間郡林村曹洞宗川村、大村二氏の発起にて耶蘇教国害論一万部を印施せられたる事は屢々本誌に記したりしが、追々之を随喜して已に県内にて随喜賛成するもの二百八十余名にて印施の冊数三万余部に及ひたりとぞ。

とあり、曹洞宗の川村と大村の二氏が『耶蘇教国害論』を三万余部印施していることを記している。すでに「明教新誌」一四一四号（明治十五年十一月十日発行）には、

○耶蘇教国害論

該書一万部を印刷施与せんと発志すれども、蚊力不徳にして果し難し。依て今や有志名牌の助力を借り以て該部已に三千八百部を成功するの多きに至る。然りと雖ども再び起刊するも尚将た難し。伏して乞ふ法恩愛国の

兄は助力を許与し、予か微力を救助し該部成就なせしめんことを祈る。有志助成の救施金八拾銭喜捨ある上は該冊百部を配贈すべし。然るを各地に在て其誤認せる国害破教の輩あらは、汎く施与して其眼睛を醒目せしめ共に愛国の善士たらしめんことを希望す。
且つ助成の有志兄は、先づはがきにて唯其部類宿所姓名のみを発起者へ向け投函を賜はゞ全部を募り着印し落成の際配贈す。而して后ちに該冊助成金を仰ぐ唯十部以内に限り企望あらば速かに印施呈贈すべし。

武蔵国入間郡林村八十三番地

発起者　川村曹瑞

大村宜方

と広告されており、川村曹瑞と大村宜方の名が明らかになった。両氏についてみると、川村曹瑞は松林寺（所沢市林）十三世で、号を原玉といい、天保四年に生まれ、大正十三年七月二十三日に九十二歳で遷化した。明治十八年四月二十九日には、總持寺の畔上楳仙より、

行履清粛にして護法負担常に信徒を維持し後進を奨励して以て異教の防禦に尽力し有志と共に書籍三万部を印刷施与する等護法篤信の至り。依て事物紀原信心銘拈提の両部を附して粤に感嘉す

明治十八年四月二十九日㊞　管長　法雲普蓋禅師

と賞詞を賜わっているが、当時の様子は「日本宗教新聞」第二十号（明治十九年五月二十八日）の「群鶏の一鶴」に、

埼玉県下武蔵国入間郡林村曹洞宗松林寺住職川村曹瑞氏は、品行篤実にして智識衆に超へ人に接するや温厚事に臨むや果毅にして克く世の畏敬する所たり。維新の祭神仏合併教院の設あるや氏首として監主の任に当り、

爾来同宗々務の監督に推撰せらる。其の教務に孜々たる十余年間なを一日の如し。近頃殊に宗風の振はざるを憂ひて講師学匠を聘し宗徒を集めて其の学事を勧奨するのみならず自ら教莚を開ひて世俗を訓導するが如き日なを足らずとす。殊に感ず可きの一績あり。方今世路の艱難なる小民飢渇に迫るの光景は到処然らざるなし。氏が居住の村落の如きも資財の窮乏を訴る。太だしく遂に村内の小学校を閉鎖し一時学童を解散するに至る。氏は深く之を愁ひ自今八十余名の児童を自分に引受け私財を抛つて器具書籍を購求し自分教師に代つて諸課業を教授し、或は休暇に際しては児童に宗教の説教をも聞かしむ。実に聞くものをして舌を捲て感歎せしむ。又嘗て耶蘇教国害論三万部を印施せられしが、昨今又々仏説父母恩重経を印施しをらる、よし。氏の如きは真に愛国護法の熱心家と謂ふ可く釈氏流中の模範と称するも敢て過称には非るべし。宜なるかな同宗管長總持寺畔上楳仙大禅師は、かつて氏が善行を讃し客年四月左の賞詞を賜りたり。

と評され、児童教育にも力を入れており、『耶蘇教国害論』のみならず『仏説父母恩重経』も印施している愛国護法の熱心家といわれた。

大村宜方は、安政四年七月五日に武州川越の大村嘉七の次男に生まれた。文久元年、善長寺（川越市豊田本）忽滑谷亮童について得度、号を大円、または淡泉と称した。同国の養寿院に安居し、傍ら川越藩儒者佐々仙翁の門で和学を、利根川尚方に漢学を修めた。善長寺、高正寺（入間市大字仏子）、浄牧院（東久留米市大門町）に住持し地方布教師、埼玉県会副監督、中学校教授、両本山布教師などを歴任、埼玉県豊田小学校、川越監獄教誡師なども務めて埼玉教壇の指針といわれた。そして大正十一年四月十五日に遷化している。(6)

では、『耶蘇教国害論』とはどのような著作であろうか。本書は明治十四年八月に大坂府の斎藤吾一郎（堺区九間町東二町四十三番地附籍）が編集し出版したもので、売捌所は大坂本町四丁目の岡島支店、定価は一銭五厘であった。縦一六・五センチメートル、横一一・五センチメートルで、六丁袋綴じの木版刷である。

　編者の斎藤は、冒頭に「余は坊主でもなく神主でもなし、故に固より何づれの宗教に偏倚らず、又未た何づれの宗教の善なるをも知らざれとも、唯切支丹宗即ち耶蘇教に限りて其不善なるを知れば、我が御国を愛する丹心より聊か茲に論せねばならぬ者」と自称しているが、詳しい人物伝は明らかにならない。つづいて「近ごろ切支丹宗の流行する有様は、恰も火の野原を燎く如き勢ひにして、都鄙到る処其説教場を見ざるなきに至れり、其宗派は、或は羅馬教或は「プロテスタン」、或は希臘教等にて、此数派の外教が一時に侵入して、漸く将に御国に混雑を生じ、固有の国情を壊んとするの兆しあるもの、如し故に、余今古今の歴史に就て其利害を調べ、外教妄信者の迷夢を驚かし、併て政治家の注意を喚ひ起こさねばならぬ」と前置きし、耶蘇教には他の宗教と異なって最も恐るべき二つの性質があるという。それは「残忍暴虐の悪徳」と「掠ㇾ国奪ㇾ地の詭術」である。そのため動もすると干戈に訴え罪のない人々を殺して他人の家や国を奪ったことが少なくないといい、各々の一、二の例をあげている。しかし、この主張は近世の排耶論以来の例を引くのみで、聖書に所依を求めての論難ではない。俗に史上の真実とされている例により、キリスト教は我が国にとって有害であると訴え、耶蘇教＝国害を小型のパンフレット化したところに本書の独創性があり、普及した最大の要因があったのであろう[7]。

　川村曹瑞、大村宜方による印施をはじめ神道の「朝陽新報」二六四（明治十六年八月一日）でも全文が掲載されており、各地で印施され配布していたようである。しかし、本書にたいして「七一雑報」六巻第三十六号には「耶蘇教国害論の誤謬を弁す」と題した反論を所収しており「論旨は略報知新聞千五百三十二号三十五号の社説に同じくして、更に恐喝の語を用ひ種々の証拠を立てて厳重に痛論し、耶蘇教は残忍暴虐の悪徳をもつ教にして、国に騒乱戦争を起すの本であり、宣教師は国を掠め地を奪うの媒酌人、自国の間者なれば、之と倶に道に働く者は、国を売の奸賊で有るとの義を喋々弁論せし者なり。其論ずる所言辞体頗る穏当ならず。其目的とする所は真理を求むるに有ずして、只耶蘇教とさへ云ば金塊でも土塊でも真偽の区別なく、……聊か茲に其誤謬を弁じて、併せて世の迷惑を懐ける人々の之によりて迷霧を破却せられん事を冀望す」といい、論者にたいして、

(1)天主教と称するローマカトリック教を真実のキリスト教となし、人から出た不都合をキリスト教の弊害と論ずること。

(2)英国と印度のことを証拠として、耶蘇教は国を奪うと論じたこと。

(3)外国宣教師とともに伝道する者をさして、盗賊を主人の家に誘くものとか国を売る奸賊ということは、事情を知らずに他人を罵る暴論。

の三点に例をあげて反論している。

以上のように、曹洞宗僧侶が『耶蘇教国害論』を多数印施して、耶蘇教排撃の行動をとっていたことが明らかになる。

明治十七年八月五日の曹洞宗務局普達の番外諭達によれば、

番外諭達　　十七年八月五日

全国末派僧侶

近頃、京都府岡山県等ニ於テ耶蘇教徒ニ対シ妨害ヲ与ヘタル者アリ。或ハ神仏各宗教導職ノ教唆ニ係ル哉ノ風説頻々新聞紙上ニ散見ス。而モ神道ハ置テ論セス。仏教ヲ奉スルモノ縦令破邪顕正又ハ外教防禦報国ノ赤心ニ出ルト雖モ所作ノ鄙劣ナル決シテ与ミスヘキ儀ニ非ス。抑モ本宗僧侶外教ヲ遇スルノ操持ハ明治五年六月二日発布セル教導職須知略ニ明示有之。爾来屡々訓誡ニ及ヒタレハ必ス彼徒ヲ誹毀シ若クハ吾ガ信者ヲ教唆シテ妨

害ヲ為サシムルガ如キ小胆局量ノ所作ハ毛頭無之筈ニ候得共万一少年軽躁ノ輩世間一般ノ風潮ニ激セラレ他ノ鄙劣ノ所行ヲ見テ以テ随喜スルモノアラハ最モ謂ハレナキノ心事トス。凡ソ宗教ハ庶人ノ信嚮ニ任放シテ自他相敬愛ヲ旨トスヘシ。然シテ試ニ吾ガ奉スル所ノ端的ヲ反思セヨ。逆順縦横自在ヲ得テ煩悩海中般筏師タルヘキノ境界ニ非スヤ。而ルヲ只順風ニ帆ヲ挙クルヲ知テ逆風ニ楫ヲ採ルヲ識ラスンハ焉ソ能ク群生ヲ度シテ彼等ニ達スルヲ得ンヤ。若夫レ外教ノ徒誤テ我ヲ敵視スルトモ我レ尚ホ彼ヲ小児視シテ愛憫ノ意ヲ廻ラスヘシ。彼等ハ謂ハユル邪見稠林ニ彷徨シテ毒気深入本心ヲ失スルカ故ニ正法ノ良薬ヲ服シ肯ンゼザレハナリ。果シテ然ラハ自今本宗僧侶ハ益々吾カ宗教ノ蘊奥ヲ尽シテ説教演説若クハ討論正法ノ良薬ヲ示スニ止マリ究竟他ヲシテ自カラ悲感ヲ懐キ心遂ニ醒悟セシムルヲ勉ムヘシ。此レ是ヲ破邪顕正ノ方便トス。苟モ然ラズシテ漫リニ誹毀シ又ハ妨害ヲ為スガ如キ無慈無慚ノ所行ニ与ミシ以テ自家ノ面目ヲ汚ス可ラズ。為念此旨諭達候事。

とあり、当時、京都、岡山などでは耶蘇教徒にたいし妨害を与えた者がいた。しかも、それを教導職が行わせたという風説が新聞に出た。それにたいし、改めて宗門の立場を述べている。それは明治五年六月二日に発布した「教導職須知略」によっており、曹洞宗では誹謗したり、妨害する者はいないという。宗教の蘊奥を尽し説教演説したり討論することに止まって、自家の面目を汚すことはしないことが諭達されている。

明治二十五年一月十八日の「明教新誌」三〇〇九号によれば、

〇曹洞宗中学林　麻布笄町の同学林にては、毎土曜日に芝区二本榎町の明治学院より耶蘇教牧師吉川一之助氏を聘して新約聖書の講義を生徒一同へ聴聞せしめ居らる、よしなるが、右は僧侶にして或る場合に依り駁邪演説を為すにも外教にて談ずる教理をも弁へずして、只叨りに駁邪を為して之れが為め却て彼等より嘲りを受くるが如きこともありては、実に遺憾千万なりとて今度右の如く新約聖書の講義を依頼することになれりと云ふ。

且つ同校は位地と云ひ機械其の他迄も悉く完全し居れば同宗中にても最も信用厚き学林なりとぞ。

とあり、曹洞宗中学林では、耶蘇教牧師の吉川一之助を招聘して新約聖書の講義が行われている。それは駁邪演説をするにも教理を弁えず駁邪を行っても嘲るだけになるため、開講されることになった。

以上、明治初期から中期に起こった曹洞宗の耶蘇教に関わる事件などをながめたが、宗門の基本姿勢とは矛盾した反対の現象が起きていたことを新聞が語っている。一方では、その布教が脅威となっており、極端な批判を展開して撃退することに必死であった。そのため耶蘇教徒にたいする暴力事件も起きている。しかし、排撃は『耶蘇教国害論』のように、聖書の内容を十分に理解して論じられたのではなく、すでに欧米諸国で論じ尽くされたものを例に出している程度であった。逆に耶蘇教の布教方法に刺激されて近代化していったこともあり、それが結社運動になったのである。

大内青巒が扶宗会を組織して『修証義』を編纂したのは、耶蘇教の布教方法の影響があった。それはみずから、

然るに、彼の耶蘇教を御覧なさい。其案内する道筋は兎も角も其身支度から諸道具まで悉く時勢に適し、学説に調子を合せて其布教に親切なことは我々の様な反対の位地に居る者までも感歎随喜させるでは御座いませんか。私しの懇意な人の中にも、幾らも耶蘇教信者が有りますが、其行状と云へ親切と云へ頼もしい人だと思ふのが沢山あります。然るに仏教者の方には斯和尚様こそ実に感戴の外は無いと思ふ様な方には滅多にお目に掛つた事が無いばかりなら未だしものこと、何とマー呆れたものだ困つた者だと思ふ目に折〳〵逢ふと云ふは実に情ない有様では御座いませんか。……耶蘇教徒が外国の信者に銭を出させて日本の布教の尽力するのを妬むのか羨やむのか知らんが、外教の奴輩は狡猾だから銭金を与へて教法に引入れる悪い仕方だなど、云ふ人が有りますが、私しなどは悪いどころか偖〳〵よくも菩薩行を行なはる、ことで有る。我仏教徒も彼の様に信者か

ら沢山銭を出させる様に成らなければ成らんが、其れに付ても布教の方針が定まらなくては何の相談も出来んと思ふところから、先づ此修証義編輯の決心を致したことで御座います。(8)

と述べており、曹洞宗の布教方針を定めたのである。これも曹洞宗の耶蘇教にたいする姿勢の一例とみられよう。

第五節　大内青巒四十七歳の自伝

従来、大内青巒の伝記は大正七年十二月十六日に七十四歳で遷化した後、追悼号として刊行された「護法」第三十二年第二号（大正八年三月発行）に所収されている加藤咄堂「大内青巒先生の略伝」を中心として、同号により大内の人格を窺うことができた。しかし、大内が四十七歳の明治二十四年三月二十三日に記した自伝が「尊皇奉仏大同団報」第三年第三号（明治二十四年四月十一日発行）にあげられており、また、四十歳頃の写真に裏書きした「此漢面皮厚多少、非僧非俗転傲然、脚跟烟霧三千里、眉目風塵四十年」を合わせた肖像画も掲載されている。

この自伝は、

予が如き老朽もはや世に用なき筈なれど、時勢の変遷やむことなく、亦た尊皇奉仏の主義を唱へて諸方に遊説することの、なほ必要なるこそ是非なけれ、おもへは二十年来の苦楽昇沈、慚愧すべきことの多きは更なり、

といっているように、尊皇奉仏の主旨を諸方に遊説している時、大同団報記者よりの要請によって記したものである。

これによって四十七歳頃までの略伝をながめてみると、大内は弘化二年（一八四五）四月に仙台で生まれた。幼名は不詳であったが、今は退と称し、字は巻之、号を青巒といい、藹々居士、露堂とも称した。幼年の頃、但木土佐（仙台藩の老臣）に愛育せられ、舟山江陽（仙台藩の老儒）に教養を受けた。水戸に出遊した後、浮浪士、雲水

僧、篆刻師、書家の真似などをして在々処々に漂泊した。二十四歳の時、明治維新を迎え、同五年には東京本町の英仏書林に寄食して万機革新の景情をみた。しかし、教部省を置き大教院を開いて教化するというが、どのような目的方法で国民を教養するのか大洲鉄然を訪ねた。大洲より教部省に入って官吏となるか、本願寺法主の学事顧問になるかといわれたが、大内は愛国護法の道理を筆と舌で表わし、事業を教育などで起こすことといい、大教院に置かれた各宗派の学校が廃止されたため、真宗各派の多くの生徒が築地の大内の寓居を訪ねてくるため、側らに小学校を開いて数十名の生徒を教育した。これは真宗における普通教育の最初であった。

同八、九年頃、目や耳の不自由な人たちを教育する楽善会が結成された。しかし、それにキリスト教徒が力を添えていることを聞き、島地黙雷、渥美契縁、滝谷琢宗、新居日薩らと計って力を尽くし訓盲唖院を建立して院長に推薦された。なお、その後は文部省に請願して直轄となり、東京盲唖学校と発展した。大内が「あけぼの新聞」を発行していた頃、外国における育児院の制度を調べ、我が国にも育児院を起こすことの論説を書いた。それにたいして、今川貞山が賛成し豪商の援助によって福田会を起こし育児院が開かれることとなった。

近年、全国児童六百数十万人の中、就学者は半数に満たないことを聞き、各宗寺院において僧侶が教師となり、教育できるようにするため「東京府簡易科小学校教員速成伝習所」を建て僧侶教員を養成しようとした。また、村田寂順、滝谷琢宗、新居日薩が高等普通学校を創立しようとして大内も奔走したが、両計画とも費用が乏しかったため成立しなかった。

一方、筆の方は明治六、七年頃より「報四叢談」を発行した。これは大内が筆をとった最初であり、我が国の仏教雑誌の初めでもあった。つづいて「教門雑誌」「あけぼの新聞」「法の灯火」「共存雑誌」「万報一覧」「釈門哲学叢誌」「大日本美術新報」「郵便週報」「曹洞扶宗会雑誌」などを発行したが、すでに廃刊になったものも多く「明教新誌」のみが今なお継続している。これは、仏教新聞の権輿であった。また、著述、編集では『釈門事物紀原』『日本仏教史略』『仏教大意』『洞上両祖伝略』『六合釈講義』『唯識二十論冠註』などがあった。

舌の方は明治八、九年頃、島地黙雷、渥美契縁、赤松連城、石川舜台らと尚和会を結び演説講談した。以前は共存同衆と称して演説していたが、これは学術演説であった。そのため、尚和会は仏教演説の最初であり、つぎに和敬会があった。

大内は三条実美、岩倉具視ら官途との交わりがあったものの官府より一厘ももらわず、大槻磐渓の門に入って学者達との交わりもあったが儒者の仲間にはならず、原坦山に仕えても曹洞宗ではなく、福田行誡の門人というが浄土宗でもなく、大谷家と厚き因縁があっても真宗ではなく、自分で自分の身柄もわからないといっている。

右のような内容の自伝であり、大内の伝記を知る資料としては価値の高いものである。

第六節　『教育ト宗教ノ衝突』事件後の排耶書

明治初期から同二十年頃までの仏教側からのキリスト教排撃書については、桜井匡の『明治宗教史研究』一〇八頁以下によって「本章第一節　キリスト教にたいする排撃書」で紹介した。そのほかに『教育ト宗教ノ衝突』に関したものや公認教問題、内地雑居問題などに関連した排耶書のあったことも述べたが、ここでは『教育ト宗教ノ衝突』事件によって生まれた排耶書をながめてみよう。

明治二十五年十一月五日発行の「教育時論」第二七二号に「宗教と教育との関係につき井上哲二《(ママ)》郎氏の談話」が掲載された。それにたいし、キリスト教者より活発に反論が行われたため、井上は翌年（明治二十六年）四月十日に『教育ト宗教ノ衝突』を刊行して対抗した。しかし、この衝突のそもそもの起因は、同二十四年一月九日に第一高等中学校で挙行された「教育勅語」奉読式における教員内村鑑三の不敬事件に端を発している。この不敬事件も、その年の暮には下火となったと思われたが、東京帝国大学教授井上哲次郎が改めてとりあげたため、この問題を新しく展開させることになったのである。(9) したがって、仏教とキリスト教の衝突が中心ではなく、教育勅語とキリスト教との対立であったともいわれている。(10)

教育勅語は国家主義を重んじ、忠孝を重視して現世の社会を基準に差別的博愛をとる。それにたいしてキリスト教は、非国家主義的で無差別の博愛平等を主張し、死後を重んずることを論じた。井上を擁護した支援者が仏教徒であったところから、仏教側からのキリスト教攻撃論は数多く出版されており、それらが吉田久一『日本近代仏教史研究』(平成四年九月　川島書店)二一〇頁以下に十六冊あげられている。ここにあげると、

井上円了『教育宗教関係論』(明治二十六年四月　哲学書院)
井上円了『忠孝活論』(明治二十六年七月　哲学書院)
村上専精『仏教忠孝論』(明治二十六年九月　哲学書院)
中西牛郎『宗教教育衝突断案』(明治二十六年七月　博文堂)
藤島了穏『耶蘇教末路』(明治二十六年九月　哲学書院)
足立普明『耶蘇教亡国論』(明治二十六年七月　如是社)
太田教尊編『勅語と仏教』(明治二十七年二月　哲学書院)
卜里老猿『耶蘇教の危機』(明治二十六年八月　哲学書院)
神崎一作編『破邪叢書』第一・二輯(明治二十六年八月、十月　哲学書院)
杉浦重剛『教旨弁惑』(明治二十六年八月　敬業社)

内藤耻叟『破邪論集』（明治二十六年八月　哲学書院）
磯部武者五郎『政教時論』（明治二十六年六月　哲学書院）
岡本監輔『耶蘇新論』（明治二十六年七月　哲学書院）
大沢興国『仏教修身論』（明治二十六年）
桜井松吉『高橋五郎』（明治二十六年七月　博文閣）
関皐作編『井上博士と基督教徒』『同続編』『同収結編』

となり、注目すべきものとして、宗侶である足立普明の『耶蘇教亡国論』がある。吉田久一の解説には、

⑥足立普明著『耶蘇教亡国論』本書は二十六年七月如是社から出版された。十一頁の施本程度のものである。普明は欧米諸国の道徳腐敗の原因をキリスト教に求めた。またヨーロッパの東洋侵略にも触れ、さらにキリスト教教理には平等観のみあって、差別観がないから父子の秩序を乱すものと述べて、実例をマタイ伝に求めている（六〜九頁）。『明教新誌』三三六三号（七・八）などに書評がある。

とあり、その指摘による「明教新誌」三三六三号（明治二十六年七月八日）の書評をみると、

耶蘇教亡国論　足立普明老師著

僅々十一頁もとより精細なる評論を望み得べき著述にあらず然れど論鋒鋭く彼が胸を突けり、著者本書の終りに曰く「予嘗て久しく某神学者に就て神学を研究し以て破邪顕正の資料に充てんとす、而して愈々研究を積むに随ひ愈々耶蘇教の懼るべきを知る、蓋し耶蘇教は今を距ること一千八百有余年の昔、猶太に在りて時の王政を顚覆するの一手段として世に布かれたるもの云々」と以て著者の眼光の如何を見るべし、施本尤も適当

とある。書評にいうように、本書は縦一八・八センチメートル、横一三センチメートルの小型本で、一一頁の施本

であった。発売広告や如是社の「施本用必要書籍」などにも、

◉**耶蘇教亡国論**（小本全一冊）是れ愛国護法の志士をして広く四千万同胞に施与して四千万同胞の仏性と大和魂とを耶蘇教に掠奪せられざらしめんが為めに特に著作せられたる者なり著者は曾て学仏法の余力を以て久しく耶蘇教の教理を学び兼て其事情を探りたるの人なり故に論じ得て一々痛処に針錐を下すに似たり他の皮相に就て妄弾を加へたる者と遥かに其撰を異にせり授戒会江湖会演説会説教等の節之を参詣者に施与せは耶蘇教を嫩芽に枯死せしむること疑なし。正価は一冊金壱銭五厘、郵税十冊迄二銭

耶蘇教亡国論◉一冊正価金一銭五厘（但五十冊以上壱銭とす）◉郵税十冊迄金二銭是れ愛国護法の志士をして広く四千万同胞に施与し同胞の仏性と大和魂とを耶蘇教に掠奪せられざらんか為に特に著作せられたる者なり授戒会江湖会演説会説教等の節之を参詣の群生に施与せは耶蘇教を嫩芽に枯死せしむること疑ひなし

耶蘇教亡国論○壱冊正価壱銭五厘○五十冊以上壱冊壱銭四厘○百冊以上壱冊壱銭三厘○弐百冊以上壱冊壱銭弐厘●逓送郵税十冊に付弐銭●代金及逓送料共御送付なき間は御注文あるも発送せず●送金は必ず郵便為替に限る●為替は必ず東京芝口郵便支局へ向け振込を乞ふ●弐拾冊以下は郵券代用を諾す●郵券代用の時は必ず五厘切手を用ひ一割増にて送られたし

日本の国家は全く仏教の感化を蒙りて発達したる者なるに西洋文物の輸入につれ漸く耶蘇教の滋蔓を見るに至りしは亡国の主因として愛国者の日夜憂慮に勝へざる処也今や「教育と宗教の衝突」と題する井上博士の卓論出で、耶蘇教徒の狼狽甚しき時に当り此「耶蘇教亡国論」を購ふて四千万同胞に施与せば亡国の主因容易に排除することを得べし蓋し著者は久しく耶蘇教の教理を研究し曾て「群鶏一鶴」を著はして令聞を江湖に博されたる「如是の主筆」足立普明老師なれば其立論の正大なることは更にも云はず且行文平易にして恰も其人に接

し其説を聞くが如し愛国護法の名士冀くは陸続購求の栄を賜へ

と広告されており、参詣者に施与せば耶蘇教を枯死させるという。

さて、本文の冒頭をみると、

客あり、一日予を芝山の小寓に訪ひ問て云く、師嘗て「群鶏一鶴」を著して仏教の最尊最貴なることを讃歎し、以て異端の信ずるに足らざることを説かれたり……

とあり、すでに足立普明は『群鶏一鶴』と題する排耶書を著わしていたことが明らかになる。『群鶏一鶴』は明治十六年十一月十四日に板権免許が下り、翌同十七年一月に三浦兼助の其中堂（名古屋区門前町廿番邸）より出版されたもので、発売広告に、

◉群鶏一鶴（上等半紙摺美本全一冊）此書は耶蘇教徒中第一の博識家として著明なる高橋五郎氏の仏道新論、仏教新解等に向ひ一々其誤謬を指摘して弾駁せられたる頗る壮快なる駁耶書也。正価は金弐拾銭、郵税は四銭

とあり、英語学者であった高橋五郎（吾良）の『仏道新論』『仏教新解』などにたいし、誤謬を指摘して弾駁したものであった。

このように足立は、発売広告にもあったように、仏教を学ぶとともに耶蘇教の教理を学んで、その事情を探った人であった。しかも、その破邪顕正は、般若林福昌寺の能仁柏巌に学んで衣鉢を継承したと称されている。『霧海南針』を著わした能仁柏巌の示寂（明治十五年十月二十日）後の曹洞宗は、足立が中心となり各地に破邪顕正を唱導していったようである。(11)

第七節　足立普明の伝記

曹洞宗において排耶書を著わした人は、吉岡信行、能仁柏巌、足立普明の三人であることが明らかになった。足立は破邪顕正を唱導しながらも、宗門では能山分離に賛成し、独立運動を推進した。そのため宗規違背となり住職罷免、宗内徘徊停止などに処分され、總持寺のために献身的に働いた二十五哲の一人にあげられている。その二十五哲の略伝は、水野霊牛によって『洞門現時二十五哲』（明治二十八年十月、圯橋軒）が著わされ、その三二頁に足立の伝記があげられている。そこで、それを中心に略伝をながめてみよう。

足立は万延元年（一八六〇）八月五日、鋳物師を代々の生業としていた父小右衛門某の次男として京都府下丹波国天田郡福知山城下に生まれた。慶応三年（一八六七）五月二日、領主朽木侯の菩提寺である久昌寺（福知山市字寺）二十一世の祖覚省拙に投じて薙髪出家した。明治の初年には教導職試補に叙せられ、京都府第二号曹洞宗専門学支校に入り、広く内外の経典を学習した。十九歳の明治十一年夏には、久昌寺随意会において首座職を勤めた後、省拙の上足昌宝寺（福知山市報恩寺町）五世の諦印愚観に参随して入室伝法した。また、般若林福昌寺の能仁柏巌にも投じており、その下で破邪顕正の意を継承した。憂宗護法の熱意により同十七年一月に『群鶏一鶴』を著わして刊行した。翌十八年二月には永平寺において転衣し（ただし、大雄寺の位牌、過去帳によれば「前總持」とあり、總持寺になっている）、高台寺（綾部市栗町）六世に住持した。住持に就くや戒会を開き、檀信徒教化を行うとともに梵鐘を鋳造したり、毎月、定期的に説教を行って四恩社を組織した。そして檀徒の子弟を教育したり、救世館を創立して信徒の兄姉に利益を与えており、布教伝道に尽力している。

同二十一年には、曹洞扶宗会の各地取締を東京に招集して大会議を開設する際、足立は京都府第一号取締代理として上京し、大いに宗教の弊害を勘破して深く時事に感ずる所があった。そのため、一篇の意見書を刊行し公開しており、それが『足立普明意見書』（明治二十一年十二月　三浦兼助）であった。本書は、足立が仏教各宗各派の管長猊座下に捧呈したもので、伊東洋二郎が師の意見書を敷衍し、要所に批評を加えて刊行したのである。また、同年六月には、関西各地の有志者が大阪に集まって関西有志会を組織しており、足立はその創立者であった。後に有志会を東京で築くことになり、足立も上京してみずから率先し宗弊矯正の謀議に努めた。そして意見や思想を発表するために宗粋社を創成し「第一義」と題する雑誌を刊行した。それにより有志会の考えを世に紹介し、その勢力が増加して宗制の改正を督促させた。しかし、「第一義」其一号に掲載された議論は宗務局の激昂にあい、足立と遠藤仏眼は住職を罷免された（「明教新誌」第二七九五号）。その後、和解して有志会を解散することになった。一方、宗務局は有志会の建議十八カ条を受け入れて実行することを約し、足立らの警誡を解いたのである。

足立らは宗粋社を維続し宗門の動静を窺っていると、同二十四年一月には滝谷琢宗がみずから永平寺貫首退休の命を発した。そのため、足立は兼中会一派の宗務局有志と結託して滝谷の永住を請願するとともに「憂宗諸師ノ東上ヲ促カス」という檄を四方に出した。そして、東上を竢つ計画を立て芝公園第八号地に宗粋社出張所を設けて有志の来着を待った。それより以前、宗務局は滝谷琢宗永平寺貫首永住請願の最終手段として、宗制革新臨時諮問会を招集し議したが、その原案を破棄したことを詰責したため悪結果となった。そこで、足立は有志者と計って曹洞宗同盟会を組織したのである。

明治二十五年三月には、能本山貫首畔上楳仙が能山独立を宣言するや、同盟会は四月の定期会において独立を可決し、六月には、足立が革新会の陳情委員となった。また、同意者総代委員にも選ばれている。十一月には生洲観瑞、小林智眼らとともに如是社を組織し、「如是」を発行して主筆となり政教問題の論究に努めた。同二十六年九月には能山議会議員選挙投票開緘係を命ぜられ、ついで能山議会書記に任命された。十二月には高台寺住職を罷免されたが、その不当処分を官衙に訴願している。足立は不幸にも病となり同盟会常置員を退いたが、暗に謀議に参与していたようである。同二十七年十二月十五日には能本山貫首畔上楳仙より法衣、袈裟各一領并に慰問状を賜わっている。そして十二月三十一日には、両山和議により再び併立の旧制に復するや足立の警誡処分も解除されたが、これは空文であった。なお、足立はすでに宮城県亘理郡亘理町の大雄寺の法類や檀徒の請により同寺三十一世に招聘され入院している。その年次は、大雄寺の過去帳によれば、

前總寺《(ママ)》

卅一世円界普明大和尚（九月十日旧七月十九日）当山

明治廿五年九月廿日丹波国何鹿郡伊久田村高台寺ヨリ入院全歴三十六年九月十日支那清国厦門鳳山寺ニテ大

本山特命布教任務中該地流行症虎列剌疫ノ為メニ示寂

とあり、明治二十五年九月二十日に入院した。

足立は能山独立運動に参加する傍ら、同二十六年七月には『耶蘇教亡国論』、同年八月には『天理教信ずるに足らず』、翌二十七年九月には『宣戦詔勅衍義』を著わし刊行している。同二十九年二月五日には台湾、澎湖列島人民への布教のため、特派の一人に任命されていることが曹洞宗務局の普達によって明らかになる。

甲第一号　　明治廿九年二月五日　　全国末派寺院

台湾島及澎湖列島ノ帝国版図ニ帰スルヤ両本山ハ直ニ宗務視察委員ヲ特派シ其教況ヲ調査セシメタルニ全島ノ人民ハ大概仏教ノ信徒ニシテ其寺院ノ多数ハ我曹洞宗ニ属シ其僧侶ハ仏祖正伝ノ法脈ヲ伝承シ礼仏誦経亦多ク逕庭スル所ヲ見ス。而シテ布教伝道ノ事ニ至テハ衰廃不振ナルト雖モ一般人民ノ仏教ヲ尊信スルコトハ歴々徴

証スベキモノアリ。今ヤ戦乱ノ余ヲ承ケ人心未タ其堵ニ安セス我総督府ハ日夜汲々威武以テ反乱ヲ戡定シ仁愛以テ懐柔ノ措画に従事シ将サニ領土ノ名実ヲ全フセラレントスルニ際シ両本山ハ全島ノ寺院及僧侶信徒ノ我宗ニ属スルモノヲ経営措置シテ両本山ノ治下ニ就カシメント欲シ且ツ傍ラ在台ノ軍隊ヲ慰問シ及ヒ之ニ布教セシムル為メ今般左記ノ人員ヲ特派セリ。

美濃国不破郡岩手村禅幢寺住職　木田韜光
陸前国亘理郡亘理町大雄寺住職　足立普明
後志国寿都郡新栄町竜洞院住職　佐々木珍竜
丹波国船井郡埴生村最福寺住職　若生国栄
信濃国下伊那郡飯田町専照寺住職　桜井大典
磐城国磐前郡鹿島村円福寺住職　鈴木雄秀

右普達ス

その後も台湾へ布教に派遣されており、大雄寺には、明治三十六年一月に台湾新竹曹洞宗布教場檀信徒より送別に贈られた金襴衣を所蔵している。そして、大雄寺の過去帳にいうように同年九月十日、大本山の特命布教によって任務していた中国厦門の鳳山寺において流行症虎列刺疫に冒され示寂した。大雄寺の位牌には、

（表）　前總持当山三十一世円界普明大和尚禅師
（裏）　明治三十六年旧七月十九日寂

とあり、大雄寺では本堂を再建しているところから、中興のごとき活躍した人と伝えられている。

第八節　足立普明の排耶論

足立普明の排耶書は、明治十七年一月に出版した『群鶏一鶴』と同二十六年七月に出版した『耶蘇教亡国論』の両書である。伝記でみたように、足立は能仁柏巌に随侍して破邪顕正を学び、その衣鉢を継承した。また、『耶蘇教亡国論』には、

予嘗て久しく某神学者に就て神学を研究し以て破邪顕正の資料に充てんとす、而して愈々研究を積むに随ひ愈々耶蘇教の懼るべきを知る、蓋し耶蘇教は今を距ること一千八百有余年の昔、猶太に在りて時の王政を顚覆するの一手段として世に布かれたるものなれば、之を我邦に伝播せしむるは即ち亡国の種子を我邦の社会に下すものなり。

というように、某神学者にも就て神学を研究していたようで、それを破邪顕正の資料としていた。そして研究が進むほど耶蘇教の懼ろしいことを知り、我が国の社会に亡国の種子を下すものという。また、

耶蘇教の徒、西洋の物質的文明を囮として我邦人の軽躁なるものを誘惑せんとす。於是乎不敬漢出で売国奴出で我邦固有の元気は、為に日々消隕せんとす。苟も元気にして消隕するあらば、仮令百万の貔貅ありと雖も端午の軍人形と何ぞ択ばん。而して此二千五百五十余年来、世界に比類なき一系の皇統によりて統治せられたる我大日本帝国の好山川は、遂に強国に呑併せられん畏れても懼れべきは耶蘇教なり。……

我邦の社会と仏教とは、本来密接の関係を有することは敢て多言を要せざるも可なり。斯く密接の関係を有する仏教を措き危険至極なる耶蘇教を以て社会の改造を図らんとす。足下の謬見も亦極まれりと云ふべし。

と耶蘇教を排撃し、耶蘇教による国家の滅亡を防ごうとしたのである。

そこで、足立が両書を著わした理由や両書における排耶論を明らかにしてみよう。『群鶏一鶴』を著わすことになった理由を自序にみれば、

此頃二三ノ青年輩余ガ寓居ヲ訪ヒ来テ吾仏道ヲ弁論排斥セント欲ス。余ヤ浅学短才ナリト雖モ諸氏ノ疑問排斥ノ論旨ニ対弁答詞スルハ、仏子ノ任教職ノ分ナリ。豈ニ黙々ニ属スベケンヤ。聊カ考フル処ヲ口述シ、思フ処ヲ手記シ、遂ニ半百数紙ヲ推積スルニ及ヘリ。爾後笠間大講義ニ就テ之カ閲訂ヲ乞ヒタルコトアリキ。遇々書肆其中堂三浦在六来テ之ガ印刻ヲ謀ル。予敢テ諾セズ。在六士予カ無キヲ伺ヒ取リ去テ、頓ニ刻師ニ附ス。予大ニ驚キ謂ラク。文章ノ妥当ナラサル其分ト雖モ是レ予カ醜体ヲ強テ世ニ求ムルニ似タリ。只其中堂ヲ責メテ止マサリキモ云ヒ甲斐ナキニ因テ之ヲ吾カ益友諸師ニ謀リケレバ、返テ之カ讃成ヲ表シ題字序跋ヲ附シ、又ハ評語等ヲ属セラル。茲ニ於テ不得止其ノ請ヲ充シ、遂ニ世ニ公ケニスルニ至ル。我豈好テ耻ヲ売ル者ナラン乎。今其由来ヲ記シテ緒言ニ代ヘ以テ此書ヲ読ムノ諸彦ニ拝謝スルコト爾リ。

とあり、当時、二、三の青年が足立を訪ね、仏道を弁論排斥しようとしたため、それにたいする対弁答詞の手記が五十数枚程になった。その後、笠間竜跳に閲覧を願い補訂を依頼したところ、それを見た其中堂が出版を計画し題字、序跋、評語などを加えて公刊することになったという。構成は、客の質問にたいして足立が答えるという形で、計十六問答ある。例えば、第一の問答をながめてみると、問は、

客問テ曰ク。耶蘇ト仏教トハ反対ノ点ニ在テ、水火氷炭ノ相容レザルガ如クニ主張ス。故ニ生等其ノ岐路ニ迷惑ス。乞フ其真理ヲ示セ。

とあり、耶蘇教と仏教は反対にあって相容れないものである。そこで、真理を示せというのである。それにたいする足立の答えは、

答テ曰ク。然リ。方今新聞ニマレ小説ニマレ往々之レ等ノ説ヲ為ス者アリ。仏教ノ信者ハ云フ。耶蘇教ハ邪道ナリ、悪法ナリト。耶蘇教ノ信者モ亦云フ。仏教ハ空論ヲ説ク妄法ナリト。蓋シ我カ信奉スル所ノ宗教ヲシテ、之ガ興隆ヲ欲スル自愛赤心ナル者歟。夫レ而リ。豈ニ夫レ然ランヤ。或ハ局外ヨリ之ヲ排撃シ、又ハ局内ヨリ我ヲ播揚スルノ現況ヲ観察スルニ、互ニ宗教ノ艶美ヲ唱フルガ如キ者ト雖モ、共ニ自負僻心ノ毀謗ヲ免カレズ。邪正未タ判断ナラズ。善悪実ニ明了セズ。恰モ曖昧朦朧ノ中ニ在テ唐突スルニ似タリ。故ニ士等ノ正邪ヲ弁セサルハ道理ナリ。請フ聊カ之ヲ弁論セン。

夫レ天地間ニ網羅森列スル処ノ物ハ、日月星辰草木山川（無情）卵胎湿化鱗甲羽毛（有情）等一切万物。彼レハ之ヲ唯一真神ノ所造ナリト云ヒ、我レハ之ヲ因縁業惑ノ所成ナリト云フ。而シテ彼レハ、神ニ於テハ一切智能ヲ具有シテ、永ク古今ニ現在シ、人ノ善悪禍福ヲ与奪シ、人身モ霊魂モ天主ヨリ受クル故ニ、天皇ノ霊魂モ天主ヨリ受クレバ、与奪ノ権ハ天主ニ在テ天皇ニアラズ。民モ人ナリ。天皇モ人ナリ。何ソ永ク尊卑ヲ異ニセン等ト誘導シ、天道靡常ノ因果ヲ撥無シ、暗ニ君臣ノ大義皇国ノ国体ヲ破却セントシ、宇内ニ逆党ヲ促スノ兆アリ。然ルニ我ハ素ヨリ自業自得ニシテ仏ト雖モ定業ノ所感ハ之ヲ如何トモスル能ハズ。故ニ釈迦調御ハ馬麦ノ因縁ヲ示シ、師子尊者ハ刑戮ノ重難ヲ感スル。コレソノ人ニ示スノ的証ナリ。仏祖モ衆生モ因果同一ノ条理ハ必ラズ昧マスベカラズ。実際ハ必ス蓋ベカラザルヲ以テナリ。然ルニ彼ノ神ハ、天地陰陽ノ条理ヲ枉ゲ生死顕幽ノ実際ヲ乱シ、其愛子ト云ヘル耶蘇ヲシテ未タ夫婦ノ道モ知ラサル処女ノ胎ニ宿ラシメ、又ハ十字架上ニ釘死セシメ、又奇怪ニモ三日中ニ復生シテ四十日間弟子ノ前ニ顕ハレタル如キ事ヲナサシメタルハ異跡ヲ好ミ、愚人ヲ惑スノ甚シキ者ト云フベシ。

若シ今時開化ノ世ニ、未タ結婚モセザル処女ニシテ孕胎トナリタランニハ、（縦令聘定ハアリタルニモセヨ）世人ハ評シテ何トカ言ン。彼レ必ス密夫アリ。淫女ナリト新聞ニ小説ニ喋々醜名ヲ万世ニ伝フルナルベシ。又一旦死亡セシ迷霊ガ直ニ再ヒ現出セルトハ、即チ是レ条理ノ実際ニ辜負シタル一種ノ怪説ニ過キサルナリ。又只タ天ニ独一主宰ナルモノ在テ、宇宙一切ノ事ヲ鑑視シ人類一切ノ償罰ヲモ司ルモノニシテ、若シ人如何ナル悪漢兇徒ナルモ其教命ニ従ヒ、専一ニ天上真神ノアルコトヲ信仰スル時ハ神忽チ其罪ヲ免レシメ、之ニ与フルニ無限ノ幸福ヲ以テスベキモ、若シ之ニ違背シ、天上真神アルコトヲ信仰セサル者ハ何程忠臣孝子義夫貞女タリト雖モ、天上ノ神ハ決シテ此等ヲ摂取スルコトナキノミナラズ。之ニ加フルニ、最困ナル地獄ニ墜シ大ナル火宅ニ沈マシムベシト云フノ旨趣ヲ以テ、人ヲ誑惑スルノ宗旨ナリ。故ニ耶蘇教ナル者ハ決シテ道理上ニ起リシ教法ニアラズシテ奇怪神託ノ泡沫夢幻ヨリモ尚ホ頼ムニ足ラザルノ教法ナルコトハ、今更茲ニ贅弁ヲ費サヾルナリ。其委説ノ如キハ、彼ガ尊ブ両約全書等ニ具サニ出タリ。知ント欲セバ、之ニ就テ反覆読誦シテ知ラルベシ。

とあり、足立の耶蘇教にたいする姿勢を窺い知ることができる。また、本書における足立の主張は、第二問の答えに、

　高橋ノ仏道新論仏教新解等ニ惑ハサレズ彼此善悪正邪曲直宜敷対照スベシ。

第十二問の答えに、

　中井積善、富永仲基、平田篤胤、高橋五郎等ノ蛙説ニ誘ハレテ仏ヲ排スルヲ是トスルトハ、実ニ愚モ亦甚タシ。

第十六問の答えに、

　今ノ問題タルヤ、既ニ仏道新論第四十八丁ニ高橋ガ難シタル言ニシテ、能仁教正南針第三十五丁ヨリ六丁ニ至テ指示セラレタル語路ナレドモ、

とあり、最後に、

辛合附会ノ戯論妄見ヲ主張スル井蛙痴人ノ寝語ニ膶肝セラルルコト勿レ。至祈至禱。

というように、『仏道新論』や『仏教新解』を著わした英語学者の高橋吾良（五郎）にたいする批難であり、反駁であったと考えられる。

つぎに『群鶏一鶴』より十年後に刊行した『耶蘇教亡国論』は、耶蘇教にたいして二面から批難している。

第一は、耶蘇教の教旨に道徳を腐敗せしむべき性質を有しているという。耶蘇教は文明開化の典型として世界の上流に立つ欧米諸国人民に信奉されているが、諸国をみると殺傷、掠奪、詐欺、姦淫など、道徳の腐敗は極度に達している。その原因はもっぱら耶蘇教にあると断言し、例として『創世紀』第十九章第三十節以下をあげ、乱倫、敗徳で、人間として到底行ってはならないことをいう。また、宣教師の渡来目的は耶蘇教を宣布するとともに、ブランディー、ウイスキー、ビール、たばこ、アヘンなどのすべてアジア民族を撲滅する材料の輸入を行っているのと同じで、社会に大害があるという。

第二に耶蘇教の教旨には、平等あって差別がない。この差別なき平等は、世に恐ろしい破壊の性質を有しているという。すなわち、差別なき平等を唱え、尊卑貴賤の差別がないことは社会の秩序を妨げるといい、その一例を『馬太伝』第十章第三十四節からあげている。そして、キリストの言動には絶えず破壊の教旨があることをいう。耶蘇教を信ずる徒は君を君と思わず、親を親と思わない不敬不孝の行いともいっている。

このように足立は、耶蘇教には道徳を壊乱すべき性質を有するのみならず、最も恐ろしい破壊の性質もあると考えており、そのため仏教道徳の我が国に耶蘇教が広まることは、亡国の種子を社会にまくものと同じで、国家の滅亡を招くものと排撃しているのである。

第九節　能仁柏巌の『霧海南針』にたいする反駁

能仁柏巌は、足立普明の破邪顕正の師である。その著『霧海南針』は高橋吾良の『仏道新論』を批評、弁駁した代表書ともいわれている。

柏巌は長国寺（長野市松代町）十七世で、福昌寺開山の覚巌実明の法嗣である。本師について「福昌寺開祖覚巌禅師年譜」を編集しており、末尾に「兵庫県下第一号曹洞宗中教院教導取締兼講長　安政五年ヨリ二十三年　般若林福昌寺住職　明治十三年九月十五日　権中教正能仁柏巌」と記しているところから、本師が長国寺で遷化した翌年に、二世千巌実道の後席として福昌寺三世に昇住した。明治八年五月には『曹洞宗問題十説』を刊行している。問題十説は、明治初期に旧来の僧弊一洗の気運に従い、三条の教則や論題による宗侶の試験に先立った宗団の内検資料とされたもので、問題自体が当時の世情を反映し、国家形式の理念強化に資するものであった(12)。そのため、最初に鎮護国家説、六趣輪廻説、霊魂中有説、年忌葬祭説、真俗二諦説の五説について仮名交り文で詳説した後、生死透脱、教外別伝、異類中行、大悟却迷、仏祖帰処を本分として体解すべきといい、『鉄笛倒吹』『碧巌録』『曹洞二師録』『正法眼蔵』大悟などから原漢文のまま古則を引き、その主旨を例示して梅崖奕堂の拈提と柏巌自身の一語を添えている。

同十四年十二月には『霧海南針』を著わして、刊行したが、翌十五年十月二十日午前八時三十分、福昌寺において世寿五十四歳で示寂した。遺偈は「仏天仰二加護一。破邪要二顕正一。末後転身句。莫レ待二吾再来一。」であった（「明教新誌」第一四一〇号）。当時の柏巌は、専門の教学のみならず博く諸宗の学にも通じた曹洞宗屈指の碩学といわれていた（「明教新誌」第一四〇八号）。

柏巌が覚巌下にいた時の逸事をあげてみると、

般若林柏巌の苦学

般若林柏巌曾て覚巌の輪下に在り。托鉢の当番に当るときは、常に銭を人に与へ代人を勤めしめ、自らは病と称して病堂に入り闇堂に灯を点じて読書するを例とせり。一夏、某寺の結制に西堂和尚某碧嵓を提唱して固く大衆を誡めて書見を禁ず。柏巌時に供頭（仏殿を守る役なり）を勤む。毎夕大衆打眠後独り灯明の下に立ちて碧嵓を読む。翌朝掃除の時に灯台の下に数百の蚊の血に飽きて死せるを見る。衆はじめて柏巌の所為たることを知り遂に灯明を点ずることを廃す。是に於て柏巌は本尊の下なる戸棚の中に潜み、線香に点火して之を読み、一夕に一則を暗誦し九旬期満る頃に悉く碧嵓百則を暗誦し了りたりきと云ふ。

般若林柏巌、老婆を殺さんとす

般若林柏巌は学巌門下の老古錐なり。容貌瑰偉にして天を衝くの慨あり。一日、老婆某来て相見す。老婆曾て学巌の室に入りて頗る造詣する所ありと称す。機弁縦横古則を拈提して傍ら人なきが如し。偶々身心脱落の話に至り、口角沫を飛ばして所見を呈露す。柏巌忽ち戒刀を抜て老婆の襟頭を攫み声を励まして曰く。汝能く身心脱落を喋々す、山野今汝に電光影裡截二春風一底妙味を知らしめんのと将さに咽喉に突立てんとす。老婆恐愕色を失ひ深く前非を懺悔す。柏巌の名声、此より大に昂る。其為人の作畧概ね此の如く峻嶮なりきと云ふ。

とあり、さらに、福昌寺住持時代にも、

般若林柏巌、権現を羅漢と取代ゆ

柏巌の住地なる兵庫柳原の福昌寺は、八王子権現の社内に在り。維新の初め、神仏混合を禁ずるの令下り、将さに明日を以て教部省の吏来りて其の神躰を検せんとするの報あり。柏巌乃ち前夜窃かに八王子権現の神躰を取出し、代ふに羅漢の像を以てす。明日吏来りて扉を開き熱視して曰く。「ハア、これは坊さんじゃな」と柏巌すかさず曰く。然り。これは難陀竜王、次ぎは跋難陀竜王、次は何、その次ぎは何と、八大竜王の名を読み立て弁に任せて説明なしければ吏大に驚き「さては仏であったか」と遂に仏宇となして去る。後ち又窃かに前の神躰と入れ易へ、故の如くなせしも境内は遂に仏寺の有となれり。

というような逸事が後世に伝えられている。(13)

さて、『霧海南針』を著わした理由を「自序」にみると、

余以㆓吾宗会議㆒来㆓東京㆒一日。随徒出㆓高橋吾良所㆑著仏道新論㆒而請曰。弟子読㆑之。曚乎若㆑入㆓霧海㆒。願示㆓南針㆒。余謂㆑之曰。宿縁不㆑同則稟気亦異故於㆓吾法㆒或信或不㆑信。其信而讃歎者結㆓順縁之仏種㆒者也。不㆑信而非毀者結㆓逆縁之仏種㆒者也。順逆雖㆑異而結縁則一矣。……

とあり、柏巌は明治十四年十月、第二次末派総代議員会議のため上京したある日、随徒が高橋吾良の『仏道新論』を呈示して、これを読んだが霧海に入るごとくで、南針を示していただきたいといわれた。そこで、柏巌の示したものが本書である。『仏道新論』は、高橋が二十六歳で著わした最初の単行本で、高橋を一躍有名にならしめた記念的論述であった。(14)前年の五月に刊行されており、同二十二年までに五版をも重ねている。

柏巌は『仏道新論』を批評したが、それにたいして高橋は、柏巌が示寂した後の同十六年四月に『仏教新解』を著わし、附録に「霧海南針弁妄」を付した。『仏教新解』の「緒言」をみると、

仏教新論世ニ出テヨリ既ニ三年、其間同書ニ関シテ彼此議論スル者少カラザリシガ、多忙ニ紛レテ久シク其答ヲ為スコトヲ怠リヌ。然ルニ仏道新論ハ已ニ第三板ノ出ルニ至リタレハ、読者ノ数モ鮮カラザル可ニ因リ、別

ニ一書ヲ作リテ明ニ仏教ノ理ヲ示シ、宗教競争ノ今日ニ於テ衆読者ニ是非ヲ定ムルノ便ヲ与ント。茲ニコサ採リテ此書ヲ造レリ。此書ノ載ル所ハ印度ノ宗教ト理学（哲学）ノ諸事ニシテ、其中最モ仏教ノ事ヲ詳記ス。即チ題号ニ見ルガ如シ。是共本論ナレバナリ。余ハ皆仏教ニ学ビ至ル為ニ備ヘタル者ナリトス。次ニ又別ニ一書ヲ此書ノ後ニ附ス。題シテ霧海南針弁妄ト曰フ。表紙ノ上ニ見ユルガ如シ。霧海南針ハ昨十四年ノ冬、神戸ノ禅法子能仁柏巌ガ仏道新論ヲ破セントテ造リタル者ナリ。今其書ヲ以テ諸批評弁駁者ノ代表トシテ之ヲ弁倒シ、其余ノ諸論ヲシテ自ラ仆レシメントス。其外ノ事ハ本論ヲ通読セバ自然知ラルヽ事ナレバ、略シテ言ズ。只左ノ事ヲ言ヒ置ク可シ。此書ハ印度ノ精心上ノ開発進歩等ヲ重ニ論ズル者ナリ。天竺ノ国体歴史開化ノ度等ヲ知ント欲スル者ハ印度史ニ就テ学ブ可シ。又霧海南針ノ論ノ当否ヲ細カニ尋ントスル者ハ仏道新論ニ引キ合セテ而シテ此書ノ中ノ同趣意ニ関スル所ヲ熟読シテ孰レカ是孰レカ非ナルヲ暁ル可シ。

とあり、『仏道新論』にたいする弁駁者の代表の『霧海南針』を弁倒し、その他の諸論についても倒伏したという。しかし、『仏教新解』は印度の精神上の開発進歩などを主に論じたもので、印度の歴史などについては、印度史を学べばよく、『霧海南針』の当否を尋ねようとする人は、『仏道新論』に引き合わせ『仏教新解』の同趣旨箇所を熟読して是非を知るべきだという。

さらに、「霧海南針弁妄」の冒頭には、

明治十四年ノ十二月ニ権中教正能仁柏巌トイフ者霧海南針ト名クル書ヲ著ハシテ、吾ガ仏道新論ヲ弁駁セントト試ミタリ。今彼僧ガ言ヘル所ヲ視ルニ、徹頭徹尾誹毀ノ言語ノミニテ、更ニ論弁推破ノ体ナシ。彼僧ハ本ヨリ禅法子ナレバ、他宗ノ人ニ勝リテ悪口ヲ巧ミナルハ自然ナル事ナガラ、事理ヲ紙上ニ争フニマデ其所謂問答風ノ大言ヲ放ツハ余リトヤ言フベケン。且又彼僧ハ己レ一人仏書ニ通達セル如ク書記シテ人ヲバ無学ナル者ト貶スルハ、何如ナル事ゾヤ。未ダ慢心ヲ捨テ得ザルニヤ。即チ仏者ノ所謂善知識魔トハ此等ノ僧ヲヤ謂フナラン。彼僧ハ固ヨリ井中ノ蛙未ダ大海ノ辺際ナキヲ見ズ。偶々井中ニウツル月影ヲ呑ミテ天上天下唯我独尊ト誇称スル者ノミ。何ゾ探ク其言ヲ弁ズルヲ須ンヤ。彼自ラ仏書ヲ読ミタリト言ト雖モ未ダ仏教ノ従テ起レル源本ナル印度ノ諸理学ニ通ゼス。又仏教ト大関係アル所ノ天竺ノ諸宗教ニ達セズ。随テ又深遠ノ論法ニ学ビ至ラズ。只自ラ万事ヲ知レリト言フノミ。彼既ニ論法ヲ知ズ。是ヲ以テ其言ク所ハ只妄リニ是ハ然リ。彼ハ然ラズト言フノミニテ其本ク所ノ道理ナシ。徒ラニ人ノ疑フ所ニ同ウシテ無数ノ循環論ヲ為ス。是ノ如クニシテ尚本差ズンバ天下ニ復彼ヲシテ恥ジムルニイタル者ナカランカ。此故ニ彼ガ余ヲ毀ル所ノ誹謗ハ反テ彼本人ニ着ンノミ。然レバ是ヨリ少シク霧海南針ノ妄ヲ弁セン。読者請フ聴問ノ労ヲ厭フナカレ。

といい、彼僧すなわち柏巌にたいして、

一、徹頭徹尾誹毀の言語のみで、論弁推破の体裁をとっていない。

二、柏巌は禅僧のため、他宗の人に比べて上手に悪口をいう。しかし、紙上で争う大言をいうまでのことでない。

三、自分一人が仏書に通達しているごとく無学者を誹謗することは、慢心を捨てない善知識魔である。

四、井中の蛙で、井中に写る月影のみを見て誇称しており、深く詞を弁えていない。

五、仏書を読むというが、仏教の起こった印度の諸理学に通じていない。また、仏教と関係ある天竺の諸宗教にも達していない。

と厳しく批判している。そして、柏巌の高橋にたいする誹謗は、彼本人に帰するという。

高橋の弁妄の方法は、最初に『霧海南針』の頁をあげ、つづいて本文をあげる。そして批判という形であり、一

例として最初の批判をあげれば、

第一葉ニ、能仁柏巌吾ガ仏道新論ノ序ノ言ヲ挙テ何カ喋々ト言ヒ立タリ。吾ガ言ニハ国ノ開花ハ善良ノ宗教ニ由テ進ム者ナリトアリタリ。是ハ虚妄ノ教ハ人心ヲ惑ハシテ愚昧ノ地ニ至ラシムルヲ説テ善美ノ宗教ヲ以テ人心ヲ開花センコトヲ薦メタルナリ。然ルニ、柏巌之ヲ非シテ云ヘラク。

政教同ク国家ヲ益スト雖モ国ヲ開クハ政府ノ権トシ、民ヲ化スルハ宗教ノ分トス。若シ此ノ権限ヲ犯セバ民心惑ヒ国害起ル云々。然レバ国家ノ惑害ハ必ズ彼ノ宗教ニ由テ進ムト謂ザルヲ得ズ。二三子之ヲ善教ト為カ悪教ト為カ国家ノ為ニ眼ヲ拭テ子細ニ看ヨ。

彼僧斯ク喋々ス。是何ノ意ナルゾ。是ハ世ノ政談家ガ政教ノ分別ヲ談論スルヲ聴テ直ニ其説ヲ渾崙呑下シテ言ヲ為セル所ニ非ルカ。夫国トハ唯ニ土地ノミヲ謂フ者ニ非ズ。必ズ人民ヲ指ス者ナル可シ。然ラバ、彼何ゾ浅近ノ語ヲ発シテ自ラ得タリトスルカ。彼ガ謂フ国ヲ開クトハ、即チ彼ガ言フ民ヲ化スル者ナルニ非ズヤ。然レバ吾ガ言ヘル国ノ開化ト何ノ差別カアラン。抑モ開化トハ開進風化ヲ謂フ者ニテ其事多クハ心上ニ属ス。……

となる。なお、「霧海南針弁妄」の本文中でも柏巌を、つぎのように批判している。

・政談家ノ真似シテ政教ノ別ヲ論ゼントナラバ、今二、三年モ世間ニ修行シテ、然ル後チニセラル可シ（二一四頁）。

・論弁ハ酔人ノ寐語ニ宛モ似タリ。其論首ヨリ是ノ如クナレバ其余モ推テ知ラル可シ。因テ只其中ノ肝要ナル所ノミヲ挙テ是ヨリ駁シ反ス可シ（二一五頁）。

・柏巌ノ言モ其祖師等ノモ言皆虚妄ナリ（二一八頁）。

・柏巌不智ニシテ暁ル能ハズシテ藪ヲ衝テ蛇ヲ出サントセリ（二一九頁）。

・是ハ禅法主ノ手ナレバ、決シテ之ニ辟易スル勿レ（二二七頁）。
・柏巖ノ妄言ハ少モ仏道新論ヲ傷クルニ足ラザルナリ（二三八頁）。
・余ハ終始道理ヲ以テ之ヲ議論セリ。彼ハ道理ヲ超越スト称シテ不道理ヲ以テ議論ヲ為スヲ例トス。且又彼ハ道理ニ窮シタル時ハ、或時ハ前ノ如キ事ヲ宣テ己ガ説ヲ助ク。然ドモ是ハ全ク議論ノ道ヲ知ラザルノ迷妄ナリ（二三九頁）。

そして、最後に高橋は、

此外能仁ガ議論スル所甚ダ多シ。然ドモ、取ルニ足ラズ。皆是小児ノ戯ナリ。因テ最後ニ附録ノ事ヲ言フベシ。能仁其書ノ終リニ、我仏道新論ノ附録ヲ駁シテ云々ス。読者請フ。仏教新解第二十四章ノ天文弁ト仏道新論ノ附録トヲ合セ見テ、仏者ノ天文ニ暗キ事並ニ仏智ノ浅、近ヲ知リタマヘ。余ハ此ニ筆ヲ擱ク。

と、柏巖の議論は小児の戯れといい、『仏教新解』と『仏道新論』とを合わせてみることを勧めるのである。

このように、高橋吾良の『仏道新論』にたいし、能仁柏巖は『霧海南針』、足立普明は『群鶏一鶴』を著わして反駁したのであった。

第十節　大乗非仏説論者の高橋吾良

高橋吾良が『仏道新論』を著わしたのは二十六歳の時で、松山高吉、植村正久らと『旧約聖書』の翻訳事業に参加し積極的に近代西洋文明をとり入れていた頃である。さらに、東洋思想にも通じるなど幅広い教養を具え批評精神の姿を知ることができる。そして、能仁柏巖によって反駁の『霧海南針』が著わされ、また、高橋によって再反駁の「霧海南針弁妄」が出された。両者の思想闘争は文明の宗教を自負するキリスト教と日本の伝統に根ざす儒仏思想との討論であったともいわれる。[15]

高橋は近代における大乗非仏説論の先駆者の一人でもあったが、ある日、高橋が東洋哲学会において大乗教の非仏説を論じ、釈尊および諸祖を罵倒した。そこに原坦山もいたが、坦山は少しも意に介せず椅子によりかかって眠り、鼾をかいていた。高橋の演説が終り坦山も目を覚まして談笑していたところ、学会の一会員が坦山に質問した。我が国には昔から天狗の名があるが、その実体を知っている者はいない。はたして実在するものかというのである。それにたいし坦山は、大きな声をあげて、実在するが、ただ古今、その形を異にしている。古の天狗は鼻が高く、色赤く、腋下に羽翼があって飛行は自在であった。しかし、今の天狗は顔色が青く、嘴は黄色、というなり、目の前にいた高橋を睨んだのである。その眼光は爛々として巌下の電のごときであったといわれる。[16] 坦山は、大乗非仏説を論じていた高橋を天狗に譬えて叱咤したのであった。

高橋は大正十四年、曹洞宗大学が単科大学へ昇格するにあたり、学長忽滑谷快天の招きによって駒沢大学教授となり英文学を講じた。昭和九年四月までの間勤務したが、大乗非仏説、仏説虚妄を唱えた高橋を宗門校が招聘したことは驚くべきことであった。どのような経由で招かれたか未詳であるが、当時の有名な人々が教授陣に招かれていた。

そこで、高橋の略伝をみるため資料をあげてみると、桜井吉松の『高橋五郎』（明治二十六年七月　博文閣）があり、その八頁には幼年時より鋭敏にして奇童と呼ばれるほどの非常な記憶力の持ち主で、『万葉集』を全部暗記していたとある。本書は高橋を攻撃し批判的な立場から書かれたものであったが、抜群の記憶力は、誰しもが認めるところであった。また、死去後、門人の小山準平、木村嘉次による「故高橋五郎先生略譜」（昭和十年十月「書物展望」第五十二号）や木村嘉次「高橋五郎先生著訳書目録」（昭和十六年八月「書物展望」第十一巻第八号）などがあり、戦後では海老沢有道「高橋五郎著訳書目録」(昭和三十八年三月「史苑」二十三巻二号)がある。最近では鈴木範久『明治宗教思潮の研究』(昭和五十四年八月　東京大学出版会)一二二頁や『曹洞宗選書』第六巻教義篇(昭和五十七年六月　同朋舎出版)四三二頁にとりあげられており、それによって伝記をながめてみよう。

高橋は、安政三年(一八五六)三月二十日(一説、六月)に越後柏崎の高橋三左衛門の三男に生まれた。高橋家は代々庄屋を務めており、父も地元の有力者であった。明治元年、郷里を離れて高崎へ行き市川左近の門を叩き門弟となった。また、田中毛野又太郎について神典や国学を修め、近郷の曹洞宗竜門寺、真言宗法峯寺、浄土宗松山寺などで諸宗の仏典も研究した。とくに竜門寺では仮名垣魯文の知遇を得て、その紹介で横浜の植村正久を訪ね、植村の師のブラウン博士宅の秘書となり、英語を学ぶとともに余暇をみては独語、仏語も習得した。そしてブラウンをはじめヘボン、グリーン、奥野昌綱、松山高吉などによって『新約聖書』の翻訳事業が進められていたため、それに参加し、さらに『旧約聖書』の翻訳事業にも参加した。こうした仕事により英語、独語、仏語、ギリシャ語、ラテン語、ヘブライ語といった広汎な語学力が培われたのである。『新約聖書』は明治十三年、『旧約聖書』は同二十年に全訳が完結したが、日本人協力者の一人の松山高吉とは感情の対立があり、雑誌「国民之友」で互いに批判、反駁を論じ合っている(17)。

この間の明治十三年には『仏道新論』『神道新論』を、翌十四年には『諸教便覧』『印度史』を刊行し、同十六年四月には「霧海南針弁妄」を附した『仏教新解』を刊行するなど、宗教関係の著述を発刊して著述家としても一躍有名になった。一方、同十三年には、キリスト教系の雑誌「六合雑誌」が創刊されるや毎号に語学関係のみならずキリスト教弁証などの評論を寄稿し、同二十四年には「国民之友」が創刊されるや同時に参加して宗教、哲学、文芸などの各方面にわたり多彩な書評を寄稿して評論家としても執筆を続けた。とくに高橋の名がもっとも華々しく出たのは、同二十五年に東京帝国大学教授井上哲次郎が国家主義の立場からキリスト教を排撃した「宗教と教育との関係につき井上哲二《（ママ）》郎氏の談話（「教育時論」第二七二号）を発表するやそれに反駁を加えた頃である。高橋からすれば、地位は帝大教授であっても学界には業績の知られていなかった井上に負けない自負は十分にあった。高橋の「偽哲学者ノ大僻論」（明治二十六年三月「国民之友」一八五号）の冒頭には、

> 茲にもまた曲学阿世の徒輩あり、維新の初に於ける尊王攘夷家をきどり、徒らに大言壮語して民心を煽動し、妄りに勅諭を曲解して隠に私情を満たさんと計るや至らざる無し、此種の人々の中に在て井上哲次郎は兎に角勇将たる者……

と井上を曲学阿世の代表的な徒輩と決めつけている。また、井上が教育勅語を国家主義と規定したのにたいしては独断とながめ、井上がキリスト教を無国家主義といったのにたいしては宗教と政治との区別にふれて、仏教でも厭世的であるから無国家主義はその意味でキリスト教だけでないと述べている。そして同年六月には、井上との間になした論争をまとめて『排偽哲学論』（民友社刊）と題して公刊し植村正久、本多庸一らとともに井上に詰め寄り論難を加えたのであった。なお、同二十年から二十一年にかけては『漢英対照いろは辞典』全四冊の大著があり、翌二十二年にかけては英語対照を除き、見出し語を補充した『和漢雅俗いろは辞典』全三冊を出し近代的な辞書として利用された。同二十六年頃からは民友社との関係を絶ち、『人生哲学』『聖職指鉄』『基督人物考』『基督教と学術道徳』『基督教と道徳学』などキリスト教関係の翻訳著述に専念しており、ローマ・カトリック最初の聖書の和訳書といわれる『聖福音書』の翻訳をM・スタイシェンとともに出版している。

同三十年代になると、哲学的方面に関心を示し『一年有半と旧式の唯物論』『最新一元哲学』『戦争哲学』『宇宙観』『日蓮論』『釈迦論』など人生ものや聖人に関するものを多く著わしている。同四十三年には東京市下水道株式

会社を設立して重役職に就いたが、事業に失敗して負債返済のために数万冊の蔵書を手放すことになった。しかし、翻訳事業の情熱は衰えず『ベーコン論説集』『エマースン処世論』『エマルソン言行録』『ゲーテ文集』『ゲーテ感想録』など西洋偉人を紹介するものを続々と刊行した。晩年はとくに心霊問題に関心をもっており、『心霊学講話』『死後の生存』『心霊哲学の現状』『霊媒術講話』などの訳著が多くある。大正十四年には駒沢大学教授となって英文学を担当するようになったが、経済的に困窮しており、昭和九年四月に駒沢大学を辞した後、有賀阿馬土とともにコーランの翻訳に着手し、翻訳後の同十年九月七日には脳溢血のため死去した。

晩年の様子から、かつて能仁柏巌に反駁したり、井上哲次郎に論陣を張った面影をみることは難しく、駒沢大学の講義においても聖徳太子礼讃を行っていたと伝えられ、心霊現象に興味をもつなど、厳しい仏教排斥の立場から思想や信仰の変遷したことを窺い知ることができる。

いずれにしても、稀にみる逞しいエネルギーによって枚挙に遑がない数百種にのぼる著述や翻訳を行った。そして豊かな語学力と深い漢籍の素養を駆使して諸々の部門に筆を揮い、さらに多くの学校より招聘されて教鞭をとった。著訳にたいする態度をブックメーカーと貶されたり、博覧強記をペダンチックと断じた人々もあったようであるが、宗教的にも語学的にも一家を成した。しかし、自分の思想信仰の確立はできなかった人のように思われるのである。

註

（1）　服部空谷『鴻雪爪翁』（昭和十三年十二月　古鏡会）一〇二頁および『雪鴻禅師語録』（昭和五十九年九月　大本山永平寺）五十七丁左の法系譜では信行肯閑となっている。また、光明寺（岩手県江刺市南町）では冐閑信行とある。

（2）池田英俊『明治仏教教会・結社史の研究』（平成六年二月　刀水書房）三九一頁。
（3）服部空谷、前掲書、一〇二頁。
（4）池田英俊、前掲書、三八六頁。
（5）「曹洞扶宗会雑誌」第十五号（明治二十二年四月二十九日）一一頁。
（6）井上泰岳『現代仏教家人名辞典』（大正六年八月　同辞典刊行会）一一一頁。
（7）森岡清美『日本の近代社会とキリスト教』（昭和五十一年一月　評論社）二四四頁、同志社大学人文科学研究所編『排耶論の研究』（平成元年七月　教文館）二二四頁の坂口満宏「一八八〇年代・仏教系の反キリスト教運動」。
（8）「曹洞扶宗会雑誌」第三号（明治二十一年三月二十九日）四頁。
（9）鈴木範久『明治宗教思潮の研究』（昭和五十四年八月　東京大学出版会）九一頁。
（10）吉田久一『日本近代仏教史研究』（昭和三十四年三月　吉川弘文館）二〇二頁。
（11）水野霊牛『洞門現時二十五哲』（明治二十八年十月　圯橋軒）三三頁。
（12）『曹洞宗選書』第一巻教義篇（昭和五十七年六月　同朋舎出版）四六〇頁。
（13）横井雪庵『各宗高僧譚』（明治三十年十月　春陽堂）九七、一〇九、一一〇頁。
（14）木村嘉次「高橋五郎先生著訳書目録」（昭和十六年八月「書物展望」第十一巻第八号）六三頁。
（15）池田英俊、前掲書、三二四頁。
（16）「明教新誌」第三二六四号、横井雪庵、前掲書、四二頁。
（17）鈴木範久、前掲書、一二六頁。

第四章　第二次末派総代議員会議とコレラ予防の対応

第一節　第二次末派総代議員会議の開催

明治八年十一月に第一次末派総代議員会議が開かれた。予算、宗教恢張、宗務匡整に関する議案について審議が進められ、案件を議決して以来、六年を経過した。そのため、再び議員会議を開くべき気運が盛りあがり、同十四年一月十三日には全国末派寺院へ同年十月に各地方中教院詰の教導取締を徴集して、宗務局において一宗会議を開くことが布達された（宗局布達第一号）。そして二月十四日には、両本山住職名において「諭達」が発せられた。

明治八年十一月一宗ノ会議ヲ以テ議決セシ条件ハ時勢ノ適度ヲ斟酌シテ頻年之ヲ実施セシメ本末萎靡の衰運ヲ振起センコトヲ要セシニ果シテ末派ノ克ク之ヲ勉励シテ倦マサルニ依リ頗ル宗教ノ進歩ヲ得ルニ至レリ。衲等勧喜以テ加フルナシ。然リ而シテ明治八年ト明治十四年ト世運ノ進度大ニ異ナル処アリ。吾ガ宗教事務モ亦随テ改良セサルヲ得サル者不少是レ則本年十月復タ全国末派総代ヲ徴集シテ会議ヲ興ス所以ナリ。夫レ各地方教導取締ハ該所轄内投票ノ多同ヲ採テ之レカ撰任ヲ為シタル者ニ付即チ之ヲ末派総代ト認ム可キハ固ヨリ適当ノ事ニシテ本末共ニ信ヲ置クニ足ル。是故ニ吾ガ全国末派ハ多少ノ費途ヲ厭ハス。各々扶宗ノ念ニ住シ予メ教導取締ニ謀リ期限ヲ愆タズ。出京セシメテ以テ本年ノ議事ヲ完結セヨ。納等モ亦時ニ臨席シテ親ク之ヲ聴カント欲ス。茲ニ会議道場清規及議事規程ヲ創定シ自今以後一宗会議ノ憑準トナサシム。尤モ其文身句義ノ如キハ則リテ世法ニ仮ルト雖モ道場ニ就テ衆員進退ノ精神ハ尋常ノ法筵ニ一如スヘシ。尚ホ本年ノ議案其他ノ詳細ハ宗局詰両山執事並ニ委員ニ命シテ担負セシム。全国末派其レ之ヲ亮セヨ。

永平寺住職大教正久我環溪

總持寺住職大教正畔上楳仙

明治十四年二月十四日

この「諭達」と同時に「会議道場清規」十二カ条と「議事規程」十七カ条も制定された。その大要は明治八年の会議における「会議規条」を一層細密に条文化したにすぎなかったが、出京の議員については、つぎの八項目の心得が布達されている。

一、議会の開催は十月十一日よりおよそ十五日間とすること。
二、議員は十月八日までに宗務局に到着すること。
三、議員の旅費は各中教院（後の宗務支局）で支弁すること。
四、滞京はおよそ二十日間とし、一日五十銭を宗務局より付与される。
五、宿所は宗務局で設定するが、宿料は前項の付与金で支払うこと。
六、地方の協議により中教院で連合して議員一名を出京させてもよい。ただし、連合は三中教院までで、連合者の委任状を所持すること。
七、出京不能の中教院は七月二十日までに不参届を差し出すこと。

八、前項の手続きを行わずに不参の場合は、適当の宗科に処す。

右のような布達によって議会の準備は整い、十月七、八日頃に諸議員は着京した。議員は総員五十六名で抽選により座位を定めたが、それをあげると、

第一番	三重二号支局取締	少講義	福山　智仙
第二番	神奈川二号支局副取締	権少講義	武井　亮光
第三番	広島二号支局副取締	少講義	吉津　宏嵓
第四番	福島三号支局詰	権少講義	上杉　瑞国
第五番	愛知一号支局副取締	大講義	生駒　円之
第六番	栃木支局取締	中講義	皆川　祖隆
第七番	石川一号支局副取締	中講義	西川　象山
第八番	宮城支局取締代理	試　補	村山　愚童
第九番	福井二号支局取締	中講義	徳山　真宗
第十番	東京支局取締	中講義	大溪　泰童
第十一番	山梨支局副取締	権中講義	秋山　戒禅
第十二番	長野一号支局取締	権大講義	鶴沢　古鏡
第十三番	京都二号支局取締	中講義	谷垣　省拙
第十四番	千葉支局取締	権少教正	服部　元良
第十五番	三重一号支局副取締	権中講義	玉置　円宗

第十六番　兵庫三号支局取締　権大講義　日置　黙仙
第十七番　山口一号支局取締　中講義　天外　石橋
第十八番　青森二号支局取締　同　上田　祖堂
第十九番　島根二号支局取締　同　森山　本光
第二十番　新潟支局副取締　権少講義　猪俣　全獅
第二十一番　山口二号支局副取締　少講義　平尾　黙矣
第二十二番　広島一号支局取締　権中講義　鷲見　独秀
第二十三番　愛媛支局取締　同　池田　有機
第二十四番　大阪一号支局取締　権少教正　北山　絶三
第二十五番　山形三号支局取締　中講義　水野　禅山
第二十六番　島根一号支局取締　権大講義　重松　仏魔
第二十七番　兵庫一号支局取締　権中教正　能仁　柏巌
第二十八番　岩手支局取締　中講義　狐崎　霊道
第二十九番　大阪三号支局副取締　少講義　池田　良範
第三十番　広島三号支局取締代理　権中講義　竺山　黙禅
第三十一番　開拓使支局詰　大講義　小松　万宗
第三十二番　長崎一号支局取締　権大講義　高木　忍海
第三十三番　大阪二号支局取締　同　不二門眉柏

第三十四番	神奈川一号支局取締	権中講義	佐藤　鉄額
第三十五番	岐阜支局取締	権大講義	慤　大機
第三十六番	福岡一号支局取締	権大講義	宝山　梵成
第三十七番	大分一号支局取締	中講義	大神　透門
第三十八番	山形一号支局副取締	中講義	員弁　応物
第三十九番	群馬支局取締	権少教正	高岡　白鳳
第四十番	長野二号支局副取締	権少講義	小笠原豊隆
第四十一番	熊本支局取締	権少教正	福山　堅高
第四十二番	滋賀支局取締	大講義	能仁　義道
第四十三番	愛媛県讃岐分局取締	訓導	野口　禅苗
第四十四番	埼玉一号支局副取締	権訓導	武井　随芳
第四十五番	茨城支局取締	中講義	高倉　一音
第四十六番	静岡一号支局副取締	中講義	古知　知常
第四十七番	福井一号支局取締	中講義	満岡　慈舟
第四十八番	福島一号支局取締	中講義	高橋　泰順
第四十九番	秋田支局取締	権中講義	本郷　達宣
第五十番	徳島支局取締	権大講義	戸田　惟仙
第五十一番	鳥取支局取締	権中講義	福永　毫千

第五十二番	埼玉二号支局取締	少講義	野口　定山
第五十三番	愛知二号支局副取締	大講義	麻蒔　舌渓
第五十四番	長崎二号支局取締	大講義	竺　舜孝
第五十五番	静岡二号支局取締	中教正	西有　穆山
第五十六番	鹿児島支局取締代理	権少教正	滝　断泥
番外一番		中教正	滝谷　琢宗
同　二番		権中教正	辻　顕高
同　三番		大講義	青島　興庵

となり、番外として滝谷琢宗（宗務局執事）、辻顕高（宗務局副執事）、青島興庵も列席した。

以上みて明らかなように、議員は「諭達」（宗局布達第二号）のとおり、選挙によらず各地方の教導取締を議員として招集した。第一次末派総代議員会議は、各府県において一名ずつ議員を選出して参集させたが、第二次会議は教導取締を議員とみなした。その理由は明治十三年に行われた總持寺後董貫首選挙において、選挙に不慣れなため多数の違規投票が出たことなどから議員選挙を避けたのではなかろうかと考えられる。

さて、議員は着京届を宗務局へ提出した。その際、宗務局よりつぎのような心得書が渡されている（「明教新誌」第一二二四号）。

第一　両貫主へ拝謁は本局より指図に及ぶべきに付き自由に内謁を乞ふことを得ず（但し、会議閉場後は各自の志趣に任す）。

第二　監院へ面晤を要する者も其閉場を待て出頭あるべし。

第三　両貫主はじめ役位等へ一切の音信贈答は堅く禁止す。
第四　地方事務に関する願伺を携帯する者あるも会議結局後に至らざれば受理せず（但し、至急を要する件は此限りに非ず）。
第五　会場へは午前八時三十分に出頭あるべし。病疾若しくは已むを得ざる事故に罹り、当日不参の時は午前八時までに会場受付へ届出づべし。
第六　会議開講及閉講の節は両祖真前へ献茶湯諷経あり。此時に限り搭袈裟着襪たるべし。
第七　途中往復は他の見聞に堕せざる様ふかく注意あるべし。

とあり、この心得書は会議にあたってのルールといえるものであった。そして十日には、心得書第一より議員一同で両貫首へ謁見の礼式を行い、十一日には心得書第六のごとく両貫首列席せられて両祖真前での献茶湯大悲呪諷経を行った。その後、永平寺の久我環溪より、

衲等茲に諸大徳を徴集して諮詢する所あり。其要点なる者は偏へに一宗本末宗教事務の便宜を図り両祖の道風を興すに在り。是故に今其開場の式を行ふ。諸大徳請ふ衲等の意を躰し所見を尽くして速に議局を完結せられよ（「明教新誌」第一二二六号）。

との垂語があり、つづいて議長、副議長の投票による公選を行った。その結果、議長には第五十五番の西有穆山、副議長は第四十一番の福山堅高が当選し承諾されたが、西有穆山は老衰にて任に堪え難いため、議長の責任を一切副議長へ委託し副議長福山堅高が議長の席に就いた。また、書記には以前、宗規編制委員として招された石川素童、伊藤雲宗、田村顕孝の三氏ら数名が就き、議事を筆記した。なお、青松寺における議場は手狭で傍聴人の入るべき余地がないため、一般の傍聴は不許可と定められた（「明教新誌」第一二二四号）。

明治十四年十月十一日午前八時二十分に開場式が終り、九時十分より議事が始まった。福山堅高副議長が西有穆山議長に代わって議長席に就き、本日は甲第一号議案の第一次会を開くべしと、伊藤雲宗書記に議案を朗読させた。その議事については、「明教新誌」第一二二七号（明治十四年十月十六日）以下に「曹洞宗大会議傍聴筆記」として連載されており、議事の内容が生々しく報告されている。主な議案をあげてみると、

○本末憲章諮問案
○本校移転新築議案
○本末共有金募集議案
○説教講習所設置議案
○両本山貫首公選規約議案
○教導取締選挙規約議案
○両本山貫首巡化規則議案
○派出布教規則議案
○両本山僧堂拡張議案

などで、右の議案について詳細に説明し、それにたいして要点の質問を受け議事を終えた。

十三日以後は、右の議案にたいして審議しており、議事の要領を横関了胤の論稿（「曹洞宗政五十年史」（八）（九）〈「洞上公論」第八十三号、第八十五号〉「宗会小史」（三）（四）〈「曹洞宗報」第六十号、第六十一号〉）を参考にしてながめてみる。

本末憲章諮問案については、滝谷執事が国家の諸法規などを参究して原文を起草し厳密な校正の上、両禅師の内

閲を経たものである。

本校移転新築議案は麻布日ケ窪に三千余坪の敷地を購入して校舎を新築する案で、敷地の代金の内二千円は久次米氏の寄附による。そして予算の大要があげられ、予算額の徴収については、従来の定額一カ寺金七十五銭と学校新築費を合わせて金三円宛を徴収する方針であった。しかし、末派寺院からは昨今、課出困難との理由で予算修正委員日置黙仙、北山絶三によって予算から一万円を削り、結局は金一万七四九一円に修正された。原案は寺院本位の徴収案であったが、修正案は人物本位となして教導職ならびに試補の一万六三五一名から十三階級に割り当てて賦課することに変更された。その階級と人員数などをあげてみる。

階級	員数	一名当(円、銭)	合計（円、銭）
大教正前	二	二〇〇、〇〇	四〇〇、〇〇
中教正	三	一二、〇〇	三六、〇〇
権中教正	三	九、〇〇	二七、〇〇
少教正	二	七、二〇	一四、四〇
権少教正	一二	六、〇〇	七二、〇〇
大講義	一五	四、二〇	六三、〇〇
権大講義	三五	三、六〇	一二六、〇〇
中講義	七五	三、〇〇	二二五、〇〇
権中講義	九二	二、七〇	二四八、四〇

少講義	二一九	二、四〇	五二五、六〇〇
権少講義	四六七	二、一〇	九八〇、七〇〇
訓導	一、三八五	一、八〇	二、四九三、〇〇〇
権訓導	三、六二五	一、五〇	五、四三七、五〇〇
試補住職	四、三五二	、九〇	三、九一六、八〇〇
試補非住	六、〇六四	、五〇	三、〇三二、〇〇〇

となり、当時の宗門僧侶の数と階級も知ることができる。なお、この賦課金は翌十五年四月二十日、十月二十日までに支局を通じて納めることにした。

本末共有金募集議案は、本会議で議決されなかった案である転衣証券を三万枚発行して二十四万円の基金を得て、その利潤で宗門を経営するという机上の案であった。しかし、これは実行困難なものであるため、永続金増加徴収案に改変して基金は集金せずに利子の金額だけを毎年徴収するものであった。竺舜孝、北山絶三両議員の希望により「転衣証券発行仮規約」を作り、具体化して実行しようとしたが、議会は閉会したため次期に譲ることになった。しかし、この案は明治二十二年の第三次末派総代議員会議で提案されたが、すでに護法会が創設されて基金募集事業の大半は完成していたため廃案となった。

説教講習所設置議案はつぎの要領で通過した。

説教講習所組織

一、講習所は毎年九十日間東京に開設す

一、檀信徒に両祖真前へ報恩謝徳の賽物を供せしむるため賽銭箱を設くる事　此の賽物は一年分を纏集して翌年一月限り本局へ納入の事

一、開設経費予算は一千五百円として内訳左の通り

一金六百四十五円　講習生手当賄料（月十円）

一金八十一円　教師幹事等衣資

一金四百八十五円二十七銭　教師講習生旅費

一金二百八十八円七十三銭　参考書買入及諸雑費

つづいて両本山貫首公選規約議案は両本山貫首巡化規則議案、派出布教規則議案が通過し、両本山僧堂拡張議案は資本金五万円を得て両山にさらに五十名宛の雲衲を掛搭させ、真の衲僧を養成することを主眼とする案であった。賦課金は法地一カ寺三円、平僧地七十五銭宛拠出する案であり、議会は通過したが、実行は徹底せずに終った。

その他の議案は結制安居法改正件、承陽殿再営費追加寄附之件、七大学区代表選出廃止之件、円鏡、打給復活之件、大学林漢学併置之件などがあり、教化や教育に重点の置かれたことは注目すべきことであった。

本来は十月二十五日に終了する予定であったが、未だ議決されない議案もあったため遅れ、二十七日に閉場式が行われた。諸式は開場式と同じであったが、両禅師よりの謝語は總持寺の畔上楳仙が、

茲に議局完結告ぐ。衲等諸大徳の能く職を尽し言を竭して祖道を興すに熱心せるを嘉みす。且喜すらくは両祖大寂定中必らず照鑑を垂れたまひしを今其閉場式を行なふ。諸大徳議久成労至祝珍重（「明教新誌」第一二三四号）。

と語り、翌二十八日午後、両貫首、諸執事をはじめ議員一同が青松寺に集まり親睦の宴を開き、無事に第二次末派

総代議員会議は終了したのである。

第二節　本末憲章の発布

第二次末派総代議員会議においてもっとも特筆すべき案件は、本末憲章制定の件を本山と末派寺院が協賛したことであった。それは、十月十七日午後〇時三十分に開会し甲第三号議案の第一次会を開くことが告げられ、書記より「本末ノ権限ヲ確定スル憲章説明」が朗読された。それは、

本案ヲ審議スルニハ第一ニ曹洞宗ノ安寧幸福ヲ永遠ニ享有スヘキ大綱ヲ確定スル為緊要ノ基礎ハ何物タルヲ誠実ニ思念スルニ在リ。即チ本末ノ権限ヲ明瞭ニスルヨリ最且大ナルハナキヲ知ルベシ。

抑一宗ノ本末ハ最初師資ヨリ成リ立チ大事因縁ヲ授受セシニ基ク故ニ開宗以降今日ニ至迄支派百出分流一ナラスト雖モ之ヲ要スルニ本山ハ師位ヲ占メ末派ハ資位ニ居ス。往古来今変ス可ラサル者トス。顧ミルニ祖師ノ清規ヲ制ノ法孫ノ洪範トナシ訓誥ヲ垂レテ門流ヲ誡勗シ玉フモノハ素ヨリ出世真諦ヲ主トシテ或ハ世間俗諦ニ教及セサル事アリ。従前宗務ノ如何ヲ観察スレハ単ニ政府ノ条目若クハ政令ニ準シテ臨時適宜ニ処理スルノミ。未タ本末共遵ノ規約上ニ成文法アルヲ見ス。是ノ故ニ本山ト末派トノ間ニ行ハル、モノ多クハ不文ノ慣習法ニ拠リ一是一非共ニ幸不幸アルヲ免レス。是レ豈ニ本末ノ権限ヲ成文法トナシ其大綱ヲ今日ニ確定スヘキハ緊要ノ基礎ニ非スヤ。

今此ノ憲章ヲ創定スルモ敢テ数百年間実地ニ施行シ来リタル不文慣習法ヲ全廃シテ之レニ換用セント欲スルニ非ス。乃チ従前慣習法ノ中ニ在テ今日ノ儀則ト為スヘキハ何物ニシテ其儀則ハ又何人ノ之ヲ今日ニ遺シ且何等ノ利益ヲ一宗内ニ与ヘタルヤ。此等ノ数事ヲ考究シテ将来本末共遵ノ大綱ヲ定メント欲スルニ在リ。

蓋シ世間ノ法ハ民有テ而後政府アリ。猶且ツ政府ノ人民ニ臨ムニ立法司法行政ノ全権ヲ掌握ス。吾ガ宗教ノ如キハ師《本山》有テ而後資《末派》有リ。其師位ヲ占有シテ資位ニ居スル者ヲ統管スルニ当リ為ニ宗規ヲ制定シ之ヲ行司シ一宗内ニ遵守セシムルノ全権ヲ本山ニ固有スルコトハ細弁ヲ待タスノ明ナリ。其他ハ別ニ説明ヲ要セサルヘシ。

とあり、本案を審議するに至った趣旨が明らかになる。また、憲章を制定する大意は「曹洞宗本末ノ権限ヲ確定スル憲章」に、

曹洞宗両本山ト末派寺院トノ間ニ於テ其権限ヲ明ニスル所以ハ曽テ世間ノ憲法民法ノ類ニ倣フニ非ス。専ラ則ヲ高祖大師太祖国師ノ規縄ニ取ル。蓋シ其本乱レテ末治マル者ハ非ズ故ニ両本山ハ宗規ヲ厳密ニシテ権衡ヲ愆タス。末派法孫ヲ覆護スルヲ以テ主眼トナスベシ。然レトモ源深カラサレハ其流遠カラサルハ理ノ最モ覩易キモノナリ。苟モ支流ノ浩渺ヲ要セハ霊源ノ涸渇ヲ予防セサル可ラス。是ヲ以テ末派法孫同心協力其霊源タル両本山ヲ深淵スルノ策ヲ立テ一宗ノ福祉ヲ永遠ニ冀図スヘキハ喫緊ノ要務ナリトス。而シテ本末回互ノ間ニ於テ開宗以還尽未来際変動ス可ラサルノ権限アリ。之ヲ明示シテ以テ共ニ遵奉スルコトアラズンハ謂ユル本末名有テ実ナキノ責ヲ免レズ。是レ此ノ憲章ヲ定ムル所以ノ大意也。

と述べられているところから明らかであるが、本憲章は世間の憲法、民法の類に倣うのではなく、あくまでも立憲の根本を道元、瑩山両禅師の清規に置き、両本山が宗規を厳密にして末派法孫を護ることを主眼としているのである。

そこで、五章二十三条にわたる条文があげられ審議されたが、審議の対象になった原案の憲章は「明教新誌」第一二五六号（明治十四年十二月十四日）に掲載されている。審議された結果、翌十五年四月十一日に憲章が確定され、内務省へ御聞置願を出した。

明治十四年十月本宗末派総代議員ヲ徴集シテ会議ヲ開キ別紙之通本末ノ権限ヲ確定仕候。御差問ノ儀無之候ハ、御聞置被成下度此段相願候也。

曹洞宗本山總持寺住職
大教正畔上楳仙代理
中教正滝谷琢宗
同　永平寺住職
大教正久我環溪代理
中教正青蔭雪鴻

明治十五年四月十一日

内務卿山田顕義殿

五月三日に「書面之趣聞置候事」の御指令が出て、五月五日に遵守すべき旨が全国末派寺院へ布達された。その布達された憲章と原案を対照してみると異なっており、審議によって変えられたものと考えられる。

つぎに「曹洞宗本末憲章」を中心に内容をながめ、原本との相違などを明らかにしてみよう。まず、「第一章本山ノ末派ニ対スル権利」は、

第一条　両本山ハ全国末派寺院並僧侶ニ対シ宗教上ニ交渉スル処ノ一切ノ事務ヲ統管スルノ大権ヲ有ス

第二条　両本山ハ一宗ヲ統管シ宗教ヲ維持スル為時勢ノ進度風尚ノ沿革ニ由リ宗規（法令規約章程ノ類）ヲ創制若クハ改定之ヲ宗内ニ頒布シ遵守セシムルヲ得

第三条　両本山ハ一宗ヲ統管シ宗教ヲ維持スル為全国末派寺院ニ対シ費途ノ浄財ヲ募集スルヲ得

第四条　両本山ハ全国末派寺院並僧侶ニ対シ宗規ノ権衡ニ拠テ褒貶黜陟ヲ挙行ス

第五条　両本山ハ全国末派寺院並僧侶及信徒宗規上ヨリ起ル所ノ一切ノ争訟ヲ和解若クハ裁決ス
但直末寺院ニシテ単ニ其本山ノ裁制ニ拠ルヘキ規約アル者ハ両本山同管ノ限ニ非ス
第六条　両本山ハ全国末派寺院並僧侶及信徒ニ対シ宗規上ニ現行スル一切ノ免牘両本山捺印ヲ受与ス
但直末免牘及転衣首座号和尚号賞状ノ類一山ニ限ル者ハ両本山各専行ス
第七条　両本山ハ各々執事其他ノ役員ヲ特選シテ宗規ヲ挙行スルノ方法ヲ補佐セシム尤モ東京出張所執事ニ限リ本山親カラ三名以上ヲ撰出シ之ヲ末派総代委員ヘ下附シ委員ヲシテ其一名ヲ撰定セシム
以上七カ条ハ両本山固有ノ特権ナリ故ニ貫首ハ本山住職受請政府ノ認可ノ翌日ヨリ退院遷化ノ前日ニ至迄何レノ時何レノ処ヲ問ハス本山ノ全権ヲ掌握シテ之ヲ実際ニ挙行シ玉フ者トス然レトモ両本山各々末派ニ対シ別ニ制令ヲ出スヲ得ス宗規及結約上ニ区別アルヲ除ク必ス代々明治十二年二月廿五日ノ訂盟結約ニ由リ両山一致ヲ端的トス

とあり、一、両本山は全国末派寺院および僧侶にたいし宗教上の一切の事務を統管する権力を有す。二、宗規の創制、改定。三、浄財の募集。四、褒貶黜陟の挙行。五、争訟の和解、裁決。六、免牘（両本山捺印）の授与。七、役員の特選などであり、この七カ条は両本山固有の特権で、本山住職は本山の全権を掌握して挙行するのである。なお、注目すべきことは、両本山が各々別に制令を出すことを禁じており、両山盟約の恪守を付言している点である。原案には第七条の「尤モ東京出張所執事ニ限リ本山親カラ三名以上ヲ撰出シ之ヲ末派総代委員ヘ下附シ委員ヲシテ其一名ヲ撰定セシム」の文がない。

「第二章本山ノ末派ニ対スル義務」は、

第八条　両本山ハ東京ニ各出張所ヲ置キ共同ノ事務所ヲ総称シテ曹洞宗務局ト名ク乃チ両本山固有ノ特権第一章ヲ糾合シテ宗務ヲ一途ニ処理スル所トス

第九条　両本山ハ全国末派ニ便宜ヲ与フル為各府県下ニ宗務支局ヲ設立シ該規約章程ヲ附シテ宗規ノ挙行ヲ分掌セシム

第十条　両本山ハ全国末派ヲ保維シ信徒ヲ固結スル為各府県下ニ曹洞教会ヲ設置セシメテ之ヲ監督ス

第十一条　両本山ハ全国末派ノ徒弟ヲ教育シ宗教ヲ敷演スル為専門本校ヲ共立シ及ヒ支校ヲ公設セシメテ之ヲ監督ス

第十二条　両本山ハ浄財募集若クハ布教ノ方法ヲ謀ルタメ時トシテ地方末派総代ヲ徴集シテ議会ヲ開キ又ハ議案ヲ末派総代委員ヘ下附シテ意見ヲ稟申セシム此場合ニ於テハ決ヲ過半数ニ取リ実際施行スヘキ者トス

但末派寺院ヨリ募集ノ金穀ハ出納ヲ明瞭ニシテ該報告ヲ為スヘシ

第十三条　両本山トモ特有ノ権内ニ在テ領収スル浄財免牘転衣恩金乃至香資茶湯料ノ類ハ報告中ニ計算セス本山限離微ノ規程ヲ厳ニシテ護惜ヲ怠ラサルヘシ

但両本山ハ何様ノ事故アリトモ議会ノ決議ヲ経スシテ負債ヲ起シ之ヲ末派寺院ニ分担セシムルヲ得ス

とあり、一、曹洞宗務局による宗務の処理。二、宗務支局による宗規挙行の分掌。三、各府県下に曹洞教会を設置する。四、全国末派の徒弟教育。五、浄財募集、布教の方法を謀るための議会の開催。六、経費の負担については、議会（原案は末派）の決議をへずして分担したりしないことなどの六カ条である。とくに経費の負担について、議会の決議を重視することが規定されており、原案は第十二条で「議案ヲ支局へ下附シテ」とあり、第十三条では「但両山ハ何様ノ事故アリトモ末派ノ決議ヲ経スシテ」となっている。

「第三章末派ノ本山ニ対スル権利」は、

第十四条　全国末派寺院ハ両本山ニ対シ該固有ノ特権ヲ掌握シ玉フベキ貫首ヲ撰挙スルノ公権ヲ有ス

第十五条　全国末派寺院ハ五名ノ総代委員ヲ差シ曹洞宗務局ト叶議スルコトヲ得

第十六条　各府県下末派寺院ハ該地方限リ宗規挙行ノ分掌ヲ受クヘキ宗務支局管理者即教導取締ヲ撰挙スルノ公権ヲ有ス

第十七条　各府県下末派寺院ハ該地方限リ二名以上ノ総代委員ヲ差シ宗務支局ト叶議スルコトヲ得

第十八条　全国末派寺院ハ両本山ニ於テ開設セル議会ニ総代議員ヲ出頭セシメテ議事ニ参与シ若クハ両本山ヨリ議案ヲ委員ヘ下附シテ意見ヲ問フコトアルトキハ委員ハ該議案ニ一団ノ見込ヲ記シ可否ヲ稟申スルヲ得

とあり、一、貫首の公選。二、五名の総代委員の選出。三、宗務支局管理者すなわち教導取締の選挙。四、地方の二名以上の総代委員の選出。五、両本山に開設せる議会に総代議員を出頭させることなどの五カ条である。原案は第十五条と第十七条はなく、第十六条が第十五条で、第十八条が第十六条になり、「開設ナシタル議会ニ於テ総代議員ヲ……議案ヲ支局ヘ下附シテ……地方末派ハ該議案ニ一団ノ見込ヲ」となっている。なお、「条外」によれば、第十五条の総代委員の責任は明治二十二年に至るまで、宗局詰執事に依頼するものとし、同二十二年以後は必ず委員を出して宗局に常在するものとし、第十七条も本文に準ずるものという。また、第十七条と第十八条は別文で、

第十七条　両本山より制定領布する処の宗規に於て現行上一宗の体面則全国末派寺院僧侶一般に関し実際不都合ありと認むる事ある時は寺院僧侶其誰たるを問はず該事項に対し充分に自己の思想を吐露して直ちに建議するを得

第十八条　両本山より制定領布する処の宗規に於て現行上一地方末派一般に関し実際不都合ありと見認むる事ある時は寺院僧侶其誰たるを問はず該事項に対し一団の意見を具し宗務支局を経由して願書を呈することを得

となっている。

「第四章末派ノ本山ニ対スル義務」は、

第十九条　全国末派寺院ハ両本山ニ対シ各自信認ノ多同ヲ以テ貫首ヲ公撰規程ニ触ル、片ハ政府特撰セシ以上ハ宗規制定ヲ貫首ニ委托スルハ勿論ナリトス故ニ曹洞宗務局両山貫首一致及委員叶議ヨリ発スル所ノ一切ノ命令ハ宗内一般ニ遵守スルノ責アルモノトス

但本条ノ次第タルニ依リ末派僧侶ハ両山貫首ノ特撰若クハ撰出ヲ以執事以下ノ任職ヲ命セラル、コトアルトキハ必ス之ニ奉事スヘキノ責ヲ有ス

第二十条　各府県末派寺院ハ各自信認ノ多同ヲ以テ教導取締ヲ公撰規程ニ触ル、トキハ管長特撰セシ以上ハ地方宗務ヲ取締に委托スルハ勿論ナリトス故ニ宗務支局即取締及委員叶議ガ規約章程ニ拠テ挙行する処ノ一切ノ云為ハ必ス随順スルノ責アルモノトス

但本条ノ次第タルニ依リ地方僧侶ハ取締ノ精撰ヲ以テ支局詰其他ノ役務ヲ達セラル、コトアルトキハ必ス之ヲ受クヘキノ責ヲ有ス

第廿一条　宗務本支局及専門本支校ハ都テ末派ノ為ニ之ヲ設立ス故ニ毎歳ノ経費ハ全国末派寺院若クハ各地方寺院ニ於テ負担スヘキハ勿論ナリトス

但費途ノ金額及課賦ノ方法ハ両本山又ハ支局管理者（即取締）議案ヲ作リ会議若クハ下問ニ附スルヲ定則トナス

とあり、一、宗規制定を貫首への委託、宗務局の命令遵守。二、地方宗務の取締への委託、役職の遂行。三、宗務本支局および専門本支校の経費負担の三カ条である。原案は第十九条で「曹洞宗務局両山貫首一致」のみになって

おり「及委員叶議」がない。また、「若クハ撰出」もない。第二十条でも「宗務支局即取締」で「及委員叶議」がない。

「第五章総括」は、

第廿二条　此ノ憲章ニ牴触シテ宗規ヲ紊乱スル者ハ住職前住職徒弟ニ論ナク一宗ノ妨害ヲ生スルモノトナシ宗内ヲ擯出スヘシ

第廿三条　此ノ憲章ニ牴触する命令ハ縦令曹洞宗務局両本山貫首一致ヨリ発スルモノタリトモ末派寺院之ヲ遵奉セサルハ勿論ニシテ之ヲ破毀スルノ権ヲ有スルモノトス

右五章廿三条ハ一宗本末権限ノ綱領トス自今以後共ニ本分ヲ確守シテ相敬愛シ宗教興隆ヲ謀ルヘシ

とあり、憲章牴触の場合の罰則が規定されており、最後に「本分ヲ確守シテ相敬愛シ宗教興隆ヲ謀ル」ことが要求されている。

以上、本末憲章の本文をながめたが、原案から変わったことは末派、支局、議会の決議、総代委員などの意見をとり入れることになったことである。そこで、「明教新誌」第一二五七号（明治十四年十二月十六日）にあげられている傍聴筆記より原案を起草した滝谷琢宗との質疑応答をながめてみると、

（番外一番）議案活字の誤植を報し而して曰く。本案は説明書もあれば弁明するに及ばざれども、此の議案は本末永世の案本となすべき者なれば、一字一句にて大なる権衡を失し本末の不幸を惹起すに至れば議員諸大徳匆卒に看過せず。親切に討論精議をなし玉ふべしと懇到鄭重に敷演し、且つ説明書の余蘊を縷々尽されたり。

○三十五番（愨）説明書に資師の二字あり。吾宗にては、師資と云へは面授より成立て資師二面なきを云ふに用ゆる文字なり。然るを説明書には君臣とか上下とか云ふに模擬しあるは如何の主義なるや説明を乞ふ。

(番外一番) 本宗は六百年間の開創に係ると雖ども、当時は本末の名分判然せず。漸く四百年前即ち万治年間より本末の名顕出せり。然り而して本末の成立は世間国家の成立に相違せり故に本末の因て起る所以を着明するため師資面授の字を用ゐたり。猶悉くは説明書を往撿せられよ。
○二十七番 (能仁) 第一章第二条宗規を創制若くは改定とあれば、時運の変遷にて止を得ざれば婬肉戒等を本山に於て適宜に開遮旋行せらる、を得る者歟。
(番外一番) 吾宗の噉肉畜妻を禁令するは仏戒なり。本案は乃ち宗規なり。宗規を以て仏戒を傷るの理由なし。
○二十七番 (能仁) 然らば寮中清規に五辛等を誡め玉ふは宗規なりや仏戒なりや。
(番外一番) 寮中清規等に五辛等の誡めあるは仏戒を拡充し玉ふ者にして乃宗規に於ては決して許し玉はざる所なり。
○二十七番 (能仁) 本宗中仏戒を犯し外教者などの軽侮を招く者は第四条の褒貶黜陟とある点に於て急度所分せらる、者なる歟。
(番外一番) 質疑の趣は細目なり。此憲章は大綱を示す者なり。
○二十七番 (能仁) 然らば、其大綱中の細目も已に編纂なりしや。
(番外一番) 夫は吾責任に非ざれば説明せず。
○五十四番 (竺) 第一条に事務を統管するの大権を有すとありしが、本山の特有権内に末派の者は之に立ち入るの権を享有するや否や。
(番外一番) 第十七条末派に、僧侶は其誰たるを問はず建言する事を得るの権を有せし者なれば乃ち立入るの権と云ふべし。

○五十四番（竺三）十七条中建議するを得るとあれども若し建議せし際採用と否とは皆本山特有の権なきは其都度之は採用すべし。之は否なりと巨細喩示せらる、者歟。

（番外一番）凡そ建言書を呈せし者ある時は実際を調査して採用すべきは採用し否なる者と見認むれば其理由を本人へ諭示するなり。或は参考の為止め置く者もあり。

○五十四番（竺三）布教投票議財等は悉く末派参預権を有せしむ。蓋し宗規上には末派参預の権を享有せしめざる者や。

（番外一番）宗務を理するのか。或は宗規を立するのか。判然の弁明の後ち説明せん。

○五十四番（竺三）宗規を立するに末派は参預する事を得べからざるや。

（番外一番）宗門の立法権に末派か参預すると得るやと云ふ問ひ歟。

○五十四番（竺三）然り。

（番外一番）云く立法は本山特有の権にして古今末派の預らざる所なりとす。

○五十四番（竺三）了解せり。

○五十三番（麻蒔）本員の感想には世間に比すれば行政立法司法三大権の内立法は国会元老院等に附して可否を諮詢し、行政は政府の特権なり。之に比すれば宗門の立法は末派の参預すべき者なり。行務は本山の特有にして末派の参預せざる者と思想す。然らば本員の思想と議案の精神と反対せし故に然る所以を説明を乞ひたし。

（番外一番）その議案は原より則りを両祖の規縄に取りて編成せし者なれば世間の法律等の権限とは相違あるべきなれば決して五十三番の反対か差ふと云にあらず。

○三番（吉津）第六条中但書に転衣云々とありしが能山末派の者越山にて転衣するも可なるや。

（番外一番）三番は恐らくは誤解ならん。転衣は従前と異にせず、本案を熟読あらば明了なるべし。
○十四番（服部）第五条中和解若くは裁決とあるは、世間の勧解裁判と同様なるか。
（番外一番）宗規上より起る処の争訟なれば世間の勘解又は裁判とは大なる差なりと雖ども宗規上の争訟は政府の干渉すべき者に非ざるが故に宗規に照して裁決するなり。
○七番（西川）開宗六百年来之なき本末権限の憲章を今般新たに立するは如何の理由なるや。
（番外一番）例せば今日本帝国の形勢を見られよ。開闢以来其名だもあるべからざる国憲を制せし国会も開かざるを得ざるは勢の然らしむる所なり。本宗も亦然り。今日に至ては本末の権限を確立せずんば得ず故に此議案を附せらる、者なり。
○七番（西川）然らば本員所轄内の如きは国会猶早きに如同す。故に本案は収入あらんを企望す。
○三十五番（愨）七番を賛成す。
○五十四番（竺）建議す。只今は第一次会の質議中なり。本議と混雑せり。議長に於て注意あらんことを要す。
（議長）拙職は既に諸大徳へ質議せられよと報道せし者なれば何ぞ五十四番建議の責を受たる者あらんや。
○五十四番（竺）然らば質議中に賛成あるは如何なるや。
○三十三番（不二門）憲章緒言高祖大師太祖国師とあるを承陽大師円明国師と修正せられては如何。
（番外一番）三十三番の質議は逐条の修正説にして、第一次会に発論すべきに非ず故に説明せず。
○三十一番（小松）第二条の宗規（法令規約章程）と註にあるは将来に発行なる者か現行の者か。
（番外一番）宗規は已立未立の既往将来共に該ぬる者なり。
○二十七番（能仁）今一応質議せん民心を得るは持戒の徳にあり。縦ひ才識優るも品行不良なれば人之を信ぜず故に将来は必らず褒貶黜陟を挙行せらる丶か。
（番外一番）将来の事は番外も知らざるが故に説明せざるなり。
○二十七番（能仁）然れば本宗の僧侶婬肉等を濫行し人心離散して外教徒に壇中を奪取らる丶も不問に附せらる丶や。
（番外一番）夫等の事なれば、派出巡教の処にては御質議なれば詳細説明もなすべけれども今将来の事を番外に問はるのは番外に於ても其責任を有するに非ざるが故に御挨拶に困しむなり。
○五十四番（竺）第一条の大権の二字に付条外の事たりとも本案中比例となすべき時は説明し玉ふや。又は条外のこと故説明の限にあらずと支払ひ玉ふや。
（番外一番）原より此条中に就て余を比例せられて説明すべき理由ある者は説明すべし。
○十六番（日置）説明書中に支派百出分流一ならず。之を要するに本山は師位を占め、末派は資位に居すとあれば師資成立よりすれども意識を留めて見れば、末派は自から本山の直末の姿なり。然れば小本寺等は本寺に対するの権もなきか。
（番外一番）説明書は議案に非ざれば説明書の文字は如何であるも差閊なき者とす。然れども此本末権限確定せし以上は、又小本寺の権限も之に準じて立つべき者とす。
○五十四番（竺）第一条の大権の事は本員か識見の誤謬かは知るべからず。本員の愚考には本山特有の権に非ず。本末共同の権なりと信ず。如何となれば巡化規則第二条に宗規に触る丶時は侍者其責に任するとありしが、其侍者は誰か責むる者なるや。且つ末項の但書に特別応化は本山固有の権利を離却して単に一己身の普通教導とあり。或時は主治者となり玉ひ、或時は被治者となり玉ふ歟。

（番外一番）巡化は一本山の派出なり。宗局は両本山の権を糾合したる処故宗局より侍者を之を責むるなり。
○五十四番（竺）粗了解せり。併し恐しけれども侍者其責に任ずとあるは、主上の過失あるときは侍従等に其過失の責を帯せしむる如きなり。然れども侍従か主上に代て罰を受くると云は、御身に傷つくるとも同しきならんか。
（番外一番）此は例せは托鉢解禁の布達を見られよ。該托鉢の鑑札は管長より与ふべしとの法律なれば管長の鑑札を与ふへき者なし。依て嚮きに書面を以て内務に伺呈せしに管長と住職とは違ふものなれば管長たる者は自分か自分へ与へて苦しからずと指令せられたり。然り両山貫主は宗局に代理を置て巡化せらる丶者なれば貫主もし宗規に触れるは、其両本山糾合の代理者より責に任する者とす。
○三十二番（高木）二十七番は褒貶黜陟は現行せらる丶乎。但しは将来より行はる丶かとの点を問はれしならん。然るに番外一番の答弁には将来の事故に説明の責に非ずと云へり。然らば褒貶黜陟の字は将来の事と思考す。本員の感思には将来の事も示されて然るべしとす。
（番外一番）云二十七番の説は、此の如き者は如何か賞せん。是の如き者は如何か罰するやと云はれし故に、将来の事に属すれは答弁せざりしなり。

とあり、番外一番とは滝谷のことで、ここにあげた質疑者だけでも慤大機、能仁柏巌、竺舜孝、麻蒔舌渓、吉津宏嵓、服部元良、西川象山、不二門眉柏、小松万宗、日置黙仙、高木忍海らがいる。西川象山によって本末憲章を立てた理由が質問されており、我が国は国憲を制定してから国会が開かれる。曹洞宗もこれと同様で、本末の権限を確立せねばならず、そのためここに議案をあげると滝谷は答えている。さらに、池田良範より、
○二十九番（池田）質議を乞ふ。此憲章たるや万古不易の者とし玉ふや時としては改正もありや。

（番外一番）此憲章は従前の慣習法を成文する者にして時勢の進度に随て沿革する事ありと雖ども十年或は二十年にして改むる者とせず故に其注意にて議せられよ。

と改正があるかと問われ、滝谷は十年あるいは二十年は改めないと答えている。また、高岡白鳳の質問は、

○三十九番（高岡）褒貶黜陟は戒律を先とす故に確乎戒律を施行すべし。而れとも其持戒厳明の点たるや行ひ得難き者なれば本案は延引を希望せり。

とあり、滝谷は、

（番外一番）衆議院の感想せらる、に議決の上は即日より行はる、者とせらるれとも議決の未施行の順序は両山之を裁すれは先つ内務省の聞置を乞ひ而後に非ざれば実施する者に非ず。且つ宗規罰則は既往に遡るに非ず。将来に施行する者なれは既往に就て論するは無益なるべし。

と答えている。つづいて総監の青蔭雪鴻は、

総監（青蔭）諸君の討論を聞くに本末の憲章を確定するは国会猶早しか如くと云はる、か世間の有志者を見られよ。国憲を制定し国会を開設するに汲々たる事は与論に囂々たり。之に反対して本末の権限を確定する憲章尚早しとは本宗の面体にも干繋せり。諸大徳代議士の権利を抛棄せず俛焉討議せらるべし。

と述べている。議長（福山堅高）は議論の尽きたのを見て原案賛成の可否を問うたところ、四名を除く起立を得て可決となった。

つづいて、翌日（十月十八日）午前八時三十分より甲第三号議案本末憲章の第二次会を開くことになり、滝谷は再び、

（番外一番）曰く予て本案第一次会の時陳述せし如く本末の憲章は将来永遠の大綱となる者なれば只今日眼前

の景情のみを以て論せらるるは甚だ精神を得さる者なりとす。抑〳〵本宗は六百年前の開創に係ると雖ども今より四百年前に泝り見るときは本末の名あつて実なし。洪邈として模索するを得す。慶長元和年度より当時の政府徳川氏両山法度の条目を附す。従是本末の名判然世間に著明せし者なり。而れども従前は未た成文法を確立せざれは只慣習法に準して本末の交際するより強は弱を制するの勢力を用て遂に本寺は末寺を圧制し呑併する等の弊害を惹起せしに至りしは諸大徳か十年前に慷慨悲憤せられしが如くなり。

此の悪弊も徳川政府の倒るゝと共に消滅す。而して世の維新改良と共に亦た宗門も進歩して本末の権限を確立すべきなれども未だ宗内智識の進度も適宜の地位に非ざるを以て曠日荏苒として法案を創せざるが今日に至ては最早宗内の智識も進歩し各々権義の名分を明にせんと熱心するに際せり故に本末権限を確定し憲章を創定して遠永に宗門の安寧を享有せしと望む。これ此議案を下附せらるゝ所以なりとす。而れども此案たるや今始めて拈出する者に非す。則を両祖の準縄に取り不文慣習法を成文法に換用するの点にあり。且つ又此案は本員が委員の命を奉て起草せし者なるが立法権を一分も末派に譲与せざる権衡は乙第三号転衣予約証票を発行し七年後には永続金を全廃するの点より取る者なり。諸大徳其主義を昭亮して権義を誤まらず審議せられん事をと懇々と説明している。こうして本末憲章は、原案の字義を訂正し修正して可決された。

そして翌十五年五月五日に布達されたが、両山に政権のあること、両山は盟約によって一致を端的としていることなどが明示されている。また、両山以外に政権を置くことは許されず、東京出張所執事を末派総代委員に選定したり、末派総代委員五名を宗務に参与させることなど民主的になっている。したがって、両山盟約の締結は横の盟約であり、本末憲章の発布は縦の盟約ともいえ[1]、ともに車の両輪のごとくで、ここに両山一体、本末一致の体制が整った和合の宗団を築きあげたといえるのである[2]。

第三節　コレラ予防にたいする曹洞宗の対応

明治十年から十二年頃に、我が国ではコレラが大流行した。明治十二年の流行による患者は十六万余人に上り、その中の十万余人が死亡した(3)。そのため政府は、予防の規則を作成し各地方の役人はそれを広告することに尽力した。しかし、細かなことは理解しておらず、病気の恐ろしさを知らなかった。したがって、十分な予防を知らしめる効果はなく、どんな最善の法律があろうとも、それが最良の方策とはいえないものであった。

そこで、政府の内務卿伊藤博文は国民への啓蒙を教導職の説諭に頼らねばならないと考え、コレラを予防する論解を内務省で刊行し説教の資料とするようにした。その資料となった論解は『虎列刺予防諭解』である。内務省社寺局と衛生局が編集し、明治十三年四月十二日に内務省社寺局より出版届が出された。そのことは四月十七日に内務省より神仏各管長へ出された諭達によって知ることができる。その諭達には、

番外　　十三年四月十七日　　神仏各管長

虎列刺病ノ懼ルヘキ既ニ昨年ノ如キハ、殊ニ其惨毒ヲ極メ尚本年ニ於テ再燃ノ程モ測ルヘカラサルニ付テハ、人民各自自衛ノ方ヲ尽シ流行ノ際ハ勿論、平素ノ摂生等最モ注意可致処動モスレハ、之ヲ軽忽ニスルモノ鮮ナカラサルハ、畢竟其病勢ノ真ニ懼ルヘキト其予防ノ実ニ怠ルヘカラサルトヲ詳知セサルニ由ル。就テハ人民ヲシテ各自其身体ノ健全ヲ保セサルヘカラサルヲ知リ、以テ自衛ノ念ヲ生セシムルハ、自カラ教導職ノ説諭ニ因ルモノナルヲ以テ、今般当省ニ於テ虎列刺予防諭解ヲ刊行シ相渡候条、至急各地教院ヘ頒布可致。尤右ハ各地書肆ニ於テモ広ク発売差許置候儀ニ付、教導職ニ於テモ成ヘク普ネク携帯ノ上説教ノ際右旨趣ニ依リ所在人民ヘ懇篤説諭遍ネク予防ノ効ヲ奏シ候様可為致此旨諭達候事。

但教徒ノ内教法上ノ加持祈禱等ヲ以テ医薬及ビ予防方ノ妨害ヲ為スカ如キ心得違ノ者無之様取締致スヘシ。

とあり、『虎列刺予防論解』を各地の教院へ頒布し、書肆でも発売することが許された。そして教導職は、携帯して説教の際に説諭することになったが、ただ、加持祈禱によって平癒することを説き医薬や予防の妨害となる心得違いがないように取り締ることもいっている。

曹洞宗では、四月二十五日に宗務局より各府県の教導取締や宗務支局にたいし、

宗局達書第拾号　十三年四月廿五日　各府県教導取締 宗務支局

虎列刺予防論解各地方教院へ頒布可致旨内務省ヨリ御達有之。依テ毎中教院本支共所轄寺数ニ応シ、大凡ソ十ケ寺ニ一部ノ割合ヲ以及頒布候条、不日該書籍着到次第所轄内へ適宜ニ配附方可取計候。尤モ右論解ハ教導職ニ於テ一部ツ、所持シ然ル可キ者ニ付、各地方書肆ニ広ク発売被差許有之候条、当局頒布ノ外ハ各自地方ニ於テ購求シ候様可為致候。該趣意ハ当局論達ノ通可相心得候。此段相達候事。

但書籍着到ノ上ハ部数相改速ニ頒票ヲ可差出候

と布達され、また、同日に全国末派寺院へも、

番外　十三年四月二十五日　全国末派寺院

虎列刺病予防之儀ニ付今般内務省ヨリ管長へ諭達有之。元来色身ヲ長養シ法躬ヲ堅固ニスルハ世出世ノ通規ニシテ尋常ノ注意無論ニ候得共、悪疫伝染病ノ如キハ其ノ何レノ処ニ潜伏シ何レノ時ニ感染スヘキヤ得テ測リ知ル可ラズ。加之該流行スルコト無而忽有ニ似タルヲ以テ或ハ誤テ平生等閑ニ経過シ臨時不測ノ惨毒ヲ受ルコト近クハ昨年ニ鑑ミテ之ヲ知ルニ足レリ。苟モ衆生済度ノ責任ヲ有スル僧侶ノ身ニ取リテハ寝食モ安ゼザル処ナリ。今ヤ政府厚生仁慈ノ余リ人民非常ノ災害ヲ未萌ニ消滅セシムル為メ、特ニ虎列刺予防論解ヲ刊行シ教導職

へ頒布シテ以テ各自ノ信徒檀越ヲ懇篤ニ教示セシメ、自今以後一般予防行届候様可為致旨諭達相成候。就テハ宗内僧侶各自職掌ノ本分ヲ省ミ一寺住職徒弟等大凡ソ教導ニ従事スル者諭解一部ヲ所持シ教会及臨時法用説教ノ席ハ勿論平生ノ談話ニモ諄々ニ懇説シテ虎列刺ノ為ニ非命ノ死ヲ招カシム可ラズ。其懼ルヘキヲ知テ政治仁慈ノ御趣意ヲ奉戴シ人々適応ノ予防ヲ為ストキハ必ス此ノ災害ヲ免ル、コトヲ得ヘキノ理由ヲ領解セシムヘシ。試ニ見ヨ。色身ヲ離レテ成仏ヲ談スル仏祖ノ教法ハ無之暫時モ在ラサレハ死人ニ如同スルトハ尋常ノ不注意ヲ誡シムルノ活句ナリ。禍ハ鎮家ノ門ニ入ラストハ平生ノ予防ヲ示スノ格言ニ非スヤ。是故本宗ノ信徒ハ老若男女ヲ問ハス悪疫伝染病等常ニ注意シテ予防ヲ専一ニシ治生産業等閑ニ経過セス。克ク各自一身ノ健全ヲ勤ムルトキハ仏祖ノ加被力ヲ蒙リ終ニ即心《（ママ）》成仏娑婆即寂光浄土ノ安楽ヲ得ルコト期シテ待ツベキナリ。万一ニモ単ニ加持祈禱等ヲ以テ医薬及ヒ予防方ノ妨障ヲナスガ如キ心得違ノ者無之様篤ク説示ノ上ハ政府ノ仁慈ニ契当シ下ハ檀信ノ災害ヲ救護スヘシ。此旨諭達候事。

と布達されて『虎列刺予防諭解』を所持し、説教はもちろんのこと平生の談話でも懇説しコレラの予防を説くように諭達している。

この『虎列刺予防諭解』は、四月三十日に浄土宗大教院の佐竹澄禅が翻刻を届けて出版し、五月二十日には須原量坪（東京日本橋呉服町六番地）より、六月十四日には島根県臨済宗中教院詰関松宗より出版されており、教導職や寺院、書肆などからも翻刻出版されて民衆に普及していった。内容は大きく三章に分けられ、諸病の予防と制伏すべき方法、予防する各人の心得、制伏する各自の心得について述べられている。

第一章は「虎列刺其他伝染諸病の予防及び制伏の事」である。ここは、コレラが町村に入り込まぬように予め用心する仕方と町村に入った後に施す仕方で、コレラを制伏する方法が説かれる。

第二章は「虎列刺其他の伝染病を予防する各人の心得の事」で、伝染病の原因となるべき四項をあげ、それを除くことをいう。用心すべき四項とは㈠空気、㈡飲水、㈢飲食物、㈣他人との交通で、それぞれを清潔ならしめる方法や心得方、注意などが問答形式になっている。

第三章は「虎列刺其他の伝染諸病を制伏する人民各自の心得の事」で、流行後の各自の心得方を説く。最初に衛生委員へ告げ、つぎに警察所に届け、隔離する避病院（伝染病の患者を隔離、収容する病院）へ収容する。そのため避病院の取り扱い方、コレラの病毒を消滅すべき方法が記されている。

このように『虎列刺予防論解』は、コレラの予防と制伏の解説を全国町村の人々に会得信用させ、実地に施して悪病を剋制する目的のものであった。コレラの予防は、政府の力でも神仏の力でもできないため、各人が『虎列刺予防論解』に説くところを注意して守れば、すべて安全というのであった。

当時の教筵の様子が「明教新誌」に記されている。それをみると、

京都府下曹洞宗第二号中教院部下丹後竹野郡の諸寺院は、先頃より各所に虎列刺予防論解の教筵を開き、殊に一号組の徳昌寺西方寺等は、但馬の養源寺徒弟原妙順氏を請して厳重に悪疫消除の祈禱ならびに説教を開筵し……（明治十三年九月十二日　第一〇三八号）。

○宮城県下伊具郡角田本郷曹洞宗長泉寺住職鳥海道悟氏は、七月已来炎暑をも厭はず固して予防説諭に尽力せられ、郡長警察吏等も随喜して大いに教義興張の色ありとぞ（明治十三年九月十二日　第一〇三八号）。

○山形県下最上郡曹洞宗中教支院詰なる副取締員弁講義は、嘗て員野、金秀、滝沢諸師と議り、部内三十六カ院を五組に分ち、各々書籍購求の方法を設け頻りに教学二事に尽力せられ、尚今年は七月以来虎列刺予防教諭に力を尽し所々に教筵を開かる（明治十三年九月二十二日　第一〇四三号）。

○能登の国鹿島、羽咋二郡の曹洞宗諸寺院協議の上、七尾の霊泉寺を借受て金沢の宝円寺曾根講義を導師となし、五月一日より三日間承陽大師の謚号慶讃会を修し、併せて虎列刺死亡者の追弔を営み、且つ同病予防懇諭の説教もありしよし（明治十三年九月二十二日　第一〇四三号）。

とあり、各地で『虎列刺予防諭解』の教筵が開かれたり、コレラ死亡者の追弔会が営まれている。しかし、『虎列刺予防諭解』にたいする宗門人の説教の具体的な内容は不明であるが、日光寺（島根県下出雲国神門郡北荒木村）住職であった吉岡信行に説教の手控書がある。それは明治十三年七月一日に出版された『教説虎列刺予防法手控』（内題・内務省虎列刺予防御諭解之説教手控、尾題・虎列刺予防御諭解伝説略手控）で、九丁の短いものである。『虎列刺予防諭解』の十二カ所に「アリマス」「ヂャ」「ナリマセヌ」というような卑語を用いて、村野の人にも容易に理解できるよう説教の調子で述べている。また、

○釈迦如来ハ戒法ヲ授テ現在未来ノ迷惑ヲ救ヒ給セ。政府長官ハ規則ヲ布シテ目前永世ノ知識ヲ開キ給フ。併セテ大恩ヲ思ヒ奉ル。

というように、釈尊と政府の長官に大恩を思うことも説かれている。なお、吉岡信行は同十五年十一月に『虎列刺予防法』を著わしている。

　吉岡信行の略伝は、「第二篇　第三章第二節　排耶書を著わした吉岡信行」で明らかにしたため、ここでは『教説虎列刺予防法手控』と『虎列刺予防法』の相互関係をながめてみよう。

　両書の基本的立場は『教説虎列刺予防法手控』に、

○上来ハ内務省社寺衛生両局官ノ御諭解中ノ御辞ニテ詳クハ冊子ニ備ル。必ス稟テ読ムベキナリ。爰ニソノ概略ヲ伝説スルニ卑語ヲ用ヒテ村野ノ人情ニ訣リ易カラント思フ。

といい、『虎列刺予防法』は「緒言」に、

此ニ於テ予防ノ御諭解一巻ヲ頒布シテ将来ヲ救ハセラル。而シテ吾儂教導職ニ於テ務テ疫病ヲ予防スル方法ヲ諭セヨノ御趣意也。故ニ此ニ聊カ俚言ヲ加ヘ仏経ノ教意ヲ交説シテ信用ノ厚カランコトヲ要ス

といい、また、末尾にも、

上来ノ制伏方法ハ内務省社寺衛生両局ノ御諭解本ヲ抜萃シ如来ノ教法ト交説ス。

というように、両書とも卑語、俚言を用いて説いているが、『虎列刺予防法』はそれに仏教の教法を交えて説き、信用を厚くしたという。また、『教説虎列刺予防法手控』より説明文は多く十一丁である。

一、二の例をみると、「飲水ノ御意」では、

『教説虎列刺予防法手控』	『虎列刺予防法』
○他家ノ井戸端へ猥リニ立寄テハナリマセヌ。若シ水ガ慾イト思フタラ井戸主ニ申シテ貰フテ呑ムガ人ノ道デアリマス。	他家ノ井戸端へ猥ニ立寄ヘカラス。其水ガ慾ト思ハヾ井戸主ニ申シ貰テ呑ヘシ。則チ人ノ道也。

とあり、「食物ノ御意」でも、

『教説虎列刺予防法手控』	『虎列刺予防法』
審カニ吟味セネバナラヌト仰セ	審ニ吟味セザルヘカラス。

ラル。

とあって、『教説虎列刺予防法手控』は説教調であることが明らかになる。また、『虎列刺予防法』では「如来ノ戒律ニハ」「如来ノ難所戒護身戒是也」というように、仏教の戒律を引用して説いている。

吉岡信行が、どうして明治十五年に『虎列刺予防法』を著わしたかは述べられていないが、おそらく、明治十五年は明治十二年以来のコレラ大流行となって極期に達していたため(4)、内務省は七月一日に、再び神仏各管長へ、

番外　　神道副総裁　神仏各管長

虎列刺病蔓衍ノ兆候有之ニ付テハ各地教導職ヲシテ、一昨十三年頒布予防諭解書ノ旨趣ニ拠リ、説教ノ際人民ヘ懇篤説諭候様可為致此旨諭告候事。

明治十五年七月一日　　内務卿山田顕義

と諭告を出し、それによって曹洞宗務局は七月三日に全国末派寺院へ、

宗局布達番外　　十五年七月三日　　全国末派寺院

虎列刺病予防ノ儀ニ付、内務省ヨリ管長へ諭告有之。付テハ明治十三年四月二十五日宗局番外達ノ旨趣ニ由リ、諄諄説諭ヲ怠ラス諸民ヲシテ其危害ヲ免レシムヘシ。此旨諭告ニ及候事。

と説諭を怠らないように布達した。そのため吉岡信行は、再び『虎列刺予防諭解』にたいする注釈書を著わすことになったものと考えられ、説教調の『教説虎列刺予防法手控』とは異なった著作になったのである。

さて、明治十年からのコレラ大流行は、近代衛生行政が確立するきっかけにもなったといわれている。すなわち明治十年八月二十七日には「虎列刺予防法心得」が内務省より達せられており、つづいて同十二年六月二十八日に

は「虎烈刺病予防仮規則」が太政官より布告され、改正が毎年行われた。また、同十三年七月九日には「伝染病予防規則」、同年九月十日には「伝染病予防心得書」などが布告された。

コレラの対策はつぎのようなものであった。発生したとわかると、その区画の交通が遮断された。患者の出た家には標識が立てられて地区の家や人びとには消毒のための石炭酸がかけられ、患者は臨時に開設された避病院に収容された。しかし、満足な医療設備のない粗末な施設であり、自然治癒を待つだけであった。そのため患者は脱水症状などを起こし、次々に死んだため、避病院に入ったら最後というイメージを定着させた。明治十二年六月二十八日に公布された太政官布告第二十三号の「虎烈刺病予防仮規則」の第八条の要旨をみると、

避病院はなるだけ人家隔絶の場所に建設し、その構造は極めて軽易であることを第一とし、その大小、員数は土地の広狭、患者の多少を考慮して定めなければならない。(5)

とあり、第十一条には、

検疫委員は孤独貧困のため看病人を雇うことのできないもの、家人が幼稚、老衰のため看護消毒が行き届かないもの、学舎、製造場、会社、旅館等にあって他に親戚、交友などの引取人のないもの、およびその他狭隘、不潔の地に雑居して予防消毒法が行き届かず病毒伝播を防ぎ難いという確証のあるものは、避病院に送らなければならない(但し、これ以外に入院を申請するものがあれば、その希望を受け入れる)。(6)

とあって、この五つの条件の者が入院した。

避病院はコレラの流行が続いたため、各地に建設されたが、一般民衆からは受け入れられず、建設のできない市町村もあった。しかし、治療法が確立されていない当時は、患者の治療よりもむしろ隔離と消毒が中心であったため、避病院はコレラ患者を隔離するためだけの場所であった。

ところで、寺院を避病院にあてた地方もあった。そのため寺院の本領である布教法会などを妨害するとして、住職より知事へ伺書が出され、それにたいして役所より村役場へ出された指令もある（明治三十年八月三十日「明教新誌」第三九九〇号）。それは宮城県桃生郡大塩村大窪の潤洞院住職よりのもので、それには、

近年悪疫伝染病流行の儀は、寺院を以て避病院或は隔離舎と為し、甚しきは住職を初め寮衆を挙て俗家に移住せしむる等の儀、往々有之候処、目下拙寺は已に其場合に立至り候。右は村内郡区信徒の者にして情状不得止次第とは乍申、寺院外別に高燥清潔の場所に取設可然義と奉存候。其理由本条には如何なる貧寺寒院にも今上皇帝陛下聖寿万安の尊体を奉安し、朔望に祝聖祈禱の大礼を修し来るの特例有之、平素欽重清潔を旨としあるに拘はらず隔離避病院等に充て、彼の御尊体に対し奉り不敬の行作有之候ては以の外の義に御座候。尚亦尋常仏事演法葬儀執行等に差閊を生し候に付、是等の義は何分拒絶致度候処、右は如何相心得可然や。至急何分の御指揮被成下度、此段奉伺候也。

桃生郡大塩村大窪潤洞院住職八重柏義明代理

前住職　二階堂義仙

明治三十年六月　　日

宮城県知事　樺山資雄殿

と伺書を出しており、宮城県知事はこれを桃生郡役所に回付し、同役所より桃庶一一四六号の指令で、

桃庶第一一四六号

其村大窪曹洞宗潤洞院住職儀八重柏義明より別紙之通寺院使用之義に付伺書差出候趣きを以て、本県より回送有之候処、右は法用執行上差支あると云ふに於ては使用する事能はざるものに付、其旨指示の上伺書下戻可相成。尤寺院を他に使用せんとする場合には、管長の添書を以て住職及檀家総代連署を以て出願すべきものに有

之候条承知置可有之此段及照会候也。

明治三十年六月十二日

桃生郡役所

大塩村役場中

と大塩村役場に返事した。これによれば、法用などに差し支えのある寺院の使用は、管長の添書に住職、檀家総代などの連署とともに出願することを承知することが照会されている。なお、その他に伺書で寺院を避病室にあてることは断然謝絶すべきと管長に具申しているものもみえる（明治三十年十月二日「明教新誌」第四〇〇六号）。

このように政府は、一部の寺院を避病院（室）にあてたり、消毒や収容などの活動は内務省の管轄下にあった警察が行ったため、一般民衆が政府にたいして不信感をもつようになりトラブルが起きた。それが全国に広まったコレラ騒動で、コレラ予防の反対を訴えた一連の暴動は、コレラ流行をきっかけに生活の中へ入り込んできた警察という国家権力にたいする反感であった。それは政府の富国強兵策にとって必要なものであったが、国民を管理する集権的な衛生行政が警察の手を借りて成立していったのである。(7) また、教導職にたいしては、国家が『虎列刺予防諭解』による説教を依頼した。それにたいして教導職は、『虎列刺予防諭解』を翻刻したり盛んに説教の教筵を開いている。吉岡信行が『虎列刺予防法』で、

明治十三年内務省御頒布ノ虎列刺病等ヲ予防ト制伏スル御諭解本一巻出テ初テ怖ルヘキ疫病ノ名実ヲ聞キ時、疫予防ト制伏ノ用心ヲ承ルコト也。其病性ニ至テ医師ニ在ザルヨリ吾教職ハ之ヲ知ズ。吾普ク兄弟姉妹ニ諭シ申サントスル方法ハ、御趣意《テンテウノオオセ》ト如来意《ホトケノオボシメシ》ヲ斟酌《クミトル》シテ平生ノ用心ト非常ノ心得ヲ教導申ス也。我神国ノ人ハ天照皇祖ノ御意ヲ政府ノ御意トシ、仏教即チ人心ト習ヒ申スヘシ。

ということは、政府と仏教が一体であったことを強調したものといえよう。

第四節　禁厭祈禱儀礼の禁止

前節でみたように、明治十五年はコレラが大流行した。そのため七月一日に、内務省は神仏各管長へ説教の際、『虎列刺予防諭解』により説諭するよう諭告を出した。そこで曹洞宗務局は、七月三日に全国末派寺院へコレラ予防のため説諭を怠らないように布達したが、七月十二日には、宗局布達第二十号で、

宗局布達第二十号　十五年七月十二日　全国末派寺院内務省戊第三号御達ノ旨篤ク領認シ不都合無之様注意可致此旨布達候事。

と内務省戊第三号達に不都合がないようにとの注意を布達した。その内務省戊第三号とは、

戊第三号　神道副総裁 神仏各管長

禁厭祈禱ノ儀ニ付、七年六月教部省乙第三十三号達之趣有之候処、病者治療ノ際之カ為メ投薬ノ時機ヲ誤リ候儀モ有之哉ニ相聞不都合候条、今後信者ヨリ請求候節ハ先服薬之有無ヲ証明セシメ、果シテ医師診断施療中ノ者ニ限リ其望ミニ応シ不苦候条、其旨屹度可相心得此段相達候事。

明治十五年七月十日　内務卿山田顕義

とあり、先の明治七年六月の教部省乙第三十三号の達を受けて、今後は信者から病気治しの祈禱などを頼まれても、医師の診断を受けて服薬し治病しているかどうかを証明してから引き受けよというのである。つまり、コレラ患者などの病気治しの禁厭祈禱を否定したのではなく、医療活動を妨げたり社会不安になるものを禁じたのであった。

教部省達書乙第三十三号は神道諸宗管長へ達せられたもので、

明治七年六月七日　教部省達書乙第三十三号

神道諸宗管長

禁厭祈禱等ノ儀ハ神道諸宗共人民ノ請求ニ応シ、従来ノ伝法執行候ハ元ヨリ不苦筋候処、間ニハ之レカ為ノ医療ヲ妨ケ湯薬ヲ止メ候向モ有之哉ニ相聞以ノ外ノ事ニ候。抑教導職タルモノ右等貴重ノ人命ニ関シ、衆庶ノ方向ヲモ誤ラセ候様ノ所業有之候テハ朝旨ニ乗戻シ、政治ノ障碍ト相成甚以不都合ノ次第ニ候条、向後心得違ノ者無之様屹度取締可致此旨相達候事。

とあり、禁厭祈禱などを執行しても差し支えないが、医療を妨げ湯薬をやめさせたりすることがある。教導職は尊い人命を誤った方向に指示したり政治の妨げとなって不都合のため、今後心得違いがないように取り締ることが達せられた。また、同日、教部省達書第二十二号で各府県にも、

明治七年六月七日　教部省達書乙第二十二号

府県

別紙乙第三十三号ノ通、神道諸宗管長へ相達候条、向後禁厭祈禱ヲ以医薬等差止メ政治ノ妨害ト相成候様ノ所業致候者有之候ハ、於地方官取締可致、此旨相達候事。

と、禁厭祈禱をもって医薬などを差し止め、政治の妨害となる者を地方官が取り締ることを達している。なお、前年の一月十五日にも教部省達第二号で、

明治六年一月十五日　教部省達第二号

府県

従来梓巫市子並憑祈禱狐下カ抔ト相唱玉占口寄等之所業ヲ以テ人民ヲ眩惑セシメ候儀、自今一切禁止候条於各地方官此旨相心得、管内取締方厳重可相立候事

と梓弓を鳴らして口寄せする梓巫《あずさみこ》、死霊・生霊の口寄せをする巫女の市子《いちこ》、憑坐《よりまし》に霊をつかせて祈禱する憑祈禱《よりきとう》などは人民を眩惑せしめるため一切禁止し、その取り締りを各府県の地方官に委ねている(8)。

このようにみてくると、初めは神道諸宗管長へ向けてのものであったが、警告の効果はあがらなかったようで、そのため明治十五年七月の内務省戊第三号では仏教各宗管長も加えて発令しており、神道と仏教の各管長に周知徹底を改めて強調したのであった。しかし、これらの達が出ることになった背景には、幕末から明治期にかけての不安定な時代にさまざまな新宗教が発生しており、その多くは禁厭祈禱による治病儀礼を重要な宗教行為と位置づけていたため、近代医学による治療行為や衛生管理に支障をきたす事態に至っており、既成宗教の枠から逸脱する民衆宗教の急成長に国家が戸惑ったということがある。そこで政府は、教導職以外の布教活動を禁止し、諸宗教をふるいにかけて再編する一方、淫祠邪教として弾圧する処置をとったともいわれている(9)。その代表的なものが天理教や金光教、黒住教などの新宗教にたいするもので、教祖が拘留されるなどさまざまな弾圧と規制を受けた(10)。

このような祈禱の禁止は、明治二十二年八月に刊行された『明治校訂洞上行持規範』に影響を及ぼしたとみる説がある。渡部正英は『明治校訂洞上行持規範』に祈禱の行持が締め出されており、過去の清規類の中から禁止された民間にあった行事を避けながら規範として行持できうる修行を発表せねばならなかったという(11)。しかし、『明治校訂洞上行持規範』の成立は明治二十年十一月二十五日に全国末派寺院へ普達された甲第十四号で、

甲第拾四号　二十年十一月二十五日

全国末派寺院

本宗行法ノ規式ヲ同一ニセンコトヲ要セラレ、凡ソ五ケ年ヲ期シテ改正規則ヲ編纂セシムヘキ旨明治十九年五月十三日両本山貫首懇切ニ告諭有之。右ハ両本山旧来ノ是非ヲ截断シテ専ラ時勢ニ適スル一宗一体ノ法式ヲ確

定シ、区々ノ弊習ヲ洗滌セラル、ノ慈慮ニシテ軽々ノ業ニ非ス。依テ能本山貫首親カラ之ヲ管掌被成適当ノ附属員両三名ヲ挙ケ、当局内ニ法式改正係ヲ置キ明治二十一年一月ヨリ法式改正規則編纂ニ着手スヘキ旨両本山貫首協議ノ上命示相成候。此旨普達候事。

但本件ハ永平大清規瑩山清規其他ノ諸清規ヲ折衷シテ大綱ヲ定メラル、ハ勿論ナリト雖モ、従前各地方ノ叢林ニ別行スル規式ハ一切参考ニ供スヘキ旨被申聞候条、今後当局法式改正係ヨリ特達有之節ハ各叢林慣行ノ法式進退に関スル書類ヲ呈出スルニ差支ナキ様予メ調査シ置クヘシ。

というように、永平清規、瑩山清規などを折衷して両本山旧来の法式および各地方叢林で行われている規式を参考にし編纂したものである。その背景には、衣体の斉整と同じく異なった両本山の風習を折衷して統一した折衷案の法式に改整しようとするものがあったため、日分行事、月分行事、年分行事、それに附属法と臨時行事のみを統一したのであろう。なお、以後の再版に際しては改訂増補が行われ、臨時行持法に尊宿葬儀法も追加されていった。したがって、『明治校訂洞上行持規範』は、政府の達によって祈禱の行事を避けたと考えるよりも、かえって祈禱行事の統一した規範を制定することを行わなかったと考える方がよいのではなかろうか。それは両本山のみの法式問題だけではなく、祀られた本尊の違いから起こる祈禱法式の相違もあったためではなかろうか。この問題は今後の研究課題としておきたい。

なお、明治二十七年にも十月二十四日に内務省社寺局長より曹洞宗へ秘甲第二五五号として、明治七年六月の教部省達書乙第三十三号の一層の注意が申し入れられており、そのため曹洞宗は、十一月十五日に全国寺院へ、

甲第二十六号　　全国曹洞宗寺院

禁厭祈禱ニ関スルコトハ、明治十五年内務卿達示ノ旨ヲ領シ曹洞宗務局布達第二十号ヲ以テ全国末派寺院ニ対

シ篤ク訓スル所アリ。本宗ニ於テハ禁厭祈禱ニ関シ不都合ノ所為無之筈ニ候ヘ共、尚ホ今般内務省社寺局長ヨリ左記ノ通リ通牒セラレタルニ依リ、本宗寺院僧侶ハ一層注意ヲ加フヘシ。

右普達ス。

明治二十七年十一月十五日

曹洞宗事務取扱　服部元良

曹洞宗事務取扱　星見天海

秘甲第二五五号

禁厭祈禱取締ノ儀ニ付テハ、明治七年六月教部省乙第三十三号達ノ旨モ有之候処、近来宗派内ノ者ニシテ禁厭祈禱ヲ為スニ当リ医療其他伝染病ノ予防等ヲ妨ケ、若クハ湯薬ヲ止ムル者有之哉ニ相聞ヘ候条、右等心得違ノ者無之様取締方一層注意相成可然命ニ依リ此段申入候也。

明治二十七年十月二十四日

内務省社寺局長　阿部　浩

曹洞宗事務取扱　服部元良殿

曹洞宗事務取扱　星見天海殿

と一層注意することを普達した。当時の曹洞宗は總持寺分離事件による非常事態中であり、そのため曹洞宗事務取扱を服部元良、星見天海が務め、両名の名で普達された。

このように政府は、明治六年、七年、十五年、二十七年に禁厭祈禱に関して強硬な態度をとっている。これは表面的に医療や政治の妨害となる行き過ぎの弊害を取り締ることにあったが、祈禱は非合理的なため、近代化政策を進める上で障害となるものとみていた。そこで宗教的習俗にも干渉し、国家神道を確立するために強引な政策をとったものといえよう。

註

(1) 竹内道雄『曹洞宗教団史』（昭和四十六年六月　教育新潮社）一七〇頁。
(2) 横関了胤『曹洞宗百年のあゆみ』（昭和四十五年一月　曹洞宗宗務庁）一一七頁。
(3) 山本俊一『日本コレラ史』（昭和五十七年七月　東京大学出版会）四七頁。
(4) 山本俊一、前掲書、六四頁。
(5) 山本俊一、前掲書、二六一頁。
(6) 山本俊一、前掲書、二六二頁。
(7) 「維新前後の日本「病気」で読む（上）」（平成八年四月一日「朝日新聞」夕刊）
(8) 木村茂「所謂「梓巫、市子」等について」（昭和十一年二月「宗教行政」第十二号）
(9) 小沢浩『生き神の思想史』（昭和六十三年八月　岩波書店）四三頁。
(10) 村上重良『近代民衆宗教史の研究増訂版』（昭和三十八年十一月　法藏館）一四三、一七二、一八三頁。小沢浩、前掲書、四三、四四頁。井上順孝『教化神道の形成』（平成三年三月　弘文堂）三五一頁。
(11) 渡部正英「『洞上行持軌範』についての一視点（その二）」（昭和五十九年三月「宗学研究」第二十六号）

第五章　護法会と第三次末派総代議員会議

第一節　護法会の設立と曹洞宗基本財産

㈠　護法会の設立

明治八年十一月十五日に開かれた第一次末派総代議員会議において決議され、平均一カ寺金七十五銭を割当として、各地方の以大補小にて徴収した両本山、宗局、専門本校の永続資本は毎年、多少の不足を来すため、宗務局は固定した基本金を作ろうとした。そして、明治十四年十月十一日に開かれた第二次末派総代議員会議で、「本末共有金募集議案」として転衣証券を三万枚発行し金二十四万円を得て、その利子で宗門一カ年の経営を行うものとした。しかし、この案はやや具体化して実行に移されようとしたが、時すでに遅く、会議は閉会したので次期大会に譲ることになった。明治二十二年の第三次末派総代議員会議において、第一号案として提案されたが廃案となっている。それはすでに固定した基本金を作るため、護法会が創設されて基金募集の事業が行われていたからであった。

護法会については、曹洞宗務局より明治十五年と同十六年の布達を編集した『曹洞宗務局護法会布達全集』（内題。題簽は『曹洞宗護法会全集』とある）と『自明治十七年至明治二十三年曹洞宗務局護法会普達全集』があり、それに明治二十九年甲第十一号、乙第三号、護甲第二十七号を一冊にまとめた別冊もある。

ここに護法会の設立や寄附金の報告を知ることができる先の布達の発行年月日や内容要旨などをながめておこう。

曹洞宗務局護法会布達全集目録

年月日	号	内容要旨	丁
明治十五年 六月 三日	宗局達書番外	護法会設立ニ付支局へ注意	一
六月 三日	宗局布達第十五号	護法会加入者勧募方法並規則	一
六月 二十日	宗局達書番外	本局派出者展待方心得	八
七月 一日	宗局布達第十八号	護法会派出受持区画並章程	八
十月二十五日	宗局布達第二十六号	加入者ノ口数ニ由リ領収証ニ区別アル事	一一
十一月二十七日	宗局布達第二十八号	護法会派出員復命解任ノ事	一一
十二月 二日	宗局布達第二十九号	護法会加入者ノ多少ニ由リ賞罰ノ事	一一
十二月 二日	宗局布達第三十号	護法会係印章ノ事	一二
明治十六年 五月三十一日	宗局布達第二十六号	護法会係職制並事務章程	一二
五月三十一日	宗局布達第二十七号	護法会係総轄特命ノ事	一三
五月三十一日	護甲第一号	護法会係ノ達書ヲ甲乙丙ニ分ツ事	一三
五月三十一日	護甲第二号	護法会ニ関スル書面ハ該係ヘ宛テヘキ事	一三
五月三十一日	護甲第三号	加入者勧募明細帳整理心得	一三
五月三十一日	護甲第四号	一口未満ノ加入者ノ事	一五

五月三十一日	護乙第一号	甲第三号四号ニ付局へ注意	一六
五月三十一日	護乙第二号	明細帳進達表雛形	一六
五月三十一日	護乙第三号	寄附金送納表雛形	一七

自明治十七年至明治二十三年曹洞宗務局護法会普達全書目録

年月日	号	内容要旨	丁
明治十七年 二月 十八日	護甲第五号	第一回報告	一
二月 十八日	護甲第六号	勧募明細帳領収最終期限	一
二月 十八日	護甲第七号	勧募明細帳未納寺院調査	二
二月 十八日	護乙第四号	明細帳未納寺院結局届	三
二月 十八日	護甲第八号	寄附金纏集納附概則	三
二月 十八日	護乙第五号	同上ニ付送納表	五
二月 十八日	護甲第九号	過去帳調認ニ付除名又ハ変換難聞届	六
十月 十五日	護甲第十号	住職任免等管長ニ於テ統理セラル、ニ付勧募方一層尽力ノ事	六
十月 十五日	護乙第六号	同上ニ付支局ノ責任	七
明治十八年 一月 六日	護甲第十一号	第二回報告	七
一月 十九日	護甲第十二号	第一期（十六年）考課状	八

七月二十五日	護甲第十三号	十八年一ケ年分一時納ハ一口拾銭ノ内百分ノ二十ヲ引送納ノ事	一五
七月二十五日	護乙第七号	同上ニ付事実審査ノ事	一六
十二月　十日	護甲第十四号	第三回報告	一六
十月　十五日	護乙第八号	明細帳未納寺院ハ警誡条規ニ照シテ処分ノ事	一八
明治十九年　二月　十五日	護甲第十五号	第三期（十八年）考課状	二〇
二月　十五日	護甲第十六号	檀家戸数ニ適当以上ハ二十三年以後通常課賦金免除ノ事	二五
六月　十日	護甲第十七号	護法会全面越本山貫首御直管ノ事	二五
十二月　七日	護甲第十八号	第四回報告	二五
明治二十年　一月二十一日	護甲第十九号	第四期（十九年）考課状	二七
八月　十日	護甲第二十号	奨励策進ノ要領	三〇
八月　十日	護乙第九号	同上ニ付調査方	三一
十二月　七日	護甲第二十一号	第五回報告	三一
明治二十一年　一月二十一日	護甲第二十二号	第五期（二十年）考課状	三三
十二月　十三日	護甲第二十三号	第六回報告	三六
明治二十二年　一月　十日	護甲第二十四号	第六期（二十一年）考課状	三八

護法会は明治十五年五月八日に久我環溪、畔上楳仙両本山貫首が合議して、同会規則を制定し設立されたもので、翌五月九日に曹洞宗管長代理の青蔭雪鴻が山田顕義内務卿へ「曹洞宗護法会設立ニ付御聞置願」を出し、五月二十日に認可された。設立の趣旨を「緒言」からみると、

金瓶を毒蛇に比へて世財を貪ぼるの害を示し、三衣一鉢にて足ることを知らしむるは仏祖の教誡したまふ所にて、我等僧侶の遵守すべき所なり。然ながら世運推遷りて古今その軌を同ふせす。国家已に開鎖の異あれは、宗教また稍内外の別を見る。而して彼の外教の徒は、万里の波濤を越来りて年々数十万円の資財を齎らし、頻に弘通を我国に試みて、将に信徒を席捲せんとするの計画をなす。是に於て内教諸宗互に奮迅して教歩を競ひ、千有余年我教に勝縁を結びたる我国民の幾と悪趣に溺没せんとするを救済するの急務ある今日に至りては、其何れの宗派に論なく其用途に供するの資財そなはらざれば寸進尺退また如何ともすること能はざるなり。……我等今や我教を布演して法幡を海外にまて翻かへし、皇図鞏固にして仏日の光輝を増さんことを庶幾す。然れとも世運に随ひ世財に資らざれば、空手赤脚にして歩を進むることを得す。是を以て宗内僧侶力を協せ、大凡本宗帰依の檀越及ひ仏教有縁の信者に就き貧富を択はす平等に多少の財政を乞はんが為に護法会と名けて其方法を設立せり。……本会加入の寄附金は、固に僅少なりと雖とも積て一大宝聚となし、資て以て我法幡を海の内外に翻へすに至らは、其功徳の広大なる我等が弁説を待つべきにあらざることを。嗚呼、本宗帰依の檀越及ひ仏教有縁の慈善者よ、明かに今の世運を観察し各自現在の果報を顧念して更に将来福祉の基を固め国を愛し法を護するの赤心を発して、速かに本会を団結せられよ。我等仏祖に誓ひて財法二施の功徳を円満し、会員相牽いて均しく蓮台に登らんことを冀図す。……

とあり、外教は年々数十万円の資財により弘通しようとしているが、仏教の各宗派は資財がない。そこで、曹洞宗

は財施を受けて法施で報いる方法として護法会を設けたのであった。

「曹洞宗護法会規則」は目的、組織、年限、寄附、寄附金蒐集、寄附金取扱、報答回向の七章二十条で構成されている。曹洞宗両本山の永代祠堂金を募り宗教維持の基礎を確定することを目的とし、全国曹洞宗檀信徒一戸に一口、あるいは数口の加入を願い、明治十六年一月より同二十年十二月までの五年間を限りとした。寄附金は一口につき、毎月金一銭宛で、寄附の口数によるが、両本山および大学林で先祖累代の戒名を記した位牌を安置した。寄附金の蒐集は各寺院や宗務局で行い、皆納の節は両本山より領票が贈付されるか、宗務局より領票が差し出される。寄附金の取り扱いは大阪府下の鴻池氏（鴻池善右衛門）、徳島県下の久次米氏、（久次米兵次郎、同庄三郎）の両家に委託し、元利も蓄積して基礎金額の増殖を計る。基礎金は明治二十三年以後、元金は据置き、その利子のみで宗費に充て、つぎの事業の資に充てることとした。それは、

第一項、両本山永続費

第二項、大学林生徒教育費

第三項、内国巡教派出費

第四項、臨時海外派出費

第五項、末派廃寺復興新寺創立或ハ水火等非常ノ災害ニ罹ル寺院ノ救助

第六項、鰥寡孤独者ノ救助

第七項、忠孝貞烈者ノ賞誉

である。なお、明治二十三年に至り基礎金が確定した後、各項の支弁方法について詳しく規則を設けるともいっている。そして両本山および大学林において、会員の姓名録を調整して永世宝庫に納め、毎年一回、大般若経を転読

して応募者の家門繁栄を祈禱したり、大施餓鬼会を修行して応募者祠堂の冥福に回向することを規定している。

こうして六月三日、宗務局は各府県宗務支局および全国末派寺院にたいし護法会の設立を布達して、来る同十六年一月から同二十年十二月までの五カ年にわたり加入者五十万口に達せんことを期し、達した時は明治二十三年以後の末派通常の課出金を免除しようとしたのである。

「護法会加入者勧募方法」は九条にわたって勧募の方法が説かれているが、それによれば、明治十五年十二月までに勧募を行い、同十六年一月より五年間、毎月寄附金を集めることをいう。そして寄附金のうち、百分の二十は当該寺院の費用に、百分の五は宗務支局の手数料とし、百分の七十五を宗務局へ納付するようにした。

このように護法会は、前の転衣証券を発行する案にたいして、両本山の永代祠堂金として生まれたものであったため、財源を寺院にもとめず、広く檀信徒にもとめたのは、財政政策上の一進歩といわれている[1]。

護法会設立につき加入者勧募方法を説示するため、全国各地の支局へ派出人員を遣わすことになった。そこで、明治十五年六月二十日には各府県宗務支局へ派出者にたいする展待の心得が布達された。それには、

一、着到出立ノ際送迎等ノ煩労アルヘカラス。
一、音信贈答ヲ為ス可ラス。
一、宿所ハ支局内ニ一室ヲ設クヘシ。若シ故アリテ支局外ニ之ヲ設クルモ宿料ハ支局ノ支弁トス。尤モ派出者ノ都合ニ依リ別宿トスルトキハ、宿料ハ派出者自弁スルモノトス。
一、滞在中ノ展待ハ都テ質素ヲ旨トシ、三時ノ餉飯必ス一汁一菜ニ過ク可ラス。
一、滞在中副取締ノ者モ不断ニ詰合スヘシ。無用ノ輩ヲ烏合シ冗費ヲ生ス可ラス。
一、派出着到ノ日限ハ確定ノ上派出者ヨリ通知スヘシ。

一、派出者該支局滞在中、万一威権箇間敷所業有之歟。又ハ不都合ト見認ムル振舞アラハ其顛末ヲ記シ、管長親展書トナシ本局へ郵送スヘシ。

以上

とあり、宿所は支局内の一室を基本とし、滞在中の展待は質素を旨としている。

七月一日には、派出者とその受持区画および護法会派出章程が発表された。その布達の「宗局布達第十八号」には、

今般護法会加入者勧募方説示ノ為左ノ通区画シ、各府県宗務支局へ派出者ヲ差遣セラレ候。就テハ追テ該支局ノ伝達ニ依リ、末派一同心ヲ協セ、本年局達第十五号ヲ遵奉シテ勧募ニ力ヲ尽シ、明治二十三年以後各寺ノ負担ヲシテ軽カラシムル様共ニ冀図スヘシ。此旨布達候事。

但護法会派出章程ハ別冊之通ニ候。心得ノ為之ヲ添達ス。

とあり、「明治二十三年以後の各寺の課出金の負担を軽くするため」とある。しかし、六月三日の護法会設立の達書には「課出金を免除」となっており、免除から負担を軽くと変化している。

派出者とその受持区画をみてみると、

○中教正　西有穆山

岩手県支局　青森県第一号第二号支局

○中教正　滝谷琢宗

埼玉県第一号第二号支局　群馬県支局　長野県第一号第二号支局　新潟県支局

○権少教正　北山絶三

千葉県支局　茨城県支局　栃木県支局　福島県第一号第二号第三号支局　宮城県支局　秋田県支局　山形県第一号第二号第三号支局　大阪府第一号支局

○大講義　青島興庵

神奈川県第一号支局　山梨県支局　静岡県第一号支局　三重県第一号第二号支局　大阪府第二号第三号支局　和歌山県支局　兵庫県第一号第二号支局　京都府第一号支局

○大講義　北野元峰

神奈川県第二号支局　静岡県第二号支局　愛知県第一号第二号支局　岐阜県支局　福井県第一号支局

○大講義　能仁義道

長崎県第一号第二号支局　熊本県支局　福岡県第一号第二号第三号支局　大分県第一号第二号支局　鹿児島県支局　滋賀県支局

○権大講義　大徹円洲

石川県第一号第二号支局　福井県第二号支局　京都府第二号支局　兵庫県第三号支局　岡山県第二号支局　鳥取県支局　島根県第一号支局　岐阜県飛騨分局

○権大講義　梁川玄鳳

岡山県第一号支局　広島県第一号第二号第三号支局　島根県第二号支局　山口県第一号第二号支局　愛媛県支局

とあり、西有穆山、滝谷琢宗、北山絶三、青島興庵、北野元峰、能仁義道、大徹円洲、梁川玄鳳の八人で、当時の者宿が選ばれて巡回することになった。なお、北海道の派出者は未定で、徳島県支局、島根県第三号支局、新潟県佐渡分局、愛媛県讃岐分局、高知県の五カ所は都合により派出せず、達書のみで説示することになった。

護法会派出章程は派出者の目的、使命、禁令などが決められているもので、派出人は第三条で、

第三条　本会派出ハ地方各寺院ヲ巡回スルモノニ非ス。

単ニ宗務支局ニ就テ正副取締ニ対シ本会設立ノ旨趣及規則方法等ヲ詳密ニ説示スルヲ専務トス。

というように、地方の各寺院を巡回するものでなく、宗務支局の正副取締にたいして護法会設立の趣旨や規則、方法などを詳しく説示することが任務であった。また、第四条には、

第四条　派出者へ委任スル事項ハ左ノ如シ。

第一　本会ハ一宗維持ノ基礎ニシテ、此ノ整否ニ依リ将来祖門ノ盛衰ヲトスヘキノ大事件ニ付、各支局正副取締ハ該所轄内寺院ヲ誘奨シテ相共ニ奮励スヘキ旨ヲ嘱託シ、請書ヲ出サシムルコト。

第二　本会ノ目的ハ加入者五十万口以上ニ達ルトキハ、明治二十三年以後末派通常ノ課出金ヲ免除セシムルノ心算ナリト雖、実際ニ至リテハ百万口ニ上ラサレハ或ハ之ヲ期シ難キモ亦知ル可ラス。依テ末派ハ必ス各寺自ヲ永世負担スヘキノ重荷ヲ本会ニ換エテ解脱センコトヲ企求シ、加入者ノ口数ヲシテ檀戸ノ総数ヨリモ多カラシムル様慫慂スヘキ旨正副取締へ説示スルコト。

第三　前項ノ次第タルニ依リ、各寺院ニ於テ勧募方法第二条ノ精神ニ悖リ心得違ヲ以テ檀家ノ戸数ヲ隠匿シ、第四条ノ明細帳ヲ出スモノアル時ハ、該寺住職ハ宗規犯則ヲ以テ処置スヘキニ付、予シメ之ヲ正副取締へ開示シ該所轄内へ報道セシムルコト。

第四　各支局ニ於テ該所轄内加入者勧募ニ緊要ト見認ムルコトアリテ別段ノ請求ニ遇ヲ時ハ、寺院（組頭年番ノ類）ヲ徴集シ若クハ箇所ヲ定メテ出張シ教諭スルコト。

第五　正副取締ノ者本会尽力ノ冷熱ニ依リテ其道心ノ有無ヲ勘察シ、尚ホ協議説示ニ対シ面従腹非ト認定スル時ハ其顚末ヲ詳細本局へ具状スルコト。

とあり、将来の宗門の盛衰がかかる大事件として、各支局の正副取締や各寺院住職にプレッシャーを与えている。そして加入者の口数が檀徒の総数よりも多くなることを慫慂している一方、檀家の戸数を隠匿した住職には宗規犯則と処置し、該当支局轄内へ報道するとか、勧募に尽力しない正副取締の顚末を宗務局へ知らせるなど厳しい姿勢が見られる。

第五条では、

第五条　派出者ノ最モ戒慎スヘキ禁令左ノ如シ。
第一　温和謙譲ヲ旨トスヘシ。毫髪モ威権ヲ弄ス可ラス。
第二　威儀進退如法タルヘシ。傲慢ニシテ他ノ忌嫌ヲ招ク可ラス。
第三　如何ナル場合ニ遇フトモ宗政ニ関スル事件ヲ聴ク可ラス。
第四　各支局滞在中、規外ノ展待ヲ受ク可ラス。
第五　説示ハ篤実ヲ要スヘシ。言語暴卒ナル可ラス。

といい、派出者のもっとも注意するべき禁令が述べられている。つづいて第六条では、派出期間中の日誌を作り、帰局後に差し出すことや第七条では、派出者が上記の章程に違犯した場合、審問の後に宗科に処されたり巡回中でも派出を罷免することが規定されている。

このような章程の下に受け持ちの全国各地を巡回し任務を終えた派出者は、十一月二十七日に解任された。宗務局は各地方の様子が明らかになったため、十二月二日に全国末派寺院へ、

護法会勧募方説示ノ為派出セシメタル者悉ク復命ニ付、各地方ノ情態略ホ明瞭セリ。就テハ、本年第十八号布達派出章程第四条第一第二第三ノ各項ハ地方寺院既ニ承認ハ無論ニ候得共、万一尚ホ現今ノ世運ヲ達観スル能

力ニ乏フシテ本会勧募方ヲ以テ尋常一様ノ看ヲ為ストキハ該目的ヲ了スル。能ハサルハ必然ニ有之。元来加入者口数ノ多少ニ依リ一宗盛衰ノ結果ヲ来タスヲ予想スヘキニ、或ハ護法心ヲ忘失シテ勧募ニ励精セズ。終ニ本会満期ニ至リテ憲章ニ照サル、モノ有之候テハ、実ニ不相済儀ニ付、今般左ノ各項ヲ確定シ候条末派一同篤ト注意シテ共ニ力ヲ尽スヘシ。此旨布達候事。

一、成規ニ準シテ加入者ヲ勧募シ該口数ヲシテ檀中戸数ヨリ多カラシメタル寺院ニ限リ、明治二十三年以後通常課賦金を免除スヘシ。

一、檀中惣戸数ニ対シ、以大補小ヲ以テ加入者口数一戸一口半以上ノ目安ニ達セシメタル寺院ハ前項ノ外更ニ両本山ヨリ賞状ヲ附与スヘシ。

一、加入者ノ口数ヲシテ檀中ノ戸数ヨリ減少セシメタル寺院ハ、明治二十三年以後ニ至ルモ通常課賦金ヲ悉皆免除ノ限ニ非ス。

一、故ラニ檀中ノ戸数ヲ隠匿シ、若クハ私意ヲ恣ニシテ加入者勧募ニ尽力セサル寺院ハ一宗ノ盛隆ヲ冀図セス自暴自棄ノ者タルヘキニ付、臨時取糺ノ上憲章ニ照シテ宗科ニ処スルコトアルヘシ。

と布達を出し、護法会加入者の多少により、明治二十三年以後の課賦金を免除するかしないのかの賞罰を与えることが布達された。また、同時に護法会係を置いて関係の事務一切を行うため、今後、同係の用いる印章（指令特達ニ用ユル印、金員領納印、封緘及割印）を布達している（宗局布達第三十号）。

翌十六年五月三十一日になると、宗務局は護法会係職制並事務章程を定め、以後の護法会に関する件は章程第九条により護法会係の名で布達されることになった。護法会係は総轄一名、会監二名で成り、総轄は本会規則によって生じた事件を統掌し、会監は総轄を補佐して会務を整え、総轄に事故のあった場合には代理を務めることとした。

また、係の経費は募集金元額百分の五をもって支弁するものとした。総轄、会監以外に書記、筆生などの人員を採用することも総轄が行えた。そして護法会係は、毎年一月に前年中の考課状を作って報告せねばならず、護法会に関する事件も取り計らい、募集金は金員取扱人鴻池・久次米の両家へ預け、定約書に照らして毎年五月と十一月に元利を計算し、総轄と会監が審査した金額統計表を作成し末派寺院へ年度の報告を行うことにした。

第十一条では、護法会加入者の姓名録、過去帳、位牌、納金領票などの調整を述べており、それらを両本山と大学林に安置する。また、全国末派寺院の明細帳は両本山へ納めることをいっている。

こうして護法会係の職制や事務上の章程が定められるとともに、同日（五月三十一日）付で両本山貫首の特命によって滝谷琢宗が護法会係総轄兼宗務局顧問に任命された（宗局布達第二十七号）。その他の職員は永平寺に所蔵する「護法会係衣資賄料」によれば、五月の項には、

金参拾円　　滝谷
　外に金五円賄料能山へ納
金拾円　　北山
　外に金五円賄料
　　但内三円五十銭能山へ納壱円五十銭は
　　本人着京の節三日旅宿滞在に付右賃本人へ渡
金六円六十五銭　田村
　日当金三十五銭日ノ割十九日分
金五円二十五銭　　用

日当金二十五銭日ノ割二十一日分

計金六十壱円九十銭

とあり、北山絶三（会監）、田村顕孝（書記）、用泰田（書記）が就いている。しかし、六月の項には、

金三拾円　滝谷

金拾弐円　北山

金拾弐円　竺

金九円拾銭　田村

日当金三十五銭二十六日分

金六円五十銭　用

日当金二十五銭二十六日分

金拾五円　賄料

但滝谷北山竺三名一名拾円つ、両山宗務所へ納

金壱円三十銭　昼食料

但田村氏二十六日昼食代能山宗務所へ納

計金八十五円九十銭

とあることから、竺舜孝も会監に就いていることが明らかになる。

同日（五月三十一日）、護法会係は同会の趣旨および勧募明細帳の整理心得の五カ条や護法会係の達書を甲乙丙に分つこと（護甲第一号）、護法会に関する書面は護法会係へ宛てること（護甲第二号）、一口未満の加入者のこと

（護甲第四号）、護法会加入者明細帳進達表や寄附金送納表の雛形も示達されている（護乙第二号、護乙第三号）。

(二)「護法会係衣資賄料」の整理

永平寺に所蔵する「護法会係衣資賄料」は、明治十六年五月より同二十八年九月までの各月の衣資賄料合計金額と護法会係の総轄、会監および書記の人員、衣資料などの給与が記されている。これによって約十二年間の各月の経費と護法会係が明らかになり、護法会の運営を考察する上で貴重な資料となるため、ここに整理し、表を作成してながめてみよう。

年	月	衣資賄料合計	総轄	会監	会監	会監	会監	書記	書記	書記
明治十六年	五月	六十一円九十銭	滝谷琢宗 三十円	北山絶三 十円				田村顕孝 六円六十五銭	用 泰田 五円二十五銭	
	六月	八十五円九十銭	〃	〃 十二円	竺 舜孝 十二円			〃 九円十銭	〃 六円五十銭	
	七月	八十一円九十銭	〃	〃	〃			〃 八円四十銭	〃 三円七十銭	
	八月	八十五円三十五銭	〃	〃	〃			〃 九円十銭	〃 六円五十銭	
	九月	八十五円九十銭	〃	〃	〃			〃	〃	
	十月	〃	〃	〃	〃			〃	〃	

	十一月	〃	〃	〃	〃			〃	〃	
	十二月	七十七円四十銭	〃	〃	〃			〃	〃 三円	
明治十七年	一月	九十二円三十銭	〃	〃	〃			〃 十円	〃 五円	戸沢春堂 五円
	二月	九十円八十銭	〃	〃	〃			〃	〃 六円	〃 六円
	三月	九十三円八十銭	〃	〃	〃			〃	〃 四円五十銭	〃
	四月	一〇六円	〃		〃 十五円	岳尾泰忍 十円	水島洞仙 五円	〃	〃 六円	〃 七円
	五月	一〇五円	〃		〃	〃	〃 十円	岳尾泰苗 二円五十銭	〃 六円五十銭	〃
	六月	一〇〇円	〃		〃	〃	〃	〃 一円五十銭	〃	〃
	七月	一〇四円	〃		〃	〃	〃	〃 三円	〃 三円	〃
	八月	一二二円五十銭	〃	在田彦竜 十円	〃	〃	〃	〃	〃 六円	〃

	九月	一二三円	〃	〃 十五円（下宿料共）	〃	〃	〃 十五円（下宿料共）	〃	〃 六円五十銭	〃
	十月	一二〇円	〃	〃	〃	〃	〃	〃	〃 六円	〃
	十一月	一一六円五十銭	〃	〃	〃	〃	〃	〃	〃	〃 三円五十銭
	十二月	一二二円	〃	〃	〃	〃	〃	〃	〃 五円五十銭	〃 七円
明治十八年	一月	一〇一円五十銭	〃	〃		〃	〃	〃	〃 五円	〃
	二月	一〇〇円五十銭	〃	〃		〃 十五円	〃	〃 八円	〃 四円	〃 十二円
	三月	九十円五十銭	〃	〃		〃	〃	〃	〃 六円	
	四月	八十四円五十銭	〃	〃		〃	〃	〃		
	五月	〃	〃	〃		〃	〃	〃		

	六月	八十九円五十銭	〃	〃		〃	〃	〃		〃 五円
	七月	九十四円五十銭	〃	〃		〃	〃	〃		〃 十円
	八月	〃	〃	〃		〃	〃	〃		〃
	九月	八十九円	〃	〃		〃	〃	〃 二円五十銭		〃
	十月	九十四円五十銭	〃	〃		〃	〃	〃 八円		〃
	十一月	〃	〃	〃		〃	〃	〃		〃
	十二月	一〇〇円五十銭	〃	〃		〃	〃 十七円	〃 十円	牧玄道 十二円	
明治十九年	一月	一〇〇円五十銭	〃	〃		〃	〃	〃	〃	
	二月	九十九円七十五銭	〃	〃		〃	〃	〃	〃	
	三月	九十五円五十銭	〃	〃		〃	〃 十二円	〃	〃	

	四月	九十六円二十五銭	〃	〃		田村顕孝 十五円	〃	〃	〃	
	五月	九十一円二十五銭	〃	〃		〃	〃 十七円		〃	
	六月	〃	〃	〃		〃	〃		〃	
	七月	〃	〃	〃		〃	〃		〃	
	八月	〃	〃	〃		〃	〃		〃	
	九月	〃	〃	〃		〃	〃	〃		
	十月	九十二円	〃	〃		〃	〃	〃		
	十一月	八十九円十二銭	〃	〃		〃	〃 十四円五十銭	〃		
	十二月	九十二円	〃	〃		〃	〃 十七円	〃		
明治二十年	一月	〃	〃	〃		〃	〃	〃		

	二月	〃	〃	〃		〃	〃	〃		
	三月	〃	〃	〃		〃	〃	〃		
	四月	〃	〃	〃		〃	〃	〃		
	五月	〃	〃	〃		〃	〃	〃		
	六月	〃	〃	〃		〃	〃	〃		
	七月	〃	〃	〃		〃	〃	〃		
	八月	〃	〃	〃		〃	〃	〃		
	九月	〃	〃	〃		〃	〃	〃		
	十月	〃	〃	〃		〃	〃	〃		
	十一月	〃	〃	〃		〃	〃	〃		

	十二月	〃	〃	〃		〃	〃	〃		
明治二十一年	一月	七十六円二十五銭	〃			〃	〃	〃		
	二月	七十四円四十銭	〃			〃	〃 十二円	〃		
	三月	七十五円五十銭	〃			〃	〃 十七円	〃		
	四月	〃	〃			〃	〃	〃		
	五月	〃	〃			〃	〃	〃		
	六月	〃	〃			〃	〃	〃		
	七月	〃	〃			〃	〃	〃		
	八月	〃	〃			〃	〃	〃		
	九月	〃	〃			〃	〃	〃		

	十月	〃	〃			〃	〃	〃		
	十一月	〃	〃			〃	〃	〃		
	十二月	〃	〃			〃	〃	〃		
明治二十二年	一月	〃	〃			〃	〃	〃		
	二月	八十六円五十銭	〃			〃	〃	〃	岳尾泰苗 十一円	
	三月	〃	〃			〃	〃	〃	〃	
	四月	八十五円七十五銭	〃			〃	〃	〃	〃	
	五月	〃	〃			〃	〃	〃	〃	
	六月	〃	〃			〃	〃	〃	〃	
	七月	八十六円五十銭	〃			〃	〃	〃	〃	

	八月	九十七円五十銭	〃			〃	〃	〃	〃	源、日吉の両名臨時雇人日給十一円
	九月	九十九円	〃			〃	〃	〃	〃	〃 十二円五十銭
	十月	九十九円二十銭	〃			〃	〃	〃	〃	〃 十二円七十銭
	十一月	九十八円	〃			〃	〃	〃	〃	〃 十三円
	十二月	八十六円	〃			〃	〃	〃	〃	〃
明治二十三年	一月	八十四円	〃			〃 十七円	〃		〃 十三円	源、日給四円
	二月	八十四円二十五銭	〃			〃	〃		〃	〃 五円七十五銭
	三月	八十四円五十銭	〃			〃	〃		〃	〃 六円
	四月	五十五円二十銭	水島洞仙二十五円			〃 十二円二十銭			〃	〃 三円五十銭

	五月	六十円二十五銭	〃			〃 十七円			〃	〃 三円五十五銭
	六月	六十二円七十五銭	〃			〃			〃	〃 六円二十五銭
	七月	六十一円五十銭	〃			〃			〃	〃 五円
	八月	六十三円	〃			〃			〃	〃 六円五十銭
	九月	六十二円 八十七銭五厘	〃			〃			〃	〃 六円三十七銭五厘
	十月	六十二円二十五銭	〃			〃			〃	〃 五円七十五銭
	十一月	六十三円	〃			〃			〃	〃 六円五十銭
	十二月	六十二円	〃			〃			〃	〃 五円五十銭
明治二十四年	一月	六十円五十銭				〃			〃	〃 四円
	二月	六十二円二十五銭	〃			〃			〃	〃 五円七十五銭

	三月	六十五円	〃			〃			〃 十六円	〃 五円五十銭
	四月	六十五円 七十五銭	〃			〃			〃	〃 六円二十五銭
	五月	六十四円 八十七銭五厘	〃			〃			〃	〃 五円三十七銭五厘
	六月	六十七円 三十七銭五厘	〃			〃			〃	〃 六円三十七銭五厘
	七月	六十五円	〃			〃			〃	〃 五円五十銭
	八月	六十七円	〃			〃			〃	〃 七円五十銭
	九月	六十六円	〃			〃			〃	〃 六円五十銭
	十月	六十五円	〃			〃			〃	〃 五円五十銭
	十一月	六十五円 三十七銭五厘	〃			〃			〃	〃 五円八十七銭五厘
	十二月	〃	〃			〃			〃	〃

明治二十五年	一月	六十四円	〃			〃			〃	〃 四円五十銭
	二月	六十三円八十七銭五厘	〃			〃			〃	〃 五円八十七銭五厘
	三月	六十四円十二銭五厘	〃			〃			〃	〃 六円十二銭五厘
	四月	五十八円	〃			〃			〃	
	五月	〃	〃			〃			〃	
	六月	〃	〃			〃			〃	
	七月	〃	〃			〃			〃	
	八月	〃	〃			〃			〃	
	九月	〃	〃			〃			〃	
	十月	〃	〃			〃			〃	

	十一月	〃	〃			〃			〃	
	十二月	〃	〃			〃			〃	
明治二十六年	一月	〃	〃			〃			〃	
	二月	〃	〃			〃			〃	
	三月	〃	〃			〃			〃	
	四月	〃	〃			〃			〃	
	五月	〃	〃			〃			〃	
	六月	〃	〃			〃			〃	
	七月	〃	〃			〃			〃	
	八月	〃	〃			〃			〃	

	九月	〃	〃			〃			〃	
	十月	〃	〃			〃			〃	
	十一月	〃	〃			〃			〃	
	十二月	〃	〃			〃			〃	
明治二十七年	一月	〃	〃			〃			〃	
	二月	〃	〃			〃			〃	
	三月	〃	〃			〃			〃	
	四月	〃	〃			〃			〃	
	五月	〃	〃			〃			〃	
	六月	〃	〃			〃			〃	

	七月	〃	〃			〃			〃	
	八月	〃	〃			〃			〃	
	九月	〃	〃			〃			〃	
	十月	〃	〃			〃			〃	
	十一月	〃	〃			〃			〃	
	十二月	〃	〃			〃			〃	
明治二十八年	一月	〃	〃			〃			〃	
	二月	〃	〃			〃			〃	
	三月	〃	〃			〃			〃	
	四月	〃	〃			〃				

	五月	三十円					〃 十六円	勝木堪宗 十四円			
	六月	〃					〃	〃			
	七月	四十五円					〃	〃			
	八月	〃					〃	〃			
	九月	〃					〃	〃			

右の表により護法会係の構成や衣資料などの給与が明確になった。総轄は一名であったが、会監は二名、三名、四名が務めていた時もあり、書記は二名ないし三名であった。ただし、明治二十二年八月より十二月までは臨時の書記に源、日吉の両名を雇っており、同二十三年一月より同二十五年三月までは源のみが臨時書記を務めている。

総轄は滝谷琢宗が明治二十三年三月まで務め、四月以後は水島洞仙が就いている。

会監は北山絶三、竺舜孝、在田彦竜、岳尾泰忍、水島洞仙、田村顕孝、勝木堪宗が就いている。

書記には田村顕孝、用泰田、戸沢春堂、岳尾泰苗、牧玄道が就き、臨時雇人として源□□、日吉□□の名があげられている。しかし、両名については未詳であり、今後の研究で明らかにしたい。

護法会係は大体、毎月固定した給与であったが、臨時書記の源、日吉らは弁当代がつくものの日給制になっている。また、各係の給与の内訳は衣資料、賄料、下宿料、心付を合わせたもので、弁当代などはプラスされていない。そのため衣資賄料の合計金額とは異なっている。なお、明治二十二年八月以後の衣資賄料合計の中には臨時雇人日給も加えられ、同二十八年七月、八月、九月には過去帳謄写料がプラスされている。

㈢　明治二十二年までの護法会

滝谷琢宗、北山絶三、竺舜孝、田村顕孝、用泰田の職員で出発した護法会は、明治十六年九月二十六日に全国末派寺院へ、来る十月十五日午後一時より麻布の曹洞宗大学林で護法会加入者のための大施餓鬼会を修行することを報告した。しかし、護法会が満期になっていないため、「曹洞宗護法会規則」第七章の報答回向に準ずる方法が整っていないところから、仮の総回向を行うことが報告されている（「明教新誌」第一五六八号）。

総轄の滝谷琢宗は十月一日に最乗寺独住三世に就き、十一月二十一日には宗務局総監を命ぜられた。そのため五月三十一日に就いた宗務局顧問は免ぜられている（宗局布達第四十五号）。翌十七年一月には總持寺東京出張所監院を兼任したが、二月七日よりは宗務局へ出勤し護法会事務に専念している。

二月十八日には「護甲第五号」で、護法会係より全国末派寺院へ前年度（明治十六年）の寄附金収納預ケ高および利子が報告された。これは第一回の報告で、それをあげると、

護法会寄附金ヲ規則第六章第十三条ニ拠リ元利蓄積第一回報告

金二万四千四百〇四円六十銭〇九厘　　徳島県下　久次米氏へ預ケ高

内訳

金八千三百円　　明治十六年二月廿七日第一号ヨリ五月廿六日第十七号迄預ケ高

金五拾七円八拾銭〇六厘
　此小計八千三百五十七円八十銭〇六厘
金参百参拾四円参拾一銭二厘
金一万五千三百九十円
金参百廿二円四拾九銭一厘
　此小計金一万六千〇四十六円八十銭〇三厘
合計如高
　〇
金八千四百五十円
　内訳
金八千二百五十円
金百七拾五円〇二銭五厘
金二拾四円九十七銭五厘
　　計如高
以上両家へ預金
合計金参万二千八百五十四円六十銭〇九厘

右預金毎号十六年五月三十一日迄日割利子
六月一日ヨリ第一蓄積預
右蓄積預金十六年六月ヨリ十一月迄六ケ月利子
明治十六年六月四日第十八号ヨリ十一月廿四日第四十五号迄
預ケ高
右預金毎号十六年十一月三十日迄日割利子
十二月一日ヨリ第二蓄積預

大坂府下鴻池氏へ預高

明治十六年四月廿四日第一号ヨリ十一月一日第廿三号迄預ケ
高
右預金毎号十六年十一月迄月割利子
十六年十一月利子計算ノ節無番号別預ケ
十二月一日ヨリ第一蓄積預

内金三万千九百六十四円九十七銭五厘　収納寄附金元
金八百八十九円六十三銭四厘　蓄積利子
以上

とあり、徳島県下の久次米氏と大阪府下の鴻池氏へ合計三万二八五四円六〇銭九厘を預けている。つづいて「護甲第六号」では勧募明細帳領収最終期限、「護甲第七号」では勧募明細帳未納寺院調査、「護乙第四号」では明細帳未納寺院結局届、「護甲第八号」「護乙第五号」では寄附金纏集納附概則と詳細な送納表を作ることが述べられており、五月三十一日限りで提出せしめることが布達された。そして「護甲第九号」には、

全国末派寺院

本会加入者明細帳ヲ本拠トナシ、当係ハ会員姓名録及過去帳並ニ寄附金領収証ヲ予メ調認スルモノニ付、自今加入者ノ内除名若クハ変換ヲ願出ツルモ都テ難聞届候。依テ各寺院檀中本会加入ノ者ニシテ臨時事故アリ除名ヲ請求スルトモ、右ハ該寺ニ於テ適宜ノ方便ヲ設ケ寄附金完納ノ計画ヲナシ、一旦加入セシ者ハ永世芳名ヲ会員姓名録ニ留メ候様可致候。為念此旨布達候事。

曹洞宗務局
明治十七年二月十八日　護法会係

と布達されており、加入者の除名や変換は了承し難く、その場合は該当する寺院で寄附金完納の計画をたてねばならないという。また、一旦加入した者は永世、芳名を会員姓名録に留めるともいっており、そのため各寺院では適宜の方便を設けよと、かなり強引な寄附金徴集の方法であったものと考えられる。しかも、十月十五日の「護甲第十号」にも、

全国末派寺院

護法会ニ尽力シテ、共ニ我ガ宗教ノ盛大ヲ企図スルノ緊急ナルコトハ、明治十五年五月八日両本山貫首ノ親教示本会緒言ニ詳悉ナレバ、一宗寺院奮励シテ各自ニ勧募ノ明細帳ヲ進達シ寄附金纏集納附スルコト日一日ヨリモ多シ。謂ユル積テ一大宝聚トナシ、資テ以テ我法幡ヲ海ノ内外ニ翻スノ結果ヲ得ルコト已ニ近キニ在リ。然ルニ客年以来全国一般景気ノ不振ヲ来タシ加フルニ、本年夏秋水害風災処トシテ之レナキハナシ。本会加入者ノ困難見聞ニ堪ヘズ。随テ担当寺院寄附金纏集ニ苦慮スルコト実ニ言詮ノ外ニアリ。故ニ当係ハ予ネテ両本山ヘ稟申シテ規則ヲ折衷シ、当分時勢ニ応ズル処理ヲ為サント欲スルニ臨ミ、適マ太政官第十九号ノ布達アリ。政事ト宗教ト判然区別シ自今僧侶ヲシテ独立自在臂ヲ振テ宇内ニ寛歩セシムルノ栄誉ヲ与ヘラル。是ノ時ニ丁リ、速ニ宗教ノ真理ヲ遍法界ニ顕揚スルノ画策ヲ為スニ非スンハ何ヲ以テカ僧侶ノ面目ヲ社会ニ呈露センヤ。然ハ則布教ノ資本ヲ備フルコト益々急ニシテ目下片時モ忽ニス可ラサルハ、末派寺院斉ク知ル所ナリ。若シ夫レ機ヲ見テ作サス。苟モ姑息因循ニ経過シテ異宗他教ノ徒我カ教区内ヲ覬覦スルモノアル時ハ他日噬臍モ亦及ヒ難シ。況ヤ既ニ寺院ノ住職任免教師ノ等級進退トモ管長ニ於テ統理セラル、以上ハ、平素護法扶宗ノ真心ヲ運テ本会完結ニ尽力スル者ト否トヲ監査シ、或ハ臨時褒貶ノ義モ可有之ニ付、寺院一同今ノ機会ヲ千歳ノ一遇ト為シ精々規則ニ準シテ寄附金纏集納附ヲ勤ムル様被成度候。

右両本山貫首ノ命ニ依リ諭達ニ及候事

曹洞宗務局

明治十七年十月十五日　護法会係

と諭達されており、太政官第十九号の布達で政教が区別されて、寺院住職の任免や教師の等級などは各宗の管長が統理することになった以上、護法会の完結に尽力する人と尽力しない人を監査して褒貶するといい、勧募に一層尽力せよというのである。また、同日に各府県宗務支局に布達された「護乙第六号」でも、

各府県宗務支局

今般護甲第十号諭達ノ旨趣ハ、各支局教導取締ニ於テ尚ホ能ク所轄内寺院へ教示スベシ。本会ハ一宗維持ノ基礎を堅牢ニシ、進ンテ我カ宗教ヲ全世界ニ弘布セント欲スルノ計画ナルコトハ今更言ヲ待タズ。既ニ本会ノ明細帳ハ末派寺院現住道心ノ有無ヲ照鑑スヘキ宝鏡タルコト護甲第三号布達ニ明言セリ。苟モ袈裟下ニ衣食スルモノ機会ヲ失セス。共ニ宗教ノ独立ヲ慶賀シテ力ヲ本会ニ尽サシムル様、篤ク注意スヘシ。誤テ醜影ヲ鏡裡ニ写シ出シ、後日ノ悔ヲ招カシメサルヲ各支局ノ責任トス。此旨相達候事。

曹洞宗務局

明治十七年十月十五日

護法会係

といい、各宗務支局の教導取締は所轄内寺院へよく教示すべきで、本会に尽くさないのは各支局の責任ともいっている。

このように護法会の寄附金勧募は、管長の職権を利用するなど強引ともいえるほどの勧募方法であった。なお、八月十五日には九月十五日午後一時より麻布の曹洞宗大学林で護法会加入者のための大施餓鬼会を修行することが報告されており、前年と同じく仮に総回向を行うことになっている（「明教新誌」第一七二一号）。

明治十八年一月六日には「護甲第十一号」で、前年の同十七年度中の寄附金収納預ケ高および利子蓄積の報告がなされた。つづいて一月十九日には、明治十六年宗局布達第二十六号による護法会係職制並事務章程第八条により、毎年一月に宗務局護法会係が事業報告の「考課状」を作って両本山へ上申してきたものを、本年より末派寺院へも

広告すべきことが命ぜられ、護法会よりその旨を末派寺院へ布達した。この布達によって報道された考課状は、明治十七年一月二十九日付の護法会第一期（明治十六年度）と明治十八年一月七日付の護法会第二期（明治十七年度）で、ともに護法会係総轄の滝谷琢宗が報告している。

七月二十五日には「護甲第十三号」によって、全国末派寺院にたいし、災害が打ちつづき寺檀ともに困難の時節であるところから、同十六、十七年とも一カ年分一時納（一口十銭積）を完了した者が、十八年度一カ年分を一時に納めようとする者は納期が七月以降にわたっても一口十銭のうち百分の二十を引いて送納してもよい旨を、両本山貫首の命により普達した。そして同日、「護乙第七号」で、各宗務支局へ事実審査の上、全員または願書を進達すべきことが達せられている。

十月十五日には、「護乙第八号」で各府県宗務支局へ護法会加入者勧募明細帳未納の寺院にたいし、警誡条規に照らして処分すべきことが布達され、その始末書を提出せねばならず、住職罷免や宗内擯出を望まない住職にたいして、誓約書や上申書の雛型を紹介した。

十一月五日には、総轄の滝谷が青蔭雪鴻遷化後の永平寺後董選挙に当選したため、翌六日に永平寺六十三世の拝請を受諾した。滝谷が永平寺へ昇住した顚末については種々の風評があり、それについては別稿で考察してみたい。滝谷は永平寺へ昇住しても護法会の総轄は辞しておらず、明治十九年六月十日には「護甲第十七号」で、

全国末派寺院

護法会総轄ハ本宗安危ノ係ル所ニシテ重要ノ住職タルニ由リ、越本山貫首真晃断際禅師ハ曾テ末派総代ノ請願セシ所ヲ採認シ、尚ホ両本山御協議ノ末、護法会全面ハ越本山貫首直管被為在候条、末派一同深ク此旨ヲ体シ一層力ヲ尽スヘシ。

右普達候事

明治十九年六月十日

曹洞宗務局

護法会係

と、護法会は滝谷の直接管理で行われることが普達されている。

同二十年八月十日には、末派寺院へ寄附金納付の奨励策進の要領（護甲第二十号）と宗務支局へは奨励策進のための調査を行い、納期確定を申達させることを普達している（護乙第九号）。そして同二十二年九月二十日には、「甲第十七号」で明治二十年の奨励策進の要領の第三項により、同二十二年八月までの寄附金皆納寺院をもって護法会第一回の完結とし、同年十一月より同二十七年十月に至る五年間を護法会第二回と称し、寄附金納付の督促が普達された。

以上、明治十五年五月の護法会設立より同二十二年八月までの護法会第一回における普達を中心にながめてきたが、活動を始めた同十六年より各年度の報告が「考課状」に詳しく記されている。「考課状」の報告年月日、報告者をあげると、

護法会第一期（明治十六年）考課状

明治十七年一月二十九日　滝谷琢宗（総轄）

護法会第二期（明治十七年）考課状

明治十八年一月七日　滝谷琢宗

護法会第三期（明治十八年）考課状

明治十九年一月七日　水島洞仙（会監）

護法会第四期（明治十九年）考課状
明治二十年一月十五日　水島洞仙
護法会第五期（明治二十年）考課状
明治二十一年一月十七日　水島洞仙
護法会第六期（明治二十一年）考課状
明治二十二年一月七日　水島洞仙

となり、内容は納金の預ケ高および利子に関する「会金領納帳記ノ事」、係員の人事に関する「係人員進退ノ事」、護法会過去帳の謄写の「過去帳整理ノ事」をはじめ「書面受理ノ事」、「加入者明細帳並口数ノ事」、怠納寺院や違犯者、各年度に起きたことの大略などが記された「雑事」となっている。

そこで、「考課状」により各年度の主なことを概観してみると、明治十六年度は同十五年十二月より同十六年二月まで滝谷一人で行っていたが、三月には各宗務支局より進達される帳冊が多くなったため北山絶三、竺舜孝を会監として、田村顕孝、用泰田を書記に雇い、五名によって従事することになった。全国末派寺院よりの加入者明細帳を審査すると計算が誤っていたり、書式に準じていないものがあり、末派寺院の半数の六九六〇カ寺の明細帳に誤りがある状態であった。

明治十七年度は、納金が十六年度の精算不足を補うものがあったり、各宗務支局、各寺院の納金表でも過不足がみえ、三月十四日限りで百八十円余の不足があった。しかし、これは総轄の滝谷が弁償している。一月より戸沢春堂を書記とし、四月に岳尾泰忍、水島洞仙を会監に、岳尾泰苗を書記に雇って八名のスタッフとなった。

十八年度は暴風雨があいつぎ、全国的に大被害を受けたため、久次米氏より金利下げの申し出があった。したがって、元金が従前どおりの金利によるものと金利を下げたものに分けられた。また、副総轄の竺舜孝は一月に遷化、書記の用泰田、戸沢春堂は任期満了で帰国し五名で運営した。さらに、過去帳を謄写する筆工を委託し、浄写する字体や謄写料などの契約を結ぶことになった。

十九年度は、前年につづき財政が不融通のため久次米氏の預ケ元金にたいして金利下げの掛合があり、また、鴻池氏よりも金利の引き下げが申し出られて改約した。これは景気不振のため止むを得ないものであり、寄附金の送納も少額であった。しかし、加入者明細帳のみを進呈し寄附金納付を延滞している者もあったため、徘徊停止、住職罷免に処した者など違規者が多く出た。過去帳の浄写には伊藤虎次郎、江沢郭汪、田中空印、桜井佳十郎らを採用している。

二十年度は、本会完結の予定のため皆納者が多く、送与する領収書の数は一五万七八八〇枚に達し、両本山より賞詞を与えられた寺院も一五三カ寺に達した。

二十一年度は、過去帳姓名録の筆工が、伊藤虎次郎、江沢郭汪に代わり、高島大棟、白石弘道、稲葉五郎の三名が加わっている。完納を本年十二月、あるいは二十二年にわたる延納を請願する者があり、再三訓示したが止むを得ず出京し、直接に訓諭を加えようとした。しかし、その日には出京できず、未納寺院にたいして、速やかに完納することを強く要請している。

つぎに各年度の寄附金収納および預ケ高、利子などを「報告」からまとめてみると、

年度	加入口数	収入金額
十六年	六四五、〇〇〇	三一、八五四円　六〇九厘

十七年	三〇〇、〇〇〇	五六、〇四七〃　七〇五〃
十八年	一〇〇、〇〇〇	四三、二四五〃　六四六〃
十九年	三〇、〇〇〇	三一、八四四〃　一〇一〃
二十年	八、五〇〇	四三、七六一〃　四三八〃
二十一年	—	五〇、一七七〃　二六八〃
二十二年	—	二八、三九三〃　八二四〃
合計	一、〇八三、五〇〇	二八六、三二四円　六三六厘

となり、この寄附金はつぎのように久次米、鴻池両銀行の預金として保管されたり、公債を購入して利殖を図っている。

(1)銀行預金

年度	久次米銀行	鴻池銀行
十六年	二四、四〇四円　六〇九厘	八、四五〇円　〇〇〇円
十七年	三六、八七七〃　七〇五〃	一九、一七〇〃　〇〇〇〃
十八年	一四、八六八〃　〇八九〃	五、一八〇〃　〇五七〃
十九年	七、一四四〃　一〇一〃	二四、七〇〇〃　〇〇〇〃
二十年	八、四一一〃　四八三〃	五、二〇〇〃　〇〇〇〃
二十一年	三一、六六九〃　七六八〃	三、五〇〇〃　〇〇〇〃
計	一二三、三七五円　七五五厘	六六、二〇〇円　〇五七厘

預金総計金一八万九五七五円八一銭二厘。

(2)公債購入

年度	購入価格	公債名称
十八年	二三、一九七円　五〇〇厘	鉄道公債買入
二十年	三〇、一五〇〃　〇〇〇〃	整理公債買入
二十一年	一五、〇〇七〃　五〇〇〃	海軍公債買入
二十二年	二八、三九三〃　八二四〃	若干公債買入
計	合計額面拾万円	

久次米銀行への預金は十二万三千三百余円、それに信託してある公債を加えると、同行への預金は二十万円以上となる。また、鴻池銀行への預金の六万六〇〇〇円を合わせ、さらにその後の集金、利子を加えて明治二十三年四月には金三十万円に達しており、曹洞宗基本財産条例を制定し宗務局内に紀綱寮を設けて護法会係より引き継いで保管することになったのである。(2)

第二節　第三次末派総代議員会議の開催

明治二十二年一月十日に両本山貫首より全国末派寺院へ、つぎのような告諭が普達された。

甲第一号　　二十二年一月十日

全国末派寺院

両本山貫首ヨリ左ノ通命示有之候。尤モ総代議員撰挙法及会議日限議目其他ノ詳細ハ追テ指示スヘシ。

右普達候事

○

告諭

明治二十二年十一月全国末派総代ヲ曹洞宗務局ニ徴集シ会議ヲ開設セシム

明治二十二年一月七日　越本山現住滝谷琢宗
能本山現住畔上楳仙

これによれば、十一月に全国末派総代議員会議を開催すべき旨の普達で、四月六日には「末派総代選出細則」を発布して、総代議員選挙の方法を指示した。十六条よりなる細則の主なものは、

一、寺院数一五〇カ寺以上に一名、四〇〇カ寺以上に二名、一五〇カ寺未満は連合して一名を選出する。
一、選挙事務は支局取締が取り扱う。
一、選挙期日は宗務局より公達する。
一、投票用紙は美濃紙、半紙四ツ切、封筒は原紙を用い寺院各自弁とする。
一、被選挙人は法地寺院住職、能選の分限は平僧地住職以上で、無住監寺は選挙権なし。
一、投票は支局取締が保管し、翌日、開緘し調査する。
一、投票開緘には正副取締並支局詰一同および寺院総代二名以上が立ち会って支局で処理すること。

などで、最後の十六条には各支局並所轄寺院法地以上の員数および総代選出の的順一覧表が示されている。そして投票は、六月十五日までに各支局へ徴集し、六月十七日より支局で投票を開緘し、十九日までに取調表を作り、二十二日限りとして宗務局へ進達することになった。

つぎに、五月十五日付で曹洞宗会議道場規程二十二条、曹洞宗会議道場議事細則十五条を修正し普達したが、これらは宗会に関する基礎的な規則であり、以後の模範になった。そして五月十七日には、来る十一月四日より二十

三日までの会期として総代会議を開催することが定められ、「曹洞宗会議総代議員出京往復旅費及滞在費日当」など曹洞宗会議に関する入費の予算が普達された。つづいて六月二十六日には、各地方の末派寺院の総代議員や補欠員の姓名が発表された。また、十一月一日には十四名の特選議員が命ぜられ、十一月四日より青松寺書院の宗務局で総計六十七名の議員が列席し、阿部太環を同会議会頭、三好育道を同会議副会頭となし、辻顕高、北山絶三、青島興庵、星見天海、在田彦竜、鴻春倪を会幹に第三次末派総代議員会議が開催された。

議案は、

第一号　曹洞宗本末共有金募集法
第二号　曹洞宗基本財産条例
第三号　洞上在家化導標準
第四号　曹洞宗末派総代委員条例
第五号　両本山永続金免否規則
第六号　教育改良方案

の六号と号外として曹洞宗務局歳費出納予算概要であった。そして第一号案は、転衣証券の発行により約三十万円の基金を得ようとする案であるが、護法会の創設により目的は達したため廃案となった。つづいて第二号曹洞宗基本財産条例案が上程されたが、赤沢亮義議員の動議により審議を後にして、第三号洞上在家化導標準案を先に上程することになった。しかし、第三号案は廃棄説、原案維持説などが出て議場は混乱し散会したようであった。採決の結果、八対四十八の多数にて原案維持と決まり、第一項の「曹洞宗扶宗会編纂ニ係ル洞上在家修証義ヲ採収シテ曹洞教会会衆安心ノ標準トスルコト」については異議なく、第二項の「洞上在家修証義ハ緻密ノ修正ヲ加ヒテ両本山現董貫首ノ撰述ト為シ宗規ノ正式ニ拠テ頒布スルコト」には多くの議論が出たため、永平寺貫首滝谷琢宗より洞上在家修証義の由来ならびに議事法について説明があり、第二項も原案どおりに可決され確定された。

第五日目の十一月八日には、後回しとなっていた第二号案の会議が開かれた。確定するまでの議事の様子をながめてみると、

去る三《（ママ）》日上程して後廻しとなった第二号議案即ち基本財産条例の総体議を開く。本案は護法会と密接の関係あり。会監水島洞仙氏より護法会の成立、性質、沿革、現状等に就て詳細なる説明あり。二三議員より質問あり。水島氏之に答え総体議を終る。時に点心。

午後一時四十分再開、三好氏会頭席に着き第二号議案の逐条議に入る。因に議事法に就き、越山貫首猊下より一場の諭示あり。第一条より第四条まで逐条に議し、此の案に付随せる基本財産保管規則をも併せて討議し午後四時閉場す。

第六日（九日）午前九時十分開会し阿部氏会頭席に着き、第二号議案の第五条以下を逐条に議す。第九条及第十条を修正す。就中第十条中両山受用金の内金壱千円を割いて興学、布教の資に充つべしとの弘津氏の意見は支持者もあったが採決の結果否決となる。午後零時五十分再開、第二号議案第十一条以下を逐条に議し第十四条まで全部議了し保管規則第一条より第三条まで併せて審議す。本日土曜日にて早退。

第七日（十日）日曜日休会す。

第八日（十一日）阿部氏会頭席に着き、午前午後を通じて基本財産保管規則第四条以下を専心討議し各条とも多少議論ありしも、結局原案に幾分の修正を加え第三十七条まで逐条議を終る。

第九日（十二日）午前九時四十五分開会、阿部氏会頭席に着き第二号議案の確定議を保留し左記第四号議案末

派総代委員条例を上程し総体議に入る。午後も該案の総体議を続行して之を了じ四時過ぎ散会す。
…
第十二日（十五日）阿部氏微恙なるも会頭を勤む。午前十時五十分開会、第二号議案の確定議に戻り第十条収益分配の点に種々議論あり点心となる。午後三好氏会頭を勤め一時十分再開す。第十一条以下各条に就て審議し本案の確定議終る。

とあり、「曹洞宗基本財産条例」および「曹洞宗基本財産保管規則」七章三十七条を審議し修正を加えて確定したのであった。

つづいて第四号案が上程されて審議した後、確定は後に回し第五号案を上程した。そして確定した後、第六号案を提出し議論した。とくに本案について、弘津説三が「本案は一宗の興廃盛衰に関する重大案件なれば、各自は穏健中正の観念に住し誠意を以って討議を請う」と説明を加え、学科程度についてもこもごもに意見が出され確定した。(3)

こうして会期を一日延期した十一月二十四日、すべての議事が終了した後、紀綱寮司および副司、末派総代委員の選挙が行われ、紀綱寮司には青松寺住職の北野元峰、同補欠員には妙厳寺の福山黙童、副司は賢崇寺住職の宗仲道、慶養寺住職の喜谷良道、同補欠員は洪徳寺住職の上野瓶城、瑞泉寺住職の杉本道山、末派総代委員には阿部太環、吉川義道、赤沢亮義、渡辺禅戒、大渓泰童が当選した。そして午後五時過ぎに閉会式を行い、第三次末派総代議員会議は円成した。

この会議で決議された議案は、第二号案が十二月十七日、第三号案、第四号案、第五号案、第六号案が十二月五日に定められて宗務局より末派寺院へ普達されたが、内容は宗門経営の財産、教化、教育の基本柱であり、以後、この決議によって曹洞宗は歩んでいったのである。

第三節　曹洞宗基本財産条例と有志会の開設

第三次末派総代議員会議の中心は曹洞宗基本財産を定めることと末派委員を設けることであったといわれている。(4) そこで、明治二十二年十二月十七日に普達された「曹洞宗基本財産条例」の要旨をみると、

一、両本山は護法会規則に依りて末派寺院の檀信徒より永代祠堂の寄附を勧募して得た金を宗教維持の目的に資するため、明治二十三年以後は曹洞宗基本財産と称し、明治二十二年十月に届ける会務既済のものを第一回の整頓として、明治二十三年四月一日をもって、その第一回の基本額を確定し三十万円とす。

二、基本財産は高祖・太祖の照鑑を仰ぎ、両本山貫首世々伝承して之を保有統掌し、何等の境遇変故に際するも両本山分有分掌することを得ず。

三、基本財産は曹洞宗の興廃に関する件、曹洞宗の名をもって国家の為にする件に限り、已むを得ざる時は臨時議会を開設し、基本額十分の三以上を流用することを得るも、末派一般の負担として七カ年以内に元利補充するを要す。

四、基本財産より生ずる純収益は明治二十三年度以後、両本山永続および諸般の宗費に受用することを得、その割合は一カ年五分と見做し、之を三分してその一分を両本山に、その二分を宗務局に受用して歳費を補助す。

五、第二回以後の護法会金も臨時増殖して基本財産に合す。

六、この条例の改正を要する時は、両本山貫首発議の権を執り、議会に付し、出席議員三分の二以上の同意を得て両本山之を可決し、更に内務省の認可を経るにあらざれば議決を実行することを得ず。

となる。また、同時に「曹洞宗基本財産保管規則」の七章三十七条も議決し、宗務局内に紀綱寮を置き、両本山直轄により事務の取り扱いを行うことになった。

ここに規則の内容について概略をみると、

第一章総則（三カ条）

紀綱寮を設け、基本金の保管することをいう。明治二十三年四月をもって第一回第一期を起算する。

第二章職員選定（七カ条）

紀綱寮の寮司、副司の選定法が定められている。ともに両本山が規定の定員候補者を選出し、議会をして投票により当選および補欠員を定め、任期は五年、寮司は身元保証金二百円、副司は同百円宛を両本山に納め、毎年五分の利子を付与して解任の際元金を戻すことをいう。

第三章職務責任（五カ条）

寮司の基本財産の保管による得失の責任を明らかにしている。とくに水、火、盗難などの事故によって財産物品が紛失毀損した時、止むを得ない場合以外、弁償を免れない責任制裁となっている。また、責任の解除も宗務局執事および末派総代議員の立会で詳しい調査を行い、事実の相違なきを認定して教裁を仰ぐと規定している。

第四章執務綱要（九カ条）

執務の要領が指示されている。基本財産保管簿は三通作って掌理することや帳簿の記載方法、一年間の収支年表、予算表、月表などの納付のこと。

第五章貸預制限（五カ条）

基本金貸与の制限をいう。基本財産は確実な銀行や特別条約を取り結んだ所に限り定期や当座預託をするが、両本山、宗務局、寺院、檀信徒などへ一切貸預はせず、確実の利益ある動産、不動産の購買を要する時、寮司は議案を作り調査して宗務局執事および末派総代議員に商議して過半数の賛成を得て両本山へ稟議し教裁を仰ぐという。

第六章満期交代（三カ条）

寮司は五年一期として交代することをいう。

第七章賞罰（五カ条）

勤怠により賞罰を行うことをいう。とくに誤謬の損失は弁償したり衣資料の減ずることをいう。

このように当時としては、ほとんど遺漏のない完璧なものであったと評価されている。(5) いずれにしても明治二十三年四月一日には、護法会保管の曹洞宗基本財産三十万円を両本山貫首の証明を得て宗務局内の紀綱寮に移管されることになったわけで、末派総代委員も常置した。なお、同日、護法会会監であった水島洞仙は同会係総轄となっている。

護法会保管金が宗務局紀綱寮に移管される前の明治二十二年九月二十日には、宗務局が末派寺院へ護法会寄附金納付を督促しており、そこで八月までの皆納を護法会第一回の完結とし、八月までに皆納していないものを護法会第二回とした。なお、護法会第二回は明治二十二年十一月より同二十七年十月の五年間を期限としており、護法会第一回の寄附金元利計算書は第三次末派総代議員会議で報告されている。

○金二二万九八九六円五六銭七厘二毛三糸

（明治十五年十一月より同二十二年九月までの元金収納総高）

○金五万九四四三円二九銭六厘
（各種収納利子総高）
○元利合計
金二八万九三三九円八六銭三厘二毛三糸
これに、その他各種の証券類を合わせると合計金二九万九一四五円八二銭二厘となる。これは明治二十二年九月三十日までの収納会金および利子合計金と同年十月以後、同二十三年三月三十一日までに確収すべき利子を予算して同二十三年四月一日に得るところの実額である。そして諸公債証書の額面によって計算すると、
一、金拾三万五七〇〇円　各種公債額面総計
一、金拾五万五〇八七円　各所預ケ金総計
［一、金九八〇五円七二銭二厘　各種付属利子予算］
合計金三〇万五九二円七二銭二厘となり、前の実額計算金と比較して金一四四六円九〇銭の余りが出るが、これは公債証書を低価で買い入れたことから得た純益で、三十万円を四月一日より曹洞宗基本財産条例に規定するところの第一回の基本額とし、残金の五九二円七二銭二厘は第二回の基本額に繰り越したのである。そして同二十三年四月二日には、
全国末派寺院
甲第十三号
曹洞宗基本財産金三十万円ハ両本山貫首ノ証明ヲ得明治二十三年四月一日ヲ以テ紀綱寮司北野元峰同副司宗仲道喜谷良道ヘ護法会係ヨリ授受相済候依テ自今曹洞宗基本財産保管規則ニ拠リ紀綱寮ニ於テ厳重ニ保管セシメ

ラレ候此旨普達候事

○

甲第十四号

全国末派寺院

曹洞宗末派総代委員阿部太環吉川義道赤沢亮義渡辺禅戒大渓泰童ノ五名ハ条例ニ準ジ明治二十三年四月一日ヨリ当局へ相詰候此旨布達候事

と末派寺院へ普達され、紀綱寮は基本財産保管の任務を有す重大な責任ある機関となり活動し始めたのである。

ところで、この護法会金の保管方法やそれに伴う宗務局の宗政執行に疑念が向けられ、同二十二年六月一日には不二門眉柏、日置黙仙ら七十余名が大阪府下の禅林寺において有志懇親会を開設し、十五カ条の議案を可決した。

それは、

第一条　本年開設スヘキ大会議ノ議員ヲ増加スルノ件

第二条　両本山々詰監院及ヒ西堂後堂ヲ貫首ノ特撰トスヘキ件

第三条　宗務局執事ヲ公撰スルノ件

第四条　宗制中ノ或ル条項ヲ修正スルノ件

第五条　宗門ノ会計ヲ整理スルノ件

第六条　結成及ヒ大会ヲ修行スルノ件

第七条　専門本支校ノ学科ヲ改正シ且ツ普通学生ヲ精撰スルノ件

第八条　各支校ヲ合併スルノ件

第九条　全国五箇所ニ僧堂ヲ開クノ件
第十条　本宗師家ト公称スヘキ師ヲ験定スルノ件
第十一条　布教伝道師ヲ撰出スルノ件
第十二条　本宗僧侶ハ学校教員ヲ兼ルモ妨ナシト定ムルノ件
第十三条　托鉢修行ノ禁ヲ解クノ件
第十四条　曹洞一宗ノ全体ニ関スル信徒総代五名以上ヲ探出スルノ件
第十五条　曹洞一宗ノ撥関新聞ヲ発行スルノ件

とある十五カ条であったが、(6) もっとも心力を注いだものは第三、四、五条であった。しかし、十一月に開かれる第三次末派総代議員会議の議員を増加して一人でも多くの同志者を得ようとし、第一条の大会議議員増加の件で、改定の五十三名を一二七名とする請願を行うことになり、有志総代の不二門眉柏、日置黙仙、霖玉仙、山本天柱、木田韜光、千葉文山、有沢香庵の七名が選出された。そして七名の代理として、霖玉仙が八日に上京し末派総代議員選出細則の改定を求めることを口頭で述べたが、口頭によって、

一、議員選挙期日が切迫していること。
二、百数十名の議員を入れる議場がない。
三、経費支出が容易でない。

の三点で聞き届け難いといっている。そのため霖玉仙は翌九日、「出立御届兼請願」を宗務局へ提出し帰阪した。宗務局は、六月十日付で請願が詮議におよび難いと却下した。なお、この時、口頭で有志会の多くが扶宗会員であったため、扶宗会と交渉して都合のよい方法を講ずべしとのことであった。しかし、扶宗会は永平寺系、有志会は

總持寺系が多数を占めていたため、越山能山関係に支配される趣があることなど、扶宗会の調停にもかかわらず十五カ条の案件を発表し有志会員の増加を計った。そして有志会の機関新聞と定めた「新世界」に有志会の意見を公示することになった。「新世界」第二十六号以下に「曹洞宗寺院に告ぐ」と題し、霖玉仙が上京した顚末の記述などの報告を載せ、「霖氏は勿論、有志会員中に一人も此の如き指令に甘服する者なし」と論述したため、宗務局は六月二十六日に号外諭達を末派寺院へ出し、霖玉仙上京の請疏などの経緯と詮議におよび難い三つの理由や説明を行い、最後に、

若夫レ一宗ノ全体ニ関スル事項ニシテ真実ニ将来洞門ノ隆盛ヲ企図スル義ニ候ハヽ、各自一己ノ意見ヲ十分ニ陳述シテ正当の順序ヲ経ヘキ筈ナルニ恰モ非理ノ請願ヲ逐ル為徒党ヲ結フニ類似セル挙動ヲ為スカ如キハ尤モ宜シカラサル事ニ候各地方末派僧侶実際ノ如何ヲ弁セスシテ附和雷同シ終ニ誤テ宗制ヲ犯スモノ有之候テハ不相成ニ付心得違無之様銘々注意シ浮説虚妄ノ巧言ラ信ス可ラス此旨諭達候事

と徒党を結んだ挙動をなすことや宗制を犯すような心得違いのないように注意し、浮説虚妄の巧言を信じてはいけないと諭達しているのである。この処置にたいし、有志会はますます不平を鳴らし「新世界」の論述が一層過激になっていった。そして宗務局に不平をもつ末派寺院は続々と有志会に加盟しており、僧俗通じて一万八千通の委任状が集まった。加盟者をながめてみると、

一、真に宗門の弊政を矯さんとする人
二、滝谷琢宗個人にたいする宿怨を晴らさんとした人
三、宗務局役員の地位を志望する人
四、宗門惑乱の機会に自分の野望を達しようとした人

五、宗費賦課を免れようとする人
六、激烈の運動により私利虚名を博せんとした人
七、徒らに附和雷同せる人

などであったが、いずれも反宗務局の考えは共通していた(7)。

したがって、最初は護法会金の始末によって生まれた有志会は諸種の人の集まりとなったため目的が宗務局攻撃となり、滝谷琢宗個人の攻撃へと移っていった。一説には不二門眉柏を越山出張所執事としたが、虐待冷遇して執事の実権はなく、能山出張所執事の伊藤雲宗をはじめ護法会会監の水島洞仙、能山出張所副寺の葛蔭北仙ら滝谷の腹心が実権を握り横行していた。また、青蔭雪鴻滅後の越山の借財処分を名目にして、不二門眉柏の本師である久我環溪の寄附した六千円が空消しており、不二門をはじめ環溪の遺弟らは不満をもち滝谷を怨望していた。さらに明治二十一年春、不二門眉柏は満期解任された時、側近の某に、

予カ任期既ニ満チテ帝京ヲ去ルノ日モ将サニ近キニアラントス。然レトモ予カ今日ノ孤憤鬱憂ハ他日同志ノ力ト共ニ此ノ宗務局ヲ顚覆シ滝谷禅師ヲ滅亡セシメ以テ此ノ弊政ヲ矯メンント欲ス

と談じている(8)。

一方、滝谷は不二門の後任を選定せず、腹心の水島洞仙を副執事に就かせ、二年間越山の執事職を置かなかった。そして同二十三年には福山黙童を執事に選任したのである(9)。このようなことがあったため、不二門が有志会の中堅となり活動しているといわれるが、この説は誤りとされている(10)。それよりも護法会金の保管方法が滝谷攻撃の原因であり、それにともなって種々の副因が出てきたというのが「新世界」社主斎藤運三の説である(11)。

こうして「新世界」第二十六号以下に滝谷琢宗を批難攻撃する論説が出たが、これは曹洞宗扶宗会でも捨て置き

難いため、七月十二日に、

一新世界に対し新聞条例に依り曹洞扶宗会に係る記事の事実相違を速に正誤すべき旨請求致候事
一新世界に於て前項の請求を容諾せざるに於ては已むを得す公訴に及候儀も可有之候事
一新世界へ正誤を求ると同時に大阪有志会員と称する者の中にて曹洞扶宗会正員たる者に向け実際各自の意見諮尋致し其回答の都合に依ては曹洞扶宗会会員規約第十八款の手続に及ぶ儀も可有之候事
右御垂問に付曹洞扶宗会本部の意見稟申候也

明治二十二年七月十二日　　曹洞扶宗会幹事連名

曹洞宗務局御中

と「新世界」の該当記事の取り消しを行わせしめる旨を幹事が連名で宗務局へ稟申している。また、発行所の東洋社にたいしても、

貴社発行新世界第二十八号論説（十四頁下段）其私会に費消云々以下同第二十九号附録（裏面上段）知らすや大内青巒氏云々以下同第三十号附録（一頁下段）一昨年の春扶宗会云々以下右何れも曹洞扶宗会に関する記事事実甚相違致候条速に此全文掲載正誤有之度新聞条例に依り此段請求候也

明治二十二年七月　　曹洞扶宗会本部

東洋社　御中

と本部より正誤を請求しているのである。その他、扶宗会員にして有志会へ出席した人々へ照会書を出しており、扶宗会本部は有志会にたいし、力のおよぶ限り情誼を尽くしたが、有志会に出席した人の処分は傍観せざるを得ず、「新世界」にたいしても弁妄の言論を出さざるを得ない事態が迫っていることをいう。有志会の攻撃により、議員

増加の請願にたいする特選議員の任命があった。これは八月二十九日に甲第十六号で、

甲第十六号　二十二年八月二十九日　　全国末派寺院

本年十一月両本山ニ於テ開設セル議会ハ純ラ本末憲章ニ準スルモノナルコトハ末派寺院僧侶一般承認ノ筈ニ候ヘ共或ハ曹洞宗会議ノ大要ヲ誤リ憲章ニ触忤スルモノ有之候テハ本末ノ権限ヲ毀傷シ前途ノ障害不尠ニ付今回限リ両本山貫首ノ慈慮ヲ以テ末派総代公撰議員五十三名ノ外更ニ十四名ノ特選議員ヲ徴集シテ会議道場ニ列セシメ総計六十七名ノ議員ヲ以テ議会ヲ組織スヘキ旨決定相成候此旨普達候事

但特選議員ノ姓名ハ追テ報告スヘシ

と普達され、今回限りの条例で十四名の特選議員を任命した。その人員は十一月一日の「号外報告」で報告されている。

号外報告　二十二年十一月一日　　全国末派寺院

本年当局甲第十六号普達特撰議員ハ左ノ人員ニ命セラレタリ茲ニ之ヲ報告ス

○両本山特撰議員姓名

南木国定	大辻是山	安達達淳	不二門眉柏	江阪法雲
山中相音	野々部至游	佐藤大忍	田付泰舜	弘津説三
山腰天鏡	石城松童	伊藤俊道	霖　玉仙	

この中、有志会員は霖、安達、不二門の三人のみで、他は宗務局側の特選議員であったため、有志会にとっては、かえって敵勢を増加した形になってしまったのである。なお、この特選議員の任命が一つの条件となり、一週間前

の八月二十二日に有志会総代七名は、

本年六月大阪禅林寺ニ於テ衲等仝志ノ者集会シ本宗現行ノ宗制ヲ改良シ前途ノ隆盛ヲ企図センコトヲ請願セシ為メ討議スルモノナレハ宗規違犯ノ廉アルヲ知ラス。然シナカラ其手続ニ付再三管長及諸老宿等ヲ煩スニ至リシハ所謂堂中ノ衆ハ乳水ノ如ク和合シ互ニ道業ヲ一興スベシトノ祖訓ニ戻ルモノ歟。果シテ然ランニハ護法扶宗ノ道念モ不知不識人我ノ争論ニ陥ルヲ慙ツ。憑テ両祖真前ニ対シ謹テ香一炷ヲ捧テ懺謝ス。伏乞照鑑

明治二十二年八月二十二日

有志会

木田韜光　印

霖　玉仙　印

不二門眉柏　印

日置黙仙　印

有沢香庵　印

山本天柱　印

霖　玉仙　印

千葉文山病気転地療養ノ為不幸ニ付代印

高祖承陽大師

太祖円明国師

曹洞宗務局

と両山に連署して懺謝したのであった。こうして本部を大阪においてあった有志会は、ひとまず解散したのである。

第四節　東京に本部を移した有志会

東京の吉祥寺に本部を移した有志会は三井海雲、足立普明、不二門眉柏らが中心となり、一時懺謝した他の六名も有力者として活動を始め、明治二十二年十一月一日に吉祥寺で会議を開いた。そして十一月十四日には、伝叟院で臨時会議を開き、つぎの盟約書を作成した(12)。

盟約書

仰ヒテ天ニ訴ヘン乎天高フシテ極リナク俯シテ地ニ訴ヘン乎地曠フシテ際リナシ。進マンカ倶ニスルモノナク退ンカ笑フモノアリ。嗚呼覆載ノ間ニ立チテ正義ヲ唱フルモノ豈ニ誰カ不遇ヲ嘆ゼザランヤ。既ニ議会開設以来衲等ガ微忠ヲ建議スルコト一ニシテ止マラズ。而シテ其用ヒラレシ者、果シテ幾許カアル。実ニ本年ノ議会ハ一宗盛衰興亡ノ由ッテ岐ル、処ナリ。是レ衲等ガ同感ノ者ヲ糾合シテ左記五項ノ目的ヲ実行センコトヲ誓フ所以ナリ。蓋シ曹洞宗ハ曹洞宗ノ曹洞宗ニシテ、決シテ一己ノ曹洞宗ニアラザレバ、苟クモ宗粋保存ヲ主義トナシ、一宗ノ改良ヲ実行スルニ熱心ナル諸師ハ速ニ衲等ト其運動ヲ共ニスベシ。玆ニ、両祖ノ昭鑑ヲ請ヒ同盟連署シテ他ナキヲ誓約ス。

一、明治廿三年十月迄ニ一宗ノ基礎ナル憲章ヲ改編シ臨時会ノ議決ヲ経テ内務大臣ノ認可ヲ受ケ而シテ之ヲ実行スルコト

一、興学布教及僧堂振興ノ方法ヲ完全ナラシムルコト

一、本会ニ於テ護法会ノ帳簿及同金額ヲ調査シ該金員ヲ取纏メ更ニ確実ナル銀行ヘ預ケ替ヲナスコト

一、越本山貫首滝谷琢宗禅師ニ対シ速カニ勇退高踏ヲ乞フコト
一、宗局現任役員ヲ総テ改選スルコト
明治廿二年十一月十四日
追　加
一、若シ同盟者中非常ノ不幸ニ陥ル者アルトキハ各自互ニ救済スルノ義務ヲ尽シ必ズ違背セザルコト
二、同盟者ニ就テ投票ノ多数ヲ以テ滞京委員ヲ互選セシ以上ハ該費額ハ総テ分担スル事
但シ費額分担法ハ別ニ議決スル処ニヨル

これによっても有志会と宗務局が正面衝突していることが明らかである。また、追加の二項は十一月二十六日の議決による。なお、この時、大阪有志会時代（明治二十二年六月〜十月三十日）の負債金額六五六円二銭六厘は、旧総代の不二門、日置、霖、有沢、木田、山本、千葉の七人で分担し債却することになった。つづいて将来の資本のために、予定の半額の金五十円宛の即納を決めて合計一五五円を資金として出発したのである。

役員は会長三井海雲、顧問霖玉仙、大辻是山、安達達淳、幹事木田韜光、訴訟担任浅見文蔦、遠藤仏眼、足立普明、事務補助員佐藤騰雲、月夜戒菴、五十嵐仙嶺の陣容であった。そして東京府北豊島郡巣鴨町上駒込村八九〇番地に宗粋社を設けて「第一義」を発行し、大阪の「新世界」とともに有志会の宣伝と宗務局攻撃にあたったのである。さらに、地方へ人を派遣して有志会員を募集しており、「新世界」第八十六号（明治二十二年十二月八日）では、

来る四月大会議を開く迄は有志会に関する事項に限り、本支局より何等の達示あるも確答せぬ事を回答し置くべし

と広告し、しかも郵便はがきに印刷して宗内寺院へも送付した。

このような明治二十二年後半期の宗門の様子を、金山貫苗は『曹洞宗時事小言』（明治二十二年十月　出雲寺文治郎）を著わし評している。「総論」では、有志会について宗務局と有志会の両方の主張をながめながら宗弊が極度に達し改良時機に至り、第一期の成就したことを悲喜こもごもと思っているという。そして護法会については、「護法会」で、

道路ニ説ヲ伝フル者アリ曰ク護法会ノ主唱者ハ○○禅師ニシテ而シテ同会ノ総轄モ亦○○禅師ナリ宜ナリ矣○○禅師ガ久次米銀行株主中ニ於テ錚々ノ名アルヤノ又曰ク○○禅師ガ当番○○ノ時ト雖モ其収入毎月百十円以上ニ出テズ如何ンゾ之ヲ以テ四喬ヲ銅雀ニ蓄フ事ヲ得ンヤト（四喬トハ如何ナル義ナリヤ意味アリ気ナル女字ニ候ハズヤ）又曰ク勘定合フテ銭足ラズトハ護法会金ノ謂ノミ見ヨ其徴集ノ三分ノ一ハ既ニ有頂天外ニ飛ビ去リタリト又曰ク有志会ノ大坂ニ起ルヤ○○会員ノ俗漢○○○○氏ハ自己所有ノ株券五千円ヲ俄ニ越山所有ニ書換ヘタリ亦一種特別ノ所為ナル哉ト其他奇ト呼ビ妙ト称スベキ風説一ニシテ足ラズト雖モ之ヲ要スルニ道路ノ風説ニ過キザレバ余輩ハ敢テ之ヲ信ゼサルナリ否縦ヒ之ヲ信ゼント欲スルモ其証左ヲ発見シ能ハザルヲ如何センヤ

といい、

然ラバ○○禅師ガ誹毀セラル、所以ハ乃チ禅師ガ徳風ノ隆盛名声ノ赫々タル所以ナリ○○禅師ヨ乞フ自ラ寛フセラレヨ

余輩ハ○○禅師ヲ慰籍スルト同時ニ又宗局ニ向ツテ且質シ且望マント欲スル者アリ何ヲカ質サント欲スルカ曰ク護法会金ノ性質是ナリ何ヲカ望マント欲スルカ曰ク支消方ノ改正及ビ管理法ノ改正是ナリ

と滝谷琢宗を慰籍すると同時に宗務局にたいして質さんとするが、それは護法会金の支消方の改正と管理方法の改正であるという。護法会金は寄附金で宗内公共の用に供する目的で募集したものであるから、宗務局の特有金ではない。それを宗務局は特有金というは、質される原因である。したがって、できることならば該金を両本山永続資本、伝道資本、大学林独立資本に三分して布教興学に使われることを望むものという。「結論」でも同様のことがいわれ、

護法会ニ就ヒテ

第一護法会金ノ性質ヲ宗内ニ公示スル事

理由有志会勃興ノ要素ヲ占メタル者ハ議員増加ト護法金調査ノ二点ニ在リ而シテ今ヤ既ニ両個ノ目的ヲ達シテ一時平和ニ局ヲ結フニ至レリ就中宗局ハ之ヲ特有金ナリト謂ヒ有志会ハ之ヲ共有金ナリト謂フヨリシテ一時頗ル沸騰シタル事ハ読者ノ夙ニ知ル所ナリ余輩ハ信ズ世ノ所謂特有金ナル者ハ決シテカヽル性質ノ金ヲ指シタル者ニアラザルヲ之レガ性質ヲ示スモ豈ニ亦無用ニ属スル者ナランヤ

第二該金ヲ三分シテ一ヲ両本山永続資本ニ一ヲ伝道資本ニ一ヲ大学林独立資本ニ充ツル事

理由此ノ如ク分配スル時ハ其利子ヲ以テ両山ハ永世維持ノ道ヲ得伝道興学ノ二大事業ハ盛ンニ拡張スルコトヲ得べシ然ル時ハ宗内僧侶ハ唯宗局支局ノ庁費ヲ出スニ止ツテ別途ニ徴金セラル、事ナシ但シ伝道費ノ如キハ我宗第一ノ事業ナレバ資本ノアルト否トニ論ナク競フテ義財ヲ寄附スベキナリ

第三保証金ヲ納メサル者ニハ決シテ護法会金ノ管理及ビ取扱ヲ托スベカラザル事

理由危険愈々大ナレバナリ

第四一覧ヲ乞フ者アル時ハ相当ノ取締規則ヲ設ケテ何時タリトモ之ヲ許スベキ事

理由理財ノ事ハ明瞭ナル上ニモ猶ホ一層ノ明瞭ヲ要スベケレバナリ

と護法会金の性質を宗内に公示し該金を三分する。保証金を納めない者には管理、取り扱いをさせず、一覧を乞う者には相当の取締規則を設けて許可すべきことをいい、護法会金に関しては宗務局にたいし、厳しい姿勢で臨んでいるのであった。

有志会の広告文にたいし、宗務局は高圧手段で処分せねばならないと考えた。そこで、翌二十三年一月二十九日、甲第四号で両山貫首の告諭を発表した。告諭は長文であったが、内容要旨は護法会金処置の説明であり、ついで二月十一日には吉祥寺内の曹洞宗有志会本部にたいし、両山貫首連名で、

曹洞宗有志会ト称スル僧侶ハ明治廿二年九月以来両本山ノ権利ヲ傷害セントシ併セテ曹洞宗務局ニ抗抵センコトヲ謀リシモ両本山ハ師位ニ立チ末派僧侶ハ資座ニ居ルモノユヘ有志会ト称スル僧侶モ末派ノ一部分ニ外ナラサレハ親ノ子ノ無礼ヲ恕スルカ如ク毎事歯牙ニ介セスシテ任運ニ経過シ来レリ然ルニ明治廿二年十二月十八日附有志会本部ノ名ヲ以テ左ニ記スル広告文ヲ大坂東洋社発兌新世界第八十六号ニ掲載公布シ且ツ郵便はがきニ同文ヲ印刷シテ宗内寺院へ頒附セシ事実ヲ各地方ヨリ開申アリ右ハ宗規違犯ノ挙行ナレハ納等両本山ハ一宗ヲ統管スルノ秩序ニ於テ茲ニ審問セサルヲ得ス依テ今般宗内碩徳十数名ヲ徴集シ之ヲ諮詢セシニ該広告文ハ曹洞宗宗制第二号本末憲章第四章第十九条第廿条ニ背反スルノ実跡ナルコトヲ衆同確認ス左レハ仮使一時ノ広告文タリトモ其ノ及ホス処ノ弊害ハ甚タ重大ニ付納等両本山ハ最早忍恕スヘキ限リニアラサレトモ更ニ本末ノ情誼ヲ以テ特別ニ左ノ教誡ヲ為ス

曹洞宗有志会本部ノ名称ハ明治廿三年三月十日限リ之ヲ廃シ且同日限迄ニ地方へ通牒シテ有志会ヲ解会スヘシ然ルトキハ納等両本山ハ敢テ其罪ヲ問ハサルヘシ

若シ此ノ教誡ニ随順セサレハ曹洞宗有志会ト称スルモノハ全ク末派ノ本山ニ対スル権義ヲ併棄シ自ラ好テ宗規ノ範囲ヲ出ツルモノト認メ適応ノ処断ハ当任管長之ヲ理スヘキニ付心得違イ無ランコトヲ要スヘシ

明治廿三年二月十一日

永平寺現住滝谷琢宗

總持寺現住畔上楳仙

と三月十日限りで有志会解散の「教誡」を示したのである。そして翌二月十二日には、「乙第三号」で各府県宗務支局正副取締に、その所轄寺院の有志会員を教誡することが命ぜられ、同日、「号外諭達」によって全国末派寺院へ有志会と宗務局との交渉を発表し、有志会の解散を教誡した旨の諭達を出した。そして末派の僧侶で有志会加盟の者がおれば教誡し解散させるよう心懸けを述べている。

ところが、有志会側は逆に結束を堅くし、有志会本部詰の足立普明、不二門眉柏、三井海雲らは種々の伺書を宗務局へ提出している。まず、二月十九日に足立普明が御伺書を出した。それには、はがきや「新世界」の広告が宗務局に抵抗して事を謀った悪意でなく、今後の有志会運動の秩序を計画したもので宗規違犯ではない。したがって、意見が異なるため会員一同を代表して御伺いするとしている。それにたいし宗務局は、本末憲章に対照すれば疑惑を氷解できないと説明している。さらに、二月二十四日付の書面が不二門眉柏、安達達淳、三井海雲より差し出されている。それは、宗務局が有志会広告文の文字の十二字をとくに削除して諭達文を作ったのはなぜかと伺書を出したが、この伺書は宗務支局を経由していないため却下した。そこで三井海雲一人の名で上申書を差し出した。これは前の三名連署の広告文削除と同じものであったが、宗務支局経由で東京府宗務支局取締在田彦竜の添書もあり、そこで宗務局は、三月十三日に在田へ理由、説明の返事を送っている。

その他、「上申書」や「御教誡書ノ義ニ付御訓示願」などの伺書もあったが、三月四日には「護法会募集金帳簿并出納明示請求之訴」と題して東京始審裁判所へ寺院四七七カ寺、檀家信徒一七〇名によって訴訟が起こされた。なお、原告人は浅見文繭、遠藤仏眼、足立普明の三名を総代とし、松尾清次郎、天野静吉を代言としている。被告滝谷琢宗の代言人は角田真平ほか一名で、四月十五日に馬渡判事の担当で開廷対審することになった（「明教新誌」第二六九八号）。「明教新誌」第二六九八号に訴訟を提起されることになった理由が、東京の二、三の新聞にある記事から述べられている。

此の原因は去る明治十五年護法会なるものを設置し同会の基本金を全国各寺院末寺より募集した処ろ既に其募集の期を過ぎ三十万円の報告ありたるも原告等に於ては新潟県岩船郡下にある三百余箇寺にて六千五百三十余円を募集したる僅か一郡下にても右の如く多額の募集をなしたるに全国の寺院にて三十万円の寡額なるは出納上曖昧ありとて原告木田韜光外数百名より斯る訴訟を提起するに至りたるよしなりと東京の二三新聞に見へたり

これによれば、新潟県岩船郡下の三百余カ寺でも六千五百三十余円を募集しているから、全国寺院で三十万円は少額で曖昧と主張するのである。

それにたいし宗務局は、三月二十四日に、

貴和尚儀嘗テ曹洞宗有志会ト称スルモノニ加盟シテ浅見文繭遠藤仏眼足立普明ノ三名へ委任状ヲ差出シタルニ依リ本月四日護法会募集金帳簿並出納明示請求之訴ト題スル詞訟ヲ起シ東京始審裁判所へ訴ヒ出タル事ハ貴和尚ニ於テ悉皆承知ノ義ニ付敢テ詳言スルニ及ハス抑モ護法会ニ関スル事ノ詳細ハ本年一月廿九日両本山貫首ノ御告諭即チ当局甲第四号普達ノ通ニ有之且又有志会本部へハ二月十一日御教誡相成リ当局ハ翌十二日号外ヲ以テ末派一般へ諭達ニ及ヒタルコトハ是レ亦貴和尚承知ノ筈ニ候左レハ曹洞宗末派寺院ニ住職スル者ハ仮令従前

有志会ト称スルモノニ加盟シテ浅見文薫外二名へ委任状ヲ差出シ有之候トモ其本山貫首ノ御告諭御教誡及当局ノ諭達アルニ就テハ委任ヲ取消シ宗規ニ従テ護法扶宗ノ念慮ヲ起スヘキハ当然ノ事ニ候然ニ両本山貫首ノ御告諭御教誡及当局ノ諭達アルニモ拘ハラス本月四日ニ至リ貴和尚ハ原告中ノ一人トナリ故ラニ管長ヲ被告ト為シ訴訟ヲ起シタルハ如何ナル心得ニ候哉当局ハ成ルヘク各自ヲシテ反省セシメ宗規ノ範囲ヲ出テサラシメント欲スルニ付茲ニ尋問ニ及候若シ事実ノ是非ヲ弁知セス一時ノ過誤ニ依テ委任状ヲ差出シ之カ取消ヲ忘失シテ遂ニ目下原告人ニ加ハリ居ル儀ニ候ハ、左ノ案文ノ振合ニ準シ来ル四月　日迄ニ書面ヲ当局へ進達スヘシ勿論篤ト貴和尚ノ良心ニ問ヒ将来両本山貫首ノ御告諭御教誡及当局ノ諭達ヲ遵守セス本末憲章ニ違背シテ飽マテ両本山ト権利ヲ争フノ真意ニ候ハ、書面ヲ進達スルニ及ハス

右特ニ相達候事

明治廿三年三月廿四日

曹洞宗務局

○上申書案文

委任状之儀ニ付上申

拙僧儀客年有志会本部ノ報告ニ依リ浅見文薫遠藤仏眼足立普明ノ三名へ委任状ヲ差出シタルハ全ク一時ノ過誤ニシテ其取消ヲ忘失セシ儀ニ有之候已ニ両御本山貫首ノ御告諭御教誡ヲ蒙リタル以上ハ護法会募集金帳簿並出納明示請求之訴ニ原告人ニ加ハリ権利ヲ争フ意思ハ無之候条御寛恕被成下度此段上申仕候也

何府県何国市郡町村何寺住職

何　誰　印

明治廿三年四月　日

管長畔上楳仙殿

と告諭を出し、訴訟に加わった原告人にたいして委任状を差し出し除名せしめんとした。そのため予審中に、檀家信徒一七〇名と七十三カ寺が四月十五日をもって廃訴除名の旨を届けており、宗務局もかなり厳しい態度で対処したことが明らかになる。そして訴訟の第一審は有志会の勝訴であったが、宗務局は七月七日に不服の控訴を代言人角田真平、平松福三郎へ依頼して東京控訴院長西成度に提出した。この裁判についての詳細な内容は、明治二十三年八月二十日に全国末派寺院へ出された「号外報告」で述べられている。

明治二十三年四月十四日、有志会員は連署で、解散する「教誡」は遵奉し難い旨の上申書を提出した。また、九月には名古屋で大会を開き運動を進めていたところ、曹洞宗管長は十月二十二日に至り、これらの行動は両本山すなわち宗務局より発した命令に違犯し、宗制第十一号警誡条規第十二条第二項に該当するが、情状を酌量して同規第十七条によって連署上申した三十七名に二四〇日間、宗内徘徊停止を命じた。その三十七名とは安達達淳、不二門眉柏、三井海雲、月夜戒菴、木田韜光、五十嵐仙嶺、高橋禅竜、広岡宗田、斎藤禅洞、藤井勝音、小山兼峰、杉原禅苗、野田黙中、日置黙仙、小鹽闇童、西村俊鏡、糸井大機、古川清林、満林覚聞、実存磨甎、山口宜友、遠藤覚眼、梅林丈高、秋月格禅、東洞宗、在田如山、小林智眼、押尾俊英、有沢香庵、田付泰舜、福田丹嶺、久我孝天、宇佐美賀山、吉野祖透、金沢泰山の三十五名で、後の二人の足立普明、遠藤仏眼は「第一義」を発行し、毎号に曹洞宗を侮辱する文章を編集し掲載させたため、住職罷免の厳罰を処した。そして翌二十三日には乙第十二号で、各宗務支局に、

乙第十二号　二十三年十月二十三日　各府県宗務支局

曹洞宗有志会ト私称スル者ニ対スル事項本年当局乙第三号及乙第六号普達ノ通ニ候処彼等ノ執擁ナル本年二月

十一日附両本山貫首猊下ノ御教誡ニ対シ四月十四日附ヲ以テ遵奉シ難キ旨上申書ヲ呈出セリ依テ今般前書之通三十七名各自警誡相成候条各支局ハ当局諭達ノ旨趣ヲ熟了シ若シ其所轄内ニ於テ心得違ノ者有之ヲ認メ候ハ、充分説諭ヲ加ヘ全然改過セシムヘシ

右相達候事

と諭達を出して発表したが、これを遵奉した人は十一月二十六日の号外報告によれば、

号外報告　二十三年十一月二十六日

全国末派寺院

本年十月二十三日当局諭達ノ通私称有志会員三十七名各々至軽ノ警誡ヲ加ヘラレ候処該会員ノ内信濃国諏訪郡永明村頼岳寺住職押尾俊英遠江国山名郡上浅羽村円明寺住職秋月格禅ノ両名ハ謹テ請書ヲ呈出シ後チ更ニ前非ヲ悔悟シ将来深ク誡慎シテ宗規ヲ恪遵スヘキ旨ノ謝罪書及法類組寺門末檀家等其悔過ノ事実ヲ証明シテ寛典ヲ哀願セシニ付管長猊下特ニ愛憐ヲ加ヘ徘徊停止ヲ解免相成候為心得此旨報告ス

とあるところから、押尾俊英と秋月格禅の二名のみで、他の三十五名は異議を上申するやら内務大臣に警誡破毀の訴えを行う人さえも出た。また、同日、

乙第十四号　二十三年十一月二十六日

各府県宗務支局

曹洞宗有志会本部ト記名シ明治二十三年十一月六日附ヲ以テ各地方へ向ケ特別派出員心得書及盟約書ナルモノヲ印刷シテ散布セリ右ハ宗門ヲ騒擾シ教学ノ進歩ヲ妨障セントスル所為ニシテ甚タ不束ノ事ニ候条各支局ハ深ク注意シ其所轄寺院并ニ僧侶ヲシテ必ス誘惑ニ陥ラサル様厳ニ監督スヘシ

右相達候事

と乙第十四号で、宗務局は全国宗務支局にたいし、有志会本部の名をもってある印刷物には惑わされないよう僧侶

を監督すべき旨が普達された。なお、宗務局は、十月四日に甲第四十一号で、

全国末派寺院

甲第四十一号　　二十三年十月四日

本年以後ハ宗制寺法ヲ改良シ布教方案ヲ修正シ学科程度ヲ更新シテ以テ着々歩ヲ進メ世間ノ風潮ニ乗シテ以テ吾カ宗教ノ実益ヲ施サント欲ストハ明治二十三年一月二十五日両本山現董貫首猊下ガ一宗全般ニ告諭セラレタル所ナリ是ニ於テ学制ハ既ニ改良ヲ告ケ今正ニ実行ノ緒ニ就キタリ布教ノ標準モ亦方ニ定マリ其実施ヲ令セラル、ノ日近カキニアラントス夫レ然今也将ニ宗制寺法ノ改良ニ着手シ漸ク一宗制度ノ大革新ヲ為スヘキ順序ニ達セリ然ルニ宗制寺法ノ改良ハ事頗ル重大ニ渉リ其編製ニ要スヘキ材料太タ夥ク之ヲ蒐集考査シ製定完功ヲ告クルノ日月モ亦短ラス随テ其経費ニ多額ヲ要スルハ固ヨリ瞭然ナリ而シテ昨今両年ハ宗費殊ニ相嵩ミ旁以テ今般両本山協議ヲ遂ケ宗制寺法ノ改良ハ来ル明治二十四年二月一日ヨリ着手シ遅クモ同年中ニ完成ヲ告クヘキ旨ニ相定メ候条各自宜シク此旨ヲ体認シ分ニ随ヒ禄ニ応シテ広ク宗教ヲ布演スヘシ

右普達候事

と翌二十四年二月一日以後に宗制寺法の改良編制に着手する旨を発表している。しかし、この完成は後に起こった總持寺分離問題などのため、明治三十四年に開かれた第五次宗議会まで延期されたのであった。

このように宗務局にたいし、激しく対立していた有志会は、同二十三年十二月に突然、講和を声明した。その「声明書」には、

卒啓　左ノ各項ノ如ク今般管長閣下ハ衲等カ懇請ヲ嘉納ヲセラレタリ、此ニ於テ衲等冀望ノ素志モ大略将ニ貫徹セントスルノ端緒ヲ開ケリ、依テ衲等ハ別紙ノ如キ答申書ヲ提出スルニ決セリ、乞フ座下モ同答申書ニ調印ノ上支局ノ奥印ヲ得以テ、当本部ヘ大至急御郵送相成度然レハ本部ハ之ヲ本局ヘ提出スルト同時ニ本局ヨリ発

セシ警誡等ハ取消相成へク儀ニ候間此書着次第速カニ郵送相成度此段御報導申上候也
但シ講和顚末ハ第一義ヲ以テ詳細御報知申上候
明治二十三年十二月二十三日
曹洞宗　有志会本部

とあり、締結した条件はつぎの「懇請書」にあった。

懇請書

一、本年曹洞宗務局甲第四十一号ヲ以テ明治二十四年二月一日ヨリ宗制寺法ノ改良ニ御着手被成候旨御布達相成敬承罷在候就テハ右完成ハ遅クモ同年十一月ヲ限リト被成候ハ、末派一般満足ノコト、存候ニ付右様御取計被成下度候事

一、甲第四十一号御布達中ニモ御明言被成候通宗制寺法ノ改良ニハ夥多ノ材料ヲ要スルハ勿論ノ儀ニ候而シテ右改良ノ儀ハ曾テ末派一般冀望スル所ニシテ幾何ノ意見ヲモ懐キ居候ニ付一般ニ普達シ該改良ニ関スル意見ヲ徴集セラレ度候事

一、宗制寺法改良ニ付テハ別ニ編纂委員ヲ御撰任相成候儀ト存候就テハ特ニ末派寺院住職ノ者二名ヲ御登庸相成候様致度候事

一、宗制寺法改良草案脱稿ノ上ハ臨時議会ヲ開設被成闔宗ノ輿論ヲ御参酌相成候ハ、末派一般甚タ満悦可仕ト存候事

一、愈臨時議会開設相成候場合ニ於テハ各府県正副取締ニシテ議員兼務ノ者ハ改撰ノ御令達ヲ発セラレ立法行政ノ区域ヲ判明ナラシメラレ度候事

一、宗制改良以後ハ曹洞宗務局ノ役課ヲ総務教務財務学務ノ四課ニ分チ各課長一員ヲ置キ一切ノ宗務ヲ分担セシメラレ候様致度候事

一、前項四課ヲ置カル、以上ハ其主務者ノ任期並ニ職務章程等ヲ定メ責任ヲ明瞭ニ負担セシメラレ度候事

一、曹洞宗基本財産ノ内目下各銀行へ預ケ金トナリタルモノ漸次返戻ノ期限ニ至ル時ハ悉皆公債証書ニ転換シ都テ曹洞宗務局ト記名相成候エハ該財産ハ確実ニ相成儀ト存候ニ付左様御取計被下度候事

一、全国五ケ所ニ僧堂ヲ公設シ両本山ハ僧堂拡張費利子金ノ内金五百円（一ケ所ニ付一百円ツヽ）毎年御下附被成下度候事

右生等ノ意見ヲ陳述シ上願仕候故速ニ御採納被成下度此段奉懇請候也

東京市芝区伊皿子町大円寺住職
大辻　是山　印
（外十七名連署）

明治二十三年十二月二十三日

曹洞宗管長畔上楳仙殿

この「懇請書」を要約すれば、

一、明治二十四年二月より宗制寺法の改正に着手する事

一、右に就き末派一般の意見を徴る事

一、右編纂委員に末派側より二名登用の事

一、右改正案脱稿の上は臨時議会を開設し輿論を参酌採用する事

一、臨時議会議員は取締と兼務の者は改選せしめ立法行政の区別を判別する事

一、宗制改正後宗務局の組織は総務、教務、財務、学務の四課とし各課に長一名を置き一切の宗務を分担せしむ事
一、右職員の任期を定め職務章程を定むる事
一、基本財産は悉皆公債とし宗務局名義となす事
一、全国五箇所に僧堂を公設し、両本山僧堂拡張費利子の内金五百円を補給する事

となり、これにたいし宗務局は「願意聞届ク」の指令を与えて、十二月二十七日に有志会は解散したのである。

講和の仲介に入ったのは、宗務院紀綱寮司北野元峰と能山東京出張所副監院弘津説三の二人で、ともに職務を離れた個人的行動ということであった。そして宗務局側の代表水島洞仙と有志会代表の三井、安達、不二門、木田、有沢らが事にあたり、神戸より遅れて上京した日置黙仙は、有沢香庵とともに非講和論を説いたが、討論、評議して、ついに十二月二十七日に両者は講和したのであった。これは有志会より「懇請書」を出して宗務局が受理認可するという形式であり、しかも宗務局は、金三千円を付帯し贈与したのである。この金銭授与は最初、宗務局、有志会ともに公示しなかったが、宗務局は宗門和平に帰する祝意として、横浜の某信徒より宗務局へ寄附された金額の三千円を有志会へ贈与したのである。有志会は解散にあたり、それを従来の運動費の負債の処置にあてた。しかし、世評では、

(1)宗務局は有志会より三千円の謝罪金を取られた。あるいは、滝谷琢宗が賞典を与えた。
(2)有志会運動の骨折賃。
(3)有志会と宗務局の講和金。[13]

など、宗務局批判がいわれる一方、有志会にたいしても護法会金帳簿の閲覧の訴訟を願い下げたり、滝谷琢宗辞職

勧告のことも忘れて運動費の窮乏と負債を返却するために三千円を得て解散したとか、有志会の運動はあたかも縁日における盆栽のごとく、最初は高い価値であったが、人が少なくなると見切売りをするのと同じともいわれ、良心を売ったといわれた(14)。

当時の有志会の様子は、明治二十四年一月七日の「解散通知書」および同年一月二十日発行の「第一義」号外附録の「有志会解散顛末書」で悲惨なことが明らかになる。

謹賀新年併訴有志会解散之至情伏テ各位閣下ニ向テ将来ヲ具申スル事左ノ如シ

抑モ本会ノ起リシハ去ル明治二十二年二月二日大阪市ニ於テ孕ミ六月同地ニ誕生シ其後東京ニ出陣シテ大ニ成長シ此間転変無窮又客年九月至リ名古屋市ニ於テ臨時大会開設ノ後チ一度講和ノ一説起リシニモ拘ラス突然宗局ヨリ会員三十七名ニ対シ処分ヲ施セシヲ以テ愈ヨ会員ノ熱度ヲ添ヘ法廷ニ不当処分取消ヲ訴ヘ尚ホ行政府ニ向テ哀訴スル等甲是乙非討論百出恰モ怒濤狂風モ啻ナラサルカ如ク況ヤ臘月三十日火山ヲ焼ノ時ニ際シ内憂外患一時ニ逼迫シ言語以テ形容シ得ベキニアラス、時ニ亦々仲裁説起レリ、然レハ他ノ仲裁ヲ仰クヨリ寧ロ本末直接ニ協和シ闔宗一同ノ進路ニ向フニ如カスト於之講和ニ熱心ナル霖、有沢、田付、ノ三氏非常ニ之ヲ主唱シ次ニ木田、金山、等ノ諸氏モ大ニ賛成シ管長閣下モ亦有志ノ懇請書ヲ容レ宗弊改良ノ実ヲ標セラレタルヲ以テ本末協和ノ気運ニ臨シ横浜某紳士護法扶宗ノ道念ヲ以テ二千余円ノ浄財ヲ投シテ本部費用ノ不足ニ充テ本末調和ノ局ヲ結ヒシハ実ニ客年十二月二十七日ナリキ抑モ其際会員一般ヘ協議ニ不及右ノ運ニ移リシハ事実上不得止ニ出タリ若シ依然トシテ断行主義ヲ取ルノ衲等ニ於テ該主義ヲ拡張セント欲セハ費用弥々崇ムノミニ非ラス、護法会出納簿明示ノ訴ニ対シ未タ控訴予審ノ対決タモ果サス且ツ該事件ニ係リ今後両三年ノ閑日月ヲ空シク経過スルハ誠ニ興宗長計ノ策ヲ得タル者ニアラスト確認ス依之是非トモ策ヲ一転セサルヲ得サルノ場合ニ推シ到レリ、然レトモ会長ハ諸君ノ責任ヲ全フセンカ為断乎トシテ協和ヲ容レス不二門安達ハ時機ヲ看破シ力ヲ協和ニ尽シ漸ニシテ会長ノ調印ヲ完結セシメタリ日置ハ当時派出セシヲ以テ和解ノ期ニ後レタリト雖モ調和席ニ列スルヲ得先ツ以テ一段落ヲ劃了シ更ニ進ミ従来ノ素志ヲ貫徹シ仏祖機前ヘ親シク報恩セント欲スルハ此時ニアリ請フ閣下等益々宗粋保存ノ主義ヲ恢張シ純正ナル第一義ニ向テ将来一層同心協力ヲ希望シテ止マス尚ホ委曲ハ第一義第十号日誌ニ付テ御照了被下度先ハ新年ノ仏法ニ和シ東都ノ梅花意外ニ早ク笑ヲ発セシハ有志ノ破顔微笑ニ一如セリト謂ツヘキ乎忽卒不具

明治二十四年一月七日

不二門　眉柏　印

日　置　黙仙　印

安　達　達淳　印

殿

追　伸

従前ノ有志会支部ヲ即宗粋社支社ニ御改認ノ上精々社員募集御周旋被下度尚各位閣下ノ御意見時々御通報ノ段御依頼ニ及候尤今般有志会本部名称解散ト同時ニ宗粋社ヲ拡張シ宿志貫徹仕リ候該方法及本社転地等ハ確定ノ上第一義ヲ以テ御報道ニ及フヘク候　頓首

「第一義」号外附録　明治二十四年一月二十日発行

有志会解散顚末書

拝啓　本会が去る二十三年十二月二十七日を以て解散し同二十九日第一義号外を発刊して之が報道を為せしより以来各地会員の来信多しと雖も若狭国富田実英氏の質疑書に大同小異なれば同氏来信の全文を左に掲載し一々之に答弁を加へ以て顛末の大要と為す伏て乞う虚心平気に熟読し給はんことを早陳不一

元曹洞宗有志会本部詰

残務委員　足立　普明

また、解散に不服であった有志会員の富田実英は、同二十四年一月十三日に有志会会長三井海雲ほか本部詰十七氏宛に質疑書を出している。

曹洞宗有志会員

若狭国遠敷郡瓜生村字有田

永昌寺住職　富田　実英

質　疑　書

明治二十三年十二月二十九日発刊の第一義号外を見るに我有志会解散の報告あり一は驚愕二は疑惑恰も如夢如幻一時は恍惚たり然れども之を再三熟読すれば夢にあらず幻にあらず全く我有志会解散の報告なり此れは是れ意外の出来事と言はざるを得す小生等我正義を拡充し其目的を貫徹せんが為め寝食を忘れ直接に間接に東奔西馳鞠躬尽力し今や其歩武を進め将に其目的を達するの日遠きに非ずと思惟せしに俄然今回解散の報に接せり噫従来満腔の熱血畢生の熱心は悉く水泡徒労に帰せり、豈に切歯慷慨に堪へさらんや、曩きに管長は、我会員三十七員に罷免住職に宗内徘徊停止云々の布達あるや、頓に講和策湧出せるに似たり、抑我有志会本部詰十八員の諸君は敢て老妖僧の脅迫手段に恐縮せられたるにあらざることは、確信すれども我等会員を瞞着せるが如く、今回の所為専断横恣も啻ならず、苟も小生其会員の数にあるを以て、茲に此の解散に対し、袖手緘黙するに忍びす、左に意見を開陳し、十八員閣下に疑を質す速に確実なる明鮮満足なる回答を与えられんことを切望して止まず

第一、既往ハ本会運動ノ方針ニ付東京ニ名古屋ニ臨時会ヲ開設シ会員一般ノ意見ヲ問ヒ而シテ之ヲ実行セリ然ルニ今回本会ノ興廃存亡ニ関シ且会員一般ノ名誉毀否等ニ係ル重大ナル事件ナリ然ルニ這回ニ限リ会員ニ一応ノ紹介モナク殊ニ臨時会ハナク唯十八員閣下勝手自由ニ講和ト称シ檀ニ本会ノ解散ヲ報セリ其理由如何

第二、本部十八員閣下ハ何人ヨリ講和委員ニ選挙セラレシヤ其理由如何

第三、会長顧問幹事主唱者ハ会員ヲ度外視シ徒ニ講和ヲナシ解散ヲ報告スルノ責任ヲ有スルモノナルヤ又他ニ内情アリヤ疑惑紛紜其理由如何

第四、今回第一義号外ヲ熟視シ其主意ヲ観察スルニ講和ニアラス全ク服従セルカ如キ其理由如何

第五、講和スルニ各宗務支局取締ノ奥印ヲ要求セシ理由如何

第六、十八員諸氏ハ其筋ヨリ収賄トカ或ハ菓子箱領掌トカ世評囂々其真偽如何

以上

明治二十四年一月十三日

右　富田　実英　印

曹洞宗有志会々長三井海雲殿

同　本部詰十七員御中

それにたいし、一月二十日には有志会本部残務委員の足立普明より「答弁書」が出され、

答弁書

第一疑は実に在京委員が専檀の挙に類するも奈せん、本部会計の困難なるに苦む抑も客年四月大会決議の実行も十分の一だも集金の域に進まず、名古屋臨事会議の決行も亦斯の如し、然るに護法会件訴訟の費用名誉回復の訴訟、臨時派出、本部一切の経費等総て二千有余円尤も金山貫苗、三矢出氏等の立換金として、相崇む者多きを以て非常に究迫に陥り百方苦慮も啻ならざるの処、金山氏は到底本部支払の路なきを看破したる者と見へ、和解主義に大に力を尽し、之に加ふるに霖、有沢、木田諸氏同意を表し、若し英断以て和解を遂げずんば、脱会し断然反対の地位に立ち独立運動の方針を取るべしと云へるが如き、極端に至り収拾すべからざるに当って、彼の非常対談に逼迫し、有志会中錚々の聞へある耆宿にして、斯の如くなれば我等此に於て、手の降し方なく、勢止むを得ず実に各員に照会を遂くるの暇なく閃電光激石火卒に講和の局を表せし者なり、豈誰か赤臈寸断以て、血涙を強流せざる者あらんや。

第二疑は本部十八員の者一同何人よりも講和の委任を受けし事之なきは勿論なりと雖も、臨機応変時に処するは本部詰員の責任と認定したる迄にて、有志の面目を同一に代表したる訳なり。

第三疑は決して斯の如き、意見は毛頭之なきも、急潮岸を撲て支へかたきを奈せん情態宜しく御洞鑑あれ。

第四疑は宗局達書も実剣匣を出て、其用をなさず共に相対の上是非得失商量数番遂に懇請書を嘉納せられたる者なれば、全く本末講和の実を表せし者といふべし。

第五疑は単に会員中警誡を発せられし三十七名の人のみ支局を経由して答申書を差出すと云ふ迄の事なり、之は本末講和の上臨時議会を開設し、新宗制施行を期する迄現宗制を重んするの意を表せし所以なり。

第六疑は我等十八名各自に自費を抛ち自坊を閑却し、長日月の間出京以て事に従ふ者なれば、豈何ぞ理由なき金円即ち不浄財は一銭文たりと雖も領収する者あらんや、此に本末講和の実を表するを歓喜し横浜市伊勢町住民上郎氏孝（ママ）八君が金二千円の浄財を宗局へ献納し、宗局は特別を以て之を本会々費負債高の中へ下附相成たる者なり、之が詳細出納を明了せんと欲せば、本会幹事会計監督若狭国三方郡三方村臥竜院住職田付泰舜氏に向て、尋問相成度然れば即ち囂々たる世評も一時に氷消し真偽は共に之が確乎たるを得るに至らん。

以上

右　足立　普明

明治二十四年一月二十日

元曹洞宗有志会員御中

これを元有志会員に公報し、解散する理由を弁明しているのであった。

こうして宗務局は、同二十四年三月二十四日に全国末派寺院へ、

報告

全国末派寺院

曾テ有志会員ト称セル東京市本郷区駒込吉祥寺住職三井海雲以下三十五名ハ明治二十三年二月十一日両本山貫首猊下ヨリ垂示セラレタル教誡ニ遵由シ有志会ヲ解散セシ旨申出且同年三月四日東京始審裁判所へ提起セル訴訟ヲモ願下タリ是ニ於テ管長猊下ハ特殊ノ詮議ヲ以テ同年十月二十二日当局諭達ニ附記スル三十五名ノ警誡ハ御解免相成候此旨報告ス

明治二十四年三月二十四日

曹洞宗務局

と有志会解散およびその後の処分を報告しており、宗務局の有志会にたいする最後の処置であった。したがって有

志会は、同二十三年二月十一日の両山貫首の教諭によって解散したのでなく、宗務局との講和の条件を締結して解散したものであった。

いずれにしても有志会の運動は、宗務局にたいし、宗制寺法の改正を誓わしめたり、護法会金の安定を一時なりとも計った[15]。とくに滝谷琢宗の多年にわたる抑圧専断の暴政にたいして、刺激剤を与えたことは確かであり、宗門革命の端緒を開いたものと評価されている[16]。しかし、最後に三千円を取得して金力の下に属したことは、一大汚点を印したものといえよう。この三千円により護法会の維持方法は立たず、久次米銀行の破産もあって、ついに護法会金はなくなってしまうのである。

註

(1) 栗山泰音『宗門財政論』（大正七年十月　桜樹下堂）九六頁。
(2) 横関了胤『曹洞宗百年のあゆみ』（昭和四十五年一月　曹洞宗宗務庁）一一九頁。
(3) 横関了胤、前掲書、二〇〇頁。
(4) 栗山泰音、前掲書、一〇〇頁。
(5) 栗山泰音、前掲書、一〇三頁。
(6) 安達達淳『能山独立曹洞革新論』（明治二十五年四月　安達達淳）二四八頁。
(7) 安達達淳、前掲書、二六一頁。奥村洞麟『宗門秘史曹洞宗政末派運動史』（昭和四年六月　公正社）二五、二六頁。
(8) 安達達淳、前掲書、二五八頁。
(9) 安達達淳、前掲書、二五六～二五九頁。
(10) 奥村洞麟、前掲書、二一頁。
(11) 奥村洞麟、前掲書、一三～一六頁。

(12) 奥村洞麟、前掲書、二八頁。
(13) 安達達淳、前掲書、二八一頁。
(14) 安達達淳、前掲書、二八三頁。
(15) 奥村洞麟、前掲書、六一頁。
(16) 安達達淳、前掲書、二八五頁。

第六章　曹洞宗教育機関と僧侶の権利の請願

第一節　曹洞宗教育機関の設置と展開

明治八年五月二日に神仏合併の大教院が解散したため、以後、各宗で大教院を設立し教導職を統轄して布教することになった。そこで、一宗独立の教育機関の設置が必要となり、青松寺境内に曹洞宗専門学校を創立することを決めた。五月三日に、

第六号　八年五月三日　全国末派寺院

今般教部省願済之上東京府第二大区四小区芝愛宕町青松寺元境内ニ於テ宗内専門学本校ヲ設立シ別冊仮規約並学科等相定来ル六月中開講候条此旨布達候事

但本年入学ハ仮規約第二条但書ノ通ニ候事

と全国末派寺院へ布達が出されており、青松寺にあった「獅子窟」を仮校舎にあて、六月十五日に、

第十九号　八年六月十五日　全国末派寺院

本月十五日本宗専門学校開業式執行維摩経提唱相成候条此旨布達候事

とあるように、開業式を挙げ『維摩経』の提唱も行われたようである。

経営の資本は、両本山および宗内の有志の寄附金をもって支弁しており、布達第七号（五月三日）、布達第十八号（六月二日）、布達第二十四号（九月二日）、布達第三十一号（十二月二十七日）で寄附人が広告されている。開校以来、翌九年三月までの会計出納状況をみると、

第十一号　九年四月二十日　　全国末派寺院

本宗専門学本校明治八年開校以来本年三月迄一周歳会計出納精算左之通ニ候条此段広告候事

○

専門学本校明治八年開設ヨリ九年三月迄出納精算表

収納総計

金一千六百八十八円八十二（ママ）銭八厘五毛

此内訳

金壱千円　両本山ヨリ御寄附金

金五十七円七十八銭七厘五毛　両本山ヨリ営繕入費御寄附

金四百〇二円十五銭　有志輩資本並祠堂寄附ノ内八年六月ヨリ九年三月迄収納高

金七十八円　生徒　掛錫金

金五円五十銭　臨時施入収納

金四円二十五銭　問題十説印謝書林ヨリ収納

金七円二十五銭　新規永続金ノ内三分一ノ収納

金二十二円九十一銭四厘五毛　有志輩寄附金ノ内其儘自分ニ預候者ヨリ利子収納高

金百十円八十二銭六厘五毛　資本金一千円貸附九年三月迄利子収納高

以上

○

支出総計

金一千九百七十九円三十一銭七厘（ママ）五毛（ママ）

此内訳

金一千円　資本掛へ預ケ貸附分

金二百八十八円二十五銭　八年五月ヨリ九年三月迄教師学監寮其他衣資料並手当総高

金七十五円　儒者壱名月謝総高

金二百十二円七十八銭○五毛　教師以下生徒賄入費

金百二十二円九十二銭四厘　書籍並筐買入総高

金八十八円二十九銭五厘五毛　畳建具其他蚊帳諸道具買入

金七十一円七十銭○七毛　青松寺元境内寮舎営繕其他諸色買入総高

金百○五円十八銭七厘二毛　吉祥寺元境内寮舎営繕其他移校入費共

金十五円十八銭○一毛　諸入費トシテ預リ金ノ内諸払残後教師へ引渡分

以上

出納差引不足

金二百九十円〇四十八（ママ）銭九厘（ママ）　両本山ヨリ御立替相成候

となり、不足金の二九〇円四十八銭九厘は両本山より立て替えられた。

「曹洞宗部内専門学本校仮規約」によれば、学制は三カ年を満期としたが、実際の昇級課程は全体を三等に分け、一等をさらに三級に分ける九級制ともよばれる学制であった。年間に小試験を四回、大試験を一回行い、その結果によって学識が測られ、九級制の昇級が認められるのであった。一方では、小試験を受けて一年間に一階級も昇級しない場合には退校となる規定もみえ、最高学級九級を優秀な成績で卒業した者には普通学を修めさせ、普通学に熟達し宗門参学の大事を果たした者は、本校教師に任命したり全国末派格地寺院へ推挙して住職させることなどが規定されている。なお、生徒の定員は二百名で、全国より募集するが、明治九年四月十五日を最初の区切りとして、東京寄留の僧侶を試験して五十名の入校を認めることとした。生徒の学則違犯は「警策表」に照らして謝罪させ、服装、礼儀作法、日々の生活（行持学習時間表）などは僧堂生活を基準として定めたようである。

学課は仏教書、禅籍、漢籍、国書にわたっており、僧侶教育に必要な教科書として選定されたものであったが、三年間ですべての修得は難しく思われ、概説的に講義されるか一部分の輪読とも思われ、理想的な授業科目を列挙したものかもしれない。

ところで、「獅子窟」が狭くなってきたため、十一月に行われた第一次末派総代議員会議で駒込の吉祥寺へ移転することが決議され、同九年二月二十日に、

第六号　　九年二月二十日　　各府県教導取締宗務支局

明治八年五月宗局達書第六号ヲ以相達候宗内専門学本校位置同年十一月会議評決之通来ル三月一日ヨリ駒込吉祥寺元境内へ転移候条本校仮規約第二条掲示有之候本年四月ヨリ入校生徒ハ直ニ同所へ可為着此段相達候事

と布達されて、三月一日より移転し四月に生徒の入校となった。吉祥寺内の「旃檀林」は当時、数棟かが保存されて利用できたため、二百人の収容は可能であった。

五月十日には学課組織を改定することが布達され、

第十二号　九年五月十日　　全国末派寺院

明治八年五月宗局第六号ヲ以達置候本宗大教院附属専門学本校学課別紙之通改正候条此段広告候事

先の学課と対照すると教授科目、宗門教育がかなり改善され、実際的になってきたことが明らかになる。ここに宗門立専門学校の基礎が確立したのであった。また、同時（五月十日）に、つぎのような布達も出され、

第十三号　九年五月十日　　各府県教導取締 宗務支局

各府県下本宗中教院附属専門学支校学課並規約別紙之通相定及頒布候条支校未設ノ地方ハ速ニ設置シ一般遵守可致尤モ中小教院ヲ其儘支校ト見做スモ不苦候此段相達候事

但是迄該地限リ学課并制規等届出聞置候向モ有之候得共右ハ今般頒布ノ学課并規約ニ抵触ノ廉ハ速ニ改正シ更ニ可届出儀ト可相心得事

曹洞宗専門学支校学課（表1）

右毎級六ケ月課業満三年ニシテ六級共ニ卒業スヘシ毎級正講ノ一部必聴講参得領会スヘキ者トス輪講以下ノ書目内外典トモ講義通読質問輪講適宜互換シ活用スヘシ尤モ正講一部七通八達スルヲ以該級卒業トス

と各県の中教院に附属の専門学支校を設置し、その学課と規約が発表されて、その卒業者を本校に入学させる制度を作った。明治八年八月二十一日に発表された全国の中教院は、

浜松県下遠江天林寺　　岩手県下陸中報恩寺

三重県下伊勢四天王寺　堺県下和泉紅谷庵
新川県下越中光厳寺　酒田県下羽前総穏寺
足柄県下相模香林寺　若松県下岩代天寧寺
小倉県下豊前宗玄寺　熊谷県下武蔵久山寺
青森県下陸奥常光寺　秋田県下羽後天徳寺
千葉県下上総宝積寺　埼玉県下武蔵竜門寺
三瀦県下筑後千栄寺　岐阜県下美濃勝林寺
滋賀県下近江清涼寺　北条県下美作長安寺
東京府下東京青松寺　筑摩県下信濃極楽寺中
福島県下岩代常光寺　静岡県下駿河瑞光寺
大坂府下摂津鳳林寺　愛知県下三河長養院（中教支院）
新潟県下越後法音寺　橡木県下下野大中寺
度会県下伊勢養泉寺　神奈川県下武蔵横浜本山説教所
石川県下加賀宝円寺　水沢県下陸中願成寺
愛知県下尾張大光院　長野県下信濃栽松院
名東県下阿波丈六寺　佐賀県下肥前高伝寺

となり（「明教新誌」第一五五号）、この中、愛知県下尾張大光院に開設された曹洞宗専門学支校は、現在の愛知学院大学の前身にあたるものであった。修業年限は三年で、一級より六級に至る課程を修める規程になっており、一級ごとに六カ月間修めた。しかし、成績によっては三カ年に満たなくても卒業できたが、卒業証書は明治十一年から発行されるようになった。

	内典			外典		
	正講	輪講	通読	質問	講義	通読
六級	拈評三百則	五位説不能語	西谷名目	新律綱領 改定律令	論語	耶蘇創世紀
五級	永平家訓	証道歌直截	原人論	日本外史	孟子	輿地誌略
四級	宝慶記	六祖壇経	仏祖三経	国史攬要	大学中庸	各国史略
三級	坐禅儀不能語	禅戒鈔	緇門崇行録	続国史略	箋注蒙求	地球説略
二級	学道用心集	信施論	孝論	国史略	古文孝経	自由之理
初級	寮中清規	対大己法	十規論	十八史略	欧蘇手簡	西洋事情

表1

教科科目は大部分が経典、漢学であったが、「耶蘇創世紀」「各国史略」「自由之理」「西洋事情」などの学科もみられる。大光院（名古屋市中区大須）にあった曹洞宗専門学校は、同十三年二月に長栄寺（名古屋市中区橘）へ移転し、さらに同二十二年二月には万松寺（名古屋市中区大須）へ移転した(1)。

同十六年一月に「曹洞宗専門学支校規約」が改定されている。第一章大綱の第一条に、

支校ハ各府県宗務支局ニ附属シテ一支局所轄内ヲ一教区ト為シ必ス一支校ヲ設置スルヲ定則トス

但校舎ヲ新築シ若クハ適当ノ寺院ヲ借用スル等各地方ノ便宜ニ任ス

とあり、第二章職制、第三章生徒入校ノ事、第四章学科学期ノ事、第五章生徒資格ノ事、第六章生徒試験ノ事、第七章雑則の七章二十七条に定められて規約を整備した。同十八年九月十日には、従前の学科表を改定して「曹洞宗専門学支校学科表」が定められており、また、支校規約の一部が改定されて、在校学期は従前の三年から四年半に改められた。そして、明治二十年以後に実施することになり、同日には「曹洞宗専門学支校試験規程」も定められた。

吉祥寺の旃檀林の曹洞宗専門学本校は、明治十年九月十五日に「曹洞宗専門本校附属自費寮規程」が布達されて公選の宗費生以外に、みずから学費を納めて学ぶ自費生も入学できるよう門戸が広められた。ただし、入校期限は二月十六日より五月十四日までと八月十六日より十一月十四日までの夏冬安居解制期間に限られており、自費という以上、授業料を納めることなど厳しい条件が含まれていた。

明治十四年十一月一日に番外として各府県教導取締に布達された会議決議案報告の「本校歳費」には、

本校ハ明治九年ヨリ十三年ニ至ル迄入校生徒百名ニ満タサルヲ以テ毎歳々費ニ剰余ヲ生シ乃チ十四年四月一日現在ノ残金九千四百十六円八拾四銭五厘有之而ルニ十四年四月忽チ五十三名入校セリ（自費生徒規程ニ準シテ本校ヘ転入スヘキ者目下九名アレドモ校費不足ニ付未許）是ヲ以テ本年度ハ教師以下生徒合セテ百三十余名の現員ナリ該経費毎月金五百円ニ垂ントス（四月ヨリ八月迄ヲ平均ス）就中賄費ノ如キ一名一カ月金二円三四十銭ヲ上下セリ尤モ賄費悉皆ヲ給与スルハ校規第五条ニ抵触スト雖過ル九年十年入校生徒少シニシテ歳費多分ノ

残額アルヲ以テ当時ノ教師西有穆山氏ヨリ本校生徒へ賄費ノ全分ヲ給シ自費生徒へ毎月金六円ノ助成ヲ請求セラレタリ今之ヲ改正シテ校規ニ復シ本校生徒一名一カ月金壱円五十銭トシ其不足ハ各自ノ支弁ニ帰セシムルハ敢テ為シ得サルニ非サレドモ苛モ一万三千余カ寺ノ末派ニ課シ両本山ニ於テ共立スル本宗ノ大学林ニシテ僅ニ二百名ノ生徒ヲ養ヒ得スト云ハバ外教ノ侮慢ハ勿論諸宗ノ嘲笑ヲ免レサラントス豈ニ吾カ末派ノ甘受スル所ナランヤ故ニ自今校規ヲ改正シテ生徒賄費ハ必ス其全分ヲ給与センコトヲ欲ス於是十三年度則チ昨年ノ収額ヲ比例トナシ十四年度ノ経費ヲ概算スルニ凡ソ千四、五百円不足ヲ生スヘキナリ偖又教師以下役員ノ衣資ハ薄給タルヲ以テ現時ノ気運ニ依ルトキハ従テ増給セサルヲ得ス且今ノ世ニ在テハ専門ノ経書ヲ教フルニ止マラス漢洋二学モ亦欠ク可ラサル者ニ付今後更ニ漢洋二学課ヲ設ケ各教授ノ師ヲ聘シテ以テ生徒教育ヲ完全セント欲ス乃チ十六年度以後ノ出納ヲ予算スルニ毎年金四千五百円弱ノ不足ヲ生スル明ナリ

といっており、明治九年から十三年に至る四年間に入学した生徒は百名に満たず、そのため歳費に剰余が生まれて生徒の賄い費を校費より支給していたようである。しかし、同十四年には、一時に五十三名の生徒が入校したため全員で一三〇名となり、生徒の食事を支弁することができなくなったので経費問題が起こり、その上、学校の規則を改めて生徒の食費は自弁でなく、宗門が全額負担せよという要求問題も起こっている。そして学校経営費の増大、教職員の俸給増額などとともに漢学、洋学二学課の増設にともなう教師の招聘問題も出ている。

教師については、明治八年五月三日の第八号布達に、

第八号　八年五月三日　　　全国末派寺院

一宗管長、宗局監院、専門教師等、本貫姓名、左ノ通ニ候条、為心得、此段布達候事、但監院教師等自今交代相成候節ハ其時々姓名可相達候事

一宗管長　永平寺住職大教正　細谷環溪
同　　　　總持寺住職大教正　諸岳奕堂
宗局監院　孝顕寺住職権少教正　青蔭雪鴻
同　　　　慈光寺住職権少教正　滝谷琢宗
専門教師　大泉寺住職大講義　辻　顕高

とあるように、辻顕高が専門教師であった。ただ、専門学本校の規則では教師三名とあるが、開校当初は辻顕高のみしかみえない。そして翌九年四月一日の第七号布達では、雲洞庵住職の南木国定が任命され、翌十年三月二十三日の第八号布達では法光寺住職西有穆山が就き、翌十一年八月一日の第十七号布達で最乗寺住職畔上楳仙が任命されている。しかし、翌十二年三月二十四日の宗局達書第六号によれば、三月限りで解任されており、同十四年三月二十三日の宗局布達第八号では、最乗寺住職の原坦山が任命された。

ところで、明治十三年頃から専門学本校の移転新築説が噂となり、翌年表面化した。独立自営の教育機関を設立するべく三つの主張が『駒沢大学百年史』（昭和五十八年十月　駒沢大学年史編纂委員会）七七、七八頁にあげられているため要点をまとめてみると、

一、日本仏教界を代表する大宗門の曹洞宗は、子弟教育が宗門の運命といってもいい過ぎでなく、宗門で宗立学校を建設すべきである。

二、専門学本校、専門学支校が宗門一般に認識され、子弟教育に目覚める寺院が年々多くなり、子弟の入学も増勢をたどるため学舎の増築が必要となる。吉祥寺境内という限られた敷地や私有の学舎では、自由な裁量を行うことができない。したがって、新たに学校敷地を求める。

三、吉祥寺境内に併設されているため、宗門の学園でありながらも学校当局、宗門当局の意見によって学園を経営していく自由がない。そのため吉祥寺から離れて独立の地に学園を建設すべきである。

の主張であった。しかし、移転には多額の資本金が必要となるため、旃檀林を購入し修繕していけば経済的負担も少額であるところから、旃檀林買収案が最初に出た。吉祥寺側と折衝した結果、吉祥寺側の分譲希望価格と宗門側の要望する買い入れ価格に隔たりがあり、宗門側の資力の少なかったことと敷地が狭いため、将来再び移転せざるを得ない事態が生まれる不安が加わって不調に終った。

そこで、麻布区日ケ窪の敷地を買収して移転新建設を断行することになった。この地は鹿児島の士族重信常憲の所有地であったが、本人は曹洞宗の檀信徒の一人であったことから土地買収交渉は意外に早く進んだ。しかし、その土地買収費、新築校舎建設費の捻出には苦悩したようであったが、土地買収費は徳島県人の銀行家で事業家であった久次米兵次郎が全額を負担して寄附した。寄附されるに至ったことについて、専門学本校の総監であった辻顕高が「曹洞扶宗会雑誌」第十九号（明治二十二年九月二十九日発行）に「外護檀越論」を述べており、それをあげると、

応病与薬は仏々の勝躅、臨機応変は祖々の活路、児孫宜しく切に参究すべき所とす。彼の真宗日蓮宗の如き、古来専ら化を庶民に布く、故に世の豪農富商多くは之が外護たり。然るに我が曹洞一宗の如き、曾て頻りに武将武士を教導す。故に天下の諸侯概ね我が檀越たり諸侯を檀越とするが故に、庶民中たとひ豪富にして篤信なる者あるも、敢えて之が外護を求むるの必要なし。是を以て渠儂互いに淡交泊情寺檀自ら親密ならず。況や我両大本山の末派諸檀に対する殆ど秦越の弊を免かれざるに於てをや。蓋し是れ誰が罪ぞや。抑も司教者の過怠に非ずして何ぞ。論者或は言はん。仏祖門中貧富を論ずべからず、彼れ素封天下に冠たるも、我に於て何か有

らんと。其れ然り豈其れ然らんや。世尊祇園の化儀よく三千年後の今日に面授することを得る者は波斯匿王家の外護に依らすと言うを得んや。高祖吉峰の教沢、よく六百年外の一万四千刹を潤ほすは雲州太守の檀度に本きたるに非ずして何ぞ。

苟くも布教伝道する者、豈外護の檀越を等閑に看過すべき者ならんや。我宗昔時は諸侯ありて存す、固より外に待つことなし。然れとも今や諸侯の我宗於る果して如何。夫の豪農富商の真宗もしくわ日蓮宗に於るか如く、古今依然たることを得るや否や。恐くは我宗従前庶民の化導を苟且に附せしを、今日に悔ざる者なかるべし。然と雖も彼も一時なり、此も一時なり。謂わゆる臨機応変の活路なかる可けんや。

故絶学天真禅師つとに此に見るあり。曾て大学林を麻布に移すに及びて、乃ち其土木の事業を都下屈指の素封家に委托せんことを謀る。時に故円応道鑑禅師なほ執事の位に在り、其知友某々等が東京第一の材木商久次米氏に縁故あるを知り、窃に之を久次米氏に謀らしむ。久次米氏内諾す。乃ち大に宗務局に謀る。時に真晃断際禅師は執事の位を在田彦竜氏に譲り、身を退いて閑散の地に在り。両山貫首これを起して、久次米氏の本店なる阿波の徳島に赴かしむ。

これより先も両本山は祖廟保護の基本財産を造るの目的を以て護法会を組織するの議あり。故に其財本の保護も亦た天下屈指の豪商にして且つ篤信なる者に委托せんと欲す。乃ち断際禅師の此行ある路を大阪に取り、鴻池氏に過り、久次米氏と共に護法会金を保護せんことを謀るべしとの命あり、蓋し鴻池氏は便ち天下屈指の豪商にして、而して世々本宗篤信の檀越なればなり、断際禅師鴻池氏に至る。鴻池氏護法会金の委托を諾す。然れども其額は七万円に超ゆべからず、其利子は六分（後に四分八厘に減ず）に過ること能はず、其期間は明治二十二年三月を限るべしと云へり。久次米氏に至る。

久次米氏亦た護法会金の委託を諾す。而して其額は両本山の命ずるところに随ふべし其利子は八分（後に七分に減ず）なる可しと。且つ大学林建築の嘱托を諾し、殊に其建築地二千八百余坪（其価額現今凡一万七千円余）を寄附せんことを約す。断際禅師帰京して復命す。両山貫首の欣慰知るべきなり。時に明治十五年五月なり。幾ばくもなくして、大学校の建築成る。是時に当りて大学林建築の費額は未だ募集の完全を告げず。仍て久次米氏は都て其費を貸すこと一万余円に至る。既にして護法会金漸く醵集す。両本山は其一半を鴻池氏に托し、其一半を久次米氏に嘱す。鴻池氏は予約の額に達して止む。

久次米氏は額に予約なしと雖も亦た七万五千円に至て之を止め、其他の護法会金は之を久次米銀行等に嘱託する者と又公債証書等を請求せし者と合わせて拾数万ありと云う。明治二十二年三月鴻池氏は予約の期限なるを以て解約返金せんことを両本山に稟申す。然る之を解約返金せしめざれば、四月以後利子を附せざるの約定なるを以て両本山は已むを得ず、其約を履み其金の返戻を領じて、亦た公債証書を購求すと言ふ。然り而して久次米氏の約は本年十二月を以て期限となすが故に、今尚久次米氏と久次米銀行とを併せて十二万円を保管し、其利子は他の預り金の例に依らす、特に七分の利子を附して以て護法の誠を致す。曾て越本山、其道路を開鑿し、其費を門末緇素に募る。久次米氏率先して百円金を布施す。一宗道俗相謀りて扶宗会を組織し在家化導の方策とす。久次米氏父子乃ち其の特別会員と為て扶宗の事業を賛襄す。大学林毎年春秋大法会を修して護法会施主の冥福を祈る。久次米氏必ず餻餅数斗を献じて之を供養す。久次米氏の我宗に於る外護の情至れりと謂ふ可し。

抑も久次米氏は元来我が宗徒に非ず、世々に真言宗を奉じて篤信の聞にあり。其本店は阿波国新居村に在り、藍製造を以て家業となす。戸主を兵次郎と称し其嫡男を庄三郎と曰ふ。曾て藩主蜂須賀家の財政を主管し一藩の信認尤も篤し。東京八丁堀に支店あり（俗に八丁堀のての字と称し府下は勿論、関八州の辺陬に至るまで此称を知らざるは無し）、藍の販売を業とす。又深川に両支店あり、共に材木を鬻ぐ。皆巨商の随一と称すること久し大阪に一支店あり、亦た藍を売る、是等の本支店、皆久次米商会と称す。倶に久次米氏特有の財産なり。維新以後、別に銀行を設立し、基本財産を五拾万円となし、同志社協力営業す。之を久次米銀行と称す。其本店を阿波徳島に置き、其支店及び出張店は大阪に一、東京に二、淡路に一、岩代に二、皆官府の命を奉じて、国庫金、又は地方税の出納を主管す、客年其銀行に於て其局に当る者、聊か財務の策を得ざること有り、主管者両三交迭す。世人喧伝して虚声に吠ゆ。我両本山は直に真実を検せんと欲し、大蔵省に就て之を主務の官吏に質す。

吏曰く、久次米銀行の職員は平素質朴廉直かつて鋭敏奇利を博するの才気に乏し。故に偶ま些細の敗ありとするも、其敗や他に在りては実に平素尋常の事のみ。況や久次米商会あり、確然充実せる財本を以て之を補翼す、決して意に介するに足らずと。両本山之を聞て始めて安堵せりと云ふ。嗚呼其豪商既に此の如く、而して其仏教を外護する、彼が如きは真宗もしくは日蓮宗の、古来専ら是等の人化導し来れる者と雖も亦た決して獲やすからざる所とす。然るに今、我宗は未だ曽て之を化導せず、而して偶然之れを得たり。蓋し謂ゆる夙縁深厚なる者歟。庶幾くは自今以後益々他をして勝縁を我宗に結ばしめ、又彼の鴻池氏等を勧奨して、倶に与に力を扶宗に尽くさしめば、以て我宗万世の大檀越たるを得ん。近時久次米氏の資産に関して浮説を伝ふる者ありと聞く。其実を知らざる者は或は之に惑ふこと有らん。余仍て之が為めに其寃を排し以て外護檀越論を作る。

とあり、裏面には種々の因縁があったようである。また、新校舎の建設資金は宗門末派寺院より徴収して支払いする予定であったが、その調達には苦労しており、工事が進捗しても建設資金の調達は予定通りに進まず、建築費を順当に支払うことはできなかった。そのため久次米の好意によって工事を進めていたこともあったようである。

明治十五年八月二十五日の宗局布達第二十三号によれば、

宗局布達第二十三号　十五年八月二十五日
全国末派寺院
本校新築ノ儀遠フカラス、土木竣工ニ付、管長御巡回先ヨリ帰京、来ル十月十日開筵式修行可相成候条、此旨布達候事
但全国末派ノ内、有志ノ者出京、慶讃ハ随意タルヘシ

とあり、十月十日には曹洞宗管長を迎えて開筵式を修行することになっている。そして十月十五日には、

宗局布達第二十五号　十五年十月十五日
全国末派寺院
曹洞宗専門学本校ノ儀、自今曹洞宗大学林専門本校ト称スヘシ、此旨布達候事

と曹洞宗専門学本校より曹洞宗大学林専門本校と改称したのである。しかし、後の布達では「曹洞宗大学林専門学本校」となっている。長い名称であるため、一般に「曹洞宗大学林」と称していたようである。

入校生の選出方法は宗局布達第二十四号に、

宗局布達第二十四号　十五年八月二十五日
全国末派寺院
本校生徒撰出方ノ儀、是迄仮規約第二条ノ旨趣ニ準シ、寺数ノ多寡ニ拘ハラス、各支局支校ヨリ、毎歳一名ツツ撰出セシムルノ成規ニ候処、右ハ校費等出ノ義務ニ対シ、権衡其処ヲ失スルノ姿ニ相当リ候ニ付、自今凡

ソ寺数ヲ平均シ、左ノ配合ニ依リ、明治十六年四月ヨリ撰出入校セシメ候条、此旨布達候事。

というように、毎年一名ずつ全国の各宗務支局および支校より選出していたが、明治十六年四月よりは一宗務支局の寺院数と比率して生徒の選出数を決めた。また、開校するにあたり、浄財や仏具、常備品などが寄附されているが、同十六年六月二十日の宗局布達第三十五号に寄附者の名前が列挙されており、第一番には、

大学林敷地代価寄附主

金弐千円

地坪二千八百三十四坪三合五勺買入代

阿波国名東郡北新居村　久次米兵次郎

同　久次米庄三郎

と校地を寄附した久次米兵次郎と嫡男の庄三郎の名があげられている。その他、東京を中心とした寺院、在俗者の名が多くみられる。

同十六年一月十六日には宗局布達第一号、第二号で、曹洞宗大学林専門学本校および専門学支校の規約を制定し、ともに四月一日より実施することとなった。専門学本校の学課には、新しく漢洋二学課を加え各一名の教員を置いた。そして十月十六日には、「大学林専門学本校生徒心得」および「警策表条例」などを創定し、十二月一日より実施すべき旨が布達された。心得も条例も叢林の生活上の規程を模範としており、教育機関の学校制度の最初は叢林の延長であったといえよう。

同十七年五月十日に、大学林生徒の東恵犇を退校処分としている。その誡状をあげてみると、

○報告第九号

本校七級生東恵丼今般左の通警策処分候条此段報告す

明治十七年五月十日

曹洞宗大学林

誡　状

京都府下丹後国竹野郡間人村

竜雲寺住職増田恵印徒

大学林七級生　訓導　東　恵丼

其方儀嘗て校規違犯の所為ありて該処断未済中胃加答留病に罹りし趣を以て医師の診断書並に赤坂区田町岸辰儀より出寮引受書を相添本年四月六日付を以て出養生を出願したるに付本校於ては罹痾無止儀と存し之を允可し而して若し出寮中更に昿日他行又は宿所換等致度節は其都度本校へ願出許可を受くへき旨を指令し四月十三日下錫せしめたる者とす然るに爾後私に他行の趣相聞候に付召喚の上主任学監をして審問せしめたるの処四月十三日本校を退罷し出療所岸辰儀方へ立寄り即日直ちに埼玉県第一号曹洞宗務支局附属専門学支校へ教師代に赴きたる旨陳述せり且つ該件は元来四月五日則本校へ出養生を出願せし前日已に支校教師代に赴く内約を為したれとも自己は校中犯則処断未済中の身なるに由り公然之を出願するを得ざるを知り故意に詐偽の所為を以て本校を欺きたるに相違なき段申立たり抑嘗て犯則有之其取調中なれば只管悔悟謹慎在校修学し以て寛恕を企図すべきは当然たるべし然るを故らに詐偽の手段を用ひ言を出養生に藉せ剰へ支校教師代務を為す等は本校生徒の志操に有之間敷行為とす之を警策表条例に照すに第三章第二十三条第壱項及第八項に触忤したるや明なり依て第一章第八条に拠り誡状を附すべきの処憫亮すべき次第も有之に付直ちに第三章第二十三条に照し返籍退校申付候事

明治十七年五月九日　　　　　　　　　　曹洞宗大学校

とあり（「明教新誌」第一七〇〇号）、東恵髤は病に罹ったということで診断書などを提出したが、それは埼玉県第一号宗務支局専門学支校教師代務に赴く内約を行って出願した故意の詐偽行為ということで、校規違犯となり退校を申し付けられている。

翌十八年八月二十四日には、

甲第二十四号　　　十八年八月二十四日　　　　　全国末派寺院

大学林専門学本校へ総監ヲ置キ校内ニ常在シテ教師学監及生徒ヲ総督セラレ度旨現任助教師並学監連署ヲ以テ屢々請願有之依テ当局審議ノ末過ル六月中両本山貫首へ稟申ニ及候処御協議ヲ尽サセラレ遂ニ本月四日両本山貫首ノ命令ヲ以テ越山東京出張所執事辻顕高大学林総監へ栄転被申付候此旨普達候事

但越山東京出張所執事後任ハ本末憲章第七条ニ拠リ既ニ撰定相成候処未タ其ノ整頓ヲ告ケサルニ　貫首御入滅ノ変故ニ遭遇セシヲ以テ今後越山御後董公撰確定迄出張所執事ノ全権ハ辻顕高帯有スヘキ旨管長ヨリ更ニ命セラレ候此段添達ス

と総監を置いて校内を総督することが布達され、辻顕高が永平寺東京出張所執事を辞任して就任した。総監は管理監督の最高責任者で、現在の校長、総長のことであろう。その位置などは、明治十八年十月十日に甲第三十六号で布達された「曹洞宗大学林専門学本校総監事務仮章程」によって明らかになる。総監は専門学本校において重大な権力者であったばかりでなく、専門学支校教師の任命、退職についての権限や支校の授業内容についても発言権が与えられ、宗侶養成の学校教育全般にわたって権限が与えられていた。

同十八年九月十日には曹洞宗大学林専門学本校学科表並に専門学支校学科表を作成し、専門学本校学科表は同年十二月一日より、専門学支校学科表は翌十九年十二月一日より実施すべき旨が布達された。学科の中には英学や数学などが採用されているが、実際に授業を行ったのではなく名目だけであったかもしれない。また、同日、「曹洞宗大学林専門学本校試験規程」および「曹洞宗専門学支校試験規程」が定められ、試験は三月、七月、十一月の三回行い、筆記と口述が併用されて管長や監院立会いの場でなされた。

同二十年一月十五日には、大学林生徒が同学林校講義館で僧服改良について大会議を開き、洋服依用の方案を議決して宗務局へ提出した。このことから当時の学生は、僧服で講義を聞いていたことが窺える。そして僧服を簡略化した改良衣はもちろんのこと、洋服の着用も認めざるを得ないことになった（「明教新誌」第二二四五号）。また、二月一日には、総監辻顕高より発令された学事関係の甲第四号布達の学第一号から学第五号によれば、四月十五日を入校の期日としていたが、それが三月十五日と九月十五日の年二回となり、一年に二度新入生募集となった。生徒の在校年限も満三年から四年六カ月と大幅に延長されることにもなった。なお、試験も大試験が三月、九月の二回、それにたいし毎月、担当教員によって実施される小試験が仮規則として発令された。

同二十二年一月十四日には、校規違犯で二十名に退校、一二二名に懺悔を申し付けたが、一二二名は退校生とともに学林より退出した。しかし、徐々に懺悔して帰校の許可を得る者が多くなり、十六日には開校して畔上楳仙、原坦山が隔日に講義を勤めた。そして校規を一層厳しくしたようであるが、校規を改良して曹洞宗大学林の名実ともに相応したものへとなる計画が進んでいった。(2)

第二節　平尾（弘津）説三の「論改正徴兵令」

明治十七年一月二十三日発行の「二葉新誌」第四号において、当時、曹洞宗大学林の学生であった平尾説三（後に弘津氏）が前年十二月に改正された徴兵令にたいし「論改正徴兵令」を発表して痛烈に批評した。

徴兵令は明治六年一月に太政官布告で制定され、満十七歳から満四十歳までの男子（沖縄、北海道を除く）を国民軍の兵籍に登録した。満二十歳で徴兵検査を行い、合格者の中から抽選で常備兵役を務めさせた。常備兵は三年間現役兵に徴集され、現役終了後、さらに四年間を後備軍として服役し、戦時の召集に応じることを義務づけたものである。国民軍は明治九年の廃刀令で人民武装が禁止されたため、事実上の兵役免除に等しく、当初は常備軍免役条項が多く、身体的条件の不適格者は別としても官庁勤務者、陸海軍学校生徒、一家の主人、嗣子ならびに承祖の孫、独子独孫、病気または事故ある父兄に代って家を治める者、養子、徴兵在役中の者の兄弟、罪科ある者などのほか、代人料二七〇円を納めた者とされた。そのため兵役の負担は、貧家の次男以下に集中する傾向があった(3)。

同十二年十月の改正で、常備軍を終えた者は予備軍三年、後備軍四年に服することになり、免役は国民軍の外免役と平時免役とに二分され、前者は五十歳以上の者の嗣子、あるいは承祖の孫、養子、相続人など戸主、独子独孫、官吏、府県会議員、官公立学校教員などに限定された。平時免役となる養子の要件についても制限されており、合法的な兵役忌避の道を絶つ目的の改正であった。また、平時免役から国民軍の外免役となるための代人料二三五円の上納制度が新設されている。さらに、軍備大拡張を目的とした同十六年十二月の改正では現役三年、予備役四年、後備兵役五年となり、身体的条件不適格者以外の免役を認めず、徴集猶予制度を採用した。そして五十歳以上の者の嗣子などは、戸主六十歳以上の嗣子などに改められ、代人料は廃止された。代って官公立学校卒業生が看護卒要員として、志願により費用自弁で一年間現役に服する制度を設けた(4)。

このように明治十二年と同十六年に徴兵令改正が行われたが、僧侶にたいする兵役は、明治六年の徴兵令では何もいっていない。同十二年の改正の第二十八条第六項で、教導職試補以上の者は国民軍の外兵役を免ぜられる特典があった。また、同十六年の改正では第十八条第一項で教正職にある者は徴集を猶予せられ、第二十条第二項では教導職（試補ヲ除ク）が予備兵、後備兵を問わずに復習点呼のみの召集を免除せられている(5)。しかし、同十七年八月十一日には太政官第十九号布達により、従来の神仏教導職を廃し、住職の任免や教師の等級をすべて管長へ委任することになった。そのため教正の徴集猶予やその他の教導職の復習点呼免除制度は、消滅してしまった。

そこで十一月二十日、曹洞宗務局は全国末派寺院へ、

甲第弐拾四号　十七年十一月廿日　　全国末派寺院

本年太政官第十九号布達ヲ以テ教導職被廃候ニ付今後徴兵免否ノ区分其筋ヘ伺置候拠未タ指令ヲ得サレトモ陸軍省達甲第四拾八号ニ拠ルトキハ該区分明瞭ニ付自今本宗末派僧侶ノ輩徴兵免否左ノ通可相心得候為念此旨布達候事

○徴兵免否心得

一、明治十六年十二月以前元教導職試補以上ヲ拝命シ旧徴兵令第廿八条第六項ニ該当セル者ハ適齢タリト雖ドモ国民軍ノ外徴兵現役免除ト相心得ヘシ

一、十七年一月以後元教導職試補以上拝命ノ者ハ適齢ニ際シ一般徴兵現役ニ服スルハ勿論トス尤モ一月以後新補権訓導以上ノ者ハ新徴兵令第廿条第二項ノ趣ニ拠リ常備現役ノ外予備後備軍ニ在テハ点呼復習ノ為召集ヲ免レ得ル儀ト心得ヘシ

以上

と宗門僧侶の徴兵免否の心得を布達し確認している。

平尾説三の「論改正徴兵令」をながめてみると、

○論改正徴兵令

在東京　平　尾　説　三

問乙日輪未三曾没二于其領地一之英国。与下占二有世界七分一一之露国上兵備甲。則常備軍之強且衆。甲鉄艦之堅且多。不レ知二其幾十万人。其幾百艘一也。攻城野戦。所レ向無レ敵。逞三其猛威於二全地球一之仏国。則于二海軍一。于二陸軍一。固睥二睨英露二大国一不レ為レ意也。全国皆兵。虎視眈々。能使下已二動静一関中欧土休戚上之日耳曼。則訓二練一麾立集一百八十万貔貅一。亦固不レ譲三武威於二彼三強国一也。而与二此四大強国一争レ衡者。曰墺太利。曰伊太利。曰西班牙。曰荷蘭。其他葡萄牙也。瑞西也。嗹馬也。白耳義也。瑞典也。猶能以二其文武所一レ長。儼然雄峙。不四嘗屈三其腰于二他強国一也。而転レ眼窺二支那兵勢一。則猶擁二一百余万大兵一。動欲四与下泰西各国上。争三国威於二兵馬之際一。更回二頭於太平洋外一。則堂々合衆国者。于二文物一于二兵備一。殆将下軼二英国一駕中仏国上。隠然或欲レ取二五洲牛耳一焉。以二我今日之日本一。処二於借乙彼風馬牛不下相及上之蒸汽電気二力甲。竜驤虎視。強弱相争。十九世紀世界一。恰如下魯衛介二立斉楚晋秦間一。徳川氏窘中在武田上杉織田氏等囲中上也。豈非下神武肇国以来未二曾有一レ之。危急累卵之秋上乎也。余幼時披二輿地全図一。問レ師曰。聴我大日本八十余州。在二東洋之一隅一。果何地是。師自指示曰。支那之乾。魯西亜之巽。殺而長。左右擁二眉様之点一。形如二蜻蛉一者是。余聞レ之慨然憤激曰。此豆大之地。豈可レ得二永久独立一乎。潜然久レ之。既而年漸長。始読二輿地近世史乘一。頗知三方今宇内形勢。非二復当時之比一也。又益憤激不二自勝一也。既而吾師漸授以二仏学一。頗弁二経論之菽麦一。始知二仏教大旨不一レ出二乎護国愛民之外一也。朝夕研磨淬励数二年於一レ茲矣。未三曾一日忘二国家危急一常欲戊拡二張仏教妙理一。弘二済群品苦悩一。使丁レ之養二成愛君心愛国心一。不丙以愧乙日本人民之名甲。嘗屢語二其志業於同臭一。同臭者亦常賛曰。方今仏教者。誰豈不レ如二子之志業一哉。吾尤注二意於茲一矣。是言可五以証四仏教者之注三心於二国家危急一也。明治十六年十二月廿八日果日本国民之何如吉祥日哉。我政府改二正従前徴兵令一。大拡二所徴区域一。使下二全国壮丁者一。十之九服中兵役上。以挙二軍備拡張大典一。豈非二日本国民無量幸福一哉。条約改正。当二従レ是而行一也。治外法権。当二従レ是而帰レ於レ我也。我国之独立。当三従レ是而属二於万世一也。然世之不レ知二正義公道一者。姦計詐画。謀三以免二其役一。果謂四日本全国。与下欧米各国上対峙。其十万内外之兵。其二十余艘軍艦。足三以当二彼幾千万人大兵。幾百艘軍艦一乎。亦非二不レ思之甚者一哉。抑日本全国誰所二住居一乎。固雖三我政府所二管轄一。非三我政府敢私拡二張兵備一。以護二衛日本国民生命一。保二全其安寧幸福一之挙而已。換レ之以二数句酷辞一。則不レ過乙其服役子弟孫姪従下政府公命上。護二衛汝君主及汝父兄祖叔一之謂甲而已。豈為二他人一徒服下苦役上者哉也。嗚呼一利之所レ挙一害必従。固雖二物理所レ不レ免。我政府改二正徴兵令一一挙。強二形而下之兵一。弱二形而上之兵一。豈非二可レ惜之甚者一哉。何以言レ之。夫形而下之兵。謂下列二隊□一携レ銃帯レ剣。臨レ危効レ命者上也。其形而上之兵。謂勧三奨誘二導国家人民心志一。使丙レ之去レ悪就レ善。忘レ利尊レ義。不レ知不レ識。養乙成日本元気甲者也。喩二之レ於人身一。其形而下之兵者。四支五官也。其形而上之兵者。肺肝腸胃也。而其四支五官之運転活用。無三一不レ由二肺肝腸胃涵養力一也。若肺肝腸胃。而不レ施二涵養力一。則吾不レ知二其四支五官運転活用与レ否也。今也。強二形而下之兵一。弱二形而上之兵一何異丙毀下傷不三陽奏二其功一之肺肝腸胃上。而専督乙促四支五官之運転活用甲哉。是所下以吾為二国家一深惜而不上レ取也。方今我仏教徒。注二意於国家之危急一。東奔西走。風餐露宿。孜々焉。勧三奨誘二導天下人民心志一。以謀レ使三レ之去レ悪就レ善。忘レ利尊レ義。養二成国家元気一。既十数年於レ茲矣。其一挙一動。無レ未二嘗護国愛民之事業一。其立レ功之遅速其為レ益之多少固雖下存二在冥々裡一無中眼能視レ之手能撈上レ之。其涵三養稗二益人心世道一也。豈何少小哉。然一般視二之彼士農工商一。苟除二教正一外。従二大講義一至二試補一。適二其服役年齢一。乃徴二集之一。其四支五官則増加其肺肝腸胃則愈衰弱。豈可レ不レ傷哉。且夫政治与二教法一。如二天下人民父母一然。父制二之外一。母制二之内一。法律道徳駢行駢進可三以望二児童健全成長一也。雖レ然従二我仏教一論レ之。則以二国家肺肝腸胃一自居。而従二局外一視レ之。則雖レ有レ微二功於国家一。或当レ不レ足二特礼以処一レ之也。嗚呼従レ今益憤激。注三射心志於二国家危急一。孜々焉汲々乎。拡二張我仏教妙理一。訓三諭啓二道三千七百万人一。使丙二我危急累卵日本一。異日圧二倒彼欧米各国威武一。我旭旗所レ翻。恰如乙大陽所レ照。魑魅魍魎竄匿無甲レ跡而已。若夫其志業之達与レ否在二其勤与一レ不レ勤也耶。

とあり、漢文体で書かれている。明治十六年の改正で教導職の徴兵免除が撤廃されたため、教導職に害を及ぼしていると駁論する。とくに本文中の「嗚呼一利之所レ挙一害必従。……是所下以吾為二国家一深惜而不上取也。」の二百余字が改正徴兵令を誹謗しているとして新聞条例に触れ、明治十七年五月二十八日には横浜軽罪裁判所より「二葉新誌」の編集人高原常豊、印刷人外嶋福三郎とともに平尾は判決を言い渡された。

その言渡によれば、明治十六年第十二号布告新聞条例第十八条および第三十八条に触れるため、一月以上一年以下の軽禁固二十円以上百円以下の罰金を付加すべきところ刑法第八十九条第九十条に照らして二等を酌減し十五日以上六月以下十円以上五十円以下の範囲において各軽禁固十五日に処し罰金拾円を付加されたのである。[6] また、大学林の二年（六級）で休学を命ぜられ、やむなく故郷へ帰った。しかし、これによって平尾はかえって存在が認められ、名声を博した。そして、とくに滝谷琢宗に登用され宗門政治家として各宗で敬重せられた。[7]

第三節　僧侶の兵役免除の請願

明治十六年十二月以後の徴兵令改正は、同二十二年一月二十二日に法律第一号として全部にわたる大改正をみた。

それは二月十一日に憲法が発布され、翌二十三年十一月に第一回の帝国議会を召集し、憲法はその開会の時から実施されることになったため、これを予想して法律の公布形式をとったのであろう。そして、この徴兵令は憲法第七十六条により効力を存続し、法律としての実質的効力を生じ、昭和二年の兵役法制定までの三十八年間、ほとんど改正もなく実行されてきた。徴兵令の名における最後の改正令であった(8)。

しかし、この改正による免役延期および猶予には、戸主の年齢六十歳以上の者の嗣子、承祖の孫、廃疾戸主の嗣子および戸主などにたいする特典を廃棄した。そのため国民皆兵主義の徹底に一歩前進したもので、もちろん教導職の僧侶にたいするすべての特典もなくなった。

明治二十四年二月に僧侶の兵役免除の請願書が出された。それは浄土宗の慈彦孝をはじめ二十名、曹洞宗の木下吟竜ら三十九名、東京市深川区の本誓寺住職福田循誘ら十名の東京寺院を中心にして貴族院、衆議院へ請願されたものである。それをあげると、

〇兵役免除請願書

春寒料峭之候貴下益々御清穆国事ノ為メ御精勤之程奉感謝候陳者今回拙衲等宗内有志者ノ同意ヲ得テ兵役免除ノ儀貴院へ請願仕度何卒鄙意御諒察之上御協賛被成下度候様請願書写相添此段伏シ而切望仕候不宣

尚又自由新聞二月七日同十三日ノ社説毎日新聞二月十日同十一日同十四日ノ社説其他中新聞等本件ニ関シ其利害ヲ詳論致居候間御参看被成下度候也

明治二十四年二月

〇兵役免除ノ請願

私共僧侶ハ身ヲ塵外ニ処シテ仏陀ノ教ヲ奉シ国家ノ安寧ヲ祈リ衆庶ヲ教化シテ安心立命ノ域ニ導キ務メテ人生

ノ迷蒙ヲ解脱スルヲ主トスル者ニ候ヘバ古来出家遁世ノ身ト称シ又世外人トモ称セラレ衣食住ハ勿論其他百般ノ事皆ナ一般人民ト同シカラサルモノニ候故ニ我国ニ於テハ光仁天皇ノ時定メラレタル僧尼令ヲ始メ歴代天皇ノ我僧徒ニ下シ給ヘル詔勅ハ皆ナ仏制ニ拠リ僧侶ノ行為ヲ規正セラレタルモノニシテ其要ハ僧侶ノ本分ヲ守ラシメ給ヘリ是レ偏ニ歴代天皇ノ我仏徒ヲ保護セラル、優渥ナル聖旨ニ出ルモノニシテ私共末徒ノ深ク感佩スル所ニ候然ルニ明治五年八月太政官第二百二十七号ノ布告同六年一月第廿三号ノ布告ヲ以テ僧位僧官ヲ廃セラレ明治七年一月太政官第八号同第七十四号ノ布告ヲ以テ一般人民ト同ク民籍ニ編入セラレ加之明治五年四月太政官第百三十三号ヲ以テ自今僧侶ハ肉食妻帯蓄髪勝手タルヘク法用ノ外ハ人民一般ノ服ヲ着用不苦ノ布告同六年一月比丘尼ノ儀モ蓄髪肉食縁付帰俗等勝手タルヘシトノ布告有之ニ付古来僧侶ノ特色ナル風儀ハ漸ク破壊セラレ一般人民ノ外ニ立ツ能ハサルニ至リ候儀ハ誠ニ慨歎ニ堪ヘザル事ニ候然レトモ此等ノ儀ハ僧侶自ラ警誡シテ以テ漸次恢復スベキモノニ候ヘバ仍ホ忍ブベク儀ニ候ヘ共独リ僧侶ノ身ヲ以テ尤モ忍ヒ難キモノトハ兵役ニ服スルノ一事ニ御座候抑モ僧侶ハ仏制ニ依ルトキハ軍中ニ往来スルコトヲ得ズ又闘戦ノ具ヲ蓄フルコトヲ得サルノミナラズ既ニ前陳ノ如ク衣食住共ニ一般人民ト異ルモノニ付若シ兵役ニ徴セラル、トキハ今日法衣ヲ着シ浄斎ヲ食スル者明日戎服ヲ被リ葷肉ヲ食スルカ如キ奇変ヲ生シ現役三年間ハ全ク還俗セシメラレタル有様ニ陥リ其困難ナル状態境過一般人民ト同シカラサル事ニ候是レ私共僧侶ガ兵役免除ヲ請願スルノ止ヲ得サル所ニ候私共僧侶ハ元ヨリ外国ノ例ヲ引ク事ヲ本意トセラル者ニ候ヘ共彼ノ独逸仏蘭西ニ邦ノ如キ常ニ百万内外ノ兵員ヲ要スル国柄ニ於テスラ僧侶ノ兵役ニ徴セラル、事無之趣ニ候我国ニ於テモ明治十二年十月太政官第四十六号布告徴兵令第廿八条ニハ教導職試補以上ノ者ハ国民軍ノ外兵役ヲ免セラル、ノ特典アリシモ明治十六年十二月太政官第四十六号布告ヲ以テ改正セラレタル徴兵令第十八条ニ於テ教正ノ職ニ在ル者ハ徴集ヲ猶予セラレ同第廿条ニ於テ教導職（試補ヲ除ク）ハ復習点呼ノミヲ免除セラル、事ニ相成候然ルニ明治十七年八月太政官第十九号布達ヲ以テ教導職ヲ廃セラレタルニ依リ教正ノ徴集猶予其他教導職ノ復習点呼免除ト共ニ消滅ニ帰シ候其後明治廿二年一月法律第一号ヲ以テ改正セラレタル徴兵令ニ於テハ最早僧侶ニ関スル特典アルコト無之是レ海内ヲ挙テ皆ナ兵ナリトノ御趣意ニ出タル歟ト奉存候乍去我国立法ノ主義ニ於テハ僧侶ト一般人民トノ区別ヲ立テラル、事モ多ク有之即社寺宗教之組合ハ市町村自治制外ニ置ル、事僧侶教師、市町村議員タルヲ得サル事仍テ進テハ貴族院及衆議院ノ議員タルヲ得ザル事等皆ナ僧侶ヲ政治以外ニ置カレ所謂僧侶ヲ世外人ト見做サル、如クニモ有之候是レ果シテ我国立法ノ主義ニ候ヘハ僧侶兵役免除ノ制ヲ立テラレ以テ益々其僧侶ノ僧侶タル自由ヲ証明セラル、様致度候雖然僧侶一般兵役ヲ免セラル、ニ至ツテハ更ニ之ヨリ生スル弊害モ可有之儀ト存候ニ付左ノ制限ニ依テ免除セラレ度候

各宗僧侶ニシテ左ノ各項ヲ具備スル者ハ国民軍役ノ外兵役ヲ免ス

一尋常中学々科同等以上ノ程度ヲ有スル各宗派ノ宗学校ヲ卒業シタルコト

一寺院ノ住職又ハ住職ノ候補者タルコト

一各宗派ノ宗制寺法ニ依テ終身僧侶ノ本分ヲ尽ス者ナルコトヲ其宗派ノ管長証明シタルコト

右制限ニ依テ僧侶免役相成候ヘハ乱漫ニ失スルノ虞モ有之間敷且ツ僧侶ハ世外ニ立テ而モ世間ヲ利益シ国家ノ福祉ヲ図ルモノナルコトハ既ニ世ノ認ムル所ニ候ヘバ速ニ兵役免除相成候様被成下度此段請願仕候也

明治二十四年二月

京都府与佐郡宮津町大頂寺住職　浄土宗　慈　彦孝

東京市芝区芝公園地宝松院住職　同　松濤松巌

東京市浅草区吉野町瑞泉寺住職　同　伊達霊堅
東京市芝区西久保町天徳寺住職　同　朝日琇宏
外十七名
東京市浅草区橋場町総泉寺住職　曹洞宗　木下吟竜
東京市芝区愛宕町一丁目青松寺住職　同　北野元峰
東京市芝区車町泉岳寺住職　同　園円霊厳
東京市芝区三田功運町功運寺住職　同　大渓泰童
外三十六名
東京市深川区仲大工町本誓寺住職　同　福田循誘
外十名

となり、最初に僧侶の特色の風儀が明治政府の布告によって破壊されたことが述べられている。つづいて僧侶の兵役が仏制によるならばできず、三年間は還俗することになり、一般人と同じという。そして従来、僧侶と一般人との区別を立て、社寺などは市町村自治制の外に置かれ、僧侶は議員になれず、政治以外に置かれた。我が国において、僧侶兵役免除の制度を立てようとしたが、僧侶の一般兵役免除となれば弊害も出る。そのため、つぎにあげる三つの制限により僧侶の免除を請願した。

一、尋常中学同等以上の程度のある各宗派の宗立学校を卒業した人。
一、寺院の住職または住職の候補者。
一、各宗派の宗制寺法によって、一生僧侶の本分を尽くす人であることを宗派の管長が証明した人。

この請願書には、曹洞宗の木下吟竜（総泉寺）、北野元峰（青松寺）、園円霊巌（泉岳寺）、大渓泰童（功運寺）らの名があげられている。また、同年十二月には楠敬順によって僧侶兵役免除請願の理由書が著わされ、請願人として真言宗教王護国寺住職原心猛、臨済宗相国寺住職荻野独園、天台宗妙法院門跡村田寂順、日蓮宗本禅寺住職古谷日新ら三十八名より貴族院、衆議院へ熟慮を願っている。稀覯な資料のため本文をあげてみると、

○僧侶兵役免除請願理由書

明治廿二年徴兵令ノ改正アリタルヤ議論囂々各其当否ヲ論スルモノ一ニシテ足ラスト雖トモ抑モ政府カ例ヲ各国ノ徴兵法ニ取リ全国皆兵ノ主義ヲ以テ列国ノ競争ニ当リ万国ト並行スルノ策ニ出テタルヤ疑ナシ是レ素ヨリ至当ノ事業ニシテ間然スヘキ所ノモノナキニ似タレトモ独リ道徳界之任務ニ尽スヘキ緇衣ノ徒ヲモ駆リテ兵役ニ従事セシムルハ少シク其当ヲ得タルモノト云フコトヲ得サルナリ故ニ帝国議会ノ開設ト共ニ各宗ノ僧侶カ之レヲ憂フルノ余リ議会ニ建議シテ其禁ヲ啓カレンコトヲ請願スルハ其実ニ止ムヲ得サルニ出テタルヲ信ス抑モ欧州諸国ニ於テハ政府ハ通例某ノ特典若クハ免許ヲ僧徒ニ与ヘテ以テ僧俗ノ区別ヲ認メサルハナク而シテ諸国概ネ宗門ノ仲間ノミナラズ併セテ俗人ヲモ支配スル世権ノ大部ヲ僧徒ニ譲ラサルハナシ古代ノ日耳曼連邦ニ於テ或ハ一国ノ主権ヲ僧徒ニ授ケタルモノアリ又羅馬ニ於テハ数世ノ間公選ヲ以テ一名ノ首長ヲ置キ之ニ耶蘇教諸国ヲ統轄スル一切ノ教俗両権ヲ委任シ来レリ然レトモ世ノ変遷ト共ニ政教全ク分離シ教務ニ従事スルモノ政事ニ関渉スルコトナク従フテ一般ノ僧徒ハ干戈ヲ採リテ従軍スルコトナキニ至レリ況ンヤ徴兵ノ義務ヲヤ、我国モ亦列聖ノ洪範ニ拠リ仏法徒ニ対シテハ特別ノ恩典ヲ附与セラレ未タ嘗テ政権ヲ侵カスコトナカリキ況ンヤ僧徒ニシテ武門武士タルコトヲ兼ヌルコトヲ得ンヤ

今各国徴兵ノ制度ヲ観察スルニ各国各々其性質ヲ異ニシ容易ニ其性質ヲ知ル能ハスト雖トモ要スルニ各国カ有

スル所ノ其国ノ歴史ト四隣敵国トノ関係ヨリシテ其徴兵ノ目的ヲ異ニスルモノナリ彼ノ千八百七十年以降普仏両国ノ怨恨ハ年ト共ニ増長シ彼レ一歩ヲ進メハ此レ一歩ヲ早メ双々相争ヒ相競ヒ遂ニ今日ノ如ク全国皆兵ノ主義ヲ以テスルニ至レリ殊ニ普国ノ如キハ憲法第七条ヲ以テ普魯西国民タルモノハ皆兵役ニ服スルモノトナシ免役代人免除等決シテ之ヲ許サスシテ其僅カニ兵役ヲ免ル、モノハ皇族及連邦君主ノ家族ハ普通兵役ニ応スルノ義務ナシ其他曾テ政権ヲ執リタル門閥ノ家族ノ如キハ条約ニ従ヒ兵役ヲ免カル、モノトストアリ然レトモ是レ普国独特ノ条例ニシテ普国カ四隣ノ敵国ニ対シ斯ノ如キノ条例ヲ出スノ事情アルヲ以テナリ加フルニ仏国ノ如キ不倶戴天ノ仇敵其境土ヲ窺窬シ寸時モ躊躇スルヲ得サルヲ以テ今日ノ普制ハ其止ムヲ得サルニ出テタルヲ知ル然レトモ無形上ノ人心ヲ支配スル所ノ僧侶ヲモ駆ッテ殺伐ナル兵役ニ服従セシムルハ大ニ道徳ノ本旨ニ違ヒ政教分離ノ要旨ニ背クモノト云ハサルヲ得ス故ニ普国ト同シキ寧ロ普国ヨリモ軍備ヲ必要トスル仏国ニアリテモ業既ニ僧侶ニ対シテ特典ヲ設ケ各教会ニ於テ講教ニ従事スル会友並ニ上僧ノ調成セル名簿上ニ生来登録セル総テノ僧侶ハ制限ヲ付シテ兵役ヲ免シ且ツ将来官費支給ヲ受クル宗派ノ教務ニ従事セントスルモノ自ラ徴兵ヲ免ルヘキ理由アリト思惟スルモノハ徴兵験査局ニ控訴スルコトヲ得セシム其他尤モ兵制ニ於テ強迫ヲ採リ圧抑ヲ極ムル魯国ニ於テモ其徴兵ノ厳峻ナルニモ拘ハラス耶蘇宗僧侶ノミハ決シテ軍役ニ服従セサルコトトナセリ亦以テ僧侶タルモノハ政治法律以外ニ超然トシテ道徳上ニ任務スルノ責アルコトヲ証スルニ足レリ豈ニ徴兵ノ義務アランヤ

今尚ホ進ンテ各国ノ徴兵令ヲ参照シテ其理由ヲ挙ケントス

各国ノ徴兵令ヲ概括スルニ左ノ三種アルヲ見ル

第一　放任制度

（解）即チ兵役ニ入ルト入ラサルト其人ノ随意ニ任スルニアリ故ニ人民ハ兵役ニ従事スルヲ以テ一種ノ職業トナスモノアリ現今ノ英国等ニ行ハルモノ是レナリ然レトモ英国人民ノ如キ習慣上進ンテ海兵ニ応セントスル気象《（ママ）》アル国ニ於テ其弊害アルニ関セス此制度ヲ必要ト認ムル所以アルナラン

第二　制限制度

（解）制限制度ナルモノハ多クノ制限ヲ付シ或ハ其人ニヨリテ免役法ヲ設クルモノナリ即チ官吏、僧侶、技術師、何々学校以上ノモノ等ニハ特典アルノ類ニシテ実際其国ノ情勢之レヲ許スノ余裕アルモノナリ、又実際之レヲ許スノ理由アルモノナリ是レ或ハ場合ニ由リテ弊害ヲ見ルコトアルモ実際上大ニ便益ヲ見ルコト少ナカラサルナリ仏蘭西、土耳其、伯西、白耳義等ノ諸国此制度ヲ用ユ

第三　強迫制度

（解）是レ所謂圧制法ニシテ全国皆兵ノ極端ナルモノナリ独逸、魯西亜、米国、伊太利、墺太利等ノ諸国此制度ヲ用ユ然レトモ此等諸国ト雖トモ王族及ヒ僧侶ニ向ツテハ各其特典ヲ有ス此法道理上尤モ利益アルニ似タレトモ其実其国ヲ支持シ列国ト競争スルノ止ムヲ得サルヨリ出タルモノナレハ遂ニ其兵備ヲ挙ケテ一国ノ生産ヲ犠牲ニスルコトアリ今日ノ伊太利、独逸ノ如キ疲弊ノ頂点ニ上ルアリ深ク省察スヘキコトニアラスヤ

今我国ノ徴兵法ヲ採リテ右三制度中何レニ属スヘキモノナルヲ見ルニ略ホ強迫制度ノ形チアリト雖トモ亦多ク制限制度ニ類スルモノアルヲ見ル然ラハ各国ノ徴兵法中強迫制度ヲ取ルノ多数ノ諸国ニ於テスラ僧侶ニ対シ特別ノ恩典アルヲ見ル況ンヤ制限制度ニ於テヲヤ是レ我国ノ僧侶ニ許スニ免役セシムルノ理由アリト云フ所以ナリ且ツ各国カ用ユル所ノ徴兵法ヲ詮索スルニ上来論セシ如ク各其国ノ兵乱戦事ヨリシテ改革シ来レルモノニシ

テ今茲ニ我国僧侶ノ兵役免除ニ関シ深ク兵乱戦事ノ歴史ヲ追究スルノ要ナシ唯ニ現今ノ日本ハ果シテ欧米諸国殊ニ魯、仏、伊、独ノ如ク劇烈ナル競争摶噬ノ中心ニアルモノナリヤト云フヲ以テ足レリトス顧ミテ日本ノ現状ヲ察スルニ他ノ強国之レヲ恨ムルモノアルコトナシ、啻ニ之レヲ恨ムルモノアラサルノミナラス欧州平均ノ権衡兵力ハ容易ニ遠征軍ヲ我レニ加フルコトナキハ識者ノ輿論ニアラスヤ仮令之レアリトスルモ環海四面他ノ諸国ト大ニ事情ヲ異ニスルモノアレハナリ

如斯現況ヨリ論スルモ我国ノ徴兵法ニ於テ僧侶ヲシテ免役セシムルノ理由アルモノト信ス況ンヤ魯、仏等ノ諸国ニ於テモ其強迫制度タルニ関セス僧侶ノミハ免役ノ特典アルニ非スヤ又之レヲ道徳及人事ノ上ヨリ云フトキハ論スル迄ノ事ナシ尚ホ歩ヲ進メテ歴史ノ上ヨリ云フモ我国ニ於テハ古ヨリ武門武士ナルモノアリテ兵権ヲ握リ、僧侶ハ純然其区域ヲ異ニシ時ニ或ハ朝廷ノ儀式典例ニ与カリ史ヲ編シ文ヲ綴リ文教上ノ顧問トナリ枢要ノ地位ニ列セシト雖トモ未タ嘗テ政権兵権ニ干預セシコトナク専ラ無形上ノ人心ヲ支配シ上下千有余年上貴紳ヨリ下庶民ニ至ル迄仏教ノ感化ヲ享ケ其志想ヲ養成セラレタリ夫レ確乎タル愛国ノ基礎ハ何地ニ求ムヘキモノナルヤ是レ信仰的ノ感化ニ外ナラサルナリ即チ信仰ト愛国トハ地球上ノ二大神妙事件ト称スルモ不可ナカラン嗚呼忽ニシテハ護国ノ任ヲ負フ所ノ兵士トナリ忽ニシテハ慈悲忍辱ヲ旨トスル所ノ道徳ノ任務ヲ負フノ教法家トナル焉ンソ以テ完全ナル其任ヲ全フシ得ヘケンヤ夫レ一方ニ精ナルモノハ一方ニ疎ナリ是レ人情自然ノ法則ナリ而ルニ僧侶カ神聖トスル所ノ道ヲ捨テ緇衣ヲ脱シテ殺伐ナル兵士ト伍ヲ等フス豈ニ実ニ忍フ能ハサル所ノモノニアラスヤ是レ実ニ道徳、歴史及人事ノ上ヨリ論スルモ免役ノ理由アルモノト信スルナリ

論者或ハ云ハン夫レ僧侶ト雖トモ国民ナリ何ソ血税ヲ免ルノ理由アラン宜シク平等均一ノ義務ヲ全フスヘシト夫レ然リ然レトモ他ノ華士族、平民ハ一方ニ血税ヲ全スルト同時ニ彼等ハ国会ニ参与シ議員ニ対シテノ撰、被

撰権ヲ有セリ独リ僧侶ニ至テハ他ノ人民ト同シク議会ニ上ルコトヲ得サルナリ一方ニハ血税ノ義務ヲ全フシナカラ一方ニハ貴重ナル被撰挙権ヲ失フ、何ソ不公平ノ甚シキ一ニ茲ニ至レルヤ即チ僧侶ニシテ被撰挙権ヲ得サル所以ノモノハ全然僧俗ノ区別ヲ明カニシ以テ僧侶カ政事ニ関スルノ弊ヲ防キタル所以ニシテ我大憲ノ意蓋シ茲ニアリテ存スルモノナラン然ラハ即チ僧侶タルモノハ俗ト同シク兵役ニ服従スルノ理由ナキコトヲ益々信スルノ明ナルモノナリ

故ニ明治初年ノ御詔勅ニ基クモ四民同一ノ権利ヲ有スルハ昭々トシテ明カナリ何ソ一方ニ他ノ人民ト同シク被撰挙ヲ有セスシテ一方ニ亦タ他ノ人民ト同シク血税ノ義務ヲ荷フヘキヤ、之レヲ各国ノ条例ニ照ラシ道徳ニ照ラシ一ノ権利ヲ失フ所以ノ政教分離ノ要旨アルト同時ニ他ノ僧俗混合ノ別アル義務ヲ免レシムルハ至当至理ノ請願ナルコトヲ証スルニ足レリ

唯恐ル従来ノ習慣上徴兵ヲ忌避スルモノハ僧侶ノ免役アルヲ奇貨トシテ之ヲ以テ忌避ノ府トナラシムルノ弊害アルコトヲ是レ聖世ノ耻辱ナラン故ニ各宗高徳ハ予シメ之レニ備エ僧侶ノ資格ニ於テ一層ノ厳則ヲ取リ各宗管長ニ於テ左ノ要項ヲ備エサルモノハ免役ノ理由ナキモノトナサントス

（第一例）僧侶適齢者ニシテ尋常中学校卒業相当ノ学林、宗学校ヲ卒業シタルモノハ徴兵ヲ免除セラル可シ

但其学林、宗学校ハ管長ノ承認シアルモノニ限ル

（第二例）適齢前ヨリ僧道ヲ学ヒ終身僧侶ノ任ニ堪ユルコトヲ各宗管長ノ保証スルモノ

以上予シメ忌避者ヲ防遏スルニ足ルノ方法ヲ設ケ以テ其弊害ニ備エ而シテ僧侶ニ対スル兵役ヲ免除セシメハ実ニ教法ヲ保護シ平等均一ノ権利義務ヲ全フシ請願憂慮ノ主意ヲ貫徹スルコトヲ得ン謹テ貴族院衆議院各位ノ熟慮ヲ請フ所以ナリ泣血再拝

とあり、僧侶も国民であるから徴兵の義務を免れないが、被撰挙権を失っていることは不公平である。僧侶が政事に関する弊害を防ぐことは帝国憲法の意であり、それならば、僧侶がどうして兵役に服従する理由があるのかといっている。本文につづいて附録があり、「兵役免除ニ関スル典例」として「我国古典」の僧尼令第一条、「仏教ノ戒律」の小乗有部律をあげ、その後の「各国徴兵令及憲法摘要」では仏蘭西、魯国、英国、米国、普魯士、墺太利、西斑、丁抹、葡萄牙、普魯西の徴兵令や憲法の要項抜粋をあげている。

第四節　僧侶の参政権獲得運動

明治二十二年二月、大日本帝国憲法を発布し、それに基づいて帝国議会が設けられ、その一院に衆議院がおかれた。同月に制定された「衆議院議員選挙法」の第十二条には、

神官及諸宗ノ僧侶又ハ教師ハ被撰人タルコトヲ得ス

と規定せられており、僧侶には被選挙権がなかった。それは衆議院のみならず市、町、村、郡、県会などの地方議会および貴族院も同様で、明治三十三年の改正法では第十三条第一項に、

神官、神職、僧侶其ノ他諸宗教師、小学校教員ハ被撰挙権ヲ有セス其ノ之ヲ罷メタル後三箇月ヲ経過セサル者亦同シ

とあり、大正八年の改正法でもこの条項に変更はなかった。したがって、大正九年には十二万三千余人の僧侶が被選挙権をもっていなかったのである。(9) その理由は、

一、宗教家は祭祀宗教のことに専心させ、宗教を政治運動の外に置いた。
二、信仰心を利用して不当に当選を図り、選挙の自由公正を害することのないようにした。

などが考えられる。

このように国家は、僧侶などを政治から排除していることが明らかになるが、それにたいし、多くの宗教家は被選挙権を求めて元老院や貴衆両院議員に働きかけている。第一議会では東尾平太郎（自由党・大阪）が僧侶に参政権を与えようと第十二条より「及諸宗ノ僧侶」を削除する改正案を提出したが、上程されるに至らなかった。また、曹洞宗議会も第二議会で他宗派に働きかけて請願運動の準備を進めたと「あづま新聞」（明治二十四年七月四日）に記されている。

一方、僧侶の参政権を得ない代償として僧侶の兵役免除を望む人が出てきた。参政権を望む者は真宗の一部の僧侶で、兵役免除を望む者は真宗の他の僧侶と各宗派ほとんどの僧侶が賛同した。しかし、全く目的の異なる参政権と兵役免除の論議が起こってきたため、どちらか一方を廃するとか両者の主張が対立してきた。参政権を望む者は、僧侶といえども日本国民であり納税および服役の義務がある。そのため「衆議院議員選挙法」第十四条一項にある瘋癲白痴者などと同じように、参政権を与えないのは妥当でないと主張した。しかし、この理由による主張は誤りで、土地を持ち所得のある者は僧侶でも納税の義務は免れず、瘋癲白痴などと同じとみているのは比較する基準を失っている。というのは、瘋癲白痴は選挙権および被選挙権を有していない。僧侶は被選挙権はないが、選挙権を有している。そのため同一視してはならず、もし、その理由を適用するならば、第九条の「宮内官裁判官会計検査官収税官及警察官ハ被選人タルコトヲ得ス」という条項があたり、僧侶が被選人になれない理由は、宮内官らが被選人となれない理由よりも大きいとみなした。

当時の世論について村上泰音（後に栗山氏）は、僧侶が兵役に服することは宗教が政治に侵入し俗化するものでないが、僧侶の本分を守るため兵役免除を請う意見には賛同できない。しかも今日の僧侶は、これを口実として国民の重要な義務を逃避しようとしており、あるいは参政権を欠く代償として免除を請うことにたいしても弁駁せざるを得ないという。つづいて村上泰音は、参政権について政府が与えても排除すべきであり、僧侶の兵役免除については賛同に躊躇せざるを得なく、その実行は弊害を予想するものである。政府より一つの特典を得ると、それに伴う干渉束縛があり、そのため止むを得ず兵役の義務に服しても、宗教の独立権を毀傷されてはならないといっている。(10)

その後、大正三年には政府が宗教法案提出の計画を進めると、各宗で反対の気勢があがり、その中で参政権問題が浮上してきた。翌四年秋には、京都西本願寺において仏教各宗の管長会議を開き、その結果成立した仏教連合会は翌々五年三月に第一回幹事総会を開いた。曹洞宗の幹事は弘津説三で、その他、木下寂善（天台）、蓮生観善（真言）、宮本隆範（智山）、加藤精神（豊山）、窪川旭丈（浄土）、原円応（臨済）、鷺谷護城（西本願寺）、近藤純悟（東本願寺）、奥博愛（仏光寺）、長谷川観石（西山）、酒井日慎（日蓮）ら各宗の幹事が出席し、文部省にたいして四項の申請書を提出した。弘津、近藤、鷺谷の三代表者が詳細な陳情を行っており、その中には「宗教教師僧侶参政権に関する申請」が含まれていた。こうして参政権獲得運動が進み、同六年には仏教護国団が生まれた。

大正九年の第四十二議会下では全国に普通選挙運動が起こり、原内閣が普選の可否を争点として議会を解散した。僧侶参政権獲得運動はこの普選運動に刺激されて起こったもので、同年一月二十七日には山形市内の曹洞宗寺院十七カ寺住職の新年会で、議会に僧侶参政権請願書の提出を相談し、県下の同宗六百余カ寺に請願書の調印を求める印刷物を配布した。(11)その他、中西雄洞、田崎達雄、岩野真雄の三人を中心とする大日本仏教青年会も普選運動と連絡提携を図っており、それを推進する実行委員に曹洞宗の長谷川孝善、丘宗潭、来馬逐道、祥雲晩成、峰玄光、弘津説三らがいた。(12)また、同年四月十五日には曹洞宗務院が末派寺院にたいして、前年十月に決議した仏教連合会の起草による「宗教法草案」に関して、希望あるいは修正意見のある者は来る六月二十日限り開申すべき旨を告示した（「宗報」第五六〇号附録）。

翌十年十一月一日には、同じく曹洞宗務院より、

宗達甲第十七号

宗教法制定並僧侶被選権問題ノ遂行促進ヲ計ランカ為メ各府県ニ仏教連合会支部ヲ設置スルノ件連合会ノ議定ニ基キ左記ノ通各宗連合ノ諭達ヲ発布ス依テ末派寺院住職ハ其ノ旨趣ヲ了承シ地方各宗派寺院住職ト協同シテ速ニ支部ノ設置ヲ完成シ各宗派連合ノ力ヲ以テ本問題ノ遂行促進ヲ計ルコトニ努力スヘシ

大正十年十一月一日

総　務　南　間　月　乗
庶務部長　高　島　養　麟
人事部長　林　　古　芳
教学部長　山　田　奕　鳳
財務部長　岳　尾　来　尚

と宗教法の制度并に僧侶被選挙権問題解決遂行促進のため、各府県に仏教連合会支部を設置する件の諭達を発布し末派寺院の協同を勧めている（「宗報」第五九七号）。

こうして国民の政治的知識や運動などが進み、普通選挙を断行して政治の躍進を図らんとした大正末期には、選挙権の徹底的拡張とともに、被選挙権にまつわる各種の制限を撤廃する必要があると考えられるようになった。そして大正十四年三月には、貴衆両院で衆議院議員選挙法改正法律案（普選法案）が可決成立した。衆議院議員選挙

法第十三条の各種の宗教に従事する者に関する被選挙権の制限を撤廃し、ここに全国総数二十万人の宗教家が被選挙権を有することになった。しかし、これは改正法第十条の「官吏及待遇官吏ハ左ニ掲クル者ヲ除クノ外在職中議員ト相兼ヌルコトヲ得ス」の規定とも合わせて考えねばならず、神官は神宮司庁官制に定められる官吏の身分を有し、官国弊社府県社郷社村社などの神社の神職や神宮神部署の神職は勅任待遇や奏任待遇の身分の待遇官吏であったため、官吏、待遇官吏の身分を有する人は規定により、在職のままで議員との兼職は禁止され、当選したならば、どちらかを選択せねばならず、当選承諾をなす以前に神官神職を辞さねば無効となった。しかし、僧侶やその他の諸宗教師は官吏でも待遇官吏でもないから兼職禁止の制限は受けていない(13)。

僧侶参政権は普通選挙法とともに実現した。それは運動の直接的結果でなく、国民の要望による普通選挙運動の力によって可能となったわけで、やっと僧侶も国民の一人として参政権を得たのであった。

註

(1)『愛知学院百年史』(昭和五十一年十月　愛知学院)七頁。
(2)「明教新誌」第二四八六号、「曹洞扶宗会雑誌」第十三号(明治二十二年二月二十八日)一八頁。
(3)大江志乃夫『徴兵制』(昭和五十六年一月　岩波書店)五五頁以下。
(4)『国史大辞典』第九巻(昭和六十三年九月　吉川弘文館)六四八頁。
(5)松下芳男『徴兵令制定史』増補版(昭和五十六年四月　五月書房)四七六、四八八頁。
(6)「明教新誌」第一六八四号の「雑報」に判決言渡の謄本が掲載されている。
(7)横関了胤「弘津老師と徴兵制」(昭和七年五月「洞上公論」第八十九号)
(8)松下芳男、前掲書、五四〇頁。
(9)三宅正太郎・石原雅二郎・坂千秋『普通選挙法釈義』(大正十五年十二月　松華堂書店)一〇〇頁。

(10) 村上泰音『立教大論』(明治二十四年九月　日本法教独立会本部) 一七九頁以下。
(11) 松尾尊允『普通選挙制度成立史の研究』(平成元年七月　岩波書店) 三九六頁。
(12) 松尾尊允、前掲書、四七八頁の註 (6) よりとりあげる。
(13) 三宅正太郎・石原雅二郎・坂千秋、前掲書、一〇〇頁。

第七章　「曹洞宗宗制」の編成とその背景

第一節　「曹洞宗宗制」の編成

政府は明治十七年八月十一日に太政官達第十九号を布達し、神仏の教導職を廃して寺院の住職および教師の等級の進退はすべて各宗派の管長に委任した。そして新たに宗制を定め、内務卿の認可を得るなどの条件を定めた。同日、管長の身分は勅任官取り扱いの例によること（太政官達第六十七号）、従前の教導職の身分は在職時の等級に準じて取り扱うこと（太政官達第六十八号）も布達された。内務卿の山県有朋より、

神仏各管長

今般神仏教導職ヲ廃セラレ第十九号布達相成候ニ付テハ左ノ通相心得可申事

一、各宗派ノ間ニ於テ妄リニ分派合宗ヲ唱ヘ若クハ内外各宗派ノ間ニ争論紛議ヲ為スハ固ヨリ法教者ノ警シムベキ者ナリ若シ之ニ因テ人心ヲ煽起シ安寧ヲ妨害スルコトアレハ国ニ禁令アリ亦宜シク戒ミム可キ所トス若夫レ教義ヲ論シ宗意ヲ議スル等ノ事ハ宜シク其宗派内ニ於テ之レカ調理裁定ヲ為シ紛糾ヲ致スコトアル可ラス

一、管長ハ能ク事理ニ通シ学徳兼有スル者ヲ以テ之ニ任ス可シ之ヲ定ムルノ法或ハ血脈ニ因テ相承ケ或ハ寺格ニ因テ相襲キ或ハ之ヲ推任シ或ハ之ヲ薦挙スルコト一ニ各宗派固有ノ教規宗制ニ因テ之ヲ定メ内務省ニ差出シ認可ヲ請フ可シ

右為心得内諭候事

明治十七年八月十一日

内務卿山県有朋

と心得の内諭があり、これによって曹洞宗は宗制の編纂に着手したのである。ただし、管長は両本山盟約により両本山貫主が一年間交代で勤める規定であるため、その認可を翌十二日に滝谷琢宗と辻顕高が連署して改めて内務卿へ願い出た。そして十八日に認可されている。十四日には両本山貫主より滝谷琢宗へ宗制編纂を命じ、滝谷は世間の諸法規も参考として編成した。翌十八年四月二十日、管長畔上楳仙より内務卿松方正義へ、

曹洞宗宗制御認可願

明治十七年太政官第十九号布達第四条ノ制令ニ拠リ自今曹洞宗内ニ頒布シテ遵守セシムヘキ事項従前不文慣習ノ宗法ヲ折衷シ別冊之通編製イタシ候支牾ノ廉無之候ハ、御認可相成度此段相願候也

曹洞宗管長

畔上楳仙

明治十八年四月二十日

内務卿伯爵松方正義殿

と御認可願を出し、五月二十八日に、

書面之趣認可候事

明治十八年五月二十八日

内務卿伯爵山県有朋㊞

と内務卿の許可を得た。

この様子をみると、滝谷は宗制の編成に半年間を費やし御認可願を出したようにみられる。横関了胤も「曹洞宗政五十年史（十三）」（昭和七年五月「洞上公論」第八十九号）に同じような説をとっているが、永平寺に所蔵する「宗制編次修正原稿」の滝谷が四月十日に記した修正説明によれば、実際は約一カ月後の九月六日に認可を請願した。しかし、百九十四日を経た三月十九日に社寺局長丸岡完爾より却下を口達された。口達では暗記し難いため一々付箋を請求したところ、大付箋一葉、小付箋十七葉を記して三月二十一日に曹洞宗務局へ回送されてきた。当時、滝谷は自坊の最乗寺へ帰山しており、宗務局より郵送で修正を請求されたが、内務省の付箋は理解し難い箇所があった。そのため四月に内務省に出頭して主任者に質問し、さらに宗務局内の議決を得て、四月六日以来修正に従事した。修正改定したところには滝谷の意見を記しており、二十葉の修正があった。

五月二十九日に伊藤雲宗が記した宗制の認可（「宗制編次修正原稿」所収）には、

遅ツコト大旱ノ雲霓モ啻ナラサリシ本宗々制ノ許可ハ昨廿八日付ノ指令ニテ内務省ヨリ特ニ書留ヲ以テ送附セラレタリ。閲スルニ一点ノ故障修正ニナラス。無瑕完然ニシテ認可ヲ得タルハ本宗ノ幸福何ニカ之レニ加エン。本日ハ宗祖ノ忌日ナリ。此日ニシテ此認可ヲ見ルヲ得タルハ則チ宗祖冥感ノ然ラシメ玉フ所歟。回覧ノ末滝谷総監ノ帰局ヲ待チ一日モ早ク末派ニ発布シ末派ヲシテ満足セシメンコトヲ。庶希ハ右ニ付執事ヨリ取敢ス管長巡化先へ申奏シ且ツ越山貫首へハ越山出張所監院寮ヨリ奏上ノ手続ヲ運ハレ候事ニ致シ然ルヘキカ。

とあり、実際は五月二十九日に内務省より二十八日付の指令が書留で送付されてきた。一点の修正もなく認可を得ており、しかも道元禅師の月忌命日に指令をみたのは道元禅師の真心であろうかといっている。滝谷総監の帰局を待ち、一日も早く全国末派寺院へ発布されることを願い、畔上管長には巡化先へ、青蔭永平寺貫首へは越山出張所監院より報告することになっている。

六月十日には、宗制を八月一日より実施する旨が普達された（甲第九号）。その宗制は第一号から第十一号まであり、内容の要旨は第一号両山盟約が十カ条で、明治五年三月二十四日の大蔵省演達を得て両山協和がなり、宗制の基本として第一号にした。

第二号本末憲章は五章二十三カ条からなり、管長は両本山現住が一年毎に交代して勤め、両本山の全権を総理して本山の末派にたいする権利、義務、末派の本山にたいする権利、義務などの本末の権利を明らかにした。

第三号寺法条規は十一カ条からなる。末派寺院には寺格階級があり、その規式を遵守しない時は宗教を布演する道場でないため、寺法を制定したことをいう。

第四号教会条例は五章二十三款からなり、最初に「曹洞宗宗教大意」がある。各寺院の檀信徒を結社させて「曹洞教会」と名づけ、寺檀一致して団結するもので各寺院中心の布教を主眼としている。

第五号派出巡教規約は十二カ条四十款、第六号管長巡化規則は十六カ条からなり、教会を策励し布教を盛大にするための要術で、全国を一大教会とみなして各寺院の布教を監督するものである。派出巡教は大本山よりの布教で、管長巡化は禅師御親化のことである。

第七号僧侶教師分限称号並試験規則は十九カ条からなり、僧侶の分限に応じて負担せしめる制度。分限は一得度、二入衆、三立身、四伝法、五住職、六転衣、七結制の七階を設け、名称は一上座、二長老、三和尚、四大和尚のことで住職資格についていう。

第八号寺院住職任免規程は六章三十六カ条からなり、管長に委任せられた住職の資格、撰定、薦挙、任免について述べられている。

第九号寺院住職遺書規程は二十一カ条からなり、遺書の作法、開見、正否判明、遺書無効などで、住職が生前に滅後の後継者を選定することをいう。

第十号托鉢修行規約は四章二十カ条からなり、托鉢の大意、免許方、用心について規定されている。

第十一号警誡条規は二章二十一カ条からなり、法例、警誡例に分けて道徳に違犯した僧侶にたいし創定されたものである。

以上、十一号にわたる宗制であった。同日（六月十日）には、乙第二号で各府県宗務支局にたいし、

各府県宗務支局

乙第二号　十八年六月十日

今般甲第九号普達本宗宗規ハ至重ノ儀ニ付速ニ所轄内へ頒布シ住職前住職徒弟檀越ニ至ル迄能ク熟知セシメ候様可取計候此旨相達候事

と宗制を頒布して住職らに熟知せしめるように普達しており、六月二十日には宗規を犯し警誡条規にふれないため、

報告

本日十日普達セル宗制ハ全国末派大小ノ寺院ハ不及申徒弟ニ至迄常ニ熟覧セサルトキハ誤テ宗規ヲ犯シ警誡条規ニ触ルコトナキヲ保シ難シ依テ各支局ハ至急所轄内入用ノ分ヲ取調七月十五日迄ニ部数ヲ申出テ左ノ代価ヲ納ムルトキハ直チニ印刷シテ下附スヘシ

宗制一部紙数四十七枚　印刷賃紙代共実費金拾銭

右通運馬車便又ハ汽船便ニテ送ルトキハ運賃ハ先払タルベシ若シ各寺院銘々へ直ニ受取度者ハ届ケ場所ヲ詳記シ郵便税一部ニ付金六銭ヲ添フヘシ故ニ郵便送リハ一部拾六銭運賃先払ハ一部拾銭ノ積リヲ以テ部数申出ノトキ同時ニ前金ヲ送納スヘシ

右報告候事　十八年六月廿日　本　局　書　記

と入用の部数を取り調べて、七月十五日までに申し出るように宗務局書記より報告された。なお、宗制は一部、実費十銭、運賃代は六銭で前納とした。

「曹洞宗宗制」は既定の宗規を修正したものと新たに編成したものがある。内務卿へ申請したものの却下されたため、滝谷琢宗は修正改訂を行った。その修正した「曹洞宗宗制」は内務卿より認可されたが、修正過程を知ることのできる「宗制編次修正原稿」（永平寺蔵）から草案より修正されるまでの要点をながめてみよう。

「第一号　曹洞宗両本山盟約」

これは明治十二年二月二十五日の「盟約書」を改めた。

第三条では、教導職管長が廃止されて曹洞宗管長と称するため、曹洞宗管長の職務と修正している。

第五条では、明治十二年の盟約書の取締と支局は両立していたが、現在は支局と取締が同じのため「教導取締」を削除した。

第七条では、本山住職を政府へ出願することがなくなったため、その五字を削除した。

第十条では、宗内擯斥は今後、「第十一号　警誡条規」により教部省の達にはよらない。

「第二号　曹洞宗本末憲章」

これは「曹洞宗本末ノ権限ヲ確定スル憲章」を改めた。

第一条から第七条まで、「両本山ハ」を「曹洞宗管長（両本山ヲ云フ）」と変えた。

第七条では「曹洞宗宗制」に出して認可を願うため、「明治十二年二月二十五日ノ訂盟結約ニ由リ」を削り「両本山盟約ヲ恪守シテ此ノ全権ヲ当任管長ニ委托スベシ」と変えた。

第九条と第二十条の「規約章程ニ拠テ」を「管長ノ指揮ニ拠ル」と改めた。今日まで、支局の規約章程はなく、今後、創定しても管長の指揮による。

「第三号　曹洞宗寺法条規」

第一条第三随意会地に「明治十五年宗局第三十一号布達安居法改定規則ニ拠ル」とあるのにたいし、内務省は「布達ノ字避クベシ（以下倣之）」と付箋があり、宗制には布達の文字を避けよといわれている。どうして避けねばならないか曖昧であるが、布告は太政官に限る法律であるところからと思われる。いずれにしても布達、達書を、内務卿は認可し難いという。

第三条に明治十年太政官第四十三号を引用しているが、疎漏のため「故ニ売却ハ勿論之ヲ抵当トナシテ金穀ヲ借用スルヲ許サス」とした。

第十条では、両山盟約の年月日と布達のことは削除した。それは盟約を「曹洞宗宗制」中に編入したためである。

「第四号　曹洞宗教会条例」

ここでは布教方法として教区、教務所、説教所を設置し、巡回布教の方法には教会講社の組織および寺院との関係を記載している。

第一条第一款にある「制定」を「創定」に改めた。

同条第二款の高祖国師を高祖大師へ、衆徒を僧侶へ、第三款の「潤ニ霑ハシムヘシ」を「潤ヲ被フラシムヘシ」と改めた。

第二条第二款は「総教会ハ各地ノ中教院ヲ……者トス」を「曹洞教会ハ各府県下一支局所轄内ヲ一教区トナシ必ス総教会ヲ設立スヘシ　但総教会ハ宗務支局ヲ以テ之ニ充テ教区内一般ノ各教会ヲ総督スル者トス」と増加し但書

を加えた。

同条第三款では大教院以下を「曹洞宗務局ニ差出シ……」と修正した。

第三条第二款では「大教院ニ出シ」を「曹洞宗務局ニ差出シ……」と改めた。

第四条第一款の「体任」を「体認」と改めた。

第五条第一款の「高祖国師」を「高祖大師」と改めた。

「第五号　曹洞宗派出巡教規約」

これは明治十四年立案の「派出巡教規約」を改めた。「第四号曹洞宗教会条例」と同一の体裁にするため、節を款に改めた。

第一条第一款では「一宗」を「本宗」に改めた。

同条第二款第一項、第二項以下の宗局、本局をすべて曹洞宗務局に改めた。それは宗内限りでなく政府へ出すためであった。

第七条第二款第十項の「大凡ソ僧侶……具申スルコト」を「一寺住職前住職及徒弟ノ中格外教義ニ勉励シ又ハ奇特ノ行アル者該事実ヲ曹洞宗務局ヘ具申スルコト」と改めた。

「第六号　曹洞宗管長巡化規則」

ここの修正は「第四号　曹洞宗教会条例」第二条第二款において教区を示したため、派出巡教、管長巡化規則とも教区を主とすることに改めた。したがって、各地方を各教区、宗局を曹洞宗務局などに改めている。

「第七号　曹洞宗僧侶教師分限称号並試験規則」

原案は「曹洞宗僧侶並教師分限及称号法則」と「曹洞宗教師住職試験並薦挙規則」の二通りであったが、合併したもので過りは削り、原案に不足していたものを改めて添補したりして改正した。

「第八号　曹洞宗寺院住職任免規程」

第四条の住職資格は教師の等級を廃止したため変更した。

第十四条には再住者は世代に加えず、遺書して没後の継席者を選定する権利のないことを実際に起きた例から加えた。

「第九号　曹洞宗寺院住職遺書規程」

第一章第一条は大意が述べられているが、未だ意を尽くしていないため全文を修正した。

第四条では亡住を本人とし、例を法に改めた。

第五条では「遺書ハ該寺住職ノ後九十日以内ニ調整スヘシ」とあるが、「成ルベク速ニ」と改めた。

第十条は、遺書を改認することで、もし改認できなかったならば、その遺書は不正になり、最も注意すべきことという。項で削除している。

「第十号　曹洞宗托鉢修行規約」

これは明治十四年十一月十七日に内務卿の聞置の「托鉢修行規約」を改めた。元は教導職試補以上であったが、これを得度以上とした。

第六条第三項の警誡条規云々は、未だ托鉢免許の標牌を受けない者に該当する。

第七条第二項の警誡条規云々は、すでに托鉢免許の標牌を受けた者に該当する。

「第十一号　曹洞宗警誡条規」

第一条の原案は本末憲章云々とあるが、同年三月十八日の内務省丁第一号達によって全く改正せざるを得ず全文を改めた。
　その他、「但書」を加えたり、徘徊停止に処する人に、曹洞宗務局の検閲を経ずして宗教に関する著書出版をなした者を加えたのをはじめ、草案の文字の修正を行った。
　このような修正が行われた「曹洞宗宗制」は、暴政とも失態ともいわれている。
　それは「第七号　曹洞宗僧侶教師分限称号並試験規則」の僧侶の分限を定めるのに、
　第一　得度ハ満十三年以上該師僧ヨリ戒法ヲ授与シ血脈相続（得度戒脈ト云）得度式ヲ完了スル者之ヲ僧侶トス縦ヒ幼ヨリ剃髪シテ徒弟ト為ストモ満十三年以下得度式ヲ了セサル間ハ未タ僧侶ト称スルヲ得ズ（宗内ニ沙弥ト称ス）
とあり、その趣意を敷衍させるため同十八年六月二十日には乙第八号で、
　　乙第八号　　十八年六月二十日　　　　　　　　　　　各府県宗務支局
　住職撰挙履歴書ノ中十三歳未満ニシテ得度ト記シ又首先安居即チ入衆以後満五年ヲ経スシテ立身ノモノ往々有之右ハ宗規違犯ニ付是迄履歴書宗規ニ反スル者ハ違規懺謝セサレハ住職ヲ任許不相成候条各支局ニ於テ篤ト調査ヲ誤ラサル様可致候此旨相達候事
　　但今後入衆以後満五年以上ノ行脚ヲ経サル者ハ首座ヲ許サヽルヘシ
と得度年限を満十三歳以上とし、宗規に違犯するものは違規懺謝せよといっている。
「曹洞宗宗制」の発布は六月十日、実施期限は八月一日よりとなっているが、すでに六月二十日には乙第八号で、十三歳未満で得度と記した者には宗規違犯の罪名を付して違規懺謝を命じている。これは実施期限の効用が疑問視されるもので、暴政といわれる理由であった。また、明治十八年六月以前の宗制実施以前に十三歳未満で出家得度した者にたいし、宗規罰則として違規懺謝書を提出させる行為も、勝手次第に法律規則を設けて拘束する暴政と非

難されている。

一方、失態は「第四号　曹洞宗教会条例」の前に「曹洞宗宗教大意」を加えたことである。それには、

曹洞宗宗教大意

曹洞宗教ハ細ニ無間ニ入リ大ニ方所ヲ絶シテ素ヨリ言詮ノ能ク及フ所ニ非ス所以ニ謂フ正法眼蔵涅槃妙心不立文字教外別伝実相無相微妙法門ト業既ニ教外別伝ト称ス故ニ所依ノ経論ヲ立セス全ク仏教八万ノ法蔵ヲ嚢括シテ直ニ仏知見ヲ開発シ一大事因縁ヲ究尽スルヲ本旨ト為ス宗祖承陽大師曰ク諸縁ヲ放捨シ万事ヲ休息シテ善悪ヲ思ハス是非ヲ管スルコト勿レ乃至身心自然脱落シテ本来面目ノ現前スト是レナリ然レトモ此ノ如キノ教旨ハ出家ノ僧侶本分ノ修証ニシテ在家一般ノ男女到底企テ及フ可ラス故ニ宗祖ハ在家化導ノ為メ更ニ之レヲ平翻シテ曰ク像末ノ澆運ハ唯結縁ヲ貴ムト蓋シ結縁トハ未来成仏ノ因縁ヲ結了スルノ謂ヒナリ是故ニ曹洞宗教ハ出家ノ僧侶若クハ上根ノ機ニ対シテ単純自力即心成仏ヲ説キ在家ノ男女又ハ下根ノ機ニ対シテ専修他力一念往生ヲ説ク之ヲ宗教ノ大意ト為ス

とあり、上根機にたいしては自力で即心成仏を、在家の男女と下根機にたいしては他力の一念往生を説くのが曹洞宗の大意という。

これは起草者の滝谷琢宗が念仏往生を説く大内青巒の影響を受けたともいわれており、總持寺貫首の畔上楳仙は厳然として不可を主張していた。この「曹洞宗宗教大意」を編入した「曹洞宗宗制」は、六月十日に甲第九号で宗制実施期限を定めるにあたり、「第四号　曹洞宗教会条例」は直ちに実施することを普達せられたにも拘らず、七月二十五日に号外諭達が出された。

それは、

号外諭達

全国末派寺院

宗制第四号教会条例中在家化導ノ法儀ハ目下焦眉ノ急務ニシテ忽諸ニ附ス可ラサル義ニ候得共其教導ノ体裁ヲ一ニシテ翁媼乃至児女子ニ至迄吾カ宗教ニ拠テ以テ安心決定セシムルハ容易咄嗟ノ談ニ非ス宗教大意ニ於テ僧俗上下ノ機ニ対シ単純自力即心成仏専修他力一念往生ヲ施設セシ所以ナリ蓋シ自力他力即心一念往生成仏ハ仏祖尋常ノ茶飯ニシテ実際隔歴ノ法門ニテハ無之翻手覆手有時ハ雲ヲ起シ有時ハ雨ヲ降スノ活作略洞上ニ謂ハユル五位顕決等ノ如キ是ナリ故ニ僧侶分上正眼ヨリ見来レハ心念スラ尚ホナシ豈ニ自他ノ相アランヤ然レトモ依文解義ノ輩アリ従前ノ教式ニ異ナルノ疑惑ヲ懐キ候テハ相成ラサルニ付自今漸ヲ以テ在家化導ノ法儀布教方法等教示ニ及フヘク候依テ右教示無之内ハ当分是迄ノ通タトヒ体裁区々ナルモ已ムヲ得サル次第ニ候条各自随意ニ説教ヲ勤ムヘシ尤モ教会条例第五章ノ誓規ニ基キ候様イタスヘシ心得ノタメ此旨諭達候事

明治十八年七月二十五日

曹洞宗務局

と教導の体裁を一にして翁媼乃至児女子に至るまで、我宗教によって安心決定せしむるは容易ならざるにより、従前の教式に異なる疑惑を懐かないように今より在家化導の法儀布教方法等教示に及ぶに付、当分の間、従来のとおり各自随意に説教すべき旨を諭達しており、先に普達した「曹洞宗教会条例」の実施を保留した。とくに「当分是迄ノ通タトヒ体裁区々ナルモ已ムヲ得サル次第ニ候条各自随意ニ説教ヲ勤ムヘシ」といっており、宗教安心をもてあそんでいるようで、「曹洞宗宗教大意」を公達したり「号外諭達」を発した失態は、両本山貫首の威信を失墜せしめたものと、その責任が滝谷琢宗にあると批判されている(1)。

ところで、明治十八年四月二十九日に内務省社寺局より管長代理一名を出頭せよとの申し入れがあった。伊藤雲宗が出頭したところ「曹洞宗宗制」に「曹洞宗宗教大意」を加えて認可を受くべき口達があった。

「曹洞宗宗教大意」はすでに上申するべく形を作っており、すぐにでも上申されると考えられたが、当時、布教方法を改良する内議があり、宗務局外へは発表していない。しかし、すでに管長の決議を得ており、上申案にたいし評決を得て草案を滝谷琢宗に請い、出張先の永平寺まで書留の書状を発送した。滝谷は五月六日夕刻より起草し、十二日に回送した。それを宗務局で回覧し、浄写して検閲を受けた後、再び清書して十三日午前中に内務省へ出頭し上申した。それは、

曹洞宗々教大意ノ儀ニ付上申

御口達ニ由リ本宗々制教規中第四号布教法即チ教会条例ノ初メヘ別紙宗教大意ヲ差加ヒ併セテ御認可ヲ蒙リ度依テ別紙相添此段及上申候也

曹洞宗管長代理

在田彦竜

明治十八年五月十三日

内務卿伯爵

とあり、管長代理在田彦竜の上申となっている。しかし、実際は伊藤雲宗が口上にて陳述し上申書を出したようである。また、「曹洞宗宗教大意」末尾の「在家ノ男女又ハ下根ノ機ニ対シテ唯願専修他力一念往生ヲ説ク」の「唯願」と「専修」のいずれが適当かを各位の評決に一任するとの申し送りがあり、在田彦竜、岳尾泰忍、水島洞仙、岳尾泰苗の四人とも「専修」を選び決定した。

このように「曹洞宗宗制」は事実上、滝谷琢宗によって編成されており、宗務局の暴政、失態とか滝谷琢宗が両本山貫首の威信を失墜せしめたとか批判があるものの、両本山貫首は滝谷琢宗へ八月六日に、

宗務局総監
　　滝谷琢宗

宗規編纂不一形尽力ニ由リ万古不抜ノ基礎相立感嘉ノ至ニ不堪依テ僧伽梨衣一肩ヲ附与シテ賞誼ヲ表ス

　　明治十八年八月六日

永平現住青蔭雪鴻㊞
總持現住畔上楳仙㊞

と宗制編成の労苦をねぎらって僧伽梨衣一肩を授与し賞誼を表した。

第二節　青蔭雪鴻の久我家附籍と改姓

永平寺六十一世環渓は、明治八年六月十八日に道元禅師生家の久我家へ附籍し久我と改姓した。環渓の意図は、同年六月十七日に東京府知事大久保一翁へ宛てた「改姓願」の中に「元来永平寺開基祖道元禅師者当家之先代内大臣兼右大将通親ノ七男ニテ当環渓ニ至リ六十一代之法孫ニ御座候其由緒ヲ以今般当家エ附籍仕儀ニ御座候間一端道元之法流ヲ汲其跡ヲ相続仕候儀ニ付族籍相立姓氏ヲ唱エ候ハヾ久我ト為相名乗度候……」といっており、永平寺六十一代の法孫となったためである。

明治十六年、曹洞宗務局は永平寺に副住職設置の可否を各府県教導取締に問い合わせたところ不可となった。そのため環渓は、永平寺退隠を決意し、三月二十九日に久我建通、通久親子へ書簡を出した。それには、

謹而書ヲ台家御父子閣下ニ呈ス。環渓、明治四年十月茲ニ本山ノ住名ヲ稟ケテヨリ、両閣下ノ懇篤ヲ蒙ルモノ十数年一日ノ如シ。加フルニ過ル七年中、環渓カ附籍ヲ許サルルノミナラズ、次テ台家ノ姓氏ヘ改ムルヲ得

セシメ玉フモノ、実ニ無上ノ幸福ニシテ剰ヘ環溪ヲ召シテ老閣下ノ弟ト称セラルルノ親密ヲ得タリ。是宗祖大師ノ遺徳ニ由ルト雖トモ、蓋シ両台閣下ノ環溪ヲ愛撫セラルルノ深キ、子視玉フニアラズンバ安ソ情誼ノ此レ至ルヲ得ンヤ。誠ニ知ル一世ノ縁ヨリ来スノ結果ニアラサル事ヲ。然リ而テ啻ニ環溪ガ一身ノ栄誉ヲ得ルノミナラズ、本宗末派ノ幸福モ亦一ニシテ足ラズ。嗚呼感泣シテ措ク所ヲ知ラザルナリ。今隴ヲ得テ蜀ヲ望ムハ固ヨリ環溪ノ深ク愧ル所ナリト雖ドモ、明治七年ノ公布ニ拠リ梺《フモト》ノ緇流ニ至ル迠、族籍及ヒ姓氏ヲ定ムヘキハ不抜ノ法律タリ。是以環溪カ乞骸ノ後、歴世本山ニ後董タルノ公許ヲ得ル者、即チ世ノ養嗣子ト称スルノ例ニ倣ヒ、代々々々台家ニ附籍シ、姓氏モ復貴姓ニ改ムルヲ許サルルコト環溪ガ蒙ル所ノ幸福ノ如ク、世々御当主ノ二三男ニ列セラルルヲ獲ルトキハ、乃チ本山ノ董職ノ者ハ無論、末派及ヒ信徒ノ者流ニ至ル迄、大師ノ御生家ヘ対シ必ス無窮ノ恩誼ニ在ル所ヲ忘失セサルヤ疑ヒナシ。是環溪カ情款ヲ聖察シ玉フテ之カ証憑ヲ恵与セラレ、永ク本山ノ宝庫ニ存置シ、歴世住職ノ明鑑ニ備ル事ヲ得バ、則環溪ノ畢生ノ志望ヲ満足セリト云フベシ。伏テ冀ハ諒照シ玉ヘ。

敬白

永平寺住職

大教正　久我環溪 印

明治十六年三月二十九日

正二位久我建通殿

正三位久我通久殿

両閣下

といい、自分と同じように永平寺後董住職も久我家に附籍し、姓も久我姓と改めることを願った。それにたいして

四月八日には、久我建通、通久より、

十六年三月二十九日手書ヲ忝フス、云、宗祖大師ハ当家ノ出ナリ、閣下其後董タルヲ以テ七年ノ公布ニ拠リ、当家ニ附籍シ姓氏ヲ改メラレタリ。因テ今後歴世本山ニ後董タル之公許ヲ得ル者、即チ世ノ養嗣子ト称スルノ例ニ傚ヒ、代々当家ニ附籍シ姓氏ヲ改メ、当主ノ二三男ニ列スル事ヲ以テセラル。此建通等モ所望ナリ。今後本山ニ住職タル者、必閣下ノ志ヲ嗣キ此挙アラン事ヲ望ム

敬白

明治十六年四月八日

正二位　久我建通　印

正三位　久我通久　印

永平寺住職

大教正　久我環溪殿

閣下

と永平寺後董の附籍、改姓を承諾している。

ところが、九月十八日に永平寺執事辻顕高より久我通久へ出した答申には、

一、久我姓ヲ称スルハ何代ノ何和尚ノ時ヨリ始リ其後代々久我何々和尚ト姓ヲ称スル迠代々又ハ何等ノ事ヲ以テ申スヤ或ハ代々称セサレバ悪シキ事等有レ之哉、今般青蔭雪鴻殿ハ何故ヲ以テ久我ト改姓致スヤ、右詳細認メ差出ノ事

一、前願書御返戻願差出之事

一、青蔭殿履歴書並ニ代数法孫等別紙ニテ差出ノ事
一、願書ハ前願書連印之通ニテ差出之事
　御尋問ニ付答
永平寺住職青蔭雪鴻姓氏ノ儀ハ従前生家ノ原姓又ハ在来ノ称姓ニハ無レ之候。明治七年太政官第八号僧侶モ一般族籍可二相定一布達ニ基キ本人得度師加州大乗寺住職無底和尚ノ別号ニ青蔭子ト被レ称タルヲ以、雪鴻自ヲ之ヲ姓字ニ相定メ候モノニ有レ之候。右御尋ニ付御答申進候也。

永平寺執事　辻顕高 印

明治十六年九月十八日

久我通久殿

御家令中

といい、後董の六十二世青蔭雪鴻が環渓のように久我家への入籍手続きを行った時、久我家から久我姓は永平寺何代和尚の時から称し、代々称させねばならないか。雪鴻が改姓する詳細な理由を差し出すことをいっており、それにたいして答申している。

このように四月から九月頃の間には、様子が変わってきたように思われる。しかし、翌十七年四月には、

牛込区新小川町一丁目二番地
　華族　久我通久附籍
父美濃国安八郡久瀬川村
平民安藤佐平次男

平民僧　青蔭　雪鴻
天保三年正月八日生

右青蔭雪鴻儀廃戸願済ニ付、熟議ノ上今般拙者養子ニ貰受、家督相続為レ致候ニ付双方連署ヲ以此段御届仕候也

明治十七年四月

牛込区新小川町一丁目二番地
華族　久我通久附籍
久我　環溪 印

養子　久我　雪鴻 印

牛込区新小川町一丁目二番地
親戚　久我　通久 印

同番地
親戚　北畠　通城 印

牛込区長久住秋策殿

と牛込区長久住秋策へ久我通久附籍の久我環溪の養子となることを届けており、また、東京府知事芳川顕正へ、

牛込区新小川町一丁目二番地
華族　久我通久附籍
父美濃国安八郡久瀬川村

平民安藤佐平次男
　平民僧　青蔭　雪鴻
　　天保三年正月八日生
右ハ単身ニテ附籍罷在候処、家事向都合モ有レ之ニ付、親戚協議之上此度一家取畳、前書久我通久方へ養子ニ罷成度、尤自家之儀ハ追テ相当ノ者ヲ以テ家名再興為レ致候間、何卒廃戸御許容被二成下一度、親戚連署ヲ以此段奉二願上一候也。

明治十七年四月

右
　青蔭　雪鴻　印
親戚　北畠　通城　印
同　辻　顕高　印
戸主　久我　通久　印

東京府知事　芳川顕正殿

と久我通久の養子となることの届けもある。さらに、

　牛込区新小川町一丁目二番地
　　華族　久我通久附籍
父美濃国安八郡久瀬川
平民安藤佐平次男

平民僧　青蔭　雪鴻
天保三年正月八日生

右ハ単身ニテ附籍罷在候処、家事向都合モ有レ之ニ付、親戚協議之上此度一家取畳、前書久我通久附籍平民久我環溪方江養子ニ罷成度、尤自家之義ハ追テ相当ノ者ヲ以テ家名再興為レ致候間、何卒廃戸御許容被二成下一度、親戚連署ヲ以此段奉レ願候也。

右　青蔭　雪鴻　印

明治十七年四月

親戚　北畠　通城　印
同　辻　顕高　印
久我　環溪　印
戸主　久我　通久　印

東京府知事芳川顕正殿

と東京府知事へ久我環溪の養子になることの届けもみえる。

『曹洞宗全書』年表（昭和十年十月　曹洞宗全書刊行会）六〇五頁の明治十七年四月十四日の項には、

久我通久、東久世通禧、北畠通城等連署して、永平寺青蔭雪鴻を通久の養子に許可せられんことを宮内卿伊藤博文に出願す（久我侯爵家文書）

とあり、久我家蔵の文書によって、四月十四日に久我通久の養子となる許可を宮内卿伊藤博文へ出願したことがわかる。この点から、牛込区長、東京府知事への出願は四月十四日以前と考えられるが、久我通久の養子と久我環溪の養子との二つの届がみられる。

同年九月九日には雪鴻、久我通久、北畠通城より東京府知事へ、

改姓願

牛込区新小川町壱丁目二番地

華族久我通久附籍

越前国永平寺住職

青蔭　雪鴻

拙衲儀永平寺へ住職ニ付久我通久方へ附籍致候、就テハ前住職改姓ノ例ニ準シ久我ト改姓相願度、抑永平寺開祖承陽大師道元ハ、内大臣久我通親ノ七男ニ有之候ニ付、初代ヨリ久我姓ヲ称シ来リ候。其後代々打続、六十代臥雲和尚迄ハ別段俗籍ヲ相立テ姓氏ヲ唱ヘ候儀無レ之、唯々久我家ト親戚同様ノ交際ヲ継続致シ来リ候。然ルニ六十一代環溪和尚ニ至リ明治五年二百六十五号、同七年七十四号等ノ御布告ニヨリ俗籍相立、姓氏ヲ唱ヘ候ヘハ初代ヨリノ継キ柄ヲ以テ久我家ヘ附籍シ、且改姓願候。雪鴻ハ宗祖三十世ノ法孫ニシテ該寺六十二代ノ住職ニ有之候。依テ道元之原姓ニ基キ前住職久我環溪ノ改姓出願ニ準シ、雪鴻モ亦久我姓ニ相改メ度、右改姓ノ手続不ニ相運一候ハデハ自然同家ト交際上疎遠ヲ来タシ候哉ニ相聞ヘ末派一般ノ体面ニ関シ不都合少カラザル場合モ有レ之候条、右改姓ノ儀速ニ御允許相成候様致度、別紙履歴書相添此段連署ヲ以相願候也。

明治十七年九月九日

永平寺住職　　青蔭雪鴻

牛込区新小川町一丁目二番地
親戚　正三位勲四等侯爵久我通久　印
本郷区駒込西片町十番地
同　従五位男爵　北畠通城　印
東京府知事芳川顕正殿
前書出願ニ付奥印候也
牛込区長　久住秋策　印

と改姓願を出した。これによれば、久我通久の附籍となり、久我姓へ改姓する允許を願っている。しかし、翌十八年一月二十三日には、

書面直願之趣認許難ニ相成一候事
明治十八年一月二十三日
東京府知事　芳川顕正　印

と東京府知事より改姓願が認められず却下されたのである。

このように雪鴻は、久我姓を公称することはできなかった。しかし、同十七年四月の牛込区長への届け出には「養子　久我雪鴻」とある。これは青蔭の戸籍を廃する願を出したためで、正式の久我姓を称する資料ではない。郡司博道は『久我環溪禅師詳伝』で「雪鴻の願意は許可され、久我雪鴻禅師と改称された」（三九九頁）とか「永平寺晋住後久我家に附籍したのは、六十二世青蔭雪鴻禅師だけである。青蔭雪鴻禅師は晋住の翌年明治十八年八月十日遷化されているので、この事実を知るものは少ない」（五〇〇頁）というが、事実は附籍、改姓は許可されなかっ

た。そのため久我雪鴻と称した公文書はみえない。後董の滝谷琢宗以後も附籍や改姓についての資料はまったくない。

では、どうして東京府知事より却下されたのであろうか。確かな理由は明らかにならないが、明治十七年七月七日に発布された「華族令」の第九条には「華族及び華族の子弟婚姻し、または養子せんとする者は、まず宮内卿の許可を受くべし」とあり、華族に養子となる者は宮内卿の許可を得ることになっている。したがって、宮内卿の不允許のためと考えられる。また、養子を実質的養子の意にとられたため不許可となったとも考えられる。

いずれにしても、雪鴻が久我姓と改姓されなかった理由は未詳である。当時の戸籍制度の変更などとも考えられるが、雪鴻伝において明らかにせねばならない課題の一つである。なお、届け出や改姓願などは青園謙三郎『出生の謎青蔭雪鴻伝』の「資料」より引用した。

第三節　雪鴻の題辞・序・跋文

明治期曹洞宗史において、雪鴻の功績は何かという問いにあたると、なかなか答えは出てこない。それは、永平寺貫首時代が二年間という短い期間であり、これから活躍という時に五十五歳の若さで遷化されたためであろう。しかし、環溪の下に、永平寺東京出張所の監院となり十二年間、新制度を導入した明治期曹洞宗の宗務を司っていた功績があげられる。華々しく活躍している環溪の陰に隠れて、宗務を運営していたのである。また、永平寺東京出張所では、滝谷琢宗と机を並べて宗務を務めていたようで、琢宗の陰にも隠れて、楽屋裏で黙々と働いていたのである。さらに本師の鴻雪爪も派手に活躍していた。

このように、雪鴻は波乱多き明治初期曹洞宗において、華々しい雪爪、環溪、琢宗らにたいして、影はうすく地味であったが、雪爪は雪鴻の人格にたいして、「道心最も堅き者、雪鴻に若くはなし。往時余屢々錫を転ず、道貧洗うが如し。雪鴻常に随う。謙虚衆を容れ、温藉物に接す。而も事縄規に関すれば則ち一毫を仮さず、以て吾が化を輔け、人をして感耻せしむるに至る」(『山高水長図記』)と評しており、穏健実直な人格を知ることができるのである。

昭和五十九年に、雪鴻の百回忌を迎えるにあたり、私は雪鴻語録の編集の担当となり、法語などの資料を、明治期仏教雑誌や新聞、研究書から探求し、さらに、資料調査を行い、永平寺に所蔵する資料と法孫の住持する千葉県野田市の鏡円寺に所蔵する未定稿の資料を確認した。また、禅師に就任した人であるところから、当時の著作に序や跋、題辞を贈っていないかと思い、調べてみると、数点をみつけることができ、語録に序跋編を設けることができた。そして、題辞は六著作に贈っているところから、雪鴻の書について考えてみると、栗山泰音が「誠に立派な能書家で、詩人型の書でもなく、禅坊主流には勿論遠いが、或は書家らしい書風といえよう[2]」と評していた。さらに、小川見竜も「羊頭狗肉の行脚地」(「傘松」第一五九号)に、明治期の能書堪能家として「セッコフ」調の三筆を紹介しており、雪鴻と白鳥鼎三門下の江崎接航、環溪門下の蓑浦雪湖の三人をあげ、当時、「セッコフ」調の三筆として、宗門の代表的能書家と評されていたことが明らかになる。そのため、雪鴻は題辞を請され贈ったものと思われるのである。

題辞をみてみると、孝顕寺時代の明治十四年に、能仁柏巌が著わし出版した『霧海南針』に「万古之霊犀」と贈っている。永平寺時代になると、明治十七年一月出版の辻顕高校正、林古芳冠註傍解の『冠註傍解参同契宝鏡三昧不能語』に「綿上敷花」、同年三月に刊行された渡会定孝蔵版の『日本洞上聯灯抜録』に「流芽万古」、同じく三月に刊行された古田梵仙増冠傍註の『増冠傍註永平元禅師清規』に「髻中真末尼」、同年十二月に、大内青巒によって編集および出版された『曹洞宗両祖伝略』には「空手還郷」と贈っており、翌同十八年八月には、同じく大内青巒の校正および出版（鴻盟社発行）による『正法眼蔵』に「老梅樹兮老梅樹。万木叢中称独尊。穿破天童鼻孔去。当留花気覆児孫」と題しているのである。

つぎに序、跋文をみると、すべて孝顕寺住持の永平寺東京出張所監院時代である。明治七年十一月には、鵜飼大俊編で明教社より出版された『説教賛題集』に「権少教正青蔭雪鴻識」と序文を記している。同十二年三月には、滝谷琢宗撰による曹洞宗務局蔵版の『總持開山太祖略伝』に「法孫雪鴻謹識」と跋文を記した。つぎに、同年九月には、翼竜童編で「那伽室蔵版」の『首書傍解普勧坐禅儀不能語』に「椽栗山衲雪鴻敬識」と跋文を記している。そして明治十四年三月には、宝山梵成講述の『説教落草談初編』に「椽栗山房雪鴻題」と序文を贈っている。なお、序、跋文は、すべて『雪鴻禅師語録』に所収するため、ここには省略したが、題辞は永平寺時代が多く、序、跋文は、すべて永平寺東京出張所監院時代であり、とくに浄土宗の鵜飼大俊の『説教賛題集』に序文を請われているのは、大教院における交友からと思われる。

以上、雪鴻の題辞、序、跋文などを紹介したが、これは雪鴻のいまだ知られていない功績の一端である。明治期の仏教出版物は数多くあるが、資料的にも評価が低く、とりあげられる機会は少ないが、構成をみると題辞、序、跋などが付され、意外に知られていない交友関係や揮毫をみることができる。ここに雪鴻の一面をみることができたのも、その徳を慕う人が多かったためといえるのである。

第四節　「大本山西堂及後堂任免規則」創定の背景

明治十八年十二月一日、曹洞宗務局は甲第三十七号で「大本山西堂及後堂任免規則」を創定し、翌十九年より実

施することを普達した。それをあげると、

甲第三十七号　　十八年十二月一日　　全国末派寺院

本山ニ僧堂安居ノ衆僧ヲ教育スルハ目下ノ急務ニシテ等閑ニ附ス可ラス宗内ノ碩徳ヲ優待シテ後進ヲ策励シ洞上ノ宗風ヲ永遠ニ播揚スルコト僧堂接衆ニ過キタルハナシ依テ今般左ノ通大本山西堂及後堂任免規則ヲ創定セリ而シテ明治十九年ヨリ之ヲ実施ス此旨普達候事

但両本山トモ従前任命ノ西堂及後堂ハ此ノ規則ニ拠ラサル者トス

大本山西堂及後堂任免規則

第一条　大本山西堂ハ全国末派僧侶最高ノ職位ト為ス其貫首ニ代テ衆僧教育ヲ負担スル者ニ付末派耆宿ノ中最モ徳望アル者ヲ挙テ之ニ任スヘシ

第二条　大本山西堂ハ全国中ニ於テ二名ヲ抜擢補任シ生涯之ヲ優待スル者トス（両本山各一名）故ニ現任西堂位ノ者遷寂又ハ第十二条ニ罹リテ罷免セラレ欠位アルニ非サレハ更ニ別人ニ補任セス

第三条　大本山西堂ハ黄衣緋衣（直裰ヲ云）着用ヲ特許ス西堂補任ノ後両本山捺印免牘ヲ附与スヘシ

第四条　大本山西堂ハ監院ノ上席ト為ス故ニ西堂補任ノ者全国一宗内ヘ来往スルトキハ末派寺院ハ特別ノ待遇ヲ為スヘキ者トス

第五条　大本山西堂ハ全国末派僧侶所有ノ叢林行脚証明状ニ関シ時ト処トヲ問ハス不審ト認ムル分ハ直チニ之ヲ点検可否スルノ特権ヲ有ス

第六条　前条々ノ次第タルニ由リ大本山西堂ハ必ス両本山協議ノ上之ヲ撰出シ連署ヲ以テ補任スルヲ定則ト為ス而シテ更ニ越山能山詰ヲ別命スヘシ

但西堂位ハ本人生涯受持スル者ニ付両本山熟議ノ上ハ西堂ヲ回互シテ勤務セシムルコトヲ得
第七条　大本山後堂ハ貫首ノ特選ヲ以テ之ヲ専任シ西堂ノ接衆ヲ補翼セシム西堂事故アリ接衆ヲ欠クトキハ後堂之カ代理タルヘシ
但後堂任期満一ケ年トス時宜ニ由リ継勤ヲ命スルコトアルヘシ
第八条　大本山後堂満期解任ノ後自己ノ随徒ニ授与セシ行脚証明状ニ限リ第五条ノ点検ヲ免ル、ノ特効ヲ有ス
第九条　満三年以上後堂継勤ノ者ハ両本山協議ヲ遂ケ解任ノ際緋衣着用ヲ特許スヘシ
第十条　大本山西堂ハ在山勤務中衣資トシテ年金百八十円ヲ給与ス之ヲ月ニ割ルトキハ一ケ月金十五円トス
但不在山ノトキハ衣資五分ノ一ヲ給与ス
第十一条　大本山後堂ハ在山勤務中衣資トシテ毎月金五円ヲ給与ス
第十二条　左ノ各項ニ該当スル者ハ西堂位ヲ罷免シ第三条ノ特許免牘ヲ返還セシム
一貫首ニ触忤シ若クハ監院ヲ凌侮シテ本山ノ規律ヲ遵守セサルモノ
一安居ノ衆僧過半数接化ニ服セス監院及近門之ヲ証明シテ貫首ヘ具状セラレタルモノ
一行為上宗規違犯ノ廉アリテ警誡条規第十二条第十三条第十四条ニ触ル、モノ
第十三条　大本山西堂及後堂ハ任免共其都度全国末派ヘ該姓名ヲ報道スヘシ
以上

とあり、第一～六条は西堂、第七～九条は後堂、第十、十一条は西堂、後堂の給与、第十二条は西堂罷免、第十三条は西堂、後堂の任免と末派への報道である。とくに「宗内ノ碩徳ヲ優待シテ」とあり、明治十九年以前と以後に任命された西堂、後堂は待遇が異なっている。また、第一条には「大本山西堂ハ全国末派僧侶最高ノ職位ト為ス…

…末派耆宿ノ中最モ徳望アル者」とあり、第二条には「全国中ニ於テ二名ヲ抜擢補任シ生涯之ヲ優待スル者トス」といっているところから、西堂職は終身職となしている。さらに第三、四、五条でいうように黄衣、緋衣の着用を特許し、とくに監院の上席として末派寺院より特別の待遇を得て、叢林行脚証明状の点検を行う特権を与えられ、少ないながらも終身の年金を給与せられた。

そこで、翌十九年二月十五日、両本山西堂を、

甲第一号　十九年二月十五日　全国末派寺院

明治十八年当局甲第三十七号普達ニ拠リ遠州可睡斎住職西有穆山江州清凉寺住職長森良範ノ二名へ大本山西堂被申付且黄衣緋衣着用特許相成候此旨普達候事

但西有穆山ハ越本山詰長森良範ハ能本山詰ニ別命セラレ本年冬安居ヨリ僧堂接衆セシメラレ候

と普達し、永平寺西堂には西有穆山、總持寺西堂には長森良範が任命され、同年冬安居より接衆されることになった。西有、長森二氏の任命されたことには憶測が飛び交った。西有は数度の貫首公選に破れており、長森は永平寺監院を務めた功労ある人だが、滝谷琢宗貫首下の監院では持て余すことになる。両氏の不平心を慰めるために西堂へ推挙したというのである。しかし、終身職で行脚証明状点検の特権があるというものの、何ら効用権力のある職ではない。虚仮の特権などの文を飾って情実的政略を行ったといえるもので、滝谷が人のために職位を置き、職制を改めたといわれている。(3) そして八月十六日には、番外報告で、

番外報告　明治十九年八月十六日　全国末派寺院

明治十八年当局甲第三十七号普達大本山西堂及後堂任免規則第七条ニ拠リ本年冬安居ヨリ甲斐国巨摩郡竜王村慈照寺住職鷹林冷生ヲ越本山後堂ニ筑前国博多明光寺前住職宝山梵成ヲ能本山後堂ニ各任命相成候此旨報告ス

と永平寺後堂に鷹林冷生（慈照寺住職）、總持寺後堂に宝山梵成（明光寺前住職）を任命した。

翌二十年三月九日には總持寺西堂の長森良範が遷化した。ただちに後任を決めるはずであったが、四月五日には甲第七号で、

甲第七号　　二十年四月五日　　全国末派寺院

大本山西堂（別命能山詰）長森良範本年三月九日遷寂ノ旨届出候ニ付該任免規約第六条ニ拠リ後任ヲ撰出スヘキノ処能本山目下僧堂新築中ニシテ西堂ヲ置クモ其職務ヲ拡張セシムルコト能ハス依テ僧堂落成ニ至ル迄ハ後堂ヲシテ西堂ノ職務ヲ代理セシメ西堂ハ当分欠位ニ可致旨決議相成候右普達候事

と總持寺の僧堂は新築中のため、西堂を置くと職務が拡張されるとの理由から西堂は置かず、僧堂の落成まで後堂が西堂の職務を代理することが普達された。したがって宝山梵成が西堂職も兼務したのである。しかし、十一月二十八日には宝山梵成が満期解任となり、大野是三（種月寺）が後任の後堂に就いた（同二十年十一月二十八日　番外報告）。なお、永平寺後堂は鷹林冷生が継勤している。

翌二十一年十二月十一日には大野是三が満期解任となり、新井如禅（興国寺住職）が後任となった。翌二十二年九月二十日の号外報告によれば、鷹林冷生は十月三十一日限りで解任となり、冬安居から渡辺実雄（紅谷庵住職）が任命された。總持寺後堂は同二十二年に新井如禅が満期解任され、岳尾泰忍（安楽寺住職）が任命されることをいう。なお、鷹林冷生は同十九年以来三年間継勤されたことから緋衣着用が特許されている。

つづいて翌二十三年十一月二十六日には渡辺実雄が解任され、脇象竜（竜文寺住職）が任命された。總持寺は岳尾泰忍が満期となり、野坂黙禅（普済寺住職）が就いた。翌二十四年十一月二十一日の報告によれば、脇象竜が同年七月十八日に遷化したため田村大機（竜昌寺前住職）が後任となり、野坂黙禅の満期解任後は秦慧芳（長松寺住

職）が就いた。同二十六年十二月十八日の報告には、田村大機満期解職後は欠位であったが、同二十六年十月には大島天珠（法持寺住職）が任命された。總持寺後堂は秦慧芳の後、阿川断泥が就き、同年十一月二十五日に解任された後は能仁義道（大沢寺住職）が任命された。

ところで、同二十二年六月五日に總持寺僧堂が竣工し落慶式および開単式を挙げた。しかし、西堂職は置かれなかった。同二十年四月五日の甲第七号の「能本山目下僧堂新築中ニシテ……僧堂落成ニ至ル迄ハ後堂ヲシテ西堂ノ職務ヲ代理セシメ」の普達はどのように理解するのか、批判的にみられている。滝谷琢宗が永平寺貫首になる手段として、また、貫首となって宗門を正常に運営していくため、みずから「大本山西堂及後堂任免規則」を創定し実施していったものといえよう。

第五節　大学林生のテキスト『参同契宝鏡三昧纂解』

『参同契』の註釈は宋の法眼文益の『参同契註』が最初といわれている。以後、雪竇重顕の『瀑泉集』、慧洪覚範の『参同契科段』があり、明代には永覚元賢が『洞上古轍』を著わし、それには本篇の註解と『宝鏡三昧』の註解がある。

我が国では江戸期の享保年間以後、天目恒川の『洞睡異譫』、指月慧印の『参同契宝鏡三昧不能語』、天桂伝尊の『報恩編』、千丈実巌の『杓卜編』、面山瑞方の『参同契宝鏡三昧吹唱』などが著わされ、明治十八年には曹洞宗大学林総監の辻顕高が『参同契宝鏡三昧纂解』を纂集した。

明治十八年十一月二十日には、末派寺院へ、

曹洞宗末派寺院

学第一号報告

大学林専門学本校学科四級（支校七級）参同契宝鏡三昧ハ不能語ヲ停メテ纂解ヲ用ユ支校学科三級坐禅儀ハ本文ノミヲ講究シ不能語ハ用ヒズ此旨報告ス（但纂解ハ不日出版頒布スベシ）

明治十八年十一月二十日　　大学林総監辻顕高

と大学林専門学本校四級と専門学支校七級の正講のテキストは従来、『参同契宝鏡三昧不能語』を用いていたが、今後は『参同契宝鏡三昧纂解』を用いることが報告されており、『纂解』を近々に出版頒布することをいっている。そして翌十二月に鴻盟社から発売された。

従来のテキストであった『参同契宝鏡三昧不能語』は註釈書中、もっとも明晰で学林のテキストにもなり、盛んに参究されていた。そのため明治十四年一月に古田梵仙が標註を加えて編集し、梶田勘助より出版した『標註参同契宝鏡三昧不能語』がある。同十七年一月には、林古芳が冠註傍解を加えて辻顕高が校正した『冠註傍解参同契宝鏡三昧不能語』が森江佐七より出版された。つづいて同十九年一月には古田梵仙が増冠加解した『増冠加解参同契宝鏡三昧不能語』が出雲寺文次郎より出版されている。

このように古田梵仙、林古芳によって註解を付加した諸本を刊行したが『不能語』は難しい解釈が多いため、初心者には理解し難いテキストであった。

『纂解』の構成をみてみると、大内青巒の序と例言に続き本文があり、それには冠註が加えられている。本文の後には註解人辻顕高、出版人大内青巒、発行所鴻盟社の奥付があり、版心には「参同契宝鏡三昧纂解　曹洞宗大学林蔵版」と記されている。例言には本書の成立した縁由が、

一参同契宝鏡三昧歌自《リ》レ古註解提唱頗《ル》多《シ》。然《レトモ》一長一短未《ダ》下嘗有《ラ》中適《スル》二宗学課本《ニ》一者上。大学林総監顕高和尚対二照《シテ》諸本《ヲ》一纂二輯《シテ》其《ノ》解尤簡明切実《ナル》者《ヲ》二而《シテ》作《ル》二一篇《ノ》新註《ヲ》二。所三以題《シテ》曰《フ》二纂解《ト》一也。

一本解専拠《ラ》㆓洞上古轍《ト》報恩編《ト》吹唱《ト》不能語《ト》杓卜篇《トノ》五書㆒集《ニ》㆓其語句《ヲ》㆒而《シテ》貫穿組成《ス》。一言《モ》不㆑雑《ヘ》㆓私意《ヲ》㆒古来書《スルニ》㆑牌《ヲ》有《リ》㆓集字㆒。作《ルニ》㆑詩《ヲ》有《リ》㆓集句㆒。著《スニ》㆑文《ヲ》豈《ニ》無《ンヤ》㆓集語㆒哉。

一本解章句必《ス》来㆓註《ス》其本拠《ヲ》㆒。初《ニハ》具《サニ》言《ヒ》㆓千丈杓卜篇《ト》㆒爾後者《ハ》略《シテ》唯言《フ》㆑杓《ト》。他《ノ》四書皆《モ》傚《フ》㆑之《ニ》。

一宝鏡三昧歌流布本《ニハ》皆無《シ》㆓歌《ノ》字㆒。蓋《シ》脱《セル》也。面山和尚審《カニ》弁《シテ》㆑之《ヲ》無《シ》㆑可《キ》㆑容《ル》㆑疑《ヲ》。故《ニ》今従《フ》㆑之《ニ》。

一本篇稿成《ヲ》嘱《セリ》㆓余《ニ》校讎《ヲ》㆒。余固陋《シテ》雖㆑非《ト》㆓其任《ニ》㆒勉強《シテ》従《フ》㆓事於此《ニ》㆒。且《ツ》聊《カ》考《ヘ》㆓字句之典拠《ヲ》㆒間《マ》亦附《シテ》㆓私按《ヲ》㆒以為《テス》㆓冠註《ト》㆒。

一冠註不《シテ》㆑記《セ》㆓書目《ヲ》㆒而言《フ》㆓天桂師曰《ト》㆒者皆報恩編之要語也。指月師《ノ》於《ル》㆓不能語《ニ》㆒面山師《ノ》於㆓吹唱《ク》㆒其他皆傚《フ》㆑之《ニ》。書目人名共《ニ》不《ル》㆑記《セ》㆑之《ニ》者《ハ》多《ク》係《ル》㆓私按《ニ》㆒。誤謬極夥多《ナラン》。博雅《ノ》君子莫《レ》㆑吝《ナル》㆑是正《ニ》㆒。

明治十八年十二月　　藹藹居士青巒　識

と記されており、辻顕高が諸註釈書を対照して、もっとも良いと思われる文句を採り集めて別の新しい註解書を作ったのであった。その中心となったものは『洞上古轍』『報恩編』『吹唱』『不能語』『杓卜篇』で、辻自身の私意は入れなかった。しかし、大内は辻の作成した原稿に字句の典拠や自分で調べたことを冠註に付け加えていた。また、書目は記さず、著者名であげ、書目、著者名ともに記されていないものが多く、誤謬も多くあると思われるため是正を願っている。

このように冠註は、辻顕高が諸註釈書より採り集めた文と大内が調べたものを加えたものであったため、思想の透徹しない感じがするものの文章は理解しやすく、初心者には便利なもので、大学林生には絶好のテキストとなった。なお、明治十八年十二月出版の「曹洞宗大学林蔵版」は冒頭に「曹洞宗大学林蔵版記」とあり、奥付に明教社、森江佐七、浅倉久兵衛、伊藤清九郎、宇田惣兵衛、出雲寺文治郎、小川多左衛門、永田調兵衛、三浦兼助の発売所が付加されている版とされていない版の二種がある。

翌十九年二月には、翻刻人片岡賢三による片岡賢三蔵版の京都積善社刊行本が出た。本書は前年の『纂解』の翻刻で、冒頭に「曹洞宗大学林学課本」とあり、出雲寺文治郎、小川多左衛門、浅倉久兵衛、森江佐七、梶田勘助、三浦兼助、明教社、鴻盟社、大橋甚吾の発売所が付加されている。

同年四月には愛知の翻刻人栗田浅三郎（慶雲堂）、発売人梶田勘助の二書房より「二書房蔵版」として翻刻された。冒頭には「曹洞宗大学林翻刻記」とある。同じく四月には『増冠参同契宝鏡三昧纂解』が刊行された。東恵仁（芝区芝公園地寓居）が冠註を増加して出版したもので、「東京有隣館刊行」とある。増冠した語句には（増）と指摘されており、冒頭には「曹洞宗大学林学課本」とある。小川多左衛門、森江佐七、林文三郎、梶田勘助が売捌書林となっている。

同年七月には『増冠間註参同契宝鏡三昧纂解』が刊行された。増冠兼出版人は櫛笥日光（下京区第二十一組北御門町二番戸）で「京都護法館刊行」とある。冠註はカタカナでイロハ順にあげられ、東恵仁の増冠した語句も加えられており、増冠した語句は(増)とある。冒頭には「曹洞宗大学林学課本」とあり、出雲寺文治郎、浅倉屋（ママ）久兵衛、森江佐七、梶田勘助、大橋甚吾が売捌書林となっている。

同二十年九月には『首書傍註参同契宝鏡三昧纂解』が刊行された。首書傍註人は寺島得一（本郷区湯島六丁目二十八番地寄留）、校閲人は曹洞宗大学林教員の古田梵仙で、出版人は森江佐七の「東京書林　森江蔵版」となっている。増冠間註本と同じく冠註はカタカナでイロハ順にあげられており、『纂解』にたいする冠註がもっとも多い註釈書である。

『纂解』にたいして冠註を増加した増冠本、増冠間註本、首書傍註本が刊行されたが、同じ頃、滝断泥（解）、東恵弉（仁）（撮要鈔）、吉岡信行（初和解）、田上霊猛（解船筏篇）、木村文明（便蒙）、滝谷琢宗（弁解）らの註釈書も著わされており、それ以後の大正、昭和期は講義や講話として多くの註釈書が出版された。

第六節　大道長安の宗内擯斥事件

明治十九年八月二十五日、曹洞宗務局は全国末派寺院へ「大道長安宗内擯斥手続」の号外報告を普達した。これによって長興寺前住職大道長安が擯斥されるまでの様子を知ることができるが、大道は同年二月以後、曹洞宗の布教の体裁を変えて救世浄聖（観世音菩薩）を本尊とし『法華経』普門品を所依の経典と定め、救世会と称して長野県下で布教した。

それにたいし宗務局は、一種奇怪の教義を唱えているものとみなし、ただちに人を派遣してその事実を調査するとともに、長野県第一号宗務支局にも命じて大道の行動を調査することになった。その調査に臨んだのは大内青巒であった。

大道は五月三十一日まで色衣に金襴袈裟を搭けて長野県下で説教を務めていたが、六月二日に同県下の耕雲庵で行った演説会では黒色の半衣、黒色の掛絡を搭けて「今日より曹洞宗を離れ、宗祖へ乞暇を願う」と公言した。そして六月十一日に、宗務局へ、

曹洞宗僧籍脱却願

自分儀仏教改良実行ヲ貫キ度候ニ付今ヨリ曹洞宗僧籍ヲ脱却仕度候間御聞済被下度此段願上候也

明治十九年六月十一日

越後国古志郡長岡町長興寺　大道長安　印

曹洞宗務局御中

前書願出候ニ付奥書進達仕候也

明治十九年六月十二日

新潟県宗務支局詰副取締　　三好育道　印

と「曹洞宗僧籍脱却願」を提出した。これにたいし宗務局は「今マ大道長安ハ学識徳望アルニ非ズ単身孑立徒弟及随従ナシ唯温柔ノ仮面ヲ装ヒ巧言以テ無智ノ翁媼ヲ誑スニ過スト雖モ名ヲ仏教改良ニ籍リ曹洞宗僧籍脱却ヲ請願スルハ古来未曾テ有ラサルノ怪事ナリ畢竟本人自己ノ分限ヲ顧ミス高亢自大利名ニ惑溺セルノ狂走ト察セラレ候ニ付其意見ヲ詳聞且教諭ヲ加フヘキ管長ノ慈慮ニ由リ平穏ニ左ノ通相達シタリ」といまだかつてない怪事であったため、再び詳しい意見を聞くことにして六月二十九日に、

丙第一四二号　越後国古志郡長岡町長興寺前住職大道長安本月十一日附ヲ以テ呈出セル曹洞宗脱籍願ニ対シ査問ノ儀有之候条来ル七月十五日限無相違出京当局へ届出ヘシ管長ノ命示ニ由リ此旨相達候事　但代人相成ラス

明治十九年六月廿九日

曹洞宗務局

と七月十五日までに宗務局への出頭を命じた。しかし、大道は七月六日に、

宗局丙第一四二号御達ニ付奉答

自分儀既ニ曹洞宗脱籍願書差出候位者ニ付（原文ノマ、）到底不奉御達候間此段敬答仕候也

明治十九年七月六日

越後国古志郡長岡町前長興寺　大道長安　印

曹洞宗務局御中

前書差出候ニ付奥書進達仕候也

明治十九年七月十二日

新潟県宗務支局教導取締　　三好育道　印

と答書を呈出し応じなかった。そのため宗務局は、大道の行動が曹洞宗宗規を紊乱し仏教の体面を汚すものとみなして、八月二十三日には大道に「警誡状」を出し宗制に違犯した理由から宗内擯斥に処したのである。そのため、

丙第一八六号

長興寺前住職大道長安

其方儀宗規違犯ノ実跡明瞭タルニ付別紙警誡状ヲ付シテ宗門外へ黜出被申付候依テ左ノ件々相心得ベシ

一、越後国古志郡長岡町長興寺前々住亡泉明ヨリ領得セシ得度戒脈

一、美作国大座郡三崎河原村極楽寺前住亡禅竜初会ニ於テ領得セシ首座職戒臘円鏡

一、美作国西北条郡津山町長安寺前々住亡大樹ノ室ニ入テ領得セシ嗣承三脈

一、越本山ニ登リ領得セシ瑞世請疏

一、右瑞世　　綸旨

曹洞宗ノ法臘ヲ廃棄セシメタルニ由リ以上ノ物品ハ都テ越後国古志郡長興寺住職大道禅瑞へ相渡スベシ

一、美作国久米北条郡奥山手村円通寺同国西北条郡津山町長安寺越後国古志郡長岡町長興寺以上三所ノ住職ハ世代不相立都テ脱牌トス

一、作州円通寺初会越後長興寺随意会等ニ於テ執行セシ建法幢ハ破会ニ属スベキ者タレ共該首座職ノ者憫然ニ付之ヲ恕ス

右相達候事

明治十九年八月廿三日

曹洞宗務局

と達があるように得度戒脈、戒臘円鏡、嗣承三脈、瑞世請疏、綸旨などは長興寺現住職大道禅瑞へ渡され、住持地の円通寺、長安寺、長興寺は世代より脱牌となし建法幢は破会となった。

九月十三日には、長野県下各郡役所の掲示場に、

戸長役場

新潟県下越後国古志郡長岡町曹洞宗長興寺前住職大道長安儀名ヲ仏教改良ニ籍テ一種奇怪ノ私説ヲ唱ヒ当管内ヲ徘徊シ無智ノ人民ヲ誘惑セシ趣キニ付宗内ヲ擯斥候旨管長ヨリ届出候間若シ右ノ者処々徘徊邪説ヲ主張シ人民ヲ誘惑候哉モ難計旨其筋ヨリ通牒ニ付注意可致此旨及諭達候也。

下水内郡長丸山英一郎代理

下水内郡書記杵淵勲

明治十九年九月十三日

と諭達が出され、布教に妨害を加えられたが、その背景には宗務局の企てがあったようである。(4) しかし、大道は、

広告

小生儀救世教開立ノ儀ニ付今回曹洞宗管長ノ擯斥ヲ受ケ幸ニ僧籍ヲ脱スルヲ得ル此段辱知諸君へ敬報ス

越後国古志郡長岡観光院町

明治十九年九月

大道長安

との広告を長野、新潟地方の各新聞に出しており、宗門から離れたことを喜んでいるのであった。なお、九月十日発行の「信濃新聞」によれば、大道を「宗教ノ謀反人トハ云フベカラズ何ントナレバ其門ニ入ルノ派コソ違へ同ジ

ク仏教者タル者ニシテ云ハバ一ノ仏理発見者即チ之ヲ誇大ニシテ云フトキハ一小祖師タルノ資格ヲ備フルモノナレバナリ殊ニ某僧ノ如キハ其管長ヨリ擯斥セラレタリトハ云フモノ、其実ハ自己ヨリ進ンデ脱管届ヲナシタルモノナレバ之ヲ放逐ト云ハンヨリハ寧ロ脱管者ト名クルノ適当ナルニ如カザルナリ」と小祖師、脱管者と名づけて評価しているのである。

こうして曹洞宗から離れた大道はかえって活動が容易になり、新潟を中心にして長野、福島、函館にまで救世会を結成し、明治二十二年には雑誌「救世の光」を発刊して東京市麴町区三番町に救世教本部を建立した。なお、教線は東京、横浜、近畿、東海地方にまで拡大していった。

擯斥の背後には永平寺、總持寺の分離問題があり、混沌複雑怪奇を極めた時勢であったためとか[5]宗門布教の基準がいまだ確立していなかった時に大道の在家布教が余りにも熱心であったため[6]ともいわれている。

さらにこの事件には、曹洞宗教団の近代教化運動において三つの限界が考えられるとの意見がある[7]。竹内道雄のその意見によれば、

第一は、宗門当局が教団の権威をもって一山の住持の室内安心を調査しようとし、しかも在俗の居士をもってあたらせたこと。

第二は在俗教化にあたり、曹洞禅とニュアンスの異なった救世教会という独立した一派を認めることは教団の分裂を意味することになり、当局者としては許し難いことであった。しかし、布教に尽力することを褒賞せず、逆に極刑を与えた権威主義には力量の限界が示される。

第三は、底流に長興寺先住神田月泉の宗費編入の過失処分に関する猜疑と遺恨、それに布教活動にたいする宗侶の嫉妬と羨望などの俗情が介在していたこと。

以上、三つの限界が指摘されているが、二つのことについて、より詳細に大道英仙が述べている。(8)

第一については、大道長安は交通不便な越後からはるばる上京し宗務局へ出頭したが、宗務局を代表して取調べ者としてあらわれた者は羽織、袴着用の大内青巒居士であった。室内安心を居士に取り調べられる法はなく、余りの宗務局の対応にただちに引き返して来た。

第三については、滝谷琢宗の後住として長興寺より慈光寺へ昇住した神田月泉は新潟県教導取締を四期務め、授戒会の戒師を務めるなど傑僧であった。しかし、宗務支局の会計が宗務局へ納金すべき五百円を費消し納入しなかったため、月泉にたいして公金費消、背任横領の廉によって取り調べもなく住職罷免状が渡され酷刑に処せられた。そのため月泉は責任者として止むなく身を引き、慈光寺後住には星見天海が特選住職として入山した。

門下は新潟県の宗門行政、布教伝道の権力を手に入れており、授戒会といえば月泉、大道の二大人物が務めていたほどである。そのため不快な人が嫉妬の念などから勢力を絶滅すべく進めた謀ともいわれている。

つぎに大道の略伝をながめてみよう。大道は天保十四年（一八四三）四月一日、越後国北蒲原郡新発田町の本田文八の次男に生まれた。五、六歳頃、父を亡くし母に伴われて長岡の長興寺へ行き嘉永元年（一八四八）七月五日、泉明について得度し禅透と称した。泉明は老年のため、大道は若狭の海源寺住持であった弟子の大樹に養育されることとなった。大道が十一歳の時、大樹は三年間山籠して観世音菩薩の画像を三十三幅書かれ、これらの画像のため手に油を入れて灯心を置き、火を点じて観音経を万遍読経した。この手灯の供養は我身よかれの利己心ばかりで供養する次第でないことを教えており、後年の大道長安を作る直接の動機となった。

安政三年（一八五六）十二月、大樹は津山藩主の命によって美作の僧録所であった長安寺へ転住することになり、大道も従った。翌年三月には江戸駒込の吉祥寺栴檀林へ行き三年間在学した。同六年（一八五九）には本師補佐のために帰山し、冬には同国大庭郡河原村の極楽寺の禅竜の初会結制に首座となり立職した。翌万延元年（一八六〇）二月八日、大樹の室に入って嗣法した後、再び栴檀林に遊学し研鑽した。一年後、大樹の病の急報によって長安寺へ戻り、明治元年九月には同国久米北条郡奥山手村の円通寺に首先住職した。同六年六月二十三日には大樹が遷化したため、翌日師跡を継いだ。なお、本師生前中に号を機外より大道に、諱を禅透より長安へ改め山号寺号を与えられたが、同五年九月の太政官布告の僧侶に苗字を名乗らせることから姓を大道《おおみち》と称した。

同八年、長興寺の法叔父神田月泉が慈光寺へ昇住することになり、その後住として十月九日、長興寺へ晋住した。それ以来毎月八回説教を行い、満堂の聴衆で満たされて「越後の今釈迦」と尊称された。同九年には新潟県曹洞宗教導職取締、権中講義、中講義にも補任せられた。また、永平寺貫首久我環溪禅師親化の随行説教師も務め伊賀、伊勢、紀伊各地を巡回布教している。

同十一年一月には、従来のままの宗、余乗の伝統を破り和漢洋の学問を加えて時代に順応する近代的宗教人を打ち出すべき学校を創設した。その「大道校規約」には教師規程、学課、時間表などがあり、道元禅師の宗教を万国に伝播せしめんとする積極的な活動を展開した。

一方、同十年六月二十四日に発願して救世金一万円を積み貧窮孤児などを養育し、それ以外の災厄者一万人を救うことを誓願した。これは先師大樹の観世音菩薩救世の信仰を実地に伝承した表れであり、その目的達成のためにみずからを責めやすくしたのであった。各地の招請に応じて説教した謝礼も救世会に入れ、みずからは終生独身で通し一汁一菜、禁酒禁煙、持戒堅固の生活で、野本恭八郎の援助を得て同十六年十二月十七日、観光院町に救世院を開創して居を移した。すでに同年一月十六日には、救世院の事業を自由に活動せんとして長興寺住職を法弟の大道禅瑞に譲っている。

こうして大道は、観世音菩薩信仰を現実の社会に持ちこもうとしたのであったが[9]、これらの行動は一種奇怪の教義を唱えているということになり、宗務局の喚問となって擯斥事件が起きた。その後の救世教での活動は『大道長安仁者全集稿本』（大正五年九月　救世教本部）で明らかになり、明治四十一年六月十五日、六十六歳で東京市の救世教本部で病死した。

救世教は、形態の上では新宗教の開宗であったが、明治時代の思潮の中で仏教が民衆教化を行っていく上において、いかなる方向に進んだらよいかを模索した一種の仏教革新運動であったとみてもよい側面をもっている[10]。しかし、大道の態度は新たに救世教を開いても曹洞宗を毒し反抗するごとき不遜の態度はなかった。常に曹洞宗門の命脈を保って仏祖正伝の仏法を挙揚せよと教示しており、真に民衆教化の実践に挺身した人であったといえよう。

註

（1）安達達淳『能山独立曹洞革新論』（明治二十五年四月　安達達淳）一五八頁。
（2）吉川悦隆『栗山禅師自適集』（昭和十四年四月　中央仏教社）三八一頁。
（3）安達達淳、前掲書、一七八頁。
（4）『大道長安仁者全集稿本』（大正五年九月　救世教本部）四五頁。
（5）大道英仙『高山流水』（昭和三十年七月　鴻盟社）二七一頁。
（6）大久保道舟「序」（大道晃仙『大道長安の研究』昭和五十八年十月　大道晃仙）所収。
（7）竹内道雄『曹洞宗教団史』（昭和四十六年六月　教育新潮社）二〇一頁。
（8）大道英仙『高山流水』二七〇頁以下。
（9）桜井秀雄『開けゆく法城』（昭和四十二年六月　教育新潮社）一六九頁。
（10）石川力山「解説—曹洞宗における結社活動」（『曹洞宗選書』第七巻教義篇　昭和五十七年六月　同朋舎出版）所収。

第八章　滝谷琢宗伝の異説と永平寺への晋住

第一節　琢宗の伝記資料

滝谷琢宗は天保七年（一八三六）十二月二十二日に越後国中魚沼郡仙田村（現在、新潟県中魚沼郡川西町）の小川家に誕生し、明治三十年一月三十一日に六十二歳で示寂した。活躍した時期は横関了胤の分類によれば、明治五年より同二十四年までの両山協調期であり、それを築きあげた人物といっても過言でない。伝記をながめるため伝記の基本資料について考えてみると、大正八年十月に随徒の石月無外が編集し住職地大広寺（新潟県中頸城郡板倉町）より発行した『真晃断際禅師遺録』が第一である。同書は琢宗の二十三回忌を迎えるにあたり、約三十年間随身した石月が編集したもので、末尾には大内青巒による「勅特賜真晃断際禅師伝」が付されている。また、本書のベースとなったものの一つに横関了胤旧蔵で、愛知学院大学附属図書館横関文庫に蔵する琢宗自筆の「滝谷琢宗禅師遺稿」がある。この遺稿は、琢宗自身が付けた題ではないが、内容はメモともいえる抜書や語録の草稿である。横関は、本遺稿を参考にしながら昭和三年八月より「史伝　琢宗禅師の前半生」（「洞上公論」第四十四号）を発表したが、「洞上公論」第四十九号（昭和四年一月発行）より「史伝　琢宗禅師」と改題して琢宗の全面目を紹介しており、研究書ではもっともまとまったものである。

つぎに略伝をあげたものは、示寂後ただちに紹介された「宗報」第四号（明治三十年二月）の「越本山六十三世真晃断際禅師魯山琢宗和尚御履歴」がある。しかし、このベースは最乗寺（南足柄市大雄町）に蔵する「最乗寺独住住山記」に所収されている「同第三世魯山琢宗和尚」であろう。これは、琢宗の後董である星見天海が発願して最乗寺独住世代の伝記を後世に残すため記したもので、同書の序文は、琢宗が撰している。しかも、その伝記は琢宗自身が記し、示寂後は、星見が継承して記したものである。その後、最乗寺の寺史である『大雄山誌』は明治四十五年五月（荻須梅信編）と昭和三十六年三月（伊藤峰宗編）に刊行されているが、両誌の伝記を対照してみると異年説があり、明治四十五年版は「最乗寺独住山記」の伝記を見ていなかったものと思われる。さらに、明治四十五年版の伝記が『曹洞宗全書』年表（昭和十年十月　曹洞宗全書刊行会）にとりあげられているため、後に異説が生まれてきたのである。

ところで、略伝とともに人物評を紹介したものに、村上泰音「禅師琢宗」（明治三十二年七月「和融誌」第二十九号より）と来馬琢道「滝谷琢宗」（明治三十二年九月「仏教」。後に『禅的体験街頭の仏教』所収）がある。両稿はともに、宗政家、事業家としてとりあげているため、当時の宗門人から厳しく評されているのである。また、生存中に評されたものには、伊東洋二郎『仏教各宗高僧品評』（明治十九年八月　伊東洋二郎）や山岸安次郎『洞上高僧月旦』（明治二十六年十二月　古香書院）などもあり、今後の活躍に期待がかけられているのであった。

一方、出身地の地方史研究書にもとりあげられている。石原信『中魚沼郡風土志』（大正元年十月　石原信）、阪口五峰『北越詩話』（大正七年十一月　目黒書店）、『中魚沼郡誌』（大正八年十二月　中魚沼郡教育会）、『新潟県大百科事典』（昭和五十二年一月　新潟日報事業社）をはじめ町合併三十周年記念事業の一環として新潟県中魚沼郡川西町の町史編纂室より『町史こぼれ話』第一集（昭和五十六年十一月）、第六集（昭和五十九年十一月）が刊行され、郷土の高僧として紹介されている。

略伝を研究する上で、ベースとなる資料はここにあげたものであるが、その他に永平寺に蔵する文書や生家小川家蔵の文書、それに曹洞宗務局より全国末派寺院へ普達された「曹洞宗務局普達全書」「宗報」、さらに大内青巒が発刊した「明教新誌」なども基礎資料といえるものである。その後、「傘松」誌上でとりあげられたり、横関了胤『曹洞宗百年のあゆみ』（昭和四十五年一月　曹洞宗宗務庁）、笛岡自照『続永平寺雑考』（昭和五十一年三月　古径荘）、熊谷忠興『永平寺年表』（昭和五十三年四月　歴史図書社）、『永平寺史』（昭和五十七年九月　大本山永平寺）などでも紹介されている。

第二節　琢宗の行状年譜

伝記を理解しやすくするため、その時代と年齢を分けてながめてみると、

一　誕生と幼少年時代　天保七年（一八三六）一歳より
二　出家と参学時代　弘化四年（一八四七）十二歳より
三　栴檀林掛錫時代　嘉永六年（一八五三）十八歳より
四　首先地正円寺十九世時代　元治元年（一八六四）二十九歳より
五　大蔵経閲覧時代　慶応二年（一八六六）三十一歳より
六　英林寺二十二世時代　明治三年（一八七〇）三十五歳より
七　慈光寺四十二世時代　明治五年（一八七二）三十七歳より

八　能本山出張所、曹洞宗務局執事時代　明治九年（一八七六）四十一歳より
九　最乗寺独住三世時代　明治十六年（一八八三）四十八歳より
十　永平寺六十三世時代　明治十八年（一八八五）五十歳より
十一　永平寺退隠時代　明治二十五年（一八九二）五十七歳より
十二　隠寮において示寂　明治三十年（一八九七）六十二歳

となる。つぎに、年譜形式で伝記を紹介してみよう。

年号	西暦	世寿	行状
天保七年	一八三六	一歳	十二月二十二日、越後国中魚沼郡仙田村（現在、新潟県中魚沼郡川西町）に、小川六左衛門とすなの次男として誕生する。幼名を五（伍）三郎という（十二月二十三日誕生、長男の説あり）。
嘉永元年	一八四八	十三歳	四月八日、真福寺（新潟県刈羽郡小国町）二十一世貫明祖珊について剃髪する。魯山琢宗と称す（弘化四年〈一八四七〉八月二十八日、真福寺十九世東江祖伝について稚髪する説あり）。
嘉永二年	一八四九	十四歳	冬、長福寺（新潟県刈羽郡小国町）巨海の初会に首先安居する。
嘉永六年	一八五三	十八歳	三月十八日、初めて江戸に出て、吉祥寺（栴檀林）学寮へ掛錫する。
安政元年	一八五四	十九歳	冬、栴檀林において道誼頭となる。神竜寺（土浦市文京町）へ出会し『仏祖三経』を講ずる。
安政六年	一八五九	二十四歳	冬、正因寺（鴨川市打墨）十二世真応齢準の初会において立身する。助化師は、吉祥寺の大訥愚禅であったが八月に遷化されたため、代わって辻顕高が勤めた。本年、畔上楳仙の後の栴檀林越後寮主となる（越後寮主となるのは、文久元年（一八六一）の説あり）。

万延元年	一八六〇	二十五歳	二月より元治元年（一八六四）九月まで、梅檀林学寮にいる。その間、同学寮長を務める。夏、普門院（新潟県北魚沼郡守門村）の南木国定の初会に出会する。七月二十八日、真福寺二十二世大円俊道の室に入って法を嗣ぐ。
文久元年	一八六一	二十六歳	夏、円明寺（新潟県北魚沼郡守門村）の心長の初会に出会する。十月八日、大本山永平寺において出世転衣し、ついで上京して同月二十七日、参内して御綸旨を受ける。
文久二年	一八六二	二十七歳	七月二十六日、父（普翁常輝居士）亡くなる。詰役当番で梅檀林に留錫し、冬、『正法眼蔵私記』を筆写する。同冬、宝積寺（大宮市大字深作）へ出会する。
文久三年	一八六三	二十八歳	夏、興隆寺（長野県下高井郡山ノ内町）畔上楳仙の初会に出会する。冬、本師の真福寺二十二世大円俊道の初会に出会し補佐する。
元治元年	一八六四	二十九歳	前年十二月より病み、五月に全愈する。それ以来、蘇翁とも号する。十一月六日、正円寺（新潟県北魚沼郡小出町）十九世に首先住職する。
慶応元年	一八六五	三十歳	梅檀林越後寮主を辞す。二月より翌年七月まで、天徳院（金沢市小立野）の梅崖奕堂に随侍する。それ以前には、豪徳寺（東京都世田谷区豪徳寺）の寂潭俊竜、海蔵寺（小田原市早川）の月潭全竜の提撕を受ける。
慶応二年	一八六六	三十一歳	正月二十五日、大聖寺（飯山市飯山）の岳尾泰忍より後董の請を受けるが謝絶する。三月、正円寺住職を退隠する。夏、妙厳寺（豊川市豊川町）霊竜の結制に出会する。助化師は梅崖奕堂である。七月十六日解制後、伊勢参りへ行き、八月二十日、師寮寺（真福寺）へ帰る。九月、大蔵経閲覧の大願を起こし、檀徒の宮原藤平、中島元右衛門が肥娯山麓に庵を結ぶ。「肥娯林記」を記す。明治三年二月まで前後五年間閲蔵する。
慶応三年	一八六七	三十二歳	肥娯山麓の草庵で閲蔵する。生活は「肥娯林日鑑」に詳しくある。三月、「渫集」序を記す。

明治元年	一八六八	三十三歳	終年、閲蔵する。
明治二年	一八六九	三十四歳	終年、閲蔵する。十月頃より真福寺十九世東江祖伝病臥となり、一時、閲蔵を中止してもっぱら看護に尽くす。十一月十二日、東江祖伝遷化する（横関了胤氏は東江祖伝を授業師としている）。
明治三年	一八七〇	三十五歳	三月二十日（二十三日）、村松藩主の命により英林寺（新潟県中蒲原郡村松町）二十二世に住職する。夏、福厳寺（新潟県中蒲原郡村松町）二十三世霊淵智源の助化師を務める。九月二十二日、梅崖奕堂の總持寺晋山の山門疏を起稿する。冬、英林寺において初会を修行する。
明治四年	一八七一	三十六歳	夏、長福寺（新潟県刈羽郡小国町）卍海の初会に助化する。五月、福昌寺（柏崎市山室）円成の授戒会の戒師となる。冬、永谷寺（新潟県中蒲原郡村松町）卍元の初会に助化する。十二月三日、慈光寺（新潟県中蒲原郡村松町）四十二世に転住する。
明治五年	一八七二	三十七歳	二月二十四日、慈光寺晋山式を挙行する。三月、總持寺の梅崖奕堂に随従し、教部省詰を命ぜられる。四月十七日、慈光寺を出発し同月二十日、總持寺東京出張所へ到着する。同月二十八日より毎日教部省へ詰める。同月二十九日、教導職の権訓導に補任される。六月二十三日、中講義に補任される。七月、教部省詰を依頼被免する。八月、新潟、柏崎、両県へ派出し創開説教を命ぜられる。九月三日より五日まで、法音寺（新潟市西堀通り三番町）、同月十日より十二日まで、香積寺（柏崎市西本町）において説教する。冬、清岩寺（三条市塚ノ目）直指の初会に助化する。十二月、新潟県庁より教導職管事を命ぜられる。本年、太政官第二六五号布告により、苗字を設ける際、慈光寺の村名より滝谷を姓とする。
明治六年	一八七三	三十八歳	三月三十日、権大講義に補任される。夏、万福寺（新潟県西蒲原郡巻町）悦竜の初会に助化する。五月、置賜、山形、秋田三県へ派出巡教を命ぜられる。十月、總持寺代理として、總持寺東京出張所詰を命ぜられる。十一月十九日、大講義に補任さ

			れる。十二月、總持寺東京出張所監院を命ぜられる。
明治七年	一八七四	三十九歳	四月四日、権少教正に補任される。七月、神仏合併大教院（増上寺内）の庶務係（議事）を命ぜられる。
明治八年	一八七五	四十歳	五月三日、曹洞宗務局、青蔭雪鴻と琢宗を宗務局監院に命じ布達する。同月、山林事件にて慈光寺へ帰山し、八月再び上京する。八月二十八日、慈光寺を退休し、もっぱら總持寺出張所ならびに曹洞宗務局詰となって宗務に専心する。九月二十五日、少教正に補任される。十一月、曹洞宗務局執事を命ぜられ、同月十五日より二十四日まで開かれた第一次末派総代議員会議において、宗務匡整を演説する。
明治九年	一八七六	四十一歳	一月七日、宗務局事務を開くにあたり、青蔭雪鴻とともに第一号決議歳費定額、第二号究竟節倹歳費見積りを両本山猊下に呈する。九月二日より二十九日までの隔日に曹洞宗専門本校（栴檀林）へ出張し「参同契」「宝鏡三昧」を講述する。九（十）月二十六日、琢宗の発案により教会条例を発布して曹洞教会を組織する。十一月十三日、中教正に補任される。
明治十年	一八七七	四十二歳	總持寺出張所ならびに曹洞宗務局は青松寺（東京都港区愛宕）境内を借用していたが、移転するべく考え、琢宗は購買係主任として折衝する。
明治十一年	一八七八	四十三歳	一月十（二十）日、曹洞宗務局、青松寺境内より東京府下第二大区第小区芝栄町一番地へ移転する。十月より總持寺出張所の新築に着手し、十二月二十八日に仮移転する。
明治十二年	一八七九	四十四歳	二月、總持寺出張所落成。二月二十五日、両山盟約の改訂に斡旋尽力する。三月、願によって宗務局執事ならびに總持寺出張所監院を被免し、總持寺出張所顧問を命ぜられる。これは、宗務局の土地購入、總持寺出張所の新築などについて、琢宗の一本山に偏侍する批判が多いためで、一切の公職を辞して真福寺へ帰山する。同月、『總持開山太祖略伝』（明教社発行）の凡例を記し、五月十五日出版する。八月二十

明治十三年	一八八〇	四十五歳	四日、梅崖奕堂示寂。九月一日、上京する。十月、總持寺出張所より總持寺へ上山し、十一月五日、奕堂荼毘式を統監する。總持寺貫首選挙に、能本山代表として投票審査委員となる。琢宗は最高点であったが辞し、二月二十六日、畔上楳仙が總持寺貫首に就任する。琢宗、楳仙の補佐を行う。十二月一日、両本山貫首より明年開設される第二次末派総代議員会議の議目立案を命ぜられる。
明治十四年	一八八一	四十六歳	一月、曹洞宗会議制度下調係長を命ぜられる。本年、青蔭雪鴻とともに曹洞宗規編制委員になる。十月十一日より二十五日まで、第二次末派総代議員会議が開催される。十月、大病に罹る。
明治十五年	一八八二	四十七歳	五月八日、護法会（琢宗の計画した宗門百年の財政独立策）を創設する。末派に護法会設立趣意書を発布する。五月十七日、護法会金員取扱人交渉のため、大阪の鴻池、阿波の久次米両家に派遣される。七月、埼玉、群馬、長野、新潟四県下へ護法会勧募派出を命ぜられる。十一月より護法会事務を開始する。本年、青蔭雪鴻などとともに、『正法眼蔵却退一字参』の版木を宗務局が購入し、不足十三枚を補刻して曹洞宗大学林へ寄贈する。
明治十六年	一八八三	四十八歳	五月上浣、大内青巒纂輯『釈門事物紀原』序を記す。五月三十一日、護法会統轄および宗務局顧問を命ぜられる（『宗報』第四号説）。十（十一）月一日、最乗寺（南足柄市大雄町）独住三世に就く。十一月二十日、権大教正に補任される。同月二十一日、曹洞宗務局総監を命ぜられる。したがって、宗務局顧問を被免する。同月二十五日、最乗寺において晋山式を挙行する。
明治十七年	一八八四	四十九歳	一月、總持寺東京出張所監院を兼任する。二月七日より曹洞宗務局へ出勤し護法会事務に専念する。三月二十一日、竺舜孝を護法会係副総轄に推薦し両本山貫首より認可される。四月一日、總持寺執事に任ぜられ、同時に宗務局総監となる。八月十

			一日、神仏合併教導職廃止される。八月十二日、辻顕高と連署で両本山を代表し、曹洞宗管長は両本山貫首一年交代で務める従来の定規を改めて内務卿に出願する。同月十八日、認可される。八月十四日、両本山貫首より「曹洞宗宗制」の編纂を命ぜられる。十月二十七日、「住職任免及托鉢免許之儀に付伺」を内務卿に提出し、十一月十一日、その指令を受ける。
明治十八年	一八八五	五十歳	一月十一日、曹洞宗大学林始業式に両本山貫首の代理として臨場し訓示演説する。四月一日、總持寺東京出張所執事の一カ年継勤を命ぜられる。同月十日、大内青巒建議の「在家化導法議」に添削して両本山貫首に意見を伺う。五月五日、永平寺において六十一世環渓密雲禅師の荼毘式を修行する。琢宗、總持寺専使として永平寺に上山する。五月二十八日、「宗制」を認可し八月一日より実施する。八月六日、両本山貫首より「宗制」編纂の尽力にたいして僧伽梨衣一肩を付与される。同月十日、永平寺六十二世青蔭雪鴻示寂。同月十八日、永平寺後董の選挙令が普達される。九月二日、琢宗と辻顕高などは、連署で大内青巒の下総大洞院の大島孝三に答えた記事に拘泥せず、各自の信認によって、永平寺貫首を投票すべき旨を末派寺院へ通達する。同月四日、琢宗は大内青巒の「孝三長老に答えて永平寺後董を論ずる書」の失当を弁ずる。十一月三日、永平寺後董選挙の状勢を察し、琢宗は、予め辞意のある旨を通じ、得票を廃棄することを願う。同月五日、永平寺後董選挙の結果、琢宗が当選する。同月六日、永平寺六十三世の拝請を受託する。十二月十五日、真晃断際禅師の勅賜号を贈与される。
明治十九年	一八八六	五十一歳	四月二十一日、永平寺に入山し掛搭式を挙げる。同月二十八日、永平寺において青蔭雪鴻の荼毘式を修行する。同月二十九日、永平寺において晋山式を挙行する。五月十三日、衣体斉整の諭告下る。六月十日、護法会はすべて琢宗の直管となり、会務の進展をはかる。同月二十四日、大道長安の宗門異安心問題について出京する。

			七月十八日、永平寺道開鑿について実地測量を県令石黒務に願い出る。九月九日、永平寺へ帰山し、高祖御征忌を親修する。十月一日、「諸寮帳記法原案」を定めて永平寺監院寮に備える。十二月九日、永平寺道開鑿、測量に着手する。同月二十九日、官有地の払い下げを却下される。
明治二十年	一八八七	五十二歳	二月十九日、永平寺道開鑿にあたり、水谷忠厚が協力を申し出る。三月、上京する。四月一日、曹洞宗管長に就任し宗務を親監する。六月十一日、水谷忠厚の申し出に賛成する。七月二十三日、総泉寺（東京都板橋区小豆沢）の無縁精霊施餓鬼会に特請され法話を行う。八月二十六日、「永平寺参道開鑿募縁」の告諭を出す。九月二十三日より高祖御征忌を親修する。十月八日より十四日まで、三乗院（福島県伊達郡霊山町）の戒会に応請される。同月二十八日、曹洞宗大学林において、護法会加入者の施餓鬼会を修行した際、導師を勤める。
明治二十一年	一八八八	五十三歳	正月元日、拝賀に参内する。三月三十一日、曹洞宗管長を辞任する。四月十五日、青松寺（東京都港区愛宕）において曹洞扶宗会を開き、琢宗をはじめ畔上楳仙、森田悟由、原坦山ら傍聴する。同月、永平寺へ帰山し参道改修工事を指揮する。九月七日、永平寺蔵の『正法眼蔵御抄』の筐を造り宝庫に収蔵する。同月十二日、福井市における永平寺道路開通式に出席する。高祖御征忌を親修する。十月五日、永平寺東京出張所へ帰る。十二月二十四日、伊豆山に隠遁して「法式改正」にあたる。
明治二十二年	一八八九	五十四歳	一月十日、伊豆より永平寺東京出張所へ帰る。同月、『洞上行持軌範』の編纂を委託される。三月十二日、『松樹林指南規』の写本（現在、愛知学院大学附属図書館芦田文庫蔵）の奥書を記す。四月一日、曹洞宗管長に就任する。同月十八日より二十四日まで、海宝院（逗子市沼間）の戒会に応請される。六月五日、「總持寺僧堂上棟式祝文」を呈する。同月、曹洞宗有志懇親会（有志会）が生まれ、「新世界」（大阪）、「第一義」（東京）誌上において琢宗を弾劾する。七月、永平寺四十二世江寂

			円月の「遺言記録」、大乗寺蔵写本を面山本と対照校合し添書する。同月二十九日、総泉寺（東京都板橋区小豆沢）四十世邁堂俊機の荼毘式の秉炬師を勤める。八月十五日、『明治校訂洞上行持軌範』を出版し、明治二十四年一月一日以後、同規範を遵守すべき旨末派寺院へ告諭する。九月十八日、扶宗会会員渡辺禅戒以下十四名の布教に尽力したことを褒し賞詞を与える。同月二十三日、永平寺における高祖御征忌を親修する。十一月四日より二十三日まで、第三次末派総代議員会議開催される。
明治二十三年	一八九〇	五十五歳	正月元日、拝賀に参内する。三月三十一日、曹洞宗管長を辞任する。四月一日、護法会保管の曹洞宗基本財産三十万円を両本山貫首の証明を得て宗務局紀綱寮に移管する。同月十七日、永平寺へ帰山し「曹洞教会修証義」の修訂にあたる。六月五日より十一日まで、盛景寺（武生市春日野町）開山昌庵忟手四五〇回大遠忌報恩授戒会に応請される（明治二十二年説あり）。八月二十八日、琢宗と畔上楳仙など「洞上在家修証義」に改訂を加え「曹洞教会修証義」と命名する。九月二十三日、高祖御征忌を親修する。十月四日、曹洞宗務局は「曹洞教会修証義」の完成とその刊行発売を末派寺院へ普達する。十一月二十九日、侍者石月無外に宝慶寺蔵の「永平寺無住中〈寛政五年〉」の記録を書写せしめる。十二月一日、両本山貫首（琢宗、楳仙）は「曹洞教会修証義」を本宗布教の標準となす旨の告諭を出す。
明治二十四年	一八九一	五十六歳	一月六日、三月限りで永平寺を退休する旨宗務局詰両本山執事に進達する。同月十日、畔上楳仙ら永平寺に上山し「御永住を懇請する書」を提出する。同月十四日、末派総代委員の永住懇請を断り書面を宗務局および末派総代委員へ呈する。同月二十二日、末派総代委員など「越本山貫首御命令執行猶予の再願」を宗務局へ呈する。同月二十四日、末派総代委員の永住懇請を断り書面を呈する。二月十六日、二通の弁駁書を綴り、畔上楳仙に總持寺退休命令の撤回を迫る。その後、楳仙は退休命令を取り消す。同月二十六日、宗務局、末派総代委員、各府県教導取締などの意見書

明治二十五年

一八九二

五十七歳

を呈して永住を懇願する。三月十五日、楳仙、水島洞仙を特派して退休命令執行の猶予を申し出る。同日、琢宗、石月無外を特使として宗務局へ六通の書面を進達する。同月二十四日、楳仙、琢宗に上京することを通達し、二十七日上京を容認する。同月三十一日、永平寺の「直授渡交割帳」に宋蘇東坡画竹（一軸）、宋王荊公肉書（一軸）が、四天王寺（津市栄町）より永平寺へ新添された縁由を記して永平寺宝物に備える。四月八日、東京府近県取締および末派総代議員、その他宗務局詰末派総代委員、執事、両本山御山監院などは、永平寺永住を請求するが、琢宗承諾せず。同月二十四日、宗務局は四月三十日限りで永平寺を退休し、五月一日以後、永平寺無住に付、總持寺貫首畔上楳仙が兼務することを普達する。同月三十日、永平寺を退休し、一時、鶴見に隠棲する。五月、永平寺の「新添什具交割簿」を作り後記を付す。「永平寺年表」を撰す。同月四日、『日本曹洞宗名称考』『曹洞教会修証義典嚢』（森江佐七発行）を著わし刊行する。同月二十五日、「曹洞宗革命策」を著わす。宗務局は臨時諮問会を開き、琢宗発案の両本山一住制を討議する。同月三十一日、師寮寺の真福寺十九世東江祖伝、二十一世貫明祖珊を永平寺の祖堂に入牌させる。六月より新潟県地方へ行化し、同月二十七日、相国寺（新潟県中魚沼郡川西町）の戒会の戒師となる。また、亡父の三十三回忌を修行する。七月六日より十二日まで、真福寺の戒会、同月十四日より種月寺（新潟県西蒲原郡岩室村）、八月一日より七日まで、曹源寺（栃尾市大字北荷頃）、同月八日より首先地正円寺における戒会の戒師を勤める。九月より明治二十五年十二月まで、観音寺（横須賀市鴨居）に僑寓する。十一月三十日、福井県士族の「村上一衛墓誌」を記す。

三月十九日、両本山分離問題（能本山分離事件）が起こる。四月二十三日より二十九日まで、竜源寺（秋田県由利郡矢島町）の戒会に応請される。五月、首先地正円寺に琢宗揮毫の「大竜和尚之碑」（正円寺十七世中興蟠谷大竜）を建立。六月より

			陽広寺（新潟県東頸城郡松之山町）、七月八日より十四日まで潮音寺（小千谷市小栗田町）、同月十五日より二十一日まで周広院（柏崎市与坂）などの戒会に応請される。その際、「曹洞教会修証義」を講ずる。八月一日（閏六月八日）、母（宝屋妙林大姉）亡くなる。
明治二十六年	一八九三	五十八歳	一月、隠寮（東京麻布区富士見町十七番地）を建設して遁世する。三月二十一日より四月三日まで、肺浸潤のため赤十字社病院へ入院する。五月下浣、長安寺（新潟県中魚沼郡川西町）の「新鋳梵鐘勧化帳」の序と鐘銘を撰述する。八月、『曹洞教会修証義筌蹄』の「はしがき」を記す。九月十二日より十八日まで、養福寺（新発田市大字則清）の戒会に応請される。十月、真福寺（新潟県刈羽郡小国町）の鐘銘を記す。十一月八日、『曹洞教会修証義筌蹄』（明教社）を刊行する（これは前年、新潟において説教していたものをまとめたもの）。
明治二十七年	一八九四	五十九歳	一月、生家の菩提寺の相国寺（新潟県中魚沼郡川西町）へ両親菩提供養のため金襴九条衣を寄納する。本年は隠寮において静養する。十一月六日、同月四日に亡くなった林謙吉郎（謙光院静翁転常居士）葬儀の秉炬師を勤める。十二月末日、能本山分離事件が解決する。
明治二十八年	一八九五	六十歳	三月三日、青松寺における「征清戦死者追弔供養」の導師を勤める。四月十九日より七月五日までの隔日に曹洞宗大学林において『正法眼蔵』道心、三時業、帰依三宝、行持、仏向上事の五巻を講ずる。五月五日、「最乗寺独住住山記」序を記す。七月十五日、『永平正法眼蔵顕開事考』の稿が成り、跋を記す。同月二十七日、総泉寺（東京都板橋区小豆沢）における同寺四十世邁堂俊機の七回忌法要に特請される。八月二十四日、『総持奕堂禅師遺稿』（明治二十九年四月　土谷温斎）所収の鼇大機「総持奕堂禅師伝」の跋を記す。十月二十二日、随徒児島硯鳳の発行の下に『永平正法眼蔵顕開事考』（売捌所国母社）を刊行する。同月二十八日、護法会施餓鬼

			会を修行する。十二月中浣、光厳寺（埼玉県北葛飾郡松伏町）の中興康全の碑銘を撰す。
明治二十九年	一八九六	六十一歳	一月十日、本師真福寺二十二世大円俊道示寂のため真福寺へ帰山する。三月九日、両本山貫首は『続日本洞上聯灯録』編纂の告諭を出し、琢宗にその編纂を委嘱する。四月十日、真福寺における本師大円俊道荼毘式に随喜する。同月中浣、品川請逸氏は小亭を築き、琢宗は「品清楼」と命名し「品清楼記」を記す。十月下浣、西有穆山校閲の『洞上法服格正』の跋を記す。十二月、病再発し臥床する。
明治三十年	一八九七	六十二歳	一月三十一日、午後七時隠寮において示寂する。世寿六十二歳。二月三日、入棺する。同月五日、青松寺において密葬式を修行する。喪主鷹林冷生（永平寺監院）、秉炬師畔上楳仙（總持寺貫首）、内諷経導師北野元峰（青松寺住職）、総都監鷹林冷生、石川素童（總持寺監院）。同月六日、永平寺東京出張所へ遺骨を安置し初願忌を修行する。九月二十六日、永平寺において秉炬師森田悟由の下に本葬を修行する。他の仏事師は入龕師光山大童（竜沢寺）、移龕師鷹林冷生（慈照寺）、鎖龕師水上大舟（竜門寺）、掛真師満岡慈舟（竜泉寺）、起龕師田付泰舜（臥竜院）、奠湯師笠松戒鱗（宝慶寺）、奠茶師戸沢春堂（孝顕寺）であった。十月二十六日、琢宗の法孫笹先卍瑞（前橋市冷泉院）は、遺骨を最乗寺へ奉持し、同月二十九日、最乗寺聯芳塔下に納骨する。

以上、伝記をながめてきたが、伝記の基本資料である横関了胤の「史伝　琢宗禅師の前半生」「史伝　琢宗禅師」と他の研究書、さらに生家地の地方史などを対照してながめてみると、異説がしばしばみられ、その異説をどのように考えるべきかが問題となる。そこで、生家で現戸主の小川広一家を訪ね、小川家に所蔵する文書や写真などの資料調査を行ったところ、その文書の中に、總持寺東京出張所時代に小川半平へ差し出した書簡があり、興味深い

ことが記されていた。それをあげると、

追々寒気に相成候得共老母はじめ家内一同御安全の由珍重に存候先達ては縮切并紙送り被下慥に受取申候

扨拙僧は天保七年申十二月廿一日に生れ候様に老母より承り候歟と存候得共若し生れたる日を慥にしらざれば

不都合ゆえ老母へ御尋ねの上直に御しらせ被下度候

天保七年丙申

十二月廿一日に生れたるか

十二月廿二日に生れたるか

又は其外の日なるか

右の事慥に老母へきいて御申送り可被下候

右時候伺旁御頼申上候　早々

十月十八日　滝谷琢宗

小川半平様

とあり、母に自分の誕生日を尋ねてもらう内容であった。なお、小川半平とは、つぎに問題とする琢宗の兄弟であり、小川家継承の戸主である。その書簡には、琢宗の誕生日が天保七年（一八三六）十二月二十一日か二十二日か、あるいはその他の日であるか。琢宗自身も誕生日は明確でなかったことが想像できるのである。さらに、その他の略伝をみても異説があり、ここでは、誕生日異説と長男・次男異説、授業師異説について考えてみよう。

第三節　琢宗の誕生日異説

誕生についてもっとも詳しいものは、先にあげた横関了胤「史伝　琢宗禅師の前半生」であるが、その第一（「洞上公論」第四十四号）によれば、

夫は小川六左衛門と云ひ、婦をすなと呼ぶ。天保の初めに結婚して、以来一子だになきを憂へて、すな女は近隣の千手町の観音大士に参籠し、何卒一男子を賜れと至心に祈願をこめ、又毎月十七日は大士の縁日なれば、必ず里余の嶮路を通ひ、大士の真前に参籠するを常としたり。又自家の仏壇には大士の尊像を安置し、観音経を読誦し、一心に祈誓したり。

斯くして凡そ四年間祈願を怠らざりしが、大士の冥授なりしか、天保七年十二月二十二日、鶏鳴の刻に至り一男子を挙げたり。是れぞ幼名を五三郎と称し、後ち出家して琢宗と改め、遂に大本山永平寺に董住せられたる、近世洞門の傑僧琢宗禅師にてありし。父母の喜び譬ふるに物なく、村人共に云ふ、是れ大士の授け児なりと。是れ蓋し観音大士、大悲の願力もて人間に来現されしものか。

とあり、小川六左衛門、すな夫婦の間に天保七年十二月二十二日に誕生した。結婚後、子宝に恵まれなかったため、すなは観音菩薩に日参し、祈願した後に授けられたといわれ、観音菩薩の申し子のように記されている。この説は、同論稿の横関の「註曰」(1)によれば、琢宗が明治五年四月に慈光寺より總持寺東京出張所へ赴任する途次、母すなから聞いた因縁話と指摘されているが、この話をどのような経由によって横関がとりあげたかは明らかでない。しかし、同様の観音菩薩に日参して神童（琢宗のこと）を得たと伝える説は、昭和三十一年八月に前仙田村村長の登坂久平が琢宗の「道中日記」（出家後、真福寺より東都駒込の吉祥寺に至るまでの五日間の紀行文）を私家版（『琢宗

禅師道中日記』）として刊行した登坂の「あとがき」にも受け継がれており、小川家の長男であったということになる。

ところが、大正八年十二月に刊行された『中魚沼郡誌』（中魚沼郡教育会編纂発行）七四二頁の「滝谷琢宗」をみると、生年月日は記されていないが、

> 幼名を吾三郎といふ、母其の長男某の健康を祈らんため、千手観世音に日参すること百夜、期満つるの夜、観音仏の門前にて、白衣の婦人に逢ふ、後妊めるありて男児を産む、即ち琢宗なり。

とあり、母が琢宗の兄（長男）の健康を祈るために千手観音菩薩へ日参し、百日の満夜に懐妊して次男の琢宗が誕生したことをいう。横関氏の論稿と『中魚沼郡誌』の記事は、両稿ともに観音菩薩の因縁話ではあるが、全く内容は異なっている。他の伝記資料には、誕生の因縁話がないため、両稿のみでしか誕生に関することは明らかにならないが、長男であったか次男であったかの問題も残るのである。

では、最初に誕生日説について考えてみよう。諸資料を検討すれば四説あり、それをあげると、

一　天保七年十二月二十二日説

この説は、生前中に記した「永平寺年表」（六十三世琢宗禅師筆、永平寺蔵）によれば、天保七年の項に、

> 琢宗十二月廿二日辛未ノ日誕生本年ハ三百五十四日正月小ニシテ元日ハ乙酉十二月小ニシテ朔日ハ庚戌ナリ即廿二日ハ辛未ナリ暁鶏鳴クトキ生ス陽暦ニ推歩スルニ八年一月廿八日ニ丁ル

とあり、また、總持寺東京出張所時代の「詰員寄留帰県届写綴」（永平寺蔵）にも、

> 新潟県下
> 越後国苅羽郡太良丸村　宮原藤平殿附籍

平民	父亡小川六左衛門長男
曹洞宗中教正	戸主
	滝谷琢宗 天保七年申十二月廿二日生
明治十一年一月ヨリ宗用ニ付寄留	
芝区芝栄町三番地	

とある説である。さらに、示寂（明治三十年一月三十一日）後、翌月の二月十八日に発行された「宗報」第四号所収の「越本山六十三世真晃断際禅師魯山琢宗和尚御履歴」、また、「最乗寺独住住山記」、大正二年八月に撰せられた大内青巒「勅特賜真晃断際禅師伝」（大正八年十月『真晃断際禅師遺録』所収）、横関了胤「史伝　琢宗禅師の前半生」、『大雄山誌』（昭和三十六年三月　最乗寺）六二頁、横関了胤『曹洞宗百年のあゆみ』（昭和四十五年一月　曹洞宗宗務庁）五二七頁などにもあげられている。

二　天保七年十二月二十三日説

これは、『大雄山誌』（明治四十五年五月　最乗寺）五二頁の「第三世真晃断際禅師」にいう説である。本書は、大雄山最乗寺独住七世織田雪巌代に荻須梅信によって編集され最乗寺から発行されたものである。しかし、本説の所依資料は明らかにされていない。ただ、最乗寺は明治二十八年に独住四世星見天海が発願して、同寺の「独住住山記」を編集した。琢宗の後半の項は、星見天海が記しており、また、星見天海の伝記集ともいえる山本涓潤『星見天海老師の行状』（大正五年三月　鴻盟社）一九九頁の「第五篇　年表」の天保七年の項をみると、「十二月廿三日　滝谷琢宗禅師生る」とあるため、星見天海による説である。

三　天保七年八月一日説

これは、生家のある川西町の『町史こぼれ話』第一集（昭和五十六年十一月　川西町史編纂委員会）一四八頁において、琢宗の逸事を紹介した後の註にいう説である。さらに、本説は昭和五十九年十一月に発行された『町史こぼれ話』第六集の竹内道雄「滝谷琢宗禅師と『曹洞教会修証義』」にも受け継がれている。(2) とくに『町史こぼれ話』第六集は、竹内の論稿とともに横関了胤「史伝　琢宗禅師」が転載されており、誕生日は横関が十二月二十二日説のままで、同書に異説が掲載されている。竹内がどの資料によって八月一日説をとったか、また、八月一日説をいう資料は何かの出典も不詳であるが、横関の説によれば、十二歳の弘化四年八月一日に真福寺へ行って出家の本懐を遂げたところから、八月一日説が出てきたものとも推測される。

四　天保三年六月一日説

これは、生家小川家に所蔵する「先祖代々履歴覚帳」にいう説である。本覚帳は「文久元亥年」に記されて以来、代々加筆されてきたものであるが、文久元年（一八六一）の干支は「辛酉」であり、「亥」の「癸亥」は文久三年（一八六三）にあたり、どちらの年次から始められたかは不詳である。

俗名の小川伍三郎の右横に「天保三年六月一日出生」とあり略伝を紹介しているが、出家、長老などの年齢は他の資料の説と合致するものの、年次は他の天保七年説と四年の隔たりがある。しかし、最後に「明治三十年十二月廿八日歳六十一才にて死ス」とあるため、他の資料説による示寂年齢満六十一歳は合致するが、天保三年誕生では六十五歳示寂となるところから誤記かもしれない。

以上のように、現在では四説をみることができるが、先に述べたように、琢宗自身も誕生日については、十二月二十一日か二十二日か、あるいは他日か明確ではなかったようであった。しかし、現在のところ、十二月二十一日説はとりあげられていないようであり、私は十二月二十二日説をとりたい。それは、琢宗自身の記した「永平寺年表」や「最乗寺独住住山記」にいう説であり、「詰員寄留帰県届写綴」や示寂後、もっとも早く刊行された「宗報」第四号にも採用されているところからである。そして、この説は横関の「史伝　琢宗禅師」にもとりあげられ、一応の定説になったものと考えられる。

第四節　琢宗の長男・次男異説

つぎに、小川家の長男であったか次男であったかを考えてみたい。両説があるため、その資料をあげてみると、

一　長男説

「詰員寄留帰県届写綴」（永平寺蔵）

「肥娯林日鑑」（真福寺蔵）末尾の略伝

『中魚沼郡風土志』（大正元年十月　石原信）

横関了胤「史伝　琢宗禅師の前半生」（一）（「洞上公論」第四十四号）

『町史こぼれ話』（川西町史編纂委員会）第一集（昭和五十六年十一月）、第六集（昭和五十九年十一月）

二　次男説

「最乗寺独住住山記」所収の「同第三世魯山琢宗和尚」

「宗報」第四号（明治三十年二月）

『中魚沼郡誌』（大正八年十二月　中魚沼郡教育会）

『大雄山誌』（昭和三十六年三月　最乗寺）

横関了胤『曹洞宗百年のあゆみ』（昭和四十五年一月　曹洞宗宗務庁）

となる。ここで注目すべきことは、「最乗寺独住住山記」や「宗報」第四号が次男説をとっていることである。誕生日は「詰員寄留帰県届写綴」などと同じ十二月二十二日説をとるのに、次男となっているのである。また、小川家の口伝によると、長男で出家したため、姉が婿養子を迎えたといわれており、いまだ長男か次男かは明確でないようである。

そこで、小川家に伝わる「先祖代々履歴覚帳」や小川家の除籍謄本などから両親、兄弟などを考えてみると、「覚帳」によれば、父小川六左衛門は中魚沼郡仙田村赤谷区の小川彦佐衛門の弟で、寛政三年（一七九一）三月三日に生まれている。そして、文久二年（一八六二）七月二十六日に亡くなった。戒名は普翁常輝居士で、菩提寺の相国寺（新潟県中魚沼郡川西町）の過去帳、位牌によっても明らかである。母はしょな（ショ、すな）といい、除籍謄本によれば、寛政十二年（一八〇〇）九月二十八日に生まれた。なお、「覚帳」には、寛政十二年五月十日出生とある。除籍謄本には明治二十五年七月二十一日病死となっているが、相国寺の過去帳によれば、明治二十五年閏六月八日の陰暦となっている。その過去帳には、

宝屋妙林大姉　赤谷村

小川半平母

大本山永平寺貫主滝谷琢宗禅師之実母也九十有三ニテ死ス

とあり、九十三歳で亡くなった。この両親の下に誕生したが、幼名は五（伍）三郎という。除籍謄本によると、戸主は、

亡父六左衛門長男	明治参拾五年五月九日隠居届出

同日受付	戸主	小川半平 文政十年正月二十三日生

とあり、六左衛門長男の小川半平で、文政十年（一八二七）一月二十三日誕生となっている。妻は、

当村同分　亡小川孫治郎三女 明治参拾壱年八月弐拾五日午前 四時死亡 同日届出同日受付	妻	 サシ 天保三年三月二十五日生

とあり、半平とサシは夫婦である。そこで、「覚帳」をみると、半平は明治六年に二代目栄蔵として家屋を建てており、その後、半平に改名したとある。しかし、この栄蔵は「当村清水より養子に来る先祖名受続ぎ」とあり、栄蔵すなわち半平は、小川家の養子とみることができる。また、除籍謄本では妻となっているサシが、「覚帳」によれば「文政十一年四月五日出生」とあることから、琢宗より年上の姉と考えられ、それに婿養子として半平を迎えたものとみられる。

ところが、除籍謄本では、半平が六左衛門長男で、妻のサシは同じ仙田村の小川孫治郎の三女となっており、サシは嫁となる。ただ、この除籍謄本は戸籍の成立上からみると、家督相続者の戸主であるため長男となされたものともみられ、事実は「サシ」の婿養子と考えることもできるのではなかろうか。したがって、「覚帳」からすれば、半平婿養子説が考えられ、長男であるが、姉のサシがいたことになる。子がサシだけのため、両親は男子誕生を願

って観音菩薩に日参し、誕生という横関説に通ずることになる。しかし、一方の除籍謄本説によると、長男の半平は健康に勝れないため、半平の健康を願って母は観音菩薩に願をかけていたところ、懐妊して誕生という『中魚沼郡誌』説になるのである。

この両説は、サシが姉か嫁かという問題になり、所依資料によって全く異説となる。小川家口伝である婿養子説は、「覚帳」から生まれたものと考えられ、母の観音菩薩に願をかけたことが長男、次男のどちらにも通ずる口伝となったのではなかろうか。

第五節　琢宗の授業師異説

授業師について考えてみると、「最乗寺独住住山記」や「宗報」第四号には嘉永元年（一八四八）四月八日に真福寺二十一世貫明祖珊について得度したことをいう。ところが、横関の「史伝　琢宗禅師の前半生」（二）（「洞上公論」第四十五号）には、弘化四年（一八四七）八月二十八日に真福寺十九世東江祖伝について得度したとある。東江祖伝説の所依は明らかでないが、私が真福寺調査の際拝覧した「肥娯林日鑑」（真福寺蔵）の末尾にある「滝谷琢宗禅師」と題した略伝に、

中魚沼郡仙田村赤谷の小川氏桶屋業の長子で真福寺十九世祖伝和尚について得度す……

とある説からであろう。また、真福寺では祖伝説が口伝として伝わっている。大正二年八月に大内青巒が撰述した「勅特賜真晃断際禅師伝」（『真晃断際禅師遺録』所収）にも「切求出家。十二歳。遂投真福寺祖伝得度」とあり、祖伝説になっているが、東江祖伝と貫明祖珊とは師資関係にあった。

横関はこの両説について、「史伝　琢宗禅師の前半生」（三）（昭和三年十月「洞上公論」第四十六号）で、

禅宗史に琢宗は祖珊に就て得度すとあれど、授業師は正に祖伝和尚にして祖珊和尚には非ず。当時真福寺の寺庭には、祖伝和尚の弟子に祖珊、俊道、雄道、卍海、月海、琢宗、祖海、祖寛等の八子あり。而して此の兄弟中卍海は祖珊の、琢宗は俊道の嗣法をなす。

◉祖伝
　├祖珊―卍海
　└俊道―琢宗

右嗣法は一に祖伝老僧の指揮に従ひたる也。

尚禅師嗣法当時、祖珊和尚は既に真福寺を退き、俊道和尚現董たり。又卍海和尚は既に祖珊和尚の嗣法を了じたれば、禅師は俊道和尚に嗣ぐべく命を蒙りし也。

といい、従来の「最乗寺独住住山記」や「宗報」第四号にいう祖珊説にたいして、真福寺伝の祖伝説が正しいことをいう。しかし、その後の横関は編集を委嘱された『大雄山誌』（昭和三十六年三月　最乗寺）六二一頁および著作の『曹洞宗百年のあゆみ』（昭和四十五年一月　曹洞宗宗務庁）五二七頁において、嘉永元年四月八日に祖珊について得度した説をとっており、横関は授業師説を変えたものとみられるのである。

以上、誕生日異説、長男・次男異説、授業師異説を考えてきたが、「最乗寺独住住山記」の「同第三世魯山琢宗和尚」は、前半を琢宗自身が記しており、晩年の活動や示寂、荼毘式などは、星見天海が記している。最乗寺の寺伝である『大雄山誌』が、明治四十五年五月と昭和三十六年三月の二回刊行されているものの、誕生日説が天保十二年十二月二十二日説（昭和三十六年版）と同月二十三日説（明治四十五年版）と異なっていることは、琢宗の略伝を考察する上で迷路に入る感がある。そこで、「最乗寺独住住山記」をみると、

越後国中魚沼郡仙田村農小川六左衛門二男天保七年丙申十二月廿二日生嘉永元年戊申四月八日越後国刈羽郡結

　城野村真福寺住職祖珊ニ就テ得度

とある。したがって、私は誕生日を先にも述べたように、琢宗自身の記した「永平寺年表」や「詰員寄留帰県届写綴」さらに「最乗寺独住住山記」にいう天保七年十二月二十二日説を認めたい。

長男、次男両説は、両説とも琢宗が直接あるいは間接的に関わっている資料にいうもので、例えば「詰員寄留帰県届写綴」の長男説にたいし、「最乗寺独住住山記」や「宗報」第四号、それに除籍謄本からすれば、次男となる。この点に関する結論は、不詳としかいいわざるを得ないが、明治二十四年六月に、琢宗が生家の菩提寺相国寺の戸羅会の戒師として御親化した時、父の三十三回忌を小川半平が施主となって供養しており、その時の香語に「……今日嗣子小川半平予逆㆓其三十三忌辰㆒設㆓斎於此道場㆒……」[3]とあって、半平にたいし嗣子とあることは、小川家の嫡子すなわち長男とみるか、戸主として小川家継承者ととらえるかが問題となるのである。私はその結論を容易に出せないが、琢宗自身の記した「最乗寺独住住山記」や曹洞宗務局という公的機関から出た「宗報」第四号による次男説の方が信憑性の高いものと考え、次男説をとりたい。

授業師についても「最乗寺独住住山記」や「宗報」第四号などから、嘉永元年四月八日の真福寺二十一世貫明祖珊について得度した説をとりたい。

第六節　宗政家としての功績と「曹洞宗革命策」

伝記にまつわる異説を考えてきたが、活躍することになったのは、明治五年四月に天徳院（金沢市小立野）時代に随侍した總持寺独住一世栴崖奕堂より總持寺東京出張所詰に請され、神仏合併大教院の教部省へ詰めたり能本山の宗務を勤めてからである。それ以来、總持寺東京出張所監院や曹洞宗務局の監院となり、さらに同十六年十月には、最乗寺独住三世、同十八年十一月には永平寺六十三世に昇住し、同二十四年四月三十日に永平寺を退休した。

そこで、横関の分類による両山協調期における琢宗の功績を考えてみよう。永平寺在住の功績は熊谷忠興「六十三世琢宗禅師の祖山護持考」（昭和六十一年十月「傘松」第五一七号）で考察されているが、その要旨をまとめてみると、

一　永平寺旧来の負債を整理したこと。
二　永平寺監院は篤実に経済を守り、営繕を怠らずに雲水の進退を指揮し、面倒な実務は東京出張所監院の役割とした。
三　永平寺は湿気が多く、病人には悪条件であるから急病者のために医師の委嘱をする。
四　永平寺への参道を開鑿した。
五　永平寺常什物などを整理して「交割簿」を作り、営繕や修理を行っている。

などである。つぎに、永平寺のみならず明治期曹洞宗史に残る功績は、

一　明治十二年二月、同五年三月二十八日に締結された両本山協和盟約を再訂し、總持寺執事として一層の鞏固を図った。
二　明治十五年五月に、宗門百年の財政独立策として護法会を創設し統轄した。
三　明治十七年に「宗制」の編纂を命ぜられ、認可されて翌同十八年より実施した。
四　明治二十二年に『洞上行持軌範』の編纂を委託され、それを編纂し発行した。
五　明治二十三年に「曹洞教会修証義」を編纂した。

などがあげられ、新しく出発する曹洞宗の基礎的制度を確立することに尽力したのである。当時の琢宗を評した伊

東洋二郎『仏教各宗高僧品評』一三〇頁には、

師ハ鬼神ヲ役スル仙才ヲ具セリト謂フモ可ナリ世人若シ之ヲ疑ハヾ則チ曹洞宗ノ制度ノ整粛セルト其規模ノ洪大ナルトヲ視ヨ而シテ其学事ノ隆盛布教ノ奨励護法会ノ創立宗制寺法ノ編制等ハ師ガ多年計画シタル事業ノ最タルモノニシテ師ガ非常ノ功労モ此成績ニ胚胎セルコトヲ知ルベシ然ラバ則チ曹洞宗ノ制度ヲシテ今日ノ如ク整粛ニシ其規模ヲシテ今日ノ如ク洪大ナラシメシハ即チ曹洞宗ヲシテ泰山富岳ヨリモ安カラシメ九鼎大呂ヨリモ重カラシメタルモノニシテ師ハ誠ニ曹洞宗門ノ地雷復道元遺弟ノ大柱石ト謂ハザルベカラス……嗚呼師ハ非常ノ英雄也故ニ世人ノ毀誉褒貶ヲ招クコトモ又非常也其非常ノ毀誉褒貶ヲ招クニモ拘ハラス師ハ一毀一誉一褒一貶是レ公是レ私何ゾ其レ我耳ニ入テ喧如タルノ甚ダシキヤト綽々其余裕アルヲ示シテ世ニ処スルヲ以テ非常ノ事業ヲ為シ非常ノ偉功ヲ奏セシナリ豈ニ師ハ非常ノ英雄ト称シテ之ヲ尊崇セサルヲ得ンヤ

といわれ、また、山岸安次郎『洞上高僧月旦』九頁にも、

禅師は駒込学寮の出身にして奕堂禅師七本槍の一たり其学其胆固より尋常老宿の企て及ぶ所にあらず況んや経論は其長処なるをや前半生の事業得失相半ばすと雖も尚後半生の在るあり英雄の草廬を出づる果して何の時ぞ秋風英雄を吹老ふ禅師の感掬するに余りあり

といわれており、非常の英雄として高く評価されていた。ところが示寂後、まもなく発表された村上泰音「禅師琢宗」(六)(「和融誌」第三十四号)には、公平濶大の立場から評したというが、

彼れは熱血の人にあらずして、冷血の人たりしなり、彼れは寛宏の人にあらずして、偏局の人たりしなり、彼れは道徳の人にあらずして、功名の人たりしなり、彼れは将材の人にあらずして、刀筆の人たりしなり、彼れは宗他の人にあらずして、自信の人たりしなり、彼れは趣味の人にあらずして、実利の人たりしなり、彼れは

無為の人にあらずして、有事の人たりしなり、彼れは禅定の人あらずして、才学の人たりしなり、……予は禅師琢宗が宗門近時に於ける比較的英雄豪傑なることは、明かに之を認めて、その罪過の算ふへきもの孔た多きにも拘らず、かの功蹟の甚た大なることを没するに忍びざるものなり

といっており、最後に、

予は如上の品評に於て、僅かに他の禅師琢宗が生涯閲歴の半面を概写せしに過ぎず、顧ふに禅師琢宗の閲歴には、由来、明暗両面の観察あり、而も如上評隲の半面は、唯た明白の半面たるに過ぎずして、他の暗黒の半面あつて存す、その半面を暴露するは、未だ予が品位の許さゝる所、請ふ他の暗黒の半面は、謂ゆる暗黒の半面として、永く之を暗黒裏に葬らんことを望む、是れ予が禅師琢宗の真に対する、最後一片の同情なるもの也

といい、暗黒の半面は暗黒裏に葬るという。また、来馬琢道「滝谷琢宗」（『禅的体験街頭の仏教』所収）には、

滝谷琢宗は曹洞宗の管長たりし一僧のみ。学識大に勝れたるに非ず、持戒堅きに非ず、徳行抜群なりしに非ず、否、渠は悖徳の行為を以て教界の非難を受け、曹洞宗派の罵倒を被り、殆んど、明治時代の一悪僧を以て目せられ、渠が死後僅に一年、曹洞宗の僧侶すら渠を忘失して復顧るなし。実は渠は悪まれ者なりき。嫌はれ者なりき。而して渠は此の悪評と非難とを被るべき身を以て、如何に洞宗の本山に貫首となり、一宗の管長として政柄を握るを得たりしか。是れ吾人が大に攻究せざるべからざる題目なりとす。余が今特に筆を揮ひて渠を評せんと欲するもの、亦此意に外ならず。

といっており、余り良い評価は与えられず、逆に批判的にみられているのである。さらに、横関の「史伝　琢宗禅師の前半生」（一）（「洞上公論」第四十四号）においても、

禅師が永平寺住山の晩年は、所謂両山分離問題を以て終始し、明治二十四年一月六日、禅師が祖山退休宣言を

発せられ、次で楳仙禅師初め、全国取締代表者の前後四回に亘る永住懇請となりたる如き、咸な此の問題に端を発するものと謂ふべく、当時宗門の輿論は鼎の沸くが如く禅師の一身も亦波瀾重畳を極め、苟も当時の禅師を如実に画かんとすれば、勢ひ此の問題に触れざるを得ず、触れざれば画く能はず。而して触るれば宗門の禁を犯すの恐れあり、是れ予が臆病者との譏りをも甘受し、不本意ながら禅師の前半生（最乗寺時代迄）を以て、筆を止むる所以也。

と、触れないこともあることをいっており、暗黒の半面に関する論は、避ける態度がとられている。

示寂後の評からみると、明治二十五年二月に起こった總持寺分離事件に関係したものともみられるが、従来の説(4)によれば、この分離事件は曹洞宗革新同盟会が總持寺貫首畔上楳仙へ両本山分離の建言を差し出し、翌三月十九日に畔上は管長の権限によって両本山分離独立の達書を発布し、両山盟約の無効を永平寺貫首森田悟由へ呈出して起こったものと考えられている。しかし、伝記をながめてみると、金銭関係の問題が何らかの影響を及ぼしているものとも思われる。

その第一は、明治十一年に青松寺境内にあった曹洞宗務局および両本山出張所を移転新築するにあたり、芝栄町一番地の土地購入や總持寺東京出張所の新築などについて、琢宗は一本山に偏侍している者とみなされたり土地購入金などに関する疑惑を持たれ、批判されたのである。そのため、琢宗は一切の公職を辞して授業地の真福寺へ帰山した。しかし、明治十二年八月二十四日に、随侍していた總持寺貫首の栴崖奕堂が示寂したため、その荼毘式の統監を務めることになり、再び中央に出て活躍するのであった。

第二は、琢宗が宗門百年の財政独立策として明治十五年五月に護法会を創設し、その総轄などを務めたが、同十八年に永平寺貫首へ当選して入山後も、護法会を直接管理運営していた。その背景には、大内青巒の率いる曹洞扶宗会が全面的な後援があったが、同二十二年六月には有志会が結成され、宗門の公金である護法会基金にたいして、帳簿の閲覧や出納を明確にするべく要求を曹洞宗務局へ迫り、それを大阪においては「新世界」誌上で、東京では「第一義」誌を発刊して公表したのであった。それにたいし琢宗は、有志会を排撃するために兼中会を組織して有志会の解散を試み、同二十三年十二月二十七日、東京において解散させたのである。しかし、有志会が「新世界」「第一義」において明らかにした護法会基金の会計の疑惑などについては全国末派寺院の知るところとなり、ついに琢宗は、その責任から永平寺を退休せざるを得ない状態に陥ったものとみられる。同二十四年一月に永平寺を退休するにあたり、曹洞宗務局詰両本山執事へ提出した「命令書」（永平寺蔵「六十三世断際禅師御退休ニ関スル書」所収）によれば、

命令書

琢宗儀明治十八年本山住職ノ任ニ当リシヨリ已ニ七カ年ヲ経過シ候ニ付本年三月ヲ限リトシ退住ノ事ニ致決定候依テ速ニ後董撰出方取計有之度依テ別紙相添此旨申進候也

大本山永平寺住職
滝谷琢宗㊞

明治廿四年一月六日

曹洞宗務局詰
両本山執事中

永平寺後董候補者　（姓名いろは順）

生駒円之　石川素童　服部元良　原　坦山　西有穆山　星見天海　堀　麟童　渡辺実雄　笠間竜跳　鷹林冷生

宝山梵成　岳尾泰忍　高閑者廬道　高岡白鳳　鶴沢古鏡　成川百衲　濤　聴水　大野是三　阿川断泥　福山

黙童　不二門眉柏　孤峰白巌　在田彦竜　麻蒔舌渓　青島興庵　北山絶三　北野元峰　南木国定　白鳥鼎三　日置黙仙　森田悟由

右嘱托ス

但宗務局ニ於テ人員ヲ増減加除スルモ妨ナシ

別紙

拙衲儀固ヨリ本山住職ヲ好マサルヲ以テ嘗テ其任ニ当ラサランコトヲ欲シ候得共事情已ムヲ得サルニ迫リテ現董ノ名義ヲ帯ヒタル顚末ハ明治十八年曹洞宗務局甲第三十四号普達ニ委悉セリ抑モ当時永平寺ノ体タラクハ連年不幸ノ打チ続キタルカ為内外共ニ困難ナルコト名状ス可ラス内ハ会計其締記ヲ誤リテ壱万余円ノ私負債アリ外ハ営繕其時期ニ後レテ諸堂概ネ頽敗ニ傾向セリ尚ホ一種固着シテ容易ニ動シ難キノ旧習ヲ留ム傲慢驕奢華族然タル摸倣ヲ捨テサル是レナリコノ時ニ当リテ苟モ非常ノ改革ヲ断行スルニ非ルヨリハ将来本山ノ体面ヲ維持スルコトハ懸糸ヨリモ危シ故ニ拙衲ハ予メ期スラク向フ五年ヲ仮リテ之カ改革ヲ行シ内外紛乱ノ綱記ヲ整エテ以テ帯名ノ責ヲ果サントス乃チ明治十九年以後日ニ日ニ辛酸ヲ親カラシ盤根錯節ヲ截断シテ以テ単ニ一宗本山タルノ体面ヲ全フセンコトヲ勤メタリ幸ニ仏祖ノ冥助ヲ蒙フリ輔翼其人ヲ得タルヲ以テ予期ノ如ク計画其度ヲ愆タズ頽敗セル諸堂或ハ改築或ハ修繕シテ稍々輪奐観ツヘキニ至レリ私負債モ漸次消却シ尚ホ残債弐千余円アリト雖右ハ無利息年賦ニシテ既ニ其備ヲ設ケタレハ最早悉皆弁償ヲ了シタルニ異ナラス其他什宝器具ニ至ルマテ大ニ添補セリ蓋シ人生限リアルノ身心ヲ以テ臨時限リナク湧出スル事項ヲ処理スルハ其堪ル所ニ非ス拙衲ハ既ニ予期ノ計画ヲ達シタルニ依リ最初末派ノ公撰ニ強迫セラレテ已ムヲ得ズ現董ノ名義ヲ帯ヒタル責任ハ果シ尽シテ余蘊ナキコトヲ自認ス故ニ本年三月ヲ限リトシ本山住職ノ名義ヲ解脱セント欲シ茲ニ命令ヲ発シ候

但本宗現行ノ宗制ハ末派寺院住職ノ任免法ノミニシテ本山住職任免ノ規程ナシ右ハ明治十七年太政官第十九号ノ公布ニ接シ各宗相会シテ大要ヲ議セシニ本山住職ニ限リ追テ各宗共ニ内務省へ請願シ政府ノ任免ヲ仰キタレトノ談ニ由リ遂ニ本宗宗制住職任免規程中ニ之ヲ掲記セサリシナリ然ルニ其後可成丈政府ノ関係ヲ脱スルノ必要ヲ感シ敢テ内務省へ請願セス又特別ノ規程ヲ設ケス荏苒今日ニ至リタルナリ故ニ本山現董退隠ハ親カラ決定シテ命令書ヲ発スルノ外方法ナシ勿論管長ニ於テ本山住職ヲ任免スルノ規程ナキ以上ハ現任管長ニ対シ辞職ヲ請願スルモノニハ非サルヘシ命令書ノ旨ヲ執事ヨリ稟申シ直チニ後董撰出ノ順序ヲ取計フヘキコト、存候

参考

明治十六年亡環溪禅師退隠ハ尚ホ政府ノ任免ニ係レリ当時環溪禅師在京ニシテ退隠ノ旨ヲ執事ニ御下命アリ然ルニコノ時東京出張所監院青蔭雪鴻禅師ト副監院辻顕高氏トノ間ニ一ノ問題起レリ辻氏ハ云ク退院御下命ノ事ヲ先ツ以テ山詰監院へ照会シ其意見ヲ聞ント青蔭禅師ハ云ク貫首御親命ハ執事ニ於テ左右スヘキニ非ス直チニ遵奉シテ其手続ヲ運ヒ山詰監院へ之ヲ通知シテ可ナリト琢宗ハ当時能山監院タルヲ以テ此ノ議ニ参与シ青蔭禅師ノ説ヲ允当ト確信シテ之レニ同意ヲ表シタリ即明治十六年五月十日宗局普達第十九号是レナリ

永平寺住職

滝谷琢宗㊞

明治廿四年一月六日

とあり、明治十八年に永平寺へ昇住するや向こう五年間に、永平寺の会計、負債、営繕などについて改革し責務を果たそうとした。そこで、その計画が達せられたため責任を果たしたことを自認しており、また、永平寺昇住は末派の公選に強迫せられて止むを得ず住職したことも述べられている。そして、同年三月限りで永平寺住職を退休することをいう。しかし、この退休の理由は表面上であって、その裏に護法会基金という金銭関係の問題があったか

らであろうことは、有志会や兼中会の結成から推考できる。

永平寺退休にたいして、畔上楳仙をはじめ留任の請願が出されたが、琢宗は一つの条件を出した。それは、一宗管長制度である。両本山貫首の交代ではなく、永平寺を總持寺の上に置き両本山貫首以外に別に管長を置くというものであった。しかし、この諮問案は、永平寺に利ありて總持寺に不利として總持寺側の議員は欠席し、また、臨時諮問会期の経過などの理由からとりあげられずに消滅してしまった。これによって、宗政家としての琢宗の革命策は崩壊させられたのであった。しかし、具体的な政策は、「曹洞宗革命策」と題して残っている。この「曹洞宗革命策」は現在、奥村洞麟『宗門秘史曹洞宗政末派運動史』（昭和四年六月　公正社）の附録に所収されており、奥書によれば、明治二十四年五月二十五日に草稿の執筆を終了している。目次によれば、十二綱目に分けられているが、『宗門秘史曹洞宗政末派運動史』には第一～第九のみしか所収されておらず、第十～第十二は綱目のみになっている。だが、本来は全文あったようで、菊池大仙『編年摘要曹洞史略』（明治二十七年六月　如是社）四五頁には、同書に関することが記されている。

同月廿五日附匿名ヲ以テ曹洞宗革命策十二箇条ノ秘密書ヲ発布シタル者アリ其大意ハ両本山（永平寺總持寺）ヲ全廃シテ東京ニ一ノ新本山ヲ創設シ之ヲ血統相続ト為シ以テ皇族若クハ華族ト結婚シ身華族ト為ラントスルニ在リ（真宗門跡ノ比ニ傚ハントスル者ナリ甚タ卑ム可ク悪ム可キ目的ナリ）而シテ此ノ目的ヲ果タス迄ノ運動費ニ充ツル為メ護法会金ヲ募集セシコトヲ詳記セリ即是レ函《（ママ）》根密会ノ結果ナリ其綱目ハ左ノ如シ（本文ハ長編一冊子ナリ茲ニ省略ス）

第一　両本山全廃

第二　一本山新設

第三　右二項ニ係ル運動費基本財産消費（護法会金五十万円）
第四　新本山建築及ヒ位置
第五　両山ノ旧跡ヲ以テ僧堂トナスノ法
第六　新本山ノ制度及ヒ永続法
第七　三法幢地及ヒ末派本末格地本末ノ全廃
第八　代議宗制及ヒ本山末派ノ資格関係全廃
第九　管長ノ責任及ヒ宗務局
第十　議員ノ責任及ヒ宗務支局
第十一　僧堂ノ制度及ヒ永続法
第十二　学林ノ制度及ヒ永続法

これによって明らかなように、執筆者は匿名であり、秘密書の一冊であった。「函（ママ）根密会ノ結果」とあるが、これは同年三月二十七、二十八日に、箱根の福住楼において琢宗の一派が密会して、琢宗の意思を承け両山全廃一宗一管長の政策を決行する機会を、永平寺退休撤回永住請願の際に実行することを決めている。したがって、本書は全文一冊であったが、筆者は全文を未見であるため『宗門秘史曹洞宗政末派運動史』に所収されている綱目のみの「曹洞宗革命策」についてながめてみたい。

第一　両本山全廃

両本山を全廃する理由として三つあげられている。両本山は曹洞宗の両本山であり、両本山の曹洞宗ではない。末派寺院が両本山を戴くことは、一国に二君主を奉ずるのと同じである。寺号、霊地にして末派を統括するのみであるから、廃止してもよいというのである。

第二　一本山新設

宗制的新本山を設立する。これは両本山の進化したもので、両本山を統合し代議立法によって宗門の内乱を断ち、両本山の性質を均合し称号も永持寺と称して、中央集権の宗務庁となすものと考えている。すなわち、嘉永年間の両山紛争以来の葛藤を永消するものとして、宗制的新本山は純然たる代議制をとり、宗権を重んじて中央集権の基礎を確立しようとしたのである。

第三　基本財産

或師の考案によって勧募蓄積した三十万円は、明治二十年以来の葛藤を生み曹洞宗惑乱の基本財産であるから、それを一宗公共のことに消費するため、宗制的本山を設立しそれに消費する。

第四　新本山の建築および位置

東京に設ける。宗務統括の便に供し、法要や寺務の道場とはせずに十万円以内で建設する。なお、建物は半面が政治庁に模し、他の半面は古代式に製作する。古風を存すべしといえども、時勢に応じたものにすることをいう。

第五　両山の旧跡および保存

両本山は、祖廟の霊域で日本曹洞宗の濫觴であるところから、曹洞宗公立の僧堂として専ら祖風を扇揚し、純一無雑の宗乗を挙揚する所とする。そのため寺務、教務などの俗事と関係を絶ち清浄無垢の霊域とする。

第六　新本山の制度および永続法

新本山は独決専断の制度に従わず、代議の制度をとり、一宗を代表すべき本山の基礎を確立して永遠に維持する。宗制的本山であるから、制度も一層謹厳を加えてその職分を守するものとする。

第七　三法幢地および末派本末格地本末の全廃

三法幢地は僧侶の偽心を培養するもので、それを廃止して一般の法地とし、完全なる結制を修行して完全なる首座を養成する。本末相互関係は徒らに席の前後を争い、格の上下を論じて弊害を生ずるもので和合僧ではなくなる。祖山を全廃し、その大権を末派に譲り、従前の慣習を一洗して本末を廃し、新本山の直轄となして平等の寺院とするのである。

第八　代議宗制および本山末派の資格関係全廃

現今の宗制は、純然たる専制で立法行政の区別なく、単に主権者の便を図るものである。これを改良し代議の宗制を組織して、独立自由の運動を図る。管長は宗制を施行する行政官として、立法は議会に一任する。また、末派寺院に十分な権限を与え無責任の本山を破壊し独決専断の管長を廃止する。宗制的本山は、末派の集合にして寺院の代表者とする。

第九　管長の撰挙および責任

管長は一宗を統治すると同時に、一宗の代表者である。職務上では代表者であるが、個人においては、一般僧侶の分限と同じで宗制に従わなければならない。任命にあたっては、議員の指定にしたがって一宗に公示する。そのため、管長は、政治家にして宗務に堪へ一宗の徳望を備えた人でなければならない。しかし、機能は管長に専任せず議会の採決で施行する。

『宗門秘史 曹洞宗政末派運動史』に所収する「曹洞宗革命策」は以上の九綱目で、つづく第十、十一、十二の三編は綱目のみとなっている。そして、本書の要点として四図があげられており、この図からも両本山から新本山を作り、代議宗制制度を確立しようとしたことが明らかになる。琢宗は永平寺在住の明治二十二年十一月に開かれた曹洞宗大会議

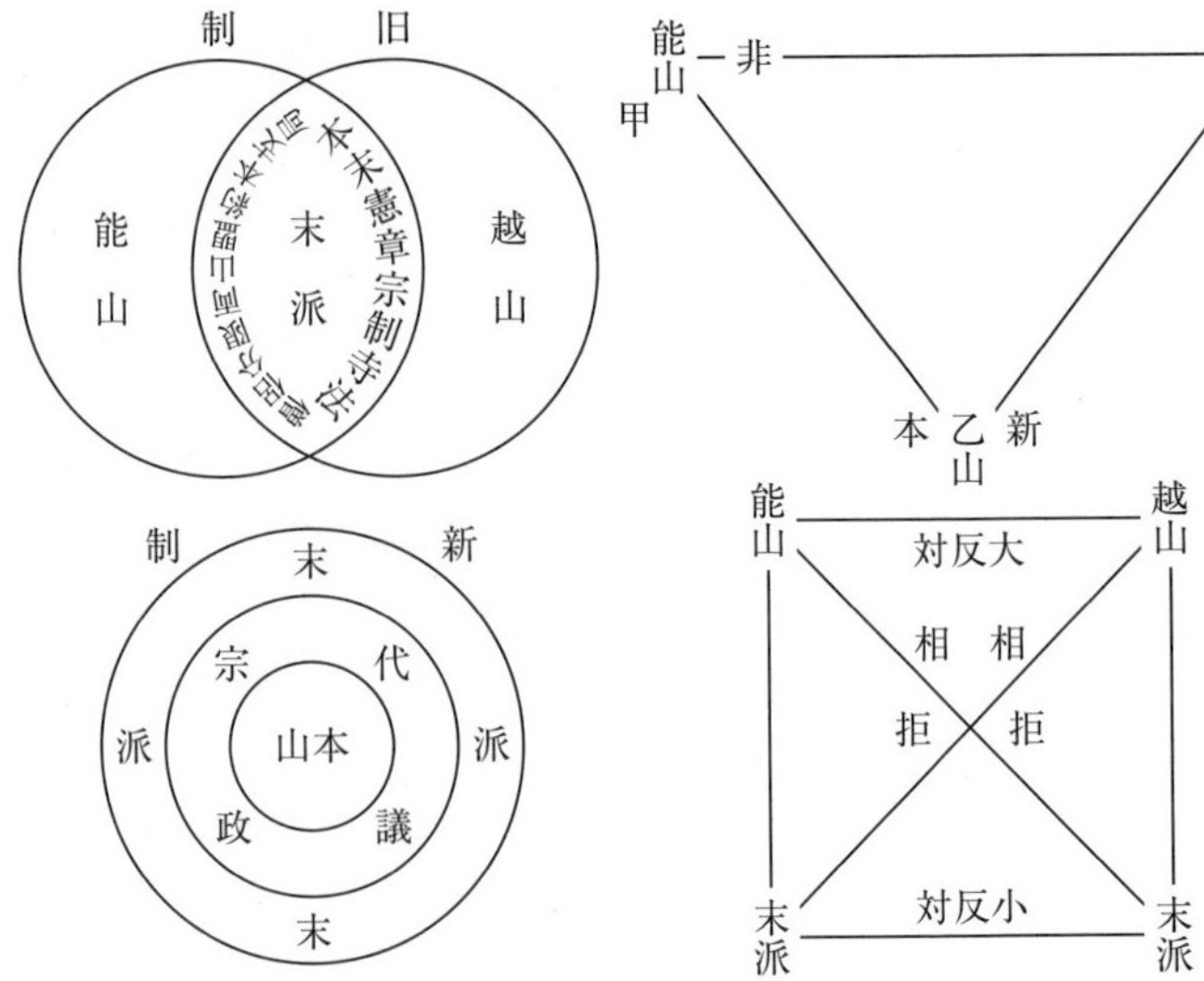

「曹洞宗革命策」の四図の方式

において、宗制改良案を作成し改良しようとしたが、立場上傍観となったため、改革する案を考えたようであった。その後「曹洞宗革命策」となったのである。琢宗の宗門の革命について、「曹洞宗の革命とは何ぞや、曰く曹洞宗の根元を提起して之を積弊の間に抜き、更に新鮮なる空気中に放ち多年の積弊に労憊せし皮肉骨髄に栄養を与へんと欲するに外ならず(5)」といっており、この革命策は、永平寺退休後に機会が来たとして世に発表されることになったのであった。しかし、この革命策の主張すべきところは、両本山を政争の渦中に投ずることを誡め、道元、瑩山両禅師の原制に還元せしむる立場であった(6)。そのため、論調が厳しくなっているのも止むを得なかったものであろう。

明治二十四年四月三十日限りで永平寺を退休した琢宗は、故郷の新潟県地方における戒師に請されて行化した後、観音寺（横須賀市鴨居）に僑寓した。しかし、宗門には永平寺後董選挙によって總持寺分離事件が引き起こされた。明治二十五年一月に首先地正円寺の大檀那高木権太郎へ出した書簡(7)によれば、拙衲ハ幸ニ客歳機ヲ見テ退休自今ハ謂ハユル白眼ニシテ他ノ塵世間ヲ見ルノ閑散ヲ得独リ観音罷在候永平寺後住ハ去年九月中賀州天徳院住職森田悟由ニ確定之処反対ノ邪党之不服ヲ鳴シ遂ニ是非ヲ法庭ニ訴ニ初審ノ裁判ニ敗訴セシモ尚懲リズ控訴セシ趣宗教者ニシテ名利ノ巷ニ狂奔シ本分ノ布教興学ヲ等閑ニスルコト実ニ慚愧之至ニ候

とあり、退休後、後董に森田悟由が当選し確定したにもかかわらず、反対する者が東京地方裁判所へ投票再審査を起訴した。しかし、敗訴却下されたが、さらに控訴するなど、宗教者としてあるまじき行動を批難しているのである。また、同年七月に、同じく高木権太郎へ出した書簡にも、

扨御聞及も可有之候半去年拙衲退隠後永平寺住職撰定競争之結果乱麻の如く遂に過る三月より総持寺楳仙和尚両山分離独立と云える暴動を始め宗内紛擾鎮定の期なきに至りしは如何に澆末の世とは申なから慚愧千万之事に候拙衲は右件に対しては両山之内何れへも一言の容喙を為さず全然間外中立是非の雲表に身を隠し得候間安心之至に候

といっており、同年（明治二十五年）三月には、總持寺貫首畔上楳仙より両山分離独立事件が起こり紛擾していたことをいう。それにたいして琢宗は、両山へ一言もいわずに中立是非の立場であることをいう。さらに同年九月、永平寺監院鷹林冷生へ出した書簡（観音寺〈新潟県北魚沼郡小出町〉蔵）には、

春以来両本山ノ紛議今以鎮静ニ至ラサル趣実ニ歎ハシキ次第ニ候拙衲ハ最初ヨリ向外無関係ニ付何事モ一向ニ存不申候得共今般御書面ノ趣ニ依テ考フルニ出張所ノ経済モ頗ル困難之事ト相察候且又御山モ東京ヨリ月ニ八十円宛ノ送金ニテハ中〻御迷惑ナルベシ何卒為大法諸役寮申合ノ上非常ノ御節減ヲ加ヘラレ諸堂営繕丈ハ毎年御注意被下修覆ノ後レヌ様奉願候道路モ余リ破損シ候ハバ郡役所ヘ申立修復ヲ怠ラサル様願度候　貫首猊下御

忌ノ為近〻御帰山被為遊候由其節御直渡ノ宝物御引渡被成下候趣難有奉存候

といい、自分は最初より関係ないことをいいながらも永平寺東京出張所、永平寺の経済のことを心配しており、とくに諸堂の営繕、永平寺道の修復などを注意して怠らないように提言しているのである。そして、翌二十六年一月に高木権太郎へ出した書簡にも、

扨帰東之後例エ両本山紛争ヲ避ルタメ諸方ニ蹈晦シ一年ヲ経過セシニ今以蝸角ノ争不相止候趣僧侶ノ身分トシテ実慚愧千万ニ候拙衲ハ最初ヨリ今日迄毫髪モ関係セズ傍観罷在候

といっており、両山紛争に最初から少しも関係せずに傍観していることをいう。すなわち書簡からみると、琢宗は両山分離事件に最初から全く関係していないことを強調している。はたして全く関係なかったのであろうか。後董選挙の結果森田悟由が当選したものの、その選挙結果にたいして曹洞宗革新同盟会を結成し、投票の再審査を内務大臣へ願い出、さらに裁判所へ起訴する。敗訴して、また、再び控訴する。当選した森田悟由が非であったか、二位を占めた西有穆山が是あったか。双方を推薦した母体の論戦が分離事件を起こした直接の原因ではあるが、そこに至るまでに、永平寺在住中に起こった琢宗推進の曹洞扶宗会と琢宗の護法会基金にたいする不明確さを追求した有志会の抗争が、分離事件の生まれる温床であったものであろう。そのため、示寂後の人物評は厳しく、かつ批判的に評された。だが、客観的にみるならば、明治期曹洞宗の大政治家として制度の確立に尽力し、両本山協調のベースのレールを敷いた人として高く評価すべきであろう。また、琢宗のような英雄とも傑物ともいえる人物が出て、曹洞宗の新制度を樹立せねばならなかった時代でもある。しかし、その英雄が去った時の批判は厳しい。宗門史上の最大事件ともいえる両本山分離事件を引き起こした間接的な原因を作ったことは、逆にみずからの書簡に関係していないことを強調することに心理の葛藤があらわれているのではなかろうか。

第七節　宗乗家としての著作

宗政家としての琢宗をながめてきたが、つぎに宗乗家として考えてみたい。琢宗には大正八年十月に、随徒の石月無外が二十三回忌を迎えるにあたり編集刊行した『真晃断際禅師遺録』と題する語録がある。この語録は開堂、宣疏、香語、題讃、詩偈、序銘と分類されており、琢宗の煖皮肉が明らかになる。その他に著作があるためながめてみよう。

『總持開山太祖略伝』

これは明治十二年五月に出版されたもので、著述兼出版人が滝谷琢宗となっている。弘通所として明教社とあり、「明教新誌」を刊行している所である。本書の表紙裏に「曹洞宗務局蔵版」とあるが、これは琢宗が宗務局執事であったところから曹洞宗務局蔵版としたのであろう。また、總持寺東京出張所監院でもあったところから、太祖瑩山禅師の遺徳を讃えたものであったが、当時は、二月に両山盟約の改訂に斡旋尽力したものの、青松寺（東京都港区愛宕）境内にあった宗務局を新しく芝栄町一番地に新築する際、土地の購入や總持寺出張所の新築などについて一本山に偏侍しているとの厳しい批判があり、そのため一切の公職を辞して師寮寺の真福寺へ帰山した時であった。

「曹洞宗革命策」

これは明治二十四年五月二十五日に脱稿されたもので、四月三十日に永平寺を退休した直後であった。当時、同書について宗務局は臨時諮問会を開き、琢宗の発案の両本山一住制などを討議した。しかし、何ら進展せずに発案はそのまま埋もれてしまった。同書は当時刊行されなかったようであるが、昭和四年六月に奥村洞麟が『宗門秘史曹洞宗政末派運動史』（公正社発行）附録にとりあげて世に紹介された。

『曹洞教会修証義筌蹄』

同書は明治二十六年十一月に明教社より発行されている。数多い『修証義』解説書の中でも編纂にあたった当事者の解説書として、大内青巒の『修証義聞解』とともに双璧にあたるものである。『修証義』は明治二十三年十二月一日、両本山貫首の名の下に曹洞宗布教の標準となす告諭が出されたが、その『修証義』編纂の趣旨は何か、どのように解釈するのかということは、この筌蹄なくして述べることはできない。それらの経由については岡田宜法『修証義編纂史』（昭和十五年二月　代々木書院）によって明らかになるが、『曹洞教会修証義筌蹄』は、琢宗が刊行する前年の明治二十五年に新潟県地方を行化した際、全篇を講述し、それを侍僧が筆記したもので、總持寺貫首畔上楳仙の是正を仰ぎ、さらに、永平寺貫首森田悟由の協賛を得て刊行されたものである。なお、「緒言三項」によって琢宗の『修証義』にたいする考えは明らかである。

『永平正法眼蔵顕開事考』

同書は明治二十八年十月に随徒の児島硯鳳によって発行された。印刷所は大内青巒社主の秀英舎であり、売捌所は国母社となっている。琢宗が明治二十八年四月十九日より七月五日までの隔日、曹洞宗大学林において『正法眼蔵』道心、三時業、帰依三宝、行持、仏向上事の五巻を講じた際、永平寺在住中に本山宝庫で閲覧した記録などから『正法眼蔵』について第一撰述、第二標題、第三編集、第四謄写、第五講演、第六開版、第七余論の項に分けてその経歴を略記したものである。本文中に「本山宝庫ニ……」「本山宝庫ニ秘在スル所ノ……」などと永平寺蔵の記録などを指摘しており、『正法眼蔵』の基礎的解説書として重要なものと評されている。

以上、刊行された著作を年代順に考察してきたが、横関了胤「史伝　琢宗禅師」（十九）（「洞上公論」第六十四号）によれば、その他に「魯子道人詩文稿」一巻、「肥娯林日鑑」一巻、「太政官日誌混沌白眉」三巻、「和宮降嫁見聞記」一巻、「教導須知略」一巻、「大蔵経抜萃」二十巻、「随筆句草紙」五巻などがあげられている。さらに、備忘録ともいえる「永平寺年表」（永平寺蔵）や「滝谷琢宗禅師遺稿」（愛知学院大学附属図書館蔵）、講述の『参同契宝鏡三昧弁解』（駒沢大学図書館蔵）もある。

第八節　琢宗の序・跋文

琢宗には先にあげた著作以外に序、跋文がある。『真晃断際禅師遺録』の「序銘」には四十種あるが、その中には人に代わって作った序や銘もみえる。しかし、遺録には所収されていない序、跋があり、それらをここにあげてみよう。

最初に著作の『總持開山太祖略伝』をみると、「凡例」があり、それをあげると、

凡例

一国師の履歴は扶桑僧宝伝を始として延宝伝灯録洞上諸祖伝続伝重続伝洞上聯灯録及び元禄四年別に刊行せる行実録等に掲載する所大同小異にして互に詳略ありまゝ其法語垂示の如きは法子法孫の伝記中に散在する頗る多し故に今は諸々の伝記の同異を参考し尤も的実なる事項のみを摘撮して此の編の本文となす

一国師の御真筆並に峨山和尚真筆の記事各々一巻本山に秘在せり其他の古文書及ひ大乗寺永光寺等に密蔵して世人に従覧を許さゞる者尠からず今悉く就て拝閲し其中緊要なる事を抄出して以て前条伝記の闕漏を補へり

一伝記は都て漢文なれども此編は彼此を摘撮抄出し年に繋けて事を序するが故に或は原書を直訳し又は趣意を述べて和解する者あり只人をして領解し易からしめんことを要するの赤心のみ終始連続して以て史伝の体を具せるものに非ず将亦傍わらに訓音の仮名を置るは只童蒙に便する迄なれば悉く本韻に拠て作せるにあらず

抄にせう要にえう命にめうと仮名を附けたるの類篇中甚々多し読む人該誤略を咎むるはなく幸に恕せられよ

明治十二年三月　　編者誌

とあって、瑩山禅師伝執筆の基本的姿勢が明らかになる。

つぎに、『曹洞教会修証義筌蹄』をみると、「はしがき」があり、

曹洞教会修証義筌蹄のはしがき

曹洞教会修証義頒布以来日なほ浅しといゑとも

承陽の流をくむもの出家在家を問はず之を真参し之を実究すること日に月に盛なり既にして本文に註釈を加て刊行し世に流布するもの両三家あるを見る豈に歓喜に堪んや山僧明治廿五年北漫遊の因み越他の請に依りて一回全篇を講述し且侍僧をして筆記せしめたり　高祖大師の御歌に「いひ捨し其言の葉の外なれば筆にも跡をとどめざりけり」と元来修証義は安心の法門なるがゆゑにいひ捨し其言の葉の外に向て各自に承当せざるべからず苟も筆のあと文のおもてに拘泥するときはたとひ驢年に至るも他の宝をかぞふるのみ己れに於て何の益あらんや然ば則ち山僧徒らに両片皮を鼓し侍僧をして筆記せしめたりと雖も只是れ跡をとどむるもののみ故に久く筐底に投し蠹魚の衆生に供養し置きけるが頃日蠹魚の餐余を請ふて已まざるものあり山僧意らく魚兎を得んには先づ筌蹄を要す已に得てのち之を捨れば彼の筆にも跡をとどめざりけるの意を知らんこゝに於て蠹残の冊子を筐底に取り出し先づ　能本山貫首の是正を仰ぎて其協賛を得たり乃ち知りぬ最初共同編纂の原旨に辜負せざることを更に　越本山貫首の斧斤を請ふて亦其協賛を得たり是に於て乎請者に附与す

于時明治二十六年八月のはじめなり　　蘇翁布衲琢宗しるす

とあって、同書刊行の経由が明らかになる。また、『永平正法眼蔵顕開事考』の跋には、

跋

吾カ　承陽大師ノ正法眼蔵一百巻ハ文化十二年始メテ印刷流布セシヨリ今明治廿八年ニ至リ八十一歳ヲ得タレハ今日ノ法孫ハ之ヲ知ラサルナシ然レトモ其御撰述以後編集ノ事実及ヒ開版ニ至ルマテノ経歴ニ就テ詳細ニ取調ヘタルモノヲ見ス尤モ歴史ハ固ヨリ本文宗意ニ関係ナキコトナレハ言ハヾドウデモ宜シキ次第ナレトモ編集書写講演開版ニ就テ古人ノ艱難ヲ尽サレタル事実ヲ知ルトキハ今日タトヒ容易ニ拝覧シ得ルトモ亦大ニ尊重シテ等閑ニ世典ト同視セズ多少道心ヲ発スノ利益アルベシ山僧明治廿八年四月十九日ヨリ七月五日ニ至ルマテ本宗大学林ノ請ニ応シテ隔日ニ正法眼蔵道心三時業帰依三宝行持仏向上事ノ五巻ヲ講ス因ミニ嘗テ本山住職中宝庫ヲ閲覧シ記録ヲ査察シテマサシク記憶スル所ノ事実ニ拠リ前ニ述ヘタルカ如ク第一撰述第二標題第三編集第四謄写第五講演第六開版第七余論ノ七項ニ分テ正法眼蔵ノ経歴ヲ略記セリ去レトモ元来浅見薄識ナレハ尚ホ必ス誤謬ヲ免レサルベシ後賢更ニ是正セハ幸甚

明治二十八年乙未七月十五日

書于東京麻布富士見街隠棲

永平前住蘇翁布衲琢宗

とあり、『正法眼蔵』の編集、書写、講演、開版などについての経由が明らかである。その他に、明治十六年四月三十日に出版御届を提出して刊行された大内青巒纂集の『釈門事物紀原』（鴻盟社蔵版）の序を、同年五月に記している。それをあげると、

釈門事物紀原序

胡氏校正事物紀原。行于世者久矣。其紀事物之原始。一千七百六十余条。而釈門之事。不過於三十余条。故我徒之於此書。常有枵然之思矣。今茲友人藹々居士。編纂本篇。初編已成。自仏教東漸。至于僧史。無慮一百則。紀其原始。考証確実。使我徒。漸有便腹之思矣。蓋居士意。凡釈門之事物。在於本邦者。網羅細大将無漏洩。豈惟千百事耶。夫即事而契理。釈始而知終。而後参学之事畢矣。与夫胡氏校正事物紀原。固不可同日而論也。慕道之徒。請高著眼焉。

明治十六年五月上浣　　中教正滝谷琢宗

とあり、釈氏に関する百則の事物紀原を編纂したことにたいして高い評価を与えている。周知のとおり、琢宗と大内青巒とは、永平寺晋住や『修証義』編纂などにおいて深い関係があり、そのため大内のその他の著作にも序や跋を贈ったものと思われるが、私は未見である。

つぎに、跋とはいえないが、写本の『椙樹林指南記』の奥書がある。『新纂禅籍目録』（昭和三十七年六月　駒沢大学図書館）二〇六頁に琢宗の奥書本のあることを指摘しているが、これは現在、愛知学院大学附属図書館芦田文庫に所蔵されており、その奥書をあげてみると、

椙樹林指南記ハ大乗寺白竜和尚ノ代室内ニ秘蔵シテ要用ニアラサレハ受用スルコト能ハサリシヲ寛延四年此年宝暦ト改元ス辛未二月逆水ノ代浄写シテ公界ニ備ヘタルコト跋文ニ明ナリ按スルニ白竜ハ卍山ノ嗣子ナリ因テ知ル指南記ノ原稿ハ延宝二年甲寅ノ夏雲堂定規及重雲堂規ト同時ニ月舟ノ手ニ成リ卍山ノ賛裏ヲ経テ後チ白竜之ヲ室内ニ秘蔵セシヲ予明治二十二年ノ春洞上ノ法式ヲ調整スルニ当リ此ノ指南記ヲ熟閲シ能ク当時ノ情態ヲ審ニス乃チ引証シテ以テ洞上行持法ヲ裨補スルコト不少今ハ全分此ノ指南記ニ準拠スル能ハサレトモ此ノ如キノ古書ハ尚

ホ将来保存シテ湮滅セサラシメンコトヲ庶幾ハ依テ茲ニ一言ヲ記ス

明治二十二年三月十二日

勅特賜真晃断際禅師

永平六十三世琢宗老衲

とあり、本書は大乗寺三十八世逆水洞流の代に書写されたものの再写本であった。琢宗が明治二十二年三月十二日、『明治校訂洞上行持軌範』を編集する際に参考としたことが記されており、このような古書が、将来まで保存され湮滅しないことを願っている。さらに、明治二十八年八月には栴崖奕堂の語録である蘿月照巌編『総持奕堂禅師遺稿』（明治二十九年四月　土谷温斎）に所収された愨大機「総持奕堂禅師伝」の明治八年以後から遷化、荼毘式までを記し、つづいて本伝の説明を行っている。それをあげると、

本伝者《ハ》。奕堂禅師存生中。濃州万久寺大機和尚。受《ケ》二禅師《ノ》口授《ヲ》一所二編輯《スル》一也。故《ニ》其《ノ》経歴機縁語句等。詳密《ニシテ》無《シ》二遺漏一。稿成《テ》禅師再三検閲。認《メ》二其《ノ》無《キヲ》レ誤。遂《ニ》親《カラ》浄書《セラル》焉。然則本伝者《ハ》。其《ノ》文係《レトモ》二大機和尚《ノ》草稿《ニ》一。而其《ノ》実《ハ》不レ異《ナラ》二禅師《ノ》自撰《ニ》一。徹頭徹尾紀事《ノ》之明確《ナルヤ》也。宜《ナリ》矣。明治十一年三月。禅師手《カラ》附二与《セラル》琢宗《ニ》一。爾来秘二蔵《スルコト》衣筐《ニ》一十有七年。今茲《コトシ》相二当《シ》禅師十七年忌《ニ》一。聞《ク》三石州浄土寺照巌和尚。刊二行《スルヲ》禅師《ノ》遺稿《ヲ》一。不レ堪二随喜《ニ》一。便捜《チル》二本伝《ヲ》於衣筐《ニ》一。而《シテ》大機《ノ》紀事《ハ》止《ル》二明治七年《ニ》一。於《テ》レ是《ニ》継《クニ》以《テシ》二明治八年已降遷寂荼毘之事《ヲ》一。載二諸《ヲ》遺稿《ノ》末尾《ニ》一云爾。明治廿八年乙未八月廿四日

蘇翁布衲琢宗敬誌

とある。また、明治二十九年十月には、十一月七日に刊行された西有穆山校閲の『洞上法服格正』（発行者織田雪巌）の跋を記している。それをあげると、

書法服格正之後

法服格正之所以由出者。穆山和尚序文詳矣。無可復言予嘗聞耆宿曰。玄綱和尚董信陽全久。大檀君問袈裟正儀。綱云。這事重大。不可匆卒。審査実考。且待他日。尋托病。請三旬浴治。君候許之。於是。私到尾陽護国。謀諸黙室和尚。蓋当時祖道之撰法服正儀。已行於世。其所説総取証正法眼蔵。於本宗袈裟正儀也。殆尽善矣。而若未尽美者。乃懇嘱黙室。請和文詞以演暢開闡。使人無難解憂。黙老歎賞綱師之重法軽身。与大檀君所問奇秡。直諮詢師翁珍牛。畏友黄泉。法叔堅光等諸師。且質律於豪潮。遂著本書云云。予暗宗史。故不知果然也否。而暦以推之。則玄綱黙室。寛政文化年間碩徳。而当三衣紛紜之時。得大檀君之問。其憂宗熱血相合。成一団醍醐歟。聊記異聞。供読者之参考云。

明治丙申十月下浣書東京麻布隠棲

前永平蘇翁布衲琢宗

とあり、黙室良要が『法服格正』を著わした経由を明らかにしている。この跋は、『法服格正』の成立過程を考察する上でもっとも参考になるものであり、眼蔵家の間で研究され提唱された『法服格正』は、この『洞上法服格正』によってより一層普及したのであった。

第九節　琢宗の著作と称される二書

著作や序、跋文などについてながめてきたが、著作とはならないが、明治十八年五月に認可された「宗制」は、前年（明治十七年）八月に太政官より神仏合併の教導職が廃止されるや宗門の宗制を置くことになり、琢宗は、その編纂に尽力した。また、明治二十二年八月に刊行された『明治校訂洞上行持軌範』も編纂を委託されており、森田悟由、北野元峰、鴻春倪、村上泰音らに命じて編纂し、それを琢宗が訂補して管長の名の下に曹洞宗務局より発行した。さらに、明治二十九年三月には、両本山貫首より『続日本洞上聯灯録』編纂を依嘱されたが、残念ながら資料収集の段階で示寂されてしまった。

ところで、じつは琢宗の著作であったといわれているものがある。それは、『日本曹洞宗名称考』と『曹洞教会修証義典嚢』である。奥付によれば、両書とも明治二十四年五月三日印刷、同月四日出版で、著作者は福山黙童となっている。しかも発行者森江佐七、印刷者岩崎清之助、印刷所明教活版所とまったく同じ奥付で、各定価が金八銭と金十銭と異なっているだけである。したがって、両書は、同時に刊行されたものであることが明らかになる。著作者福山黙童には、『永平黙童禅師語録』（昭和十三年十二月　妙厳寺）があり、乾巻所収の「福山黙童禅師略年譜」の明治二十四年には、「五月、「日本曹洞宗名称考」成る」とあり、『曹洞教会修証義典嚢』は記されていない。また、坤巻に『日本曹洞宗名称考』を転載しているが、『曹洞教会修証義典嚢』は所収されていない。はたして、両書とも福山黙童の著作であったであろうか。明治二十四年五月二十四日発行の「明教新誌」第二八九四号には、両書の広告が掲載されており、これには「福山黙童師著述」となっている。しかし、当時「明教新誌」の主筆であった村上泰音の「禅師琢宗」（六）（明治三十二年十二月「和融誌」第三十四号）をみると、『曹洞教会修証義典嚢』も『日本曹洞宗名称考』も琢宗の撰述事業として紹介されている。しかも、それらについて、

> 修証義の筌蹄及び同典嚢の二編是れなり、尤も典嚢なるものは、その名義仮に福山黙童の銘を打て露はれたれとも、その実禅師琢宗の撰なることは、予輩の既に看破せる所、また他の曹洞宗名称考の如きも、同く福山黙童の編著とせるにも拘らず、是れ亦禅師琢宗の撰なることは掩ふべからざる事実なり

といい、福山黙童の編著というものの、じつは琢宗の著作であることを看破っているというのである。事実、『曹洞教会修証義典嚢』は、『曹洞教会修証義筌蹄』が『修証義』の講述であるのにたいし、語句の典故をあげ、しかも漢文

体で記され、「蘇翁曰」「蘇翁云」として蘇翁（琢宗の別号）すなわち琢宗の意見が加えられているのである。筆者所蔵の『曹洞教会修証義典嚢』には、朱筆が加えられており、奥付には朱で「祖山滝谷琢宗禅師原稿」と記されている。朱を加えた人物は明らかでないが、本書の講義に出席した際、琢宗原稿と教示されて加筆したものと思われるのである。そのため、琢宗の『修証義』にたいする解釈は『曹洞教会修証義筌蹄』のみでなく、『曹洞教会修証義典嚢』も考察せねばならないものといえよう。

つぎに、『日本曹洞宗名称考』はどうであろうか。村上泰音の主張どおりならば、福山黙童の著作とはならないであろう。『曹洞教会修証義典嚢』の最初の「曹洞」の語源について、

曹者謂二曹谿慧能禅師一洞者謂二洞山良价禅師一合二称曹谿洞山一而名二曹洞宗一也事具二日本曹洞宗名称考一

とあり、『曹洞教会修証義筌蹄』の冒頭にも、

曹洞ハ仏教ノ中ニ於テ他ノ宗門ニ簡別スル名称ナリ宗名ノ起原及ヒ名称ノ解釈ハ近頃刊行ノ日本曹洞宗名称考ニ詳ナルユエ閲覧シテ之ヲ知ルヘシ

とあって、両書とも詳しくは『日本曹洞宗名称考』に譲っている。しかし、琢宗の『永平正法眼蔵顕開事考』と『日本曹洞宗名称考』を漢文訳した陸鉞巌の『永平正法眼蔵知津布鼓』（大正十年九月　円通寺認可僧堂）の例言によれば、

一、於二名称考一。則予有二少干与之事一。明治二十四年。黙童禅師。同所輯編中。予会預二洞宗綱要編纂之事一。綱要中。則査下調関二宗名一義上矣。乃因二同師嘱一。聊作二史義資材蒐集等之助事一矣。此綱要者。因レ事不レ至二刻鏤一。

とあり、福山黙童が『日本曹洞宗名称考』を編集している時、陸鉞巌は福山黙童の依頼によって、資料を収集して援助したことが記されている。したがって、陸の「例言」からすれば、福山黙童の著作となるのである。ただ、『日

本曹洞宗名称考』における日本曹洞宗の名称の起源は、元亨二年（一三二二）に後醍醐天皇より總持寺へ賜わった綸旨の「曹洞出世之道場」からといい、永平寺では、それより五十年経た応安五年（一三七二）に後円融天皇より下賜された勅額の「日本曹洞第一道場」が最初という。したがって、日本曹洞宗の名称は後醍醐、後円融両天皇の勅をもって賜わった尊称といい、總持寺を中心としていた琢宗が永平寺へ昇住してから主張した本説にたいして、永平寺側から批判が出ていたようである。

『曹洞教会修証義典嚢』と『日本曹洞宗名称考』の著者について考えてきたが、琢宗の著作であったならば、なぜ著作者を福山黙童とせねばならなかったか。詳しいことは明らかでないが、明治二十四年五月といえば、一月六日に永平寺退休を宣言し、四月三十日に退休した直後であった。そのため琢宗の周辺はあわただしく動いており、そこで、永平寺東京出張所執事として協力していた福山黙童の著作に託したのではなかろうか。福山黙童著として後世に残ったものの、内容をみれば琢宗の撰述であることが推測できる。しかし、村上泰音はその事実（否、秘話であったかもしれないが）を「禅師琢宗」の論稿において公言してしまった。文筆家として、学者として「明教新誌」主筆であった村上泰音が、当時批判的に評されていた琢宗を讃えるべくしてとった行動であろう。琢宗の暗黒の半面は暗黒裏に葬り、明白な半面の功績を主張したといえよう。

第十節　永平寺後董選挙にまつわる世論

明治十六年十月二十四日、青蔭雪鴻は永平寺住職任命の辞令を内務省から受領し翌年四月二十八日に晋山式をあげた。しかし、翌同十八年八月十日午前五時、脳出血のため遷化した。八月十五日密葬を修行し、翌同十九年四月二十八日に本葬を行い、翌二十九日には六十三世滝谷琢宗の晋山式を修行した。

密葬が終った後の八月十八日には後任貫首選挙投票日程や後董候補者などが発表され、十一月五日に滝谷が当選し翌六日、滝谷は承認した。しかし、滝谷が当選するまでには論難や弁駁文書など議論が百出し、当選するために拙劣な手段をとった(8)とか總持寺側の大黒柱であった滝谷を永平寺にとられては總持寺側が困るとかの反対意見も出て盛んに議論された(9)。

そのため永平寺へ晋住後の同十八年十一月十日には、曹洞宗務局書記が編纂した『滝谷禅師貫首上任顚末録事』を曹洞宗務局より発行した。「緒言」には、

本山貫首ノ撰任ハ我ガ宗ノ一大重事啻タ全国末派ノ深ク注意スル所ナルノミナラス。局外ノ人ト雖トモ亦実ニ之ニ注目ス。其故何ソヤ。貫首其人ヲ得ルト否ナトハ我ガ宗汚隆ノ懸ル所ニシテ我ガ宗ノ汚隆ハ本邦宗教ノ盛衰ニ影響ナキ能ハサレハナリ。且ツ夫レ顕栄ヲ欲スルハ人ノ常情ニシテ人情ノ皆ナ希フ所ハ妬忌ノ集纏スル所ナリ。乃チ知ル貫首ヲ撰ムコト甚タ難ク撰マレテ貫首ノ重任ニ当ルコト更ニ益々難キモノアルヲ向キニ越山貫首円応道鑑禅師化ヲ他界ニ遷サレ其後任未タ定マラサルヤ。議論百出洞水汪湧セルコト数月ニ及ヒシカ。人望ノ帰向スル所復タ如何トモス可ラス。最乗寺住職滝谷琢宗師遂ニ第一多数ノ投票ヲ得テ此要位ニ就キ給ヘリ。徳学衆ニ超絶スルニ非スンハ焉ソ能ク此ノ如クナランヤ。茲ニ貫首撰任ニ関シテ起レル論難弁駁及ヒ往復文書等ヲ編纂シテ後人ニ遺ス。

明治十八年十一月十日　　曹洞宗務局書記

とあり、貫首選任に関して起こった弁駁書などを編纂し後人に遺すことを目的としたものであった。しかし、曹洞宗務局側の主張を記録したものであったため、「無益の宗費を消耗したもの」とか「全篇概ね恥辱の上塗りたるに過ぎざる」と批判する意見も出ていた。

では、どうして議論が百出したかといえば、大内青巒が「孝三和尚ニ答テ永平寺後董ヲ論スル書」と題して、永平寺後董に滝谷を推薦する文を書き、印刷して全国寺院へ配布したためである。孝三和尚は大内が住職していた時の弟子である。(10) しかも八月二十九日に、その印刷物を宗務局執事伊藤雲宗へ書翰で届け出、その文中に、

今度越御本山御後董公撰ノ儀ニ付或僧ノ来問ニ応シ別紙ノ通相答候処遂ニ印行公布ノ都合ニ相成。其事情ハ緒言並ニ跋文ニ申述候通ニ有之。尤モ前以右印行公布ノ儀滝谷老師並ニ尊大座下辻師ヘモ御相談申上度奉存候得共元来各位ヘ御相談可申上筋ノモノニモ無之。且ツ滝谷老師ニ拒絶セラル、ハ必定ト存候故誰ニモ謀ラス右ノ挙ニ及候段悪カラス御海容被成下度滝谷辻二師ヘハ尊大座下ヨリ宜敷御致語奉希上候。殊ニ滝谷老師ニカンシヤクヲ起サセヌ様程ヨク御執成奉願上候。能山禅師コレヲ御覧被成候ハヽ、必定御立腹滝谷ヲ越山ヘヤルクラ井ナラ拙衲今退隠スルナト、被仰候ハンカ熟考スレハ実ニ一宗ノ安危此一事ニ胚胎セルモノト信認罷在候条程ヨク御慰諫被成下度奉希上候。尤モ此書ハ小生面識有之各地ノ諸寺院並ニ各支局等ヘ配布仕候事ニ御座候。何分ヨロシク御海容奉祈候。不宣

但別段届書ヲ添ヘ申サス候条本書即届書ト御看做シ被下度候

と述べ、配布の許可を願っているのである。そこで、宗務局は九月二日、宗務局総監兼能山監院滝谷琢宗、大学林総監兼越山監院辻顕高、越山東京出張所副監院北山絶三、能山東京出張所副監院伊藤雲宗の連署で、

末派法地以上ノ住職ハ各自真正ノ見込ヲ以テ本山貫首ニ適任ノモノヲ投票スヘキハ言ヲ待タス。然ルニ下総国香取郡金江津村大洞院住職大嶋孝三ナルモノ該事ヲ明教社長大内青巒居士ニ問ヒ越シタリトテ居士ハ孝三長老ニ答テ永平寺後董ヲ論スルノ書ヲ作リ吾カ曹洞宗内面識ノ者等ヘ頒布セシ旨八月三十一日当局ヘ通知アリ。其趣意ハ緒言並ニ末尾ノ附言ニ明瞭ナレトモ右ハ事実ノ如何ニ関セス。本宗投票規約第十一条ノ精神ニ違背シ甚

タ不都合ノ論弁ニ付各府県支局取締ハ勿論末派寺院篤ト注意シ決シテ右等ノ書面ニ拘泥セス各自ノ信認ニ拠テ投票スヘシ。尤モ該書ハ大内居士一己ノ意見ヲ述ヘタルモノナレハ当局固ヨリ之ヲ聞知セス。宗規上ニ於テハ毫モ関係ナキニ依リ之ヲ不問ニ附スルモ妨ケナシト雖モ万一僻遠ノ僧侶事情不明ニシテ之カ為メ自己ノ信認ヲ乱リ候テハ不相成ニ付タトヒ何レヨリ如何ナル報道有之候トモ宗内末派ハ堅ク投票規約ヲ遵守シテ真正ノ公撰ヲ誤ラサル様致スヘシ。心得ノ為メ此旨連署ヲ以テ報告ス。

と投票規約に違背した論弁であり、大内個人の意見であるからそれに拘泥せず、各自の信認によって投票するように管長畔上楳仙も注意を促している。

大内の推薦文にたいして、滝谷は九月四日に「大内居士ノ永平寺後董ヲ論スル書ヲ弁ス」を発表して弁駁した。ところがこの弁駁書にたいし、さらに大内は「滝谷琢宗師が予ノ永平寺後董ヲ論スル書ヲ弁セラル〻文ヲ反弁ス」を記して反駁した。大内―滝谷以外にも種々の賛否両論が発表されており、滝谷の永平寺後董に賛成する意見は、

曹洞宗両本山執事ノ所行ヲ怪ム　濃州　金華山人
曹洞宗報告ヲ読ム　岳麓　瑞隆山僧無偏子
滝谷琢宗師ノ為ニ嘆惜スル所アリ　在東京　忘形道人
藹々居士ニ呈スル書　肥前国北松浦郡山口村
洪徳寺住職　上野瓶城
謹テ曹洞宗ノ碩徳諸師ニ謀ル　丹波国氷上郡御油村
円通寺　日置黙仙

などがあり、反対意見は、

大内青巒居士ガ孝三長老ニ答テ永平寺後董ヲ論スルノ書ヲ読ム　北海　青眼漁長

大内居士ノ赤心如何　倶梨伽羅山下　迂衲鶺鴒

大内青巒ハ總持寺ノ仇敵ナリ　信州　白峯樵夫

などが論壇を賑わした。しかし、ここにあげた賛否両論は「明教新誌」にあげられたもので、「明教新誌」を創立し主筆であった大内がみずから反対意見も作成し、公平のごとく執り成して掲載したとも考えられる。それは「孝三和尚ニ答テ永平寺後董ヲ論スル書ノ緒言」にみずから述べているように、宗規違犯を知りながら故意に推薦文を全国寺院へ配布した行動から想像することができるのである。

このような議論があった後、十一月一日より開票審査が始まり、その結果、

純正票	不正票	合計	姓名
三千三百三十一	百三十六	三千四百六十七	滝谷琢宗
一千三十九	二百二十一	一千二百六十	西有穆山
五百八(ママ)十八	百二十	六百七十八	辻顕高
三百八十	九十八	四百七十八	森田悟由
三百十二	五十八	三百七十	長森良範
百五十九	三十二	百九十一	福山堅高
百二十一	四十四	百六十五	原坦山
九十七	十七	百十四	白鳥鼎三
七十九	十六	九十五	南木国定
七十	十一	八十一	服部元良

（以下略す）

となり、滝谷が第一の得票で当選した報告が十一月五日に発表された。

開票審査が八割ほど終了した十一月三日の午後一時、滝谷は状勢を察して両本山執事、候補者総代、各支局総代にたいし「越本山貫首投票当撰人査定之儀ニ付上申」を記し、

琢宗甞テ意ラク今回　本山貫首ノ撰ニ当ルハ啻ニ宗カ一身ノ不幸ノミナラス。亦　本山及一宗ノ不幸ナリト故ニ公撰投票任運ニシテ其多数ヲ得ルモ尚ホ且ツ之ヲ辞セント欲ス。況ヤ誘奨ノ嫌疑ニ渉ルモノヲヤ。請疏ヲ得ルヲ待テ辞表ヲ呈スルニ及ハス。断然投票規約第二条ニ照シテ第一多数ノ得票ヲ廃棄シ而シテ第二ノ多同ヲ取ルヲ正当トス。

と予め辞意ある旨を述べ、得票を廃棄せんことを上申した。そのため両本山執事は、ただちに議案を起こして開票場に滝谷の上申書を出し、一同審議した後、理由を弁明して請疏を呈すべきことに決め、同夜、越山出張所でさらに協議して弁明書起草委員を定め、開票審査が完了した十一月五日正午に両本山執事および参与証明者一同が總持寺貫首畔上楳仙の請疏添書の、

老衲茲ニ監臨シテ全国末派公撰投票ヲ開緘査定セシメタルニ別紙請疏ノ通リ貴宗師其撰ニ当リタルハ一宗ノ光栄之レニ過ルナシ。敢テ末派ノ景望ヲ容ン。爾後益々両山ノ協和ヲ維持セラレンコトヲ庶幾ス。

大本山總持寺住職

明治十八年十一月五日　畔上楳仙　印

最乗寺住職
滝谷琢宗殿

とあるのを得て、能山出張所の滝谷を訪ね、

大本山永平寺新董貫首ヲ請スルノ疏

大本山永平寺青蔭雪鴻禅師御遷化ニ付宗規ニ拠テ末派ノ投票ヲ蒐集シ乃チ本月一日以降我等謹テ開票審査ニ従事セリ。閣下ノ高徳固ヨリ末派ノ具瞻スル処今ヤ果シテ投票第一ノ多同ヲ得玉ヒタルコト別紙ニ記スルカ如シ。依テ我等全国末派ニ代リ短疏ヲ裁シテ以テ　閣下ニ奉呈ス。閣下速ニ允諾シテ一宗公撰ノ冀望ヲ満足セシメ玉へ。誠恐頓首謹テ請ス。

明治十八年十一月五日

大本山永平寺執事
辻　顕　高　印
北　山　絶　三　印
大本山總持寺執事
伊　藤　雲　宗　印
開票参与護法会々監
在　田　彦　竜　印
岳　尾　泰　忍　印
水　島　洞　仙　印
開票審査証明末派惣代

濤　聴　水　印
星見天海　印
高岡白鳳　印
満岡慈舟　印
大渓泰童　印
高橋泰順　印
魁　沢　重　印

開票審査立会候補者
麻蒔舌渓　印
北野元峰　印

最乗寺住職
滝谷琢宗大宗師閣下

と新董貫首を請する疏を提出し、永平寺後董に拝請した。なお、滝谷の当選人査定の上申書にたいする弁明書は両本山執事、開票参与護法会々監からと開票審査証明末派総代および開票審査立会候補者より出された。

しかし、滝谷は種々の口実を述べて請疏を承諾する様子はなく、午後には「当撰請疏ヲ辞スルノ書」を出し、その理由を、

琢宗固ヨリ一身ヲ宗門ノ犠牲ニ供シテ世ノ毀誉ヲ顧ミス一宗ノ基礎ヲ確立シ厳護法城ノ準備ヲ尽シテ以テ真ニ宗教ノ進歩　両山ノ盛隆ヲ謀ラント欲スルノミ。然ルニ忽然同胞ノ推轂ニ乗シ分限ヲ忘レテ尊位ヲ冒シ頂寧ニ

拱手シテ其結果如何ヲ顧ミサルハ中心実ニ忍ヒサル所ノモノアリ。是レ宗カ曩日謂ハユル　本山貫首ノ撰ニ当ルハ啻一身ノ不幸ノミナラス。本山及一宗ノ不幸タルニ依リ投票縦令任運ニシテ正当ノ多数ヲ得ルトモ之ヲ辞セント思惟セシ所以ナリ。宗也不敏ト雖トモ実ニ宗門永遠ノ利害ヲ慮ルニ切ナリ。敢テ口実ヲ捏造シテ当撰ヲ忌避スルニ非ス。又公票ヲ破棄シテ一身ヲ潔フスルニ非ス。謹テ規約第二十一条ニ拠リ当撰ノ請疏ヲ辞ス。

と述べ、辞表を両本山執事、候補者総代、各取締総代へ出した。そのため一同は越山出張所へ集まり協議した後、同日夜、「再ヒ大本山永平寺新董貫首ヲ請スルノ疏」を作成し、畔上楳仙の、

再請疏ノ添書

大本山永平寺貫主公（ママ）撰投票ハ　貴宗師第一ノ多同ナルヲ以テ成例ニ拠リ両本山執事等請疏ヲ呈シ拙衲之レニ添書セリ。然ルニ　貴宗師断然辞表ヲ示サル、ニ至ル執事及ヒ各支局惣代ハ勿論拙衲モ亦失望ノ至リニ堪ヘサルナリ。貴宗師辞表ノ趣意タル畢竟宗門ノ泰否ヲ慮ルノ切ナルニ出ルト雖トモ今マ再呈スル請疏ノ趣ヲ以テスレハ　貴宗師ノ大心ト相距ルコト遠カラス。拙衲亦深ク之レニ同意ヲ表スル所ナリ。貴宗師幸ヒニ一宗ノ公撰ニ背カス。遥カニ允諾シテ末派ヲ安ンセラレンコトヲ庶幾ス。茲ニ再ヒ添書ス。

大本山總持寺住職
畔上楳仙　印

明治十八年十一月五日

最乗寺住職
滝谷琢宗殿

とある添書も得て能山出張所の滝谷へ呈した。

滝谷は再請疏を熟読し謝辞を述べて固辞したが、翌日、必ず諾否を決めることになり、一同は午後九時に帰った。

翌六日午後八時に一同は滝谷を訪ね、承諾を願って十一時に初めて「承認ヲ表スルノ書」を受けた。

越本山貫首公撰投票ニ際シ琢宗或ハ得票ノ多数ナランコトヲ恐レ過ル三日卒カニ書ヲ裁シテ諸大閣下ニ奉呈シ開票審査了畢ノ日ニ至リテ当撰人査定ヲ誤ル勿ランコトヲ要シタリキ　諸大閣下ハ昨五日午前本件了畢ヲ告ケ果シテ宗カ得票第一ノ多同ナルニ由リ嚮キニ奉呈セシ書面ニ対シ各々数百千言ノ弁明ヲ附シテ以テ成例ニ準スルノ請疏ヲ賜ハリタリ。琢宗之ヲ捧読スルコト数回始メテ宗カ曩日ノ書面太早計ニシテ却テ　諸大閣下ヲ煩ハシタルヲ知リ中心忸怩タルコトアリ。然レトモ琢宗公撰ニ当ルニ堪ヘサルカ故ニ事情ヲ口述シテ第二ノ多同ヲ請セラレンコトヲ懇願セシモ　諸大閣下ハ末派ノ嘱望ヲ名トシ規約ニ拠テ飽迄琢宗ニ強ントス。於是已ムヲ得ス。宗モ亦規約ニ拠テ辞表ヲ進呈セリ故ニ　諸大閣下ハ宗カ愚哀ヲ愍ミ必ス第二若クハ第三ノ多同ヲ請シ玉フコトアラント信認セシニ何図ラン。同日夜ヲ侵シテ再ヒ請疏ヲ賜ハリタルノミナラス。一十六名星羅屹然琢宗ヲ叱責シテ動セシメス交モ々々一宗ノ安危ヲ論弁セラル。其旨趣ヲ考フルニ　越本山連年不幸ニ遭遇シ内外多端困難一ナラス。依テ琢宗ヲシテ此ノ苦厄ノ衝ニ当ラシメテ以テ吾カ　両本山同等ノ安寧ヲ保維センコトヲ要セラル、者ノ如シ。琢宗此ノ如キノ重任ヲ負フニ力ナシ。苟且ニ承認ヲ表スルトキハ倒レテ已ムコト遠カラサルヲ信スト雖トモ　諸大閣下ノ強迫避ルニ路ナシ。蓋シ　諸大閣下ハ　両本山執事並ニ全国末派惣代ノ責任ヲ有シ玉フニ依リ各々　本山永遠ノ福祉ヲ企図セラル、ノ精神言外ニ溢レ人ヲシテ感泣セシム。然レトモ其事ノ重大ニ渉ルヲ以テ更ニ一夜ノ猶予ヲ請求シ茲ニ眠ヲ廃シテ既往将来ヲ憶想シ暁ニ徹スレトモ愚心決シ難シ。既ニシテ時限ニ迫ル。尚ホ筆舌ヲ労シテ底止スル所ナキトキハ吾カ　本山ヲ如何セン故ニ謹テ再回ノ請疏ヲ拝受シ上ル。諸大閣下冀クハ全国末派ト共ニ　本山目下ノ困難ヲ傍視セス。宗カ蚊力ヲ助ケテ以テ鉄牛ヲ負フノ誹ヲ免レシメ玉ハンコトヲ。

最乗寺住職
滝谷琢宗　印

明治十八年十一月六日
両本山執事
候補者総代　諸大閣下
各取締総代

この承認書を得た一同は歓喜し、祝茶の式をあげて帰るとともに同日、全国末派寺院へ、

全国末派寺院

甲第三十五号
越本山貫首公撰投票審査顚末及ヒ新董貫首拝請手続ハ本年宗局甲第三十四号普達ノ通リナルヲ以テ直チニ之レヲ管長ニ奏上シ大本山永平寺住職ハ明治十八年十一月六日ヲ以テ滝谷琢宗殿ニ確定相成候。此旨普達候事。但御晋山太礼日限ハ両本山協議ノ上追テ布達ニ及フヘシ。尤御晋山式未済ト雖既ニ政府ヘ上申相成候ニ付自今免牘其他ノ公書ニ御署名被成候条為心得茲ニ添達ス。

明治十八年十一月六日　　　　　　　曹洞宗宗務局

と十一月六日をもって永平寺住職に滝谷琢宗が確定したことを普達したのであった。

このように滝谷が晋住するまでには曲折があった。世評では西有穆山といわれるものの、滝谷は西有に対抗しその競争にうち勝つ野心をもった。また、貫首になれば抑制はされず、自己の専断で処置ができる。さらに同じ大本山なら上席の永平寺貫首を望んだといわれる。

大内とは馴合喧嘩で、表面上の潔白を主張し、自分には力量のないことをいうにも拘らず、自分しか適任者はないともいっている。しかも後日、「琢宗ハ強テ越山貫首タルコトヲ望マサリシト雖モ当時末派ノ強迫ニ遇フテ已ム

ヲ得ス上任シタリ」との口実も設けており、滝谷は実に仮面をかぶって戯劇を演じ、大内、伊藤雲宗はそれを手伝った人と批判された。後年、總持寺が曹洞宗より分離する紛乱が生まれた背景には、滝谷の永平寺晋住競争に胚胎があったともいわれている。(11)

第十一節　曹洞扶宗会の結成と曹洞教会との合併

明治二十年六月、曹洞宗務局の認可を得て曹洞扶宗会創設の旨を全国に広告した「曹洞扶宗会設立広告」（慶応義塾大学斯道文庫蔵）には、「曹洞扶宗会設立御認可再願」「曹洞扶宗会綱規緒言」「曹洞扶宗会綱規」「曹洞扶宗会会員規約」「曹洞扶宗会会員規約書式」「曹洞扶宗会議事則」「入会者心得」「曹洞扶宗会綱規ノ説明」が添付されている。

「設立広告」による発起首唱者は全国にわたっており、五十音順に一一一名があげられている。その中に大内青巒、田倉岱洲、林謙吉郎、宏仏海の名もあり、還俗者、在俗者もいる僧俗一体の組織であった。高岡白鳳、北山絶三、大渓泰童、大内青巒、林謙吉郎の五名が幹事となっており、会の綱規は大内、事務上は北山が専任した。大渓、林はとくにすることはなく、高岡は全く名を借りたものであった。宗務局と扶宗会との中間を連接していた人に三好育道がおり、鴻春倪、小松万宗は扶宗会の周旋人ともいえる人であった。(12)

曹洞扶宗会は、同年四月以前に設立の認可願を出していた。しかし、四月六日に不承認となったため、改めて綱規と綱規緒言を修正し四月十一日に曹洞宗務局へ「設立御認可再願」を出した。同月十三日、曹洞宗務局より、

　願之趣聞置候条左ノ事項ハ実施ノ際其都度当局へ届出ヘシ

一　綱規第四条第三項

一　同　第十一条ノ考課状
一　同　第十二条ノ箇所
一　末文ニ記セル条目即チ在家化導法乃至会計法等
明治二十年四月十三日 曹洞宗務局印

と認可されたものの教化のために発行する冊子、会務や会計の考課状、本部の所在地などの綱規を実施する時、宗務局へ届け出ることが条件となっていた。「綱規緒言」には、

……而シテ此弊ヤ我曹洞宗ニ於テ特ニ大ナリトス今之カ原因ヲ尋ルニ職トシテ在家化導ノ法未タ遍ネカラス改良進歩ノ道未タ開ケサルニ由ラスンハアラス是レ扶宗会設立ノ今日ニ止ムヘカラサル所以ナリ。（中略）我曹洞宗務局ハ教会条例ヲ発布シ教導ノ体裁ヲ一定センコトヲ要セラルルト雖モ、其布教ノ進路ヲ開通シ化導ノ方針ヲ指示スルコトハ未タ曾テ整頓ヲ告ルヲ聞カス、是レ我曹洞宗ノ一大闕典ト謂ハサルヲ得ス。（中略）予輩今緇素混同シテ本会ヲ組織シ遠諮広詢主義ヲ改進ニ取リ一宗ノ輿論ヲ此ニ集テ以テ宗教宣揚ノ活機軸ヲ転シ謂ユル布教ノ進路ヲ開通シ化導ノ方針ヲ指示シテ以テ教会条例ノ本義ヲ全フセント欲ス……

といっており、曹洞宗教会条例を発布した後の在家教化法の樹立を図るため結社されたのである。

「綱規」をあげると、

第一条　本会ハ曹洞扶宗会ト名ク
第二条　本会ハ曹洞宗ノ僧侶及ヒ信徒ヲ以テ組織シ僧侶ヲ正員ト称シ信徒ヲ助員ト名ク
第三条　本会ノ目的ハ一宗ノ改進ヲ謀リ僧侶及ヒ信徒ヲシテ各々護法利人ノ本分ヲ尽サシムルニ在リ
第四条　本会ノ施設ハ常ニ第二義門ニ嚢ルヲ以テ改進ノ方便ト為シ乃チ左ノ三点ヲ挙行ス

第一　改進ノ法案ヲ提出シ本会ノ決議ヲ以テ或ハ直ニ之ヲ実行シ、或ハ之ヲ其筋ヘ建言請願スル事
第二　専ラ在家化導ニ従事スル事
第三　化導捷径ノ冊子ヲ発行スル事
第五条　本会ノ会費ハ会員ノ入会金及ヒ月掛銭ヲ以テ之ヲ支弁ス
第六条　会員ハ本会ニ対シテ布教其他ノ事情ヲ質問スルコトヲ得
第七条　本会ハ幹事五名以上ヲ置テ事務ヲ調理ス
第八条　幹事ハ正員ヨリ五分ノ三、助員ヨリ五分ノ二ノ割合ヲ以テ之ヲ全会中ヨリ公撰ス
第九条　本会ハ会議ヲ開テ会務ヲ評決スヘシ
第十条　会議ノ時ハ正員助員トモニ議員タルコトヲ得
第十一条　会務及会計ハ毎年一回考課状ヲ作テ全会員ニ報告ス
第十二条　本会ハ本部ヲ東京ニ設置ス

となり、要点を解釈説明した「曹洞扶宗会綱規ノ説明」から各条をながめてみると、

第一条は扶宗と名付けた会名の理由が述べられている。宗務局が一宗護持のために公設した護持会とともに、私立の本会も護法扶宗の実績をあげようとした。

第二条は会員の性質と名称を示したもので、今日では出家在家が共同して事を行っていかなければならない時代であり、そのため最初から僧俗を共にして組織した。

第三条は目的を示している。近年、僧侶および檀越は互いに本分を顧みていないため、身分相応に教法を扶護し諸人を利益せしめねばならないという。

第四条は第二義門によって学問、教導、法式、僧風などの改進をいう。そのため三つの方法をあげている。

第一は改進すべき議案を本会の会議で決議すること。例えば古規則、世間様との法式の異なりを一定にすること、住職試験の猶予や説教試験によって代えることを宗務局へ建言したり請願すること。

第二は在家化導法を一定してそれによること。

第三は毎月、説教を筆記した冊子を発行し、布教の機関とする。

第五条は会費の出途を示している。入会金は金一円、以後毎月金五銭宛を納めて一切の会費とする。説教を筆記した冊子などは無代価で配布する。

第六条は会員の本会にたいする特別の権利を示している。布教上の疑団や外教徒、他宗派よりの質問にたいし詳細に答弁することをいう。

第七条は役員の名称および定員を示している。とくに会長は置かず、会員の決議と既定の規則によって会務を進めており、事務を行う役員として五人以上の幹事を置くという。

第八条は会員が僧俗混交しているため、幹事を選挙する場合の正員（五分の三）、助員（五分の二）の割合を示している。

第九、十条は会議を開くことを定め、その議員の性質を示している。既定の規則以外、幹事の意見により断行することは許されておらず、正員、助員ともに会議に出頭し議事にあたることをいう。

第十一条は一カ年中にあたった事項を編集して会員に報告することを示している。

第十二条は本部の設置箇所を示している。当分の間、崇福寺（東京浅草松清町一番地）を仮本部とすることをいう。

つぎに「会員規約」をみると、十八款にわたっている。会員は正員と助員に分かれているが、第七款に、

凡ソ曹洞宗ノ僧侶若クハ信徒ニシテ会員タルコトヲ欲セスト雖トモ本会ノ目的及施設ヲ賛助スルカ為ニ第十四款ニ適当スル寄附ヲ為ス者ハ之ヲ特別会員ト称シ特別会員証ヲ交附シテ特別ノ待遇ヲ為スヘシ

とあり、第十四款に、

本会ノ特別会員ハ一時若クハ毎時金円又ハ其他ノ物品ヲ本会ニ寄附シテ其賛助ノ実ヲ表スヘシ

とあることから特別会員の規約もみえる。会員にはならないが、寄附を行って賛助する人である。つづいて入会証、助員入会紹介証、特別会員之証などの規約書式が紹介されている。

「入会者心得」によれば、当分の間各地の首唱者に入会の伝達を行ったり、首唱者の手元には会員規約書式を印刷した用紙を置いているため、それに筆記して申し込んでもよいことをいう。幹事には前にあげたごとく高岡、北山、大渓、大内、林を推薦して会務を遂行することをいっており、仮本部を崇福寺より京橋区三十間堀町一丁目二番地へ移転した。同地は印刷所の明教社と同じであるところから、大内の明教社内に本部を移転したものと考えられる。

「会議事則」によれば、会議は常会、大会、臨時会の三種に分けられた。常会は毎月第一土曜日午後一時より十五名以上集まって開かれ、幹事より提出した議案などを議決した。大会は毎年四月に開き、常会で議決できなかったことが会員五十名以上の出席で評決された。

臨時会は事急にして常会、または大会の時期まで待てない場合の議案であった。常会の決議は多同説により、大会の決議は出席会員過半数の説、同数は会頭が決めることになっている。

以上、明治二十年六月における扶宗会の諸規則をながめたが、その他に在家化導法、幹事則、会計法などもあり、

それらは追々発布するとのことであった。

同年十二月十日より十五日までの六日間、青松寺を会場として臨時大会を開いた。そして「曹洞扶宗会進路方針」を立て時代の先覚者となり世俗を指導することを主張した。また、『洞上在家修証義』の編集を議決しており、十二月二十四日に版権免許を得た。さらに住職資格試験の猶予を受けるについて、宗務局へ差し出す誓約書の文案や用紙を報告書とともに頒布することも決められた。

それは、宗務局がすでに同十八年六月十日に宗制宗規を制定し、同時に住職資格も制定してその住職資格試験期日および方法を追って確定教示すべきことが普達されている（甲第十号）。六月二十日には甲第十二号で、翌十九年九月以後に宗務局より能験者を派出して施行することを普達された。同年五月十五日の甲第八号では、同二十年九月以後に試験が延期され、初級より六級までの試験を地方の教導取締に委任し、五十歳以上の者には講義講録筆記試験を免除することにした。

翌二十年七月八日、甲第十号で「曹洞宗寺院現住職資格試験法」を定めて普達した。この試験法は第一章試験目的、第二章試験順序、第三章試験方法の三章十五条からなっており、しかも同十九年甲第八号の約束どおり同二十年九月以後実施すべきもので、乙第一号に試験の細かな注意が達せられた。しかし、同年七月十一日甲第十一号で翌二十一年四月以後に変更された。

この試験法に無理難題は多かったが、扶宗会は宗務局にたいし、扶宗会員に限り試験免除の請願を交渉しており、末派にたいしては入会を勧誘し扶宗会員のメリットを強調して宣伝した。そのため会員は増加しており、十月には扶宗会より会員に限っての試験免除願を出した。はじめ宗務局は、十一月五日にこれを却下した。しかし、翌二十一年二月十七日には乙第一号で、

乙第一号　　廿一年二月十七日　　　　　　　　　　　　各府県宗務支局

曹洞宗扶宗会々員ニシテ一寺住職ノ者資格試験免除ヲ得度旨該会幹事ヨリ再応願出候得共免除ハ固ヨリ聞届ク可キ限リニ非サルヲ以テ其都度事由ヲ訓示ニ及候処更ニ規約順序ヲ整理シ扶宗会々員ニシテ一寺住職ノ者ハ必ス住職ノ責任ヲ尽スヘキ誓約ヲ定メ之ヲ実地ニ履行セシムル時日ヲ与フル為メ本年四月以往満二ケ年資格試験猶予ヲ願出候ニ付取調ノ上之ヲ聞届候此旨為心得相達候事

　但詳細ハ扶宗会ヨリ報道スヘキ旨届出テタルニ由リ当局ハ之ヲ詳言セス

と四月より二カ年間の資格試験猶予を許可した。これは扶宗会員に限られたことであったが、会員でない一般寺院にも三月二日に猶予を願い出、その恩恵を利用し入会者を増加しようとした。しかし、宗務局は四月十二日に甲第五号を普達して一般寺院にたいしても四月より十二月まで延期したのであった。

四月二十七日には三好育道ら扶宗会員と宗務局執事の伊藤雲宗、水島洞仙らが三田の功運寺に集まり、臨時集会と名づけて「曹洞宗改進方案」を議決した。それは宗義、僧侶、寺院、本山、宗務にわたっており、大意は宗義を出家弁道、在家唱道に分け、僧侶も弁道師、唱導師に、寺院も弁道地、唱導地に分け、本山は総本山永平寺、大本山總持寺に分けて昇住していくものとした。

宗務は管長が掌管したが、總持寺住職がこれに当たることとしている。執事は一宗末派の公選で唱導師より出し、議員も選出して宗務を執ることをいう。そしてこの決議を、翌二十二年十一月に開かれる第三次末派総代議員会議に付して決定し実行しようとした。しかし、この方案は両山盟約を根本的に一変するものであったため公表せず、会員を増加させることに努めた。そこで資格試験猶予を前面に出して狼狽していた住職を勧誘した。

方案の起稿者は表面上、三好育道となっているが、実質は滝谷琢宗であり、それが同二十四年五月二十五日に草稿を書き終えた滝谷の「曹洞宗革命策」（奥村洞麟『宗門秘史曹洞宗政末派運動史』所収）へ進んでいったものと考えられる。

また、十一月二十五日には全国各支局詰教導取締を東京に招請し、青松寺で扶宗会の会務拡張の方法を協議した。そこで提出された件目をみると、

一　修証義を以て本宗在家化導の標準と公定せられ度旨曹洞宗務局へ請願若くは建議致し度事
一　本会派出規程実施方法の事
一　一般住職試験猶予は来る十二月限りなるに就ては本年中に正員募集整頓方法の事
一　講社設立及助員勧募の儀一層拡張致度事
一　規誡第二条中試験法第二章第十条に対し同第十三条第一項第二項第三項に該当云々の儀実行せしむる方法の事
一　会員月掛銭纏集方法の事
一　本会大会議々員出京方法の事
一　扶宗小学校設立方法の事

の八項でいずれも可決した。そして資格試験を同二十二年六月まで延期することを各取締より嘆願することに決議し宗務局へ提出した。しかし、この願いは聞き届けられなかった。一方、この取締会議に先の「曹洞宗改進方案」が提出され、可決して宗務局に実施を迫る予定でいたが、滝谷は時機尚早とみて改進方案の印刷物を没収し演説した。[13] つづいて十二月十一日には宗務局より甲第七号で、十二月二十日までに扶宗会正員となり宗務局へ誓約書を進達した者以外は住職資格試験を同二十二年より挙行することが普達された。ところが同二十二年春を過ぎても行われず、扶宗会と宗務局の馴れ合いに反抗する者が有志会を作った。

扶宗会は十月二十九日より五日間、青松寺で例規大会を開催することになった。第一日、二日は開かれたが、第三日は議員の欠席が多く議事を決することができなかった。第四日の十一月一日、曹洞宗務局より議事の停止が命ぜられた。それは「東京日日新聞」に扶宗会の会議で両本山を一本山となす議のあるごとく記載されていたためで、第五日は「東京日日新聞」に正誤文が出たため議事停止を解く旨が達せられた。しかし、議決事項はなかった（「曹洞扶宗会雑誌」第二十号、一七頁）。

十一月四日より第三次末派総代議員会議が開かれた。そこでは洞上在家化導標準を定め、曹洞扶宗会編纂の『洞上在家修証義』を採用して曹洞教会会衆安心の標準とした。また、『洞上在家修証義』は修正を加えて両本山貫首の撰述となすべきことなどが決議された。さらに「扶宗会全分曹洞教会と合併し其布教法を一定すべき旨曹洞宗務局へ建議せしに付理由開申書」を発表し、布教法の合併というところから、扶宗会は曹洞宗務局布教部に入った（「曹洞扶宗会雑誌」第二十号、九頁）。この合併により一般住職試験を全免し会員外の寺院は正員に準じて相当の教会金を追納することで住職資格試験猶予問題は終ったのである。

以上、曹洞扶宗会の結成から曹洞教会との合併に至る過程をみてきたが、その活動の中心は、

一、宗制による住職資格試験の対策

二、在家化導のための『洞上在家修証義』の編纂

の二つにまとめることができよう。しかし、住職資格試験の実施は滝谷が宗門の革正を図るべく末派寺院に放ったものであり、曹洞扶宗会は滝谷がみずから作った住職資格試験を葬るために作ったものともいわれている。[14]

さらに滝谷は、扶宗会によって自己年来の一管長両山兼有制度を実現しようと図ったものともみられている。諸説があるものの『洞上在家修証義』は編集し直されて『曹洞教会修証義』となり、現在も生き続けている。扶宗会

の活動が両山分離問題の起こる一つの遠因となったことは確かといえよう。

註

（1）横関了胤「史伝　琢宗禅師の前半生」（一）（昭和三年八月「洞上公論」第四十四号）の「註曰」に「此の因縁話はすな女独り胸底に深く蔵し、何人にも語らざりしが、明治五年四月禅師が慈光寺より能山出張所詰として赴任の途次、母を訪づれられたるに、母は今年七十三歳の高齢なれば、再会を期し難くと観念され、臚として此の好因縁の一伍一什を具に語らせたる也。」とある。

（2）『町史こぼれ話』第一集一四八頁には、「天保七年八月一日仙田村赤谷農小川六左衛門の長男に生れ幼名を伍三郎といふ。……」とあり。同第六集九四頁にも「滝谷琢宗禅師は天保七年（一八三六）八月一日仙田村赤谷の農家小川六左衛門の長男に生まれ、その後出家し仏道修行に励み、ついに明治十八年（一八八五）、曹洞宗大本山永平寺に昇住し、永平寺六三世勅特賜真晃断際禅師魯山琢宗大和尚となられ、明治三十年（一八九七）六十一歳で遷化された。」と紹介されている。

（3）『真晃断際禅師遺録』（大正八年十月　大広寺）十五丁左に父（普翁常輝居士）三十三回忌の香語がある。

普翁常輝居士三十三回忌

居士者。為二山僧慈父一。文久辛酉七月二十五日円寂。当時山僧行脚在二武陵一。不レ能二親陪二葬儀一。久以為二遺憾一。其家係二干当寺檀越一。今日嗣子小川半平。予逆二其三十三忌辰一設二斎於此道場一。供二養同戒現前四衆一。以追二薦霊位一。正与麼時裂二破父子二面一底之端的。誰知一箇驢鞍橋。誤認為二阿爺下頷一。今日等閑回レ首看。金剛宝戒離二明闇一。

（4）『永平寺史』（昭和五十七年九月　大本山永平寺）一三六九頁の「第五節　森田悟由禅師の晋住と両山分離問題」による説である。

（5）奥村洞麟『宗門秘史 曹洞宗政末派運動史』（昭和四年六月　公正社）附録「故滝谷琢宗禅師遺稿」の「曹洞宗革命策」四頁にいう。

(6) 横関了胤「史伝　琢宗禅師」（十五）（昭和四年十一月「洞上公論」第五十九号）に指摘する。

(7) 高木権太郎は首先地正円寺の近くに住んでいた資産家であり、小出町長にも就いている。高木家に所蔵されていた文書は、現在新潟県北魚沼郡小出町文化財室に保管されており、ここに引用した高木家文書は、山本哲成（観音寺住職）より教示されたものである。

(8) 安達達淳『能山独立曹洞革新論』（明治二十五年四月　安達達淳）一七六頁。

(9) 青園謙三郎『出生の謎青蔭雪鴻伝』（昭和六十年六月　つぼた書店）一三〇頁。

(10) 菊池大仙『編年摘要曹洞史略』（明治二十七年六月　如是社）三五頁。

(11) 安達達淳、前掲書、一六二〜一七六頁。

(12) 安達達淳、前掲書、二一六頁。

(13) 奥村洞麟、前掲書、二四二頁。

(14) 奥村洞麟、前掲書、四〜九頁。

第九章　明治前期の名僧と居士

第一節　「明治名僧居士一覧」の構成

明治期の名僧を紹介した従来の研究書をみてみると、井上泰岳『現代仏教家人名辞典』（大正六年八月　現代仏教家人名辞典刊行会）と常光浩然『明治の仏教者』上下（昭和四十三年九月・昭和四十四年二月　春秋社）が代表的なものである。曹洞宗は山岸安次郎『洞上高僧月旦』（明治二十六年十二月　古香書院）水野霊牛『洞門現時二十五哲』（明治二十八年十月　圯橋軒）安藤嶺丸『曹洞宗名鑑』（大正五年一月　壬子出版社）などがあり、臨済宗は『明治の禅匠』（昭和五十六年九月　禅文化研究所）が刊行されている。各宗高僧の逸事については伊東洋二郎『仏教各宗高僧品評』（明治十九年八月　伊東洋二郎）や横井雪庵『各宗高僧譚』（明治三十年十月　春陽堂）、山内脩謙『明治大正傑僧秘談』（昭和四年四月　大雄閣）などがあり、口伝や裏面的なことも明らかにされている。

私は「明治名僧居士一覧」を手に入れた。これは銅版刷の一枚物で、明治二十年十月十八日に出版届けが出されており、編集兼出版人は東京府平民の杉本尚正であった。ただし、寄留地は愛知県名古屋区栄町四丁目一番地とあり、当時は名古屋区に住んでいたものであろう。杉本は以前に『各宗教導職職員録』を編集し刊行しており、仏教

各宗派の教導職に補任された職階と人名および住職寺院を知ることができる。その表紙の裏には、

許　　杉本尚正編集
　　　教導職
　　　職員録
官　　東京杉本蔵板

とあり、杉本が東京に居住していた時に出版したものと思われる。なお、編者杉本尚正が居士か僧侶かなどの詳しい行歴は明らかにならないが、明治仏教界を客観的にながめていた人であろう。

本一覧は、明治二十年頃に活躍していた全国の名僧一六九名をはじめ各宗管長（三十六名）、居士（四十八名）、外国人信仏家（十二名）があげられ、計二六五名が明らかになる。なお、出版御届年月日の横には「本表ニ漏脱ノ分ハ第二表ニ之レヲ補フ」とあるところから、後日に第二表を発行して補ったと思われるが、第二表が発行されたかどうかは不明である。そこで、本一覧にあげられた名僧一六九名について、僧名の多い宗派をあげてみると、第一は真宗大谷派五十名、つづいて浄土宗三十二名、真言宗二十七名、曹洞宗十六名、臨済宗十五名、浄土真宗本願寺派十一名、日蓮宗十名、天台宗七名、浄土真宗高田派一名の順になる。また、僧名の多い県をみると、第一は京都府の五十名、東京都三十三名、愛知県十三名、和歌山県・大阪府が各九名と続いている。各県ごとにあげられた僧名数を宗派順に列挙してみるとつぎのようになる。

		真言	天台	浄土	本願	大谷	高田	臨済	曹洞	日蓮	計(名)
関東地区	東京都	6	1	8	2	7			4	5	33
	神奈川県	1									1
	埼玉県			1				1			2
	栃木県		1								1
	茨城県			1							1
	千葉県								1	1	2
	山梨県									2	2
東海地区	静岡県							1	2		3
	愛知県			2		7		1	3		13
	岐阜県				1	2		2			5
	三重県		1	2				1			4
近畿地区	滋賀県		1	1	1				1		4
	京都府	9	2	14	4	12		7	1	1	50
	大阪府	2		2	1	3		1			9
	和歌山県	6	1		1			1			9
	兵庫県					1					1
中国地区	山口県			1	1	2			2		6
	島根県					1					1
四国地区	愛媛県	2									2
九州地区	大分県					4					4
	長崎県	1									1
	熊本県					1			1		2
北陸地区	福井県					4					4
	石川県					2					2
	富山県					2					2
	新潟県					2			1		3
東北地区	青森県									1	1
	山形県						1				1
計（名）		27	7	32	11	50	1	15	16	10	169

第二節 「明治名僧居士一覧」における僧名

「明治名僧居士一覧」により明治期の名僧名を知ることができるが、本一覧を刊行した翌年（明治二十一年）十一月二十一日には名古屋区常盤町一番地の小沢吉行編纂で名古屋区門前町十七番地の三浦兼助の印刷兼発行による「明治僧鑑居士一覧」が刊行された。編者の例言によれば、本一覧は諸新聞で広告し各地方から精選した人物で、とくに曹洞宗が多いのは曹洞宗よりの報告が多いためであった。本一覧に脱漏した人物は、明治二十一年十二月に第二回の一覧を発行して掲載するとある。

これによって両一覧に姉妹関係があるのではないかと考えられたが、編纂者、発行者などは全く相違しており、脱漏者は別に一覧を発行して掲載することなどがいわれ、「明治名僧居士一覧」は二六五名、それにたいし「明治僧鑑居士一覧」は一二五七名があげられており、「明治僧鑑居士一覧」の方が詳しい。また、「明治名僧居士一覧」の欄外にある北畠道竜（真宗）、大道長安（曹洞）、田中智学（日蓮）、井上日也（日蓮）、清水梁山（日蓮）は、「明治僧鑑居士一覧」によると「宗門擯斥之部」に入っており、これによって宗門から擯斥されていたことを知ることができる。

つぎに僧名を各県ごとに区分して僧名の多い宗派順にあげ、さらにそれを五十音順に配列して「明治名僧居士一覧」の人名を明らかにしてみよう。

●東京都

浄土宗

旭　琇宏	黒田真洞	武川弁中
神谷大周	相馬崇禅	古川円従

北条弁旭
三宅大賢

真宗大谷派

石上北天
加藤正廓
菅　殿寿
多田賢順
寺田福寿
土岐善静
平松理英

真言宗

上野相憲
岡村竜善
児谷玉鳳
釈　雲照
高志大了
吉堀慈恭

日蓮宗

新居日薩
井上日也
清水梁山
田中智学
由良日正

曹洞宗

在田彦竜
北野玄(ママ)峰
辻　顕高
原　坦山

浄土真宗本願寺派

島地黙雷
菅　了法

天台宗

赤松光映

●神奈川県

真言宗

釈　興然

●埼玉県

浄土宗

広安真随

臨済宗

武田攵国

●栃木県

天台宗

彦坂湛孝

●茨城県

浄土宗

三星善応

●千葉県

日蓮宗

久保田日亀

曹洞宗

瑞穂俊童

●山梨県

日蓮宗

小林是純
守本文静

●静岡県

曹洞宗

西有穆山
丹羽仏鑑

臨済宗

今川貞山

●愛知県

真宗大谷派

占部観順
雲英晃耀
多田公巌
細川千巌
本多祐護
劉　貞諒
渡邉徹鑑

浄土宗

平野雅凉
山田弁承

臨済宗

関　鼇巓

曹洞宗

白鳥鼎三
林　古芳
福山黙童

●岐阜県

真宗大谷派

吉谷覚寿
沼　僧淳

臨済宗

虎渓潭海
東海大株

浄土真宗本願寺派

小川果斎

●三重県

浄土宗

田中孝誉
吉水幽誉

天台宗

金鎖広貫

臨済宗

林　道永

●滋賀県

曹洞宗

諏訪周禅

浄土宗

本多霊堅

天台宗

上村教観

浄土真宗本願寺派

藤島了穏

●京都府

浄土宗

秋浦定玄
養鸕徹定
太田廓空
樹下信戒
日下俊州
酒井俊一
獅子吼観定
杉山清運
大門了康
堀尾貫務
松波泰成
山本儼識
山本良観
吉水恭空

真宗大谷派

阿部恵行
荒木源理
小田仏乗
大谷光瑩
楠　潜竜
小山憲栄
鈴木法琛
名和宗瀛
長谷川楚教
日野沢依
一二三尽演
福田覚城

真言宗

楠　玉諦
佐伯旭雅
三条西乗禅
釈　隆灯
新羅義憲
菅　覚阿
別所栄厳
森岡寿算

楞厳院秀盛

臨済宗

少林梅嶺
代山藍山
鈴木子順
常澄石門
前田誠節
南方正憶
良縁寺元明

浄土真宗本願寺派

赤松連城
阿満得聞
篠原順明
前田荷香

天台宗

中山玄航
村田寂順

曹洞宗

不二門眉柏

日蓮宗

福田日曜

●大阪府

真宗大谷派

江邨秀山
利井鮮明
榛間法住

浄土宗

佐藤説門
土方霊存

浄土真宗本願寺派

利井明朗

真言宗

石橋雲来
榛間銕蕉

臨済宗

蘆　匡道

●和歌山県

真言宗

上田照遍
浦上隆応
獅岳快猛
服部鏤海
原　心猛
守野秀善

浄土真宗本願寺派

北畠道竜

天台宗

蘆津実全

臨済宗

山口仏石

●兵庫県

真宗大谷派

佐治実然

●山口県

曹洞宗

滝　断泥
洞水実山

真宗大谷派

香川黙識
弘中唯見

浄土真宗本願寺派

大洲鉄然

浄土宗

山本大善

●島根県

真宗大谷派

山本貫通

●愛媛県

真言宗

薗　竜灯
土宜法竜

●大分県

真宗大谷派

小栗憲一
小栗栖香頂
藐姑射徳令
平野五岳

●長崎県

真言宗

阿度霊光

●熊本県

曹洞宗

福山堅高

真宗大谷派

加藤恵証

●福井県

真宗大谷派

渥美契縁
篠塚不着
北方　蒙

南条文雄

●石川県

真宗大谷派

石川舜台
七里恒順

●富山県

真宗大谷派

金浦正弘
河崎顕成

●新潟県

真宗大谷派

井上円了
前波善孝

曹洞宗

大道長安

●青森県

日蓮宗

協　日熙

●山形県

浄土真宗高田派

本多澄雲

居士

●東京都

青木貞三
秋月新太郎
伊東洋二郎
井上貞廉
大内青巒
大沢自適
佐々木東洋
佐藤精一郎
清水純畸
信夫恕軒
世良太一
田島任天
高橋泥舟
富岡無隠
鳥尾得庵
広瀬進一

山岡鉄舟

●京都府

今立吐酔
桜井能監
平井金三
平野恭三
堀内静宇

●大阪府

阪口　鋉

●神奈川県

山東直砥

●鹿児島県

町田久成

●山口県

河瀬秀治
石郁貞一
安川繁成

●福島県

于河岸貫一

●静岡県

青山　徹
石坂周造
萩倉耕造

●鳥取県

岩佐大道
河合清丸
高橋由蔵

●宮城県

斎藤運三
錦織剛清

●滋賀県

目賀田栄

●和歌山県

岡本柳之助

●千葉県

色川正一

●愛媛県

伊藤一郎

●新潟県

大橋佐平

●三重県

梅谷松彦
岡　逸平
山下治平

●愛知県

清水珊瑚
水谷忠厚

●島根県

長瀬登喜雄

外国人信仏家

●英国

ケンペロ
サトウー
サムエール
ジヨンス
ゼームスクラック
チヤンブレン
フエノロサ

●独国

シメキ
ビゲロー

●米国

ジヤッヂ
デヴア井ー
ブンスゴール

各宗管長

真宗
大谷派管長　大谷光勝
本願寺派管長　大谷光尊
仏光寺派管長　渋谷家教
興正派管長　華園沢称
高田派管長　常盤井尭熈
木辺派管長　木辺淳慈
誠照寺派管長　二条秀源
山元派管長　藤原善住

浄土宗
浄土宗管長　福田行誡
西山派管長　松山円随

臨済宗
天竜寺派管長　由利滴水
相国寺派管長　荻野独園
建仁寺派管長　岡田石窓
南禅寺派管長　勝峰大徹
妙心寺派管長　関　無学
建長寺派管長　霄　貫道
東福寺派管長　済門敬仲
大徳寺派管長　曹渓牧宗
円覚寺派管長　今北洪川

曹洞宗
曹洞宗管長　滝谷琢宗
同　畔上梅(ママ)僊(ママ)

禅宗
黄檗派管長　多々良観輪

天台宗
天台宗管長　大杉覚宝
寺門派管長　桜井敬徳
真盛派管長　率渓孝恭

真言宗
真言宗管長　松平実因

日蓮宗
日蓮宗管長　小林日昇
妙満寺派管長　山岬日暲
興門派管長　高橋日恩
八品派管長　桃井日憙
本隆寺派管長　日下部日祥
不受不施派管長　釈　日心

時宗
時宗管長　武田義徹

華厳宗
華厳宗管長　鼓坂存海

融通念仏宗
融通念仏宗管長　秦　教忍

法相宗
法相宗管長　千早定朝

第三節　「現今緇流竜象一覧」の編集

明治二十年代には、当時活躍していた名僧や居士が一覧できる一枚刷が数種刊行された。私が拝覧したり取得して確認できたものは、杉本尚正編「明治名僧居士一覧」（明治二十年十月刊）、小沢吉行編「明治僧鑑居士一覧」（明治二十一年十一月刊）、本間賢三編「洞家紛擾両党大相撲」（明治二十五年四月刊）などがある。

私は「現今緇流竜象一覧」を手に入れた。これは活版の一枚刷で、著者は大高文晋（京都市醒ケ井松原下ル）である。明治二十二年六月二十九日印刷、七月一日出版で、寺田栄助（京都市綾小路柳馬場西入）が印刷兼発行者になっている。また、大売捌として永田調兵衛（京都花屋町西洞院西入）、西村九郎右衛門（京都東六条下数珠屋町）、明田嘉七（京都寺町通蛸薬師下ル）の名があげられており、京都において編集し発行されたものであることが明らかになる。編集方針について著者は、

夫レ大日本全州ニ碩徳高僧ノ住在シ玉フヤ其数無量ナリ。焉ゾ浅々タル探訪ヲ以テ僅々ノ一紙上ニ掲ゲ尽スヲ得ンヤ。遺漏最モ多シ。唯伝聞ノ便宜ニ随テ九牛ガ一毛ヲ記スル而已。且ツ位次ノ順序学徳ノ優劣ハ詳細ニ弁別シ難キヲ以テ前后混乱タルベシ。伏テ乞観者憤懣ノ念ヲ起シ玉フコト勿レ。

といっており、当時の碩徳、高僧のすべてをあげることはできないため、漏れた人は多く、しかも位の順序や学徳の優劣なども弁別し難く、前後が混乱しているともいう。

内容は「各宗専門学師」「各山法将」「当時雄名家」「事務名望家」「別格」「教観余興」「各宗法尼」「明律家」「当世明哲」「漢学家」と項目が分類され計四四八名があげられており、それに在家の「居士護法家」「特別有信家」の計九十名があげられている。

「各宗専門学師」は各宗の宗学者や仏教学者があげられており、性相、華厳、唯識、倶舎、禅学などの一七〇名である。

「各山法将」は各宗派の大本山、総本山の住職で五十七名があげられる。

「当時雄名家」は各宗の雄弁家五十六名があげられる。

「事務名望家」は各宗の事務に長けた五十六名があげられている。

「別格」は各宗において別扱いされる三十名、「教観余興」は各宗において教学以外の和歌、詩歌、書画、茶道などに秀でた二十八名、「各宗法尼」は浄土、日蓮、臨済各宗の代表的な尼僧十五名、「明律家」は天台、真言、浄土、日蓮各宗における持律僧十四名、「当世明哲」は当時の代表的学僧十二名、「漢学家」は各宗において漢学に秀でた十名があげられている。

本一覧にあげられた人の多い宗派順にあげてみると、第一は浄土宗一二六名、真宗一一〇名、真言宗五十三名、日蓮宗五十一名、臨済宗三十八名、曹洞宗三十一名、天台宗二十一名、時宗八名、黄檗宗六名、融通念仏宗二名、華厳宗、法相宗各一名となる。

一方、「居士護法家」は各地方における居士の護法者計六十名、「特別有信家」は各地方において寺院へ特別の寄進を行ったり、仏教関係に携わっている業者などである。東京、京都の各二十四名をトップに、大坂の八名、尾張の四名、神戸、伯耆の各三名などと続いている。これらの結果を表で示すとつぎのようになる。

真	臨	曹	日	時	黄	計
37	16	19	18	5	2	170
9	9	2	11	2	1	57
18	1	1	8		2	56
19	5	3	3			56
4	2	1	6	1	1	30
7	1	3	1			28
	4		1			15
			2			14
9		1				12
7		1	1			10
110	38	31	51	8	6	448

ヒゴ	ヒャウゴ	ミノ	ヲハリ	リクゼン	シモフサ	ヤマト	大ツ	ビッチュウ	アフミ	イヅモ	ヨコハマ	計
1	1	1	1	1	1							60
			3			2	1	1	1	1	1	30
1	1	1	4	1	1	2	1	1	1	1	1	90

	華	法	天	言	浄	融
各宗専門学師			7	17	49	
各山法将	1	1	6	7	7	1
当時雄名家			1	15	10	
事務名望家			2	6	17	1
別格				1	14	
教観余興					16	
各宗法尼					10	
明律家			4	6	2	
当世明哲			1	1		
漢学家					1	
計	1	1	21	53	126	2

	東京	京都	大坂	神戸	ハウキ	タンバ	サツマ	ナガト	アキ	イナバ	イハシロ	カゞ	キイ	トサ
居士護法家	18	13	5	3	3	2	2	2	1	1	1	1	1	1
特別有信家	6	11	3											
計	24	24	8	3	3	2	2	2	1	1	1	1	1	1

第四節　「現今緇流竜象一覧」における人名

つぎに、各項目ごとにあげられた人名をながめてみよう。そのため各項目の中を宗派ごとに区分して、さらに五十音順に配列した。「居士護法家」と「特別有信家」は各地方ごとに区分して五十音順に配列した。

各宗専門学師

天台宗

宗乗　赤松光映　京都
宗乗　石泉信如　近江
宗乗　奥田貫照　東京
宗乗　金鎖広貫　伊勢

宗　乗　光栄純映　東京
宗　乗　桜木谷慈薫　東京
宗　乗　坊城皎然　近江

真言宗

一乗家　阿度霊光　肥後
華厳部 天台部　上田照遍　南都
性相部　上野相憲　東京
性　相　浦上隆応　紀伊
性　相　解良教俊　下総
華厳部　楠　玉諦　京都
法相部　高志大了　東京
性相部 華厳部　金剛宥性　京都
性　相　権田雷斧　越後
性相部　佐伯旭雅　京都
性　相　斎藤道識　ムサシ
宗　乗　釈縕律厳　アハ
性　相　船岡芳勝　越後
性　相　密門宥範　紀伊
性　相　森　雪岳　紀伊
性相部　瑜伽教如　越後
華　厳　連　存教　遠江

浄土宗

宗　乗　青井俊法　カヾ
宗　乗　石原円純　京都
倶　舎　井上玄真　ナガト
宗　乗　越智専明　松前
法　相　大鹿愍成　三河
宗　乗　大野法音　シマ
宗　乗　大町善誉　越前
倶　舎　加藤智玉　大坂
宗　乗　勝山普明　播磨
宗　乗　金子正順　イヅミ
宗　乗　神谷大周　京都
宗　乗　木村純導　リクゼン
宗乗漢学　北川舜竜　越前
倶舎部 天台部　勤息義城　京都
性相部　黒田真洞　東京
宗乗漢学　桑門秀我　イヅモ
他　部　近藤亮厳　摂津
他部漢学　酒井俊一　尾張
倶　舎　沢　了玄　大和
宗　乗　柴田慈慶　尾張
宗　乗　柴田性善　ヲハリ
宗　乗　釈　典礼　ブンゴ
宗　乗　多田祥空　ハリマ
宗　乗　伊達立海　東京
宗　乗　高砂覚道　播磨
宗　乗　滝　善教　ミノ
唯　識　琢誉梵阿　加賀
性　相　千原善誉　河内
倶　舎　土川善徹　東京
天台部　野上運海　周防
宗　乗　橋本玄琢　近江
宗　乗　服部諦道　京都

倶舎 林 弁我 尾張
宗乗 久田倣道 播磨
宗乗 広安真随 武蔵
宗乗 淵江朴誠 ハリマ
宗乗 真野順戒 東京
他部漢学 町元呑空 京都
宗乗 水谷演達 ミノ
唯識 道重信教 ナガト
宗乗 三長察静 アフミ
唯識 安田健導 ムツ
宗乗漢学 柳沢迎存 京都
宗乗 山下現有 京都
華厳部 法相部 山本儼識 南都
宗乗 山本大善 安芸
宗乗他部 結城文遊 ブンゴ
性相部 吉川戒誉 摂津
宗乗 渡辺円応 ヲハリ

真宗

性相部 阿満得聞 京都
倶舎 生田得能 エッチウ
宗乗 池田研習 東京
唯識 池原雅寿 越中
宗乗 占部観順 京都
華厳部 小栗栖香頂 東京
法相部 加藤行海 伊勢
宗乗 加藤忍厳 伊勢
唯識 加藤法城 ヲハリ
宗乗 桐渓印順 越中
倶舎部 楠 潜竜 京都
因明部 雲英晃曜 三河
性相部 小山憲栄 紀伊
宗乗他部 斎藤聞性 加賀
宗乗 志津里徳隣 豊前
宗乗 七里恒順 筑前
宗乗 白松義象 長門
倶舎 杉原春洞 ヲハリ

倶舎 瀬辺恵灯 ミノ
宗乗 武田行忠 京都
宗乗他部 調 雲集 三河
宗乗 東陽円月 豊前
宗乗 利井鮮明 摂津
宗乗 名和宗瀛 美濃
宗乗 蓮 弘鎧 アフミ
宗乗 原口針水 肥後
一乗家 日首得忍 大和
法相部 広陵了栄 近江
他部 福田霊瑞 ミノ
倶舎部 藤井玄樹 安芸
唯識部 細川千巌 尾張
宗乗 松野正遵 京都
宗乗 松山大現 イセ
宗乗 水原宏遠 近江
法相部 物部義肇 京都
天台 吉谷覚寿 美濃

法相　竜末法幢　イハミ

臨済宗

禅学　今川貞山　駿河
禅学　柏樹潭海　美濃
禅定家　河野伽山　京都
禅定　栖川興巌　京都
禅定　菅　広洲　京都
禅学　関　鼇巓　尾張
禅定　高木竜淵　京都
禅学　東海万友　美濃
禅学　東海文彙　ミノ
禅学　常澄石門　京都
禅学　鳥居廉渓　ミカハ
禅定　中原東岳　京都
禅学　円　越山　ブンゴ
禅学　三関定真　ブンゴ
禅学　安住松雲　イヅモ
宗乗　吉田祖晋　ブンゴ

曹洞宗

禅定　濤　聴水　尾張
性相　折居光輪　甲斐
禅学　笠間竜跳　ヲハリ
禅学　古知智乗　スルガ
禅学　児玉石鳳　サガミ
禅定　白鳥鼎山（ママ）　遠江
禅定　信叟仙受　飛驒
禅学漢学　須和文孝　イナバ
禅学　滝　断定　長門
宗乗　谷森隆興　リクゼン
禅学　辻　顕高　甲斐
禅学　南木国定　エチゴ
禅学　西野石梁　イナバ
禅学　福永毫千　イナバ
禅学　福山黙童　ミカハ
禅学漢学　古田梵仙　尾張
禅学　星見天海　相模
禅定家　森田悟由　加賀
禅学　山本天柱　因幡

日蓮宗

宗乗　浦上純哲　カヾ
宗乗　風間随学　京
宗乗国学　協　日煕　陸奥
宗乗　久保田日亀　下総
宗乗　小林日華　京都
宗乗　児玉日容　備前
宗乗　阪本日桓　上総
宗乗　谷　海淑　東京
宗乗　津川日済　越前
宗乗国学　長松清風　近江
宗乗　成島隆康　カヅサ
宗乗　錦織日航　上総
宗乗　御牧現喜　京都
宗乗　御牧現随　アフミ
宗乗　妙高日海　大坂

宗　乗　物部日巌　駿河
宗　乗　桃井日高　淡路
宗乗漢学　脇田尭惇　甲斐

時宗

宗　乗　稲葉覚道　京都
宗　乗　小林仏眼　東京
華厳部　河野往阿　摂津
宗　乗　河野説冏　ミカハ
天　台　玉樹遊楽　京都

黄檗宗

禅　学　佐伯宝山　大坂
禅　学　高津柏樹　東京

各山法将

華厳宗

東大寺　鼓阪荐海　南都

法相宗

興福寺　園部忍慶　南都

天台宗

曼殊院　石室孝暢　京都
西教寺　率渓孝恭　近江
比叡山　大杉覚宝　近江
青蓮院　三津玄真　京都
妙法院　村田寂順　京都
三井寺　山科祐玉　近江

真言宗

醍醐寺　大原演護　山城
泉涌寺　鼎　竜暁　京都
高野山　獅岳快猛　紀伊
勧修寺　菅　覚阿　京都
東　寺　別所栄厳　京都
智積院　松平実因　京都
長谷寺　楞厳院秀盛　大和

浄土宗

円福寺　太田廓空　三河
金戒光明寺　獅子吼観定　京都
増上寺　秦　義応　東京
知恩院　日野霊瑞　京都
粟生光明寺　松山円随　洛西
誓願寺　山本観純　京都
禅林寺　吉水恭空　京都

融通念仏宗

大念仏寺　秦　教忍　摂津

真宗

新門跡　大谷光瑩　京都
東本願寺　大谷光勝　京都
本願寺　大谷光尊　京都
錦織寺　木辺淳慈　近江
専修寺　常盤井尭煕　伊勢

誠照寺	二条秀源	越前
興正寺	華園沢称	京都
証誠寺	藤原善住	越前
仏光寺	微妙定院	京都

臨済宗

妙心寺	蘆　匡道	京都
円覚寺	今北洪川	相模
相国寺	荻野独園	京都
南禅寺	勝峰大徹	京都
東福寺	済門敬仲	京都
建仁寺	斎藤竜関	京都
大徳寺	曹渓牧宗	京都
建長寺	霄　貫道	鎌倉
天竜寺	由利滴水	嵯峨

曹洞宗

總持寺	畔上（ママ）梅仙	能登
永平寺	滝谷琢宗	越前

日蓮宗

妙満寺	板垣日映	京都
妙蓮寺	稲葉日穏	駿河
本国寺	岩村日轟	京都
本満寺	工藤日淳	京都
蓮永寺	小林日慈	駿河
本門寺	鈴木日霑	駿河
本能寺	日種日応	京都
本禅寺	古谷日新	京都
身延山	三村日修	甲斐
頂妙寺	水野日顕	京都
本成寺	守　日演	越後

時宗

金蓮寺	浄阿真成	京都
藤沢寺	武田義徹	相模

黄檗宗

万福寺	多々羅観輪	宇治

当時雄名家

天台宗

水谷仁海	備前

真言宗

青鹿秀栄	東京
青木宥如	安房
青木栄豊	安房
伊佐弁盈	武蔵
泉　智等	阿波
小川叡応	東京
小川照円	大和
釈　興然	相模
中小路聖源	下総
中谷範寿	河内
中村忠直	東京
三神快運	越後
森　大運	阿波
好山隆俊	伊予

和田大円　備前
浄土宗
川合梁定　京都
桑原説音　信濃
小林大承　京都
佐藤大道　越後
杉山泰成　東京
大門了康　京都
富田大闡　丹波
平野雅凉　尾張
水野貫竜　筑後
吉岡呵成　京都
真宗
伊藤大忍　東京
今川覚神　加賀
江村秀山　大坂
加藤恵証　肥後
加藤正廓　東京

佐治実然　東京
鈴木法深　摂津
寺田福寿　東京
土岐善静　東京
中山理実　東京
一二三尽演　加賀
平松理英　東京
弘中唯見　安芸
藤嶋了穏　近江
前田恵雲　伊勢
宮部円成　近江
柳　祐心　東京
劉　潮　尾張
臨済宗
釈　宗演　相模
曹洞宗
林　古芳　駿河
日蓮宗

佐野前励　東京
清水梁山　東京
釈　鳳運　東京
墨　了玄　東京
野口義禅　東京
本田日生　東京
本間海解　東京
守本文静　甲斐
黄檗宗
大谷黙了　東京
進藤祖梁　東京

事務名望家

天台宗

中山玄航　近江
彦坂湛孝　上野

真言宗

岡村亮善　東京
長　宥匡　紀伊
釈　玄猷　京都
服部鑁海　阿波
原　心猛　紀伊
吉堀慈恭　東京

浄土宗

阿川念達　東京
阿土尭海　長門
秋浦定玄　越前
朝日琇宏　東京
慈　彦孝　丹後
五島宣暢　京都
清水禅純　大坂
常住霊穏　伊賀
高岡貞定　京都
竹川弁中　東京
智相堅雄　京都
法山英惇　京都
北条弁旭　東京
本多霊賢　近江
三星善応　東京
山寄英幢　信濃
吉水賢融　和泉

融通念仏宗

梅原霊厳　大和

真宗

安藤竜暁　伊勢
石上北天　東京
石川舜台　加賀
稲垣湛空　伊勢
梅原　譲　羽前
小田仏乗　京都
大洲鉄然　長門
奥　有譲　京都
香川葆光　長門
金尾楞厳　安芸
金松空賢　山城
小林什尊　尾張
里見了念　京都
篠塚不着　越前
篠原順明　京都
武田篤初　和泉
利井明朗　大坂
秦　法励　筑前
八淵蟠竜　肥後

臨済宗

沖津忠室　磐城
釈　暁宗　京都

鈴木子順　兵庫
前田誠節　京都
南方恵繁　京都

曹洞宗

在田彦竜　越前
石川素堂（ママ）　近江
不二門眉柏　山城

日蓮宗

有田日影　摂津
藤原日迦　相模
牧田日禧　上総

別格

真言宗

高岡増隆　紀伊

浄土宗

泉　諦音　京都
養鸕徹定　京都
奥　了寅　紀伊
久保了寛　武蔵
獅谷仏定　京都
釈　尭寛　嵯峨
田中孝誉　伊勢
林　定賢　三河
堀尾貫務　京都
松濤泰成　東京
矢吹良慶　磐城
籔内得彦　河内
山田弁承　三河
吉水良祐　相模

真宗

大谷勝尊　京都
渋谷達性　東京
長谷部円祁　伊勢
日野沢依　京都

臨済宗

少林梅嶺　京都
関　無学　美濃

曹洞宗

西有穆山　遠江

日蓮宗

板倉日盛　東京
小林日昇　越後
釈　日禎　京都
富士日霊　駿河
福田日曜　京都
山岬日暲　上総

時宗

河野覚阿	甲斐

黄檗宗

林　道永	肥前

教観余興

浄土宗

和　歌	礒谷孝空	三河
能書和歌	梅渓霞栖	京都
詩　文	大眉専称	京都
能　書	櫛田定融	京都
茶　道	佐々木法空	和泉
詩　文	里見円瑞	大坂
能　書	沢　真海	東京
能　書	利光弘空	紀伊
仏　画	新妻霊俊	東京
和　歌	拝郷蓮茵	京都
詩　家	菱田諦賢	京都
能書美術鑑定	福田循誘	東京
茶　道	本郷寛明	京都
和　歌	真野観堂	東京
俳　諧	柳沢迎本	信濃
書　画	吉田蕉巌	石見

真宗

詩　家	小川果斎	美濃
画詩書	平野五岳	豊後
数学理学	福島徳雄	美濃
数学理学	藤井最澄	山城
画　家	帆山唯念	伊勢
文章家	松平竜舟	尾張
能　書	水原慈音	近江

臨済宗

詩　家	大矢鄧嶺	京都

曹洞宗

詩　書	蘆浦黙応	摂津
文章家	慤　大機	美濃
詩　家	高岡白鳳	常陸

日蓮宗

文章家	太田淳厚	東京

瑞竜寺　村雲日栄　京都

各宗法尼

浄土宗

教育家　内田貞音　東京
教育家　大橋良縁　尾張
善光寺　勧修寺勇心　信濃
和光寺　久我誓円　大坂
三時知恩寺　近衛祥貞　京都
教育家　菅沼教瑞　信濃
教育家　西脇正運　播磨
教育家　深谷秀戒　尾張
光照院　万里小路皎堂　京都
教育家　輪島聞声　松前

臨済宗

総持院　石川明道　京都
宝鏡寺　東坊城周筠　京都
曇華院　庭田慈廉　京都
大聖寺　樋口慈綱　京都

日蓮宗

明律家

天台宗

岩佐普潤　近江
上村教観　京都
桜井敬徳　近江
山田妙雲　東京

真言宗

阿度妙厳　京都
釈　雲照　東京
釈　隆灯　京都
村田尋玄　京都
和田覚樹　京都
和田智満　京都

浄土宗

杉山大運　三河
深見志運　三河

日蓮宗

毘尼薩台巌　京都

山本日諦　筑後

当世明哲

天台宗
蘆津実全　紀伊
真言宗
土宜法竜　讃岐
真宗
赤松連城　京都
渥美契縁　加賀
井上円了　東京
北畠道竜　紀伊
島地黙雷　東京
菅　了法　石見
徳永満之　尾張
南条文雄　越前
村上専精　三河
曹洞宗
原　坦山　東京

漢学家

浄土宗
漢　学　中園玉全　京都
真宗
漢　学　稲葉道教　美濃
漢　学　小野正已　摂津
漢　学　大賀賢励　伊勢
漢　学　唐川　徹　京都
漢　学　花山大安　伊勢
漢　学　藐姑射貫之　筑後
漢　学　藐姑射徳令　筑後
曹洞宗
漢学道教　紫安石雲　丹波
日蓮宗
漢　学　石浜日勇　東京

居士護法家

東京
秋月新太郎
厚木頼矩
伊藤洋治郎
小原正雄
大内青巒
何　礼之
桑原啓一
佐々木東洋
信夫恕軒
田島象二
高橋泥舟
辰巳小二郎
棚橋一郎
鳥尾得庵
広瀬進一
本荘宗武
松下丈吉
安川繁成
京都
大久保彦三郎
巽　義知
中安信三郎
西座自然
野口覚兵衛
野口善四郎
英　立雪
平井金三
堀内静宇
溝口市治郎
宮寄玉緒
森井国雄
山添直治郎
大坂
荻野芳造
河谷清鑑
中江篤助
西村天因
山田俊卿
カウベ
菟道春千代
目加田栄
脇　種熊
ハウキ
明里千賀蔵
河合清丸
藤本十郎
タンバ
富永冬樹
平野恭三
サツマ
町田久成
盛　幽惺

ナガト
石村貞一
河瀬秀治
アキ
岡　無外
イナバ
高橋由蔵
イハシロ
于河岸貫一
カヾ
清水一郎
キイ
岡本柳之助
トサ
北代正巨
ヒゴ
中西牛郎
ヒャウゴ
岡部于城
ミノ
野口翠蓮
ヲハリ
水谷忠厚
リクゼン
斎藤運三
シモフサ
色川誠一

特別有信家

京都
青山長祐
明田宗光
石田三五郎
小川多左衛門
下間庄左衛門
杉浦利貞
膳　仁三郎
竹村藤兵衛
内藤源三郎
林　立守
村田義道
東京
浅倉久兵衛
勝　安房
桜井能監
堤　邦義

内藤耻叟
中村正直
ヲハリ
伊藤治郎左衛門
中島弘毅
成田久助
大坂
大庭卯右衛門
島名太一郎
松浦善右衛門
大和
税所　篤
平田　好
大ツ
小林正五郎
ビッチウ
大橋五郎
アフミ
多羅尾新吾
イヅモ
石橋孫市
ヨコハマ
高嶋嘉右衛門

結論

本書は二篇十六章百節で構成した。「第一篇　近代曹洞宗教団の出発と各種制度の形成」では、明治維新から明治十一年頃までの各種制度の形成と展開を明らかにした。「第二篇　両山協調期の動向と諸問題の対応」では、明治十二年より同二十四年頃までの曹洞宗の動向やキリスト教およびコレラ予防にたいする諸問題、「宗制」の編成とその背景などを考察した。

そこで、明らかになった内容を各章ごとに述べてみるが、それは序論において解明しようとした目的の結果ということができる。そして最後に、今後に残された課題などをあげておきたい。

「第一篇　近代曹洞宗教団の出発と各種制度の形成」の「第一章　近代曹洞宗教団の出発」では、明治維新により新しく近代曹洞宗教団が出発した時の体制や制度、宗門機構の組織作り、教学の近代化を推進し「禅学」としての研究が始まって出版された著作、著者、出版社などを概観した。

「第二章　碩徳会議と總持寺独住一世栴崖奕堂」では、明治元年に開かれた碩徳会議の内容や東京裁判の沙汰により永平寺を総本山と称することの取り消しと解釈した總持寺側の動向を栴崖奕堂を中心としてながめた。また、奕堂の語録や伝記資料も明らかにした。

「第三章　両山盟約と永平寺の動向」では、明治期最初の宗門概要書といえる『曹洞宗原問対』の内容と原坦山が記述したと考えられる曹洞宗の大意から明治初期の曹洞宗教学をながめた。また、坦山の伝記と仏教研究についても明らかにした。永平寺側の動向をながめ、六十世臥雲童竜の示寂日に異説のある理由を明らかにし『遺稿』についても考察した。さらに、明治五年に取り結んだ両山盟約書の内容と大蔵省の裁断についても考察を加えた。

「第四章　久我環溪をめぐる諸問題」では、永平寺六十一世久我環溪の伝記や著作、環溪密雲か密雲環溪かの号諱問題、それに禅師号問題をとりあげた。明治五年二月の勅賜号不降賜による永平寺監院からの密雲環溪禅師と勅賜の絶学天真禅師との両呼称が後世に伝承されたことを「公文録」司法省之部㊁六八六などから明らかにした。

「第五章　宗教行政機関と僧侶の世俗化」では、明治前期における政府の宗教行政機関の変遷をながめ、つづいて教部省より教導職に補任された僧侶や神仏合併大教院の機関紙「教会新聞」が大教院廃止後、民間の事業となって「明教新誌」と改題し発行されたことを考察した。また、三条教則にたいする曹洞宗の解説書も紹介した。さらに、明治五年四月の太政官布告第一三三号の肉食妻帯蓄髪等自由の布告と壬申戸籍に伴う僧侶の苗字および族籍を復帰させ俗人と同じ待遇にした政府の姿勢を明らかにした。

「第六章　各種制度の形成と展開」では、明治期の間、托鉢を停止する普達が続いていたことや寺院住職になる時、伽藍二脈（大事・血脈）の重授の廃止、服制規程など各種制度の形成と変遷をながめた。『法服格正』が松本藩の廃仏毀釈に利用されたことや僧服が改良されたのは洋服の影響ながらも、実益的には和服の着物によって改良されたことを明らかにした。

「第七章　第一次末派総代議員会議と議決事業」では、明治八年十一月十五日に開かれた第一次末派総代議員会議の内容や議決された事業を明らかにした。その一つの「曹洞宗教会条例」は一宗一派単独の教会、結社の条例の先駆的なもので、曹洞宗は教会、結社により教線拡張にいち早く着目した。その例として敲唱会を紹介した。また、辻顕高は曹洞宗が近代社会に適応できる教団となるため、民衆が安心する手引書を作っていることも明らかにした。

「第二篇　両山協調期の動向と諸問題の対応」の「第一章　両山盟約書の再訂と両祖の称号」では、明治十二年二月二十五日に両山盟約書を鞏固にして交わした背景を明らかにし、両祖の称号と両祖の忌日が統一された理由を考察した。また、道元禅師に承陽大師号の宣下されるまでの経過を公文録により明らかにした。

「第二章　畔上楳仙の總持寺貫首就任までの経緯」では、明治十二年八月二十四日に示寂した總持寺独住一世栴崖奕堂の後任に畔上楳仙が就任するまでの経緯を考察した。永平寺に所蔵する「明治十三年貫首投票綴」の資料的価値を明らかにし、四説ある貫首就任日を一応、内務省より辞令のあった明治十三年二月六日が正式であったことを考察した。

「第三章　キリスト教への対応」では、明治政府のキリスト教にたいする政策をながめ、仏教側からキリスト教を排撃した人や著作を明らかにした。曹洞宗では吉岡信行、大内青巒、能仁柏巌、足立普明らが排撃書を著わしており、彼らの伝記や著作から排耶論を明らかにした。

「第四章　第二次末派総代議員会議とコレラ予防の対応」では、明治十四年十月十一日に開かれた第二次末派総代議員会議の議事内容を明らかにした。とくに「本末憲章」が発布され、曹洞宗は両山一体、本末一致の体制が整った教団になったことを考察した。同十年から同十二年頃に流行したコレラの予防にたいする政府の論解にたいして、注釈書やコレラ予防を説く教筵の様子を明らかにした。

「第五章　護法会と第三次末派総代議員会議」では、明治十五年五月に設立された護法会の目的や寄附金の管理などをながめた。また、同二十二年十一月に開催された第三次末派総代議員会議の決議した曹洞宗基本財産に関し、護法会金の始末により生まれた有志会の活動も明らかにした。しかし、護法会金は有志会解散と久次米銀行の破産によってなくなった。

「第六章　曹洞宗教育機関と僧侶の権利の請願」では、明治八年五月二日、神仏合併大教院の解散により曹洞宗専門の教育機関を設置することになった。そして専門学本校、支校が開設されていった過程を明らかにした。また、徴兵令の改正に伴う僧侶の兵役免除請願や参政権を獲得することになった運動をながめてみた。

「第七章　「曹洞宗宗制」の編成とその背景」では、明治十八年五月に内務省より認可された「曹洞宗宗制」の編成した背景をながめた。また、六十二世青蔭雪鴻について、久我姓へ改姓されなかった理由や雪鴻の記した題辞、序、跋文を明らかにした。つづいて六十三世滝谷琢宗が創定した「大本山西堂及後堂任免規則」の成立背景を考察し、大学林のテキストになった辻顕高の『参同契宝鏡三昧纂解』の注釈書をながめてみた。そして一種の仏教革新運動であった大道長安の救世教についても考察した。

「第八章　滝谷琢宗伝の異説と永平寺への晋住」では、永平寺六十三世滝谷琢宗の伝記の異説を考察し、宗政家、宗乗家としての功績と活動を明らかにした。また、永平寺後董選挙にまつわる世論も紹介できた。

「第九章　明治前期の名僧と居士」では、明治前期に活躍した各宗の名僧や居士が一覧できる一枚刷を紹介した。その中、「明治名僧居士一覧」と「現今緇流竜象一覧」をとりあげ、各資料の特徴と価値を考察した。

以上、二篇十六章百節で明らかになった要点を述べた。本研究は明治前期の明治二十四年頃までに生まれた曹洞宗の諸問題や異説にたいし、新資料をとり入れて解明した。ただし、通史でないため、年次は前期に区分されるがとりあげられていない課題もある。例えば『洞上行持軌範』や『曹洞教会修証義』の編纂などである。これは故意でなく、資料調査が途中であったり未調査のため考察を進めることができなかったためである。したがって、その課題は後期の最初にとりあげたく考えている。

いずれにしても、曹洞宗は永平寺、總持寺の抗争と協調を繰り返しながら近代化が進んでいった。明治二十五年に起きた總持寺分離事件は、その最大の問題であったろう。背景や関連の一部を本書で追究したが、詳しくは後期の研究で解明し将来の曹洞宗の教訓と指針としたい。

後記

私が明治期曹洞宗の研究を行うようになったのは、昭和五十五年に迎える大本山永平寺二世孤雲懐弉禅師七百回大遠忌を前に、百年前の明治十一年の同禅師六百回大遠忌にあたり、懐弉禅師顕彰に活躍した拙寺二十八世白鳥鼎三の研究を行ったことに始まる。『白鳥鼎三和尚研究』（昭和五十七年六月　第一書房）の「後記」に研究するきっかけなどは詳しく書いたが、鼎三の研究により研究が急速に進んだことは確かである。

その後、明治期永平寺の歴代禅師の年回忌が毎年あり、その歴代禅師語録の刊行委員に永平寺より任命された。そして昭和五十八年九月に久我環溪の語録を刊行して以来、青蔭雪鴻、森田悟由、滝谷琢宗、臥雲童竜と続き、研究のできたことはまったく幸運であった。刊行委員に推薦して下さった吉岡博道氏（静岡県正泉寺住職）、熊谷忠興氏（大本山永平寺傘松会編集部長）には深く感謝している。研究成果は学会誌や諸雑誌などに発表したが、とくに熊谷氏から「傘松」誌に平成二年九月から「近代曹洞宗の歴史」と題して百回連載の機会を与えていただいた。八年半の連載により、私の明治期曹洞宗の研究方法は確立していったのである。すなわち横関了胤『曹洞宗百年のあゆみ』（昭和四十五年一月　曹洞宗宗務庁）を横に置き、明治期を編年体で進め横関氏のとりあげた問題や新しく出てきた諸説などに新資料をとり入れて解明しようとしたのである。したがって、本書は拙稿「近代曹洞宗の歴史」を中心に学会誌、研究紀要、雑誌、宗教新聞へ寄稿したものを編集した。そのため章で大きくまとめられているが、各節ごとにとりあげた問題の結論を出している。

本書は、明治前期における曹洞宗の歴史と諸問題を考察した。引き続き同二十五年以後の「明治後期曹洞宗の研究」も刊行する予定である。さらに、江戸後期の曹洞宗古規復古運動を中心とした研究も「江戸後期曹洞宗の研究」と題して世に問い、私の近世・近代曹洞宗の研究を完成させたい。

私が本書の成るまでの研究を続けてこられたのは、多くの先生方、諸先輩、学友の御指導と御鞭撻があったからにほかならない。その学恩に心から感謝の意を表したい。また、私の研究のために資料調査や資料提供下さった大本山永平寺、大本山總持寺、大本山總持寺祖院をはじめ全国関係諸寺院御住職の方々にも深く感謝申し上げたい。さらに関係資料の閲覧や複写に関しては国立公文書館、国立国会図書館および同憲政資料室、東京大学の明治新聞雑誌文庫、明治仏教史編纂所の蔵書を管理している慶応義塾大学斯道文庫、成田図書館、駒沢大学図書館、愛知学院大学附属図書館をはじめ多くの機関から便宜を図っていただいた。お世話になった関係各位に厚くお礼申し上げたい。

本書の刊行に際しては法藏館社長西村七兵衛氏に御高配をいただいた。編集部の上別府茂、上山靖子の両氏には編集、校正でお世話になった。要旨や目次の英訳には清水義和氏（愛知学院大学教授）と高橋定代氏（元愛知学院大学図書館司書）の助力をいただいた。索引の作成及び資料蒐集には吉岡博瑞君をはじめ佐々木大心、阿部雄峰、荒井康彦、金森成裕、満目大善、小野崎大通、川口高裕ら諸君の協力も得た。現在では大本山永平寺、總持寺で弁道修行に精進している。ここに、みなさまに深く感謝の意を表する次第である。

最後に、今日まで私の研究生活を温かく見守り支えてくれた両親、荊妻、それに子供たちにも感謝の言葉を捧げたい。

平成十四年二月二十六日——早朝、長男高裕が修行のため永平寺へ向かった——

白鳥山法持寺南窓下にて

川口高風

A Study of Sōtō Zen Sect（曹洞宗）
Former Term of Meiji Era

By

Kōhū, Kawaguchi

Professor, Aichi Gakuin University

HŌZŌKAN

KYŌTO

2002

SUMMARY

Meiji Era was a changing period as to political, economical and social elements in Japanese history and a starting point of a modern central state. What is modernism is that Japan became the improved state from feudalism to capitalism or liberalism and the birth of a new state. With the new state, Buddhism's circumstance ought to have changed in order to be in response to the modern society. So it made an effort to arrange the new organization and the new dogma as the religious body, and then tried to become what was suitable in the modern civilization. If it could not adapted oneself to the modernization, the religious body would fall into its destruction.

I was interested Sōtō Zen Sect (曹洞宗) in Meiji Era for a long time. I certainly thought that my study developed from research of Sōtō Zen Sect in the Edo Era to the future field as the subject of my study, with the process of my study. Also, I thought that Meiji was the age that I had to study as the age that modern Buddhism founded the basement.

When I studied the human beings in the Meiji Era, I could find out autograph diaries (or documents), autograph letters and so on. If books, magazines, and newspapers were public histories, autograph diaries (or documents), autograph letters could be personal histories. They, however, personal memorandums and also they were not what someone wrote, with the aim that they would publish in the later period. Therefore, they were included with many personal feelings. So there were different cases between opinions of a public history and personal opinions, or quite exact opposite opinions appeared. It was a natural phenomenon. For examples, there were different opinions in the autobiographies of Kuga Kankei (久我環溪), Azegami Baisen (畦上楳仙) and Takiya Takushū

（滝谷琢宗）. I would try to study them.

My way of the study to find the truth is to consider the documents of a personal history by comparing with the former books. If I wouldn't examine them by using the way, I couldn't find the truth. Also I believe that the truth exist between the documents of a personal history and the former books. Therefore, for example, it is said that there is the affair of both big temples Eiheiji & Sōjiji（永平寺、總持寺）that anyone mustn't study the secret reason why the grand head temple Dai Honzan Sōjiji（大本山總持寺）tried to be independent from the religious organization Sōtō Zen Sect, to be separated into two temples in those days. However, even if we dare to study the affair by comparing the documents of a personal history with the former books the way, anyone can't prohibit the study. Therefore, I think that the comparative study's way is very significant. Also we can find the future guideline that the modern religious organization of Sōtō Zen Sect should advance.

I think that we can divide the history of Sōtō Zen Sect in Meiji Era into two terms as to the study of Sōtō Zen Sect : the former period from Meiji 1 to Meiji 24, and the later period from Meiji 25 to Meiji 44. That is to say, the reason why I decided to divide the history of Sōtō Zen Sect in Meiji Era into two terms : the former period and the later period, is that the history of Sōtō Zen Sect changed after the affair of both big temples Eiheiji & Sōjiji.

I divide the former into two chapters in this book. First chapter's title is "Departure of modern Sōtō Zen Sect and Organization of the different systems" and it deals with the range from the term of Meiji 1 to the term of Meiji 11. Then, Second chapter's title is "Tendency in corporation of both big temples and Correspondence of different subjects" and it deals with the range from Meiji 12 to around Meiji 24. That is, in Meiji 12, they reexamined contract between both big temples Eiheiji & Sōjiji made in Meiji 5, and the term from

Meiji 12 to around Meiji 24 is the period before the affairs between both big temples Eiheiji & Sōjiji broke out.

I will clear the religious organization, Sōtō Zen Sect in the former term of Meiji Era. In the study, I will try to clear the former different opinions and the former different subjects by handling new documents of letters of a personal history. That is to say, anyone couldn't clear the former different opinions and the former different subjects by the former way of research. This book will deal with two chapters including 16 sections ranging of 100 parts.

CONTENTS

Explanatory Notes

INTRODUCTION

1. Manners & Aims of Study on the Text
2. Divisions of Research in Meiji Era & Method of Study on the Text

CHAPTER 1

The Departure of Modern Religious Organization Sōtō Zen Sect and the Formation of Different Systems

Section I The Departure of Modern Religious Organization Sōtō Zen Sect

1. The Restoration of Meiji and Religious Organization Sōtō Zen Sect
2. Modernization of Religious Sect's Organization
3. The Formation of Modern Religious Study and the Publication

Section II The Meeting of Those Who Got Learning and Virtue and Sengai Ekidō（栴崖奕堂）the First Priest of the Temple Sōjiji

1. The Opening of the Meeting of Those Who Got Learning and Virtue
2. Document Sōtōshu Okitegaki（曹洞宗掟書）Offered to The Government
3. The Instruction by Tōkyō Trial
4. The Letters of Ekidō in The Possession of the Temple Shōōji（聖応寺）
5. The Temple Keianji（慶安寺）in Tōkyō's Address of the Temple Sōjiji（總持寺）
6. System of One Priest of a Buddhist Temple in the Temple Sōjiji
7. The Analects of Ekidō and The Editors

8. The Documents of The Biography of Ekidō

9. Kiun Taijō（簣運泰成）of Candidates The First Priest of the Temple Sōjiji

Section III　The Pledge of Both Temples (Eiheiji & Sōjiji) and The Tendency of the Temple Eiheiji

1. Publication of “Sōtōshū Genmontai”（曹洞宗原問対）

2. The General Idea of Sōtō Zen Sect in Meiji 3

3. The Biological Documents of Hara Tanzan（原坦山）and The Lawful System

4. The Composition of “The Completes of Tanzan Oshō”（坦山和尚）and The Editor Shaku Goan（釈悟庵）

5. The Buddhism Study by Hara Tanzan

6. The Responsibility of Meiji Government

7. The Death of Gaun Dōryū（臥雲童竜）

8. The Manuscripts of Gaun Dōryū and Handwriting Manuscript’s Analects

9. The Action of Meiji Government and Ōtsuji Zesan（大辻是山）

10. “Ryōzan Meiyakusho”（両山盟約書）(the Writing of the Pledge of Both Temples) and the Judgment of Ministry of Finance

11. The Temple Daienji（大円寺）in Tōkyō’s Address of the Temple Eiheiji

Section IV　Different Subjects Concerning Kuga Kankei（久我環溪）

1. Short Biography of Kankei

2. A Few Anecdote of Kankei

3. Kankei’s Unpublished Treatise

4. Kankei’s Books and Preface and Epilogue

5. A Given Name of Kankei Mitsuun（環溪密雲）and Mitsuun Kankei（密雲環溪）

6. Kankei's Inauguration as the Chief Priest in the Temple Eiheiji

7. Problems of Zenji-Gō（禅師号）of Kankei

8. Problems of One's Name and Another Name of Kankei

9. Future Subjects on the Study of Kankei

Section V　Religious Administrative Organization & Secularization of Buddhist Priests

1. A Religious Administrative Organization in the Beginning of Meiji Era

2. Position of Kyōdōshoku（教導職）and Daikyōin（大教院）

3. Abolition of Positions of Kyōdōshoku & Lists of Kyōdōshoku

4. Bulletin of Daikyōin

5. A Guidebook of Sōtō Zen Sect on Manual of Sanjō Kyōsoku（三条教則）

6. A Secularization of Buddhist Priests by Government

Section VI　Formation of Different Systems and Development

1. Prohibition of Begging Bonze and its Opening

2. Abolition of Garanmyaku（伽藍脈）

3. "Hōbuku Kakushō"（法服格正）Utilized by Haibutsu Kishaku（廃仏毀釈）

4. Kokai Iryū（巨海意竜）and the Temple Zenkyūin（全久院）in Izumozaki（出雲崎）

5. Transition of Priest's Uniform System

6. Theory of Revision, Reform and Reconstruction of Priest' Uniform

7. Informal Priest' Uniform Reformed in Modernization

Section VII　The First Representative Members' Meeting of Mappa（末派）Sect and Decision of Enterprise

1. The First Representative Members' Meeting of Mappa Sect

2. An Accomplishment of Decided Enterprise and Salary on Office of Religious Affairs

3. Ordinances of Regulations of the Temples in Sōtō Zen Sect

4. Educative Introduction of Tsuji Kenkō（辻顕高）

5. Formation of Kōshōkai（敲唱会）

CHAPTER 2

Tendency in Period of Cooperation in Both Temples (Eiheiji & Sōjiji) and Correspondence of Different Problems

Section I Second Revision of Pledge Document of Both Temples and Titles of Both Founders (Dōgen & Keizan)（道元・瑩山）

1. Background of Second Revision of Pledge Document of Both Temples

2. Titles of Both Founders and Daishi-Gō（大師号）of Dōgen

3. The Time That He Called Himself Jōyō Daishi（承陽大師）by Official Document

4. Discussion of Name of Sōtō Zen Sect

Section II Details according to Inauguration as a President in the Temple Sōjiji of Azegami Baisen（畦上楳仙）

1. On the Next Priest in the Temple Sōjiji after Ekidō's（奕堂）Death

2. The Document Value of the Spelling of Election of Priest in the Temple Sōjiji Meiji 13

3. Different Opinions on the Inauguration Day of Baisen as a President in the Temple Sōjiji

Section III　Correspondence to Christianity

1. Reject Documents against Christianity
2. Reject Documents by Yoshioka Shingyō（吉岡信行）
3. Organizations of A Party of Sonnō Hōbutsu Daidōdan（尊皇奉仏大同団）
4. Enlightened Attitudes before Organization of A Party of Sonnō Hōbutsu Daidōdan
5. Autobiography of Ōuchi Seiran（大内青巒）at the Age of Forty–seven
6. Reject Documents after Affair of Confusion between Education and Religion
7. A Biography of Adachi Humyō（足立普明）
8. Adachi Humyō's Opinions against Christianity
9. Retort against Mukai Nanshin（霧海南針）by Nōnin Hakugan（能仁柏巌）
10. Takahashi Gorō（高橋吾良），Who Insisted That Mahayanist Buddhism Was Not Buddhism

Section IV　The Second Representative Members' Meeting of Mappa Sect and Correspondence of Anticholera

1. An Opening of the Second Representative Members' Meeting of Mappa Sect
2. Promulgations on Charter of Honmatsu Kenshō（本末憲章）
3. Sōtō Zen Sect Coping with Anticholera
4. A Ban of Courtesy of Praying of Kin en Kitō（禁厭祈禱）

Section V　The Meeting on the Defense of a Religion and the Third Representative Members' Meeting of Mappa Sect

1. Organizations of the Meeting on the Defense of a Religion and Basic Es-

tate of Sōtō Zen Sect

2. An Opening of the Third Representative Members' Meeting of Mappa Sect
3. Regulations of Basic Estate of Sōtō Zen Sect and Establishment of the Voluntary Meeting
4. The Voluntary Meeting Moving to Tōkyō Main Office

Section VI Organizations on Education of Sōtō Zen Sect and Petition on Right of Priests

1. Establishment and Development of Organization on Education of Sōtō Zen Sect
2. A Study of Revision of the Conscription Law（論改正徵兵令）by Hirao（平尾）or (Hirozu)（弘津）Sessan（説三）
3. Petition of Exemption Military Service on Priests
4. Movement of Acquisition of Priest Suffrage

Section VII Organization on Religious rules of Sōtō Zen Sect and the Background

1. Organization on Religious Rules of Sōtō Zen Sect
2. An Entry in the Kuga（久我）Family Register Change of Kuga Family Name by Aokage Sekkō（青蔭雪鴻）
3. Epigraphs, Preface and Epilogue of Sekkō
4. The Background of Assumption on Rules of Appointment and Dismissal of Seidō（西堂）and Godō（後堂）of Dai Honzan（大本山）
5. The Text for Daigakurin Sei（大学林生）; Sandōkai Hōkyō Zanmai Sange（参同契宝鏡三昧纂解）
6. The Reject Affair in Sōtō Zen Sect of Ōmichi Chōan（大道長安）

Section VIII Different Opinion of Biography on Takiya Takushū（滝谷琢宗）and Inauguration of a Priest in the Temple Eiheiji

1. Biographical Document on Takushū
2. Chronological Records of Conducts on Takushū
3. Different Opinions of Birthday on Takushū
4. Different Opinions on Eldest Son and the Second Son of Takushū
5. Different Opinions on Jugōshi（授業師）of Takushū
6. Distinguished Services of Politician as Priests and Revolution Policy of Sōtō Zen Sect
7. Books as Scholar on Religion
8. Prefaces and Postscript of Takushū
9. Two Books Reputed to be Book written by Takushū
10. Public Opinion on Election of the Next Position in the Temple Eiheiji
11. Organizations of Community of Religion on Sōtō Hushūkai（曹洞扶宗会）and Union with Community of Sōtō Kyōkai（曹洞教会）

Section IX Famous Priest and Buddhist Layman in the First period of Meiji Era

1. Structure of Famous Priest and Buddhist Layman of Meiji Era
2. Names of lists of Famous Priest and Buddhist layman of Meiji Era
3. Editing of Lists of Present Priests and High Priests Genkon Shiryū Ryūzō Ichiran（現今緇流竜象一覧）
4. Names of Lists on Present Priests and High Priests Genkon Shiryū Ryūzō Ichiran

Conclusion

Postscript

Index

English Table of Contents and Summary

索　　引

1．Ⅰ人名、Ⅱ書名、Ⅲ寺院名に分類した。
2．五十音順に配列した。
3．人名は同一人物であるが、資料によって異名の場合は別項を設けた。
4．寺院名のうち、頻出する永平寺、總持寺は省略した。

Ⅰ 人 名

あ———

青井俊法　763
青蔭雪鴻　25,35,148,152,160,187,198,233,253,255,256,321,323,325,327,328,363,365,367,369,381,383,385,388,391,394～396,398,401～403,408,410,411,414,417,418,426～428,437,492,503,525,556,573,608,651,653,654～659,661,685～687,710,728,734,780,783
青鹿秀栄　767
青木栄豊　767
青木貞三　757
青木宥如　767
青島興庵　389,397,402,484,529,563,709
青園謙三郎　343,366,377,427,428,660,749
青山徹　758
青山長祐　775
青山物外　294
赤沢亮義　563,565,570
赤松光映　204,754,762
赤松連城　453,756,773
阿川念達　29,667,708,769
秋浦定玄　755,769
明里千賀蔵　774
明田嘉七　760
明田宗光　775
秋月格禅　585,586
秋月新太郎　757,774
秋月種樹　34
秋野孝道　29,30
秋浜白林　289
秋山戒禅　481
秋山悟庵　30,91,92,192～194
秋山直峯　91
浅倉久兵衛　669,670,775
朝倉孝吉　11
浅田宗伯　379
浅野恵深　438
浅野斧山　30
旭琇宏　753
朝日琇宏　626,769
麻蒔舌渓　29,74,309,343,389,484,499,502,709,735
浅間俊英　381,388,390,401
浅見文繭　578,583,584
蘆浦黙応　389,771
蘆匡道　756,767
蘆津実全　756,773
東恵幷　615,670
東恵仁　670
安住松雲　765
畦上梅僊　759
畔上楳仙　5,29,62,191,217,256,269,288,314,364,378,381,388,390,391,394～396,408～420,445,446,459,460,480,489,492,525,562,582,585,589,608,617,639,648,651,682,683,686,688,689,692,707,711,716,719,731,733,736,767,779
安達達淳　29,51,52,125,127,133,281,309,401,421,575,578,582,585,589,592,597,678,749
安達達順　69
足立普明　29,454～458,460～462,467,473,577,578,582～585,593,595,596,779
厚木頼矩　774
阿土堯海　769
渥美契縁　452,453,757,773
阿度妙厳　772
阿度霊光　757,763
阿部恵行　755
阿部観竜　285
阿部顕瑞　412
阿部慎蔵　423
阿部善次郎　285
阿部太環　563,565,570
阿部浩　519
阿部豊後守忠秋　51
天城法運　389,420
天野静吉　583

天原素道 313
天藤全孝 100
阿満得聞 756,764
新井石禅 30
新居日薩 201,204,435,452,754
新井如禅 49,389,666
新井勇輔 87
荒木礒天 30,44,91
荒木源理 755
荒木宏智 400
有賀阿馬土 477
有賀火洲 297
有沢香庵 571,576,578,585,590
有栖川宮 158
在田彦竜 38,42,43,45,52,69,70,127,325,326,363,366,380,381,383,385,388,391,394,396～400,402,408,415,536,550,563,582,610,650,709,734,754,770
有田日影 770
在田如山 585
有田法宗 294
安藤佐平 654,656
安藤竜暁 769
安藤嶺丸 750
飯田利行 409,421
五十嵐慈幢 289
五十嵐絶聖 29,30
五十嵐仙嶺 578,585
生田得能 764
池田英俊 343,436,478
池田研習 764
池田有機 482
池田良範 482,502
池原雅寿 764
池村久兵衛 222
生駒円之 481,708
伊佐弁盈 767
石泉信如 762
石上北天 754,769
石川舜台 453,757,769
石川素堂 770
石川素童 29,62,485,692,708
石川明道 772
石川力山 678
石黒務 688
石坂周造 758
石城松童 575
石田三五郎 775
石月無外 679,689,690,718
石幣独雄 398
石橋雲来 756
石橋孫市 776
石浜日勇 773
石原円純 763
石原信 680,698
石原雅二郎 636,637
石郁貞一 775,758
泉諦音 770
泉智等 767
出雲寺文次郎 28,668
出雲寺文治郎 62,579,669,670
磯貝台湯 43
礒谷孝空 771
磯部武者五郎 455
板垣日映 767
板倉日盛 770
市川左近 475
市川団十郎 204
市川東崖 338
慈彦孝 623,625,769
井筒雅風 310
糸井大機 585
伊藤一郎 758
伊藤雲宗 485,486,640,649,650,730,734,739,745
伊藤喜平 284
伊藤俊道 29,575
伊藤治郎左衛門 776
伊藤仁兵衛 113
伊藤清九郎 669
伊藤泰淳 313
伊藤大忍 768
伊藤虎次郎 559
伊藤博文 150,348,410,412,505,657
伊藤峰宗 85,680
伊東洋二郎 309,459,680,705,750,757
伊藤洋治郎 774
伊藤良淳 431
稲垣湛空 769
稲田佐兵衛 276
稲葉覚道 766
稲葉五郎 559
稲葉道教 773
稲葉日穏 767
員弁応物 483
稲村久兵衛 270
稲村坦元 106
井上円了 92,423,425,454,757,773
井上馨 99,127,176～180,183
井上玄真 763
井上貞廉 757
井上順孝 520
井上泰岳 478,750
井上哲二郎 453,476
井上哲次郎 454,476,477
井上日也 753,754
猪俣全獅 482
今飯田本翁 313,397
今泉忠左衛門 310
今井鉄城 90
今川覚神 768
今川禅翁 289
今川貞山 754,765
今川勇禅 29
今北洪川 435,759,767
今立吐酔 758

今村金次郎　63,64
威力院義導　424
色川正一　758
色川誠一　775
岩倉具視　50,146,150,367,372,453
岩崎八百之亟　270
岩崎良悟　92
岩佐大道　758
岩佐普潤　772
岩下伴五郎　277
岩野真雄　634
岩村日轟　767
上坂倉次　245,250
上杉俊英　314
上杉瑞国　289,481
上田照遍　756,763
上田祖堂　402,482
上野相憲　754,763
上野瓶城　565,731
上林長左衛門　33
上村教観　755
植村正久　473,475,476
上村友吉　100
植本摂道　166
鵜飼常樹　29
鵜飼大俊　224,662
養鸕徹定　49,204,423,755,770
于河岸貫一　758,775
宇佐美賀山　585
宇田川玉端　298,301
宇田惣兵衛　669
内田貞音　772
内村鑑三　454
迂衲鶺鴒　732
梅沢松右衛門　280
梅沢良宥　289
梅渓霞栖　771
梅渓月潭　314,389
梅谷得暁　313
楳谷淂暁　399
梅林丈高　585
梅原薫山　425
梅原譲　769
梅原霊厳　769
梅谷松彦　758
浦上純哲　765
浦上隆応　756,763
卜里老猿　425,454
占部観順　754,764
禹隣　110,117
雲外恆喚　112
運照東岳　122
雲生洞門　49,283
永覚元賢　433,667
永祝貞順　134
慧可　357,358
奕堂　17,18,22,23,33～35,37,42,44～50,53,54,56,58,62,64～69,71,84,96,105,126～133,153,154,156～158,162,184,193,195,200,201,231,239,282,321,327,334,378～380,395,419
慧洪覚範　667
江阪法雲　575
江崎接航　661
江沢郭汪　559
柄沢智白　285
懐弉　151,164,367,372
悦参道欣　403
越山倫超　143
悦山魯教　144
エドキンス　423
江西芳洲　313
恵能　357,358
海老沢有道　475
江村秀山　768
江郁秀山　756
遠藤覚眼　585
遠藤仏眼　578,583～585
延命愚洞　112
近江寿山　401
応竜　115,116
大石恵達　285
大内俊　76
大内青巒　27～29,68,76,85,223,224,243,324,333,425,426,429,433,435,437～439,442,450,451,453,574,648,661,662,668,671,676,679,681,686,687,696,701,707,719,722,723,730～732,739,757,774,779
大江志乃夫　636
大賀賢励　773
大神透門　289,400,483
大鹿慇成　763
大木喬任　197
大久保道舟　371,377,678
大久保利通　134,369
大久保一　651
大久保彦三郎　774
大崎行智　146,156
大迫希雄　75
大沢興国　455
大沢自適　757
大沢新平　436
大沢大乗　148,187
大島孝三　687
大島天珠　667
大杉覚宝　759,766
大洲鉄然　452,756,769
太田廓空　755,766
大高文晋　760
太田教尊　454
太田淳厚　771
大谷光瑩　755,766
大谷光勝　204,759,766
大谷光尊　759,766
大谷勝尊　770
大渓雪巌　28,158,160,186,357,374～376,389
大渓泰童　481,565,570,626,627,735,739

大谷黙了　768
大辻是山　18,29,51,101,125,289,313,357,360,389,575,578,589
大辻童麟　58,101
大辻徳明　136
鴻春倪　223,224,233,234,289,426,563,725,739
鴻雪爪　17,18,23,32～37,43,44,48～50,103～105,127,136,165～167,193,197,205,233,234,426,427,435,660,661
濤聴水　314,381,388,391,708,735,765
大野珠孝　436
大野是三　666,708
大野法音　763
大庭卯右衛門　776
大橋五郎　776
大橋佐平　758
大橋甚吾　670
大橋良縁　772
大浜徹也　343
大原演護　766
大町善誉　763
大眉専称　771
大道英仙　676,678
大道晃仙　678
大道禅瑞　673,674,677
大道長安　29,672～674,676,687,753,757,780
大道本光　399
大宗俊山　289
大村宜方　445～447
大森弘三郎　277
大森大痴　313
大矢鄧嶺　771
岡逸平　758
小笠原豊隆　483
岡嶌真七　276
岡静済　403
丘宗潭　29,634
岡大愚　289
岡田宜法　30,719
岡田石窓　759
岡田泰明　29
岡田茂兵衛　276
岡部于城　775
岡部譲　223
岡無外　775
岡村竜善　754
岡村亮善　769
岡本監輔　455
岡本柳之助　758,775
小川叡応　767
小川果斎　755,771
小川見竜　661
小川広一　692
小川伍三郎　697
小川照円　767
小川すな　682
小川多左衛門　669,670,775
小川半平　692,693,699,700,703
小川彦左衛門　699
小川孫治郎　700
小川六左衛門　682,694,696,699,702,748
荻須梅信　85,680,696
沖津元機　198,293,327,385,400,401,403,408
沖津大象　51
沖津忠室　769
荻野独園　157,158,435,627,759,767
荻野芳造　774
奥尊厚　424
奥田貫照　762
奥野昌綱　475
奥博愛　634
奥村洞麟　11,377,597,598,711,718,746,748,749
奥山照子　223
奥有譲　769
小栗憲一　757
小栗栖香頂　757,764
奥了寅　770
長宥匡　769
大仏道存　375
押尾俊英　585,586
嫛大機　62,66～68,397,483,502,691,724,771
忍大薩　381,388,390,420
織田雪巌　696,724
小田仏乗　755,769
落合直亮　205
越智専明　763
尾辻応竜　58,101
鬼木沃洲　223
小野義海　289
小野正己　773
小野石斎　49
小原鉄心　49
小原正雄　774
面渓愚道　397
折居光輪　29,765

か――――

海外亮天　286
快向正暾　90
快洲正悦　90
慨癡道人　424
快中俊雄　327
回天慧杲　140,141,143,160,162,163,187,188
晦堂義秀　266
海南忘筌漁史　233
戒本孝全　65
解良教俊　763
快竜　281
戒鱗　104,168
臥雲童竜　18,32,34,35,37,43,45,51,54,57,58,76～78,95,100～107,125～127,

133～136,144,165,167,168,175,185,189,192,193,778,783
香川葆光　769
香川黙識　756
垣上縁　425
廓庵泰応　52
覚巌実明　467
覚仙坦山　86,87,142
角田真平　583,585
覚峯素宗　55,71
風間随学　765
笠松戒鱗　148,692
笠間竜跳　27,28,397,463,708,765
峨山韶碩　79,89,125,720
梶川乾堂　29
梶田勘助　668,670
勧修寺勇心　772
春日玄峰　398
華叟正蕚　90
片岡賢三　670
勝木堪宗　550
活山　36,37
克全実道　53
勝峰大徹　759,767
勝安房　775
勝山普明　763
桂小五郎　72,73
加藤恵証　297,298,757,768
加藤鑽二　416
加藤行海　764
加藤正廓　754,768
加藤精神　634
加藤智玉　763
加藤咄堂　29,30,425,426,451
加藤忍厳　764
加藤法城　764
加藤亮天　313
金浦正弘　757
鼎竜暁　766
金沢泰山　585
金山貫苗　29,58,59,61,62,68,153,579,595
金山主黄　389
金尾楞厳　769
金子正順　763
金子大安　285
金鎖広貫　755,762
金松空賢　769
狩野白堂　357,358
樺山資雄　513
神方新五左衛門　270
神先宗八　28
神成泰倫　313
上村教観　772
神谷大周　223,753,763
神谷篤倫　30
蒲生大珎　402
萱森弥助　285
唐川徹　773
唐沢貞次郎　273
何礼之　774
河合清丸　758,774
河谷清鑑　774
川合梁定　424,768
川口義照　250
川口高風　31,75,194,250,309,310,377
河崎顕成　757
川崎仙洲　289
河瀬秀治　758,775
河村鴻川　327
川村曹瑞　445,447
喚応　282
寒巌義尹　185
環溪密雲　17,22,23,25,34,35,37,84,85,103～105,126～130,132,133,135,138,140,148,149～154,156,158～192,194,195,200,201,205,206,231,233,239,321,327,367,651,687,710,778
観月徹禅　90
喚光義運　142
神崎一作　454
韓退之　16
神田月泉　401,675～677
観道　119
官堂金牛　272
鑑法　17,34,37
貫明祖珊　682,690,701
関浪磨塼　89
虚菴普門　117
義雲　112
簣運泰成　55,71,98
祇園寺禅棟　389
菊池大仙　29,409,711,749
規矩惟孝　389
岸沢惟安　30
義順　33
岸和田一雄　29
北方蒙　757
北川舜竜　763
北代正巨　775
木田韜光　29,461,571,576,578,583,585
喜谷良道　565,569
北野元峰　30,100,289,389,396,529,565,569,590,626,627,692,709,725,735
北野玄峰　754
北畠通城　655～659
北畠道竜　753,756,773
北畠茂兵衛　276,426,436,437
木田余鶴仙　29
北山絶三　398,482,487,488,528,529,534,535,550,551,558,563,709,730,734,739
吉丈　114
吉川悦隆　678
橘僊　17,34,37
木津忠光　289
狐崎霊道　482

木津無庵　29
鬼頭祖訓　425
木戸孝允　49,50,73
杵淵勲　674
木下吟竜　623,626,627
木下寂善　634
樹下信戒　755
黄備即法　314
木辺淳慈　759,766
木村茂　520
木村純導　763
木村文明　28,324,670
木村嘉次　474,478
義門良孝　142
逆水洞流　266
義雄　115
久国正良　90
久山正雄　90
九鼎大呂　705
杞憂道人　423
喬運碩叟　144
胸海祖胆　116
京璨　87,88
協日熈　757,765
玉洲大泉　266
玉泉玄竜　90
清岳智童　402
桐渓印順　764
金華山人　731
勤息義城　763
金霊泰竜　141
久我環溪　5,24,138,145,156,158,163,172,185,189,190,193,315,323,348,362,366,369,371,372,394,395,443,480,485,492,525,573,651～653,655,657,658,677,778,783
久我孝天　585
久我誓円　772
久我雪鴻　655,659,660
久我祖参　401
久我建通　145,147,158,163,651～653
久我通久　147,158,651～659
愚慶　36,37
日下俊州　755
日下部日祥　759
櫛田定融　771
櫛笥日光　670
久次米庄三郎　526,611,614
久次米兵次郎　526,609,611,614
葛藤北仙　385,397～400,408,573
楠玉諦　755,763
楠敬順　627
楠潜竜　755,764
久住秋策　655,659
久須美秀三郎　284
工藤日淳　767
窪川旭丈　307,634
久保田日亀　754,765
久保道仙　289
久保了寛　770
熊谷忠興　74,250,681,704,783
熊沢泰禅　47
雲英晃燿　424,754,764
グリーン　475
栗生佩弦　424
栗木智堂　294
栗田浅三郎　670
栗田東平　28
栗原恒　277
栗山泰音　67,69,75,188,207,245,306,307,343,597,661
来馬逐道　29,296,304,305,307～310,634,680,706
黒田真洞　753,763
黒柳助九郎　51
桑門秀我　763
桑原啓一　774
桑原説音　768
桑原探底　312,400
桑山月窓　285
郡司博道　139,162,165～167,170,171,173,174,184,188,192,377,659
瑩山紹瑾　57,79,89,129,161,187,267,350,351,354,355,358～360,366,367,491,715,718,721
月喚滄洲　48
月江正文　89
月舟正初　90
月窓道詢　122
月潭全竜　269,683
傑堂能勝　375
堅光　113
元綱　269,281,286
源蔵　179
玄瑞　17,34,35,37
玄透即中　32,113,266,267,269
ケンペロ　758
玄峯　286
乾峯泰元　71
賢了　114
玄齢　17,34,36
玄楼奥竜　91
悟庵雄道　94
小泉了諦　303
肎庵　18,34,37
肯庵　168,189
光栄純映　763
劫外壺春　90
光戒大輝　412
高岸　282
肎閑信行　477
光国舜玉　283
高志広覚　220
高志大了　754,763
江寂円月　688

興宗　36,37
宏宗　37
興宗禅隆　142
郷純造　22,126,184
光紹　100
康全　692
黄泉無著　270
豪潮　270
上月禅月　312
鴻池善右衛門　526
河野往阿　766
河野覚阿　771
河野伽山　765
河野省三　229,250,277
河野説冏　766
孝芳　134
孝明天皇　86
孤雲懐弉　4,89,146,185,783
巨雲竜蟠　90
後円融天皇　376,728
巨海意竜　271,272,282,285,
286
国瑞玄隆　141
小熊広道　285
虎渓潭海　755
鼓坂存海　759
鼓阪荐海　766
後嵯峨帝　174
小崎弘道　423
小沢浩　520
小沢吉行　442,753,759
顧三　116
小鹽闇童　585
児島硯鳳　691,719
吾宗正察　90
後醍醐天皇　16,33,77,84,
376,728
児谷玉鳳　754
児玉石鳳　765
児玉日容　765
古知知常　29,246,313,483
古知智乗　765
小塚仏宗　341
五島宣暢　769
近衛祥貞　772
小林什尊　769
小林正五郎　776
小林新兵衛　276
小林是純　754
小林大承　768
小林智眼　459,585
小林哲竜　285
小林日慈　767
小林日華　765
小林日昇　759,770
小林仏眼　766
孤峰烏石　310
孤峰智璨　30,31,35,46,66,
127,136,153,380
孤峰白巌　709
枯木吟竜　119
小松万宗　402,482,500,502,
739
米屋茂兵衛　141
小森宗二　20,26,87,94
小山懿教　313
小山憲栄　755,764
小山兼峰　585
小山準平　474
後陽成帝　77
上郎孝八　596
金剛宥性　763
権田雷斧　763
近藤純悟　634
近藤禅答　314
近藤亮厳　763

さ———

西郷隆盛　72,134
斎藤運三　573,758,775
斎藤喚山　402
斎藤吾一郎　446
斎藤禅洞　585
斎藤道識　763
斎藤聞性　764
斎藤竜関　767
済門敬仲　759,767
佐伯旭雅　755,763
佐伯宝山　766
阪井守道　397
酒井俊一　755,763
酒井日慎　634
境野黄洋　30
榊原得宗　219
阪口五峰　680
阪口鋹　758
坂口満宏　478
坂千秋　636,637
阪本日桓　765
坂本竜馬　72
盛幽惺　774
魁沢重　735
鷺谷護城　634
佐久間貞一　224
祥雲晩成　634
桜井佳十郎　559
桜井敬徳　759,772
桜井秀雄　10,12,678
桜井清次郎　136
桜井大典　461
桜井匡　423,424,453
桜井能監　371,758,775
桜井吉松　455,474
桜木谷慈薫　763
佐々木珍竜　29,461
佐々木東洋　757,774
佐々木法空　771
佐々木魯法　398
笹先卍瑞　692
佐々仙翁　446
佐治実然　425,438,756,768
佐田介石　424,435
貞方良助　423
佐竹澄禅　507
佐竹ふり　436
貞包俊竜　289

サトウー　758
佐藤桂随　139,152,172,190,191
佐藤玄豁　313
佐藤精一郎　757
佐藤是山　285
佐藤説門　756
佐藤大観　313
佐藤大道　768
佐藤大忍　575
佐藤鉄額　30,483
佐藤騰雲　578
里見円瑞　771
里見了念　769
佐野前励　768
サムエール　758
鮫島静造　49
沢真海　771
沢宣嘉　72
沢了玄　763
三条実愛　197
三条実美　72,74,158,216,217,367,372,453
三条西季知　72
三条西乗禅　755
山東直砥　758
三遊亭円朝　204
椎名宏雄　309
椎名大由　258
獅岳快猛　756,766
直芽　117
直指　684
直指一秀　289
竺舜孝　389,484,488,498～502,534,535,550,551,558,559,686
竺山黙禅　30,482
指月慧印　252,433,667
重信常憲　609
重松仏魔　399,482
獅子吼観定　755,766
宍戸璣　145,197,209
至淳孝岳　53
四条隆謌　72
獅谷仏定　770
七里恒順　757,764
実際勝堂　142
志津里徳隣　764
実山栄禅　89
実仙　286
実存磨甎　585
実明　282
品川請逸　692
品川弥次郎　369
篠塚不着　757,769
篠原順明　756,769
信夫恕軒　757,774
柴田慈慶　763
柴田性善　763
司馬遼太郎　3
志比大溪　288
渋谷家教　759
渋谷信次郎　63
渋谷達性　770
島玉岡　313
島地黙雷　16,23,208,209,423～425,435,452,453,754,773
島津光久　133
島名太一郎　776
清水一郎　775
清水珊瑚　758
清水純畸　757
清水禅純　769
清水梁山　753,754,768
シメキ　758
下間庄左衛門　775
下村泰中　289,436
釈雲照　435,754,772
寂円　112,116,119,371
釈尭寛　770
釈暁宗　769
釈玄猷　769
釈悟庵　90～92
釈興然　754,767
釈薩水　369
寂室堅光　140,162,188,270
釈緇律厳　763
釈宗演　92,192,768
寂潭俊竜　683
釈典礼　763
釈日心　759
釈日禎　770
釈鳳運　768
釈隆灯　755,772
ジヤッヂ　758
授翁宗弼　369,370,372
春翁宗英　140
俊山全猊　133
浄阿真成　767
勝安　286
昌庵悏丰　689
翔雲　134
祥雲湛宗　142
常円　175
静焉　129
墻外道人　58,59
正巌恵順　140
省己逸外　144
正僊　17,34,36
松濤天巌　140
聖徳太子　477
昌隆　121
章鱗　112,115,123,124
少林梅嶺　756,770
諸岳奕堂　25,188,323,348,362,371,380,443,608
ジヨンス　758
白石弘道　559
新羅義憲　755
調雲集　764
白松義象　764
代山藍山　756
真応齢準　682
信行肯閑　477
心光海印　134

信叟仙受　765
心長　683
進藤祖梁　768
榛間銕蕉　756
榛間法住　756
新見吉治　250
親鸞　372
瑞雲　134
瑞岡珍牛　269
瑞芝　103,104
瑞峰　109,113
末村玄雄　289,389
菅覚阿　755,766
菅広洲　765
菅殿寿　754
菅沼教瑞　772
管村茂右衛門　134
菅了法　754,773
栖川興巌　27,28,157,164,
358,389,765
杉浦重剛　454
杉浦利貞　775
杉原春洞　764
杉原禅苗　585
杉本道山　565
杉本尚正　75,218,219,249,
750,751,759
杉山真竜　443
杉山清運　755
杉山大運　772
杉山泰成　768
鈴木子順　756,770
鈴木正光　313
鈴木天山　29
鈴木日霑　767
鈴木範久　475,478
鈴木法琛　755
鈴木法深　768
鈴木雄秀　461
スタイシェン　476
須原屋茂兵衛　436,437
須原量坪　507
鷲見独秀　314,399,482
墨了玄　768
諏訪周禅　755
須和文孝　765
清岩　286
青眼漁長　732
青松魯宙　111
ゼームスクラック　758
関川独応　285
石窖　70
関皐作　455
関鼇巓　755,765
石室孝暢　766
関松宗　507
関無学　369,759,770
石梁　174
是山　18,32,39,58,104,105,
111,127～129,133,134,
136,168,175
雪菴玄朗　144
絶海　376
雪巌　36,37,158,163,282
雪巌棟門　283
拙産　136
絶山天如　90
雪主　140
雪竇重顕　667
雪峰大嶺　142
雪嶺正瑞　90
瀬辺恵灯　764
世良莞一　75
世良太一　757
梅崖奕堂　21,22,32,55,58,
59,66,366,372,378,467,
683,684,686,703,707,724,
777,779
旃崖奕堂　144,146,153,162,
188
仙外太嶺　143
禅海霊竜　73,74
千巌実道　467
禅機　59,61,62
禅牛　33
千家尊福　435
禅孝　286
全之　282
千準　32,33
千丈実巌　433,667
千嶂秀山　90
善積祖東　113
善長泰伝　113
善長弁竜　113
膳仁三郎　775
泉明　673
闡明　124
禅竜　673
曹契証宗　143
僧牛　50
曹渓慧能　79,375,727
曹渓牧宗　759,767
曹山　374,376
曹山本寂　373
宗仲道　565,569
象峰　140,162,188
相馬崇禅　753
宗万年　289
素戒　109,113
祖覚省拙　458
祖学咄宗　109
祖光来禅　266
祖鼎周岳　142
祖庭柏禅　142
率渓孝恭　759,766
袖岡素雄　398
祖道　266
曾根莫道　389,397
園部忍慶　766
園円霊巌　626,627
園山樵穏　425
薗竜灯　756
空韻懐宥　313

た———

大安麟乗　148

諦印愚観　458
台雲全孝　119
泰栄　70
大円俊道　683,692
大円瑞峰　110,134
台翁　36,37
諦応良観　92,94
大覚来禅　143
諦巌桂察　133
大貫良鉄　285
太愚　170
太元浩道　53
退吾　170
大耕国元　134
大晃明覚禅師　100
大薩　114
泰山富岳　705
大樹　673
大俊元機　53
泰成　54,55,71～74,105
大成寛道　52
大拙　134
泰禅　122
大仙活勇　53
大達　53,126
大達義能　53,125,126
大智　162,188
大中京璨　89
泰澄　123
大徹円洲　529
大転昌隆　109,112
大訥愚禅　682
大如　59,61,62
大門了康　755,768
大用大機　142
大楽源太郎　73
大量　142
泰禀　118～120,124
大林正通　90
高岡増隆　770
高岡貞定　769
高岡白鳳　389,396,483,503,708,735,739,771
高閑者盧道　289,400,708
高木権太郎　715～717,749
高木忍海　389,482,502
高木竜淵　765
高楠順次郎　6,11
高倉一音　397,483
高崎覚成　313
高砂覚道　763
高島大楝　559
高島米峰　307
高島養麟　635
高嶋嘉右衛門　776
高杉晋作　73
高瀬得髄　289
高田道見　29,30,58,86
太賀努　270
高津柏樹　766
高橋五郎　457,465
高橋吾良　423,466,467,469,473
高橋定坦　30
高橋禅竜　585
高橋泰順　401,483,735
高橋泥舟　757,774
高橋日恩　759
高橋三左衛門　475
高橋黙仙　389
高橋由蔵　758,775
鷹林冷生　388,396,665,666,692,708,716
高原曹洞　289
高原常豊　622
高松弘宗　285
高美甚左衛門　276,277
田上霊猛　670
高山全得　51
多紀安叔　20,26,94
滝善教　763
滝断定　765
滝断泥　28,313,381,388,391,484,670,756
滝谷琢宗　5,25,29,62,67,68,100,131,138,146,156,164,187,198,233,288,321,322,324～327,363,365,369,377,379,381,383～385,388,390,391,394～403,408,410～412,414,415,420,452,459,484,492,502,503,528,529,533～535,550,551,556,557,562,564,572,573,578,580,582,583,590,597,608,622,639,648～651,660,662,665,667,670,676,679,684,687,693,695,696,699,701,706～708,710～712,714～716,718～739,745,746,748,759,767,780,783
琢誉梵阿　763
田倉岱洲　204,205,249,739
武井随芳　483
武井亮光　481
竹内禎十郎　277
竹内道雄　31,347,377,520,675,678,697
岳尾泰忍　313,389,536,550,558,650,666,683,708,734
岳尾泰苗　536,542,550,558,650
岳尾来尚　635
竹川弁中　769
武川弁中　753
武田義徹　759,767
武田行忠　764
武田金牛　397
武田信玄　133
武田泰道　29
武田篤初　769
武田攵国　754
竹原俊峯　289
竹俣明山　289

竹村藤兵衛　775
田崎達雄　634
田崎竜参　431
田島象二　424,774
田島任天　757
但木土佐　451
多田賢順　754
多田公巌　754
多田祥空　763
多々羅観輪　767
多々良観輪　759
橘得順　412,413
田付泰舜　575,585,596,692
達淳　52,53,127,282
達順　70
竜末法幢　765
辰巳小二郎　438,439,774
巽義知　774
達門桂宗　142
伊達立海　763
伊達霊堅　626
田中空印　559
田中月璨　314,389
田中毛野又太郎　475
田中孝誉　755,770
田中智学　753,754
田中頼庸　204,233,435
棚橋一郎　774
谷海淑　765
谷垣省拙　481
谷森隆興　765
玉置円宗　481
玉樹遊楽　766
玉滝舟洲　313
玉村竹二　161,187
圭室諦成　310
田村顕孝　327,485,534,535,
539,550,551,558
田村大機　666,667
田村万安　314
多羅尾新吾　776
達磨　81,112,118,119,122,
285,357～359,373,374
単道雄伝　92
湛然　121
丹霊源　29
竹門　59,61,62
智元　286
千坂高雅　415,416
智相堅雄　769
千葉文山　571,578
千早定朝　759
千葉良寿　285,403
千原善誉　763
チヤンブレン　758
潮海良音　53
長泉祥雲　111,113
珍牛　113,269,270
通幻寂霊　89
通眼大円　143
津川日済　765
月江元貞　313,396
月夜戒菴　578,585
辻金太郎　223
辻顕高　28,148,156,327,
334,338,363,366,381,383,
385,388,390,394,402,408,
433,484,563,608,609,616,
617,639,654,656,661,667
～669,682,687,710,730,
732,734,754,765,780
辻善之助　15,250
土川善徴　763
土谷温斎　58,63,67,691,724
土屋詮教　7,11
土屋忠雄　11
都築霊源　314
堤邦義　775
常澄石門　756,765
常光浩然　750
角田忠行　272,277
翼竜童　28,662
津山天然　289
津山藤吉　285
津山又平　285
鶴沢古鏡　401,481,708
鶴田亀吉　280
鶴原道波　426～428,437
鼎三　17,34,36,37,103,104,
157,163,188,189,231
提宗元綱　269,270,286
底祖学　313
鉄英　34
鉄牛　123
徹通義介　89,110,111,116,
119,185,293,
鉄面清拙　233,426
鉄雄泰関　72
デヴア井ー　758
寺岡哲心　285
寺島得一　28,670
寺田栄助　760
寺田福寿　204,754,768
伝翁　17,34,37
天外石橋　388,400,482
天外来応　49
天桂伝尊　141,148,155,161,
433,667
天産雷童　46
天叟慶存　109,112
天南正青　90
天目恒川　667
天竜　123
天令文応　198,327
東江祖伝　682,690
董戒　32,37,123,134
道海　117
東海大株　755
東海万友　765
東海文彙　765
棟岳石梁　144
東岳天慧　117
透関　36,37
道鳩　143
洞猊活宗　56
道謙　122

道元　45,57,77,81,84,89,128,129,141～148,150,151,171,174,185,263,267,269,270,289,340,354,355,358～360,365～367,369～372,375,376,383,491,640,651,658,677,705,715,779
東江祖伝　684,701
道光文山　147
洞山良价　79,373,375,727
童寿　35～37
洞水実山　756
等随大象　53
道波　428
童邦　134
東陽円月　764
童麟　134
同嶺　114
富樫黙恵　424
土岐善静　754,768
土宜法竜　756,773
常盤井尭煕　759,766
徳応　112
徳川家康　133
徳川慶喜　72
徳巌養存　266
得船　143
篤中回玄　313
徳富猪一郎　423
徳永満之　773
徳光松隆　373～375
徳山真宗　481
常住霊穏　769
登坂久平　694
戸沢春堂　426,536,550,558,559,692
利井鮮明　756,764
利井明朗　756,769
外嶋福三郎　622
利光弘空　771
戸田惟仙　399,483
戸田光則　16,270,271,281
咄宗　113,117
菟道春千代　774
利根川尚方　446
外岡茂十郎　11
土肥祥童　403
富岡無隠　757
富田実英　593,594
富田大闡　768
富永仲基　465
富永冬樹　774
富永有隣　73
豊田武　154,231,250
鳥居廉渓　765
鳥尾得庵　29,425,435,757,774
鳥海道悟　508
嫩裔　127

な――――

内藤源三郎　775
内藤耻叟　425,455,776
内藤伝右衛門　276
霖玉仙　29,400,571,572,575,576,578
永井尚服　158
中井積善　465
中井蓬洲　400
中江篤助　774
長尾高岸　285
中尾瑞峰　389
中小路聖源　767
中島元右衛門　683
中島弘毅　424,776
中嶋繁雄　74
中条二郎　38,43
長瀬登喜雄　758
中園玉全　773
永田長吉　280
永田調兵衛　28,669,760
中谷範寿　767
中西牛郎　454,775
中西雄洞　634
中原東岳　765
長松清風　765
長嶺梁天　399
中村信次郎　425
中村泰心　75,100,106
中村忠直　767
中村福松　134
中村正直　776
長森良範　148,172,219,363,381,388,390,665,666,732
中安信三郎　774
中山玄航　756,769
永山盛輝　284,285
中山理実　768
長善玄朗　28,389
生洲観瑞　459
成川百衲　708
成田久助　776
成島隆康　765
名和宗瀛　755,764
南岳嬾庵　376
南木国定　27,313,382,388,390,575,608,683,709,732,765
南渓清曹　90
南渓和上　424
南条文雄　757,773
南部信近　284
南浦紹明　357
新島襄　423
新妻霊俊　771
二階堂義仙　513
西有穆山　27～29,95,162,164,188,236,243,246,269,314,338,341,343,381,388,390,391,394～396,420,484,485,486,528,529,607,608,665,692,708,717,724,732,738,754,770
西川須賀雄　223
西川象山　481,500,502

錦織剛清　758
錦織日航　765
錦小路頼徳　72
西座自然　774
西沢喜太郎　277
西三条季知　145
西田恭音　398
西野石梁　138,152,154,158,160,162,186,188,190～192,765
西浜正煕　223
西村九郎右衛門　760
西村俊鏡　585
西村天因　774
二条秀源　759,767
西脇正運　772
日首得忍　764
新渡戸稲造　92,192
如浄　81,371
庭欽令　397
庭田慈廉　772
丹羽仏鑑　29,754
忽滑谷快天　27,29,474
忽滑谷亮童　446
沼僧淳　755
根岸敬　270
根本茂樹　125,126,128,184,281
能華空音　425
能仁雲外　91
能仁義道　28,338,399,483,529,667
能仁柏巌　27,145,163,189,338,381,388,390,398,457,458,462,467,470,472,473,477,482,498,500～502,661,779
野上運海　763
野口覚兵衛　774
野口義禅　768
野口定山　484
野口翠蓮　775
野口善四郎　774
野口禅苗　483
野坂黙禅　666
野田黙中　313,585
野々部至游　28,575
野本恭八郎　677
法山英惇　769

は――――

梅岳文竜　116,118
梅巌恵宗　143
梅関其馨　109
梅渓周香　142
拝郷蓮茵　771
貝山閎賁　313
梅珠　286
梅淳　116,118
梅雪凌淳　106,107
梅峯竺信　263
萩倉耕造　758
白隠慧鶴　161
白翁良淳　430
柏樹潭海　765
白鳥鼎三　4,29,156,163,164,166,188,189,231,233,381,388,390,420,661,709,732,755,783
白鳥鼎山　765
柏堂雪巌　162
白峯樵夫　732
白竜　723
羽衣石単霊　313,389,400
橋本玄琢　763
芭蕉　123
蓮生観善　634
蓮弘鎧　764
長谷川観石　634
長谷川孝善　634
長谷川楚教　755
長谷川素光　285
長谷川天頴　314,398
長谷部円祁　770
秦慧玉　139,152,153
秦慧芳　289,666,667
秦義応　766
秦教忍　759,766
波多野出雲守義重　174
秦法励　769
服部空谷　31,35,49,75,136,194,249,477,478
服部元良　18,34,37,56,381,383,385,388,391,394,396～401,403,408,420,481,500,502,519,708,732
服部諦道　763
服部鑁海　756,769
花岡道光　375,376
華園沢称　759,767
英立雪　425,774
花山大安　773
林謙吉郎　691,739
林古芳　28,297,298,635,661,668,755,768
林定賢　770
林立守　775
林道永　755,770
林弁我　764
原円応　634
原口針水　764
原元衛門　86
原心猛　627,756,769
原田玄竜　87,90
原田碩天　90
原田せつ　90
原田八十八　90
原田隆司　90
原坦山　18～20,26～28,44,49,59,60,61,81,83～87,89～92,94,95,129,158,192,193,231,244,412,453,474,608,617,688,708,732,754,773,778
原妙順　508
盤珪永琢　371

蟠谷大竜　690
反正天皇　141
盤明　286
日置黙仙　313,338,482,487,
501,502,570,571,576,578,
585,590,592,709,731
東尾平太郎　633
東久世通禧　72,657
東洞宗　585
東坊城周筠　772
樋口慈綱　772
ビゲロー　758
彦坂湛孝　754,769
久内大賢　30
久田倣道　764
久田竜峰　29
土方久元　176,183
土方霊存　756
菱田諦賢　771
日種日応　767
毘尼薩台巌　772
日野沢依　755,770
日野霊瑞　766
眉柏祖禅　143,144,170
一二三尽演　755,768
微妙定院　767
日山柏禅　288
平井金三　424,758,774
平尾説三　618,620
平尾黙矣　482
平川肯庵　162,188,189,382,
388,391
平田篤胤　16,465
平田好　776
平野雅凉　755,768
平野恭三　758,774
平野五岳　771,757
平松福三郎　585
平松理英　754,768
平山米松　134
宏仏海　224,739
弘生如一　314
広岡宗田　585
広陵了栄　764
広瀬進一　757,774
弘津説三　29,30,565,575,
590,618,634
弘中唯見　756,768
広安真随　754,764
風外本高　26,53,87,91
笛岡自照　681
フエノロサ　758
深沢弘明　51
深沼亮光　289
深見志運　772
深谷秀戒　772
福島徳雄　771
福島正夫　11
福昌独参　113
福田覚城　755
福田行誡　81,95,201,204,
244,253,424,435,453,759
福田循誘　623,626,771
福田丹嶺　585
福田日曜　756,770
福田霊瑞　764
福永毫千　483,765
福山堅高　148,313,319,364,
382,388,390,483,485,486,
732,757
福山智仙　481
福山未道　402
福山黙童　29,74,376,377,
389,565,573,708,726～
728,755,765
福羽美静　197
冨山通国　142
藤井玄樹　764
藤井光全　403
藤井最澄　771
藤井勝音　585
藤井貞文　249
藤嶋了穏　424,425,454,755,
768
不二門眉柏　138,160,186,
399,482,500,502,570,571,
573,575～578,582,585,
592,709,756,770
富士日霊　770
藤本十郎　774
藤本全機　310
藤原善住　759,767
藤原長兵衛　272
藤原日迦　770
淵江朴誠　764
プチジャン　423
仏心　103,104
仏天応竜　119
普徹　122
舩岡芳勝　763
舟山江陽　451
ブラウン　475
古川円従　753
古川清林　585
古川碓悟　245
古田紹欽　94
古田梵仙　27,28,661,668,
670,765
古谷日新　627,767
文応　179
ブンスゴール　758
別所栄厳　755,766
ヘボン　475
忘形道人　731
法眼文益　667
宝山曹受　111
宝山梵成　28,400,483,662,
665,666,708
坊城皎然　763
北条弁旭　754,769
朴翁正淳　90
穆山瑾英　161,188
朴全　36,37
保志意竜　284
星見天海　389,412,519,563,
676,680,696,702,708,735,

765
細川覚峯　389
細川千巌　423,754,764
細川道契　30
細谷環溪　155,163,173,189,204,206,209,231,608
細谷勘四郎　140
細谷密雲　163
菩提達磨　84
帆山唯念　771
堀内静宇　758,774
堀尾貫務　755,770
堀治作　277
堀智音　284
堀麟童　148,389,708
梵戒　282
梵海正音　90
煩海筏舟　283
本郷寛明　771
本郷達宣　483
本荘宗武　774
本多玄旨　402
本多修理釣月　37
本多正憲　233
本田瑞円　425
本田日生　768
本田文八　676
本多祐護　754
本多庸一　476
本多霊堅　755
本多霊賢　769
本間海解　768
本間賢三　759

ま———

邁堂俊機　689,691
前田恵雲　438,768
前田荷香　756
前田誠節　756,770
前田与平次　56
前波善孝　757
前野良沢　52
真木恵哲　285
牧玄道　385,538,550
牧田日禧　770
牧野金助　51
牧野吉兵衛　276
増田恵印　615
増田金平　273,277
増田磐　275～277
増田万右衛門　270
町田久成　758,774
町元呑空　28,764
松浦善右衛門　776
松浦百英　30
松尾清次郎　583
松尾尊允　637
松方正義　217,256,639
松川階介　135
松川階助　134
松川甲斐介　179
松崎覚本　29
松下丈吉　774
松下芳男　636
松平伊豆守信吉　268
松平右京亮輝聴　268
松平実因　759,766
松平春岳　32,104,105,165
松平伯耆守宗秀　268
松平竜舟　771
松谷厚道　289
松田道之　370
松永大孝　403
松濤松厳　625
松濤泰成　770
松波泰成　755
松野正遵　764
松原見竜　327
松原衢　277
松本帯川　68
松山円随　759,766
松山高吉　473,475
松山禅苗　285
松山大現　764
真伝百錬　313
円越山　765
真野観堂　771
真野順戒　764
真野瑞応　285
万里小路皎堂　772
丸岡完爾　640
丸山英一郎　674
円山達音　288
卍山道白　263,266,723
卍岫道介　143
三浦兼助　457,459,669,670,753
三浦梧楼　296,303
三浦在六　463
三神快運　767
水上大舟　692
水口竜機　357
水島洞仙　536,543,550,557,558,564,568,573,590,650,690,734,745
水谷演達　764
水渓智応　438
水谷忠厚　688,758,775
水谷仁海　425,767
水野貫竜　768
水野左近将監忠精　268
水野禅山　401,436,482
水野大齢　399
水野澄　358,360
水野日顕　767
水野梅暁　29
水野霊牛　29,52,75,310,458,478,750
水原宏遠　764
水原慈音　771
瑞穂俊童　313,754
溝口市治郎　774
霄貫道　759,767
道重信教　764
三井海雲　357,577,578,582,585,593,594

密雲環渓　158～161,164～166,171～174,184～187,189,190,192,778
満岡慈舟　148,187,483,692,735
税所篤　776
三津玄真　766
三関定真　765
密天闇茂　90
密道応　204
三長察静　764
満林覚聞　585
三星善応　769,754
密門宥範　763
光山大童　692
皆川蛇鱗　425
皆川祖隆　396,481
南慧明　314
南方恵繁　770
南方正憶　756
南間月乗　635
峯観道　398
峰玄光　30,634
蓑浦雪湖　661
美原破宗　313
壬生基修　72
御牧現喜　765
御牧現随　765
三村義門　313
三村日修　767
宮城時亮　204
三宅正太郎　636,637
三宅雪嶺　92,192
三宅大賢　754
宮坂喆宗　31
宮嵜玉緒　774
宮原藤平　683,695
宮部円成　768
宮本隆範　634
妙高日海　765
明道　36,37
三好育道　563,672,673,739,745
三吉竹堂　363,378,380,416
無隠退吾　143
無関禅透　48,50
無極慧徹　89
無著　115
無動是山　134
村上活山　436
村上勘兵衛　276
村上重良　520
村上専精　15,454,773
村上泰音　29,61,68,69,153,162,289,377,409,633,637,680,705,725,726,728
連存教　763
村田宇八郎　136
村田義道　775
村田寂順　435,452,627,756,766
村田尋玄　772
紫安常応　30
紫安石雲　773
村山愚童　481
村山卍玄　401
室直三郎　277
室橋悦竜　285
目加田栄　774
目賀田栄　425,758
目雲笑嶺　144
面山瑞方　161,266,433,667
毛利敬親　72
最上顗璣　436
黙室良要　266,269,725
望月信道　250
物部義肇　764
物部日巌　766
桃井日憙　759
桃井日高　766
百谷奇雲　312
森井国雄　774
森江佐七　28,63,64,156,334,376,668～670,690
森岡清美　478
森岡寿算　755
森金之丞　49
森雪岳　763
森大運　767
森田悟由　25,29,46,48,50,58,62,67,85,289,382,388,390,688,692,707,709,716,717,719,725,732,765,783
守永宗摸　181,182,184
守日演　767
守野秀善　156,756
守瓶城　205
守本文静　754,768
森山本光　313,400,482
守慶良宗　397
諸橋祥雲　285

や――――

八重柏義明　513
藐姑射貫之　773
藐姑射徳令　757,773
安井四郎　75
安岡昭男　11
安川繁成　758,774
安田健導　764
安田真月　425
矢田元紋　403
梁川玄胤　529
柳沢迎存　764
柳沢迎本　771
柳塢瑞峰　314
柳沼斧太郎　179
柳祐心　768
藪内得彦　770
矢吹良慶　770
八淵蟠竜　769
山内尭海　75,106,139,152
山内脩謙　750
山岡鉄舟　435,758
山県有朋　26,73,216,217,261,638,639

山岸安次郎　250,680,705,
750
八巻泰厳　425
山口宜友　585
山口幸吉　134
山口仏石　756
山口屋佐七　224
山越喜久造　134
山腰天鏡　28,575
山嵜英幢　769
山下現有　764
山下治平　758
山科祐玉　766
山添直治郎　774
山田顕義　256,492,511,515,
525
山田一英　307
山田奕鳳　635
山田孝道　29
山田俊卿　774
山田大応　28
山田梅岳　289
山田弁承　755,770
山田妙雲　772
山中市兵衛　276
山中相音　575
山岬日暲　759,770
山本観純　766
山本貫通　756
山本義祐　443
山本儼識　755,764
山本涓潤　696
山本俊一　520
山本諦及　289
山本大善　756,764
山本哲成　749
山本天柱　571,576,578,765
山本日諦　772
山本良観　755
結城文遊　764
融源　36,37
雄山正碩　90
瑜伽教如　763
由良日正　754
由利公正　181,182
由利滴水　24,200,204,297,
759,767
養洲　113
用泰田　534,535,550,551,
558,559,
横井見明　29
横井雪庵　478,250,750
横尾賢宗　30
横木卍元　285
横関了胤　8,10,11,35,85,
106,250,409,486,520,597,
636,640,679,681,684,692,
694,696～698,706,719,
748,749,783
横山黿山　53
吉岡呵成　768
吉岡十次郎　222
吉岡信行　219,424～431,
436,458,509,511,514,670,
779
吉岡博道　74,139,783
吉川一之助　449,450
吉川戒誉　764
吉川義道　565,570
芳川顕正　655～657,659
良川宗綱　289
芳川雄悟　9,12,29
吉田義山　28
吉田久一　7,11,454,455,478
吉田清成　99,176～180,183
吉田敬之助　134
吉武権内　270
吉田蕉巌　771
吉田祖晋　765
吉谷覚寿　755,764
吉田嘉雄　425
吉津宏嵓　481,499,502
吉野祖透　585
吉堀慈恭　754,769
吉水恭空　755,766
吉水賢融　769
吉水幽誉　755
吉水良祐　770
義見喆成　313
吉森噉雲　425
好山隆俊　767

ら――――

来応　60
雷牛　168
来童　282
蘿渓肯庵　162,163,188,189
蘿月照巌　58,63～65,153,
724
陸鉞巌　30,310,727
離迷道人　425
竜穏道海　109
竜山　36,37,134
竜宗　70
隆盛盛鱗　113
劉潮　768
劉貞諒　754
了庵慧明　89
良縁寺元明　756
良器　36,37
楞厳院秀盛　756,766
量山千如　90
良秀湛禅　142
亮天　113
臨済　375
霊淵智源　684
霊海崑山　90
霊室宗繁　90
霊道　108
霊峯　118
霊明　286
霊竜　683
聯山祖芳　140
蓮如　350,366
老梅活宗　389
盧山泰成　74,75

魯山琢宗　682

わ―――

脇象竜　666
脇田尭惇　766
脇種熊　774
若生国栄　461
鷲尾順敬　15,29
輪島聞声　772
和田覚樹　772
和田活宗　313,402
和田大円　768
和田智満　772
渡辺円応　764
渡辺玄秀　425
渡辺源蔵　58,101,134,135
渡辺実雄　666,708
渡部正英　517,520
渡辺禅戒　565,570,689
渡邉徹鑑　754
渡会定孝　661

Ⅱ 書 名

あ―――

哀敬儀　272,273,275,277,278,281
愛知学院百年史　636
あけぼの新聞　452
朝日新聞　520
畔上楳仙禅師遺稿　409,421
足立普明意見書　459
あづま新聞　633
生き神の思想史　520
維新前後の日本「病気」で読む（上）　520
出雲崎町史　310
一年有半と旧式の唯物論　476
井上博士と基督教徒　455
所謂「梓巫、市子」等について　520
印度史　475
上野繁昌史　75
宇宙観　476
浦川原村史　92
永平家訓　605
永平高祖行状摘要　324
永平広録　213
永平寺史　11,343,347,377,681,748
永平寺諸法度　41
永平寺年表　681,690,695,697,703,720
永平寺風雲録　74
永平寺無住中〈寛政五年〉689
永平小清規　266
永平正法眼蔵顕開事考　691,719,722,727
永平正法眼蔵知津布皷　727
永平正法眼蔵弁註　145,147,157,160,164,187
永平清規　269
永平大清規　289
永平黙童禅師語録　726
永平六十一世環溪密雲禅師讃仰　139
永平六十世臥雲童竜禅師遺稿　75,100,101,105～107
奕堂禅師　31,35,46,48,50,66,131,136,153,380
奕堂禅師御書翰　47
奕堂禅師書翰集　35,46
奕堂大教正道行記　68
奕堂門下の高足逸材　69,75
奕堂老人　66,69
越前藩幕末維新公用日記　37
越本山六十三世真晃断際禅師魯山琢宗和尚御履歴　680
江戸時代洞門政要　106
エマースン処世論　477
エマルソン言行録　477
延宝伝灯録　720
大内青巒先生の略伝　451
鴻雪爪翁　31,35,49,75,136,194,249,477
大道長安仁者全集稿本　678
大道長安の研究　678
奥義解説禅学講話　93

か―――

解説―曹洞宗における結社活動　678
改訂日本宗教制度史の研究　154,250
改服非急務論　297
改服非急務論の余勢　298
臥雲禅師語録　74,137,194
書附申上書　18
各宗教導職職員録　75,218,219,220,249,426,750
各宗高僧譚　250,478,750
各宗僧侶の式服を一定せよ　304,310
鶴巣集　91
学道用心集　213,605
革弊論　269
和宮降嫁見聞記　719
各国史略　605
樺戸山北漸寺　250
漢英対照いろは辞典　476
環溪和尚履歴　138
環溪禅師語録　165,192,250
環溪禅師略伝　192
環溪密雲禅師語録　154
官准教会新聞　208,222,223
冠註傍解参同契宝鏡三昧不能語　661,668

観音普門品　335
官報　226
吉祥水　310
偽哲学者ノ大僻論　476
救世の光　675
旧約聖書　473,475
旧約全書不可信論　424
教育宗教関係論　454
教育時論　453,476
教育ト宗教ノ衝突　453
教院講録　208,222,223
行誡上人全集　250
教会新聞　223～225,233,234,778
教学論集　91
教化神道の形成　520
教義新聞　206
行乞篇　252
教旨弁惑　454
教場要論　146,156
共存雑誌　452
教導須知略　720
教導職心得　23
教導職取締条件　145
教導職廃止の要因　249
教門雑誌　452
玉竜三十年の歩み　31
基督教と学術道徳　476
基督教と道徳学　476
基督人物考　476
近代曹洞宗の歴史　783
近代民衆宗教史の研究増訂版　520
久我環溪禅師詳伝　139,165,166,170,188,192,377,659
久我環溪禅師年譜　139
求化微糧談　426,427,431,434～437
栗山禅師自適集　69,188,678
群鶏一鶴　456～458,462,463,466,473
瑩山清規　267,289
ゲーテ感想録　477
ゲーテ文集　477
外護檀越論　609
華厳経　437
袈裟の説　303
袈裟問答　266
外道処置法　424
外道通考　424
建国新聞　226
現今緇流竜象一覧　759,760,762,780
建撕記　371
現代仏教家人名辞典　478,750
原人論　605
江湖翁遺藁　234
高山流水　678
興奮　425
光明蔵三昧　4,151
孝論　155
国史大辞典　636
国民之友　475,476
護国新論　424
古事記　213
居士必携破耶金鞭　425
故禅師略伝　68
故高橋五郎先生略譜　474
故滝谷琢宗禅師遺稿　748
滑稽耶蘇退治　425
御年代年譜記　100
古仏去りて新仏来らず　86
護法　451
護法会係衣資賄料　535
護法建策　424
護法小言　424
護法総論　424
駒沢大学百年史　608
虎烈刺病予防仮規則　512
虎烈刺予防法　509～511,514,428,434
虎列刺予防法心得　511
虎列刺予防諭解　505～509,511,514,515

さ――

祭儀略　278
最乗寺独住住山記　680,691,696,698,701～703
最新一元哲学　476
坐禅儀不能語　605
坐禅用心記　213
山高水長図記　661
三拾世環溪大禅師惣本山え御転住要書扣　168
傘松　100,139,152,165,172,190,250,661,681,704,783
最乗寺独住住山記　699
三条弁解　145,151,154,230,231,236
三条要論　230,233,234,236
三章略解　236
三条畧解　154,231
三千仏名経　134
参同契　667,685
参同契科段　667
参同契註　667
参同契宝鏡三昧纂解　667,668,780
参同契宝鏡三昧初和解　433,434
参同契宝鏡三昧吹唱　667
参同契宝鏡三昧不能語　667,668
参同契宝鏡三昧弁解　720
史苑　475
四恩十善談　432,434
色衣廃止か僧侶廃止か　307
色衣廃止を痛論す　307
色衣は廃止よりも解放へ　307
直授渡交割帳　690

死後の生存 477
実録豊川いなり物語 75
史伝琢宗禅師 679,692,697,698,719,749
史伝琢宗禅師の前半生 679,692,694,696,698,701,706,748
時得抄 26,44,91
信濃新聞 674
緇門崇行録 605
社会新報 226
釈迦如来在世大和讃 429,434
釈迦論 476
釈教正謬 423
釈教正謬再破 423
釈教正謬初破 423
釈氏法衣訓 266
杓卜編 669,667
釈門事物紀原 453,686,722
釈門哲学叢誌 452
社寺取調類纂 154,231
舎利礼文 335
宗会小史 486
宗学研究 139,520
宗教教育衝突断案 454
宗教行政 520
修証要義説教指南 338
修訂増補道元禅師伝の研究 377
自由之理 605
宗報 409,635,680,681,696,698,699,701～703
宗門財政論 343,597
宗門秘史曹洞宗政末派運動史 11,377,597,711,712,714,718,746,748
十六鐘鳴 91
修証義 29,437,450,719,723,726,727
修証義編纂史 719
修証義聞解 719
首書傍解普勧坐禅儀不能語 662
首書傍註参同契宝鏡三昧纂解 670
出生の謎青蔭雪鴻伝 343,366,377,427,428,660,749
寿量品偈 335
淮水遺訣 424
消災咒 334
松樹林指南規 688
椙樹林指南記 289,723
証道歌 91
証道歌直截 605
正法眼蔵 27,213,214,269,337,371,374～376,467,662,691,719,722
正法眼蔵却退一字参 686
正法眼蔵啓迪 27
正法眼蔵御抄 688
正法眼蔵私記 683
正法眼蔵弁註 151,155
笑耶論 423
従容録 213
諸教便覧 475
諸宗説教要義 230
諸宗大意 80,231
除地取調帳 145
書物展望 474,478
新世界 573,574
新旧約全書 214
神教要旨 231
神教要旨略解 231
真晃断際禅師遺録 679,696,701,718,720,748
新纂禅籍目録 106,154,231,338,723
心識論 94
心識論略弁 95
心識論略弁対破 95
慎終儀 275,277
新修杉並区史 資料編 75,137
心性実験録 26,91,95
心性実験論 28
心性実験論批判 95
心性実験論批判最後庇 95
壬申戸籍成立に関する研究 250
人生哲学 476
真正哲学無神論 425
新世界 572,578,582,688,708
神葬祭記 272
心地観経 437
神道新論 475
新編明治維新神仏分離史料 273
新約聖書 443,475
新約全書弾駁 424
新約全書評駁 424
真理金針 425
真理金針続篇 425
心霊学講話 477
心霊哲学の現状 477
随喜称名成仏決義三昧儀 358
随喜称名成仏決義三昧儀疏 157,164,358
水月音容 310
随筆句草紙 720
杉並区史 75,137
政教時論 455
正教新報 437
聖職指鉄 476
青年と禅 92
聖福音書 476
西洋事情 605
西洋宗教実理審論 425
絶学天真禅師環溪密雲大和尚逸事 152
絶学天真禅師環溪密雲大和尚履歴 139,152
説教虎列刺予防法手控 427,434,509～511

説教賛題集　662
説教発願回向文　427,434,435
説教要義　231
説教落草談初編　662
雪鴻禅師語録　477,662
渫集　683
善悪報応論　231
栴崖奕堂禅師語録　56,75
禅戒鈔　605
旃崖芳話　61,66,68,69,153,162
禅学雑誌　92,192
禅学心性実験録　44,91
禅学大辞典　159,186
禅学批判論　27
禅関策進　213
千字訓童行　376
禅思想とその背景　139,152
禅師琢宗　377,680,705,726,728
仙寿山全久院志　283,310
宣戦詔勅衍義　460
禅僧称号考　161,187
戦争哲学　476
禅曹洞宗大意　84,231
扇叟派略伝　172,173
禅的体験街頭の仏教　310,680,706
禅と英雄　92,192
禅と修養　92
禅と武士道　91,92
禅苑清規　289
禅の簡易生活　92
禅の簡易生活　192
一八八〇年代・仏教系の反キリスト教運動　478
増冠加解参同契宝鏡三昧不能語　668
増冠間註参同契宝鏡三昧纂解　670
増冠参同契宝鏡三昧纂解　670
増冠傍註永平元禅師清規　661
葬儀略　275,278
総持奕堂禅師遺稿　58,62,63,65～67,153,691,724
総持奕堂禅師伝　62,67,68,691,724
總持開山太祖略伝　146,156,164,324,662,685,718,720
總持寺誌　409
總持寺諸法度　41
葬事略記　272,273,277
創世紀　466
曹洞教会会衆日課経咒並式　324,334,336
曹洞教会修証義　420,689,691,697,704,747,780
曹洞教会修証義筌蹄　691,719,721,726,727
曹洞教会修証義典嚢　376,690,726～728
曹洞教会説教指南　336,337
曹洞教会説教大意　336,337
曹洞教会説教大意並指南　336,338
曹洞教会説教大意并指南初編　324
曹洞宗掟書　39,83
曹洞宗革命策　365,690,703,711,712,714,715,718,746,748
曹洞宗起原　373
曹洞宗教団史　31,347,377,520,678
曹洞宗原問対　76,778
曹洞宗護法会全集　521
曹洞宗時事小言　62,579
曹洞宗宗制　638,643,644,647～650,780
曹洞宗史要　74,309,343
曹洞宗瑞雲山大寧護国禅寺略史　75
曹洞宗政五十年史　486,640
曹洞宗選書　12,475,478,678
曹洞宗全書　89,159,172,173,186,190,409,657,680
曹洞宗祖名称疑問解　358
曹洞宗の袈裟の知識　309,310
曹洞宗百年のあゆみ　35,409,520,597,681,696,698,702,783
曹洞宗本末憲章　492
曹洞宗務局護法会布達全集　521
曹洞宗務局普達全書　681
曹洞宗名鑑　750
曹洞宗名の疑問　374
曹洞宗問題十説　145,155,163,189,467
曹洞宗門之大意　231
曹洞宗両祖伝略　324,662
曹洞二師録　467
曹洞扶宗会雑誌　438,452,478,609,636,747
僧服改正論　296,303
僧服改良問答　297
僧服改良論続稿　310
総本山会計趣法議定法　39
僧侶家族論　245,306
僧侶妻帯の諸問題　245
僧侶妻帯論　245
僧侶服制論　303
続永平寺雑考　681
続日本紀　214
続日本洞上聯灯録　692,726

尊皇奉仏大同団　442
尊皇奉仏大同団報　451
尊皇奉仏論　425,442

た———

第一義　459,578,585,591～593,688,708
大円覚海　65
対客閑話　266
大教院規則　202
大乗起信論　91
大乗起信論要義七門　91
大乗禅　192
大蔵経抜萃　720
対大己法　605
大同新報　441
大日本美術新報　452
大般若経　286
大悲咒　335
大本山永平寺六十二世天真禅師略履歴書　138
大雄山誌　85,409,680,696,698,702
大雄山住山記　85,87
高橋五郎　455,474
高橋五郎先生著訳書目録　474,478
高橋五郎著訳書目録　475
滝谷禅師貫首上任顛末録事　729
滝谷琢宗　680,706
滝谷琢宗禅師遺稿　679,720
琢宗禅師道中日記　694
太政官日誌　78
太政官日誌混沌白眉　719
坦山和尚逸事　91
坦山和尚全集　85,90～92,192
坦山和尚の清僧俗僧分別案に就て　250
坦山老師の事歴　85
力ある修養禅林清話　92,93
中央仏教　69,307
中外日報　165,171,174,185,250
忠孝活論　454
町史こぼれ話　681,697,698,748
長福二十三世勅特賜絶学天真禅師環溪密雲老和尚略伝記　138,139,160,186
徴兵制　636
徴兵令制定史　636
頂門一針　425
朝野新聞　226
朝陽新報　447
勅語と仏教　454
勅賜弘済慈徳禅師栴崖奕堂大和尚行実　68,69
勅特賜弘済慈徳禅師栴崖奕堂大和尚御直参内　天顔拝記録　56
勅特賜真晃断際禅師伝　679
追遠儀　274,275,277
追慕録　85,91
通俗首楞厳経講義　91
通俗仏教新聞　409
通俗耶蘇教問答　425
詰員寄留帰県届写綴　695,698,699,703
剃度直授菩薩戒儀軌　266
剃度周羅訣　266
哲学一班無神概論　425
哲学雑誌　91
鉄笛倒吹　467
伝衣象鼻章稿　266
伝衣象鼻章稿巴歌　266
伝光録　214,337
伝染病予防規則　512
伝染病予防心得書　512
伝灯録　374
天徳奕堂禅師本山独住撰挙書類　54,69
天耶教十条誡評破論　425
天理教信ずるに足らず　460
東京学士会院雑誌　85
東京日日新聞　747
洞家大意　83,84,231
洞家紛擾両党大相撲　759
道元　139,152
当山六十一世絶学天真禅師環溪密雲大和尚履歴書写　138
洞上行持軌範　289,688,704,780
洞上行持軌範についての一視点（その二）　520
洞上高僧月旦　250,680,705,750
洞上公論　486,636,640,679,694,698,701,706,719,748,749
洞上古轍　667,669
洞上在家修証義　563,564,689,744,747
洞上諸祖伝　720
洞上僧堂清規行法鈔　289
洞上二世光明蔵三昧　146,156,164
洞上布教の小沿革　9,12
洞上法服格正　269,692,724,725
洞上両祖伝略　453
洞上聯灯録　720
洞睡異譫　667
道中日記　694
投票開緘顛末報告書　389
当本山六十一世絶学天真禅師御遷化荼毘式諸輯録　160,187
洞門現時二十五哲　52,75,310,458,478,750

洞門政要　106
東洋宗教新聞　297～299
独住住山記　696
得度或問弁儀章　266

な――

内外宗教邪正問答　425
中魚沼郡誌　680,695,698,701
中魚沼郡風土志　680,698
七一雑報　437,447
新潟県寺院名鑑　310
新潟県大百科事典　680
西有教正婆言八条　341
日蓮論　476
日本近代仏教史研究　11,454,478
日本コレラ史　520
日本宗教新聞　445
日本書紀　213
日本禅宗史論集　161,187
日本曹洞宗名称考　376,690,726～728
日本魂耶蘇退治　425
日本洞上紀年　409
日本洞上聯灯抜録　661
日本の近代社会とキリスト教　478
日本仏教史略　453
二葉新誌　618,622
如是　459
能山独立曹洞革新論　29,125,309,421,597,678,749

は――

排偽哲学論　476
排耶蘇教　425
排耶論の研究　478
白雲精舎図書録　76
駁邪新論講話　424
瀑泉集　667
白鳥鼎三和尚研究　4,166,250,783
幕末明治文化変遷史　75
破邪訣　425
破邪顕正邪正問答編　425,431,434
破邪顕正純正宗教論　425
破邪顕正論　424,429,431,434～436
破邪顕正論緒言　429
破邪顕正論序説　429
破邪新論　425
破邪叢書　454
破邪論　424
破邪論集　425,455
原坦山和尚全集　31,194
原坦山禅師の遷化を悼む　85
般若心経　334
般若心経講義　91
万報一覧　452
悲華経　337
肥娯林記　683
肥娯林日鑑　683,698,701,719
筆誅耶蘇　424
批判解説禅学新論　27
闢邪管見録　423
百丈清規証義記　252
標註参同契宝鏡三昧不能語　668
開けゆく法城　678
弘津老師と徴兵制　636
品清楼記　692
服制改良の可否　298,301
服制改良問答　298
福田滞邃　266
扶桑僧宝伝　720
普通選挙制度成立史の研究　637
普通選挙法釈義　636
復活新論　423,424
仏教　303～305,310,680
仏教各宗高僧品評　680,705,750
仏教各宗内部改良論　309
仏教活論序論　423,425
仏教活論本論第三編　425
仏教活論本論第二編　425
仏教史学　310
仏教修身論　455
仏教新解　457,466,469,470,473,475
仏教創世記　424
仏教大意　373,453
仏教忠孝論　454
仏教徒の法衣被著に就て　307
仏説父母恩重経　446
仏仙会雑誌　91
仏祖袈裟考　266
仏祖三経　605,682
仏陀耶蘇両教比較新論　425
仏道新論　457,466,467,469,470,473,475
仏法不可斥論　423
仏法耶蘇二教優劣論　425
仏耶舌戦耶蘇大敗北　425
ベーコン論説集　477
碧巌集　213
碧巌録　467
弁斥魔教論　425
編年摘要曹洞史略　409,711,749
法衣史　310
法衣全廃の報を聞て感あり　297
報恩編　667,669
奉願口上覚　175
宝慶記　213,605
宝慶寺由緒記　371
宝鏡三昧　667,685
報四叢談　452
豊洲大由和尚年譜　309

法の灯火　452
法服格正　266,269,270,281,725,778
法服格正の研究　309
法服正儀図会略釈　266,269
法律新聞　226
輔教編　155
北越詩話　680
法華経　286,337,671
星見天海老師の行状　696
法式と法服の改造　307
本山六十一世絶学天真禅師の五十回忌を迎へ奉る　139,152,172,190
梵網経　437

ま―――

毎日新聞　226
馬太伝　466
松本市史　31,309
松本と安曇の話　31
松本藩の廃仏毀釈　310
松本藩の廃仏毀釈の顚末　31
松本藩廃仏事件調査報告　273
万葉集　474
三重県神道各宗教導職員録　220
霧海南針　457,467,469～471,473,661
霧海南針弁妄　469,470,473,475
夢醒新論　423
村上一衛墓誌　690
明教新誌　58,62,63,68,85,86,91,131,172,190,191,224～229,233,243,250,253,255,256,298,333,334,341,342,349,357,358,360,367,373～375,395,412,414,443,444,449,452,455,459,467,478,484～486,489,491,497,508,513,514,551,555,583,604,616,617,636,681,718,726,728,732,778
明教大師孝論　145
明治・大正・昭和時代仏教史　11
明治以降宗教制度百年史　11
明治維新神道百年史　198
明治維新神仏分離史料　15
明治維新廃仏毀釈　310
明治期・曹洞宗団概史　12
明治期曹洞宗における滝谷琢宗禅師考　377
明治キリスト教会史の研究　343
明治校訂洞上行持軌範　517,518,262,689,724,725
明治時代の曹洞宗　11
明治宗教史研究　423,453
明治宗教思潮の研究　475,478
明治十三年貫首投票綴　393,395
明治史要　219
明治初年の教化運動　250
明治前期家族法資料　別巻三　索引Ⅱ　11
明治前期教育政策史の研究　11
明治前期大陸政策史の研究　11
明治前期日本金融構造史　11
明治前期の地方体制と戸籍制度　11
明治僧鑑居士一覧　753,759
明治大正傑僧秘談　750
明治という国家　3
明治の禅匠　750
明治の仏教者　750
明治仏教　250
明治仏教教会・結社史の研究　343,478
明治仏教史　11
明治仏教思想資料集成　76,94,343
明治仏教史の問題　250
明治仏教における教導職職員　250
明治仏教の大勢　11
明治名僧居士一覧　219,750,753,759,780

や―――

耶蘇一代弁妄　424
耶蘇開明新論　425
耶蘇教一夕話　425
耶蘇教意問答　424
耶蘇教国害論　444,446,448,450
耶蘇教審判　425
耶蘇教正謬　424
耶蘇教堕獄論　425
耶蘇教の危機　425,454
耶蘇教の難目　425
耶蘇教の無道理　424
耶蘇教非公認論　424
耶蘇教亡国論　454～456,460,462,466
耶蘇教末路　425,454
耶蘇新論　455
耶蘇創世記　605,443
山口県百科事典　75
日出国新聞　227～229,409
唯識二十論冠註　453
維摩経　600
郵便週報　452
洋教不条理　425
予が僧服改良論の要旨　305

ら———

螺睡翁　二稿　107,124,125
螺睡録　106,107
懶眠余稿　58～61,64～68,153
立教大論　207,637
両山は分離すべからず　127
寮中清規　605
霊媒術講話　477
六合雑誌　437,475
六合釈講義　453
六十一世環渓禅師履歴　138,152,153,158,160,162,186,188,191
六十三世琢宗禅師の祖山護持考　704
六十三世断際禅師御退休ニ関スル書　708
六祖壇経　605
魯子道人詩文稿　719
論改正徴兵令　620

わ———

羊頭狗肉の行脚地　661
和漢雅俗いろは辞典　476
和訳聖典十種　91,92
和融誌　69,290,377,680,705,726

Ⅲ 寺院名

あ———

安楽院　314
安楽寺　36,666
医王寺　36
蔭凉寺　139,141,142,160,186,189
雲洞庵　313,382,608
永建寺　47,114
永源寺　403,407
永谷寺　684
永国寺　403,407
永昌院　313
永昌寺　314,593
永祥寺　38,54,70,313
栄泉寺　289
永明寺　285
永林寺　90
英林寺　681,684
円覚寺　767
円光院　289
円蔵院　168,289
円通寺　114,310,313,673,674,677,727,731
円福寺　65,461,766
円明寺　586,683
延命寺　36
横蔵寺　141
黄梅寺　313

か———

海晏寺　110
海雲寺　135
海源寺　676
海蔵寺　140,143,443,683
海宝院　688
海門寺　289
勧修寺　766
可睡斎　36,147,341,381,665
臥竜院　596,692
願成寺　604
管天寺　313
澗洞院　513
観音寺　141,142,169,282,283,285,313,403,407,690,715,716,749
甘露寺　314
義宣寺　108
吉祥寺　87,134,324,357,577,596,601～603,606,608,609,676,682,694
吉峰寺　374
喜福寺　90
久安寺　68
久山寺　604
久昌寺　140,142,285,458
鏡円寺　661
教王護国寺　627
京福寺　443
玉泉寺　313
玉林寺　74,143
錦織寺　766
空印寺　103,114
救世院　677
慶安寺　42,47,48,50～53,75,125,133,136,184,198
景福寺　289,313
慶養寺　565
月江院　170
玄勝院　123
見性寺　37,289,312
顕聖寺　92～94,192
賢崇寺　565
建長寺　767
源長寺　61
建仁寺　767
耕雲庵　671
功運寺　133,626,627,745
光鏡院　142
孝顕寺　35,36,115,116,148,233,363,381,608,661,662,692
紅谷庵　143～145,152,160,169,170,186,604,666
興国寺　666
光厳寺　604,692
功山寺　147
香積寺　684
興正寺　767
興聖寺　17,34,35,37,103,138～140,143,144,148,152,160,162,165～173,184～186,188～190,194,

351,356,374,382
高正寺　446
光禅寺　436
広大寺　285
高台寺　458,460
晧台寺　17,34,140
弘長寺　313
高伝寺　18,34,169,289,604
広徳寺　285
洪徳寺　565,731
豪徳寺　139,143,148,159,162,186,189,357,374
広福寺　140
高福寺　143
興福寺　766
光明寺　113,313,431,434,477,766
興隆寺　683
高竜寺　332,333
香林寺　604
国泰寺　314
国分寺　313
極楽寺　604,673,677
護国院　269
金戒光明寺　766
金地院　24,201,204,222
金蓮寺　767

さ―――

西教寺　766
西光院　289
西洪寺　160,186
栽松院　604
西尚寺　72
最乗寺　85,86,89,187,314,364,381,409～413,415,416,608,640,680,682,686,692,696,698,702,704,729,734～736,738
西福寺　285,412
最福寺　461
西方寺　508
西明寺　285
西林寺　313
最林寺　142
三乗院　688
三松寺　313
慈眼寺　136,204,250,282,285,313
慈光寺　363,381,608,676,677,681,684,685,694,748
慈照寺　665,666,692
地蔵院　37,38
四天王寺　312,604,690
自得院　138,141,146,160,186
秀翁院　70
周広院　691
秋葉寺　234
種月寺　666,690
修禅寺　247
寿仙寺　436
正因庵　48
正因寺　682
正雲寺　285
正円寺　681,683,690,715,749
聖応寺　46,48,50,56,68
松屋寺　289
正覚寺　289
盛景寺　689
正眼寺　36,314,381
静元寺　289
勝光寺　314
常光寺　604
聖護寺　140,162,188
松山寺　475
浄春院　49,313
証誠寺　767
賞泉寺　92,94,192
正泉寺　313,783
常泉寺　289
浄土寺　65
昌福寺　86,88
正福寺　65
常福寺　426,427
昌宝寺　458
正法寺　141,285,289
浄牧院　446
松楽寺　106
昌林寺　139,148,162,165,166,187,189,190,377
松林寺　445
勝林寺　604
青蓮院　766
生蓮寺　35
丈六寺　604
神宮寺　140,143
真慶寺　92
心月寺　110
心性寺　86,88,142
真福寺　142,682～685,690～692,694,697,698,701～703,707,718
神竜寺　682
瑞雲寺　123,403,407
瑞源寺　54,70,289
瑞光寺　604
瑞仙寺　72
瑞泉寺　565,626
瑞竜寺　17,34,313,772
盛翁寺　412
清岸院　49
清岩寺　684
盛巌寺　285
誓願寺　766
誠照寺　767
青松寺　49,53,82,83,133,150,198,210,212,264,312,315,414,441,485,489,563,565,599,601,604,626,627,685,688,692,707,718,744,746,747
盛泉寺　285
青峰寺　142
青竜寺　282,289

清凉寺　17,18,32,34,36,44,48,103,140,148,363,381,604,665
石雲寺　289,426,430,431
碩水寺　289
千栄寺　604
泉岳寺　82,83,133,136,626,627
全久院　49,114,269,270,271,272,281～283,285,286,310
善久寺　314
前山寺　271
専修寺　766
専照寺　461
善長寺　86,88,446
禅幢寺　461
泉涌寺　766
千寧寺　70
善宝寺　380,436
禅雄寺　46
善養院　143
泉竜院　46,286
禅林寺　570,576,766
宗応寺　36
総穏寺　604
宗玄寺　604
曹源寺　285,690
相国寺　157,627,690,691,699,703,767
増上寺　24,149,204,205,222,246,253,685,766
宗心寺　160,186
総泉寺　82,83,313,414,626,627,689,691
崇禅寺　135,179
双善寺　282,285
総寧寺　18,34,37,56,381
崇福寺　742,743
宗竜寺　289
双林寺　313

た――

台雲寺　32,37,135
大蘊寺　72
大円寺　32,39,51,54,58,100,101,105,126,129,133～136,175,179,184,198,289,313,357,589
大渕寺　133
大雄寺　458,460,461
大恩寺　38
大光院　114,381,604,605
大興寺　312
大広寺　363,381,679,748
醍醐寺　766
大慈寺　123,148,313,319,351,364,382
大松寺　412
大聖寺　683
大乗寺　103,148,654,720,723,724
大泉寺　313,334,363,381,608
大沢寺　281,667
泰智寺　314
大中寺　136,604
大頂寺　625
大洞院　258,283,687,730
大徳寺　200,230,767
大暾寺　289
大寧寺　54,71～75,98
大念仏寺　766
大洋寺　289
大隣寺　288
多福菴　121
知恩院　423,766
智積院　766
智勝院　285
中央寺　147,160,186
長安寺　36,604,673,674,676,677,691
長栄寺　605
長英寺　148
潮音寺　691
長久寺　62
長慶寺　313
長源院　142
長興寺　142,233,314,671～677
長国寺　467
長谷寺　152,357,766
長昌寺　86
長松寺　289,666
長盛院　47,48
長善院　120
長泉寺　70,101,124,142,508
長徳院　83～88
長徳寺　313
長福寺　138,139,141,159,186,189,682,684
頂妙寺　767
長命寺　142
長養院　604
長齢寺　289
長和寺　71
鎮徳寺　34,135
貞祥寺　313
天初院　144
伝叟院　577
天宗寺　92
伝通院　223,423
天徳院　17,18,21,33,34,47,48,54～56,59,61,65,71,382,683,703,716
天徳寺　604,626
天寧寺　18,35,37,127,134,140,143,193,311,604
天竜寺　24,34,144,200,767
天林寺　603
東運寺　313
洞雲寺　45,147,431
洞慶院　313
東源寺　33
東光寺　87,160,186,373

東寺　766
東持寺　86,88,90
洞寿院　36,116
道正菴　121
洞泉寺　285
東大寺　766
藤沢寺　767
東福寺　285,767
東明寺　289
東林院　133
徳勝寺　314
徳昌寺　508

な――

南禅寺　43,47,48,77,767
日光寺　427,428,509
如意菴　123
能満寺　289

は――

白泉寺　51
万松寺　17,34,37,114,269,270,605
東本願寺　766
百観音院　282
福厳寺　684
福寿院　133
福昌寺　16,115,134,146,381,381,457,467,468,684
普光寺　289
普済寺　375,666
仏光寺　767
普門院　683
闢雲寺　313
宝円寺　17,34,55,71,509,604
報恩寺　140,289,436,603
法音寺　604,684
宝慶寺　18,34,107,112,115,148,689,692
法源寺　332,333
法光寺　314,608
鳳山寺　460
法持寺　17,34,36,103,381,667
宝積寺　604,683
芳春院　33,55,71,363
宝松院　625
鳳勝寺　143
鳳仙寺　162
宝陀寺　313
法幢寺　332
法峯寺　475
鳳林寺　36,314,604
北漸寺　233,426
墨染寺　142
保春寺　143
保善寺　89
梵音寺　86,88
本願寺　193,452,766
本国寺　767
本成寺　767
本誓寺　623,626
本禅寺　627,767
本能寺　767
本満寺　767
本門寺　767

ま――

曼殊院　766
万福寺　200,684,767
三井寺　766
妙応寺　17,34,36
妙覚寺　47,48
妙広庵　283
明光寺　665,666
妙厳寺　46,71,73,74,357,565,683,726
妙寿寺　157,358
妙心寺　200,230,369,370,372,767
妙法院　627,766
妙本寺　144
妙満寺　767
妙蓮寺　767
無量寺　289
門能院　133

や――

薬王寺　373
養源寺　508
永光寺　313,356,720
陽広寺　691
養広寺　285
養寿院　172,412,446
陽春院　313
陽松庵　36,148,152
養昌寺　61
陽泉寺　143
養泉寺　282,283,285,286,604
永沢寺　54,71
養福寺　691

ら――

頼岳寺　586
竜雲寺　615
竜穏寺　99,136
竜海院　65
竜渓院　148,187
竜源寺　36,285,690
竜昌寺　666
竜泉院　258,309
流泉寺　142
竜泉寺　160,186,692
竜潜寺　144
竜蔵寺　313
竜泰寺　13,17,34,36,49,603
竜沢寺　71,100,106,175,179,692
竜田寺　289
竜洞院　461
柳徳寺　436
竜文寺　666
竜門寺　143,148,187,313,436,475,604,692

楞厳寺　288
林泉寺　314,381
瑠璃光寺　289
霊松寺　52～54,70,281,282
冷泉院　692
霊泉寺　509
蓮永寺　767
蓮華寺　142

川口高風（かわぐち　こうふう）

1948年　名古屋市に生まれる
1970年　駒沢大学仏教学部卒業
1975年　駒沢大学大学院博士課程修了
現　在　愛知学院大学教授　博士（仏教学）　法持寺副住職

主要著書
『法服格正の研究』（第一書房），『鳴海瑞泉寺史』（共著，愛知県郷土資料刊行会），『尾張高野八事文庫書籍目録』（第一書房），『龍霊瑞和尚研究』（共著，安栄寺），『白鳥鼎三和尚研究』（第一書房），『曹洞宗の袈裟の知識』（曹洞宗宗務庁），『幽谷子大薩和尚』（陽秀院），『愛知県曹洞宗寺院集覧』（愛知県郷土資料刊行会），『尾張高野八事文庫文書目録』（第一書房），『尾張熱田全隆寺史』（全隆寺），『愛知県曹洞宗歴住集覧』（株式会社プレコム）。『諦忍律師研究』（法藏館）など

現住所
名古屋市熱田区白鳥1-2-17　白鳥山法持寺

明治《めいじ》前期《ぜんき》曹洞宗《そうとうしゅう》の研究《けんきゅう》

二〇〇二年一一月二日　初版第一刷発行

著　者　川口高風
発行者　西村七兵衛
発行所　株式会社　法藏館
京都市下京区正面通烏丸東入
郵便番号　六〇〇-八一五三
電話　〇七五-三四三-〇〇三〇（編集）
〇七五-三四三-五六五六（営業）

印刷　亜細亜印刷株式会社

ISBN4-8318-5633-9 C 3015